Teresa von Ávila

Schicken Sie mir doch ein paar Täubchen

Briefe – Band 1
(1546 – 19. November 1576)

Vollständige Neuübertragung

Herausgegeben, übersetzt und eingeleitet von
Ulrich Dobhan OCD
Elisabeth Peeters OCD

HERDER
FREIBURG · BASEL · WIEN

Originalausgabe

www.herder.de

Umschlaggestaltung und -konzeption:
R·M·E München / Roland Eschlbeck, Liana Tuchel
Umschlagmotiv: Erich Buchholz

Satz: Dtp-Satzservice Peter Huber, Freiburg
Herstellung: fgb · freiburger graphische betriebe
www.fgb.de

Gedruckt auf umweltfreundlichem, chlorfrei gebleichtem Papier
Printed in Germany

ISBN 978-3-451-06223-0

Inhalt

1571

1572

1573

1574

1575

1576

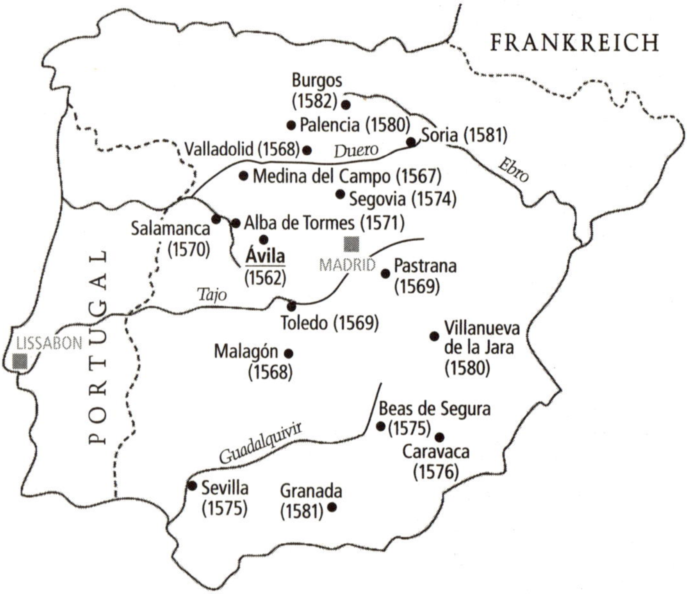

Landkarte mit den Klostergründungen Teresas

Einführung

Briefe sind einem bekannten Ausspruch Goethes zufolge „so viel wert, weil sie das Unmittelbare des Daseins aufbewahren." Das gilt wohl erst recht, wenn sie von einem Menschen stammen, der es versteht, sich schriftlich ganz unverstellt und ungekünstelt so mitzuteilen, wie er es in einem vertrauten Gespräch tun würde. Teresa von Ávila (1515–1582) war ein solcher Mensch. Ihren Briefen haftet die ganze Ursprünglichkeit und Unmittelbarkeit des konkreten Lebens an. Darum stellen sie eine wichtige Ergänzung zu ihren geistlichen Schriften dar. Zwar flicht sie auch dort viel Autobiographisches ein, doch zeigt sie sich in ihren Briefen noch viel spontaner und ungeschminkter: mit ihren Herzensanliegen und ihren Nöten, ihren Stärken und ihren Schwächen, ihrer tiefen Menschlichkeit und ihrer immer wieder beeindruckenden, aber ganz und gar geerdeten Gottverbundenheit.

Bei einer so leidenschaftlichen und begabten Briefschreiberin wie Teresa mag es überraschen, dass bis auf ganz wenige Ausnahmen – einen langen Brief an ihren in Westindien weilenden Bruder Lorenzo aus dem Jahr 1561 (Ct 2) und ein paar offizielle Schriftstücke – aus ihren ersten fünf Lebensjahrzehnten so gut wie gar keine Zeugnisse eines Schriftverkehrs auf uns gekommen sind. Auch wenn mit an Sicherheit grenzender Wahrscheinlichkeit eine Anzahl frühe Briefe, etwa an ihre in Übersee weilenden Verwandten, verloren gegangen sind, bleibt es doch bemerkenswert, dass nahezu alles, was von ihrer Korrespondenz erhalten ist, aus den letzten 15 Jahren ihres Lebens stammt, als sie bereits die 50 überschritten hatte. Dies ist sicher mit darin begründet, dass Teresa gerade in diesen Jahren die Verantwortung für immer mehr Klostergründungen trug, was einen ausgedehnten Schriftverkehr mit sich brachte (s.u. 1). Aber das ist wohl nicht der einzige Grund. Auch Teresas geistliche Werke sind bis auf einzelne Vorübungen (die ersten *Geistlichen Erfahrungsberichte*) in den letzten zwei Jahrzehnten ihres Lebens entstanden. Ihre Schriften sind Früchte eines langen geistlichen Reifungsweges und einer sich immer mehr vertiefenden Gotteserfahrung. Teresa hat ihre Freude am Schreiben und ihre schriftstellerische Begabung überhaupt erst nach der Lebensmitte entdeckt und entwickelt, als nicht nur ihre geistlichen Begleiter, sondern vor allem auch ihre eigene innere Erfahrung sie immer mehr zum schriftlichen Ausdruck drängten.

Im folgenden soll Teresas Briefverkehr zunächst allgemein vorgestellt und in den Kontext ihrer Zeit hineingestellt werden: Wie umfangreich war ihre Korrespondenz, an wen schrieb sie, welchen Bedingungen unterlag überhaupt der Briefverkehr im Spanien des 16. Jahrhunderts und wie lässt sich da Teresas Briefverkehr einordnen? (1). Sodann wollen wir uns fragen, welchen Beitrag gerade die Briefe zum besseren Kennenlernen Teresas als Mensch und Frau leisten (2). In einem dritten Abschnitt geht es um das geschichtliche Umfeld, namentlich um die verwickelte Geschichte des neu entstehenden Teresianischen Karmel, auf die Teresa in ihren Briefen wiederholt Bezug nimmt (3). Und schließlich wollen wir einen Blick auf die lange Geschichte der Herausgabe ihrer Briefe werfen (4).

1. Teresas Briefverkehr im Kontext ihrer Zeit

Eine umfangreiche, nur bruchstückhaft erhaltene Korrespondenz

Teresa war eine sehr rege Briefschreiberin. Fast die Hälfte des Schrifttums, das wir heute von ihr besitzen, sind Briefe. Dennoch machen die ca. 480 erhaltenen Briefe und Brieffragmente[1] – davon knapp die Hälfte im Autograph, der Rest in mehr oder weniger zuverlässigen Abschriften – nur

[1] Da die Authentizität mancher Briefe umstritten ist, variiert die Zahl leicht von Ausgabe zu Ausgabe: 476 in der EDE-Ausgabe [5]2000, 486 in der Ausgabe von T. Álvarez [4]1997.

einen winzigen Bruchteil von der riesigen Korrespondenz aus, die sie in Wirklichkeit bewältigt haben muss. Aufgrund interner Angaben und Zeugenaussagen hat man hochgerechnet, dass sie zwischen der Gründung von Malagón 1568 und ihrem Tod 1582 mindestens 10.000, möglicherweise aber über 25.500 Briefe geschrieben oder diktiert haben muss.[2] Eine unglaubliche Leistung, wenn man sich klar macht, dass Teresa diesen umfangreichen Briefverkehr neben vielen sonstigen zeit- und kräfteraubenden Aufgaben bewältigte. Sie selbst bezeugt, dass sie oft bis tief in die Nacht hinein über ihrer Korrespondenz saß, und das, obwohl in ihren Klöstern das Morgengebet um 5 bzw. im Winter um 6 Uhr anfing: „Es wird gleich zwölf schlagen, und ich bin recht müde, daher nicht mehr" (Ct 39,4 an Juana de Ahumada); „Es wird gleich zwei schlagen, daher kann ich nicht ausführlich sein – zwei in der Nacht, meine ich" (Ct 167,1 an María de San José). Erst ab 1576, als die gesundheitlichen Beschwerden sie zeitweise daran hinderten, selbst zur Feder zu greifen, hat sie gelegentlich die Dienste einer Sekretärin in Anspruch genommen; das wurde häufiger, als sie sich im Dezember 1577 bei einem Sturz den linken Arm gebrochen hat, der nie ganz verheilte, so dass sie bis zu ihrem Lebensende behindert war. Aber auch da noch versuchte sie meistens, wenigstens ein paar eigenhändig geschriebene Worte anzufügen. Ihre treueste Sekretärin während dieser letzten Lebensjahre war ihre Begleiterin und Krankenschwester Ana de San Bartolomé, der Teresa selbst das Schreiben beigebracht hatte.

Um diese ausgedehnte Korrespondenz richtig einzuordnen, muss man sich klarmachen, dass der Briefverkehr für Teresa oft die einzige Möglichkeit darstellte, um Verbindungen, die ihr wichtig waren, aufrecht zu erhalten und ihrer Verantwortung für ihr wachsendes Gründungswerk gerecht zu werden. Reisen war unter den damaligen Bedingungen nicht nur sehr anstrengend und zeitraubend, es war ihr außerdem als Ordensfrau nur in sehr begrenztem Umfang gestattet, zeit-

---

2 Siehe L. Rodríguez Martínez / T. Egido, *Epistolario*, 618.

weise sogar ganz verboten. Und andere Kommunikationsmittel gab es nicht. Wie sonst als brieflich hätte Teresa aus der Distanz Verhandlungen wegen Klostergründungen führen, eben erst entstehende Gemeinschaften und deren oft noch unerfahrene Priorinnen begleiten, über die Geschicke ihres Gründungswerks auf dem Laufenden bleiben und auf anstehende Fragen und Probleme antworten sollen? Wie sonst hätte sie über alle Entfernungen hinweg die Freundschaften, die ihr zeitlebens wichtig waren, pflegen sollen?

Von den Gründen, weshalb von diesem beeindruckenden Briefverkehr so wenig erhalten ist, soll weiter unten die Rede sein.

Adressatenkreis

Der Kreis der Adressaten und Adressatinnen Teresas ist groß und sehr vielfältig. Er umfasst neben Verwandten, Mitbrüdern und vor allem Mitschwestern innerhalb der von ihr angestoßenen Reform auch viele Freunde und Freundinnen, Mitarbeiter und Förderer. Zu ihrem ausgedehnten Bekanntenkreis gehören eine Reihe von Hochadeligen, aber auch viele Angehörige der *Converso*-Schicht, aus der sie selbst stammte und von der sie sich am ehesten Unterstützung bei ihren Klostergründungen erhoffen konnte. Eine eigene Gruppe bilden ferner die Stifter und Stifterinnen, mit denen sie über mögliche Klostergründungen verhandelt, sich teilweise auch noch lange nach erfolgter Gründung über nicht eingehaltene Zusagen oder unannehmbare Auflagen streitet. Schließlich sind unter ihren Adressaten eine Reihe von Persönlichkeiten des öffentlichen Lebens, sowohl weltliche als auch geistliche Autoritäten, allen voran König Philipp II., aber auch ihr Ordensgeneral, Giovanni Battista Rossi, mehrere Bischöfe und angesehene Theologen. Es ist bezeichnend für die Persönlichkeit Teresas, dass es in den Briefen an Theologen wie etwa Domingo Báñez oder Teutonio de Braganza nicht nur und oft nicht einmal an erster Stelle um geistliche Beratung in ihren Anliegen geht; es sind vielmehr freundschaftliche Briefe, in denen oftmals *sie* diejenige ist, die ihren Briefpartner berät und geistlich begleitet (s.u.).

Das alles macht, dass es unter ihren Briefen neben sehr persönlichen auch viele mit geschäftlichem Inhalt gibt. Da sie viele der Adressaten, mit denen sie Geschäftliches zu besprechen hatte, auch persönlich kannte, enthalten die meisten ihrer Briefe sowohl eher sachliche und geschäftsmäßige als auch persönlicher gefärbte Abschnitte – bei Teresas Spontaneität und mündlichem Stil, den sie auch in ihren Briefen beibehält, oft kunterbunt gemischt.

Historische Dokumente

Dieses breite Spektrum trägt dazu bei, Teresas Briefe zur spannenden Lektüre zu machen. Man lernt in ihnen nicht nur die Autorin kennen; da sie mit vielen wichtigen Persönlichkeiten ihrer Zeit in Verbindung stand und in ihren Briefen viele weitere erwähnt, sind diese vielfach auch geschichtliche Dokumente. Sie enthalten eine Fülle von interessanten Details über die Anfangszeit des Teresianischen Karmel und das schwierige Verhältnis zum Stammorden – und zwar aus der Sicht der Gründerin. (Siehe dazu 3. Das geschichtliche Umfeld.)

Zugleich sind sie aber auch ein Spiegel der weltlichen und kirchlichen Zeitgeschichte; denn Teresa war eine Frau mit einem äußerst wachen Interesse für alles, was die Menschen ihrer Zeit bewegte. Da finden sich Anspielungen auf die religiös-politische Großwetterlage, etwa auf das Massaker an den Hugenotten in Paris in der Nacht zum 24. August 1572 (Ct 52,2); auf den Tod des französischen Königs Karl IX. 1574 und die Religionskriege in Frankreich (Ct 67,4); auf die militärische Lage in Italien, wo „es gefährlich steht" (Ct 94,2); auf Don Juan de Austrias heimlichen Aufbruch nach Flandern, wo die Situation nicht weniger angespannt ist (Ct 143,3); in späteren Jahren etwa auf die vernichtende Niederlage von Alcazarquivir in Marokko 1578, als das portugiesische Heer von den Truppen des Sultans zerrieben wurde (Ct 258,2), oder auf die Niederschlagung des Moriskenaufstands in Sevilla 1580 (Ct 347,14). Und natürlich fehlt es auch nicht an Hinweisen auf innerkirchliche Entwicklungen und Ereignisse, etwa auf die letzten Sitzungen des Reformkonzils von Trient (Ct 70,10; 134,3; usw.) oder die Macht der Inquisition (Ct 149,3), aber auch auf den heute kaum noch vorstellbaren Einfluss des spanischen Monarchen in internen Angelegenheiten der Kirche und des Ordens (Ct 63,3; 83,6; 85,3; 86; usw.).

Postverbindungen im Spanien des 16. Jahrhundert[3]

Briefe schreiben, das hieß in Teresas Zeit und Umfeld nicht nur, sich immer wieder den Gänsekiel zurechtschneiden und die Tinte zubereiten: „Ich habe mir viel Mühe gegeben, damit die Tinte gut ist" (Ct 2,14). Es bedeutete vor allem auch, ständig mit den Unzulänglichkeiten der Postverbindungen zu ringen, lange Wartezeiten in Kauf zu nehmen, nie sicher zu wissen, ob die Sendung auch wirklich ankommen würde. Ein flächendeckendes, verlässliches Postwesen gab es noch nicht. Aber immerhin standen Teresa innerhalb Spaniens mehrere Beförderungsmöglichkeiten zur Verfügung, wobei das teilweise recht hohe Porto normalerweise nicht vom Absender, sondern vom Adressaten entrichtet wurde, weil das den Anreiz für den Überbringer erhöhte, die Sendung auch wirklich zuzustellen. Teresa greift je nach Bestimmungsort oder Wichtigkeit, auch je nach Art der Sendung mal auf die eine, mal auf die andere Beförderungsmethode zurück.

Einerseits hatte die räumliche Ausdehnung der Spanischen Reiche zur Gründung der sogenannten *Königlichen Post* geführt, ein für die damalige Zeit einzigartiges, sogar internationales Netz von Postverbindungen, das zunächst nur den Behörden und großen Handelsmärkten offen stand. Zu Lebzeiten Teresas wurde es aber auch einer privaten Kundschaft zugänglich gemacht. Es war relativ preiswert, funktionierte aber

[3] Siehe L. Rodríguez Martínez / T. Egido, aaO., 631–652.

nur zwischen größeren Städten und war durch die Schlamperei der Beamten oft recht unzuverlässig. Teresa gründet zwar gern in Städten, in denen es ein Postamt gibt, doch hütet sie sich davor, der Königlichen Post wichtige Dokumente oder Geldsendungen anzuvertrauen. Der Unzuverlässigkeit des Systems versucht sie dadurch zu begegnen, dass sie sich bemüht, den Postmeister persönlich kennenzulernen. Ihre gute Beziehung zum Postmeister von Toledo, Antonio de Figueredo, erklärt, weshalb aus der Zeit, als sie in Toledo weilte (Anfang Juli 1576 bis Juli 1577), überdurchschnittlich viele Briefe erhalten sind: „Der Postmeister von hier ist ein Cousin einer unserer Schwestern in Segovia; er hat mich aufgesucht und sagt, dass er ihr zuliebe Wunder tut; er heißt Figueredo (...). Wir haben uns geeinigt, und er sagt, dass ich in etwa acht Tagen von dort Nachricht haben könnte, wenn man dort dafür sorgt, die Briefe dem Postmeister zu übergeben. Schauen Sie, das wäre doch großartig!" (Ct 120,3 an María de San José).

Am häufigsten vertraut sie ihre Post *Fuhrleuten* an: „Dieser Fuhrknecht kommt wegen des Briefes erst, wenn er sich auf den Weg machen will. Daher bleibt keine Zeit, um mehr zu sagen" (Ct 40,1 an Juana de Ahumada). Fuhrleute verlangten zwar ein wesentlich höheres Entgelt als die Königliche Post und brauchten länger, beförderten dafür aber auch Warensendungen. Vor allem waren sie zuverlässiger, da in diesem Fall Privatleute oder auch die mächtige Innung der Fuhrleute für die sichere Zustellung bürgten. Ein Nachteil dieses Systems war, dass es nur zwischen Städten funktionierte, die durch relativ gute Straßen verbunden waren, und das auch nur im Sommer, solange diese trotz allem oft sehr mangelhaft befestigten Straßen für Wagen passierbar waren.

Im Winter und generell für die Verbindung mit kleineren und abgelegeneren Ortschaften war sie auf die Dienste von *Mauleseltreibern* angewiesen, wobei man, genau wie bei den Fuhrleuten, nie sicher wusste, wann sie vorbeikommen würden: „Bis gestern war der Mauleseltreiber noch nicht angekommen. Gebe Gott, dass ihn der Lizentiat zuverlässig schickt"

(Ct 85,1 an Antonio Gaytán). Mauleseltreiber brauchten zwar am längsten und das Entgelt war hoch, doch dafür galten sie als relativ zuverlässig.

Am schnellsten und sichersten, aber auch am teuersten waren die *Kuriere*, die beide Wege auf sich nahmen und somit in wichtigen Fällen gleich auch die Antwort zurückbrachten. „Schnell" ist natürlich relativ: Sofern er keine unnötigen Umwege machte, brauchte ein Kurier im Sommer für den Hin- und Rückweg zwischen Ávila und Madrid mindestens fünf Tage, zwischen Madrid und Toledo mindestens drei Tage, zwischen Toledo und Sevilla acht bis zehn Tage und zwischen Sevilla und Segovia dreizehn Tage. In Wirklichkeit waren sie aber oft viel länger unterwegs ... Für Geldsendungen, wichtige Dokumente, dringende oder vertrauliche Korrespondenz blieb Teresa häufig nichts anderes übrig, als sich einen Kurier zu leisten: „Es gibt Geschäfte, für die ich ihm (dem Visitator Pedro Fernández OP), glaube ich, einen Kurier schicken muss, koste es, was es wolle" (Ct 63,3 an María Bautista). Natürlich nimmt sie, wann immer das möglich ist, auch Kurierdienste von reisenden Geschwistern, Freunden und Bekannten in Anspruch.

Bei der Langsamkeit und Unsicherheit dieser Beförderungssysteme konnte es leicht geschehen, dass ein Adressat längst abgereist war, wenn seine Post endlich auf der alten Adresse eintraf. Aus diesem Grund, aber auch aus Diskretionsgründen (s.u.), baut Teresa ein eigenes Netz von Postverteilungsstellen auf: Sie schickt ihre Briefe an bestimmte Klöster, wo sie der Adressat auf der Durchreise abholen kann. Die Priorinnen ihrer Klöster, ganz besonders die Priorin von Sevilla, María de San José, sind ihre wichtigsten Postverteilerinnen.

Waren die Postverbindungen innerhalb Spaniens schon schwierig und zeitaufwändig, so galt das erst recht für den Briefverkehr mit Westindien. Da galt es, auf gut Glück zu erraten, wann die Flotte segeln würde, was ja wetterabhängig war, und zu hoffen, dass sie eine glückliche Überfahrt hatte. Da die offizielle Post wenig zuverlässig war, versuchte man einen reisenden Kaufmann ausfindig zu machen, der die Sendung gegen Bezahlung persönlich überbrachte. Es überrascht nicht, dass von den vielen Briefen, die Teresa ihren in Westindien weilenden Geschwistern geschrieben haben muss, nur ganz wenige erhalten sind.

Besonders kompliziert, unsicher und langsam war auch der Briefverkehr mit Italien. Briefe kamen entweder gar nicht oder mit großer Verspätung an. So vermerkt Teresa, dass die beiden Briefe ihres Ordensgenerals Giovanni Battista Rossi, die sie am 17. Juni 1575 in Händen hielt, „vom Datum her nicht so neu waren, wie ich es mir gewünscht hätte" (Ct 83,1 an Rossi). Beide waren viele Monate unterwegs gewesen. Unter diesen Umständen versteht man, weshalb sie ihre Briefe nach Rom oder Piacenza gleich in mehreren Kopien ausfertigte, die sie dann auf unterschiedlichem Weg dorthin schickte.

Teuer und unsicher, aber eine Priorität

In dieser Situation ist es kaum überraschend, dass Teresa sich gelegentlich über die hohen Kosten beklagt, die mit ihrer ausgedehnten Korrespondenz verbunden sind: „Überall, wo ich mich aufhalte, fällt so vieles an, und sei es nur Briefporto; denn es tut mir leid, dass es so teuer ist, und es sind viele, die anfallen..." (Ct 115,8 an Lorenzo de Cepeda). Doch war ihr, der Geschwisterlichkeit und Austausch so sehr am Herzen lagen, eine gute und regelmäßige Kommunikation immer wichtiger als Bedenken wegen ihres oder der Schwestern Armutsgelübdes: „Bei Euer Ehrwürden Armut macht es sich zwar nicht gut, so viel Porto zu bezahlen, aber es geht nicht anders" (Ct 339,1 an María de Cristo). Im Zweifelsfall ist sie lieber großzügig: „Ich habe niemanden Zuverlässigen, der den Brief befördert; ich werde ein gutes Entgelt einsetzen" (Ct 68,5 an María Bautista). Mit Selbstverständlichkeit hält sie auch ihre Briefpartner und -partnerinnen dazu an, keine Kosten zu scheuen; besonders in ihren letzten Lebensjahren häufen sich die Bitten, ein „gutes Entgelt" einzusetzen

(Ct 209,3; 230,13; 248,16; 270,1). Gut gemeinte, aber sündteure Geschenksendungen von Lebensmitteln, bei denen es keine Gewähr gab, dass sie nicht verdorben ankamen, stehen jedoch auf einem anderen Blatt: „Schicken Sie mir doch bitte nichts, denn das ist teurer als die Sache wert ist. Einige Quitten, nur ein paar, sind gut angekommen, gut auch die kleinen Fische. Der Thunfisch ist in Malagón geblieben und dort kann er ruhig bleiben!" (Ct 122,14 an María de San José).

Dass viele ihrer Briefe nie ihr Ziel erreichten, lag allerdings nicht nur an den schlechten Postverbindungen. Gelegentlich war auch böse Absicht im Spiel: „Ich habe mehrere Briefe geschrieben: von einem weiß ich schon, dass er Euer Hochwohlgeboren aus einem bestimmten Grund nie übergeben wurde; bei den übrigen weiß ich nicht, was damit geschehen ist" (Ct 60,2 an den Bischof von Ávila, Álvaro de Mendoza). Sie gewöhnt es sich deshalb an, wichtige Briefe in mehreren Exemplaren und vorsorglich auch auf verschiedenen Postwegen zu schicken: „Letzte Woche habe ich Euer Hochwohlgeboren ausführlich geschrieben, auf zwei verschiedenen Wegen, aber alle mit gleichem Inhalt" schreibt sie im Juni 1575 dem Ordensgeneral Giovanni Battista Rossi (Ct 83,1). Aus demselben Grund bittet sie ihre Briefpartner, die Antwort „auf verschiedenen Wegen zu schicken" (Ct 108,4 an Jerónimo Gracián).

Als mit den Jahren die Spannungen zwischen dem Stammorden (den „Beschuhten") und der jungen Reformbewegung (den „Unbeschuhten") eher zu- als abnahmen, spielten Fragen der Zuverlässigkeit der Übermittlung und vor allem auch der Diskretion und Sicherheit ihrer Briefpartner eine immer größere Rolle. „Vieles, was ich sagen möchte, geht nicht in einem Brief," schreibt sie bereits 1574 ihrer Verwandten María Bautista (Ct 73,1). Sie war sich darüber im Klaren, dass ihre Briefe gelegentlich von ihren Gegnern abgefangen wurden: „Meines Erachtens sind Briefe von mir in andere Hände geleitet worden" (Ct 79,7 an Teutonio de Braganza). Entsprechend wichtig war es ihr, sich möglichst zuverlässige Kuriere zu besorgen (Ct 8,9; 49,3; 63,3; usw.). Ab 1576 nimmt sie aus Sicherheitsgründen sogar ihre Zuflucht zu Decknamen, deren Wahl oftmals von Humor, in ihrer leichten Durchschaubarkeit gelegentlich aber auch von einer gewissen Naivität zeugt.

2. Teresa als Briefschreiberin

Für Leser und Leserinnen, die Teresas geistliche Schriften, etwa ihr *Buch meines Lebens* oder ihre *Innere Burg* oder auch den *Weg der Vollkommenheit* kennen und sie als geistliche Schriftstellerin schätzen gelernt haben, mag es zunächst durchaus überraschend sein, dass die weitaus meisten ihrer Briefe keineswegs ausdrücklich „geistliche" Briefe sind. Es geht in ihnen nicht an erster Stelle um die Weitergabe einer geistlichen Lehre; bis auf einzelne Absätze oder gelegentliche kurze Bemerkungen sind es nicht einmal im eigentlichen Sinn Briefe geistlicher Führung, wie wir sie von so vielen spirituellen Meistern und Meisterinnen kennen. In den meisten Briefen Teresas geht es vordringlich um Alltagssorgen oder geschäftliche Angelegenheiten, wie sie ihre vielen Klostergründungen und die Verantwortung für ihr Gründungswerk mit sich brachten. In der Geschichte der Spiritualität nehmen Teresas Briefe in dieser Hinsicht durchaus eine Sonderstellung ein.

Doch ist es gerade dieser nüchterne, alltägliche Charakter der Briefe Teresas, der ihren unschätzbaren Wert ausmacht. Nirgends lernt man sie so unmittelbar als Person kennen wie in ihren Briefen, nirgendwo sonst wird so greifbar, wie die große Mystikerin und Ordensgründerin als Mensch und Frau mit den ganz gewöhnlichen Dingen eines oftmals sehr aufreibenden Alltags umging. Wohl gerade deswegen wird in ihnen so eindrücklich spürbar, wie sehr sie mitten in den Alltagsgeschäften das zu leben versuchte, was sie in ihrem *Buch der Gründungen* einmal so ausdrückt: „Wenn euch der Gehorsam (in heutiger Sprache könnte man sagen: eure Lebensaufgabe) Beschäftigung mit äußeren Dingen aufträgt, dann versteht, dass der Herr zwischen den Kochtöpfen weilt, falls es in der Küche ist, und euch innerlich und äußerlich hilft" (F 5,8).

Das Wichtigste, was uns Teresas Briefe vermitteln, ihre eigentliche Botschaft, ist deshalb die faszinierende Persönlichkeit der Autorin: Teresa selbst als Frau und Gottsucherin. Durch ihre persönliche Ausstrahlung und ihre nachvollziehbare Alltagsspiritualität zieht sie ihre Leser und Leserinnen in den Bann und wird dadurch selbst zur geistlichen Botschaft, die unaufhörlich für das wirbt, was ihre eigene Kraftquelle ist: dem Freundschaftsangebot Gottes in Jesus Christus zu trauen und uns mitten im Leben mit ihm auf den Weg zu machen.

Briefschreiben zwischen Lust und Last

Briefe schreiben war für Teresa angesichts des Fehlens sonstiger Kommunikationsmittel (s.o.) einerseits bittere Notwendigkeit. Vieles konnte wirklich nur auf diesem Weg erledigt werden. Und mit wachsender Verantwortung und wachsendem Bekanntenkreis dehnte sich auch ihre Korrespondenz aus. Es nimmt daher nicht wunder, dass Teresa unter der Last dieses ständig wachsenden Briefverkehrs gelitten hat und sich bei den vielen sonstigen Aufgaben, die ebenfalls auf ihren Schultern ruhten, immer wieder über chronischen Zeitmangel beklagt: „Die Aufgaben außerhalb und innerhalb des Hauses sind so zahlreich und so dringlich, dass ich zum Schreiben selbst dieses Briefes kaum Gelegenheit habe", schreibt sie bereits 1571 an Doña Luisa de la Cerda (Ct 38,3). Die Korrespondenz sei ihre schlimmste Prüfung: „... Sonst geht es mir gut, bei so vielen Beschäftigungen und Prüfungen, dass ich nicht weiß, wie man das aushalten kann. Das Schlimmste sind die Briefe" (Ct 39,1 an ihre Schwester Juana de Ahumada). Oder auch: „Diese Briefe sind eine wahre Tortur, und wenn es einmal nur zu meinem Vergnügen wäre, dann fehlt mir immer die Zeit" (Ct 77,5 an Doña Ana Enríquez).

Doch ist das nur die eine Seite. Es wäre ein Irrtum zu meinen, dass das Briefschreiben Teresa *nur* eine Last war. Die vielen, oftmals sehr langen Episteln an Freunde und Freundinnen, in denen neben Geschäftlichem auch viel Persönliches zum Ausdruck kommt, sprechen eine andere Sprache. Teresa war eine sehr kommunikationsfreudige, auf den Dialog angewiesene Frau. Sie hat *auch* viele Briefe geschrieben, weil es ihr ein inneres Bedürfnis war, sich mitzuteilen und wenigstens schriftlich mit denen in Kontakt zu bleiben, die ihr nahe standen. Mit entwaffnender Ehrlichkeit steht sie dazu, dass sie das braucht: „Denken Sie nur nicht, dass es vertane Zeit sei, mir zu schreiben, denn das brauchen wir von Zeit zu Zeit" (Ct 13,1 an Francisco de Salcedo).

Obwohl sie gelegentlich über die Stöße von Briefen stöhnt, die es zu lesen und zu beantworten gilt, bittet sie die verschiedensten Adressaten, ihr nur ja regelmäßig zu schreiben. Sie beklagt sich in unmissverständlichen Worten, wenn das ihrer Meinung nach zu selten geschieht: „Tun mir Euer Gnaden doch den Gefallen, damit ich nicht traurig werde, wenn ich den Packen Briefe durchsehe und Ihre Handschrift nicht entdecke" (Ct 58,7 an Domingo Báñez); „Es ist nicht schön von Ihnen, mir so lange nicht zu schreiben, wo Sie doch wissen, wie ich mich über Ihre Briefe freue" (Ct 71,8 an María Bautista). María de San José ermuntert sie: „Je länger er (der Brief) ist, desto mehr freue ich mich darüber" (Ct 146,1).

Eine Meisterin des Dialogs

Teresas Briefe sind oftmals kleine literarische Kunstwerke. Sie hält ihren Briefpartnern und -partnerinnen keine schriftlichen Monologe, sondern lässt sich innerlich auf ein echtes Gespräch mit ihnen ein. Sie spricht sie immer wieder an, versetzt sich in ihre Lage, gibt sich so, wie sie sich bei einer realen Begegnung geben würde. Wenn ihren großen Werken schon die ganze Spontaneität der mündlichen Sprache anhaftet, so gilt das erst recht für ihre Briefe.

Teresa versteht es meisterhaft, sich auf die jeweilige Person einzustellen. Sie entfaltet in ihren Briefen ihre ganze Beziehungsfähigkeit und stellt immer wieder ihre Begabung, mit unterschiedlichsten Menschentypen umzugehen, unter Beweis. Mit Takt, Herzlichkeit und Feingefühl findet sie den richtigen Ton. Sie nimmt Anteil, tröstet und ermutigt: „Ach meine Herrin, wie denke ich doch dauernd an Euer Hochwohlgeboren und an Ihre Prüfungen! Und so werden sie dem Herrn sorgsam anempfohlen" (Ct 10,1 an Luisa de la Cerda); „Schmerz empfinde ich über den großen Kummer, den Sie gehabt haben mögen, meine Tochter, und bei so großen und so zahlreichen Geschäften noch haben" (Ct 63,2 an María Bautista); „Ich weiß besser als Euer Gnaden es mir sagen oder brieflich mitteilen können, welche (Prüfungen) Sie durchmachen, und so empfehle ich Sie eifrig Gott" (Ct 40,1 an Juana de Ahumada).

Gute Freunde und Freundinnen müssen sich allerdings auch so manche Wahrheit sagen lassen, wenn auch mit viel Herzlichkeit versüßt: „Ich bin nicht erstaunt, dass Euer Hochwohlgeboren betrübt sind; ich hatte schon begriffen, dass Sie reichlich zu leiden haben würden, als ich Ihre Veranlagung sah, denn die ist nicht dazu angetan, um sich mit allen zu verstehen" (Ct 8,2 an Luisa de la Cerda); „Ich glaube nicht, dass Sie bei besserem Wohlbefinden wären, wenn Sie die Ruhe genießen würden, von der Sie sprechen, sondern bei schlechterem, (...) da ich Ihr Temperament kenne; (...) sich die Einsamkeit zu wünschen ist für Sie besser als sie zu haben" (Ct 63,2 an María Bautista). Mit erstaunlichem Freimut sagt sie sogar dem berühmten Konzilstheologen Domingo Báñez die Meinung: „Ich hätte Lust, mit Ihnen einmal über diese Ängste zu sprechen, die Sie haben, was nichts bewirkt als Sie nur Zeit vergeuden zu lassen, aber als wenig Demütiger wollen Sie mir nicht glauben. Besser macht es da Pater Fray Melchor!" (Ct 61,9).

Wenn nötig, zeigt sie sich konfliktfähig, so etwa in den Briefen an den eigenwilligen Mitbruder Ambrosio Mariano, der ihre Geduld oft auf eine harte Probe stellt. Als er ohne jede Absprache nach Madrid reist und sie inmitten größter Schwierigkeiten in Sevilla allein lässt, lässt sie ihrem Ärger freien Lauf: „Mein Gott! Was haben Sie doch für ein Talent, um einen in Versuchung zu bringen! Ich sage Ihnen, dass ich schon viel Tugend haben muss, um überhaupt zu schreiben. (...) Wenn ich bedenke, in welchen Verwicklungen mich Euer Ehrwürden hier gelassen haben und wie sorglos Sie mit allem umgehen, dann weiß ich nicht, was ich mir denken soll, es sei denn *Verflucht der Mensch, usw.* (Jer 17,5)" (Ct 106,1f.). Wenig später heißt es: „Ich sage Ihnen, dass ich nicht weiß, wie wir beide in Frieden leben können, wenn Sie mir so viel Anlass zum Streit geben" (Ct 131,1).

Immer wieder gibt es Stellen, an denen deutlich wird, dass der Dialog in Wirklichkeit ein „Trialog" ist, weil auch das innere Gespräch mit dem göttlichen Freund weitergeht: „Merken Sie jetzt nicht, was es ist, das Gott in Lorenzo de Cepeda bewirkt? Er ist, glaube ich, mehr darauf bedacht, dass seine Kinder leichter ihr Seelenheil wirken, als ein großes Vermögen zu haben. Ach Jesus, wo bin ich ihm überall verpflichtet, und wie wenig diene ich ihm!" (Ct 22,2 an Juana de Ahumada); „O mein Jesus, wie oft opfere ich ihm auf, dass ich nicht bei Euer Hochwohlgeboren bin und über Ihre Gesundheit nicht so im Bild sein kann, wie ich möchte!" (Ct 19,3 an María de Mendoza); und fast in jedem Brief: „Gott sei's gepriesen!" oder „Er sei für immer gepriesen!" (Ct 2,1; 5,4; 6,1; 8,1; usw.).

Ganz Mensch und ganz Frau

Als Briefschreiberin bleibt Teresa ganz Mensch und ganz Frau. Mit herzerfrischender Ehrlichkeit und Freimütigkeit gibt sie Anteil an ihrem eigenen Leben und Einblick in alles, was sie bewegt. Es war ihr zeitlebens ein großes Anliegen, „mit aller Schlichtheit und Wahrhaftigkeit, zu denen ich fähig bin," (V 40,24) zu schreiben. Offenheit und Ehrlichkeit ist auch das, was sie an anderen schätzt; so bescheinigt sie etwa der Mutter Graciáns, Juana Dantisco, „eine Offenheit und Transparenz, von der ich ganz hingerissen bin," und fügt gleich ein wenig schelmisch hinzu: „Darin hat sie ihrem Sohn viel voraus!" (Ct 124,2 an Jerónimo Gracián).

Ihre Briefe zeugen von einer ganzheitlichen Sicht auf das Leben eines Menschen und eines Christen. Sie interessiert sich nicht nur für das geistliche Wohl derer, denen sie schreibt, sondern auch für viele Einzelheiten ihres Alltags und ganz besonders für die Gesundheit ihrer Briefpartner oder gemeinsamer Bekannten: „Ich wusste schon, dass Euer Hochwohlgeboren krank waren, und so hatte ich mich heute bemüht, woher ich wohl Nachricht über Ihren Gesundheitszustand bekäme. Der Herr sei gepriesen, dass Euer Hochwohlgeboren sich besser fühlen" (Ct 38,3 an Luisa de la Cerda); „Juana de Jesús soll mich wissen lassen, wie es ihr geht, denn sie hatte am Tag meiner Abreise ein ganz eingefallenes Gesicht" (Ct 59,4 an Ana de la Encarnación). Sie gesteht: „Es gibt nichts, was ich so mitfühle wie heftige Schmerzen, sogar bei meinen Feinden ..." (Ct 104,6 an María Bautista). Das hängt sicher damit zusammen, dass sie selbst ihr Leben lang unter vielfältigen gesundheitlichen Beschwerden litt, über die ihre Briefe beredte Auskunft geben: „Meine miserable Gesundheit lässt mich in viele Fehler fallen" (Ct 53,10 an Juan Ordóñez); „mein Viertage-Fieber geht weiter, und das Schlimmste ist, dass der Schmerz der letzten Winter wiederkommt, so dass ich in der letzten Nacht deshalb kaum geschlafen habe" (Ct 57,5 an Juana de Ahumada); „gesundheitlich ist es mir dieser Tage miserabel ergangen; ich habe aber ein Abführmittel eingenommen und nun geht es mir gut, wie es schon seit vier oder mehr Monaten nicht mehr der Fall war, so dass es nicht mehr zum Ertragen war" (Ct 92,6 an Jerónimo Gracián).

Mit der ihr eigenen praktischen Veranlagung kann sie es nicht lassen, gleich auch gesundheitliche Ratschläge zu erteilen. Dabei zeigt sich, dass sie sich mit den damaligen Behandlungsmethoden bestens auskennt: „Bringen Sie ihn (Báñez, der nicht näher spezifizierte Schmerzen hatte) dazu, sich Fußwickel zu machen. Es stimmt zwar, dass der Schmerz nicht heftig ist, doch wenn er sich festsetzt, ist es etwas ganz Schlimmes und hält tagelang an. Achten Sie auch darauf, ob er sich warm genug anzieht" (Ct 104,6 an María Bautista);

„hüten Sie sich davor, Sassaparillenwasser (ein Abführmittel) zu trinken, auch wenn es Frauenleiden noch so gut kuriert" (Ct 120,12 an María de San José).

Freimütig zeigt sie sich so, wie sie ist, getreu ihrem Motto „Demut ist in der Wahrheit leben" (6M 10,7). Dazu gehört nicht nur das Eingeständnis, wie „alt und erschöpft" sie sich bereits 1575 – mit 60 Jahren – fühlt (Ct 83,7). Anziehend und anrührend wirkt bis heute, dass sie sich keineswegs scheut, sehr menschliche Züge von sich preiszugeben. Hier nur ein paar fast willkürlich ausgewählte Beispiele, in denen sie in aller Offenheit zu ihren Gefühlen, Bedürfnissen und menschlichen Grenzen steht: „Obwohl wir hier bei den Geschäften einige Anlässe dazu hatten (und ich bin selbst der Anlass, denn ich habe mich gelegentlich über ihn aufgeregt), haben wir bei ihm (Johannes vom Kreuz) nie eine Unvollkommenheit bemerkt" (Ct 13,2); „was für eine Idee, mir Schwarzwurzel zu schicken! Doch habe ich kaum davon gegessen, weil mich ein schrecklicher Ekel vor Süßigkeiten überkam" (Ct 68,3 an María Bautista); „als ich heute darüber nachdachte, ... dass es einen Mann wie er (Salcedo), der Gott doch schon so viele Jahre so aufrichtig dient und dessen Besitz immer mehr den Armen gehört hat als ihm selbst – dass es ausgerechnet ihn derart betrübt, ihn zu verlieren, und als ich meinte, dass mir so etwas nicht viel ausmachen würde, da fiel mir ein, wie sehr es mir weh tat, als wir in Sevilla das, was Euer Gnaden mitbrachten, in Gefahr sahen" (Ct 142,4 an Lorenzo de Cepeda). Genauso offen bekennt sie sich auch zu ihrem Trennungsschmerz beim Abschied von liebgewonnenen Mitschwestern: „Der Herr gebe, dass ihm mit den vielen Mühen und Schmerzen wegen des Abschieds von so innig geliebten Töchtern gedient sei" (Ct 110,1 an María de San José).[4]

Ihre Briefe bezeugen eindringlich, welche Schlüsselrolle das Thema „Freundschaft" in ihrem Leben spielt. Da ist einmal

[4] Siehe dazu auch das Bekenntnis in F 27,18.

die Freundschaft mit Gott, besonders in seiner menschlichen Gestalt (Jesus Christus), die wie ein Unterstrom ist, der das Ganze unterfängt und immer wieder an die Oberfläche drängt. Es gibt kaum einen Brief, in den sie nicht das eine oder andere Stoßgebet einflicht; vom „Trialog", in dem sich diese innige Freundschaft äußert, war schon die Rede. In den Briefen an Gracián gibt sie gelegentlich auch tieferen Einblick in ihr Gebetsleben, so etwa wenn sie schreibt: „Gestern Abend saß ich über der Geschichte des Moses und den Prüfungen, die er dem König und dem ganzen Königreich mit diesen Plagen schickte, und wie sie ihn nie berührten, derart, dass es mich erstaunt und erfreut, wenn ich sehe, wenn der Herr es will, dass niemand die Macht hat, uns zu schaden. Ich freute mich, das mit dem Roten Meer zu betrachten, und dachte daran, wie viel geringer das ist, was wir erbitten" (Ct 128,4). Verschlüsselt kommen hier sogar sehr persönliche Gebetserfahrungen zur Sprache: „Ich erinnerte mich an die Gnaden, die Gott mir erwiesen hat, und an das, was Josef (= Christus) mir von ihm gesagt hat: ‚Du wirst zur Ehre und Verherrlichung Gottes noch viel mehr erleben.'" (a.a.O). Zugleich zeigt sich hier Teresas Nüchternheit und ihr gesundes Empfinden im Umgang mit solchen inneren Erfahrungen. Sie steht zu ihnen, weiß sich von ihnen auch bestärkt, lässt sich in ihrem Verhalten aber nur dann von inneren Erlebnissen, die ja trügen können, beeinflussen, wenn sie auch von einer menschlichen Autorität bestätigt werden: „Jetzt werde ich mit (der Ergänzung des Buches) über die *Gründungen* beginnen, denn Josef (Christus) hat mir gesagt, dass es zum Nutzen vieler Seelen sei. (...) Freilich war ich auch ohne diese Ansprache schon so weit, da Eure Paternität es mir aufgetragen hatten" (Ct 128,5 an Jerónimo Gracián).

Neben Zeugnissen für ihre Freundschaft mit Gott sind ihre Briefe auch beredte und bewegende Belege für ihre ungewöhnliche Begabung zur Freundschaft mit vielen Männern und Frauen, die ihren Lebensweg kreuzten. Teresa brauchte menschliche Nähe. Auffallend und bis heute berührend ist das wiederholte Eingeständnis ihrer menschlichen Einsamkeit, die sie trotz tiefer Gottverbundenheit verspürt: „Große Einsamkeit verursacht es mir, von denen, die ich so gern habe, so weit weg zu sein" (Ct 65,2, vermutlich an Francisco de Salcedo); „Ach Jesus, wie einsam fühle ich mich ohne Sie!" (Ct 237,1 an María de San José). Besonders in den Briefen an María de San José verhehlt sie nicht, wie sehr auch sie auf menschliche Zuneigung und Zuwendung angewiesen ist: „Die Einsamkeit, die Sie, wie Sie sagen, meinetwegen verspüren, teile ich mit Ihnen. (...) Glauben Sie mir, dass ich Sie sehr gern habe, und sofern ich diese Zuneigung bemerke, sind alles weitere nur Bagatellen (...); da es dort allerdings das eine wie das andere gab, ich Sie aber als meine ganz liebe Tochter behandelte, schmerzte es mich ganz schön, (bei Ihnen) nicht genauso viel Schlichtheit und Liebe zu bemerken. Aber mit diesem Brief von Ihnen ist das jetzt wirklich alles weg, und es bleibt nur Zuneigung" (Ct 112,1); oder auch: „Wissen Sie, manchmal überkommt mich eine solche Sehnsucht, Sie zu sehen, dass man meinen möchte, ich hätte sonst nichts zu tun; das ist wirklich wahr" (Ct 120,4).

Sehr schön lässt sich auch das Wechselbad der Gefühle verfolgen, in das sie die Freundschaft mit dem viel jüngeren Weggefährten Jerónimo Gracián stürzt. Nach dem ersten längeren Beisammensein mit ihm schwärmt sie: „Es waren, ohne Übertreibung, die besten Tage meines Lebens! (...) So viel Vollkommenheit gepaart mit so viel Sanftheit habe ich noch nie gesehen" (Ct 81,1 an Isabel de Santo Domingo). Später bettelt sie ihn an, „aus Liebe zum Herrn mir kurz zu schreiben" (Ct 108,4). Wiederholt bittet sie die Priorin von Sevilla, wo er sich aufhält, „unseren Pater ab and zu [zu] verwöhnen" (Ct 120,15; vgl. Ct 109,2; 125,3; 129,8) und ihr häufig Nachricht von ihm zukommen zu lassen (Ct 109,2; 110,6; 126,1; 129,1; 133,3 usw.). Sie gibt offen zu, wie „neidisch" sie auf die Schwestern von Sevilla ist, die „ihn dort haben" (Ct 129,1) und in den Genuss seiner Predigten kommen (Ct 132,3; 136,11). Entschlossen verteidigt sie ihre besondere Beziehung zu ihm, wenn ihre Mitschwester und Verwandte María Bautista sie deswegen zur Rede stellt: „Sie wären erstaunt, was da vor sich geht. Ich konnte nicht anders, und ich bedauere das keineswegs. Wenn Sie Fehler an ihm entdecken, muss das wohl sein, weil Euer Ehrwürden ihn selten bei sich haben und mit ihm sprechen (...) Er bringt mir eine Freundschaft entgegen, die in keiner Weise verstrickt, sondern bis in die Seele geht. Es ist wie der Umgang mit einem Engel" (Ct 88,9). Allerdings ist sie sich dessen bewusst, dass diese enge Freundschaft missverstanden werden kann, und ärgert sich über die grenzenlose Naivität, mit der Gracián in manchen Klöstern persönliche Briefe von ihr vorliest: „Ich darf aus vielen Gründen Ihnen viel Liebe zeigen und erweisen, was aber nicht alle dürfen; auch sind nicht alle Oberen so wie mein Pater, dass ihnen gegenüber eine solche Arglosigkeit zulässig sei" (Ct 141,1 an Jerónimo Gracián).

Auch ihre Schwestern leitet sie an, Freundschaft untereinander zu pflegen, sowohl innerhalb der Gemeinschaft („hier haben alle einander Freundinnen zu sein", CE 6,4) als auch unter den Gemeinschaften. Obwohl die von ihr gegründeten Klöster von Anfang an selbständig sind, ist es für sie selbstverständlich, nicht nur das Gebet füreinander, sondern auch rege Kontakte untereinander zu fördern. Es sollen sich alle wie eine große Familie fühlen. Deshalb schickt sie die Nachrichten, die sie brieflich erfährt, und oft auch die Briefe selbst an die anderen Klöster weiter: „Denen von Caravaca ist es schlecht gegangen; sie (die Priorin) sagt, sie hätten Euer Ehrwürden geschrieben. Jetzt geht es ihnen wieder gut, und sie sind dabei, ein Haus zu kaufen. Da ich den Brief noch nicht beantwortet habe, schicke ich ihn Ihnen nicht mit" (Ct 127,5 an María de San José).

Ihre menschliche Weite und ihr gesunder Realismus zeigen sich unter anderem in der bewussten Distanzierung vom Rigorismus, der für nahezu alle damaligen Reformbewegungen charakteristisch war. Teresa konnte sich dafür nicht erwärmen; im Gegenteil, sie warnt ausdrücklich vor übertriebener oder falsch verstandener Askese: „Sie sollen die Schwestern nicht mit der Strenge führen, die Sie in Malagón gesehen haben, denn die sind keine Sklaven, und die Einübung ins Ich-Sterben soll keinem anderen Zweck dienen, als voranzubringen. Ich sage Ihnen, meine Tochter, man muss schon genau hinschauen, was sich diese kleinlichen Priorinnen in den Kopf setzen (was mir da zur Zeit für Sachen enthüllt werden!); es bedrückt mich sehr" (Ct 148,11 an María de San José). Von der für sie typischen Milde oder „Sanftheit" (*suavidad*) spricht auch der lapidare Satz: „Es ist besser, sich zu pflegen als krank zu sein!" (Ct 114,6). Sie macht unmissverständlich klar, was sie von der Neigung mancher Visitatoren hält, den Schwestern mit kleinlichen Vorschriften das Leben schwer zu machen: „Das alles nur zu lesen, ermüdet mich schon; was wäre erst, wenn ich es einhalten müsste? Glauben Sie nur, dass unsere Regel keine bedrückenden Leute verträgt, sie ist es schon genug" (Ct 150,2 an Jerónimo Gracián).

Auch so manche Nebenbemerkung zeugt von Bodenständigkeit und Lebenserfahrung: „Ich weiß aus Erfahrung, wie das mit vielen Frauen auf einem Haufen ist: Bewahre uns Gott!" (Ct 53,6 an Juan Ordóñez); „wenn Geld da ist, kann man alles haben" (Ct 129,7 an María de San José). Sie weiß Situationen realistisch einzuschätzen und gibt sich keinerlei Illusionen über die menschliche Natur hin: „Welche Frucht erzielen Sie denn [als Visitator] in den zwei, drei Tagen, die Sie in diesen kleinen Häusern verbringen ...? Sie sind nämlich noch nicht draußen, da kehren sie schon zu dem zurück, wie sie vorher lebten," schreibt sie Gracián (Ct 124,1). Von Menschenkenntnis zeugt etwa auch, wie sie sich über den Beschuhten Karmeliten Alonso de Valdemoro äußert: „Ich hege den Verdacht, dass er keine Freundschaft schließen wird, um uns Gutes zu tun, sondern nur um zu sehen, was er herausbekommt, um es seinen Freunden zuzustecken. Ich hätte gern, dass Euer Ehrwürden denselben Verdacht hegten und ihm nicht über den Weg trauten und auch nicht versuchten, das Geschäft über solche Freunde abzuwickeln" (Ct 135,9 an Ambrosio Mariano).

Versteckt in ihren Briefen gibt es einige interessante Selbstzeugnisse. So nennt sie sich eine „gute Geldwechslerin und Unterhändlerin" (Ct 24,5 an Lorenzo de Cepeda) oder auch eine „gute Feilscherin" (Ct 135,15 an Ambrosio Mariano). Sie lehne es ab, sich finanziell von jemandem abhängig zu machen, um frei zu bleiben, „ihnen meine Meinung sagen zu können" (Ct 24,11 an Lorenzo de Cepeda). Sie gesteht freimütig, dass die große Mitgift einer potentiellen Kandidatin „sofort verlockend für mich" gewesen sei, weil sie damit die Schuldenlast der Schwestern in Sevilla zu tilgen hofft (Ct 122,6 an María de San José).

Dass sie ein zähe Unterhändlerin, aber auch eine mit großem diplomatischem Geschick war, zeigen viele Briefabschnitte. Ein wahres Meisterwerke der Diplomatie ist etwa ihr Schreiben an die Stadträte von Ávila vom 5./6. Dezember 1562 (Ct 3). Auch wenn eine einflussreiche Stifterin, deren Wünsche sie nicht einfach ignorieren kann, auf der Aufnahme einer ungeeigneten Kandidatin besteht, zögert sie nicht, alle diplomatischen Register zu ziehen: „Wenn Euer Hochwohlgeboren es mit aller Entschiedenheit zu befehlen wünschen, dann besteht kein Grund mehr, noch weiter darüber zu reden, denn es ist klar, dass Sie in jenem Haus und überhaupt in allen befehlen können und ich zu gehorchen habe. (...) Zur Entlastung meines Gewissens darf ich es aber nicht unterlassen, Euer Hochwohlgeboren zu sagen, was ich in diesem Fall tun würde, nachdem ich es dem Herrn empfohlen hätte. (...) Ich bitte Euer Hochwohlgeboren inständig, es sich gut zu überlegen und für Ihr Haus höhere Ansprüche zu haben; denn wenn Euer Hochwohlgeboren nicht sehen, dass es ihm damit sehr gut geht, werden Sie es bedauern" (Ct 41,4–5 an María de Mendoza).

Frausein in „schweren Zeiten" (V 33,5)

Es gibt in Teresas Briefen etliche Hinweise auf ihre Situation als Frau: „Es wäre mir eine große Freude, dort zu sein, doch da es nicht auf dem Weg zur Gründung liegt, wäre es sehr beschwerlich für mich, und sofern man es mir nicht aufträgt, würde ich es nicht tun, noch darf ich mehr tun als mir die studierten Theologen sagten" (Ct 79,12 an Teutonio de Braganza). Deutlich lässt sie ihre Frustration über die Tatsache erkennen, dass sie, die Gründerin, in wichtigen, für den Fortbestand ihres Gründungswerks entscheidenden Fragen weder Entscheidungskompetenz noch wirkliches Mitspracherecht hat; schlimmer noch, dass ihre Ratschläge in den Wind geschlagen werden: „Wissen Sie, dass ich nur wenig fertig bringe und erst recht ganz, ganz wenig für das, was mir Euer Ehrwürden über die Romreise schreiben; ich bitte nämlich schon seit langem darum, bin aber nicht einmal so einflussreich gewesen, dass man einem, der so sehr ein Recht darauf hätte (dem Ordensgeneral), auch nur einen Brief schreibt (...) Es liegt nicht an unserem Pater Visitator (Gracián) (...); es gibt aber so viele, die ihm anders raten, dass ich nicht viel gelte. Es bedrückt mich sehr, nicht mehr zu vermögen" (Ct 130,3 an Juan de Jesús Roca).

Auch in dieser Situation resigniert sie nicht, sondern versucht sie sich mit kluger Taktik zu helfen. In einem diplomatisch brillanten Schreiben an den Ordensgeneral Giovanni Battista Rossi aus dem Jahr 1572 (Ct 102) greift sie die herrschenden Vorurteile gegen Frauen auf und bestätigt sie scheinbar, aber nur, um dann den Spieß umzudrehen: „Auch wenn wir Frauen zum Ratgeben nicht taugen, treffen wir ab und zu doch das Richtige" (Ct 102,8). Im Ton gewinnend, aber in der Sache klar, legt sie ihre Sicht der Dinge dar und scheut sich nicht, ihrem höchsten Oberen nahe zu legen, was er ihres Erachtens tun sollte, nämlich den Brüdern, die sein Missfallen erregt haben, verzeihen: „Schauen Euer Hochwohlgeboren, den Söhnen ist es eigen, sich zu irren, den Vätern aber zu vergeben und nicht auf ihre Fehler zu achten" (Ct 102,7). Keine Spur von Unterwürfigkeit; im Gegenteil, sie gibt sich erstaunlich selbstbewusst: „Wenn wir vor [Gottes] Richterstuhl stehen, werden Euer Hochwohlgeboren sehen, was Sie ihrer wahren Tochter Teresa von Jesus verdanken" (Ct 102,2), was sie am Ende des Briefes gleich noch einmal wiederholt: „So wird meine Erholung bis zu jener Ewigkeit ohne Ende ausbleiben müssen, wo Euer Hochwohlgeboren sehen werden, was Sie mir verdanken" (Ct 102,17).

Eine weitere Waffe, die sie gern einsetzt, ist die Ironie: „Richten Sie Pater Fray Antonio de Jesús und Pater Mariano (zwei einflussreiche Mitbrüder, die weniger auf sie hörten, als ihr lieb war) Grüße von mir aus, und dass auch ich mich um die Vollkommenheit, die sie haben, indem sie mir nicht schreiben, bemühen will" (Ct 114,4 an María de San José). Ironie hilft ihr, mit Widerständen klarzukommen: „Diese Domherren haben uns alle im Ich-Sterben geübt. Gott verzeihe ihnen," heißt es in einem Brief aus dem Jahr 1574 an María Bautista (Ct 71,4), eine Anspielung auf den fünf Jahre schwelenden Rechtsstreit mit dem Domkapitel von Segovia. Der Humor war überhaupt eine ihrer Stärken; unzählige Male heißt es in ihren Briefen „ich muss lachen" oder „ich habe schmunzeln müssen" (Ct 41,2; 63,2.4.8; 98,1.6; 115,1; usw.). Mit Humor ließ sich manche Situation entschärfen und manche menschliche Unzulänglichkeit besser ertragen.

Beratung und geistliche Führung

Auch wenn das Thema geistliche Führung in den Briefen Teresas keinen sehr breiten Raum einnimmt, erweist sie sich manchen Briefpartnern gegenüber doch wiederholt als Lehrmeisterin des inneren Betens und als Begleiterin auf dem geistlichen Weg. Dabei wendet sie dieselben Grundprinzipien an, auf die sie auch in ihren großen Werken immer wieder zu sprechen kommt: Sanftheit und innere Weite; Vermeidung aller Verkrampftheit; gesunder Realismus; Ermutigung zum je eigenen Weg, in Freundschaft mit Gott bzw. Christus zu leben, statt starrer Gebetsmethoden oder Ableistung eines bestimmten Gebetspensums; Einladung zum Freiwerden vom unfruchtbaren Kreisen um sich selbst („Ich-Sterben") statt asketischer Leistungen. Dass sie als Frau und Nichttheologin auch von angesehenen Theologen als geistliche Begleiterin akzeptiert und gesucht wird, sagt einiges über ihr eigenes geistliches Format.

Dem gelehrten Theologen und späteren Bischof von Évora, Teutonio de Braganza, schreibt sie etwa: „Dass Sie mit sich unzufrieden sind, wäre nichts Neues, noch seien Euer Hochwohlgeboren verwundert, dass Sie bei der Beschwernis der Reise und der Unmöglichkeit, eine so geregelte Zeiteinteilung zu haben, ein Stück weit an Lauheit litten. Sobald Euer Hochwohlgeboren zur Ruhe kommen, wird auch Ihre Seele sie wieder haben" (Ct 67,1 an Teutonio de Braganza). Wenig später heißt es noch konkreter und praktischer: „Die Melancholie drängt einen zur Meinung, man müsse sich (beim Beten) unter Druck setzen. Bemühen sich Euer Hochwohlgeboren manchmal, wenn Sie sich so bedrängt erleben, hinauszugehen, um zum Himmel aufzuschauen und einen Spaziergang zu machen, denn deswegen hört das Beten nicht auf, vielmehr muss man diese unsere Schwäche so ertragen, dass die Natur nicht darunter leidet. Das ist alles Gottsuche, denn seinetwegen machen wir uns auf die Suche nach Mitteln, und man muss die Seele mit Sanftheit leiten" (Ct 69,4). Ihrem Freund und Mitarbeiter Antonio Gaytán rät sie: „Mühen sich Euer Gnaden doch nicht zu sehr ab, (beim Beten) viel denken zu wollen, noch machen Sie sich etwas aus der Meditation, denn, falls Sie nicht darauf vergessen haben, ich habe Ihnen schon oft gesagt, was zu tun ist, und wie das eine größere Gnade des Herrn ist; und immer in seinem Lob zu verweilen und den Wunsch zu haben, dass alle das machen, ist die größte Auswirkung in einer Seele, die sich auf Seine Majestät eingelassen hat" (Ct 64,2).

Leidgeprüften Briefpartnern und -partnerinnen schenkt sie menschliche Nähe und Zuwendung, versucht aber zugleich, ihnen eine geistliche Perspektive aufzuzeigen und sie zu ermutigen, die Schwierigkeiten, die das Leben unweigerlich mit sich bringt, in der Nachfolge Christi zu bewältigen: „O, wenn Sie über Ihr Inneres dieselbe Herrschaft hätten wie im Äußeren, wie wenig würden Euer Hochwohlgeboren sich dann aus den Dingen machen, die man hier auf Erden als Prüfungen bezeichnet! (...) Dabei setzt unser Herr an, damit sich die feurige Liebe zu ihm, die er Ihnen ins Herz gibt, nach und nach in anderen entzünde. Schöpfen mir Euer Hochwohlgeboren von daher Kraft! Schauen Sie, was der Herr in dieser Zeit durchgemacht hat! Das Leben ist kurz, die Prüfung dauert nur einen Augenblick lang" (Ct 19,2.3 an María de Mendoza); „Bedenken Euer Gnaden, meine Gnädige Frau, dass wer gerettet werden will, so oder so Prüfungen durchmacht, und Gott sie uns nicht auswählen lässt; vielleicht gibt er Euer Gnaden als der Schwächeren sogar die kleinsten" (Ct 40,1 an Juana de Ahumada). Sie weist auf die Vergänglichkeit alles Irdischen und den himmlischen Lohn hin (Ct 37,2; 38,1), ermuntert zur Nachfolge Christi (Ct 19,3) und zur Gottesliebe (Ct 38,2); tröstet mit dem Hinweis auf Gottes liebevolle Führung: „Mir scheint, der Herr behandele Euer Gnaden wie einen Starken, da er Ihnen, ohne dass Sie arm sein wollen, nach und nach Ihre Rücklagen entzieht. Er sei für alles gepriesen; denn so macht er die reich, die er liebt, indem er sie im Leiden übt" (Ct 123,1 an Francisco de Salcedo).

Auch für das menschliche Miteinander und namentlich für Beziehungsprobleme gibt sie manchen Rat, der von Weisheit und Menschenkenntnis zeugt. Ihrem Bruder Lorenzo, dem die Empfindlichkeiten und Eifersüchteleien des Schwagers Juan de Ovalle zusetzen, schreibt sie: „Gott hat ihm eben nicht mehr gegeben. Daher stattet er andere mit den Voraussetzungen aus, um solche Leute zu ertragen, und so werden Euer Gnaden das auch tun müssen" (Ct 115,4). Ihre Mitschwester María Bautista, die verletzt ist, weil sie sich von ihrem Beichtvater, dem Dominikaner Domingo Báñez, vernachlässigt fühlt, bekommt unumwunden zu hören: „Wissen Sie, seine Sorge für Sie wird nur so lang dauern, bis er auf eine andere stößt, die ihm zusagt, und dann brauchen Sie schon bald nichts mehr zu befürchten, auch wenn Sie sich noch so viel darauf einbilden. (...) Hören Euer Ehrwürden doch mit diesen Empfindlichkeiten auf und unterlassen Sie es nicht, ihm zu schreiben, sondern bemühen Sie sich, allmählich zu der Freiheit zu gelangen, die ich, gottlob, schon weitgehend habe, denn Sie sind nicht so frei, wie Sie sagen" (Ct 143,4f.).

Aus allem spricht die reiche Lebenserfahrung einer Frau, die das Leben in vielerlei Hinsicht kennen gelernt und sich mit Ausdauer in der Nachfolge Christi darum bemüht hat, an dem, was es ihr brachte, innerlich zu reifen. Ihre Briefe belegen, wie sehr sie selbst nach der Maxime zu leben versuchte, die sie ihren Schwestern im *Weg der Vollkommenheit* nahe legt: „Nehmt diesen Rat an, der nicht von mir, sondern von eurem Lehrmeister kommt: Versucht, euren Weg in Liebe und (Gottes)furcht zu gehen, und ich versichere euch: Die Liebe wird euch antreiben, eure Schritte zu beschleunigen; und die Furcht wird euch schauen lassen, wohin ihr eure Füße setzt, damit ihr nicht stürzt" (CE 69,1).

3. Das geschichtliche Umfeld

Eingangs wurde schon darauf hingewiesen, dass fast alle erhaltenen Briefe aus den letzten 15 Lebensjahren Teresas stammen, also ab ca. 1567, dem Jahr der Gründung ihres zweiten Klosters in Medina del Campo. Kein Wunder, dass ihre Briefe vor allem mit ihrem Gründungswerk verbunden sind, das im Jahre 1580 endlich die päpstliche Approbation erhalten hat, so dass 1581 eine vom Stammorden unabhängige Provinz der Unbeschuhten errichtet werden konnte. Diesen Zeitraum gilt es hier genauer zu betrachten, um vieles in ihren Briefen richtig einordnen zu können. Dabei muss vor allem die damalige politische Großwetterlage, insbesondere der wachsende Kontrast zwischen der Reformpolitik des Papstes, namentlich nach dem Konzil von Trient, und der Philipps II. berücksichtigt werden, der ab 1556 seinem Vater Carlos I. – dem Kaiser Karl V. – als König von Spanien nachgefolgt war. Vorbei waren die Zeiten einer großen geistig-geistlichen Öffnung Spaniens auf Europa, speziell auf Erasmus von Rotterdam hin, da ab der Mitte der 30er Jahre, bedingt durch die militärischen Erfolge der protestantisch gewordenen Fürsten gegenüber dem Kaiser, dieser als König von Spanien die Grenzen immer mehr abdichtete, um das Eindringen der neuen Lehre zu vermeiden. Die Angst vor der Häresie nahm zu, was andererseits wiederum die Inquisition als Wächterin über den reinen Glauben auf den Plan rief.

Die Anfänge des Gründungswerkes Teresas

Teresa war gegen Ende der 1550er Jahre immer mehr zum Entschluss gekommen, ein für ihre Bedürfnisse besser passendes Kloster mit einem neuen Lebensstil gründen zu sollen. Dazu war sie vor allem durch ihre Gebetserfahrungen und den Wunsch gekommen, in ihrem neuen Ordensleben dem inneren Beten, also dem persönlichen Verweilen bei Gott „wie bei einem Freund" (V 8,5), den Vorrang zu geben. Schließlich kam es am 24. August 1562 zur Gründung des ersten Klosters. Als im Frühjahr 1567 der Ordensgeneral Giovanni Battista Rossi nach Ávila kam, hat sie von ihm die Erlaubnis erhalten, – außer in Andalusien – weitere Klöster wie das von San José in Ávila zu gründen.[5] Bereits vor der zweiten Gründung in Medina del Campo am 15. August war ihr klar geworden, dass sie zur geistlichen und rechtlichen Konsolidierung Brüder brauche, und so nimmt sie voll Freude wahr, dass Johannes vom Kreuz, der zur gleichen Zeit wie sie in Medina weilte, sich nach einem kontemplativeren Leben sehnte. Sie treffen sich, Teresa gelingt es, ihn von einem Wechsel in die Kartause abzubringen und für ihr Werk zu gewinnen. Ein Jahr später treffen sie sich in Valladolid wieder, wo Teresa ihren ersten Schüler in ihre neue Lebensweise einführte (F 13,5), und einen Monat später schreibt sie über ihn an Francisco de Salcedo: „Sprechen Euer Gnaden mit diesem Pater, ich bitte Sie inständig darum, und unterstützen Sie ihn bei diesem Geschäft; denn wenn auch klein an Gestalt, ist er, so meine ich, in den Augen Gottes doch groß. Er wird uns hier gewiss sehr fehlen, denn er ist klug und für unsere Lebensweise geeignet, und so glaube ich, dass unser Herr ihn dazu berufen hat. Es gibt keinen Bruder, der nicht gut von ihm spräche, denn sein Leben ist sehr bußfertig gewesen. ... Der Geist, den der Herr ihm gegeben hat, und seine Tugend inmitten vieler Anlässe ... haben mir Mut gemacht zu glau-

[5] Rossi kam am 18. Februar 1567 nach Ávila, seine Schreiben stammen vom 25. April und 16. Mai 1567.

ben, dass wir einen guten Start haben. Er hat viel Gebetserfahrung und gesunden Menschenverstand; der Herr führe ihn auch weiter" (Ct 13,2.5).

Teresa und Johannes vom Kreuz finden zusammen

Es war Teresa sehr wichtig, dass „er alle Dinge gut verstanden hätte, sowohl bezüglich des Ich-Sterbens,[6] als auch des schwesterlichen Umgangs und der Erholung,[7] die wir gemeinsam halten. Alles geschieht mit Maßen, da es nur dazu dient, dabei die Fehler der Schwestern zu erkennen und uns ein bisschen Erleichterung zu verschaffen, um die Strenge der Regel auszuhalten.[8] Er war so gut, dass zumindest ich viel mehr von ihm lernen konnte als er von mir" (F 13,5). Teresa schreibt das im Rückblick, Ende 1574, nachdem sie mit Johannes vom Kreuz bereits zwei Jahre im Menschwerdungskloster verbracht hatte, sie ab 1571 als Priorin, er ab 1572 als Beichtvater. Wenn man noch die in CE 6,1 (CV 4,4) genannten drei „Dinge" dazunimmt – gegenseitige Liebe, Loslassen alles Geschaffenen und wahre Demut –, dann hat man damit eine Kurzbeschreibung des teresianischen Charismas vor sich. Gerade an dieser Sorge, dass ihr erster Schüler „alle Dinge gut verstanden hätte", zeigt sich, dass es bei ihr um etwas Neues geht gegenüber dem damals gängigen Reformmodell, das vor allem von den Franziskanern propagiert wurde. Bei ihrem Besuch in Duruelo Ende Februar 1569, nachdem dort Johannes vom Kreuz am 28. November 1568 mit zwei Brüdern das Leben nach dem neuen Ideal begonnen hatte, er-

---

[6] Die herkömmliche Übersetzung *Abtötung* ist irreführend, denn es geht um den Prozess des Absterbens des alten Menschen, damit der neue Mensch leben kann, und gerade nicht um die *Werke der Abtötung* (asketischen Übungen), die allerdings in den damaligen Reformbewegungen wichtig waren und als *rigor* – *Rigorismus* von Teresa abgelehnt wurden.

[7] Eine Neueinführung gegenüber der Regel, wo eine gemeinsame Erholung (Rekreation) nicht vorgesehen ist. Siehe Cs 26-28.

[8] Die drei genannten Grundhaltungen im täglichen Zusammenleben der Schwestern bzw. Brüder sollen also helfen, die Strenge der Regel lebbar zu machen; es geht nicht darum, deren Vorschriften noch zu verschärfen.

mahnt sie die Brüder, „bei Bußübungen nicht mit solcher Strenge vorzugehen, denn an ihr ließen sie es ganz und gar nicht fehlen. Da es mich so viel an Wünschen und Beten gekostet hatte, dass mir der Herr jemanden gäbe, um den Anfang zu machen, und ich einen so guten Ansatz sah, fürchtete ich, dass der Böse einen Weg suchte, um sie zu erledigen, noch bevor ausgeführt wäre, was ich mir erhoffte. Bei meiner Unvollkommenheit und Kleingläubigkeit sah ich nicht, dass es Gottes Werk war, und Seine Majestät es voranbringen musste. Da sie das hatten, was mir fehlte, gaben sie wenig auf meine Worte, um von ihren Werken abzulassen. So ging ich tief getröstet von dort weg, wiewohl ich Gott nicht so viel Lob darbrachte, wie es eine so große Gnade verdient hätte" (F 14,12). Offensichtlich ging sie doch nicht so *„tief getröstet"* von dort weg, da die Patres nicht auf sie hörten. Aus heutiger Sicht kann man sagen, dass Teresas Ängste berechtigt waren, denn schon bald nach ihrem Tod setzten gerade wegen dieser unterschiedlichen Einschätzung Meinungsverschiedenheiten ein, die Teresas Neugründung Jahrhunderte lang belasteten.

Teresas Vorhaben fasst Fuß bei den Brüdern

Im Januar 1570 informiert sie ihren Bruder Lorenzo, der schon zur Gründung des ersten Klosters beigetragen hat: „Ich habe Euer Gnaden schon geschrieben, dass nun schon sechs Klöster gegründet sind, und zwei Brüderklöster unseres Ordens, ebenfalls Unbeschuht, was ich für einen großen Gnadenerweis des Herrn gehalten habe; sie leben nämlich in großer Vollkommenheit" (Ct 24,2). Diesem Bruder hatte sie im Dezember 1561 vor der Gründung von San José ihre Vorstellungen von dem neuen Lebensstil geschrieben, vielleicht um ihn zur finanziellen Unterstützung zu bewegen (Ct 2,2), so dass er diese Information entnehmen kann, dass sein Geld gut investiert ist. Im Juni 1570 wird der Konvent in das nahe gelegene Mancera de Abajo verlegt (F 14,9), doch schon am 13. Juni 1569 war in Pastrana dank der Gunst der einflussreichen Ébolis ein zweites Kloster gegründet worden, das zum berühmten Noviziat der Unbeschuhten werden sollte. Dort schlug schon sehr bald das Rigorismus-Ideal der kastilischen Ordensreformen durch, so dass sich Teresa genötigt sah, Johannes vom Kreuz hinzuschicken, um die Brüder auf ihren neuen Weg zu bringen; Johannes weilte 1570 zwei Monate dort, musste aber 1572 dort nochmals eingreifen, weil die Brüder das teresianische Ideal zugunsten des Rigorismus einer anderen Frau, Catalina de Cardona, aufgegeben hatten.[9] Sie ist zusammen mit den ihr hörigen Unbeschuhten ein klares Beispiel für die Attraktion, die der Rigorismus damals ausübte, der trotz der Bemühungen Teresas bei den Brüdern zum Kennzeichen ihrer Neugründung wurde.[10] Wie diese Bußübungen aussahen, beschreibt Johannes vom Kreuz in seiner *Dunklen Nacht:* „Wie Tiere werden sie vom Appetit und vom Geschmack, den sie daran finden, zu dieser Buße angeregt. Und da alle Extreme fehlerhaft sind und sie in dieser Vorgehensweise ihren eigenen Willen suchen, wachsen sie eher in Fehlhaltungen als in den Tugenden" (1N 6,2). Das bedeutet, dass Johannes vom Kreuz Teresas Ideal gut verstanden und auch verteidigt hat. Die Ausgrenzung und Abschiebung nach dem Generalkapitel von Juni 1591 ist der Preis, den er dafür zu zahlen hatte.

Die *reforma del rey – Reform des Königs*

Am 6. Oktober 1571 wurde Teresa vom Apostolischen Visitator Pedro Fernández OP gegen ihren Willen zur Priorin des Menschwerdungsklosters in Ávila ernannt. Dieser war am 26. August 1569 von Pius V. zum Apostolischen Visitator der Karmeliten in Kastilien ernannt worden, während sein Ordensbruder Francisco Vargas den gleichen Auftrag für Andalusien erhielt. Um diesen folgenschweren Vorgang zu verstehen – Dominikaner als Apostolische Visitatoren für die

[9] Siehe dazu F 23,9; CC 20.

[10] E. J. Martínez González, *Tras las huellas*, 90–93; J. C. Vizuete Mendoza, „*Una Religión áspera en principios de reformación.*"

Karmeliten –, bedarf es eines Blickes auf die große Politik jener Zeit.

Philipp II. hatte von seinem Vater Karl V. den *patronato real – die königliche Schutzherrschaft* über die Kirche geerbt. Der Ursprung dieses Privilegs datiert bereits bis in die Zeiten der „Katholischen Könige", Isabella von Kastilien (gest. 1504) und Ferdinand von Aragonien (gest. 1516), zurück und bestand am Anfang, 1482–1485, vor allem in einem größeren Mitspracherecht bei der Ernennung von Bischöfen, so dass die Könige diese präsentieren durften. 1501 erhielten sie als Belohnung für die Eroberung Granadas, der Kanarischen Inseln und Westindiens das Recht, die Bischöfe dort zu ernennen, mit der Verpflichtung, sie entsprechend zu dotieren; Karl V. erreichte 1523 von Papst Hadrian VI. eine Ausweitung dieses Privilegs zum *patronato universal – der universalen Schutzherrschaft.* Im Rahmen dieser rechtlichen Situation versuchte Philipp II., seine Vorstellungen von Reform allen Orden aufzudrücken, sogar über die Reformdekrete des Konzils von Trient hinaus (Dezember 1563), da die Kirche und mit ihr die Orden in Spanien um diese Zeit mit der Reform schon weiter vorangeschritten waren als in den anderen Ländern Europas, so dass ihm die Reformbestimmungen von Trient nicht weit genug gingen. Das bedeutete, sie der *Observanzbewegung* zu unterwerfen, die vor allem von den Franziskanern vorangetrieben worden war; dazu bediente er sich Visitatoren anderer Orden, die unbedingt Spanier sein mussten. Dagegen wehrten sich die sog. *Konventualen* mit ihrer relativen Unabhängigkeit in den einzelnen Konventen, während die *Observanten* einem Verband von Klöstern mit einer „reformierten" Disziplin angehörten, die ganz bestimmte, vom Rigorismus geprägte Merkmale aufwies.[11] Von der römischen Kurie war diese Politik nicht gern gesehen, denn deren Bemühen war es, die Reform der Orden unter der Leitung der eigenen Ordensgeneräle durchzuführen, was für Philipp II. eine unzulässige Einmischung in seine Politik bedeutete.

Der Karmel in Spanien

Für den Karmelitenorden in Spanien kam es in dieser politischen Großwetterlage zu einem Konflikt zwischen der sogenannten *ursprünglichen Observanz* und der von Rom geförderten *karmelitanischen Observanz*, die in Kastilien eingeführt, aber vom Hof nie anerkannt wurde. Mit ersterer ist die bereits vor Teresa entstandene – spanische – Reformbewegung innerhalb des Karmel gemeint, die aber keine große Kraft entwickelt hat[12], und vom Hof mit der entstehenden Reform der Unbeschuhten identifiziert wurde. Da im Karmel aber bereits eine Reform nach römischen Vorstellungen begonnen hatte, waren die Missbräuche gar nicht so ausgeprägt, wie befürchtet, so dass diese bereits nach einer reformierten Observanz lebenden Karmeliten die Visitation durch ordensfremde Visitatoren, wie es die Dominikaner waren, als einen Angriff erlebten und es ablehnten, von diesen regiert zu werden. Andererseits wollten sie auch nicht einfach mit den entstehenden Unbeschuhten vermengt werden.

Visitatoren für Kastilien und Andalusien

Der Visitator für Kastilien, Pedro Fernández, sah sich also folgender Situation gegenüber: Er weiß, dass der König die von Rom auferlegte *karmelitanische Observanz* nicht akzeptiert, andererseits aber die der *ursprünglichen Observanz* folgenden

---

[11] Arme Gebäude in ländlichen Gegenden; Kleidung und Schuhwerk wie die Bauern auf dem Land, d.h. barfuss, bestenfalls selbstgemachtes Schuhwerk nach Art von Sandalen; daher der Name „Unbeschuht;" möglichst strenges Fasten und Buße beim Essen; körperliche Bußübungen, wie Geißelungen, Abstinenz, Schlafentzug usw.; außer bei den Dominikanern besteht in diesen Reformbewegungen eine radikale Abneigung gegen die Studien und die akademischen Grade. Wichtiger war es, fromm zu sein als gebildet, und dazu verhalfen am besten die Bußübungen.

[12] So erklärt sich die freudige Überraschung des Ordensgenerals Giovanni Battista Rossi, als er Teresas Neuanfang wahrnahm: *„Er freute sich, unsere Lebensweise und ein (wenn auch unvollkommenes) Abbild des Anfangs unseres Ordens zu sehen, und wie die erste Regel in voller Strenge beobachtet wurde"* (F 2,3).

Karmeliten seine Intervention nicht akzeptieren, da sie von außerhalb des Ordens kommt. Er bedient sich der entstehenden Reform der Unbeschuhten, in der Hoffnung, damit beiden Seiten gerecht zu werden, denn sie sind ja – spanische – Karmeliten und genießen zugleich die Unterstützung des Ordensgenerals. Teresa wusste um die Bedeutung, die von daher dem Wirken des Visitators zukam, wenn sie am 27. Mai 1570 dem Stifter von Toledo Diego Ortíz schreibt: „Erst nachdem der Brief an unseren Pater General abgegangen war, habe ich bemerkt, dass es keinen Grund dazu gab, denn was auch immer der Pater Visitator tun sollte, ist sehr viel rechtskräftiger, da es so ist, wie wenn es der Papst täte, so dass kein General oder Generalkapitel es annullieren könnte. Er ist ein sehr weiser und studierter Mann, Euer Gnaden werden sich freuen, mit ihm zu verhandeln; ich glaube, dass er ganz sicher in diesem Sommer zur Visitation kommt, und alles, was Euer Gnaden anordnen, könnte mit aller Rechtskräftigkeit gemacht werden; ich werde ihn hier darum bitten" (Ct 33,4). Teresa gab trotz aller Beteuerung ihrer Liebe zum General dennoch dem Visitator den Vorrang, da seine vom König beim Papst erwirkte Ernennung tatsächlich mehr Gewicht hatte, aber auch weil durch ihn ihr Gründungswerk gefördert wurde.

Man kann sich denken, dass es einmal zum Konflikt kommen musste, da die der *ursprünglichen Observanz* folgenden Karmeliten Kastiliens nicht einfach *Unbeschuht* werden wollten. Als beim Provinzkapitel von Kastilien im September 1571 unter Vorsitz des Visitators die Oberenposten der wichtigsten Konvente von Unbeschuhten besetzt wurden, um ihnen diese Reform aufzudrücken, ist das nur die konsequente Durchführung der *reforma del rey – Reform des Königs*, die darauf hinauslief, die „Konventualen" den „Observanten", was in der Vorstellung des Hofes die Unbeschuhten waren, zu unterstellen. Letztere wandten sich an den General, damit er diese Versuche stoppe, da sonst die *Observanten* Karmeliten ganz von *Unbeschuhten* aufgesogen würden. Von daher versteht man auch besser die Angst der Karmelitinnen im Menschwerdungskloster, als am 6. Oktober 1571 Teresa zur

Priorin ernannt wurde, da sie nicht einfach *Unbeschuht* werden wollten.

Der Visitator für Andalusien, Francisco de Vargas, legte seine Vollmacht in die Hände von Ambrosio Mariano, der noch nicht einmal Priester war, es auf Drängen des Visitators aber bald wurde, und am 13. Juni 1574 in die von P. Gracián, der erst ein Jahr zuvor Profess gemacht hatte. Trotz eines Breves, das der General am 13. August 1574 von Gregor XIII. erwirkt hatte, um die Visitationen zu beenden, delegierte der Päpstliche Nuntius in Spanien, Nicolás Ormaneto, der auf der Seite des Königs stand, am 22. September 1574 alle Vollmachten von Francisco de Vargas an Gracián, der auf diese Weise zum Visitator der Beschuhten und Unbeschuhten Karmeliten Andalusiens wurde. Von Beas aus, wo er in den Monaten April–Mai 1575 mit Teresa zusammen war, schickte er kraft dieser Bevollmächtigung diese zur Gründung nach Sevilla, während er nach Madrid ging, um mit dem Nuntius über eine Gründung von Schwestern in Madrid und die Errichtung einer eigenen Provinz für die Unbeschuhten zu verhandeln.

Das Generalkapitel von Piacenza 1575

In diesem Kontext muss die Entscheidung des für Mai 1575 einberufenen Generalkapitels von Piacenza gesehen werden. Die – berechtigten – Vorwürfe waren, dass die Unbeschuhten mehr Konvente gegründet hätten als vom General erlaubt, speziell Teresa, allerdings aus Unkenntnis, einen Konvent außerhalb Kastiliens, nämlich in Beas.[13] Die Unbeschuhten sollten aller Ämter und Posten enthoben werden, sie sollen dem Provinzial der Beschuhten unterstellt werden und ohne Erlaubnis der Generals keine Novizen mehr aufnehmen.[14]

---

[13] Zur Zeit Teresas gehörte es kirchenrechtlich zur Diözese Cartagena, zivilrechtlich aber zum Orden der Jakobusritter und somit zur „Provinz Kastilien". (DST 755).

[14] MHCT 1,81-82.

Teresa muss sich in ein Kloster ihrer Wahl zurückziehen, der portugiesische Karmelit Jerónimo Tostado wird vom Ordensgeneral Giovanni Battista Rossi zum Generalvikar der Beschuhten und Unbeschuhten Karmeliten und Karmelitinnen in ganz Spanien ernannt, um die Bestimmungen des Generalkapitels durchzuführen.

Der Provinzial von Kastilien Ángel de Salazar berief für Mai 1576 ein Provinzkapitel ein, durch das die Maßnahmen des Generalkapitels gegen die Unbeschuhten durchgeführt werden sollten, was die Auflösung der Unbeschuhten bedeutet hätte; diese versammelten sich im September 1576 in Almodóvar del Campo. Sie bestätigen die von Jerónimo Gracián als Apostolischem Kommissar am 3. August 1576 vollzogene Errichtung einer eigenen Provinz[15] und die von ihm verfassten Konstitutionen. Johannes vom Kreuz ist bei diesem Kapitel nicht dabei gewesen, wie man heute weiß, im Gegensatz zu den Behauptungen in den Hagiographien, die – post factum – seine Abwesenheit nicht hinnehmen konnten. Der so erfolgreiche Beichtvater des Menschwerdungsklosters in seinem kleinen Konvent war für seine Unbeschuhten Mitbrüder nicht so wichtig, seinen Beschuhten Mitbrüdern erschien er allerdings nicht ungefährlich; kein Wunder, dass sich später, als er im Klostergefängnis von Toledo schmachtete, keiner für ihn einsetzte.

Die „zerknüllte Wahl" im Menschwerdungskloster zu Ávila

Im Zuge der Auseinandersetzungen zwischen den inzwischen verfeindeten Gruppierungen kommt der turnusmäßigen Priorinnenwahl im Menschwerdungskloster eine große Bedeutung zu. Teresa konnte nach Ablauf ihres Trienniums im Oktober 1574 nach San José zurückkehren und ihre Gründungen fortsetzen: im Februar 1575 in Beas, im Mai in Sevilla

[15] MHCT 1,319-324. Es waren damals bereits neun Konvente der Brüder und elf Klöster der Schwestern.

usw. Am 7. Oktober 1577 war wieder eine Wahl fällig, und den Schwestern war eindeutig verboten worden, Teresa zur Priorin zu wählen, da sie vom Ordensgeneral und Jerónimo Tostado den Auftrag hatte, in einem Kloster ihrer Wahl zu sein; sie lebte um diese Zeit in San José in Ávila. Den Vorsitz führte der Provinzial von Kastilien, Juan Gutiérrez de la Magdalena. Teresa berichtet darüber María de San José in Sevilla: „Auf Anweisung von Tostado kam der Provinzial der Beschuhten heute vor 14 Tagen hierher und brachte große Strafandrohungen und Exkommunikationen für diejenigen mit, die mir ihre Stimme gäben. Das machte ihnen trotz allem nichts aus, denn wie wenn ihnen nichts gesagt worden wäre, stimmten fünfundfünfzig für mich; bei jeder Stimme, die sie dem Provinzial gaben, exkommunizierte und beschimpfte er sie, und mit der Faust zerknüllte er die Stimmzettel, schlug auf sie und verbrannte sie" (Ct 211,3). Die Folge war, dass die Schwestern Hilfe suchten und sich an den Nuntius, ja den Papst und zivile Obrigkeiten wandten. Teresa wendet sich mit einem Brief vom 10. November 1577 an Rodrigo de Aranda, der seinen Einfluss am königlichen Hof geltend machen sollte, um dieses „Durcheinander im Haus", wie Johannes vom Kreuz ihr geschrieben hatte, zu beenden (Ct 215,6). Am 2. Dezember hebt der Prior des Karmelitenklosters von Ávila, Hernando Maldonado, im Auftrag des Provinzials die Exkommunikation teilweise wieder auf, was die Schwestern aber nicht akzeptieren, denn sie wollen ganz rehabilitiert sein. Teresa schreibt am 4. Dezember an Philipp II.: „Nun hat ein Ordensbruder, der gekommen ist, um die Schwestern zu absolvieren, sie so ohne jegliche Ordnung und Gerechtigkeit so sehr belästigt, dass sie am Boden zerstört sind, und dennoch von den Strafen, mit denen man sie vorher belegt hatte, nicht losgesprochen, wie sie mir sagten" (Ct 218,5). Es werden ihnen auch die Unbeschuhten Beichtväter genommen, die in der Nacht vom 3. auf den 4. Dezember 1577 ins Kloster der Brüder in Ávila entführt werden; Germán de San Matías wird im Konvent in San Pablo de la Moraleja, Johannes vom Kreuz in Toledo gefangen gesetzt.

Der Höhepunkt der Auseinandersetzung

Mit der Entführung und Einkerkerung des Johannes vom Kreuz wollte Jerónimo Tostado erreichen, dass die Unbeschuhten Schwestern und Brüder wieder verschwänden, indem sie den *Observanten* Karmeliten unterstellt würden. Nachdem im Juni 1577 der Nuntius Nicolás Ormaneto gestorben war, der Teresa wohl gesonnen war und auf der Seite des Königs stand, fühlte er sich stark genug dafür, denn der neue Nuntius, Filippo Sega, war nach Spanien gekommen, um die römischen Anweisungen durchzuführen und sich keinesfalls vor der spanischen Krone zu verbeugen. Teresa berichtet darüber im *Buch der Gründungen*: „Da starb ein heiligmäßiger Nuntius, der die Tugend sehr förderte und deshalb die Unbeschuhten hochschätzte. Es kam ein anderer, und den schien Gott gesandt zu haben, um uns im Leiden zu üben. Er war ein entfernter Verwandter des Papstes,[16] und muss wohl ein Diener Gottes sein, nahm es sich aber von Anfang an sehr zu Herzen, die Beschuhten zu fördern. Entsprechend den Informationen, die sie ihm über uns gaben, war er zutiefst überzeugt, dass es gut wäre, dass diese Anfänge nicht weitergingen, und begann deshalb, mit größter Härte durchzugreifen, indem er diejenigen, die seiner Meinung nach Widerstand leisten könnten, aburteilte, einsperrte oder in die Verbannung schickte. Die dabei am meisten erlitten, waren Pater Fray Antonio de Jesús, also derjenige, der das erste Kloster der Unbeschuhten in Duruelo begonnen hat, und Pater Fray Jerónimo Gracián, den der vorhergehende Nuntius zum Apostolischen Visitator „derer vom feinen Tuch" ernannt hatte, gegen den sein Groll groß war, ebenso wie gegen Pater Mariano de San Benito. Von diesen Patres habe ich in den vorhergehenden Gründungen bereits gesagt, wer sie sind. Anderen von den angesehensten

[16] Sega war ein Cousin von Filippo Buoncompagni, der seit 5. Februar 1573 Protektor des Ordens war; als Neffe von Papst Gregor XIII. (Ugo Buoncompagni) war auch dieser mit dem Papst verwandt.

legte er Bußen auf, wenn auch nicht so strenge, diese jedoch belegte er mit vielen Kirchenstrafen, damit sie sich mit keiner Angelegenheit mehr befassten" (F 28,3f.). Der am meisten dafür bezahlen musste, war Johannes vom Kreuz, doch den erwähnt Teresa nicht, vielleicht um ihn zu schützen, da er kurz zuvor aus dem Gefängnis geflohen war.

Johannes vom Kreuz im Klosterkerker von Toledo

Jerónimo Tostado und Hernando de Maldonado wussten wohl um das Ansehen, das Johannes bei den jüngeren Mitbrüdern genoss, deren Magister oder Rektor in Mancera de Abajo, Pastrana oder Alcalá de Henares er war, während das Interesse der Häupter der Reform sich offensichtlich in Grenzen hielt, da sich während seiner Haft keiner für ihn einsetzte. Dagegen waren seine Peiniger sich darüber im Klaren, dass ein Umschwenken des Johannes auf die Linie der Observanz innerhalb des Ordens bei den Jüngeren nicht ohne Auswirkungen geblieben wäre. Johannes gelingt es, in den Tagen nach Mariä Himmelfahrt 1578 trotz allem aus dem Gefängnis zu fliehen, die Unbeschuhten versammeln sich am 9. Oktober von neuem in Almodóvar del Campo, wo Johannes zu ihnen stößt. Ende September macht sich Teresa Sorge um ihn und schreibt an Pater Gracián: „Sehr leid tat mir, was Fray Juan in seinem Leben durchgemacht hat, und dass man ihn, wo es ihm doch so schlecht geht, schon so bald dorthin gehen lässt. Gebe Gott, dass er uns nicht stirbt! Sorgen Eure Paternität dafür, um mir einen Gefallen zu erweisen, dass er in Almodóvar verwöhnt wird und von dort nicht noch weiter geht. Achten Sie darauf und vergessen Sie es nicht. Ich sage Ihnen, dass Eurer Paternität nur wenige bleiben wie er, wenn er stirbt" (Ct 267).

Das Kapitel von Almodovar del Campo am 9. Oktober 1578

Dieses illegal von Antonio de Jesús gegen die Meinung Teresas[17] einberufene Kapitel, das ihn zum Provinzial gewählt und die Errichtung einer eigenen Provinz beschlossen hat, schadete den Unbeschuhten sehr. Außerdem wurden zwei Brüder bestimmt, die diese Angelegenheit in Rom vorbringen sollten: Pedro de los Ángeles und Juan de Santiago, was jedoch völlig daneben ging, da sie die Papiere dem Generalvikar des Ordens übergaben und somit alles verrieten. Über ersteren hatte Johannes vom Kreuz vorausgesagt, dass er „Unbeschuht nach Rom ginge und Beschuht zurückkomme".[18] Der Nuntius fühlte sich in seiner ablehnenden Haltung und seinen Vorurteilen gegenüber den Unbeschuhten bestärkt und erließ bereits am 16. Oktober 1578 ein Dekret, das praktisch die Auslöschung der Reform bedeutete, indem er die Unbeschuhten Schwestern und Brüder der Autorität der beiden Provinzale der Beschuhten, Juan Gutiérrez de la Magdalena in Kastilien und Diego de Cárdenas in Andalusien, unterstellte. Schlimmer hätte es die Unbeschuhten kaum treffen können: Ersterer hatte am 7. Oktober 1577 im Kloster der Menschwerdung die „zerknüllte Wahl" geleitet und hat die Festnahme der beiden Beichtväter des Menschwerdungskloster zu verantworten! Der zweite zeichnete sich bald durch eklatanten Machtmissbrauch aus, indem er aufgrund von Verleumdungen María de San José als Priorin in Sevilla absetzte und gegen Jerónimo Gracián eine üble Verleumdungskampagne anzettelte. So hatten die Unbeschuhten dem Nuntius durch ihr Verhalten einen willkommenen Vorwand geliefert um durchzuführen, was er schon längst geplant hatte. Am gleichen Tag konnte der Nuntius seinem Cousin, Filippo Buoncompagni, dem Kardinal und Neffen des Papstes Gregors XIII, seinen diplomatischen Triumph mitteilen. Am 13. November legte

[17] Siehe ihren Brief an Roque de Huerta vom 24. Oktober 1578 (Ct 273,6).
[18] TyV 757.

er noch nach, indem er die ihm zugetragenen Verleumdungen gegen Gracián ungeprüft übernahm und ebenfalls seinem Cousin in Rom mitteilte, und Gracián Hausarrest bei den Beschuhten Karmeliten in Madrid auferlegte, während Antonio de Jesús und Ambrosio Mariano in verschiedenen Konventen Madrids unter Hausarrest gestellt wurden; letzterer wurde schon bald nach Pastrana abgeschoben, da man seine guten Verbindungen zum Hof fürchtete.[19] In diese Zeit fällt die bekannt gewordene Äußerung des Nuntius Filippo Sega bei seiner ersten Begegnung mit Juan de Jesús Roca über Teresa, dass sie „ein unruhiges und vagabundierendes, ungehorsames und dickköpfiges Weib sei, das unter dem Vorwand des Frommseins verkehrte Lehren erfinde und gegen den Willen des Konzils von Trient und ihrer Oberen aus der Klausur herausgehe, und entgegen der Lehre des hl. Paulus, der befiehlt, dass die Frauen nicht lehren sollten, wie eine Lehrmeisterin auftritt"[20], was Teresa in ihrem Brief vom 4. Oktober 1578 an Pablo Hernández aufgreift (Ct 269,3). Ana de San Bartolomé berichtet, dass Teresa die Weihnachtsmette dieses Jahres 1578 wegen der völlig haltlosen, ehrenrührigen Verleumdungen, die in den Denkschriften gegen ihre Person, ihre Schwestern und Pater Gracián zusammengetragen waren, weinend verbracht habe.[21]

Die Entscheidung des Königlichen Rates

Dennoch, der Nuntius hat das diplomatische Geschick Teresas und die Macht Philipps II. unterschätzt. Hören wir dazu Teresa im *Buch der Gründungen*: „Als unser Katholischer König, Don Felipe, erfuhr, was vor sich ging, und über das Leben

[19] Siehe dazu TyV 756-761.

[20] Francisco de Santa María, *Reforma*, t. I, libro 4, cap. 30, n. 2.

[21] In F 27,19 nennt sie „zwei sehr schwere Anschuldigungen, die gegen mich vorgebracht wurden"; die eine, von María de San José berichtete, dass sie in ihrem Gründungswagen ein fahrendes Bordell sei, die andere, von Ana de San Bartolomé überlieferte, dass „die Wirtshäuser voll von sakrilegischen Kindern seien" (TyV 763; siehe Ana de San Bartrolomé, *Obras completas*, t. 1, 66).

und die Ordenszucht der Unbeschuhten informiert wurde, nahm er es in die Hand, uns zu fördern; deshalb wollte er nicht, dass der Nuntius allein unseren Fall beurteilte, sondern stellte ihm vier bedeutsame Personen, von denen drei Ordensmänner waren, als Berater an die Seite, damit er unser Recht gebührend beachtete. Einer von ihnen war Pater Magister Pedro Fernández, ein Mann von sehr heiligmäßigem Leben und guter Bildung und Verstand. Er war Apostolischer Kommissar und Visitator ‚derer vom Tuch' der Provinz Kastilien gewesen, dem auch wir, die Unbeschuhten, unterstellt waren, und kannte genau die Wahrheit, wie die einen und die anderen lebten, denn nichts anderes wünschten wir uns alle, als dass das erkannt würde. Und so hielt ich die Angelegenheit schon für abgeschlossen, als ich sah, dass der König ihn ernannt hatte, was durch die Barmherzigkeit Gottes ja auch so ist. Möge es Seiner Majestät gefallen, dass es zu seiner Ehre und Verherrlichung sei. Auch wenn die Herren des Reiches und die Bischöfe, die sich beeilten, den Nuntius über die Wahrheit zu unterrichten, zahlreich waren, hätte das alles wenig genutzt, wenn Gott sich den König nicht als Werkzeug genommen hätte" (F 28,6).[22] Doch damit es dazu komme, hat sie alle Mittel eingesetzt.

Am 15. Oktober 1578 schaltet sie ihren Beichtvater von Toledo, Alonso Velázquez, inzwischen Bischof von Burgo de Osma, ein (Ct 272,3); am 22. Oktober schreibt Don Álvaro de Mendoza an Mateo Vázquez, den königlichen Sekretär, eine Verteidigung Teresas, in der er sich für eine unabhängige Provinz stark macht; Ende Oktober schreibt sie über Roque de Huerta dem Beichtvater des Königs, dem Dominikaner Diego de Chávez, „in dem ich ihn inständig bitte, mit dem König zu reden und ihm einige der Schäden zu erzählen, die über uns gekommen sind, als wir ihnen (den Beschuhten) unterstellt waren" (Ct 274,1). Auch der Graf von Tendilla, Luis Hurtado

---

22 Hinter dieser frommen Begründung Teresas steht ihre Erkenntnis, dass ohne den König letztlich nichts möglich ist; deshalb ihr Versuch, über den Beichtvater des Königs an diesen heranzukommen (Ct 274,1).

de Mendoza, tritt aufgrund einer Intervention des Nuntius bei ihm am 19. November 1578 mit einer glänzenden Verteidigung der Unbeschuhten für diese ein; vor allem der Vorwurf des Grafen, er, der Nuntius, habe sein Wort nicht gehalten, lässt diesen nachdenklich werden. Am 2. Dezember 1578 bittet sie die Herzogin von Alba und andere[23] um Vermittlung, als es um die Benennung dieser vier Berater geht: „Wenn Eure Exzellenz uns dabei eine Gunst gewähren, ist das wie unsere Befreiung aus der Knechtschaft Ägyptens. Man hat mir gesagt, dass eure Exzellenz geboten haben, dass Pater Magister Pedro Fernández zu diesem Geschäft hinzukommen solle. Es ist dies das Beste, was uns widerfahren kann, denn er kennt die einen wie die anderen ..." (Ct 278,3). Außer diesem gehörten noch der Hofkaplan des Königs, Luis Manrique, der Augustiner Fray Lorenzo de Villavicencio und ein weiterer Dominikaner, Hernando del Castillo, zu diesem Beraterstab.

Nach mehreren Beratungen kamen sie am 1. April 1579 endlich zu einer Entscheidung, durch die die Vollmachten der Provinziale über die Unbeschuhten annulliert und an ihrer Stelle Ángel de Salazar als Generalvikar für die Unbeschuhten Schwestern und Brüder Kastiliens und Andalusiens bestätigt wurde, und zwar, damit sie das Gesicht nicht verlören, unter dem Vorwand, dass die beiden Provinziale arbeitsmäßig damit überlastet seien. Damit ist Jerónimo Tostado seines Amtes enthoben. Eine der ersten Entscheidungen des neuen Generalvikars, um die ihn Teresa gebeten hatte,[24] war, María de San José in Sevilla wieder in ihr Amt einzusetzen, was mit Schreiben vom 28. Juni 1579 geschah.[25]

Neben verschiedenen anderen Gründen folgte auch diese Entscheidung dem Hauptanliegen der ganzen Reformpolitik Philipps II., der sog. *„reforma del rey – Reform des Königs"*, nämlich den Einfluss Roms – hier in der Person des Nun-

[23] Siehe Ct 269; 271 (an den Ordensgeneral); 272.
[24] Siehe Ct 290,3 und 292,5.
[25] TyV 767, Anm. 339.

tius – zurückzudrängen und den eigenen Vorstellungen zum Durchbruch zu verhelfen, die Teresas Ideen viel näher kamen als die im Zuge des Konzils von Trient von Rom propagierten, die aber vor allem „spanischstämmig" waren. Teresa hatte das Kräftespiel zwischen Rom und Madrid besser eingeschätzt als der Nuntius, der schließlich klein beigeben musste.[26] Damit war ein erster wichtiger Schritt auf dem Weg zur selbständigen Provinz gemacht. Die Unbeschuhten hatten einen Generalvikar, wenn auch vorerst noch aus den Reihen der Beschuhten.

Der Kampf um eine unabhängige Provinz[27]

Über die Wahl des neuen Generalvikars für die Unbeschuhten freute sich Teresa, doch mit der Einschränkung: „Gebe Gott, dass er das nur wenige Tage genießen kann", wie sie Mitte April 1579 Pater Gracián schreibt (Ct 290,2), weil sie nämlich hoffte, dass es bald zur Errichtung einer unabhängigen Provinz käme. Diesem Unternehmen widmet sie sich nun mit aller Kraft.

Als erste mussten zwei Brüder gefunden werden, die dieses Anliegen in Rom vorbringen und durchsetzen konnten. Dazu wurden schließlich Juan de Jesús Roca, Prior von Mancera de Abajo, und Diego de la Trinidad, Prior von Pastrana, bestimmt. Um nichts zu gefährden, reisten sie unter falschem Namen – ersterer als José Bullón,[28] letzterer als Diego de Heredia. Am 2. Mai 1579 erhielt Teresa Nachricht, dass die Abreise aus Alicante nach Rom unmittelbar bevorstünde (Ct 293,1). Am 27. Juli weiß sie, dass die beiden gut in Rom angekommen sind (Ct 309,8).

---

[26] Siehe dazu TyV 764-767.

[27] Siehe dazu TyV 820-839.

[28] Gracián nennt ihn in seiner *Historia fundationum Carmelitarum Discalceatorum ab anno 1568 usque ad annum 1588* (MHCT 3,533-694) *Jusepe de Bullón* (618).

Währenddessen arbeitete der Nuntius mit seinen vier Beratern an der Denkschrift über die Unbeschuhten für den König. Gegen seinen Willen und seine Absichten musste er am 15. Juli 1579 einen Text unterzeichnen, in dem er, zusammen mit seinen vier Beratern, den König um die Errichtung einer unabhängigen Provinz für die Unbeschuhten bat. Am 26. Juli konnte Teresa ihrem großen Freund Roque de Huerta bereits antworten: „Ich erhielt Ihren Brief, und die guten Nachrichten, die mir Euer Gnaden über die gute Antwort Seiner Majestät darin übermitteln, brachten mir großen Trost" (Ct 308,1). Schlimmer hätte die Blamage für Filippo Sega nicht ausfallen können. Trotz der vielen Probleme, die der König um diese Zeit wegen Portugal hatte, widmete er sich persönlich dieser Angelegenheit, und so verzögerten sich die Verhandlungen mit der Päpstlichen Kurie. Doch Teresa ist hoffnungsvoll, da sie den König auf ihrer Seite wusste, wie sie am 4. Oktober 1579 an Pater Gracián schreibt: „Ich lobe Seine Majestät sehr, wenn ich sehe, an welch gutem Punkt die Geschäfte stehen, die wir dank seiner Barmherzigkeit für abgeschlossen halten können" (Ct 311,2).

Doch der Nuntius gab noch nicht auf. In einem persönlichen Schreiben an seinen Cousin, den Kardinal Filippo Buoncompagni und Protektor des Ordens, schrieb er etwas ganz anderes und plädierte weiterhin für die Aufhebung der Unbeschuhten, was deren Sache in Rom verzögerte. Am 21. Dezember schrieb Teresa an Nicolás Doria, dass das Breve wohl bald kommen werde (Ct 318,10). Doch der Nuntius hatte in Rom auch seine Freunde und Verteidiger, so vor allem den eben erst neu gewählten General der Karmeliten (Mai 1580), Giovanni Battista Caffardo, der für die Regularenkongregation (Vorläufer der heutigen Ordenskongregation) ein harsches Gutachten gegen die Unbeschuhten abgab, in dem er die altbekannten Vorurteile gegen sie wiederholte. Um so mehr hatten die beiden Unbeschuhten in Rom tätig zu sein, die außerdem ständig in der Angst lebten, von Beschuhten Karmeliten erkannt zu werden, die zum Generalkapitel nach Rom gekommen waren und mit ihnen kurzen Prozess gemacht hätten.[29] Im Grund ging es nun darum, wer beim Papst den meisten Einfluss haben und ihn auf seine Seite ziehen würde. Eine Zwischenlösung, die der Ordensgeneral vorschlug, dass abwechselnd ein Beschuhter und dann ein Unbeschuhter Provinzial sein und die ganze Angelegenheit dem Orden zur Entscheidung überlassen sein sollte, wurde wieder verworfen.

Juan de Jesús Roca gelang es schließlich, mit Kardinal Alessandro Sforza, einem Verwandten des Papstes, dem *protector – Schutzherr Spaniens* an der Päpstlichen Kurie, in Kontakt zu kommen, und dieser konnte, zusammen mit anderen Kardinälen, den Papst überzeugen, dass die vom König von Spanien vorgebrachten Gründe gegenüber denen des Ordensgenerals und seiner Befürworter stichhaltig seien, wobei natürlich auch die Tatsache mitschwang, dass der Papst wegen einer für die Kirche eher unbedeutenden, in den Augen Philipps II. aber offensichtlich bedeutenden Angelegenheit den König von Spanien nicht verärgern wollte. In der Regularenkongregation am 22. Juni 1580 wurde die Angelegenheit positiv beschieden, und am 22. Juni 1581 wurde das Breve *Pia consideratione* ausgestellt, das als *Trennungsbreve* in die Geschichte eingegangen ist. So hatte sich der König von Spanien schließlich durchgesetzt.

Am 4. Juli 1580 hat Teresa noch an María de San José geschrieben: „Jeden Tag erwarten wir Post aus Rom" (Ct 347,7), doch am 6. August erfährt die gleiche Adressatin von Teresa: „Wissen Sie, vor fünf Tagen hat unser Bruder Fray Jeronimo Gracián ... von Fray Juan de Jesús aus Rom einen Brief erhalten, in dem er ihm sagt, dass das Breve bereits dem Botschafter des Königs übergeben worden ist – das wegen unserer Geschäfte –, um es ihm zuzusenden, und es werde diesem vom gleichen Kurier überbracht, mit dem er ihm schreibe; so sind wir sicher, dass es bereits in den Händen des Königs ist. Er beschreibt den Inhalt, den es übermittelt, und es ist sehr aus-

[29] TyV 825.

führlich" (Ct 350,6). Es nimmt tatsächlich die von den Unbeschuhten vorbereiteten Angaben auf und spricht davon, wie alles mit Erlaubnis des Ordensgenerals begonnen hat, und dass es jetzt bereits 22 Konvente mit 300 Brüdern und 200 Schwestern gäbe, die streng und vorbildlich lebten, Betrachtung und das Chorgebet hielten, aber jetzt, da sie ständigen Belästigungen vonseiten der Gemilderten ausgesetzt sind, darum bäten, eine unabhängige, direkt dem Ordensgeneral unterstellt Provinz zu bilden usw. „Und so approbieren wir das Institut und die Lebensform, die von den genannten Unbeschuhten Schwestern und Brüdern beobachtet wird, ... und gliedern die genannten Unbeschuhten Schwestern und Brüder gänzlich und für immer ... aus den Provinzen der Brüder und Schwestern des Ordens Unserer Lieben Frau vom Berge Karmel aus, die der gemilderten Regel folgen ... und errichten eine eigene Provinz, die die der Unbeschuhten heißen soll ..."[30]

Das erste Kapitel der Unbeschuhten in Alcalá de Henares[31]

Am 30. August 1580 gingen von Rom die Schreiben weg, mit denen Pedro Fernández OP und der Erzbischof von Sevilla, Cristóbal de Rojas y Sandoval, beauftragt wurden, das Breve zur Ausführung zu bringen. Doch da beide dem *catarro universal* (Universale Grippe) von 1580 zum Opfer fielen, wie übrigens auch die Mutter des Johannes vom Kreuz – der Erzbischof am 20. September 1580, der Dominikaner am 22. November –, wird an ihrer Stelle Juan de las Cuevas, der Prior der Dominikaner von Talavera, vom König mit der Durchführung des Breve beauftragt. Am 3. März 1581 wird in Alacalá de Henares das Kapitel eröffnet, und am 4. März wird Pater Jerónimo Gracián im ersten Wahlgang mit 11 von 20 Stimmen zum Provinzial gewählt, Antonio de Jesús erhielt

[30] MHCT 2,191-199 (193).
[31] TyV 831-839.

sieben. Über dieses Wahlergebnis freute sich Teresa sehr, doch war es nicht ohne einen Wermutstropfen, denn es lässt die später auftretenden Richtungsstreitigkeiten innerhalb des Teresianischen Karmel bereits erahnen. Mit ihrem guten Herzen konnte die Madre Teresa nur „Cliquen" erkennen (Ct 324,2; 325,9), ja, glaubt sogar, dass sie verschwunden seien (Ct 333,1), während es sich tatsächlich um eine Ideologie handelte, die sich am damaligen Rigorismus inspirierte und von daher unfähig war, die sprichwörtliche *suavidad-Sanftheit* Teresas zu würdigen. Die Unbeschuhten waren damit wohl eine juristische Person, doch bereits mit einem Spaltvirus behaftet. Das zeigt sich auch daran, dass dem neuen Provinzial Gracián ein Sozius zur Seite gestellt wurde, nämlich Nicolás Doria, der die große Nachgiebigkeit (*mucha blandura*), die man beim neuen Provinzial befürchtete, mäßigen sollte.

Bei diesem Kapitel wurden auch vier Definitoren gewählt, nämlich Nicolás Doria, Antonio de Jesús, Johannes vom Kreuz und Gabriel de la Asunción. Am folgenden Sonntag, 5. März, wurde ein feierlicher Gottesdienst mit Prozession und einer Predigt des neu gewählten Provinzials gehalten. Die von Gracián ausgearbeiteten Konstitutionen für die Brüder und die Schwestern – letztere mit der indirekten Hilfe Teresas – wurden zusammen mit den vier Definitoren in die endgültige Form gebracht und am 13. März von den Kapitularen approbiert. Die Kosten für das ganze Kapitel von 100.000 Maravedís übernahm der König, dafür versprachen ihm die Unbeschuhten auf ewig Gebete und Fürbitten.[32] Am 16. März 1581 ging das Kapitel zu Ende.

Das Ende des Ordensideals Teresas

In der Einführung zu den *Gründungen* wurde schon dargestellt, wie aus der *Gründerin* Teresa die *Reformatorin* wurde, letzten Endes deshalb, weil die Amtsinhaber nach dem Tod

[32] MHCT 2,268-170.

Teresas sich mit ihren Vorstellungen von Ordensreform, wie sie damals in Kastilien üblich waren, durchgesetzt haben.[33] Deutlich wird das in dem von Nicolás Doria Anfang 1591 für den Königlichen Rat in Madrid gegebenen *Bericht über den Anfang, den Fortgang und den Zustand, den die Kongregation der Unbeschuhten Karmeliten zum jetzigen Zeitpunkt aufweist:* „Im Jahre 1562 gründete Mutter Teresa von Jesus, die im Kloster zur Menschwerdung in Ávila Beschuhte Karmelitin war, fromm von Gott bewegt, mit Apostolischer Erlaubnis das erste Kloster der Unbeschuhten Karmelitinnen in Ávila, dem Bischof daselbst unterstellt, in welcher Unterstellung es einige Jahre verblieb, bis es, nachdem der Orden angewachsen war, unter die Obedienz des Ordens der Unbeschuhten Karmeliten kam. Im Jahre 1568 gründete P. Fray Antonio von Jesus, der ebenfalls Beschuhter Karmelit war, fromm von Gott bewegt, mit Erlaubnis seiner Oberen, in Duruelo den ersten Konvent der Unbeschuhten Karmeliten, der später nach Mancera verlegt wurde, den Beschuhten Karmeliten unterstellt."[34] Man beachte, wie Antonio de Jesús auf die gleiche Ebene wie Teresa gestellt wird; von Johannes vom Kreuz, der um diese Zeit noch lebte und sogar Mitglied der Consulta, also des Leitungsgremiums war, ist gar nicht die Rede. Gemäß einer Bittschrift vom 16. März 1594 an den Papst will P. Doria sogar für weitere sechs oder doch wenigstens drei Jahre in seinem Amt als Generaloberer bestätigt werden, damit er die „von ihm begonnene Reform" (!) vollenden und den Orden zur ursprünglichen Observanz zurückführen kann, von der er aufgrund der Lehren und neuen Sitten eines gewissen Oberen [P. Gracián] abgewichen sei.[35]

Auf dieser Basis wird Teresas spiritueller Neuansatz – ihre Gründung – allmählich unterdrückt, trotz wichtiger Interventionen bedeutender Persönlichkeiten von außerhalb des Or-

---

33 Siehe *Das Buch der Gründungen*, 22-28.

34 *Relación histórica sobre la Congregación de los Carmelitas Descalzos*, in: MHCT 4,379-383 (379).

35 AaO. 552f.

dens, wie Luis de León oder Teutonio de Braganza, was sich vor allem bei den Brüdern auswirkt, die Schwestern mit ihren autonomen Kommunitäten waren dagegen mehr gefeit. Doch wenn man bedenkt, dass diese fern von Teresas Ideal herangebildeten Priester einmal Beichtväter der Schwestern sein werden, dann zeigt sich, wie sich dieser neue Geist auch unter den Schwestern breit macht.

Ein wichtiger Punkt, auf dem die Nachfolger Dorias bestanden, war die Klausur, und um das zu erreichen, wandten sie sich wiederholt an den Papst, so dass aus den eifrigen Seelsorgern und Predigern, die Teresa so sehr am Herzen lagen, und die in Johannes vom Kreuz und Jerónimo Gracián ihre Vorbilder hatten, den Kartäusern nahe stehende Ordensleute wurden. Daraus erklärt sich, zumindest für die spanische Kongregation[36], das Fehlen jeglicher missionarischer Tätigkeit, außer in Mexiko.[37]

Ein zweiter Punkt war die „Regelobservanz" aus Angst vor der Erschlaffung. Um das zu erreichen, zogen anstelle der teresianischen *„suavidad"* Kontrolle, Misstrauen, Zwang und Freiheitsberaubung, also der Klosterkerker, in Teresas Orden ein. Die von Nicolás Doria gebildete „Consulta", ein kollegiales zentrales Leitungsgremium, das von oben regierte, hob die gemeinschaftliche Entscheidungsfindung vor Ort auf und verhalf oft genug nur Dorias Macht zum Durchbruch, so dass der Orden immer mehr einer Diktatur glich.

---

36 Wegen der mentalen und territorialen Einengung des Ordens auf die iberische Halbinsel und Mexiko durch die Oberen in Spanien und gegen deren Widerstand erlaubte Clemens VIII. 1597 die Gründung eines Konventes in Rom (Santa Maria della Scala) und unterstellte diesen und den bereits 1584 in Genua gegründeten direkt seiner Jurisdiktion; 1600 wurden diese Konvente mit kaum 30 Mitgliedern zu einer eigenen Kongregation errichtet mit der Maßgabe, dass sie abgesehen von den von Spanien abhängenden Gebieten in der ganzen Welt gründen dürfe. Diese Kongregation hat, auch mit Hilfe vieler Spanier, das wahre Erbe Teresas besser bewahrt und weitergegeben. Erst 1875 wurde der Orden wieder vereint. (DC 856f.).

37 Siehe dazu I. Moriones, *El Carmelo Teresiano*, 68-86, und D. A. Fernández de Mendiola, *El Carmelo Teresiano en la historia*, 2. Bd., 471-486.

Daraus folgte, drittens, der Ausschluss von Andersdenkenden, was vor allem Jerónimo Gracián und dann auch Johannes vom Kreuz leidvoll erleben mussten.

Die Ursache für all das lag in Dorias religiösem Fanatismus und der daraus folgenden Selbstsicherheit; dadurch wurde er in *seiner* Wahrheit verhärtet, was es ihm unmöglich machte, zusammen mit dem *anderen* nach *der* Wahrheit zu suchen.[38]

Angesichts dieses Befundes ist es dann nur noch eine logische Folge, dass Teresa und ihr Gründungscharisma immer mehr verdrängt und schließlich eliminiert wurde. Nach Dorias Meinung und Handeln ist Teresa nicht die Gründerin, vor allem nicht der Brüder; da war es ja Antonio de Jesús, der „fromm von Gott bewegt ... in Duruelo den ersten Konvent der Unbeschuhten Karmeliten gründete." „Doria beging den schweren Fehler, in wesentlichen Punkten nicht genügend auf Teresas Vorstellungen und Richtlinien zu achten, insbesondere in dem, was sich auf ihre Sicht von Gemeinschaftsleben und die apostolische Zielsetzung ihres Werkes bezieht."[39]

Und heute?

Nach all dem könnte man meinen, dass Teresas neue Form karmelitanischen Ordenslebens bald nach ihrem Tod zu einem unrühmlichen Ende gekommen sei. Dem ist jedoch nicht so, vor allem dank einiger tapferer und tüchtiger Priorinnen, wie Ana de Jesús (Lobera) und María de San José (Salazar), sowie Johannes vom Kreuz und P. Jerónimo Gracián mit einigen Freunden innerhalb und außerhalb des Ordens. Erstere mussten zwar erleben, wie ihre Bemühungen um päpstliche Anerkennung, und dadurch definitive Approbation der Konstitutionen Teresas durch die weitreichenden diplomatischen Verbindungen P. Dorias torpediert wurden, während letztere

---

[38] AaO. 479.

[39] So A. Fernández de Mendiola, aaO. 482, in einer Zusammenfassung des Wirkens Dorias.

an den Rand gedrängt und aus dem Orden verbannt wurden[40]. Doch gab es die Schriften Teresas, um deren Herausgabe und Verbreitung sie sich bemühten. In ihnen lebte der ursprüngliche Geist Teresas weiter und stand allen Lesern zu Verfügung.

Mit dem Aufkommen der modernen Geschichtswissenschaft fehlte es auch bald nicht an gründlichen historischen Studien, die die hagiographische Verfälschung der beiden Heiligen – Teresa wurde bereits 1614 selig- und 1622 heilig gesprochen, Johannes folgte ihr 1675 bzw. 1726 nach – aufdeckten und nach und nach ein der historischen Wahrheit entsprechenderes Bild aufzeigten.[41] Die Ernennung der beiden Heiligen zu Kirchenlehrern – Johannes vom Kreuz 1926, Teresa als erste Frau 1970 – bedeutete eine weitere kirchliche Anerkennung und war jeweils zugleich Anreiz zu erneuten Studien über sie. Auf der Ebene der Gesetzgebung fand dieses neue, authentischere Bild der beiden Heiligen seinen Niederschlag in den erneuerten Konstitutionen sowohl der Schwestern als auch der Brüder.[42]

4. Die Herausgabe der Briefe Teresas

Briefe, zumal persönliche, sind aufgrund ihres privaten Charakters im Normalfall nur für die ursprünglichen Empfänger und keineswegs für einen breiteren Leserkreis bestimmt. Es stellt sich sogar die Frage, ob es keine Verletzung der Diskretion sei, nachträglich und ohne die Zustimmung der Betroffenen einholen zu können, etwas zu veröffentlichen, was in

[40] Siehe dazu vor allem I. Moriones, *Ana de Jesús y la herencia teresiana.* Eine Zusammenfassung in deutscher Sprache ist das Büchlein des gleichen Autors: *Das Theresianische Charisma.*

[41] T. Egido, *El tratamiento historiográfico de Santa Teresa;* ders., *Nuevas claves de comprensión histórica de San Juan de la Cruz;* E. J. Martínez González, *Tras las huellas de Juan de la Cruz.*

[42] *Regel und Konstitutionen der Unbeschuhten Karmelitinnen,* Nr. 4-11; *Konstitutionen des Teresianischen Karmel,* Nr. 5-14.

den Privatbereich hineingehört. Es hat jedoch noch einen anderen Grund, dass sich die Einsicht, dass nicht nur Teresas geistliche Schriften, sondern auch und gerade ihr Briefverkehr für die Nachwelt von Bedeutung ist, erst spät und gegen erhebliche Widerstände durchsetzte: Ihre Briefe enthalten so manches, was sich nur schwer mit dem barocken Heiligkeitsideal, nicht nur ihrer Zeitgenossen, sondern auch der nachfolgenden Generationen vereinbaren ließ.

Gerade die Züge, die uns heute besonders ansprechen, weil sie Teresa sehr menschlich und liebenswert erscheinen lassen, verstießen gegen den hagiographischen Kodex, der teilweise bis in das 20. Jahrhundert hinein – in manchen Kreisen bis heute – das Bild einer idealtypischen Heiligen und Mystikerin bestimmte. Allzu gewöhnlich, ja peinlich musste da so manches erscheinen, was die Mutter Gründerin völlig unbekümmert von sich gab; allzu sachlich und geschäftsmäßig, allzu wenig „geistlich" klang der Ton mancher Briefe. Darum hat es bei den Briefen bedeutend länger gedauert als bei den übrigen Schriften Teresas, bis gedruckte und einigermaßen verlässliche spanische Ausgaben vorlagen, und natürlich erst recht, bis dann auch Übersetzungen angefertigt wurden.

Autographe und Abschriften

Auch wenn Teresa in ihren letzten Lebensjahren nicht mehr alle ihre Briefe eigenhändig schrieb, sondern aus gesundheitlichen Gründen zeitweise auch Sekretärinnen diktierte, hat es doch mit Sicherheit Tausende von Originalen aus ihrer eigenen Feder gegeben. Wir besitzen gegenwärtig aber nur mehr etwa 230 Autographe, wobei auch in den letzten Jahrzehnten noch neue autographische Fragmente aufgetaucht und weitere Entdeckungen nicht auszuschließen sind.

Die Gründe, weshalb so wenige Originale erhalten sind, sind vielfältig: Manche Schreiben wurden von den Adressaten von vornherein nicht aufgehoben, so wie Teresa selbst viele Briefe, die sie erhielt, nach der Beantwortung vernichtete: „Ich denke nie daran, die Briefe aufzuheben, die sie mir über

Teresa (ihre Nichte Teresita) schreiben" (Ct 120,5 an María de San José). Andere Briefe kamen aufgrund der notorischen Mängel der Beförderungssysteme nie an; wieder andere wurden von ihren Gegnern abgefangen oder angesichts der prekären Lage des eben erst entstehenden Teresianischen Karmel von den Adressaten aus Sicherheitsgründen vernichtet, darunter der ganze Briefwechsel mit Johannes vom Kreuz und der mit Ana de Jesús Lobera. Letztere bezeugt, dass die Madre selbst sie zu dieser Vorsichtsmaßnahme gedrängt habe: „Bis in die letzte Woche ihres Lebens hinein hörte sie nicht auf, mir zu schreiben, und zwar sehr häufig (...) Da sie aber in den Briefen, die sie mir geschrieben hatte, vielerlei angesprochen hatte, schickte sie mir, als es dann eines Tages im Orden drunter und drüber ging und die Oberen sich stritten (wir hatten damals nämlich noch keine von unseren eigenen Unbeschuhten, wie jetzt), den Befehl, alle ihre Briefe zu vernichten. Das tat ich; doch blieb mir, ohne dass ich es merkte, zwischen anderen Papieren ein Brief erhalten, den ich nach fünf oder sechs Jahren wiederfand ..."[43] Nach Teresas Tod sind aus Unachtsamkeit, oder weil sie als Reliquien verteilt wurden, noch etliche weitere Autographe verloren gegangen. Manche wertvolle Originale oder Abschriften sind auch erst in den Wechselfällen der Geschichte der späteren Jahrhunderte verschollen. Lange Zeit brachte man bis auf Ausnahmen den Briefen keineswegs dasselbe Interesse entgegen, wie den großen Werken der Madre.

Zu den glücklichen Ausnahmen unter den Adressaten, denen die Briefe der Mutter Gründerin zu wertvoll waren, um ihrer Aufforderung zur Vernichtung nachzukommen, gehören Jerónimo Gracián und María de San José Salazar. Als Gracián 1592 aufgrund interner Rivalitäten aus dem Orden ausgestoßen wurde und eine lange Odyssee durch Europa und Nordafrika antrat, übergab er seiner leiblichen Schwester María de San José Dantisco, damals Priorin im Karmel

[43] BMC 18,472.485.

Consuegra, eine „vier Finger starke" Mappe mit Briefen der Madre. Diese gab die Mappe Anfang des 17. Jahrhunderts, in der Hoffnung, dass sie beim Seligsprechungsprozess gute Dienste leisten würde, an den gemeinsamen Bruder Tomás Gracián weiter. Dazu kam es jedoch nicht, und in der Folge wurde die kostbare Sammlung in alle Winde zerstreut. Zwar hatte María de San José Dantisco Kopien angefertigt, doch schrieb sie, der damaligen Mentalität entsprechend, nur die Passagen ab, die ihr für ihr eigenes geistliches Leben nützlich erschienen, was zum Glück nicht wenig war. An den Wert für die Nachwelt dachte damals kaum jemand. Von den Autographen dieser Sammlung sind heute nur mehr wenige erhalten, einige davon im Karmelitinnenkloster Corpus Christi zu Alcalá de Henares, andere im Karmel Sevilla, wo eine weitere Schwester Graciáns, Juliana de la Madre de Dios, lebte; weitere Einzelexemplare befinden sich an verschiedenen Orten Spaniens bzw. Europas. Im deutschsprachigen Raum sind die Karmelitinnen von Innsbruck die glücklichen Besitzerinnen eines autographischen Fragments eines dieser Briefe (Ct 111).

Der Briefwechsel mit Teresas Lieblingstochter María de San José Salazar, die ein ähnliches Schicksal wie Gracián erlitt, ist besser erhalten. Die Adressatin nahm ihren kostbaren Schatz mit, als sie 1584 zur Gründung nach Lissabon aufbrach. Später gelangte diese Briefsammlung auf indirektem Weg in die Hände des Theologen Francisco Sobrino, der sie, als er Bischof von Valladolid wurde, den dortigen Karmelitinnen schenkte, unter denen er zwei für ihre poetische Begabung berühmte leibliche Schwestern hatte, Cecilia del Nacimiento und María de San Alberto. Letztere verfasste um 1634 eine Abschrift von 56 Exemplaren dieser Sammlung (eines fehlte bereits) und bemühte sich außerdem, die bereits von María de San José angefangenen erklärenden Randnotizen zu ergänzen. Kurz danach begann man allerdings, einzelne Briefe oder Briefteile an Wohltäter und Ordensobere zu verschenken – nicht ohne sie zuvor sorgfältig abzuschreiben, aber leider gingen nicht alle derart Beschenkten mit den wertvollen Autographen so um, wie man es sich heute wünschen würde. Die Überreste dieses einmaligen Briefwechsels befinden sich bis heute im Karmel Valladolid; sie bilden gegenwärtig die größte noch erhaltene Sammlung autographischer Briefe, insgesamt etwa 50 Stück.

Eine weitere Sammlung von autographischen Briefen an Teresas Bruder Lorenzo de Cepeda befindet sich im Karmelitinnenkloster Santa Ana zu Madrid, wo ihre Nichte Beatriz de Jesús (de Ovalle) Priorin war. Die restlichen Autographen sind heute nicht nur über ganz Spanien, sondern über mehrere Länder Europas und Lateinamerikas zerstreut.

Es waren anfangs also nur einzelne, denen bewusst war, dass sie mit den Briefen Teresas eine Kostbarkeit in Händen hielten. Im 17. Jahrhundert entstanden zwar die ersten Abschriften, doch wurden dabei, wie wir es schon bei María de San José Dantisco sahen, selektive Kriterien angewandt: als erhaltenswert betrachteten diese ersten Kopisten und Kopistinnen vor allem Briefe oder Briefpassagen, aus denen man unmittelbar geistlichen Nutzen ziehen konnte; geschäftliche Passagen erschienen demgegenüber unwichtig, allzu gewöhnlich oder polemisch klingende sogar peinlich, weil sie in der damaligen Mentalität so gar nicht zum hagiographisch überhöhten Bild der mystisch begnadeten Heiligen passten.

Das änderte sich erst im 18. Jahrhundert, als im Geist der Aufklärung ein neues kritisches Bewusstsein für den Umgang mit Handschriften erwachte. In der zweiten Hälfte des 18. Jahrhunderts verfügte der Teresianische Karmel mit Pablo de la Concepción über einen Generaloberen, dem die Sicherung und Herausgabe des Briefkorpus Teresas ein Anliegen war. Außerdem gab es nun Fachleute wie Manuel de Santa María, Andrés de la Encarnación und Tomás de Aquino, die nach Kriterien arbeiteten, die denen der heutigen wissenschaftlichen Textedition nahe kommen. Mit seinem unermüdlichen Eifer beim Aufspüren der Briefe und seiner Sorgfalt bei der Anfertigung notariell beglaubigter Kopien leistete vor allem ersterer eine unschätzbare Vorarbeit für die heutigen kritischen Editionen.

Gedruckte Ausgaben

Es dauerte lange, bis es zu einer gedruckten Ausgabe der Briefe kam. Zwar hatte bereits Gracián die Veröffentlichung einer Auswahl erwogen, wobei klar wird, dass auch er vor allem an Erbauliches denkt: „Ich hätte gern, dass die wichtigsten Briefe abgeschrieben und ein Buch daraus gemacht würde; in künftigen Zeiten werden diese Ratschläge nämlich von großem Nutzen sein."[44] Doch stand er mit dieser Meinung allein, und außerdem hatten nun ganz andere Kräfte im Orden das Sagen.

In der von Luis de León 1588 besorgten *editio princeps* der Werke werden die Briefe gänzlich ausgespart. Der erste Hagiograph Teresas, Francisco de Ribera, benutzte zwar einige für seine 1590 erschienene Vita, zitierte jedoch nur sehr spärlich daraus. Auch die Prozesse der Seligsprechung (1614) und der Heiligsprechung (1622), bei denen noch keine so rigorose Prüfung des gesamten schriftlichen Nachlasses stattfand, wie es heute üblich ist, führten nicht zur Sammlung oder Herausgabe der Briefe.

Erst in der zweiten Hälfte des 17. Jahrhunderts gab es vonseiten des Generaloberen der spanischen Kongregation der Unbeschuhten Karmeliten, Gerónimo de la Concepción, die offizielle Weisung, die Briefe der Madre zu sammeln und zu veröffentlichen. Die Erstausgabe des zweiteiligen ersten Bandes besorgte der Bischof von Osma, Palafox y Mendoza; sie erschien 1658 und brachte eine Auswahl von insgesamt 65 (nach dem heutigen Stand der Forschung nicht immer authentischen) Briefen. Da diese in ihrer Nüchternheit der barocken Mentalität häufig allzu wenig erbaulich erschienen, half der Herausgeber mit einer Fülle von moralisierenden, mit spektakulären hagiographischen Details ausgeschmückten Kommentaren und Anmerkungen nach. Der Erfolg übertraf alle Erwartungen: Innerhalb von acht Jahren kannte das

---

[44] Zitiert nach L. Martínez Rodríguez und T. Egido, *Epistolario*, 663.

Werk vier Auflagen, nach nur zwei Jahren erschienen Übersetzungen ins Französische und Italienische. Der zweite Band, der 1674 erschien und nicht vom mittlerweile verstorbenen Palafox, sondern von Pedro de la Anunciación herausgegeben und kommentiert wurde, enthielt 107 weitere Briefe. Dieser Band fand jedoch eine weit weniger begeisterte Aufnahme, da die größere historische Genauigkeit des neuen Herausgebers der wundersüchtigen, an Erbaulichem interessierten Leserschaft wenig zusagte. So kam es, dass der barocke Geschmack auch noch den Stil der beiden weiteren Bände mit 82 bzw. 162 weiteren Briefen, die Ende des 18. Jahrhunderts erschienen, und sogar den der vollständigen Neuausgabe von 1793 diktierte, und das, obwohl die inzwischen von Manuel de Santa María und Tomás de Aquino vorgelegte Materialsammlung bereits nach ganz anderen Kriterien erarbeitet war.

Erst die Ausgaben des 19. Jahrhundert versuchen, neue Wege zu gehen, und zwar sind es zunächst Franzosen wie Jacques Paul Migne (1840) und Marcel Bouix (1861), die in diesem Sinne Pionierarbeit leisten. Fast zeitgleich erscheint dann auch in Spanien die Ausgabe des Historikers Vicente de la Fuente mit gut 400 Briefen (1862). Diese Ausgabe ist qualitativ deutlich besser als die älteren spanischen, doch enthält sie noch viele Fehler, da der Herausgeber es versäumte, die aus dem 18. Jahrhundert stammende Materialsammlung der Nationalbibliothek in Madrid mit den Autographen zu vergleichen.

In jeder Hinsicht bahnbrechende Arbeit leistete Anfang des 20. Jahrhunderts Silverio de Santa Teresa mit seiner 1922–24 erschienenen dreibändigen kritischen Ausgabe. In der Einführung zu dieser Ausgabe wird Teresa zum ersten Mal in ihr historisches Umfeld hineingestellt und in ihrer tiefen Menschlichkeit erschlossen. Auf dieser Ausgabe beruht die 1936 in zwei Bänden erschienene und wiederholt neu aufgelegte deutsche Übersetzung der Briefe von Aloysius Alkofer, der die Briefe bereits 1914/15 ein erstes Mal nach der Ausgabe von Vicente de la Fuente übersetzt hatte. Es kann nicht genug gewürdigt werden, dass Alkofer damit, mehr als drei Jahrhunderte nach deren Entstehen, die Briefe Teresa zum ersten Mal dem deutschsprachigen Publikum zugänglich gemacht hat, und zwar in einer sorgfältigen, mit hilfreichen Anmerkungen versehenen Übersetzung.

Zu Beginn des 21. Jahrhunderts legen sowohl der Wandel der deutschen Sprache als auch die Fortschritte der historischen Forschung und kritischen Textedition eine Neuübersetzung nahe. Wir übersetzen nach der kritischen Ausgabe von T. Álvarez ^{4}1997, vermerken es jedoch, wenn die EDE-Ausgabe ^{5}2000 eine abweichende Lesart hat.

Siglen und Abkürzungen

In den Anmerkungen werden für die *Schriften Teresas* folgende in der Fachwelt gebräuchlichen Siglen benützt:

CC *Geistliche Erfahrungsberichte* (Cuentas de conciencia; in anderen Ausgaben: Relaciones, abgekürzt R)
CE *Weg der Vollkommenheit* (Camino de Perfección), 1. Fassung (Ms. vom Escorial)
CV *Weg der Vollkommenheit* (Camino de Perfección), 2. Fassung (Ms. von Valladolid)
Cs *Konstitutionen* (Constituciones)
Ct *Briefe* (Cartas; zitiert nach der Ausgabe von Tomás Álvarez, Burgos [4]1997)
F *Buch der Gründungen* (Libro de las Fundaciones)
M *Wohnungen der Inneren Burg* (Moradas del Castillo Interior), kurz auch: *Innere Burg*
MC *Gedanken zum Hohenlied* (Meditaciones sobre los Cantares; in anderen Ausgaben: *Gedanken über die Liebe Gottes* [Conceptos del amor de Dios], abgekürzt Cp)
MA Memoriales y Apuntes (Offizielle Dokumente und Aktennotizen, nicht übersetzt)
P *Gedichte* (Poesías)
V *Das Buch meines Lebens* (Libro de la Vida)
VD *Visitation der Unbeschuhten Schwestern* (Visita de Descalzas; in anderen Ausgaben: *Visitationsverfahren* [Modo de visitar las conventos], abgekürzt Mo)
Ve *Neckerei* (Vejamen)

Siehe die vollständige Neuübersetzung von U. Dobhan – E. Peeters. Freiburg – Basel – Wien, 2001–2007 (5 Bde).

Für die in den Anmerkungen erwähnten *Werke des Johannes vom Kreuz* werden folgende international gebräuchlichen Siglen benützt:

D *Merksätze von Licht und Liebe* (Dichos de luz y amor)
Ep *Briefe* (Epistolario)

Siehe die vollständige Neuübersetzung von U. Dobhan – E. Hense – E. Peeters. Freiburg – Basel – Wien 1995–2000 (5 Bde).

Sonstige Abkürzungen:

AaO.	am angegebenen Ort
Anm.	Anmerkung
Bd(e)	Band, Bände
BMC	*Biblioteca Mística Carmelitana*
cap.	Kapitel (capitulum, capítulo)
CT	*Concilium Tridentinum*
DA	*Diccionario de Autoridades*
DSJ	*Diccionario de San Juan de la Cruz*
DST	*Diccionario de Santa Teresa*
ed.	Ausgabe (edición)
EDE	Editorial de Espiritualidad, Madrid
ESGA	Edith Stein, *Gesamtausgabe*
epíl	Nachwort (epílogo)
geb.	geboren
gest.	gestorben
Jh.	Jahrhundert
jun.	Junior
lib.	Buch (liber)
MHCT	*Monumenta Historica Carmeli Teresiani*
Ms	Manuskript
pról	Vorwort (prólogo)
sen.	Senior
s.o.	siehe oben
s.u.	siehe unten
t.	Band (tomo)
tít	Überschrift (título)
TyV	Efrén de la Madre de Dios/O. Steggink, *Tiempo y vida*
übers.	übersetzt
usw.	und so weiter
Vgl.	vergleiche

Literatur

Alonso de la Madre de Dios, *Vida, virtudes y milagros del santo padre Fray Juan de la Cruz,* hg. von F. Antolín. Madrid 1989.

Álvarez Vázquez, J. A., *„Trabajos, dineros y negocios." Teresa de Jesús y la economía del siglo XVI (1562–1582).* Madrid 2000.

Ana de San Bartolomé, *Obras completas,* hg. von J. Urkiza, Bd. 1. Rom 1981.

Antonio de San José (Hg.), *Cartas de santa Teresa de Jesús* ... con notas del R.P.F. Antonio de San José. 4 Bde. Madrid 1771.

Astigarraga, J. L., *Las Cartas de Santa Teresa a Jerónimo Gracián. Valor textual de la antología de María de San José (Dantisco),* in: *Ephemerides Carmeliticae* 29 (1978) 100–176.

Biblioteca Mística Carmelitana [BMC]. Burgos 1915–2000 (31 Bde, Reihe wird fortgesetzt).

Boaga, E., *La clausura. Origine e sviluppo storico-giuridico-spirituale,* in: *Vita Consecrata* 29 (4/1993) 492–512.

Concilium Tridentinum, diariorum, actorum, epistolarum, tractatuum nova collectio, hg. von der Görresgesellschaft. Freiburg/Breisgau 1901–2001 (13 von 19 Bden, wird fortgesetzt).

Covarrubias, S. de, *Tesoro de la Lengua Castellana o Española.* Madrid 1610/1611.

Díaz-Plaja, F., *La sociedad española (desde los orígenes hasta nuestros días).* Barcelona 1972.

Diccionario de Autoridades [DA]. Madrid 1732 (ed. facsímil, Madrid 1990).

Diccionario de San Juan de la Cruz [DSJ], hg. von E. Pacho. Burgos 2009.

Diccionario de Santa Teresa. Doctrina e Historia [DST], hg. von T. Álvarez. Burgos 2002.

Dobhan, U., *Gott – Mensch – Welt in der Sicht Teresas von Avila.* Frankfurt/Main 1978.

— *Marienverehrung im Karmel*. Leutesdorf 1990.

Ebertz, M. N., *Die Zivilisierung Gottes. Der Wandel von Jenseitsvorstellungen in Theologie und Verkündigung*. Ostfildern 2004.

Efrén de la Madre de Dios / Steggink, O., *Tiempo y vida de Santa Teresa* [TyV]. Madrid ³1996.

Egido, T., *El tratamiento historiográfico de Santa Teresa. Inercias y revisiones*, in: *Revista de Espiritualidad* 40 (1982) 171-189.

— *El linaje judeoconverso de Santa Teresa. (Pleito de hidalguía de los Cepeda)*. Madrid 1986.

— *Claves históricas para la comprensión de San Juan de la Cruz*, in: *Introducción a la lectura de San Juan de la Cruz*, Salamanca 1991, 59-124.

— *Ambiente histórico*, in: A. Barrientos (Hg.), *Introducción a la lectura de Santa Teresa*. Madrid ²2002, 63-155.

— *La reforma carmelitana en el contexto regalista*, in: Giordano, S. / Paolocci, C., *Nicolò Doria*, 101-116.

Fernández de Mendiola, D. A., *El Carmelo Teresiano en la historia*, 2 Bände. Rom 2008.

Francisco de Santa María, *Reforma de los Descalzos de nuestra Señora del Carmen de la primitiva observancia.* (2 Bde). Madrid 1644–1655.

Franz von Assisi, *Legenden und Laude*, hg., eingeleitet und übers. von O. Karrer. Mit 28 Abbildungen. Zürich 1975.

Giordano, S. / Paolocci, C., *Nicolò Doria. Itinerari economici, culturali, religiosi nei secoli XVI-XVII tra Spagna, Genova e l'Europa* [Institutum Historicum Teresianum, Studia 7]. Rom 1996.

Gracián, J., *Peregrinación de Anastasio*, hg. von J. L. Astigarraga, [MHCT 19]. Rom 2001.

— *Escolias a la vida de Santa Teresa compuesta por el P. Ribera*, hg. von J. L. Astigarraga. Rom 1982.

Granada, Luis de, *Obras Completas*, hg. von Á. Huerga. Madrid 1994ff. (40 Bde, von denen bis dato 37 erschienen sind).

Gutiérrez, G., *Gott oder das Gold. Der befreiende Weg des Bartolomé de Las Casas.* Freiburg/Breisgau 1990.

Hatzfeld, H., *Estudios literarios sobre mística española* [Biblioteca románica hispánica. II. Estudios y ensayos 16]. Madrid ³1976.

Introducción a la lectura de Santa Teresa, hg. von A. Barrientos. Madrid ²2002.

Jerónimo de San José (Ezquerra), *Historia del venerable padre Fray Juan de la Cruz*, hg. von J. V. Rodríguez (2 Bde.). Salamanca 1993.

José de Jesús María (Quiroga), *Historia de la vida y virtudes del venerable P. Fray Juan de la Cruz*, hg. von F. Antolín. Salamanca 1992.

Konstitutionen des Teresianischen Karmel. Rom 1986 – München 1989.

Llamas Martínez, E., *Santa Teresa y la Inquisición española.* Madrid 1972.

Marcos, J. A., *Dios y las metáforas financieras en Santa Teresa. La mística como negocio*, in: *Monte Carmelo* 107 (1999) 487-508.

— *Mística y subversiva: Teresa de Jesús. Las estrategias retóricas del discurso místico.* Madrid 2001.

María de San José (Salazar), *Libro de Recreaciones*, in: *Escritos espirituales*, hg. von Simeón de la Sagrada Familia. Rom ²1979.

Martínez González, Emilio J., *Tras las huellas de Juan de la Cruz. Nueva biografía.* Madrid 2006.

Monumenta Historica Carmeli Teresiani [MHCT]. Rom, 1973–2002 (20 Bde, Reihe wird fortgesetzt).

Moriones, I., *Ana de Jesús y la herencia teresiana. ¿Humanismo cristiano o rigor primitivo?* Rom 1968.

— *Das Theresianische Charisma: eine Studie über die Ursprünge.* Rom 1973.

— *El Carmelo Teresiano y sus problemas de memoria histórica.* Vitoria 1997.

Paolocci, C., *Nicolò Doria. Itinerari economici, culturali, religiosi nei secoli XVI-XVII tra Spagna, Genova e l'Europa* [Institutum Historicum Teresianum, Studia 7]. Rom 1996, 101-116.

Pérez, J., *Teresa de Ávila y la España de su tiempo*. Madrid 2007.

Regel und Konstitutionen der Unbeschuhten Karmelitinnen. Rom 1991 - München 1993.

Ribera, F. de, *La Vida de la Madre Teresa de Jesús, fundadora de las Descalças y Descalços, compuesta por el Doctor F. de R., de la Compañía de Jesús, y repartida en cinco libros*. Salamanca 1590. (Moderne Ausgabe: Nueva edición, aumentada con una introducción, copiosas notas y apéndices por el P. Jaime Pons. Barcelona 1908.)

Rodríguez Martínez, L. / Egido, T., *Epistolario*, in: *Introducción a la lectura de Santa Teresa*, 611-667.

Ros, S. (Hg.), *La recepión de los místicos. Teresa de Jesús y Juan de la Cruz*. Salamanca 1997.

Sender, R. J., *Die Heilige und die Sünder. Roman in drei Bildern*. Stuttgart 1971.

Souvignier, B., *Die Würde des Leibes. Heil und Heilung bei Teresa von Avila*. Köln 2001.

Steggink, O., *Erfahrung und Realismus bei Teresa von Avila und Johannes vom Kreuz*. Düsseldorf 1976.

— *La reforma del Carmelo español. La visita canónica del general Rubeo y su encuentro con Santa Teresa (1566–1567)*. Ávila [2]1993.

Stein, E., *Geistliche Texte I und II* (ESGA 19/20), Freiburg - Basel - Wien 2007/2009.

Teresa de Jesús, *Obras Completas*, hg. von T. Álvarez. Burgos [10]1998.

Teresa de Jesús, *Obras Completas*, hg. von A. Barrientos. Madrid [5]2000.

Teresa von Ávila, *Das Buch meines Lebens*. Freiburg - Basel - Wien 2001.

— *Gedanken zum Hohenlied, Gedichte und kleinere Schriften.* Freiburg – Basel – Wien 2004.

Vizuete Mendoza, J. C., *„Una Religión áspera en principios de reformación." Los Carmelitas Descalzos en Castilla 1570–1600,* in: *Teresianum* 46 (1995) 543-582.

Die Briefe

1.

An Alonso Venegrilla[1] in Gotarrendura[2] (Ávila)

Ávila, 12. August 1546(?)[3]

Herr Venegrilla! Santos García[4] hat zehn Scheffel[5] Getreide gebracht. Seien Sie, bitte, so gut, das Getreide zu bezahlen, da ich nichts habe, während sich Herr Martín de Guzmán[6] darüber freuen und es bezahlen wird, denn so wird es normalerweise gemacht.

Mit Datum vom 12. August.

Doña[7] Teresa de Ahumada

Seien Sie, bitte, so gut, mir ein paar Täubchen zu schicken.[8]

---

[1] In den Jahren 1546–1549 Hüter des großen, heute noch existierenden Taubenschlags der Familie Ahumada auf deren Landgut in Gotarrendura. Die mutmaßliche Datierung dieses Briefes auf das Jahr 1546 gründet auf der Tatsache, dass Teresas Anweisungen nur einen Sinn ergeben, wenn man davon ausgeht, dass Venegrilla noch nicht mit allen Einzelheiten seines Aufgabenbereichs vertraut war. Die Getreidelieferung an das Menschwerdungskloster war Teil der Mitgift Teresas, wie sie ihr Vater, Alonso Sánchez de Cepeda, bei deren Eintritt 1535 mit der Oberin vereinbart hatte.

[2] In diesem Dorf in der Provinz Ávila besaß die Mutter Teresas, Beatriz de Ahumada, ein Landgut, das sie 1509 in die Ehe mit Teresas Vater, Alonso Sánchez de Cepeda, einbrachte. Hier weilte sie in ihrer Kindheit und Jugend öfter, doch geboren wurde Teresa am 28. März 1515 in Ávila, denn es ist sehr unwahrscheinlich, wie manche meinen (TyV 24), dass die Mutter zur Niederkunft in das viel kältere und unbequemere Landgut ging und sich dann mit dem Neugeborenen schon bald nach Ávila begab, wo es am 4. April getauft wurde.

[3] Autograph: Unbeschuhte Karmelitinnen, Calahorra (Logroño), Spanien.

[4] Vermutlich ein Tagelöhner auf dem Gut.

[5] *Fanegas*, ein altes Kornmaß; die kastilische Fanega maß 55,5 Liter.

[6] Schwager Teresas, Mann ihrer ältesten Schwester María de Cepeda.

[7] Die ersten Buchstaben dieses Wortes sind von fremder Hand retuschiert worden, der Schnörkel (eine bis heute in Spanien übliche Verzierung bei der Unterschrift) ist gelegentlich als Abkürzung von *su servidora* (Ihre Dienerin) ge-

2.

An Don Lorenzo de Cepeda[1] in Quito

Ávila, 23. Dezember 1561[2]

1. Jesus. – Mein Herr: Der Heilige Geist sei immer mit Euer Gnaden. Amen. Er vergelte Ihnen die Aufmerksamkeit, mit der Sie allen, noch dazu mit solchem Eifer, zu Hilfe gekommen sind! Ich hoffe auf Gottes Majestät, dass Euer Gnaden bei ihm große Verdienste[3] ansammeln, denn es ist gewiss wahr,

---

lesen worden. Die adeligen Schwestern des Menschwerdungsklosters führten ganz selbstverständlich den Titel Doña, der damals nur adligen Damen zustand; Teresa besaß dieses Recht nur dank eines gekauften Adelstitels, der ihre wirkliche Abstammung von *Conversos* verschleiern sollte. Nach der Gründung von San José (24. August 1562) verzichtete sie auf diese Titulierung und nannte sich Teresa von Jesus.

[8] Dieses Postskriptum gibt Einblick in die Verhältnisse im Menschwerdungskloster, wo Schwestern, die es sich leisten konnten, ihren eigenen Tisch führten, während die weniger begüterten auf den kargen Gemeinschaftstisch angewiesen waren.

---

[1] Lorenzo de Cepeda (1519–1580), einer der Lieblingsbrüder Teresas, war 1540 auf der Suche nach Gold und Glück und – wie viele seines Standes und alle seine Brüder bis auf einen – mit der Hoffnung auf einen Ehrentitel nach Westindien aufgebrochen, um den Makel seiner jüdischen Abstammung auszulöschen. Er war der einzige der Brüder Teresas, der es dort in der Tat zu einem gewissen Reichtum brachte; 1575 sollte er nach Spanien zurückkehren. (Siehe F 25,3.) Quito, die heutige Hauptstadt Ecuadors, gehörte damals zum Vizekönigreich Perú. Teresa schreibt diesen Brief im Haus ihrer Freundin Doña Guiomar de Ulloa, bei der sie weilt, um den Umbau des Hauses, in dem sie ihr Reformkloster San José gründen will, leichter und vor allem auch unter größerer Geheimhaltung überwachen zu können. Angesichts dieses Vorhabens ist sie dringend auf die finanzielle Unterstützung ihres Bruders angewiesen; dies ist ein Dankesschreiben für die Summen, die er ihr durch Vermittlung von vier befreundeten Kaufleuten hat zukommen lassen. Teresa sah darin die Erfüllung einer Verheißung, die ihr der hl. Josef in einer Vision gegeben hätte: *„Als ich mich eines Tages in einer solchen Not befand, dass ich nicht wusste, was ich tun oder womit ich einige Handwerker bezahlen sollte, erschien mir der heilige Josef, mein wahrer Vater und Herr, und gab mir zu verstehen, dass mir das Geld nicht fehlen würde, ich solle sie nur einstellen. Und so machte ich es auch, ohne einen einzigen Pfennig in der Tasche. Und der Herr beschaffte es mir auf Wegen, die alle, die davon hörten, in Staunen versetzten“* (V 33,12).

[2] Autograph: Karmelitinnenkloster Santa Ana, Madrid.

[3] Typische Vorstellung für die Beziehung des Menschen zu Gott in der damaligen Zeit.

dass das Geld bei allen, denen Euer Gnaden welches schickten, zeitlich so passend kam, dass es mir ein großer Trost war. Ich glaube, dass es eine Anregung Gottes war, die Euer Gnaden erhielten, mir so viel zu schicken, denn für so ein armes Nönnlein wie ich, die ich es mir, Gott sei's gepriesen, schon als Ehre anrechne, geflickt herumzulaufen, hat das ausgereicht, was mir Juan Pedro de Espinosa und Varrona (so heißt, glaube ich, der andere Kaufmann) gebracht haben, um einige Jahre lang aus der Not herauszukommen.[4]

2. Da ich Eurer Gnaden bereits recht ausführlich geschrieben habe,[5] sage ich trotz vieler Gründe und Motive, denen ich mich – da es Eingebungen Gottes waren, so dass sie nichts für einen Brief sind – nicht entziehen konnte, nur, dass ich nach Meinung heiligmäßiger und studierter Personen[6] verpflichtet sei, nicht feige zu sein; ich sollte vielmehr alles, was ich vermochte, in dieses Werk einbringen, nämlich ein Kloster zu gründen, in dem es nur fünfzehn[7] Schwestern gibt, ohne dass

---

[4] Lorenzo hatte insgesamt mehr als 200 Dukaten geschickt. Die vier Kaufleute, die er als Geldkuriere benutzte, waren Juan Pedro de Espinosa, vielleicht ein Verwandter seiner Frau, Juana Fuentes de Espinosa; ein gewisser Varrona, von dem uns außer seinem Nachnamen nichts bekannt ist; und ferner Antonio Morán, dessen Lob Teresa in diesem Brief singt (Ct 2,2.4.6), und Alonso Rodríguez (siehe Ct 2,6). Die Erwähnung der Not zeigt, wie es Teresa ging, obwohl sie eine Doña war.

[5] Dieser Brief und alle weiteren, auf die sie im Laufe dieses Briefes anspielt, sind verloren gegangen, ein schöner Beleg für die Tatsache, dass nur ein Bruchteil der ausgedehnten Korrespondenz Teresas erhalten ist, die nach Schätzung mancher bis zu 25.000 Briefe umfasst haben könnte. (L. Rodríguez Martínez/T. Egido, *Epistolario*, 618.)

[6] Taktisch klug beruft Teresa sich lieber auf die Meinung *„heiligmäßiger und studierter Personen"* als auf ihre inneren Erfahrungen; die verwickelte Gründungsgeschichte des Kloster San José siehe in V 32-36.

[7] Zur Anzahl der Schwestern gibt es bei Teresa zu unterschiedlichen Zeitpunkten verschiedene Vorstellungen. Vgl. V 32,13: *„Wir wollten aus vielen Gründen, dass es nie mehr als dreizehn Schwestern sein sollten"*; und ferner V 36,19: *„gerade einmal zwölf Frauen und die Priorin, denn mehr sollen es nicht sein."* In CE 20,1 spricht Teresa selbst von der Gemeinschaft als *„Kollegium Christi."* Die Zahl dreizehn steht also symbolisch für Christus (der nach der Karmelregel durch den Prior bzw. die Priorin repräsentiert wird) und das Apostelkollegium; das erklärt wohl auch den Hinweis auf *„zwölf Schwesterlein"* in

diese Anzahl zunehmen darf, in größter Zurückgezogenheit, so dass sie niemals herausgehen, wie auch niemanden zu Gesicht bekommen, außer mit einem Schleier vor dem Gesicht,[8] gegründet auf inneres Beten und Ich-Sterben,[9] wie ich es Euer Gnaden bereits ausführlicher geschrieben habe und über Antonio Morán noch schreiben will, wenn dieser abreist.

3. Dabei unterstützt mich jene Dame, Doña Guiomar,[10] die Eurer Gnaden schreibt. Sie ist die Frau von Francisco Dávila

---

CE 2,10; vgl. auch ihren Brief vom 17. Januar 1570 an Lorenzo de Cepeda (Ct 24). Auf die hier genannte symbolische Zahl fünfzehn kam sie, indem sie noch die Muttergottes und den hl. Josef hinzuzählte. Später sollte sie die Höchstzahl auf 20 Schwestern erhöhen, nicht zuletzt wegen des großen Zulaufs zu ihren Klöstern und weil eine zu kleine Gruppe nur bedingt überlebensfähig ist. In den *Konstitutionen von Alcalá* (1581) wird festgesetzt, dass es in den Klöstern ohne feste Einfünfte 13 oder 14 Chorschwestern und drei Laienschwestern geben soll, in den Klöstern mit festen Einkünften aber 20 (Cs 2,8). Auf die heutige Anzahl von 21 kam man, indem man in jedem Kloster einen Platz für Teresa reservierte.

[8] Man mag sich fragen, inwieweit die auffallende Betonung der strengen Zurückgezogenheit aus taktischen Gründen geschieht, weil Teresa ihr Reformvorhaben damit scheinbar in die Nähe der damaligen rigoristischen Reformbewegungen rückt und damit nur zu den vermeintlichen Ursprüngen zurückkehren, also nichts Neues einführen würde. Es ist von daher – historisch gesehen – nicht richtig, dies als Beschreibung des Ideals Teresas in seinem Endzustand zu betrachten. Diesem entsprechend bot die Klausur als Privatraum der Schwestern, zu dem Außenstehende keinen Zutritt haben, nicht nur einen Raum der Stille und Zurückgezogenheit, wie er für die von Teresa angestrebte kontemplative Lebensweise nötig war, sondern auch persönliche Gestaltungsräume ohne Einmischung von außen, womit Teresas Schwestern mehr Selbständigkeit hatten als die meisten Frauen damals, die entweder ihrem Vater, Ehemann oder Bruder unterstellt waren.

[9] Die beiden Grundpfeiler der Spiritualität Teresas: inneres Beten, verstanden als Pflege einer freundschaftlichen Beziehung mit Christus (siehe V 8,5), und Ich-Sterben, d.h. die Überwindung des tief verwurzelten Egoismus des „alten Menschen" (nach Eph 4,22 und Kol 3,9) in der Nachfolge Christi, des Gekreuzigten, indem man allem „abstirbt", was einen in unfruchtbarer Weise an sich selbst bindet, um so zum „neuen", innerlich freien und selbstlos liebenden Menschen zu werden.

[10] Guiomar (Teresa schreibt dem Gehör nach Yomar) de Ulloa war eine Tochter von Pedro de Ulloa, einem Ratsherrn aus Toro. Das Breve vom 7. Februar 1562, mit dem die Gründung des Klosters San José genehmigt wurde, war auf ihren Namen und den ihrer Mutter, Aldonza de Guzmán, ausgestellt. Teresa hatte diesen Umweg gewählt, weil sie mit dem Widerstand ihrer Oberen

aus Salobralejo,[11] wenn Euer Gnaden sich erinnern. Es sind neun Jahre her, seit ihr Mann gestorben ist, der eine Million an Rente hatte.[12] Abgesehen von dem ihres Mannes besitzt sie selbst ein Majorat[13], und obwohl sie bereits mit fünfundzwanzig verwitwet war, hat sie nicht mehr geheiratet, sondern sich Gott sehr hingegeben. Sie ist ein sehr geistlicher Mensch. Es sind schon mehr als vier Jahre, seit uns eine engere Freundschaft verbindet als ich sie mit einer leiblichen Schwester haben könnte. Und obwohl sie mich sehr unterstützt – sie gibt mir nämlich einen großen Teil ihres Einkommens –, ist sie im Augenblick doch ohne Geld, und alles, was mit dem Herrichten und Ankauf des Hauses zu tun hat, mache ich. Mit Gottes Hilfe sind mir zwei Mitgiften bereits im voraus übergeben worden, und damit habe ich es gekauft, freilich heimlich; doch für die erforderlichen Ausbesserungen hätten mir die Mittel gefehlt. Und es ist so, dass ich einzig im Vertrauen darauf, dass Gott schon vorsorgen wird (da er ja will, dass ich es mache), die Handwerker bestelle. Das schien verrückt zu sein! Da kommt nun Seine Majestät und bewegt Euer Gnaden, dass Sie dafür sorgen; und was mich am meisten erstaunt hat, ist, dass die vierzig Taler[14], die Euer Gnaden noch dazu gelegt haben, mir am meisten fehlten. Aber der heilige Josef (nach ihm soll es nämlich benannt werden) hat es, glaube ich, bewirkt, dass ich keinen Mangel hätte, und ich weiß,

---

rechnen musste. Doña Guiomar war außerdem mit Pedro de Alcántara und dem Jesuiten Juan de Prádanos, einem der Beichtväter Teresas, befreundet; vgl. V 24,4; 30,3; 32,10-15.

11 Eine kleine Ortschaft in der Provinz Ávila.

12 *Un cuento de renta:* Eine Million Rente, d. h. alle Einkünfte aus den verschiedenen Besitztümern erbrachten eine Million Maravedís jährlich. 375 Maravedís sind ein Dukaten. Um 1520 konnte man für einen Dukaten 185 Liter Wein oder 225 kg Brot kaufen, um 1600 nur noch 13 Liter bzw. 55 kg. Um einen Dukaten zu verdienen, musste ein Maurer 1586 fast drei Tage arbeiten. Er verdiente am Tag vier Reales, elf Reales waren ein Dukaten. (F. Díaz-Plaja, *La sociedad española*, 258).

13 Ein nach dem Ältestenrecht vererbtes Gut.

14 *Pesos*, der *peso duro* war ein alter spanischer Silbertaler; Teresa spricht in diesem Brief auch von Goldtalern.

dass er es Euer Gnaden vergelten wird.[15] Auch wenn es letztlich ärmlich und klein ist, so aber doch mit schöner Aussicht und weiten Auen. Damit wird es nun fertiggestellt.

4. Sie sind wegen der Bullen[16] schon nach Rom gegangen, denn obwohl es ein Kloster meines eigenen Ordens ist, stellen wir uns unter die Obödienz des Bischofs.[17] Ich hoffe auf den Herrn, dass es viel zu seiner Ehre beitragen wird, wenn er es zustande kommen lässt, was, glaube ich, ohne Bedenken so sein wird, denn es gehen Seelen dort hin, die es fertig bringen, ein herausragendes Beispiel zu geben, da sie ganz auserlesen sind, sowohl in der Demut wie in der Bußgesinnung und dem inneren Beten.[18] Wollen Euer Gnaden es Gott anempfehlen, denn wenn Antonio Morán zurückreist, wird es mit Gottes Hilfe bereits zustande gekommen sein.[19]

---

[15] Siehe auch V 33,12.

[16] Eine terminologische Ungenauigkeit, die Teresas geringe Vertrautheit mit der Materie verrät. Bulle nennt man ein päpstliches Schreiben, das wichtigere Anliegen zum Thema hat, zur Gründung eines Klosters war nur ein als Breve bezeichnetes päpstliches Schreiben erforderlich. Dieses wurde am 7. Februar 1562 auf den Namen von Doña Guiomar und ihrer Mutter Doña Aldonza de Guzmán ausgestellt.

[17] Teresa schreibt *obediencia* - *Gehorsamspflicht* gegenüber einem kirchlichen Oberen; kirchenrechtlich war und ist jedes Kloster der Jurisdiktion (rechtlichen Zuständigkeit) einer höheren Instanz unterstellt. Teresa hatte San José ursprünglich der Jurisdiktion des Ordens, konkret des Provinzials der kastilischen Karmelprovinz, Ángel de Salazar, unterstellen wollen. Als dieser jedoch nach anfänglicher Zusage aus Furcht vor Widerständen seine Meinung änderte, unterstellte sie ihre Gründung dem Bischof von Ávila, Álvaro de Mendoza, der ihr sehr gewogen war; vgl. V 32,15; 33,16. Unter dem Druck der veränderten Verhältnisse unterstellte Teresa das Kloster im Juli 1577 dem Orden; siehe dazu F 32.

[18] Erneut wird deutlich, welche Kriterien Teresa wichtig sind: Demut, verstanden als *„in der Wahrheit leben“* (6M 10,7); inneres Beten, verstanden als Freundschaft mit Gott (vgl. V 8,5); und Ich-Sterben, hier *„Bußgesinnung“ (penitencia)* genannt, womit jedoch weniger Bußübungen gemeint sind als vielmehr das Bemühen um Überwindung aller Egozentrik.

[19] In Wirklichkeit sollte sich die Gründung verzögern. Teresa schrieb dies am 23. Dezember; am folgenden Tag schickte sie der Provinzial der Karmeliten, Ángel de Salazar, zu Doña Luisa de la Cerda nach Toledo, wo sie bis Juni 1562 bleiben musste. Die Einweihung des Klosters San José konnte erst am 24. August 1562 stattfinden; siehe V 36.

5. Er kam hierher; durch ihn ist mir großer Trost zuteil geworden (er schien mir nämlich ein Glückspilz und ein aufrichtiger und vernünftiger Mensch), und dabei noch so genau über Eure Gnaden[20] Bescheid zu bekommen, da es sicher eine der großen Gnaden ist, die mir der Herr erwies, dass er Euch zu verstehen gegeben hat, was die Welt ist, und Ihr zur Ruhe kommen wollt, und, soviel ich erkennen kann, den Weg zum Himmel geht, denn das war es, was ich am meisten zu wissen wünschte, da ich bislang immer beunruhigt war.[21] Ehre sei dem, der das alles bewirkt! Er gebe, dass Euer Gnaden in seinem Dienst immer voranschreiten; denn da es bei der Belohnung keine Schranke gibt, darf es auch beim Bemühen, dem Herrn zu dienen, keinen Stillstand geben, sondern wir sollen jeden Tag wenigstens ein bisschen weiter und mit Eifer vorankommen, da es so aussieht, was ja auch so ist, als wären wir ständig im Krieg, bei dem es keine Sorglosigkeit geben darf, solange der Sieg nicht errungen ist.[22]

6. Alle, durch die Euer Gnaden Geld geschickt haben, waren zuverlässig, aber Antonio Morán hat sich am meisten hervorgetan, weil er das Gold, wie Euer Gnaden sehen werden, zu höheren Preisen und ohne Unkosten zu Geld gemacht hat, aber auch weil er, obwohl es ihm gesundheitlich schlecht ging, von Madrid hierher gekommen ist, um es zu überbringen (heute geht es ihm aber wieder besser, denn es war nur eine vorübergehende Erkrankung), und weil ich sehe, dass er Euer Gnaden wirklich wohlgesonnen ist. Er überbrachte auch das Geld von Varrona, und das Ganze mit großer Sorgfalt.

---

[20] Hier in der Mehrzahl, Teresa meint an dieser Stelle offensichtlich nicht nur Lorenzo, sondern alle ihre in Westindien weilenden Brüder.

[21] Teresa sorgte sich um das Seelenheil ihrer in Westindien weilenden Brüder; waren ihr Berichte über die Umstände der Conquista zu Ohren gekommen, die dieser Sorge Nahrung gaben? Vgl. dazu Ct 24,13 vom 17. Januar 1570 an ihren Bruder Lorenzo de Cepeda in Quito.

[22] In einer stark vom Militarismus geprägten Zeit lag es für Teresa nahe, Metaphern aus dem militärischen Bereich auf das geistliche Leben anzuwenden; siehe etwa auch CE 3,1.3; 29,1; 66,1f.

Rodríguez war auch hier, und hat seine Sache recht gut gemacht.[23] Ich werde auch über ihn an Euer Gnaden schreiben, denn vielleicht reist er eher ab. Antonio Morán hat mir den Brief gezeigt, den ihm Euer Gnaden geschrieben hatten. Glauben Sie mir, soviel Aufmerksamkeit zeugt, glaube ich, nicht nur von Ihrer Tugend, sondern es hat sie Ihnen Gott eingegeben.

7. Gestern hat mir meine Schwester María[24] den beiliegenden Brief geschickt; sobald man ihr weiteres Geld bringt, schickt sie einen weiteren. Die Unterstützung kam genau zur rechten Zeit. Sie ist eine gute Christin und hat weiterhin viel Schweres durchzustehen; und falls Juan de Ovalle[25] einen Prozess gegen sie anstrengen sollte, hieße das, ihre Kinder zu ruinieren.[26] Was er in Erfahrung gebracht hat, ist gewiss nicht so schlimm, wie es ihm vorkommt, auch wenn das Ganze ziemlich unter dem Preis verkauft wurde und er es ruiniert hat.

---

[23] Don Alonso Rodríguez aus Trujillo, Perú, hatte ihr einen Monat zuvor *„hundert 22-karätige Goldtaler und zwei Gramm Gold“* gebracht, wie sie auf einem Zahlungsbeleg vom 22. November 1561 angibt; siehe MA 7.

[24] Teresas älteste (Halb)schwester María de Cepeda, die Witwe von Martín de Guzmán y Barrientos, in deren Haus in Castellanos de la Cañada Teresa während ihrer Krankheit im Winter 1538/39 einige Monate weilte.

[25] Der andere Schwager Teresas, der Mann ihrer jüngsten Schwester Juana de Ahumada.

[26] Im folgenden spielt die Autorin auf die Erbstreitigkeiten an, die nach dem Tod von Teresas Vater, Alonso Sánchez de Cepeda, am 23. Dezember 1543 zwischen seiner Tochter aus erster Ehe, María de Cepeda, und den Kindern aus seiner zweiten Ehe entbrannt waren. Hintergrund war die Tatsache, dass Don Alonso, der als Converso mit gefälschtem Adelsbrief keinem Beruf nachgehen konnte und ständig in Finanznöten war, noch zu Lebzeiten einige Güter seiner ersten Frau, Catalina del Peso, sowie einige seiner zweiten Frau, Beatriz de Ahumada, veräußert hatte. Die Lage war so verworren, dass die Kinder aus zweiter Ehe sich entschlossen, auf das väterliche Erbe zu verzichten, dafür aber das volle mütterliche Erbe für sich zu reklamieren. Im Januar 1544 strengten sie deswegen einen Prozess gegen María de Cepeda an, scheiterten mit ihrer Forderung aber sowohl vor dem Tribunal von Ávila als auch vor dem von Valladolid. Dennoch sann Juan de Ovalle auf weitere gerichtliche Schritte, was Teresa zu verhindern versuchte; als Ordensfrau mit Armutsgelübde war sie an dem Rechtsstreit zwar nicht beteiligt, doch litt sie unter dem Unfrieden unter ihren Geschwistern und versuchte zwischen ihnen zu vermitteln. (BMC 7,9, Anm. 4.)

Aber Martín de Guzmán (Gott hab ihn selig) hatte ja auch seine Absichten, und das Gericht hat ihm recht gegeben, wenn auch zu Unrecht; jetzt aber wieder zurückfordern, was mein Vater (seligen Andenkens) verkauft hat, da platzt mir die Geduld! Im übrigen würde das, wie ich schon sage, meine Schwester, Doña María, umbringen. Gott bewahre mich vor soviel Eigennutz, der einen den eigenen Verwandten soviel Böses antun lässt. Freilich ist es hier auf Erden so bestellt, dass nur wie bei einem Wunder ein Vater für seinen Sohn oder ein Bruder für seinen Bruder einsteht. Deshalb wundere ich mich nicht über Juan de Ovalle; im Gegenteil, er hat es noch gut gemacht, dass er aus Liebe zu mir für den Augenblick davon abgelassen hat. Er hat eine gute Art, aber in diesem Fall wäre es nicht gut, sich darauf zu verlassen, sondern es soll, falls Euer Gnaden ihm die tausend Taler schicken, unter einer Bedingung und in schriftlicher Form sein, und diese an mich. Euer Gnaden mögen auf der Bitte bestehen, dass an dem Tag, an dem er den Prozess wieder aufnehmen sollte, fünfhundert Dukaten[27] an Doña María gehen.

8. Die Häuser in Gotarrendura[28] sind noch nicht verkauft, aber Martín de Guzmán hat von ihnen 300.000 Maravedís an Einnahmen gehabt, und es ist nur recht, dass die wieder zurückerstattet werden. Und wenn Euer Gnaden die tausend Taler schicken, ist Juan de Ovalle geholfen und er kann hier leben, denn das hat er getan und ist hierher gekommen, ist aber jetzt in Not; doch wenn ihm das von dort nicht zukommt, wird er auf Dauer nicht hier leben können, sondern nur von Zeit zu Zeit und außerdem schlecht.[29]

---

[27] Zum Wert eines Dukaten siehe Anm. zu Ct 2,3.

[28] Der Landsitz der Familie Ahumada in der Nähe von Ávila, den Teresas Mutter, Beatriz de Ahumada, in die Ehe mit Don Alonso eingebracht hatte; der Verkauf dieses Teils des mütterlichen Erbes stand noch aus.

[29] Auf Bitten Teresas waren ihre Schwester Juana und deren Mann aus Alba de Tormes nach Ávila gezogen, um ihr bei der Gründung des Klosters San José behilflich zu sein.

9. Er ist recht gut verheiratet, doch ich sage Euer Gnaden, Doña Juana hat sich zu einer so achtbaren und prächtigen Frau entwickelt,[30] dass es zum Lob Gottes ist, und eine Seele wie ein Engel! Ich kam von allen dreien[31] am schlechtesten heraus, und wie eine, die Euer Gnaden eigentlich gar nicht als Schwester anerkennen sollten, so wie ich bin; ich weiß nicht, wieso man mich so mag. Das sage ich in aller Wahrhaftigkeit. Sie hat viele Prüfungen durchgemacht und recht gut ertragen. Wenn Euer Gnaden ihr dies schicken können, ohne selbst in die Klemme zu geraten, tun Sie es bald, auch wenn es nach und nach sein sollte.

10. Die Geldbeträge, die Euer Gnaden geschickt haben, sind übergeben worden, wie Sie aus den Briefen ersehen können. Toribia[32] war schon verstorben, und ihr Mann auch. Ihren Kindern, und die sie hat, sind arm, ist es sehr zugute gekommen. Die Messen sind in dem von Euer Gnaden aufgetragenen Anliegen gelesen worden (einige, glaube ich, schon bevor das Geld ankam), und zwar von den besten Leuten, die ich gefunden habe, wirklich gute Leute. An dem Anliegen, für das Euer Gnaden sie lesen ließen, habe ich mich erbaut.[33]

11. Ich befinde mich bei all diesen Geschäften[34] im Haus von Doña Guiomar, was mir ein Trost gewesen ist, da ich so länger bei denen bin, die mir über Euer Gnaden berichten, und, ich gebe es zu, es gefällt mir besser, denn eine Tochter[35] die-

---

[30] Die 1528 geborene Juana war erst zwölf Jahre alt gewesen, als Lorenzo 1540 nach Westindien aufbrach. Zeitweise ist sie von Teresa im Kloster der Menschwerdung erzogen worden.

[31] Teresa schreibt die weibliche Form *todas*; sie denkt an dieser Stelle also nicht an die ganze Geschwisterreihe, sondern vergleicht sich mit den beiden eben genannten Schwestern.

[32] Vermutlich eine ehemalige Hausangestellte von Teresas Vater, Alonso Sánchez de Cepeda.

[33] Das bedeutet, dass Don Lorenzo Messstipendien geschickt hat, eine Vergütung für den Priester, der diese Messen in dem vom Geber angegebenen Anliegen zelebriert.

[34] Die Gründung des Klosters San José.

ser Dame, die in unserem Haus Ordensschwester ist, ist hierher gekommen, und der Provinzial[36] hat mir aufgetragen, als Begleiterin mitzukommen; hier bewege ich mich mit mehr Freiheit für das, was ich will, als im Haus meiner Schwester. Es hat hier alles mit Gott zu tun und bei großer Sammlung. Ich bleibe hier, bis man mir etwas anderes aufträgt, wiewohl es für die Abwicklung des besagten Geschäftes[37] besser wäre.

12. Nun wollen wir auf meine liebe Schwester Doña Juana[38] zu sprechen kommen, denn wenn auch zuletzt, so ist sie es doch nicht in meiner Zuneigung, da es bestimmt so ist, dass ich sie genau so innig Gott empfehle wie Euer Gnaden. Ich küsse tausend mal die Hände ihrer Gnaden für so viel Wohlwollen, das sie mir erweist. Ich weiß nicht, wie ihr zu Diensten zu sein, als unseren Kleinen[39] Gott sehr zu empfehlen, wie es geschieht, da der heiligmäßige Fray Pedro de Alcántara (ein Unbeschuhter Bruder,[40] von dem ich Euer Gnaden geschrieben habe), es sich sehr zu Herzen nimmt, ebenso die Theatiner[41] und noch weitere Personen,[42] die Gott erhören

---

[35] Antonia de Guzmán, die wie Teresa Karmelitin im Menschwerdungskloster war, geboren ca. 1552 (TyV 159, Anm. 75). Die Schwestern dieses Klosters durften das Haus unter bestimmten Voraussetzungen verlassen, jedoch nicht allein, sondern nur in Begleitung einer Mitschwester. In ihrer *Vida* gibt Teresa unumwunden zu, dass Doña Guiomar diese Bestimmung geschickt ausgenutzt hatte, um Teresa mehr Handlungsspielraum und insbesondere auch Gelegenheit zu geben, sich mit Fray Pedro de Alcántara zu beraten; siehe V 30,3 und ferner V 32,13. Von der größeren Freiheit *„um das zu tun, was ich will"* spricht Teresa auch in diesem Brief.

[36] Ángel de Salazar.

[37] Erneut ist die Gründung von San José gemeint.

[38] Sie meint ihre Schwägerin Juana Fuentes de Espinosa, die Frau Lorenzos. 1539 in Trujillo (Perú) geboren, heiratete sie ihn 1556. Sie starb 1567 im Wochenbett.

[39] Vermutlich der älteste Sohn Lorenzos, der 1563 starb und dessen Name nicht überliefert ist; siehe Ct 113; 115; 142; 172; usw.

[40] Auch hier, ähnlich wie in V 32,10, erweist sich „Unbeschuht" als ein bereits bestehender Terminus technicus.

[41] Damals in Spanien übliche Bezeichnung für die Jesuiten.

[42] So weit der Text des Autographs; der Rest des Briefes ist der Ausgabe von P. Silverio entnommen.

wird. Seine Majestät gebe, dass er ihn noch besser mache als seine Eltern, denn auch wenn die gut sind, so möchte ich für ihn doch mehr. Schreiben Euer Gnaden mir doch immer von der Zufriedenheit und Ergebenheit, die Sie haben, denn das ist mir ein großer Trost.

13. Ich habe gesagt, dass ich Ihnen, sobald Antonio Morán abreist, eine Abschrift von der Urkunde[43] schicken werde, von der man sagt, dass sie nicht besser sein könnte, und das werde ich mit aller Sorgfalt machen. Sollte sie diesmal unterwegs verloren gehen, schicke ich sie so oft, bis sie ankommt,[44] denn nur wegen einer Dummheit ist sie noch nicht abgeschickt worden (da es sich um eine dritte Person handelt, die sie nicht hat übergeben wollen,[45] sage ich nichts dazu); es werden auch ein paar Reliquien mitgeschickt, die ich da habe, doch ihre Fassung ist von geringem Wert. Für das, was mir mein Bruder[46] schickt, küsse ich ihm tausendmal die Hände; denn wenn dies noch die Zeit wäre, in der ich Goldschmuck trug,[47] hätte ich das Bild ganz eifersüchtig gehütet, es ist nämlich ganz besonders schön. Gott erhalte uns Ihre Gnaden[48] noch viele Jahre, und Euer Gnaden ebenso, und er schenke

---

[43] Anspielung auf den Adelsbrief, den der Vater Teresas und ihre Onkel nach dreijährigem Rechtsstreit (1519–1522) durch Zeugenbestechung von der Königlichen Kanzlei in Valladolid erlangten; die besagte Urkunde bestätigte ihre Zugehörigkeit zum niederen Adel, schränkte die diesbezüglichen Rechte aber auf Ávila und Umgebung ein. Es war offensichtlich nicht gelungen, mehr zu erreichen. Siehe dazu T. Egido, *El linaje judeoconverso de Santa Teresa*; J. Pérez, *Teresa de Ávila*, 16f.; U. Dobhan, *Gott-Mensch-Welt*, 40-45 und 342-356.

[44] Diese Bemerkung sagt einiges über die Unsicherheit der damaligen Postverbindungen, nicht nur mit Übersee, aus; vgl. auch Ct 23,2; 38,1; usw.

[45] Gab es da jemanden – evtl. aus der Familie der Cepeda –, der sie für die Abschrift nicht hat herausgeben wollen?

[46] Einer der Brüder Teresas, offensichtlich Jerónimo de Cepeda, der ihr ein Bild geschickt hat. (BMC 7,12, Anm. 2.)

[47] Anspielung auf ihre „Jugendsünde", die sie in V 2,2 erwähnt.

[48] Gemeint ist der eben erwähnte Bruder Jerónimo.

[49] Den beiden Brüdern.

Ihnen[49] segensreiche Jahre; morgen ist nämlich der Vorabend des Jahres 1562.[50]

14. Da ich mit Antonio Morán zusammen war, beginne ich erst spät zu schreiben, wo ich doch noch viel mehr sagen würde, aber er will morgen abreisen. Über ihn will ich auch meinem Jerónimo de Cepeda[51] schreiben; da ich aber so schnell schreiben muss, mache ich mir wenig daraus. Lesen Sie doch meine Briefe immer vor.[52] Ich habe mir viel Mühe gegeben, damit die Tinte gut ist.[53] Die Buchstaben wurden so schnell hingeschrieben, und es ist, wie gesagt, so spät, dass ich es nicht noch einmal durchlesen kann. Mit meiner Gesundheit geht es mir besser als üblich. Gott schenke sie Ihnen an Seele und Leib so, wie ich es wünsche. Amen.

15. Den Gnädigen Herren Hernando de Ahumada und Pedro de Ahumada[54] schreibe ich nicht, da es jetzt nicht geht; ich werde es bald nachholen. Euer Gnaden mögen wissen, dass einige recht gute Leute, die um unser Geheimnis – ich meine, um das Geschäft[55] – wissen, es für ein Wunder gehalten haben, dass Euer Gnaden mir gerade zu diesem Zeitpunkt so

---

[50] Teresa schreibt diesen Brief am 23. Dezember; damals begann das neue Jahr in Ávila am ersten Weihnachtstag, erst 1564 wurde der Jahresanfang auf den 1. Januar verlegt.

[51] Jerónimo de Cepeda (1522–1575) war ein jüngerer Bruder Teresas, der 1540 zusammen mit Lorenzo de Cepeda nach Westindien aufgebrochen war; er starb Anfang Mai 1575 in der Schlacht bei Nombre de Dios (Panamá); siehe den Brief an Juana de Ahumada vom 12. August 1575 (Ct 87,1).

[52] Teresa möchte, dass ihre Briefe allen ihren Brüdern zur Kenntnis gelangen.

[53] Wie damals üblich, bereitete Teresa ihre Tinte selbst zu, wobei sie sich Mühe gab, die Leserlichkeit ihrer Briefe nicht durch eine schlechte Qualität zu beeinträchtigen.

[54] Hernando de Ahumada (1510–1565) ist Teresas ältester Bruder, der vermutlich bereits 1534 nach Westindien aufgebrochen war und 1565 dort starb. Pedro de Ahumada (1521–1589) ist ein jüngerer Bruder, der sich 1548 nach Westindien einschiffte und 1575 zusammen mit Lorenzo de Cepeda nach Spanien zurückkehrte; völlig verarmt und psychisch labil, sollte er Teresa viel Sorge bereiten; siehe Ct 337,1; 338,7.

[55] Erneute Anspielung auf die geplante Klostergründung.

viel Geld geschickt haben. Ich hoffe auf Gott, er werde Ihnen, falls mehr notwendig sein sollte, sogar dann, wenn Sie es nicht wollten, ins Herz geben, mich zu unterstützen.

Euer Gnaden treue Dienerin

Doña Teresa de Ahumada

3.

An die Herren des Stadtrats von Ávila[1]

Ávila, 5. (oder 6.) Dezember 1562[2]

1. Sehr erlauchte Herren, da unserer Erkundigung zufolge der Wasserversorgung kein Schaden entstand durch die Einsiedeleien, die hier errichtet wurden, für sie jedoch ein sehr großer Bedarf da war, glaubten wir nie, (sobald Euer Hochwohlgeboren das ausgeführte Werk gesehen hätten, das nur zum Lob Gottes dient, und damit wir einen abgeschiedenen Platz zum Beten haben),[3] dass es Euer Hochwohlgeboren Verdruss bereiten würde, zumal wir unseren Herrn dort ganz besonders bitten, diese Stadt in seinem Dienst zu erhalten.[4]

---

[1] Bittschreiben an den Stadtrat von Ávila, der bereits beim Königlichen Rat in Madrid einen Prozess gegen das Kloster San José wegen dessen Spendenabhängigkeit angestrengt hatte; siehe Anm. zu V 36,18. In diesem Schreiben geht es um einen weitere Konfliktpunkt, nämlich den Bau von ganz einfachen Rückzugsmöglichkeiten auf dem Klostergelände, was sich den Stadträten zufolge schädlich auf die städtischen Wasserquellen auswirkte. Das Schreiben wurde laut Eingangbestätigung vom 7. Dezember 1563 den Prozessakten hinzugefügt und am 19. Januar 1564 dem Rat vorgelegt.

[2] Autograph: Unbeschuhte Karmelitinnen, Medina del Campo.

[3] In Teresas *Konstitutionen* heißt es dazu: *„In der ganzen Zeit, die sie nicht in der Kommunität oder in deren Arbeitsräumen verbringen, soll jede Schwester in ihrer Zelle oder der Einsiedelei sein, die ihr die Priorin zugewiesen hat, kurz, am Ort ihrer Zurückgezogenheit“* (Cs 8); *„es soll Gelände für die Errichtung von Einsiedeleien geben, wo sie sich zum Gebet zurückziehen können, entsprechend dem, was unsere heiligen Väter getan haben“* (Cs 32). Teresa und ihre ersten Mitschwestern begeisterten sich so für den Bau von Einsiedeleien, dass es nach einigen Jahren in San José bei dreizehn Schwestern nicht weniger als zehn derartige Rückzugsmöglichkeiten gab; siehe TyV 240f.

2. Angesichts der Tatsache, dass es Euer Hochwohlgeboren mit Missfallen aufnehmen (worüber wir alle Schmerz empfinden), ersuchen wir Euer Hochwohlgeboren, es zu besichtigen; wir sind auf alle von den Fachleuten[5] Eurer Hochwohlgeboren geforderten Schriftstücke und Bürgschaften und Zinsabgaben vorbereitet, um zu gewährleisten, dass zu keiner Zeit Schaden entstehe; dazu sind wir immer entschlossen gewesen.

3. Falls das den Hochwohlgeborenen Herren trotz allem nicht genügen sollte, dann soll es liebend gern abgerissen werden, sobald nur Euer Hochwohlgeborenen zuvor den Nutzen, nicht den Schaden, den es verursacht, feststellen, denn mehr wollen wir, dass Euer Hochwohlgeborenen nicht verstimmt seien als all den Trost, den wir dort finden, auch wenn uns dessen Entbehrung, da er geistlich ist, schmerzen würde.[6]

4. Unser Herr beschütze Sie, meine sehr Hochwohlgeborenen Herren, und erhalte sie immerzu in seinem Dienst. Amen.

Ihre unwürdigen Dienerinnen, die Euer Hochwohlgeboren die Hand küssen[7]

die armen Schwestern von San José

---

[4] Ein diplomatischer Schachzug Teresas: Sie widerspricht nicht nur der Anschuldigung, Schaden verursacht zu haben, wobei sie es nicht versäumt, darauf hinzuweisen, dass sie sich bei Fachleuten erkundigt hat, sondern sie schmeichelt den Stadträten durch die Behauptung, die von ihr errichteten Gebäude würden insbesondere der Fürbitte für die Stadt dienen.

[5] Teresa schreibt „Studierten" (*letrados*).

[6] Taktisch klug lenkt Teresa scheinbar ein, versichert den Adressaten ihrer weitest gehenden Kompromissbereitschaft; in Wirklichkeit lässt sie aber um so deutlicher spüren, wie ungerecht es wäre, ihr ihre Bitte abzuschlagen. Das ganze Schreiben ist ein Meisterwerk der Diplomatie.

[7] Eine damals gängige Schlussformel in Briefen.

4.

An Juan de San Cristóbal[1] in Ávila

Ávila, 9. April 1564[2]

1. Heute, am Sonntag Quasimodo[3] des Jahres 1564, wurde zwischen Juan de San Cristóbal und Teresa von Jesus der Kauf des eingefriedeten Grundstücks mit dem Taubenhaus für hundert Dukaten,[4] unter Befreiung vom Zehnt und der Verkaufssteuer[5] vereinbart.

2. Der Betrag ist wie folgt zu entrichten: 10.000 Maravedís sofort, 10.000 zu Pfingsten; den Rest zum Johannestag[6] des laufenden Jahres.

Die Wahrheit dessen bestätige ich mit meiner Unterschrift

Teresa von Jesus

---

[1] Der Eigentümer eines Nachbargrundstücks des Klosters San José. Bei diesem Schreiben handelt es sich um den Kaufvertrag für ein kleines Grundstück, das Teresa erwarb, als ihre Bittschrift an den Stadtrat, den Bau von Einsiedeleien auf dem Klostergelände nachträglich zu genehmigen (Ct 3), ohne den gewünschten Erfolg blieb. Sie errichtete hier eine Einsiedelei mit dem Bildnis Christi an der Geißelsäule.

[2] Autograph: Unbeschuhte Karmeliten, Ávila.

[3] Der Oktavtag von Ostern (Sonntag nach Ostern), der in jenem Jahr auf den 9. April fiel.

[4] 37.500 Maravedís; ein Dukaten war 375 Maravedís. Um einen Dukaten zu verdienen, musste ein Maurer 1586 fast drei Tage arbeiten. Siehe Anm. zu Ct 2,3.

[5] *Alcabalá*, eine Verkaufssteuer, mit der die meisten Transaktionen besteuert waren; diese und der „Zehnt" waren vom Käufer an die Steuerbehörde zu entrichten.

[6] 24. Juni, das Fest Johannes des Täufers.

5.

An P. García de Toledo[1] in Ávila(?)

Ávila, Juni 1562?/1565?[2]

1. Der Heilige Geist sei mit Euer Gnaden allezeit! Amen.[3]

Es wäre nicht schlecht, Euer Gnaden diesen Dienst[4] ans Herz zu legen, um Euch zu verpflichten, mich mit großer Sorgfalt unserem Herrn zu empfehlen, denn bei dem, was ich durchgemacht habe, wenn ich mich hier beschrieben sehe und mir meine so großen Erbärmlichkeiten in Erinnerung rufe, könnte ich das gut tun. Allerdings darf ich wahrheitsgemäß sagen, dass es mir mehr widerstrebte, die Gnaden zu beschreiben, die mir der Herr erwiesen hat, als die Beleidigungen, die ich Seiner Majestät zugefügt habe.

---

[1] Der Dominikaner García de Toledo († 1590) war zu diesem Zeitpunkt Teresas Beichtvater und außerdem der Hauptadressat ihrer *Vida*. Dieser hatte sie aufgefordert, *„nichts auszulassen"* (V 30,22), und drängte sie auch jetzt, ihm das fertige Manuskript möglichst bald zu überlassen (siehe Ct 5,2 = V epíl 2). Dieser Brief ist ein Begleitschreiben zur *Vida*, das diesem Werk als Epilog hinzugefügt wurde; siehe unsere Ausgabe des *Buches meines Lebens*, 621f. Gegen die von Isabel de Santo Domingo beim Seligsprechungsprozess geäußerte Ansicht, es handle sich beim Adressaten um Gaspar Daza, der 1564 den Auftrag erhielt, das Buch an Juan de Ávila zu schicken, spricht der Inhalt des Briefes.

[2] Bezüglich der Datierung dieses Briefes besteht Uneinigkeit. T. Álvarez ist 1997 der Ansicht, dass es sich um ein Begleitschreiben zur Endredaktion der *Vida* 1565 handelt, wobei er sich auf folgende Anmerkung des Dominikaners Domingo Báñez beruft, die vom ersten Herausgeber der *Vida* Teresas, Fray Luis de León, mit dem Text Teresas verknüpft wurde: *„Dieses Datum bezieht sich auf das erste Mal, als Mutter Teresa von Jesus dies ohne Kapiteleinteilung schrieb. Später fertigte sie diese Abschrift an, in der sie vieles ergänzte, was sich nach diesem Datum zugetragen hat, wie etwa die Gründung des Klosters San José zu Ávila, wie auf Seite 169 zu ersehen ist. L. Fray Domigo Báñez."* Demgegenüber gehen L. Rodríguez Martínez / T. Egido (Madrid [5]2000) davon aus, dass die Datierung am Schluss des Briefes das tatsächliche Entstehungsdatum angibt und es sich folglich um ein Begleitschreiben zur Erstfassung der *Vida* handelt; sie interpretieren Báñez' Anmerkung als späteren Zusatz. Autograph: Blatt 201, Vorder- und Rückseite des Kodex vom Escorial (Madrid).

[3] Dieser feierliche Gruß knüpft an liturgische Grußformeln an.

[4] Die Tatsache, dass sie seinen Auftrag erfüllt und ihr Leben beschrieben hat.

2. Ich habe das getan, was mir Euer Gnaden auftrugen, nämlich weit auszuholen,[5] unter der Bedingung, dass Euer Gnaden auch tun, was Ihr mir versprochen habt, nämlich zu zerreißen, was Euch schlecht erschiene.[6] Ich war, nachdem es niedergeschrieben war, noch nicht fertig mit dem Lesen, als Euer Gnaden danach schickten. Es mag sein, dass manches schlecht erklärt und anderes zweimal gesagt ist, denn die Zeit, die ich hatte, war so knapp, dass ich nicht noch einmal durchlesen konnte, was ich schrieb.[7] Inständig bitte ich Euer Gnaden, es zu verbessern und es abschreiben zu lassen, wenn es zum Pater Magister Ávila[8] gebracht werden sollte, weil es sein könnte, dass jemand meine Handschrift kennt.[9] Ich wünsche mir sehr, dass der Auftrag erteilt werde, auf welchem Weg er es zu Gesicht bekommen soll, denn mit dieser Absicht begann ich es zu schreiben.[10] Denn wenn ihm scheint, dass ich einen guten Weg gehe, werde ich sehr beruhigt sein, weil es dann, soweit es an mir liegt, nichts mehr gibt. In allem mögen Euer Gnaden es so machen, wie es Ihnen gut scheint, und Ihr seht, Ihr seid gegenüber einer, die Euch derart ihre Seele anvertraut, dazu verpflichtet.

3. Die Seele Eurer Gnaden werde ich mein ganzes Leben lang unserem Herrn anempfehlen. Beeilt Euch deshalb, um mir einen Gefallen zu tun, Seiner Majestät zu dienen, denn aus dem, was hier mitgeht, wird Euer Gnaden ersehen, wie gut

---

[5] Siehe V 30,22 und ferner V 10,8; 37,1.

[6] Siehe V 7,22; 10,7; 16,8; 21,4; 36,29.

[7] Darauf hatte sie schon während der Niederschrift hingewiesen (V 14,8).

[8] Juan de Ávila, damals in Montilla in Andalusien, der Teresa zwei Briefe schickte (2. April 1568 und 12. September 1568).

[9] Man beachte Teresas Bemühen um absolute Anonymität. In Wirklichkeit sollte García de Toledo jedoch keine Abschrift, sondern das Original an den großen andalusischen Meister, Juan de Ávila, schicken.

[10] Das bezieht sich auf die zweite Fassung, die einzige, die auf uns gekommen ist. Der Gedanke, *„einen ausführlichen Bericht über alles"* an Juan de Ávila zu schicken, stammt vom Inquisitor Francisco de Soto y Salazar, der ihr dies 1562 oder 1563 vorschlug, also nachdem die erste Fassung bereits abgeschlossen war und mehrere Jahre vor der Entstehung der zweiten Fassung.

man sich einsetzt, so man sich ganz dem hingibt, der sich uns ohne Maß hingibt, womit Euer Gnaden ja schon begonnen haben.

4. Er sei für immer gepriesen, denn ich hoffe auf sein Erbarmen, dass wir uns einst dort sehen, wo Euer Gnaden und ich deutlicher sehen werden, welch große Erbarmungen er an uns getan hat, und ihn für immer und ewig loben. Amen.

Dieses Buch wurde im Juni des Jahres 1562 beendet.

6.

An Don Gaspar Daza[1] in Ávila

Toledo, 24. März 1568[2]

1. ... die Reliquien der heiligen Hirtenjungen,[3] die sie nach Alcalá überführt hatten, es ist zum Lob unseres Herrn! Er sei für alles gepriesen, denn gewiss, mein Herr, für Seine Majestät ist es so leicht, Heilige zu machen, dass ich nicht weiß, wieso man sich dort[4] so arg wundert, dass er Frauen, die so abgesondert von allem leben, ein paar Gnaden erweist. Möge es

[1] Ein Weltpriester aus Ávila und Beichtvater Teresas, unter dessen Ängstlichkeit sie zu Beginn ihres mystischen Lebens sehr gelitten hatte; inzwischen ist er zu ihrem Bewunderer und zum Beschützer des Klosters San José geworden. Teresa schreibt diesen Brief im Palast ihrer Freundin Doña Luisa de la Cerda in Toledo (siehe Ct 7), mit der sie wegen der Klostergründung in Malagón verhandelt; sie ist eben erst von Alcalá zurückgekommen, wo sie in dem von María de Jesús Yepes gegründeten Reformkarmel La Imagen nach dem Rechten gesehen hat (siehe V 35). Dieser Brief ist nur fragmentarisch überliefert.

[2] Autograph verlorengegangen, ehedem in der Kathedrale von Guadix; hier nur ein fragmentarischer Text, die ... zeigen die Lücken an.

[3] Eine Anspielung auf die mit großem Pomp gefeierte Überführung der Reliquien der Märtyrer Justus und Pastor, der Stadtpatrone Alcalás, von Huesca nach Alcalá, wo sie am 7. März 1568 ankamen, als Teresa sich gerade dort aufhielt.

[4] Im Kloster San José in Ávila.

ihm gefallen, dass wir ihm zu dienen verstehen, wo er doch sehr reichlich zu vergelten versteht.[5]

2. Ich habe mich sehr gefreut, dass sie Ihnen gefallen hat ... daran hat nämlich nur Gefallen, wer in etwa begriffen hat, *wie freundlich der Herr ist* (Ps 33,9). Möge es ihm gefallen, mir Euer Gnaden als Stütze für die Schwestern dort[6] noch viele Jahre zu erhalten.

3. Erlauben Sie ihnen nicht, miteinander über ihre Gebetserfahrung, die sie machen, zu sprechen, noch sich da einzumischen und auch nicht über Concepción[7] zu reden, denn dann wird jede ihren Senf dazugeben wollen. Sie sollen sie in Ruhe lassen, denn wenn sie nicht so viel arbeiten kann, soll man noch eine einstellen und die Arbeit verteilen; Gott wird ihr schon zu essen geben[8] wie ... von mir ...

4. Ihre Schwester und Ihre Mutter[9] erinnern sich wohl kaum noch an mich. Der Äbtissin[10] werde ich, wenn es mir möglich ist, schreiben. Wegen des groben Wollstoffs habe ich schon nach Madrid geschrieben. Ich weiß nicht, ob ich vielleicht etwas vergesse, zumindest werde ich nicht vergessen, Euer Gnaden Gott anzuempfehlen. Tun Sie das auch und bitten Sie ihn, dass dieses Haus[11] zum Dienst des Herrn seinen Anfang nimmt. Kommenden Dienstag[12] werden wir, glaube ich, sicher

[5] Teresa betont immer wieder, dass Gott überreich vergilt; MC 1,6; 4,8; CE 39,3; CE 65,5 bzw. CV 37,3; 3M 2,9; Ct 123,3.

[6] Die Schwestern des Klosters San José in Ávila.

[7] Vermutlich eine Frau, die Botengänge für die Schwestern von San José erledigte.

[8] Gemeint ist: Gott wird die Mittel geben, um die zusätzliche Gehilfin zu unterhalten; das Kloster hatte keine festen Einkünfte, sondern lebte von Spenden.

[9] Dazas Schwester Catalina und seine Mutter.

[10] Die Äbtissin der Bernhardinerinnenabtei Santa Ana in Ávila.

[11] Das neue Kloster in Malagón, das sie zu gründen beabsichtigt.

[12] Das wäre am 30. März. In Wirklichkeit brach sie erst am Mittwoch, 31. März, auf, da die Verhandlungen wegen der Gründung sich bis zum 30. hinzogen, und erreichte am 2. April Malagón. Die Neugründung wurde am 11. April eingeweiht.

dorthin gehen. Heute ist der Vigiltag Unserer Lieben Frau von der Menschwerdung.[13] Herzliche Grüße an P. Lárez und an Bruder Cristóbal, und auch an Maridíaz.[14]

Euer Gnaden unwürdige Dienerin und Tochter

Teresa von Jesus, Karmelitin

7.

An Doña Luisa de la Cerda[1] in Antequera[2]

Malagón, 18. Mai 1568

1. Jesus sei mit Euer Hochwohlgeboren. Ich hätte gern mehr Zeit, um hier ausführlicher zu werden, und da ich meinte, sie heute zum Schreiben zu haben, habe ich es bis zum letzten

---

13 Sie meint das Fest der Verkündigung des Herrn, das damals wie heute am 25. März gefeiert wurde.

14 Antonio Lárez und Cristóbal Caro waren Jesuiten, die zu diesem Zeitpunkt im Studienkolleg San Gil in Ávila wirkten. María Díaz (Maridíaz) de Vivar war eine Beatin, die in Ávila im Ruf großer Heiligkeit stand; ihr geistlicher Lehrmeister war Pedro de Alcántara, den auch Teresa sehr schätzte. Sie wurde 1495 in dem kleinen Dorf Vita in der Nähe von Ávila als Tochter von Alonso Díaz und Catalina Hernández geboren, zog aber nach dem Tod ihrer Eltern im Jahr 1535 nach Ávila, wo sie auf Anraten von Juan de Prádanos im Haus von Doña Guiomar de Ulloa ein zurückgezogenes Leben führte. Dort dürfte Teresa sie kennengelernt haben. Sie starb 1572. In ihrer Korrespondenz spricht Teresa mit großer Hochachtung über sie, wobei sie allerdings auch die eine oder andere merkwürdige Anekdote über sie bringt, so etwa im Brief an Leonor de la Misericordia vom Mai 1582 (Ct 449,3). Von Pedro de Alcántara soll die Aussage stammen, dass die Stadt Ávila zur damaligen Zeit innerhalb ihrer Mauern drei heilige Frauen zugleich beherbergt hätte, nämlich Teresa, María Díaz und Catalina Dávila. Teresa spielt auch in V 27,17 auf sie an.

---

1 Luisa de la Cerda war eine Tochter des Herzogs von Medinaceli, Don Juan de la Cerda, und somit aus einer der vornehmsten Familien des spanischen Hochadels. Teresa hatte von Ende Dezember 1561 bis Juli 1562 in ihrem Palast in Toledo geweilt, um sie über den Tod ihres Ehemannes, Antonio Arias Pardo de Saavedra, eines Neffen des Erzbischofs von Toledo, Juan Pardo de Tavera, hinweg zu trösten; er war Marschall Kastiliens und Herr über mehrere Kleinstädte wie Malagón, Paracuellos usw. gewesen. Die Freundschaft, die

Tag aufgeschoben, denn morgen, am 19. März, reise ich ab; ich habe nämlich so viel zu tun gehabt, dass ich noch keine Gelegenheit hatte. Pater Pablo Hernández[3] werde ich schreiben; obwohl ich nichts mehr von ihm gehört habe, seit er von hier abgereist ist, werde ich ihm sagen, was Euer Hochwohlgeboren mir auftragen. Ich habe den Herrn gepriesen, dass Ihre Reise so gut verlaufen ist;[4] wir haben Ihnen das hier auch sehr erfleht. Möge es Seiner Majestät gefallen, dass auch alles weitere so gut geht.

2. Es geht mir gut, und ich fühle mich jeden Tag wohler in diesem Städtchen, und so geht es allen; es gibt niemand, der irgendwie unzufrieden wäre, und sie machen mich von Tag zu Tag zufriedener.[5] Ich sage Euer Hochwohlgeboren, von den vieren, die kamen, haben drei tiefe Gebetserfahrung, und so-

---

sich zwischen Doña Luisa und Teresa entwickelte, zeigt, dass Teresa trotz ihrer gelegentlich geäußerten Vorbehalte gegen den Hochadel (siehe z.B. V 34,4) sehr wohl Beziehungen zu manchen Adeligen hatte und diese auch für ihre Gründungstätigkeit nützte. Auf Bitten Doña Luisas gründet sie im April 1568 in Malagón ihr drittes Kloster (F 9); sie weilt noch in der Neugründung, als sie diesen Brief schreibt. Als sie erfährt, dass Doña Luisa nach Andalusien reisen will, bittet sie diese, ihre *Vida* dem „Apostel von Andalusien", Juan de Ávila, zur Prüfung mitzunehmen, doch erledigt Doña Luisa diesen Auftrag nicht mit der von Teresa erhofften Sorgfalt und Eile; siehe auch Ct 8,9; 9,2; 10,2. Die Freundschaft zwischen beiden hatte überhaupt Grenzen, wie sich z. B. 1569 bei der Gründung in Toledo zeigte; siehe dazu F 15.

2 Eine Kleinstadt in der Provinz Málaga (Andalusien).

3 Jesuit, Beichtvater und treuer Mitarbeiter Teresas, besonders bei der Gründung in Toledo (F 15,1).

4 Anspielung auf Doña Luisas Reise nach Andalusien mit ihrem ältesten Sohn Don Juan Pardo de Tavera de la Cerda, der sich von den dortigen Heilquellen Linderung für sein Steinleiden erhoffte.

5 Dieses offensichtliche Bemühen, die Stifterin bezüglich der Zufriedenheit der Schwestern und deren geistlichen Qualitäten zu beruhigen, ist vor dem Hintergrund zu lesen, dass Teresa zuerst sehr gezögert hatte, an einem so kleinen, entlegenen Ort wie Malagón zu gründen, wie sie im *Buch der Gründungen* unumwunden zugibt: *„Als diese Dame erfuhr, dass ich die Genehmigung zur Gründung von Klöstern hätte, begann sie mich sehr zu bedrängen, in einem Städtchen von ihr namens Malagón eines zu gründen. Ich wollte auf keinen Fall zustimmen, da der Ort so klein war, dass man dort notgedrungen festes Einkommen brauchte, um sich erhalten zu können, wo ich doch dem ganz ablehnend gegenüberstand"* (F 9,2). Die Gründung kam schließlich unter der Bedingung zustande, dass Doña Luisa *„ausreichend Rente"* gab, *„denn ich bin*

gar mehr.[6] Sie sind von der Art, dass Euer Hochwohlgeboren sicher sein dürfen, dass es auch dann, wenn ich wieder gehe, nicht in einem einzigen Punkt an Vollkommenheit fehlen wird, vor allem mit den Personen, die bei ihnen bleiben ...[7] Gott erhalte ihn hier noch viele Jahre, denn mit ihm bin ich gänzlich unbesorgt.[8] Der Pfarrer[9] küsst Euer Hochwohlgeboren die Hand; wo er doch so, ich weiß nicht wie ist, dass er Ihnen keine Grüße schickt; ich habe ihm, wie Euer Hochwohlgeboren mir aufgetragen haben, Ihre ausgerichtet. Es ist großartig, was wir ihm verdanken.

3. Ich kann nicht verstehen, warum Euer Hochwohlgeboren versäumt haben, meine Sendung dem Magister Ávila gleich zu schicken.[10] Versäumen Sie das um Gottes willen nicht, sondern schicken Sie es ihm sofort durch einen Boten (man sagt mir ja, dass es nur eine Tagesreise weit ist, nicht mehr), denn diese Warterei auf Salazar[11] ist Unsinn. Der wird ja, wenn er

---

immer dafür, dass die Klöster entweder ganz arm seien oder aber so viel besäßen, dass es die Schwestern nicht nötig hätten, jemanden wegen des Lebensnotwendigen zu belästigen" (F 9,3). Dass Teresa in dieser Frage ihre Meinung änderte, geht nicht zuletzt auf den Einfluss des Konzilsvaters Domingo Báñez zurück, der ihr den flexibleren Standpunkt des Konzils von Trient nahe brachte. Damit setzte sie sich deutlich vom Rigorismus der kastilischen Ordensreformen damals ab. Später sollte sie in kleineren Ortschaften noch vier weitere Klöster mit einem festen Einkommen gründen: 1571 Alba de Tormes; 1575 Beas de Segura; 1576 Caravaca; 1581 Soria.

[6] *„Und sogar mehr"* ist eine Andeutung von Ekstasen. Die vier Schwestern waren María del Sacramento und María Magdalena aus dem Kloster San José (Ávila) und dazu Isabel de Jesús (Gutierrez) und Isabel de San José, die beide aus dem Menschwerdungskloster von Ávila kamen.

[7] An dieser Stelle fehlten im heute verlorengegangenen Autograph, der ehedem bei den Unbeschuhten Karmeliten von Bujalance aufbewahrt wurde, mehrere Zeilen.

[8] Vermutlich ist der Beichtvater der Kommunität, Dr. Tomás Carleval, ein Beschuhter Karmelit, gemeint.

[9] Der Lizentiat Juan Bautista Hurtado.

[10] Der angesehene geistliche Lehrmeister Juan de Ávila befand sich zu diesem Zeitpunkt in Montilla. Die wichtige „Sendung" ist das *Buch meines Lebens*, das Teresa gern von ihm begutachtet haben wollte.

[11] Der Jesuit Gaspar de Salazar, den Teresa aus der Zeit kannte, als er Rektor des Studienkollegs San Gil in Ávila war (siehe V 33,7); inzwischen ist er Rektor in Marchena.

Rektor ist, nicht wegkommen, um Euer Hochwohlgeboren zu besuchen, und erst recht nicht, um Pater Ávila zu besuchen. Ich bitte Euer Hochwohlgeboren inständig, wenn Sie es ihm noch nicht geschickt haben, es ihm bald bringen zu lassen, denn es hat mir wirklich Schmerz bereitet, man möchte meinen, da spiele der Böse mit! Über den Herrn Lizenziaten bin ich sehr verärgert[12] gewesen, denn ich hatte ihm aufgetragen, es ihm mitzunehmen, sobald er hinging; ich glaube, dem Bösen passt es nicht, dass dieser Heilige es zu Gesicht bekommt; der Grund dafür entzieht sich mir ...[13] Ich bitte Euer Hochwohlgeboren inständig, es sofort zu schicken, und tun Sie, bitte, worum ich Euer Hochwohlgeboren in Toledo inständig gebeten habe; schauen Sie, es ist wichtiger, als Sie meinen ...

8.

An Doña Luisa de la Cerda[1] in Antequera[2]

Toledo, 27. Mai 1568

1. Jesus sei mit Euer Hochwohlgeboren. Heute, am Himmelfahrtstag, hat der Lizenziat[3] mir Ihren Brief übergeben, denn es hat mir, bis ich ihn las, nicht geringen Schmerz bereitet, als

---

[12] Wörtlich: *„sehr versucht“*. Sie meint den Weltpriester Velasco, der mit Doña Luisa reiste; vgl. Ct 8,1; 14,6. Dieser ist nicht zu verwechseln mit Juan López de Velasco, dem Sekretär und Kosmographen Philipps II., mit dem Teresa später einen intensiven Briefwechsel führen sollte; siehe Ct 316,12; 324,5; 325,1.5.7.8; 334,2; usw.

[13] Hier weist der Text erneut eine Lücke auf; der Schluss des Briefes ist ebenfalls verstümmelt.

---

[1] Siehe Ct 7 tít.

[2] Dies ist ein Antwortschreiben auf einen Brief von Doña Luisa, der Teresa offensichtlich bezüglich ihres in Ct 7 vorgebrachten Anliegens, ihre *Vida* möge doch bald Juan de Ávila übergeben werden, nicht beruhigt hat. Daher insistiert sie erneut darauf (Ct 8,9). Sie schreibt diesen Brief im Palast der Doña Luisa in Toledo, wo sie auf der Durchreise von Malagón nach Ávila Zwischenstation macht.

[3] Der Lizenziat und Weltpriester Velasco, der offenbar seine Stelle bei Doña Luisa kündigen will; siehe Ct 7,3.

ich erfahren habe, dass er gekommen war, da ich mir ausmalte, was das bedeuten könnte. Unser Herr sei gepriesen, dass Euer Hochwohlgeboren wohlauf sind, und Seine Hochwohlgeboren Don Juan[4] auch, und auch meine Herrschaften dort.

2. Aus dem übrigen mögen Euer Hochwohlgeboren sich nichts machen. Ich sage das jetzt zwar, aber mir hat es schon etwas ausgemacht, und deshalb habe ich ihm auch gesagt, dass er sich falsch verhalten hat, und er schämt sich meines Erachtens sehr, doch blickt er offensichtlich bei sich selbst nicht durch. Einerseits möchte er Euer Gnaden[5] zu Diensten sein und sagt, dass er Sie sehr gern hat, und das tut er auch; andererseits aber kann er sich nicht helfen. Er leidet wohl auch ein bisschen unter Melancholie,[6] wie Alonso de Cabria.[7] Wie

---

[4] Doña Luisas Sohn Don Juan Pardo de Tavera, und die weiteren Begleiter; siehe Ct 7,1.

[5] Als Angehörige des Hochadels hatte Doña Luisa de la Cerda ein Anrecht auf die vornehmere Titulierung *„su señoría“ (Euer Hochwohlgeboren)*; in diesem Brief schwankt Teresa jedoch zwischen dieser Titulierung und *„su merced“ (Euer Gnaden)*; in der Erstfassung ihres *Weges der Vollkommenheit* berichtet sie über einen diesbezüglichen kleinen Zwischenfall, der sich bei ihrer ersten Begegnung mit Doña Luis ereignete: *„Ich war es nicht gewohnt, mit hohen Herrschaften zu sprechen, musste aber wegen einer notwendigen Angelegenheit mit einer sprechen, die man mit ‚Euer Hochwohlgeboren' ansprechen musste, und es ist so, dass man es mir Buchstabe für Buchstabe beigebracht hatte. Da ich aber ein Dummkopf bin und so etwas nicht gewohnt war, brachte ich es nicht richtig heraus, als ich dort ankam. Ich erinnere mich, dass ich ihr sagte, was passiert war, und überspielte es mit einem Lächeln, damit sie es in Ordnung fände, dass ich sie mit ‚Euer Gnaden' ansprach, was ich dann auch tat“* (CE 37,1). Einerseits ironisiert Teresa das Pochen auf immer bombastischere Ehrentitel unter Philipp II.: *„Sogar für die Anreden in Briefen ist es – sozusagen – schon nötig, einen Lehrstuhl zu haben, wo man Vorlesungen hält, wie man es zu machen hat, denn einmal lässt man auf der einen Seite einen Rand frei, dann auf der anderen, und wen man früher nicht einmal mit Magnifizenz ansprach, den muss man jetzt mit Euer Durchlaucht ansprechen“* (V 37,10). Andererseits erweist sie sich in ihren Briefen immer wieder als bestens über die Gepflogenheiten unterrichtet und bemüht, die geltenden Höflichkeitsregeln einzuhalten.

[6] Unter diesem Begriff, der aus der klassischen Vier-Säfte-Lehre stammt, versteht Teresa *„sowohl depressive (Antriebsschwäche, Mutlosigkeit, Pessimismus) als auch psychotisch gefärbte (Wahnerleben) Erscheinungsformen psychischer Erkrankung (...) Als besonders eindrucksvolle Symptome nennt Teresa von ande-*

unterschiedlich geht es uns doch in dieser Welt! Dieser Mann ist in der Lage, Euer Hochwohlgeboren zu Diensten zu sein, und er will nicht, und ich, die es gern täte, kann nicht! Durch solche und noch schlimmere Dinge müssen wir Sterblichen hindurch, und dann bringen wie es nicht einmal fertig, die Welt zu durchschauen, noch will man sie hinter sich lassen.[8]

3. Ich bin nicht erstaunt, dass Euer Hochwohlgeboren betrübt sind; ich hatte schon begriffen, dass Sie reichlich zu leiden haben würden, als ich Ihre Veranlagung sah, denn die ist nicht dazu angetan, um sich mit allen zu verstehen; da es aber darum geht, dem Herrn zu dienen, möge es Euer Durchlaucht gut sein lassen und sich mit ihm gut verstehen,[9] denn er wird sie nicht im Stich lassen.[10] Hier gibt es niemanden, der den

---

ren nicht nachvollziehbare ‚Bedrängnisse' und ‚Skrupel' der Kranken, womit sie eher in die Richtung der depressiven Störungen verweist, jedoch auch ‚Einbildungen', die sie andernorts klar von ‚echten Visionen' unterscheidet" (B. Souvignier, *Die Würde des Leibes*, 144). Da zu ihrer Zeit die Bezeichnung „Melancholie" neben dem von ihr kaum verwendeten Konstrukt der „Besessenheit" die einzige Möglichkeit zur Einordnung psychosozialer Auffälligkeiten bot, fasst sie naturgemäß ein breites Spektrum von normabweichenden Eigenschaften und Verhaltensweisen darunter. Hier ist wohl am ehesten an leichte depressive oder neurotische Züge zu denken.

7 Alonso de Cabria Pecellín war ein mit Doña Luisa bekannter Weltpriester, der Benefiziat in ihrer Besitzung Paracuellos war.

8 Unter „Welt" versteht Teresa hier nicht die irdische Wirklichkeit an sich, sondern eine Lebenseinstellung, die mehr auf materielle Werte wie Prestige, Besitz, Konsum, Macht usw. als auf spirituelle Werte setzt. Teresa sieht deutlich, wie viel Unfreiheit das mit sich bringt.

9 Mit dem Herrn.

10 Ein wunderbares Beispiel für Teresas innere Freiheit und ihre Fähigkeit, Menschen zur Freundschaft mit Gott hinzuführen. Obwohl sie auf das Wohlwollen der gesellschaftlich weit über ihr stehenden Doña Luisa angewiesen ist, scheut sie sich nicht, freimütig auf deren Empfindlichkeit hinzuweisen, versteht es aber zugleich, einen Weg aufzuzeigen, um fruchtbar damit umzugehen. Vgl. *„Als ich (bei Doña Luisa in Toledo) war, gewährte er mir die allergrößten Gnaden, und diese verliehen mir eine solche innere Freiheit und ließen mich alles, was ich erlebte, für so unbedeutend halten – und je größer es war, für um so mehr –, dass ich mit diesen so vornehmen Damen, denen zu dienen eine große Ehre für mich hätte sein können, immer mehr mit der Freiheit umging, wie wenn ich ihresgleichen wäre"* (V 34,3). Im folgenden wird allerdings auch ihr diplomatisches Geschick sichtbar, mit dem sie Doña Luisa zu beruhigen und sogar zu schmeicheln versucht.

Weggang von Euer Hochwohlgeboren übel aufnehmen wird, sondern man wird Mitleid mit Ihnen haben; versuchen Sie, es abzutun. Schauen Sie, es geht uns um Ihre Gesundheit. Meine ist in diesen Tagen ziemlich miserabel gewesen. Wenn ich es nicht so angenehm gehabt hätte, wie es Euer Hochwohlgeboren in diesem Haus angeordnet hatten, wäre es noch schlimmer gewesen. Es war aber auch nötig; denn durch die Sonne unterwegs hatte sich der Schmerz, den ich schon hatte, als Euer Hochwohlgeboren in Malagón waren, so verschlimmert, dass man mich bei der Ankunft in Toledo gleich zweimal zur Ader lassen musste, da ich mich im Bett nicht rühren konnte, so stark waren die Rückenschmerzen bis zum Nacken;[11] und am nächsten Tag ein Klistier. So bin ich acht Tage hier geblieben – morgen werden es acht, denn ich bin am Freitag gekommen –,[12] und ich reise sehr geschwächt (da man mir viel Blut abgenommen hat), aber gesund wieder ab. Ich habe mich hier sehr einsam gefühlt ohne meine Herrin und Freundin.[13] Möge der Herr sich all dessen bedienen. Es sind alle sehr nett zu mir gewesen, besonders Reolín.[14] Es hat mir wirklich gefallen, wie Euer Gnaden mich hier so verwöhnen ließen, während es Euer Hochwohlgeboren dort gut ging. Ich bete viel für Sie zum Herrn. Ich fühle mich wieder gut, wenn auch schlapp.

4. Der Pfarrer von Malagón[15] holt mich ab, denn es ist wirklich erstaunlich, was ich ihm verdanke. Alonso de Cabria[16] versteht sich so gut mit Ihrem Verwalter,[17] dass er keine Lust hatte, mit mir zu gehen; er sagte, dass das dem Verwalter sehr leid täte. Da ich so gute Gesellschaft hatte und er von der vorigen Reise müde heimkam, habe ich ihn nicht gedrängt.

---

[11] Teresa schreibt: *„bis zum Gehirn“*; laut Covarrubias, *Tesoro* stand „Gehirn“ damals für „Nacken“.

[12] Sie kam am 19. Mai aus Malagón und reiste am 28. nach Escalona, einer kleinen Ortschaft in der Provinz Toledo, und von dort nach Ávila weiter.

[13] Doña Luisa.

[14] Gabriel de Reolín, ein Einwohner von Toledo.

[15] Der Lizenziat Juan Bautista Hurtado; siehe Ct 7,2.

[16] Siehe Ct 8,2.

[17] Juan Huidobro de Miranda.

Euer Hochwohlgeboren sollen wissen, dass der Verwalter seine Sache äußerst gut macht; unvorstellbar gut, sagt man. Alonso de Cabria findet gar kein Ende mehr, und so geht es allen; der Gnädige Herr Don Hernando[18] ist auch sehr zufrieden mit ihm.

5. Carleval[19] ist fort, ich glaube, um nicht wieder zu kommen ... sagend, dass der Herr wollte, dass Alonso de Cabria sich für das Kloster in Malagón einsetzte, und das Hospital bezahlte.[20] Damit sagt man aber die Wahrheit, denn es kam der Bruder von Carleval.[21] Ich sage Euer Hochwohlgeboren, ich bin äußerst glücklich darüber, ihn dort zurückzulassen; bis auf meinen Pater Pablo[22] wüsste ich nicht, wen ich dort zurücklassen könnte, der so gut ist. Das ist ein großer Glücksfall gewesen. Er hat ein tiefes Gebetsleben und große Erfahrung darin. Er ist ganz glücklich, nur wäre es nötig, ihm ein Häuschen einzurichten. Da ich Euer Hochwohlgeboren all das aber aus Malagón geschrieben habe, sage ich nicht mehr dazu; hier höre ich großartige Nachrichten über den Pater, den ich eben erwähne.

6. Die Schwestern sind überglücklich. Wir sind übereingekommen, dass eine sehr fromme Frau[23] geholt wird und das Haus

---

[18] Hernando de la Cerda, ein Bruder von Doña Luisa, Komtur im Ritterorden von Alcántara.

[19] Der Weltpriester Bernardino de Carleval, ein Schüler von Juan de Ávila, der Professor an der Universität von Baeza war. Er ist ein Bruder des Karmeliten Tomás de Carleval, von dem im folgenden die Rede ist.

[20] Die Stelle ist unklar. Bereits der Herausgeber der Briefe Teresas im 18. Jh. Antonio de San José, der den Autograph dieses Briefes im Karmelitinnenkloster von Talavera einsah, hat darauf hingewiesen, dass der Brief an dieser Stelle unleserlich sei. T. Álvarez zufolge dürfte die Konjektur auf einen Lesefehler zurückgehen; es könnte gemeint sein, dass für das Hospital bestimmte Gelder verschwendet wurden, oder aber dass die Rechnung für einen im Hospital behandelten Kranken beglichen wurde. Welches Hospital gemeint ist, ist ebenfalls unklar. Aufgrund dieser Interpretationsschwierigkeit ist auch der logische Zusammenhang mit dem folgenden Satz mangelhaft.

[21] Der Karmelit Tomás de Carleval, auf den Teresa bereits in Ct 7,2 angespielt hatte.

[22] Der Jesuit Pablo Hernández; siehe Ct 7,1.

ihr zu essen gibt (da wir ohnehin Almosen zu geben hätten, mag es dieses sein), und dass sie den Mädchen umsonst Handarbeiten beibringen soll, und unter diesem Vorwand soll sie ihnen Christenlehre beibringen und wie man dem Herrn dient, was eine sehr nützliche Sache ist. Ferner hat er[24] einen Burschen kommen lassen, einen gewissen Huerna[25] (wie sie ihn nennen), um ihnen zu Diensten zu sein; dazu er selbst und der Pfarrer,[26] um sie in der Glaubenslehre zu unterrichten. Ich hoffe auf Gott, dass es von großem Nutzen sein wird. Ich bin wirklich überglücklich, und Euer Hochwohlgeboren dürfen es auch sein, und glauben Sie, dass meine Abwesenheit dem Ordensgeist des Hauses keinen Abbruch tun wird, denn bei dem guten, die sie haben, und einem solchen Beichtvater, und dem Pfarrer, der sie auch nicht vergessen wird, hoffe ich auf Gott, dass sie täglich Fortschritte machen werden; daran hege ich keinerlei Zweifel.[27]

7. Was den anderen Kaplan betrifft, gibt es niemanden, der ihm sagen will, dass er keine Messe mehr lesen soll. Lassen Euer Hochwohlgeboren es ihm doch schreiben, auch wenn Pater Pablo bemüht ist, jemanden zu finden, der es ihm sagen soll, aber ich möchte nicht, dass es vergessen wird. Der Verwalter sagt, er würde ihn so gut unterbringen, dass er sich viel besser stellen wird als mit dem, was er hatte; da er ihn aber darüber hinwegzutrösten hat, will er es ihm nicht sagen. Ich

---

[23] *Una mujer muy teatina*, d.h. eine fromme Dame, die sich in ihrer Frömmigkeitspraxis und Unterrichtsstil von den Jesuiten inspirieren ließ; diese wurden in Spanien damals *teatinos* genannt. Dieser Hinweis ist aufschlussreich: Teresa hatte sich mit der Frage auseinandergesetzt, ob sich ihre Schwestern im Sinne des um die Mitte des 16. Jh. von Kardinal Silíceo in Toledo gegründeten *Colegio de Doncellas Nobles* (Pensionat für adelige junge Damen) für die christliche Mädchenerziehung einsetzen sollten; sie entschied sich für die in diesem Brief angedeutete Lösung, dass eine Frau von auswärts angestellt und vom Kloster verköstigt wurde (DST 847f.).

[24] Der in Ct 8,5 erwähnte Tomás de Carleval.

[25] Von dieser Person ist weiter nichts bekannt.

[26] Der in Ct 8,4 erwähnte Juan Bautista Hurtado.

[27] Vgl. Ct 7,2, wo Teresa dies bereits einmal versichert hatte; offenbar hatte Doña Luisa Bedenken geäußert, die Gründerin wieder fortziehen zu lassen.

bitte Euer Hochwohlgeboren inständig, es nicht zu versäumen. Dem Lizenziaten[28] hat man das Drittel[29] bereits gegeben; Miranda[30] hat es ihm gegeben. Wollen Euer Hochwohlgeboren schreiben lassen, wer dem Miranda diese Drittel zurückzuerstatten hat, damit nicht der Böse etwas einfädelt, wodurch wir einen so guten Mann wie diesen verlieren; und das wird er tun, wie er nur kann, da er durch ihn Schaden erleiden wird. Euer Hochwohlgeboren mögen einsehen, worum es geht, und es ihm nicht gestatten.

8. Es gab heute so viel zu tun, dass man mich damit nicht hat weitermachen lassen; jetzt ist es tief in der Nacht, und ich fühle mich sehr schlapp. Den Sattel, den Euer Hochwohlgeboren in der Festung hatten, nehme ich mit (ich bitte Euer Hochwohlgeboren inständig, es gutzuheißen), und noch einen weiteren, guten, den ich hier gekauft habe. Ich weiß schon, Euer Hochwohlgeboren werden sich darüber freuen, dass er mir auf diesen Reisen nützlich ist, da er hier herumlag; zumindest werde ich mit etwas von Ihnen reisen. Ich hoffe auf den Herrn, dass er mich auf ihm zurückholt, wenn nicht, werde ich ihn schicken, sobald Euer Hochwohlgeboren kommen.

9. In dem Brief, den ich in Malagón zurückließ, habe ich Euer Hochwohlgeboren schon geschrieben, dass ich glaube, der Böse mache Störversuche, damit Magister Ávila dieses mein Anliegen nicht zu Gesicht bekomme;[31] ich möchte nicht, dass er vorher stirbt, denn das wäre ein arges Verhängnis. Ich bitte Euer Hochwohlgeboren inständig, da Sie ganz in der Nähe sind, es ihm per Sonderkurier zu schicken, ver-

---

[28] Der Lizentiat Velasco; siehe Ct 8,1.

[29] Das Drittel des Jahresgehaltes, das der Lizentiat wohl einforderte, bevor er sich aus dem Dienst verabschiedete; er bekam sein Gehalt alle vier Monate ausbezahlt.

[30] Der Verwalter Juan Huidobro de Miranda; siehe Ct 8,4.

[31] Siehe Ct 7,3; das „Anliegen" ist ihre *Vida*, deren Überbringung an Juan de Ávila sich weiter verzögert.

siegelt;[32] und schreiben Euer Hochwohlgeboren ihm, bitte, dass Sie es ihm sehr ans Herz legen, da er bereit ist, es zu sehen und es zu lesen, sobald er kann. Fray Domingo[33] hat mir jetzt hierher geschrieben, dass ich es ihm, sobald ich in Ávila ankomme, per Sonderkurier schicken soll. Das schmerzt mich, da ich nicht weiß, was ich machen soll, denn es wird mir, wie ich Euer Hochwohlgeboren schon sagte, sehr schaden, wenn sie[34] das dort erfahren. Aus Liebe zu unserem Herrn, mögen sich Euer Hochwohlgeboren damit beeilen; schauen Sie, es geschieht in seinem Dienst. Und mögen Euer Hochwohlgeboren doch Mut fassen, um durch unbekannte Gegenden zu reisen; denken Sie daran, wie Unsere Liebe Frau unterwegs war, als sie nach Ägypten zog, und an unseren Vater den heiligen Josef.[35]

10. Ich reise über Escalona, da die Markgräfin[36] dort ist und hierher nach mir geschickt hat. Ich habe ihr gesagt, dass Euer Hochwohlgeboren mir so viel Wohlwollen erwiesen haben, und dass ich es nicht nötig habe, dass sie es mir erwiese, dass ich aber dort vorbeikommen würde. Ich bleibe nur einen halben Tag, nicht länger, wenn ich kann, und dass auch nur, weil

---

[32] Das war im damaligen Postverkehr der teuerste, aber sicherste Weg, ein weiteres Indiz, wie viel Teresa daran lag, dass ihr Buch bald in die Hände Juans de Ávila gelangte.

[33] Der Dominikaner Domingo Báñez, der sich bereits für die *Vida* interessierte. Er sollte sieben Jahre später, im Juli 1575, im Auftrag des Inquisitionsgerichts von Sevilla ein positives Gutachten erstellen, allerdings mit der Einschränkung, dass das Werk *„nur gebildeten und mit christlicher Erfahrung und Unterscheidungsgabe ausgestatteten Männern“* in die Hände gegeben werden dürfe; siehe *Gutachten*, in Teresa von Ávila, *Buch meines Lebens*, 624-629 (628).

[34] Die Theologen in Ávila, die das Buch grundsätzlich gutgeheißen haben, aber nicht erfahren sollen, dass Teresa sich auf eigene Faust bemüht, es von Juan de Ávila begutachten zu lassen.

[35] Anspielung auf die Flucht der Hl. Familie nach Ägypten (Mt 2,13-15). Teresa verehrte den heiligen Josef sehr, daher die Bezeichnung „Vater“; vgl. V 6.

[36] Die Markgräfin (Marquise) von Villena und Herzogin von Escalona Doña Juana Lucas de Toledo, die eine Nichte des Vizekönigs von Perú Francisco de Toledo war; vgl. Ct 185,9.

Fray García[37] mir hat ausrichten lassen, dass er es mir ausdrücklich aufgetragen hat; er sagt, er hätte es ihr versprochen, und es sei gar kein Umweg. Der Gnädige Herr Don Hernando und Doña Ana[38] haben mich mit einem Besuch beehrt, ferner auch Don Pedro Niño[39], die Gnädige Frau Doña Margarita[40] und die anderen Freunde und Bekannten, von denen einige Personen mir sehr auf die Nerven gegangen sind. Die im Haus von Euer Hochwohlgeboren sind sehr zurückgezogen und für sich. Ich bitte Euer Hochwohlgeboren, der Frau Rektorin[41] zu schreiben; Sie wissen schon, was Sie ihr verdanken. Ich habe sie nicht gesehen, obwohl sie mir Geschenke gesandt hat, weil ich die meiste Zeit im Bett verbracht habe. Die Frau Priorin[42] werde ich morgen, bevor ich abreise, besuchen müssen, da sie es mir sehr aufträgt.

11. Ich wollte zuerst nichts über den Tod meiner Gnädigen Frau der Herzogin von Medinaceli[43] sagen, falls Euer Hochwohlgeboren es noch nicht wissen. Im Nachhinein scheint mir aber, dass Sie es erfahren haben, wenn dieser Brief ankommt.[44] Ich wünschte nicht, dass Sie schwer daran trügen, weil der Herr all denen, die sie gern hatten – und ihr selbst

---

[37] Der Dominikaner García de Toledo, der ein Cousin von Doña Juana Lucas de Toledo war; siehe TyV 381. Da Teresa ihn aus Ávila kannte und er der Hauptadressat ihrer *Vida* war, konnte sie sich nicht verweigern.

[38] Der bereits in Ct 8,4 genannte Bruder von Doña Luisa Hernando de la Cerda und seine Ehefrau Ana de Thienlloye.

[39] Pedro Niño de Conchillos war ein angeheirateter Verwandter von Doña Luisa, der Ehemann ihrer Kusine Isabel de Silva.

[40] Margarita de Centellas y Borja, die Schwester des später heiliggesprochenen Jesuiten Francisco de Borja.

[41] Die Leiterin des von Kardinal Silíceo gegründeten Pensionats für adelige junge Damen (Colegio de Doncellas Nobles) in Toledo, Doña Ana de Silva.

[42] Die Oberin des Hieronymitinnenklosters San Pablo in Toledo.

[43] Doña Luisas Schwägerin Juana Manuel de Portugal, die Frau ihres Bruders Juan de la Cerda y Silva, die Anfang Mai 1568 verstorben war.

[44] Ein interessanter Hinweis auf die lange Zeit, die man auch in Kreisen des Hochadels für die Übermittlung von wichtigen Nachrichten einkalkulieren musste; trotz der engen Verwandtschaft der Verstorbenen mit der Adressatin dieses Briefes, rechnet Teresa angesichts der räumlichen Distanz mit der Möglichkeit, dass diese nach vier Wochen noch nicht darüber informiert ist.

erst recht – einen Gefallen getan hat, indem er sie so bald zu sich nahm, denn bei ihrer Krankheit hätten sie sie tausendmal sterben sehen. Ihre Hochwohlgeboren war so, dass sie für immer leben wird, und Euer Hochwohlgeboren und ich mit ihr zusammen; damit komme ich darüber hinweg, ein solches Gut zu entbehren. Allen meinen Herrschaften küsse ich die Hand, und Antonia[45] küsst sie Euer Hochwohlgeboren. Sagen Euer Hochwohlgeboren dem gnädigen Herrn Don Juan[46] herzliche Grüße; ich empfehle ihm dem Herrn sehr. Seine Majestät erhalte mir Euer Hochwohlgeboren und halte Sie immer an seiner Hand. Ich bin jetzt ziemlich erschöpft und so sage ich nichts mehr.

Euer Hochwohlgeboren unwürdige Dienerin und Untergebene

Teresa von Jesus, Karmelitin

12. Unserem Padre Eterno[47] hat man die Erlaubnis bereits gegeben. Es ist so: einerseits tut es mir leid, andererseits sehe ich ein, dass der Herr will, dass es so sei, und dass Euer Hochwohlgeboren die Prüfungen allein durchstehen. Er wird Euer Hochwohlgeboren wie gewohnt schreiben, sobald er einen Überbringer hat.[48] Diesen Brief hinterlege ich bei Doña Francisca,[49] der ich ihn sehr ans Herz lege. Wenn ich einen Überbringer habe, werde ich versuchen, Ihnen aus Ávila zu schreiben. Ich hatte noch vergessen zu sagen, dass unser Pater[50] mit mir über eine Kandidatin[51] gesprochen hat, die sehr belesen ist[52] und solche Anlagen hat, dass sie ihn zufrieden

---

[45] Antonia del Espíritu Santo (Henao), eine der ersten Unbeschuhten Karmelitinnen des Klosters San José (Ávila), die Teresa auf dieser Reise begleitet.

[46] Doña Luisas Sohn, Don Juan Pardo de Tavera.

[47] *Ewiger Vater*, eine scherzhafte Bezeichnung für den Jesuiten Pablo Hernández; siehe Ct 7,1.

[48] Ein erneuter Hinweis auf die Unzuverlässigkeit des Postverkehrs; wichtige oder heikle Nachrichten schickte man am besten durch einen zuverlässigen Boten.

[49] Vermutlich Francisca Ramírez, die Tochter des Alonso Ramírez, eines der Stifter des Karmelitinnenklosters von Toledo.

[50] Der Jesuit Pablo Hernández.

[51] Wie sie das meistens tut, schreibt Teresa *„monja“* (Nonne, Ordensschwester), sie meint jedoch eine Ordenskandidatin.

stellt.[53] Sie hat zwar nicht mehr als zweihundert Dukaten,[54] aber sie sind so allein, und die Not ist so groß, zumal bei einem Kloster, das gerade erst beginnt, dass ich meine, man solle sie aufnehmen. Lieber habe ich sie als dumme Schwestern herzuholen; und wenn ich noch eine finde wie sie, werde ich keine herholen. Behüt' Sie Gott, Euer Hochwohlgeboren, meine Gnädige Frau; ich möchte gar nicht aufhören, und weiß nicht, wie ich so weit weg sein kann von jemandem, den ich so gern habe und dem ich so viel verdanke.

9.

An Doña Luisa de la Cerda[1] in Antequera

Ávila, 9. Juni 1568

1. Jesus sei mit Euer Hochwohlgeboren. Ich bin am Mittwoch vor Pfingsten[2] hier in Ávila angekommen, ganz erschöpft, denn, wie ich Euer Hochwohlgeboren geschrieben habe,[3] ging es mir so erbärmlich, dass ich nicht so beisammen war, um mich auf den Weg zu machen. Daher sind wir nur langsam vorangekommen, und der Pfarrer[4] kam mit uns, was mir eine ziemliche Erleichterung war, denn er hat für alles Geschick. Es ist gerade ein Verwandter[5] von mir auf der Durchreise hier,

---

52 *„Muy lectora"*; bei der hohen Analphabetenrate in Spanien eine Ausnahme, zumal für eine Frau.

53 Vermutlich Juana Bautista (Baena), die am 1. September 1569 in Malagón ihre Ordensprofess ablegen sollte.

54 Eine bescheidene Mitgift. Obwohl Teresa einer geeigneten Kandidatin wegen fehlender Mitgift nie die Aufnahme verweigerte und auch in ihren *Konstitutionen* festschrieb, dass dies keine Rolle spielen durfte (Cs 21), war sie doch nüchtern genug, um die Vorteile von Mitgiften für die Erreichung von Schuldenfreiheit für ihre Gründungen zu sehen; vgl. F 26,1; 27,13.

---

1 Siehe Ct 7 tít.

2 Teresa schreibt einfach *„Pascua"* für *„Pascua de Pentecostés"*. Pfingsten fiel in jenem Jahr auf den 6. Juni, sie kam am 2. Juni in Ávila an.

3 Siehe Ct 8,11.

4 Der Pfarrer von Malagón, Juan Bautista Hurtado; siehe Ct 7,2; 8,4.6.

5 Vielleicht Luis de Cepeda, ein Sohn ihres Cousins Francisco de Cepeda und seiner Frau María de Ocampo, der in Torrijos verheiratet war.

der als Kind ein Steinleiden hatte und durch das Wasser der Quelle dort[6] geheilt wurde und keinen Rückfall mehr hatte. Ich habe mich sehr über die guten Nachrichten gefreut, denn ich erhoffe mir vom Herrn, dass es dem gnädigen Herrn Don Juan genauso gehen wird.[7] Seine Majestät möge es bewirken, wie wir es hier von ihm erbitten. Ich küsse Seiner Gnaden die Hand, und die aller meiner Herrschaften dort.

2. Ich traf hier Doña Teresa,[8] die Tochter der Markgräfin von Velada,[9] schon im Habit an und sehr glücklich. Bei der (Markgräfin) von Villena[10] war ich letzten Sonntag. Sie hat mir jedes erdenkliche Wohlwollen erwiesen; da ich aber niemanden brauche, außer meiner Herrin Doña Luisa, mache ich mir wenig daraus. Der Herr bringe Sie mir ganz gesund und wohlbehalten wieder zurück. Was mein Anliegen[11] anbelangt, bitte ich Euer Gnaden[12] erneut und inständig, es aus den Gründen, die ich Ihnen bereits schrieb, nicht zu vernachlässigen; denn es ist mir sehr wichtig. Da ich in Malagón einen langen Brief für Euer Hochwohlgeboren zurückließ und einen weiteren in Toledo, ist dieser nur, damit Euer Hochwohlgeboren wissen, dass ich gut angekommen bin, daher weiter nichts.

Heute haben wir Mittwoch.

Euer Hochwohlgeboren unwürdige Dienerin und Untergebene

Teresa von Jesus, Karmelitin

---

6 Fuentepiedra, die Heilquelle in der Nähe von Antequera, von der sich Doña Luisas Sohn Don Juan Pardo de Tavera Heilung erhoffte; siehe Ct 7,1.

7 Doña Luisas Sohn Don Juan Pardo de Tavera.

8 Doña Teresa de Toledo, die bei den Bernhardinerinnen des Klosters Santa Ana in Ávila eingetreten war.

9 Doña Juana de Toledo, nicht zu verwechseln mit ihrer Verwandten, der Markgräfin Doña Juana Lucas de Toledo, die Teresa auf der Durchreise in Escalona besucht hatte, wie sie anschließend sagt; vgl. auch Ct 8,10.

10 Die Markgräfin von Villena und Herzogin von Escalona, Doña Juana Lucas de Toledo.

11 Erneut wiederholt Teresa die bereits in Ct 7,3 und Ct 8,9 geäußerte eindringliche Bitte, das Manuskript ihrer *Vida* möglichst bald an Juan de Ávila zu schicken.

12 Erneut benutzt Teresa versehentlich die falsche Titulierung; vgl. Ct 8,2.

10.

An Doña Luisa de la Cerda[1] in Antequera

Ávila, 23. Juni 1568[2]

1. Jesus sei mit Euer Hochwohlgeboren. Der Kurier hat es so eilig, dass ich selbst jetzt nicht weiß, wie ich dies sagen soll, außer dass meine Zuneigung mich die Zeit hat finden lassen. Ach meine Herrin, wie denke ich doch dauernd an Euer Hochwohlgeboren und an Ihre Prüfungen! Und so werden sie dem Herrn sorgsam anempfohlen. Möge es Seiner Majestät gefallen, dass ihm damit gedient sei, diesen Herrschaften bald die Gesundheit zu schenken, so dass ich von Euer Hochwohlgeboren nicht mehr so weit weg sein muss, denn Sie in Toledo zu wissen, machte mich, glaube ich, schon zufrieden. Mir geht es, Gott sei's gelobt, gut. Nach Peter und Paul[3] werde ich von hier nach Valladolid[4] reisen.

2. Schauen Sie, Euer Hochwohlgeboren, da ich Ihnen meine Seele[5] anvertraut habe, dass Sie sie mir ganz sicher so bald Sie es vermögen schicken, und dass sie nicht ohne einen Brief von jenem heiligen Mann[6] komme, damit wir seine Meinung kennen lernen, wie Euer Hochwohlgeboren und ich es besprochen haben. Ich bin etwas in Sorge, wenn der Präsentatus Fray Domingo[7] kommen sollte, denn man sagt mir, dass er diesen Sommer hierher kommen wird, und dann wird er mich auf frischer Tat ertappen.[8] Aus Liebe zu unserem Herrn, schicken Euer Hochwohlgeboren es mir, sobald jener Heilige es durch-

[1] Siehe Ct 7 tít.
[2] Autographisches Fragment: Archiv der Kathedrale von Valencia.
[3] 29. Juni, das Fest der Apostelfürsten Petrus und Paulus.
[4] Dort bereitete sie ihre vierte Klostergründung vor, die am 15. August 1568 erfolgen sollte; siehe F 10.
[5] Das *Buch meines Lebens*, das sie hier als *„meine Seele"* bezeichnet.
[6] Juan de Ávila, der das Buch begutachten sollte.
[7] Der Dominikaner Domingo Báñez; siehe Ct 8,9. Präsentatus war ein akademischer Titel, der bei den Dominikanern dem Lizentiat der Theologie entsprach.
[8] Báñez soll nicht erfahren, dass Teresa ihre *Vida* ohne sein Einverständnis weitergegeben hat; siehe auch bereits Ct 8,9.

gesehen hat, denn es werden Euer Hochwohlgeboren schon noch Zeit bekommen, damit wir es uns anschauen, sobald ich nach Toledo komme. Ob Salazar[9] es zu Gesicht bekommt, darüber brauchen Sie sich, wenn sich nicht eine ganz günstige Gelegenheit bietet, keine Gedanken zu machen; dies hier ist wichtiger.

3. Aus dem Kloster von Euer Hochwohlgeboren[10] schreiben sie mir, dass es ihnen sehr gut geht und das bei großen Fortschritten, und das glaube ich auch. Alle dort haben es als einen enormen Glücksfall betrachtet, dass ein solcher Beichtvater[11] bei ihnen bleibt – sie kennen ihn nämlich –, so dass sie erstaunt sind, und ich genauso, denn ich weiß nicht, wie der Herr ihn führt; ich glaube, entsprechend dem Nutzen, den sie sagen, dass er bringt, ist es zum Wohl der Seelen jenes Ortes; aber das hat er überall getan, wo er nur war. Glauben mir Euer Hochwohlgeboren, dass er ein Mann Gottes ist. Hier hält man große Stücke auf das Haus in Malagón, und die Brüder[12] sind hochzufrieden. Der Herr lasse mich dorthin zu Euer Hochwohlgeboren zurückkehren.

4. Die Schwestern hier haben, so finde ich, enorme Fortschritte gemacht. Alle küssen Euer Hochwohlgeboren die Hand, und ich die des gnädigen Herrn Don Juan[13] und meiner Damen dort, denn man lässt mir keine Zeit mehr.

Morgen ist Johannestag;[14] wir werden ihm unsere Schutzfrau und Stifterin und unseren Schutzherrn[15] sehr anempfehlen.

Euer Hochwohlgeboren unwürdige Dienerin

Teresa von Jesus

---

[9] Der Jesuit Gaspar de Salazar; siehe Ct 7,3.

[10] Malagón, dessen Stifterin Doña Luisa war.

[11] Der Karmelit Tomás de Carleval; siehe Ct 8,5f.

[12] Die Beschuhten Karmeliten von Toledo bzw. von Kastilien.

[13] Juan Pardo de Tavera.

[14] 24. Juni, das Fest Johannes des Täufers.

[15] Doña Luisa ist Stifterin und Schutzherrin des Klosters Malagón, ihren Sohn Don Juan betrachtet Teresa als seinen Schutzherrn.

Es mögen die Briefe und die Besorgung[16] von Euer Hochwohlgeboren hierher geschickt werden, wenn Sie nicht wollen, dass es an die Oberin weitergereicht wird.[17]

11.

An Don Cristóbal Rodríguez de Moya[1] in Segura de la Sierra

Ávila, 28. Juni 1568[2]

1. Es vereint unser Herr in diesen Häusern Menschen, die mir das Staunen beibringen und zu großer Beschämung gereichen, und das unter der Voraussetzung, dass Personen ausgewählt werden, die dem Beten ergeben und für unsere Lebensweise geeignet sind, sonst nehmen wir sie nicht auf. Gott schenkt ihnen Zufriedenheit und solche Freude im Alltag, dass es einem wie der Himmel auf Erden vorkommt.

2. Das ist so, wie Euer Gnaden sich bei vielen Personen erkundigen können, besonders wenn zufällig einige von der Ge-

---

[16] Das Manuskript der *Vida*.

[17] Die Oberin ist Teresa selbst; eine verschleierte Ausdruckweise, um anzudeuten, dass Teresa nicht möchte, dass das Manuskript in die Hände von dritten Personen gerät?

---

[1] Der Witwer Cristóbal Rodríguez de Moya ist ein begüterter Großbauer und Wollhändler aus Segura de la Sierra in der Sierra de Segura in der andalusischen Provinz Jaén, der mit der Entscheidung ringt, ob er einen teresianischen Karmel oder ein Jesuitenkolleg stiften soll. Zwei seiner drei Töchter führen ein zurückgezogenes Leben und wünschen sich, genau wie er selbst, Jesuiten als geistliche Begleiter; ein mit Teresa befreundeter Franziskaner hat sich aber bemüht, ihn für eine Karmelgründung zu interessieren. Am Ende wird er sich für ein Jesuitenkolleg entscheiden. In manchen Ausgaben wird als Adressat dieses Briefes Alonso Ramírez aus Toledo genannt. T. Álvarez betrachtet den ersten Teil (1-9) als Fälschung von der Hand einer Person, der daran läge, Teresa ein überschwängliches Lob auf die Jesuiten in den Mund zu legen, die sich aber durch historische Fehler verriete; nur der letzte Teil (10-13) sei authentisch; Efrén/Steggink sind trotz stilistischer Abweichungen vom sonstigen Stil Teresas in diesem ersten Teil von der Authentizität des ganzen Briefes überzeugt.

[2] Der Text in den Nummern 1-9 ist von nicht gesicherter Authentizität.

sellschaft Jesu dorthin kommen sollten, die hier waren und mich kennen und es gesehen haben; sie sind nämlich meine Väter, und denen meine Seele nach unserem Herrn alles Gute verdankt, sofern sie welches hat.

3. Und einer der Gründe, weshalb ich den Damen[3] dort und Euer Gnaden zugeneigt bin, um Ihnen wie ich nur kann zu Diensten zu sein, ist zu wissen, dass sie mit diesen Patres gesprochen haben; denn für diese Klöster stellen mich nicht alle geistlichen Menschen zufrieden, sondern nur die, die bei diesen Patres beichten. So ist das fast bei allen, die in ihnen leben, der Fall, und ich erinnere mich jetzt nicht, dass eine von denen, die ich aufgenommen habe, keine (geistliche) Tochter von ihnen wäre,[4] denn sie passen zu uns, und da sie meine Seele erzogen haben, hat der Herr mir die Gnade erwiesen, dass ihr Geist in diesen Klöstern eingepflanzt ist. Und sofern Euer Gnaden ihre Regeln kennen, werden Sie sehen, dass wir uns in unseren Konstitutionen in vielem daran angleichen;[5] ich habe nämlich beim Papst ein Breve geholt, um sie verfassen zu dürfen; und als unser Hochwürdigster General[6] jetzt hier vorbeikam, hat er sie approbiert und angeordnet, dass sie in allen von mir gegründeten Klöstern beobachtet werden; dazu hat er angeordnet, dass die Patres der Gesellschaft[7] dort

---

[3] Die beiden Töchter des Adressaten, Catalina Díaz und Francisca de Ávila.

[4] Das ist wenig glaubwürdig angesichts der Tatsache, dass Teresa selbst nicht nur Jesuiten, sondern unter anderem auch eine ganze Reihe von Dominikanern als Beichtväter hatte; siehe ihre Aufzählung in CC 53.

[5] Übereinstimmungen gibt es vor allem in zwei Punkten: die feste Zeit für das innere Beten und die Gewissenserforschung zweimal am Tag, ansonsten sind die Unterschiede in der Lebensweise größer als die Übereinstimmungen.

[6] Der Ordensgeneral der Karmeliten Giovanni Battista Rossi (Juan Bautista Rubeo) war im Rahmen seiner Visitation der kastilischen Ordensprovinz im Februar 1567 nach Ávila gekommen und hatte dort das Kloster San José besucht; siehe F 2,2. Am 27. April 1567 gab er Teresa die Genehmigung zur Gründung weiterer Klöster der Unbeschuhten Karmelitinnen, die am 16. Mai noch einmal bestätigt, aber ausdrücklich auf Kastilien beschränkt wurde; schließlich erhielt sie von ihm am 10. August die Genehmigung zur Gründung von zwei Männerklöstern.

[7] Der Gesellschaft Jesu, also die Jesuiten; eine solche Anordnung ist unwahrscheinlich.

predigen sollen und sie kein Oberer daran hindern dürfe; falls sie Beichte hören wollen, dürfen sie das auch tun, doch haben sie eine Satzung, die es ihnen verbietet, und außer in dem einen oder anderen Einzelfall können wir sie nicht dazu bringen. So sprechen sie mit uns und beraten uns sehr häufig und bringen uns viel Nutzen.

4. Den gleichen Wunsch wie diese Damen hatte auch ich, nämlich dieses Haus jenen Patres zu unterstellen, und so bemühte ich mich darum; ich weiß aber ganz sicher, dass sie kein Kloster annehmen werden, nicht einmal das der Prinzessin,[8] denn dann hätten sie im Königreich schon viele, und so ist es unmöglich.

5. Ich preise unseren Herrn, dass man in keinem Orden eine solche Freiheit haben kann, wie wir sie haben, um uns mit ihnen zu besprechen, und die wird uns niemals genommen werden, noch wird sie uns jetzt genommen.

6. Gegenwärtig werden durch die Gunst unseres Herrn Klöster unserer ersten Regel,[9] nach Art der unsrigen gegründet, mit innerem Beten und Einübung ins Ich-Sterben, denen wir dann unterstellt sein werden;[10] denn die Genehmigung dazu hat unser Hochwürdigster General[11] bereits erteilt, und es gibt

---

[8] Eine Anspielung auf die von der Prinzessin Juana de Austria, der Schwester Philipps II., gegründeten Königlichen Unbeschuhten (Reformfranziskanerinnen) in Valladolid, auf die Teresa auch in ihrer *Vida* anspielt; siehe V 32,10.

[9] Die Karmelregel wurde zwischen 1206 und 1214 vom hl. Albert von Jerusalem (= Albert von Avogadro) für eine auf dem Berg Karmel bei Haifa im heutigen Staat Israel lebende Einsiedlergemeinschaft schriftlich fixiert. Wenn Teresa von der „ersten" oder „ursprünglichen" Regel spricht, meint sie jedoch nicht diese erste Textfassung, die sie nie kennen gelernt hat, sondern die von Papst Innozenz IV. im Jahre 1247 approbierte, die bereits einige, durch die inzwischen vom Berg Karmel erfolgte Übersiedlung nach Europa bedingte Anpassungen enthielt.

[10] Eine Anspielung auf die bevorstehende Gründung des ersten Klosters der Unbeschuhten Karmeliten, das am 28. November 1568 in dem kleinen Gehöft Duruelo in der Provinz Ávila eingeweiht wurde; Teresa hatte vom Ordensgeneral die Erlaubnis zur Gründung von zwei Männerklöstern erhalten.

[11] Giovanni Battista Rossi; siehe Ct 11,3.

Personen und Brüder, die sich sehr dazu angeregt fühlen, und Häuser mehr als genug.[12] Wenn ich allerdings erkenne, dass der Ort dort geeignet ist, werde ich vielleicht dafür sorgen, dass dort eines gegründet wird; denn das habe ich in der Hand, und es gibt dafür Patente, so dass die Häuser, die ich gründe, nur dem Ordensgeneral unterstellt sind und dem, der von ihm beauftragt wird.[13]

7. Es ist etwas Großartiges, dass sie mit der Hilfe unseres Herrn immer zu ihrer Vollkommenheit hin unterwegs sind. Und glauben mir Euer Gnaden, dass ich zu erschlafften Klöstern und wo es kein inneres Beten gibt, so stehe, dass ich alle erdenklichen Wege gesucht habe, damit erhalten bleibt, was jetzt seinen Anfang nimmt.

8. Euer Gnaden bitte ich, aus Liebe zu unserem Herrn, mich in Ihren Gebeten nicht zu vergessen, und die Damen dort auch. Und nehmen Sie sich das gegenwärtige Anliegen sehr zu Herzen, denn wenn unserem Herrn damit gedient ist, soll es geschehen, und wenn nicht, dann lassen Sie es bleiben; hier werden wir es genauso machen.

9. Wenn es Ihnen sehr streng erscheint, kein Fleisch zu essen, dann kann man so gründen wie bei einem, das jetzt am Palmsonntag in Malagón gegründet wurde, denn das kann man sehr wohl machen, weil es dafür Bullen gibt;[14] um feste Ein-

---

[12] In Wirklichkeit hatte Teresa zu diesem Zeit nur zwei interessierte Brüder, Antonio de Jesús und Johannes vom Kreuz, und *„keine Möglichkeit, zu einem Haus zu kommen“* (F 13,1).

[13] Teresa hatte vom Ordensgeneral Vollmachten erhalten, *„um noch mehr Klöster zu gründen, sogar mit Strafandrohungen, damit mir kein Provinzial das Handwerk legen könnte“* (F 2,3), doch waren sie ihm nicht direkt unterstellt.

[14] Päpstliche Schreiben, die in manchen Punkten eine Milderung der Regelvorschriften erlaubten; der Hinweis auf diese Bullen, nach denen die nichtreformierten (Beschuhten) Klöster lebten, zeigt ihre Weitherzigkeit und ihren Realismus, der zwischen Wesentlichem und Nebensächlichem zu unterscheiden vermochte. Ursprünglich hatte sie darauf bestanden, dass ihre Klöster kein festes Einkommen haben, sondern gänzlich auf die Vorsehung Gottes angewiesen sein sollten; außerdem sollten sie, wie in der Karmelregel vor-

künfte zu haben und Fleisch zu essen, bedienen wir uns ihrer, und weil es an jenem Ort keine andere Möglichkeit gibt; und für feste Einkünfte gibt das Konzil von Trient Freiheit.

10.[15] Als ich von diesem Anliegen erfuhr, hatten mich Euer Gnaden näher bei sich, denn im Mai bin ich von dort ab- und hierher gereist.[16] Unser Herr, der es so gefügt hat, muss wohl gesehen haben, dass es so besser war. Wenn wir alles in seine Hände legen, die Wünsche von Euren Gnaden und meine, dann wird er es fügen, dass sie so verwirklicht werden, wie es am besten ist, da sie ja alle nur auf seine Ehre abzielen.

11. Ich schicke diesem Kurier die Bitte an den Herrn Lizenziaten Juan Bautista mit, der in jenem Ort Pfarrer ist,[17] und mir, solange ich dort war, in jeder Hinsicht sein Wohlwollen erwiesen und mir geholfen hat, im Geistlichen wie im Zeitlichen (denn dazu hat ihm Unser Herr Begabungen gegeben), dass er Euer Gnaden aufsuche und sich genau über Ihre Absicht erkundige und Sie über unsere Lebensweise unterrichte – als einer, der unsere Beichte gehört hat, weiß er nämlich alles –, damit wir bei einem so wichtigen Geschäft nicht im Dunkeln tappen. Ich glaube, dass er es nicht versäumen wird, diese Liebestat zu tun.[18]

---

gesehen, auf den Fleischgenuss verzichten. Mit der Gründung in Malagón vollzog sie in diesen beiden Punkten eine Meinungsänderung, mit der sie sich vom rigoristischen Reformideal im damaligen Kastilien absetzte: In Ortschaften, die zu klein waren, um mit einem genügend großen Spendenaufkommen rechnen zu können, und außerdem so abgelegen, dass Fisch dort unerschwinglich ist, erlaubt sie feste Einkünfte und hebt die Fleischabstinenz auf. In allen anderen Punkten, namentlich was das innere Beten und die Einübung ins Ich-Sterben anbelangt, sollen die Schwestern jedoch *„verpflichtet sein, die Konstitutionen der ersten Regel Unserer Lieben Frau vom Berge Karmel zu halten, so wie sie im Kloster San José in Ávila und in dem Unserer Lieben Frau vom Berge Karmel in Medina del Campo gelobt und gehalten werden“* (BMC 5,377).

15 Ab hier ist die Authentizität des Textes gesichert.

16 Am 19. Mai 1568 verließ Teresa Malagón, um über Toledo und Escalona nach Ávila zurückzukehren; siehe Ct. 8,10.

17 Der Pfarrer von Malagón, Juan Bautista Hurtado.

12. Mit Seiner Gnaden[19] können Euer Gnaden alles besprechen, was Ihnen dienlich ist, da er in allem meine Absichten kennt, und so dürfen Sie alles, was er Ihnen sagen und von meiner Seite aus vereinbaren sollte, glauben, wie wenn ich es selbst sagte. Unser Herr lege seine Hand über alles und mache Euer Gnaden zu seinem so eifrigen Diener wie ich es von nun auf von Seiner Majestät erbitten werde, denn die Nachrichten, die mir der Pater Guardian[20] über die Werke gegeben hat, die unser Herr durch Euer Gnaden tut, verpflichten mich dazu.

13. Auch Euer Gnaden sind jetzt noch mehr verpflichtet, den Pater Guardian unserem Herrn zu empfehlen, denn er war einzig zu diesem Zweck mehrere Meilen weit gekommen, und da sie zu Fuß zurückgelegt wurden, und zwar unbeschuht, muss man das noch mehr schätzen. Und er hat so sehr auf mich eingewirkt, wie wenn das Anliegen sein eigenes wäre. Das ist es auch wirklich, da es zur Verherrlichung unseres Herrn und zur Ehre der glorreichen Jungfrau geschieht.

Gegeben in Ávila, im Kloster San José, am 28. Juni 1568.

Euer Gnaden unwürdige Dienerin

Teresa von Jesus

---

[18] Ein weiterer Beweis für die Wertschätzung, die Teresa diesem Priester entgegenbrachte; siehe auch ihre diesbezüglichen Bemerkungen in den Briefen an Doña Luisa de la Cerda, Ct 7,2; 8,4.6; 9,1.

[19] Dem Pfarrer Juan Bautista Hurtado.

[20] Der Reformfranziskaner (Alcantariner) Antonio de Segura, der zu diesem Zeitpunkt Guardian (Hausoberer) in Toledo und zwei Jahre später Guardian in Cadalso de los Vidrios war; siehe auch Ct 25.

12.

An Don Álvaro de Mendoza in Ávila[1]

Medina del Campo, 6. Juli 1568[2]

1. … bis heute hat sich einiges erhalten, vor allem wenn man sieht …[3]

2. Alle Schwestern hier küssen Euer Hochwohlgeboren[4] vielmals die Hand. Heute vor einem Jahr[5] lebten wir in der Erwartung, dass Euer Hochwohlgeboren hierher kommen würden, um meine Gnädige Frau Doña María[6] zu besuchen, was uns der Gnädige Herr Don Bernardino[7] als sicher angekündigt hatte, und wir freuten uns sehr darauf. Unser Herr hat es nicht gewollt. Möge es Seiner Majestät gefallen, dass ich Euer Hochwohlgeboren dort wiedersehe, wo es keine erneute Abwesenheit mehr gibt.[8] Die Psalter[9] wurden dieses Jahr am Tag selbst gebetet, und so wird es immer mit großer Bereitwilligkeit geschehen. Unser Herr halte Euer Hochwohlgeboren im-

---

[1] Der Diozesanbischof von Ávila, der Teresa maßgeblich bei der Gründung des Klosters San José unterstützte und seitdem mit ihr befreundet war. Teresa schreibt diesen Brief in Medina del Campo, wo sie auf dem Weg zu ihrer vierten Klostergründung in Valladolid Station macht; für diese Gründung hatte der eben verstorbene Bruder des Bischofs, Bernardino de Mendoza, ein Haus zur Verfügung gestellt, das sich allerdings als ungeeignet erwies und kurz nach dem am 15. August 1568 erfolgten Einzug wieder aufgegeben werden musste; siehe F 10,1-6.

[2] Autograph: Nationalbibliothek, Madrid.

[3] Die erste Seite des Autographs ist so stark beschädigt, dass er bis auf diese wenigen Worte unleserlich ist; der Kontext ist deshalb unklar.

[4] Diese Titulierung steht dem Bischof als Angehörigem des Hochadels zu.

[5] Im Sommer 1567, als Teresa sich zur Gründung des dortigen Karmel in Medina del Campo befand.

[6] Die Schwester des Adressaten María de Mendoza, mit der Teresa ebenfalls befreundet war.

[7] Der Bruder des Adressaten Bernardino de Mendoza.

[8] Mit anderen Worten: im Himmel.

[9] Das aus bestimmten Psalmen und Schriftlesungen bestehende Offizium (Stundengebet) der Verstorbenen, das für das Seelenheil eines Verstorbenen gebetet wurde, hier wohl für Bernardino de Mendoza; *„am Tag selbst“*: am Jahrestag des Todes.

mer an seiner Hand und erhalte ihn noch viele Jahre zu seinem größeren Dienst.

3. Dem Gnädigen Herrn Fray García[10] geht es gottlob sehr gut. Immer erweist er uns sein Wohlwollen und ist von Tag zu Tag ein größerer Diener Gottes. Er hat eine Aufgabe übernommen, die ihm der Provinzial übertragen hat, Novizenmeister, was bei seiner Autorität etwas sehr Geringes ist; freilich wurde sie ihm nur übertragen, damit er dem Orden durch seinen Geist und seine Tugend nütze, indem er Seelen wie er selbst heranbildet. Er hat es in solcher Demut angenommen, dass er viele erbaut hat. Er hat viel Arbeit. Heute ist der sechste Juli.

Euer Hochwohlgeboren unwürdige Dienerin

Teresa von Jesus

Es mögen mir Euer Hochwohlgeboren den Gefallen tun, an jenen Priester[11] bald einen Kurier zu schicken. Es könnte sein, dass ein Brief von Euer Hochwohlgeboren etwas nützt.

13.

An Don Francisco de Salcedo[1] in Ávila

Valladolid, im September 1568

An Seine Magnifizenz, Herrn Francisco de Salcedo, meinen Herrn.

1. Jesus sei mit Euer Gnaden. Gott sei's gepriesen, dass mir nach sieben oder acht Geschäftsbriefen, die ich nicht umgehen

---

[10] Der Dominikaner García de Toledo, dem als Adeliger der Titel „Señor – Gnädiger Herr" zustand.

[11] Vermutlich ist Julián de Ávila gemeint, der dem Adressaten bei der Erledigung der Formalitäten für die Gründung in Valladolid behilflich ist.

---

[1] Ein „Spiritueller" aus Ávila, der Teresa zu Beginn ihres mystischen Gebetslebens zusammen mit dem Priester Gaspar Daza geistlich beriet; siehe V 23,6-11. Teresa schätzte ihn einerseits: *„Er ist verheiratet, aber von einem so vor-*

konnte,[2] noch ein bisschen Zeit bleibt, um mich von ihnen zu erholen, indem ich diese Zeilen schreibe, damit Euer Gnaden wissen, dass ich mit Ihren großen Trost empfange. Denken Sie nur nicht, dass es vertane Zeit sei, mir zu schreiben, denn das brauchen wir von Zeit zu Zeit,[3] unter der Bedingung, dass Sie mir nicht so oft sagen, dass Sie alt sind; denn das tut mir in der Seele[4] weh – wie wenn es im Leben der jungen Leute irgendeine Sicherheit gäbe! Gott gebe sie Ihnen bis ich sterbe, denn danach werde ich dafür sorgen, dass unser Herr Sie bald holt, damit ich drüben nicht ohne Sie bin![5]

2. Sprechen Euer Gnaden mit diesem Pater,[6] ich bitte Sie inständig darum, und unterstützen Sie ihn bei diesem Geschäft;[7] denn wenn auch klein an Gestalt, ist er, so meine ich, in den Augen Gottes doch groß. Er wird uns hier gewiss sehr

---

bildlichen und tugendhaften Leben, mit soviel Gebet und Nächstenliebe, dass er in allem nur Güte und Vollkommenheit ausstrahlt" (V 23,6); andererseits aber bereitete er ihr mit seiner Ängstlichkeit viel Not, da er glaubte, es wäre bei ihr *„in manchen Dingen ein böser Geist am Werk"* (V 23,11). Nach dem Tod seiner Frau Mencía del Águila, die mit Teresa verwandt war, wurde er im Jahre 1569 Priester und wirkte als Kaplan und Beichtvater bei den Karmelitinnen von San José in Ávila.

2 Man beachte, dass Teresa demnach an diesem Tag an die zehn Briefe geschrieben hat.

3 Hier zeigt sich, wie so oft, Teresas tiefe Menschlichkeit, die dazu steht, dass ihr der Briefwechsel mit Freunden gut tut, wie auch ihre Liebenswürdigkeit, die dem Freund die Scheu, ihr zu schreiben, nehmen möchte.

4 Wörtlich schreibt Teresa: *„in meinem ganzen Gehirn"* (*en todo mi seso*).

5 Francisco de Salcedo starb zwei Jahre vor Teresa, am 12. September 1580.

6 Der Überbringer des Briefes, Johannes vom Kreuz, der zu diesem Zeitpunkt noch Juan de Santo Matía hieß. Dieser wurde in Valladolid von Teresa in die Lebensweise ihrer Schwestern eingeführt, um anschließend in Duruelo das Leben eines Unbeschuhten Karmeliten zu beginnen. Es folgt ein kostbares Zeugnis Teresas über Johannes, den sie kurz zuvor in Medina del Campo kennen gelernt hat (F 3,17); man vergleiche mit dem, was sie im *Buch der Gründungen* über ihn schreibt: *„Für Johannes vom Kreuz bedurfte es keiner Erprobung, denn obwohl er unter denen vom Tuch, den Beschuhten, lebte, hatte er immer ein Leben großer Vollkommenheit und Ordensdisziplin geführt"* (F 13,1); *„er war so gut, dass zumindest ich viel mehr von ihm lernen konnte als er von mir"* (F 13,5).

7 Die Gründung der ersten Niederlassung der Teresianischen (Unbeschuhten) Karmeliten.

fehlen, denn er ist klug und für unsere Lebensweise geeignet, und so glaube ich, dass unser Herr ihn dazu berufen hat. Es gibt keinen Bruder, der nicht gut von ihm spräche, denn sein Leben ist sehr bußfertig gewesen. Es ist zwar erst kurz, aber es sieht so aus, als führte ihn der Herr an seiner Hand; denn obwohl wir hier bei den Geschäften einige Anlässe dazu hatten (und ich bin selbst der Anlass, denn ich habe mich gelegentlich über ihn aufgeregt), haben wir bei ihm nie eine Unvollkommenheit bemerkt. Er hat Mut;[8] da er aber allein ist,[9] braucht er das, was ihm unser Herr gibt, um es sich so zu Herzen zu nehmen. Er wird Euer Gnaden sagen, wie es uns hier geht.

3. Es kam mir nicht gering vor, die Übertreibung mit den sechs Dukaten,[10] aber ich könnte den Betrag noch auf viel mehr erhöhen, um Euer Gnaden zu sehen. Allerdings stimmt es, dass Sie einen höheren Preis wert sind; ein armes Nönnlein, wer wird die schon für etwas wert halten? Aber Euer Gnaden, der ja Aloja[11] und Oblaten schenken kann, und Rettiche und Salatköpfe, der einen Gemüsegarten hat und selbst den Knecht macht, um Äpfel zu bringen, der ist schon ein bisschen mehr wert! A propos Aloja, die hiesige soll sehr gut sein; da ich aber keinen Francisco de Salcedo habe, wissen wir nicht, wonach sie schmeckt, noch gibt es die Möglichkeit, es herauszufinden. Antonia[12] sage ich, Euer Gnaden ausführlicher zu schreiben, da ich nicht kann. Behüt' Sie Gott! Meiner Gnädi-

[8] Eine Eigenschaft, die Teresa sehr schätzt und sich auch von ihren Schwestern wünscht; siehe etwa CE 26,5; 32,6; 39,5; F 27,12; 6M 5,5; und viele weitere Stellen.

[9] Interessanterweise erwähnt Teresa hier mit keinem Wort, dass es einen zweiten Kandidaten gibt, den 58-jährigen Prior Antonio de Heredia, den sie allerdings nicht nach Valladolid mitgenommen hatte; ihm begegnete sie stets mit viel mehr Skepsis als dem erst 26-jährigen Johannes vom Kreuz; siehe F 3,16.

[10] Vermutlich hatte Salcedo ihr geschrieben, dass er gern sechs Dukaten gäbe, um sie wiederzusehen.

[11] Ein beliebtes Getränk aus Wasser, Honig und Gewürzen.

[12] Antonia del Espíritu Santo (Henao), eine der ersten Novizinnen des Klosters San José (Ávila).

gen Frau, Ihrer Gnaden Doña Mencía,[13] küsse ich die Hand, und auch Frau Ospedal.[14]

4. Möge es dem Herrn gefallen, die Gesundheit jenes verehelichten Edelmannes weiterhin zu bessern. Seien Euer Gnaden nicht so ungläubig, das Gebet vermag alles; und die Blutsverwantschaft mit Ihnen vermag auch viel. Wir werden hier unser Scherflein[15] dazu beisteuern. Möge der Herr es so tun, wie er das vermag. Sicher, die Krankheit seiner Angetrauten halte ich eher für unheilbarer. Der Herr kann aber alles heilen. Ich bitte Euer Gnaden, Maridíaz, der Flämin, und Doña María de Ávila[16] (der ich nur zu gern schreiben würde, denn ich vergesse sie ganz sicher nicht), sobald Sie sie sehen, auszurichten, dass sie mich Gott anempfehlen mögen, und auch das mit dem Kloster.[17] Seine Majestät erhalte mir Euer Gnaden noch viele Jahre. Amen! Ich wette, dass dieses vorbeigeht,[18] ohne dass ich Euer Gnaden wiedersehe, so wie die Prinzessin von Éboli[19] es eilig hat!

---

13 Salcedos Frau Doña Mencía del Águila, die mit Teresa weitläufig verwandt war.

14 Eine Hausangestellte des Francisco de Salcedo, die so viel Ansehen genoss, dass sie als *señora* tituliert wurde.

15 Eine Anspielung auf das Scherflein der Witwe in Mt 12,41-44 / Lk 21,1-4. *Cornadillo*, die Verkleinerungsform von *cornado* (*coronado*), eine sehr kleine Kupfermünze, die von den Tagen Sanchos IV. von Kastilien bis zu den Katholischen Königen (13.–15. Jahrhundert) geprägt wurde und wegen der aufgeprägten Krone (*corona*) so hieß. Im 15. und 16. Jahrhundert war sie im kirchlichen Bereich und in dem von jüdischen Händlern beherrschten Kaufhandel noch im Umlauf. Wegen ihres geringen Wertes stand der Begriff bald für etwas, was sehr wenig wert sei. Johannes vom Kreuz gebraucht ebenfalls die Verkleinerungsform *cornadillo* (siehe D 26).

16 Maridíaz: María Díaz de Vivar, eine angesehene Beatin aus Ávila, die im Hause von Doña Guiomar de Ulloa lebte, wo Teresa sie kennenlernte; *„die Flämin"*: die aus Flandern (den damaligen spanischen Niederlanden) gebürtige Witwe Anna Wasteels, die kurz danach mit dem Namen Ana de San Pedro in San José (Ávila) eintrat; María Dávila (bzw. Wasteels): deren jüngste Tochter, die einige Jahre nach ihrer Mutter ebenfalls Unbeschuhte Karmelitin in San José (Ávila) wurde, mit dem Namen Ana de los Ángeles. Mit beiden sollte Teresa später viel Kopfzerbrechen haben; siehe Ct 397,2; 402,9; 410,2f.; 421,6f.

17 Die erste Klostergründung für Brüder, von der in Ct 13,2 die Rede war.

18 Teresa sollte recht behalten: Sie konnte erst Ende Februar oder Anfang März 1569 nach Ávila zurückkehren.

19 Ana de Mendoza, die Teresa bedrängt, in Pastrana zu gründen; siehe F 17.

Euer Gnaden unwürdige und wahre Dienerin

Teresa von Jesus, Karmelitin

5. Ich erbitte mir noch einmal als Almosen von Euer Gnaden, dass Sie mit diesem Pater[20] sprechen und ihn für seine Lebensweise so beraten, wie es Ihnen recht erscheint. Der Geist, den der Herr ihm gegeben hat, und seine Tugend inmitten vieler Anlässe haben mir Mut gemacht zu glauben, dass wir einen guten Start haben. Er hat viel Gebetserfahrung und gesunden Menschenverstand; der Herr führe ihn auch weiter.

14.

An Doña Luisa de la Cerda[1] in Toledo

Valladolid, 2. November 1568[2]

An die Durchlauchtigste Frau Doña Luisa de la Cerda, meine Herrin.

1. Jesus sei mit Euer Hochwohlgeboren, meine Gnädige Frau und Freundin, denn wie weit auch immer Doña Luisa, meine Herrin, herumkommen mag, so ist sie das doch. Antonia[3] habe ich gesagt, dass sie Euer Hochwohlgeboren alles schreiben soll, was hier passiert, das mit meiner schlechten Gesundheit und auch das Übrige, da ich einen solchen Kopf habe,[4] dass Gott weiß, wie ich auch nur dies schreibe; nur habe ich mich so gefreut, als ich erfuhr, dass Euer Hochwohlgeboren und meine Herrschaften dort gesund und wohl angekommen sind,

---

20 Johannes vom Kreuz; siehe Ct 13,1.

---

1 Siehe Ct 7 tít.

2 Autograph: Unbeschuhte Karmelitinnen, Bordeaux.

3 Antonia del Espíritu Santo, die mit Teresa aus Malagón zurückgekommen war; siehe auch Ct 8,11; 13,3.

4 Über Kopfschmerzen beklagt Teresa sich immer wieder in ihrer Korrespondenz; siehe Ct 28,2; 63,1; 182,1; 185,2.8; 187,5; 188,1.3.11; 193,8; 194,6; 196,2; 198,2f; 200,8, usw.. Vgl. ferner M pról 1.

dass es nicht zu viel ist, mich zu bemühen. Der Herr sei für alles gepriesen, denn ich habe Sie ihm oft ans Herz gelegt. Auch bin ich sehr erfreut, dass Euer Hochwohlgeboren es über Ihr Kloster sind,[5] und ich sehe, dass Sie allen Grund dazu haben, denn ich weiß, dass dem Herrn dort in aller Wahrheit gedient wird. Möge es ihm gefallen, dass sie[6] so sind, damit sie Euer Hochwohlgeboren so dienen, wie sie es Ihnen schulden; und der Herr möge Sie mir erhalten und mir ein Wiedersehen mit Ihnen schenken, jetzt, wo ich nicht gestorben bin.[7]

2. Das mit dem Buch haben Euer Hochwohlgeboren so gut erledigt, dass es nicht besser sein kann,[8] und so vergesse ich die ganze Wut, die es mir gemacht hat. Magister Ávila schreibt mir ausführlich,[9] und er ist mit allem zufrieden; nur sagt er, dass ein paar Stellen ausführlicher erklärt und an anderen die Ausdrücke geändert werden sollen, was einfach ist. Euer Hochwohlgeboren haben ein gutes Werk vollbracht; der Herr wird es Ihnen, zusammen mit den anderen Wohltaten und guten Werken, die Euer Hochwohlgeboren mir erwiesen haben, vergelten. Ich habe mich sehr gefreut, eine so gute Botschaft zu sehen; denn es ist sehr wichtig; da sieht man wohl, wer geraten hatte, es ihm zu schicken.

3. Meinem Pater Pablo Hernández[10] würde ich gern schreiben, aber ich kann wirklich nicht; ich glaube, ihm einen größeren Dienst damit zu erweisen, dass ich nicht krank werde.

---

[5] Das Kloster von Malagón, dessen Stifterin die Adressatin war.

[6] Die Schwestern von Malagón.

[7] Sie war, wie fast alle Schwestern, die mit ihr nach Valladolid aufgebrochen waren, sehr krank gewesen und hatte an hohem Fieber gelitten; vgl. F 10,6.

[8] Teresas Auftrag, ihr *Buch meines Lebens* zur Begutachtung an Juan de Ávila zu schicken; siehe Ct 7,3; 8,9; 9,2; 10,2.

[9] In seinem ersten Brief an sie vom 2. April 1568 hatte Juan de Ávila es abgelehnt, das Buch zu begutachten, mit der Begründung, dass es bereits von den Theologen in Ávila durchgesehen worden sei; am 12. September schrieb er ihr erneut und hieß den Inhalt diesmal ausdrücklich gut. Siehe BMC 2,207-210.

[10] Ein Jesuit, der ihr in Toledo und Malagón geholfen hatte; siehe Ct 7,1; 8,5.12.

Ich bitte Euer Hochwohlgeboren, ihm zu sagen, was sich hier tut, damit er mich und all diese Geschäfte dem Herrn empfiehlt, das tue ich nämlich auch für Seine Gnaden. Ferner bitte ich Euer Hochwohlgeboren, den Brief von Schwester Antonia[11] an die Priorin von Malagón[12] zu schicken, und auch diesen, wenn Euer Hochwohlgeboren wollen; wenn nicht, lassen Euer Hochwohlgeboren ihr schreiben, dass sie in der Angelegenheit, von der ich durch Miguel[13] schrieb, nichts unternehmen soll, da der General[14] mir erneut geschrieben hat, und es so aussieht, als nähmen die Dinge einen besseren Verlauf; beachten Euer Hochwohlgeboren, dass es sehr wichtig ist, ihr diese Nachricht zu geben.

4. Seiner Gnaden Herrn Don Juan[15] und meinen Damen dort küsse ich vielmals die Hand, und seien Sie herzlich willkommen, und Euer Hochwohlgeboren ebenfalls, denn ich sage es noch einmal, es hat mich gefreut. Sagen Euer Hochwürden Herrn Don Hernando und der Gnädigen Frau Doña Ana,[16] bitte, einen herzlichen Gruß von mir, auch an Alonso de Cabria[17] und Álvaro del Lugo.[18] Euer Hochwohlgeboren wissen schon, dass Sie bei mir Herrschaftsansprüche einbüßen und Demut hinzugewinnen müssen! Möge es dem Herrn gefallen, mich Euer Hochwohlgeboren wiedersehen zu lassen,

---

[11] Die bereits in Ct 14,1 genannte Antonia del Espíritu Santo.

[12] Das war zu diesem Zeitpunkt Ana de los Ángeles (Ordóñez y Gómez), die bereits zwanzig Jahre im Menschwerdungskloster mit Teresa zusammengelebt hatte, als sie 1562 nach San José wechselte; sie begleitete Teresa mit ausdrücklicher Erlaubnis des Ordensgenerals auf mehreren Gründungsreisen und war 1569–1585 Priorin in Toledo und später Gründerin des Karmel Cuerva in der Provinz Toledo.

[13] Der Bote Miguel Lescano.

[14] Der Ordensgeneral Giovanni Battista Rossi; siehe Ct 11,3.

[15] Doña Luisas Sohn Juan Pardo de Tavera; siehe Ct 7,1; 8,1; 9,1.

[16] Doña Luisas Bruder Hernando de la Cerda und seine Frau Ana de Thienlloye; siehe Ct 8,4.10.

[17] Alonso de Cabria Pecellín, der Hausgeistliche von Doña Luisa in Paracuellos; siehe Ct 8,2.4.5.

[18] Ein Kleriker aus Granada, der eine Zeitlang Verwalter in dem von Kardinal Juan Pardo de Tavera gegründeten Hospital Tavera (= Hospital de Afuera) in Toledo war.

denn danach sehne ich mich schon. Es geht mir in der Gegend dort gesundheitlich und in jeder Hinsicht besser als hier.

5. Was die Verlegung des Standorts anbelangt, muss man gut darauf schauen, dass er gesund ist, denn Euer Hochwohlgeboren sehen ja, wie es uns im Augenblick geht, weil dieser hier es nicht ist, obwohl das Haus sehr schön ist.[19]

6. Ich habe mich gefreut, dass Euer Hochwohlgeboren dieser jungen Frau die Mitgift als Almosen schenken.[20] Sofern Euer Hochwohlgeboren es wünschen, gibt es nie Platzmangel, denn das ganze Kloster ist Ihres.[21] Die Gnädige Frau Doña María de Mendoza[22] küsst Euer Hochwohlgeboren vielmals die Hand. Schon bevor ich gelesen hatte, was Euer Hochwohlgeboren mir auftragen, ihr zu sagen, hatte sie mir das sehr ans Herz gelegt; im Augenblick ist sie außer Haus. Ich werde ihr aber sagen, was Euer Hochwohlgeboren wünschen, denn das bin ich ihr sehr schuldig. Sagen Euer Hochwohlgeboren unserem Pater Lizentiaten Velasco,[23] was Sie für richtig halten, und behüt' Sie Gott! Er mache Sie so, wie ich es mir wünsche! Amen.

Heute ist der Tag nach Allerheiligen.

Euer Hochwohlgeboren unwürdige Dienerin

Teresa von Jesus, Karmelitin

---

[19] Es handelt sich um die eventuelle Verlegung des Klosters Malagón, die aber erst Ende 1579 stattfand; *„dieser hier“*: der feuchte Standort des Klosters von Valladolid im Flussviertel Río de Olmos, den Teresa dafür verantwortlich machte, dass innerhalb kurzer Zeit nahezu die ganze Kommunität krank wurde: *„Als ich das Haus sah, wurde es mir ganz bange, da mir klar war, dass es unsinnig sei, dort ohne ganz große Ausgaben Schwestern anzusiedeln; denn obwohl es da sehr erholsam war, da der Garten so wunderschön war, musste es geradezu ungesund sein, weil es am Fluss lag“* (F 10,3).

[20] Vermutlich handelt es sich um María de las Vírgenes (de la Torre), die am 8. September 1569 in Malagón die Ordensprofess ablegte.

[21] Eine Anspielung auf die begrenzte Schwesternzahl in den Klöstern Teresas; siehe die diesbezügliche Anm. zu Ct 2,2.

[22] Die Schwester des Bischofs von Ávila, Álvaro de Mendoza, die den Karmelitinnen von Valladolid ein anderes Haus besorgte; siehe F 10,6.

[23] Der Priester, der kurz zuvor den Dienst bei Doña Luisa quittiert hatte; siehe Ct 7,3; 8,1f.7.

15.

An die Patres Luis de Guzmán und Pablo Hernández in Toledo[1]

Valladolid, 7. Dezember 1568

1. Ich, Teresa von Jesus, Priorin von San José in Ávila, bestätige aufgrund der Tatsache, dass mir der Hochwürdigste General, Magister Fray Juan Bautista Rubeo,[2] sehr weitreichende Vollmachten gegeben hat, um Klöster dieses ursprünglichen und geheiligten Ordens Unserer Lieben Frau vom Berge Karmel[3] zu gründen und zuzulassen, und nachdem ich darüber informiert wurde, dass man in der Stadt Toledo, angeregt durch die Gnade des Herrn und mit der Hilfe der heiligen Jungfrau, unserer Patronin,[4] ein Haus des besagten Ordens mit einer Kirche und vier Kaplänen und alles, was sonst für den Gottesdienst in der Kirche notwendig ist, stiften will, und da ich

[1] Bei diesem Brief handelt es sich um eine schriftliche Vollmacht, mit der Teresa die Jesuiten Pablo Hernández (siehe Ct 7,1; 8,5.12; 14,3) und dessen Oberen Luis de Guzmán bevollmächtigt, in ihrem Namen Verhandlungen wegen einer Klostergründung in Toledo zu führen; diese sollte am 14. Mai 1569 zustande kommen; vgl. F 15-16.

[2] Giovanni Battista Rossi, dessen Namen Teresa, wie in Spanien üblich, stets hispanisiert, hatte Teresa im Rahmen seines Besuchs in San José in Ávila am 27. April 1567 die Genehmigung zur Gründung weiterer Klöster der Unbeschuhten Karmelitinnen gegeben, die am 16. Mai noch einmal bestätigt, aber ausdrücklich auf Kastilien beschränkt wurde. Vgl. auch Ct 11,3.

[3] Eine eigentümliche Formulierung, mit der Teresa sagen will „Klöster des Ordens Unserer Lieben Frau vom Berge Karmel nach der ursprünglichen Regel"; wobei sie unter „ursprünglicher Regel" nicht die erste Regelfassung Alberts von Jerusalem, sondern die von Papst Innozenz IV. im Jahre 1247 approbierte überarbeitete Fassung versteht; siehe Ct 11,6.

[4] Einer der ältesten Titel, unter denen Maria im Karmelorden verehrt wurde: Vor dem Hintergrund der Feudalherrschaft in der damaligen Gesellschaft galt Maria besonders im 13. und 14. Jahrhundert, aber auch später noch als die *patrona* der Karmeliten, die in einem ähnlichen Verhältnis zu ihr standen, wie der Vasall zu seinem Lehnsherrn. Während die Karmeliten – und ab dem 15. Jahrhundert dann auch die Karmelitinnen – im Bewusstsein eines besonderen Treueverhältnisses zu ihrer *patrona* lebten, war diese gehalten, ihnen ihren besonderen Schutz zu gewähren. Auf dieses besondere gegenseitige Verhältnis spielt Teresa hier an. Vgl. dazu U. Dobhan, *Marienverehrung im Karmel*, 6-11

erkenne, dass dies zum Dienst und Lob des Herrn gereichen wird, bestätige ich durch diesen mit meinem Namen unterschriebenen Brief, dass ich es annehme als großes Werk der Nächstenliebe und als Almosen.

2. Und falls für diesen Vertragsabschluss noch über einige Dinge zu verhandeln wäre, wie das gewöhnlich der Fall ist, bestätige ich – sofern der Pater Obere[5] und Pater Pablo Hernández mir diesen Liebesdienst erweisen wollen, das zu regeln –, dass ich mich heute schon dazu verpflichte, alles zu erfüllen, was Seine Gnaden vereinbaren sollten; und falls sie nicht wollten, dann wer von ihnen ernannt wird, damit die Erledigung dieses Geschäftes nicht aufgeschoben wird, bis es dem Herrn gefällt, dass ich in jene Gegend reise.

3. Und da dies mein Wille ist, bestätige ich durch diesen mit meinem Namen unterschriebenen Brief, dass ich es erfüllen werde.

Gegeben in Valladolid, am 7. Dezember 1568.

Teresa von Jesus,
Priorin von San José, Ávila, Karmelitin

16.

An Doña Luisa de la Cerda in Toledo[1]

Valladolid, 13. Dezember 1568[2]

An die Durchlauchtigste Frau Doña Luisa de la Cerda, meine Herrin.

1. Jesus sei mit Euer Hochwohlgeboren. Ich habe weder Zeit noch Kraft, um viel zu schreiben, denn ich schreibe zur Zeit

[5] Der Rektor des Jesuitenkollegs von Toledo, zu diesem Zeitpunkt Luis de Guzmán.

[1] Siehe Ct 7 tít. Trotz gesundheitlicher Probleme bereitet Teresa von Valladolid aus, wo sie kurz zuvor gegründet hat, eine weitere Klostergründung in Toledo vor; siehe auch Ct 15 und F 15-16.

[2] Autographisches Fragment: Unbeschuhte Karmeliten, Sevilla.

nur wenigen Personen eigenhändig. Erst vor kurzem habe ich Euer Hochwohlgeboren geschrieben. Es geht mir miserabel. Bei Euer Hochwohlgeboren und in Ihrer Gegend geht es mir gesundheitlich besser, auch wenn die Leute von hier mich gottlob nicht zurückweisen; da meine Zuneigung aber dort ist, wäre es mein Leib auch gerne.

2. Was meinen denn Euer Hochwohlgeboren dazu, wie Seine Majestät eins nach dem anderen zu meinem Besten fügt? Gepriesen sei sein Name, denn so hat er es durch die Hände von Menschen fügen wollen, die so große Diener Gottes sind, dass ich glaube, es muss Seiner Majestät damit wohl sehr gedient werden. Euer Hochwohlgeboren mögen aus Liebe zu Seiner Majestät doch versuchen, die Genehmigung zu bekommen. Mir scheint gut, dem Diözesanverwalter[3] gegenüber nicht zu erwähnen, dass es für mich ist, sondern für ein Haus dieser Unbeschuhten Schwestern, und man soll von dem Nutzen erzählen, den sie bringen, wo sie sind. Zumindest durch die von unserem Malagón[4] werden wir keinen Schaden nehmen, Gott sei's gelobt! Und Euer Hochwohlgeboren werden sehen, wie bald Sie diese Ihre Dienerin dort haben wer-

---

[3] Tello Gómez Girón, der die Erzdiözese Toledo verwaltete, da der Erzbischof Bartolomé Carranza aufgrund von Verleumdungen im Inquisitionsgefängnis saß. Der offizielle Grund war, dass man in seinem 1558 in Antwerpen veröffentlichten Katechismus Häresien entdeckt habe. Sein Mitbruder aus dem Dominikanerorden, Melchor Cano, ein berühmter Theologe, kam gar zu dem Schluss, dass er *„häretischer als Luther"* sei. Der wahre Grund waren jedoch Neid und Eifersucht, da Carranza, der von 1545–1548 und 1557/58 beim Konzil von Trient dabei war, sein Bischofsamt im Sinn des Konzils von Trient ausübte. So wurde er, der Primas von Spanien, am 22. August 1559 während einer Visitationsreise durch seine Diözese des Nachts verhaftet und musste nicht weniger als 17 Jahre im Gefängnis verbringen, anfangs in Spanien, später in Rom. 1576 kam er endlich frei. Am 10. Dezember 1993 wurden seine sterblichen Überreste in die Kathedrale von Toledo überführt, womit ihm eine späte Gerechtigkeit widerfuhr. Siehe U. Dobhan, *Gott – Mensch – Welt*, 92-94. – Die Genehmigung zur Klostergründung in Toledo wurde am 8. Mai 1569 erteilt. Siehe F 15.

[4] Die Schwestern des Klosters Malagón, das eine Stiftung von Doña Luisa in der zu ihrem Herrschaftsgebiet gehörenden Kleinstadt war; daher spricht Teresa von *„unserem"* Malagón; siehe Anm. zu Ct 6 tít und Ct 7 tít; und ferner Ct 7,2; 8,6; 10,3; 11,9; 14,1.6.

den, denn der Herr will offensichtlich nicht, dass wir uns trennen. Möge es Seiner Majestät gefallen, dass es in der ewigen Glorie so sei, mit allen meinen Herrschaften, in deren Gebete ich mich sehr empfehle. Schreiben mir Euer Hochwohlgeboren, wie es Ihnen gesundheitlich geht, denn Sie sind sehr nachlässig, mir diese Gunst zu erweisen. Die Schwestern hier küssen Euer Hochwohlgeboren die Hand.

3. Sie werden nicht glauben, wie viele Ablässe und vielfältigen Gewinn wir für die Stifterinnen dieses Ordens erlangen, sie sind ohne Zahl.[5] Der Herr sei mit Euer Hochwohlgeboren.

Heute ist der Tag der heiligen Lucia.[6]

Euer Hochwohlgeboren unwürdige Dienerin

Teresa von Jesus, Karmelitin

17.

An Diego Ortiz[1] in Toledo

Valladolid, 9. Januar 1569

1. Jesus. – Der Heilige Geist sei immer in der Seele von Euer Gnaden und schenke Ihnen seine heilige Liebe und Gottesfurcht. Amen. Pater Doktor Pablo Hernández[2] hat mir von

---

[5] Teresa meint nicht „Ordensgründerinnen" – das ist sie selbst –, sondern die Stifterinnen ihrer Klöster; mit anderen Worten, es handelt sich um eine Versicherung, wie inständig in ihren Klöstern für Menschen wie Doña Luisa gebetet wird. Abgesehen von einer Stelle im *Buch der Gründungen*, in der die Rede von einem Kleriker ist, der für eine von ihm gestiftete Kapelle *„eine Bulle mit vielen Ablässen"* (F 28,44) aus Rom mitbrachte, ist dies eine der wenigen Erwähnungen von Ablässen im Gesamtwerk Teresas; diese spielen in ihrer Frömmigkeit kaum eine Rolle. Hier ist es wohl eher eine Reverenz an die Frömmigkeit des Umfeldes der Adressatin als ein Ausdruck teresianischer Spiritualität.

[6] Eine frühchristliche Märtyrerin aus dem 3./4. Jh., die der Legende nach unter der diokletianischen Christenverfolgung in Syrakus (Sizilien) das Martyrium erlitt; ihr Gedenktag ist der 13. Dezember.

der Gnade und Wohltat geschrieben, die mir Euer Gnaden durch Ihre Bereitschaft erweisen, ein Haus dieses heiligen Ordens zu stiften. Ich glaube sicher, dass unser Herr und seine glorreiche Mutter, meine Patronin[3] und Herrin, das Herz von Euer Gnaden zu einem so heiligen Werk angeregt haben, in dem, wie ich hoffe, Seiner Majestät sehr gedient wird, während Euer Gnaden mit großem Gewinn an geistlichen Gütern daraus hervorgehen werden. Möge es ihm gefallen, es zu verwirklichen, wie ich und alle Schwestern hier es von ihm erbitten, und von jetzt an wird das der ganze Orden tun. Es ist für mich eine sehr große Freude gewesen, und so habe ich den Wunsch, Euer Gnaden kennen zu lernen, um mich in Ihrer Anwesenheit als Dienerin von Euer Gnaden anzubieten, für welche mich Euer Gnaden von jetzt an halten mögen.

2. Es hat dem Herrn gefallen, dass das Fieber von mir gewichen ist. Ich beeile mich so gut ich kann, um dies hier[4] zu meiner Zufriedenheit zurückzulassen, und denke, dass es mit der Hilfe des Herrn bald abgeschlossen ist. Ich verspreche Euer Gnaden, keine Zeit zu verlieren und auf meine Krankheit keine Rücksicht zu nehmen, selbst wenn die Fieberanfälle zurückkehren sollten, um die baldige Abreise zu unterlassen. Denn da Euer Gnaden alles tun, ist es nur recht, dass ich

---

[1] Diego Ortiz war ein Schwiegersohn von Alonso Álvarez Ramírez, einem Converso (Konvertit aus dem Judentum) aus Toledo, der als Nachlassverwalter seines Bruders Martín Ramírez mit Teresa über eine Klostergründung in dieser Stadt verhandelte; Ortiz erwies sich, wie Teresa im *Buch der Gründungen* vermerkt, als schwieriger Unterhändler: *„Bald begann ich, mit Alonso Álvarez und einem seiner Schwiegersöhne namens Diego Ortiz wegen der Geschäfte zu verhandeln; dieser bestand, wiewohl ein sehr guter Mensch und Theologe, hartnäckiger auf seiner Meinung als Alonso Álvarez und ging nicht so leicht auf Argumente ein“* (F 15,4). Vgl. auch Ct 28.

[2] Siehe Ct 7,1; 8,5.12; 14,3; 15 tít.2. Teresa hatte, wie sie in ihrem Bericht über die Gründung in Toledo schreibt, *„bei ihm gebeichtet, als ich wegen der Absprache für die Gründung in Malagón in diesem Ort (Toledo) weilte“* (F 15,1); er war es, der den sterbenskranken Martín Ramírez auf den Gedanken brachte, ein Kloster der Unbeschuhten Karmelitinnen zu gründen.

[3] Siehe Anm. zu Ct 15,1.

[4] Die Klostergründung in Valladolid.

meinerseits das tue, was ja gar nichts ist, nämlich ein bisschen Mühsal auf mich zu nehmen, da wir uns ja nie um etwas anderes bemühen sollten, wir, die wir den Anspruch erheben, einem zu folgen, der, ganz ohne es verdient zu haben, sein ganzes Leben lang Mühsale erlitt.[5]

3. Ich denke nicht, von diesem Geschäft nur einen Gewinn zu haben;[6] denn nach dem, was mir Pater Pablo Hernández von Euer Gnaden schreibt, wird es schon ein sehr großer sein, Sie kennen zu lernen; da es Gebete sind, die mich bisher getragen haben, bitte ich Euer Gnaden um der Liebe unseres Herrn willen, mich in den Ihren nicht zu vergessen.

4. Es sieht so aus, dass ich allerspätestens zwei Wochen nach Beginn der Fastenzeit in dem Ort dort sein werde,[7] wenn Seine Majestät es nicht anders fügt; denn da ich durch die Klöster reise, die der Herr in diesen Jahren hat gründen wollen,[8] werde ich mich dort den einen oder anderen Tag aufhalten müssen, auch wenn wir uns von hier bald verabschieden. Es wird aber so kurz wie es mir möglich ist sein, da Euer Gna-

[5] Wie immer, wenn Teresa zur Leidensbereitschaft ermutigt, geht es ihr um die Nachfolge Jesu; dabei weist sie masochistische Tendenzen zurück, sondern versucht vielmehr dem, was das Leben unweigerlich an Leiden mit sich bringt, einen Sinn abzugewinnen, indem sie es in den Kontext der Nachfolge Jesu stellt; vgl. *„Der Fortschritt besteht für die Seele nicht im vielen Denken, sondern im vielen Lieben. Wie erwirbt man sich wohl diese Liebe? Indem man sich entschließt zu handeln und zu leiden, und das in die Tat umzusetzen, wenn es sich anbietet“* (F 5,2f.); siehe ferner CV 32,7; 2M 1,7; 6M 4,15; 6,4.

[6] Als Angehörige der Converso-Schicht, die keinen Grundbesitz erwerben durfte und deshalb oftmals vom Handel lebte, greift Teresa immer wieder gern auf die ihr vertraute Handelsterminologie zurück; vgl. auch CE 29,5; 51,2; V 4,2; 11,1; 19,11; 20,27; 33,14; 39,15; und viele weitere Stellen im Gesamtwerk. Siehe dazu J. A. Marcos, *Dios y las metáforas financieras en Santa Teresa.*

[7] In Wirklichkeit kam sie erst am 24. März 1569 in Toledo an; die Fastenzeit hatte aber bereits am 23. Februar begonnen. Für diese Verzögerung entschuldigt sie sich in Ct 18,1f.

[8] Teresa betont gern, dass die Klostergründungen nicht ihr, sondern Gottes Werk sind: *„Diese Häuser haben ... nicht Menschen gegründet, sondern die mächtige Hand Gottes“* (F 27,11); *„Nicht ich bin es, die bei diesen Gründungen etwas vollbringt, sondern er, der die Macht hat zu allem“* (F 29,5); *„das, was wir Geschöpfe bei diesen Gründungen getan haben, ist fast nichts. Alles hat der Herr*

den es wünschen, obwohl ich bei etwas, das so gut vorbereitet und schon getan ist, nicht mehr zu tun haben werde, als es mir anzuschauen und unseren Herrn zu preisen. Seine Majestät halte Euer Gnaden immer an seiner Hand und schenke Ihnen Leben und Gesundheit und Mehrung an Gnade, wie ich es Ihnen erbitte. Amen.

Heute ist der 9. Januar.

Euer Gnaden unwürdige Dienerin

Teresa von Jesus, Karmelitin

18.

An Alonso Ramírez in Toledo[1]

Valladolid, 19. Februar 1569

1. Jesus. Der Heilige Geist sei mit Euer Gnaden und vergelte Euer Gnaden die Freude, die mir Ihr Brief gemacht hat. Er kam zu einem Zeitpunkt an, als ich gerade ziemlich in Sorgen war, über wen ich wohl schreiben könnte, um Euer Gnaden von mir zu berichten, da Sie jemand sind, dem gegenüber es nur recht und billig ist, dass ich es an nichts fehlen lasse. Ich werde etwas später kommen, als ich Ihnen in meinem Brief sagte,[2] doch sage ich Euer Gnaden, dass ich, wie mir scheint,

---

aus so unzulänglichen Ansätzen gefügt, dass nur Seine Majestät es zu der Höhe erheben konnte, auf der es sich jetzt befindet" (F 13,7). Bis dahin hatte sie vier Schwesternklöster gegründet: San José in Ávila (1562), Medina del Campo (1567), Malagón (1568) und Valladolid (1568); außerdem war im November 1568 auf ihr Betreiben hin in Duruelo von Johannes vom Kreuz und Antonio de Jesús (Heredia) das erste Brüderkloster gegründet worden. Sie verließ Valladolid am 22. Februar und besuchte auf der Durchreise nacheinander Medina del Campo, wo sie sich ungefähr eine Woche lang aufhielt, Duruelo (F 14,6), wo sie nur einen Tag lang blieb, und Ávila, wo sie viel länger als vorgesehen, nämlich nahezu drei Wochen brauchte, um anstehende Fragen zu lösen; siehe DST 610; TyV 400.404ff.

---

[1] Siehe Ct 17 tít und ferner F 15,2.

[2] Siehe Ct 17,4.

keine Zeit verliere; so bin ich noch keine vierzehn Tage in unserem Kloster gewesen, nachdem wir in dieses Haus umgezogen waren,[3] was in aller Feierlichkeit, mit Prozession und zur Erbauung geschah. Der Herr sei für alles gepriesen.

2. Seit Mittwoch bin ich bei Doña María de Mendoza,[4] die mich nicht hatte besuchen können, da sie krank war, während ich aber dringend einige Dinge mit ihr besprechen musste. Ich wollte nur einen Tag lang bleiben, doch ist es dann so kalt geworden, mit Schnee und Glatteis, dass es unmöglich schien zu reisen, und so bin ich bis heute, Samstag, hier geblieben. Ich werde, so unser Herr will, auf jeden Fall am Montag nach Medina reisen; dort und in San José in Ávila werde ich mich, auch wenn ich mich noch so sehr beeilen möchte, mehr als vierzehn Tage aufhalten, da ich dort dringend einige Geschäfte zu erledigen habe, und so glaube ich, dass ich länger ausbleiben werde, als ich gesagt hatte. Euer Gnaden werden es mir wohl verzeihen, da Sie aus diesem Bericht, den ich Ihnen gebe, ersehen werden, dass ich nicht anders kann. Es ist keine große Verzögerung. Ich bitte Euer Gnaden, dass Sie sich nicht für den Kauf des Hauses verwenden, bis ich komme, da ich möchte, dass es unserem Zweck entspricht, wenn schon Euer Gnaden und er, der bereits in der ewigen Herrlichkeit weilt,[5] uns diese Wohltat erweisen.

3. Was die Genehmigungen anbelangt, halte ich die des Königs[6] mit der Hilfe des Himmels für leicht zu erhalten, auch

---

[3] Der Umzug der Kommunität von Valladolid in das neue Haus fand am 3. Februar statt; siehe F 10,7.

[4] Die Schwester des Bischofs von Ávila, Álvaro de Mendoza, die den Schwestern in Valladolid ein neues Haus besorgt hatte; siehe Ct 14,6; 19; und ferner F 10,6.

[5] Der verstorbene Bruder des Adressaten, Martín Ramírez; siehe Ct 17 tít und F 15,1.

[6] Philipp II., der ein großer Förderer Teresas war, da ihm ihre Reform im Rahmen seiner eigenen Reformbestrebungen, die er parallel zu den Reformbestrebungen Roms, aus politischen Gründen betrieb („Reform des Königs"), sehr willkommen war. Siehe Einführung, S. 45f.

wenn die eine oder andere Schwierigkeit daherkommt. Ich weiß nämlich aus Erfahrung, dass der Böse diese Häuser nur schlecht leiden kann, und so stellt er uns immer nach, aber der Herr vermag alles, und dann schleicht er sich mit den Händen auf dem Kopf davon.[7]

4. Hier haben wir sehr viel Widerspruch erlebt, und das von Personen, die zu den vornehmsten gehören, die es hier gibt; aber es hat sich schon alles geglättet.[8] Glauben Euer Gnaden nur nicht, dass Sie unserem Herrn nur das zu geben brauchen, was Sie jetzt meinen, sondern viel mehr, und so belohnt Seine Majestät die guten Werke, indem er es so einrichtet, noch größere zu tun, und das Geld[9] zu geben, ist noch gar nichts, denn das tut kaum weh. Wenn man aber Euer Gnaden und Ihrem Herrn Schwiegersohn[10] und uns allen, die wir darüber verhandeln, Steine nachwirft, wie man es uns in Ávila beinahe angetan hat, als San José gegründet wurde,[11] dann wird das Geschäft gut laufen, und ich glaube, dass das Kloster dabei nichts verliert, noch wir, die wir diese Prüfung durchmachen, sondern man dabei viel gewinnt.[12] Möge der Herr alles so leiten, wie es seiner Einsicht nach angemessen ist. Deshalb

---

[7] Als Ausdruck des Schreckens; in der sakralisierten Gesellschaft von damals, die in allem entweder Gott oder seinen Widersacher am Werk sah, lag es für Teresa nahe, hinter den vielfältigen Schwierigkeiten, mit denen sie bei ihren Klostergründungen zu kämpfen hatte, eine Nachstellung des Bösen zu sehen, der das Werk Gottes verhindern wollte; vgl. *„Ich habe schon Erfahrung, was der Böse anstellt, um die Entstehung eines solchen Klosters zu stören“* (F 18,2). Doch ist sie sich sicher, *„dass sich Gott mit seinem Werk durchsetzt“* (F 31,22). Den Gedanken, dass der Böse dem Menschen zwar zusetzen kann, sich am Ende aber beschämt davonschleichen muss, wenn man sich nur vertrauensvoll Gott überlässt, bringt Teresa öfter; vgl. etwa F 8,4.

[8] Es ist nicht bekannt, auf welche Probleme Teresa hier anspielt.

[9] Wörtlich: die Reales; der *Real de plata* war eine Silbermünze, die ca. 30 *Maravedís* (die damalige Basismünze) wert war. Zum Realwert des Geldes siehe Anm. zu Ct 2,3.

[10] Diego Ortiz; siehe Ct 17 tít.

[11] Siehe V 36,15ff.

[12] Dies klingt so, als würde Teresa die Schwierigkeiten voraussehen, die in Toledo wegen der Abstammung der Stifterfamilie aus Converso-Kreisen auf diese und auf sie selbst zukommen sollten; besonders deren Wunsch, in der

empfinde Euer Gnaden keinen Schmerz. In mir stieg er allerdings hoch, da mir mein Pater[13] dort fehlt. Wenn es nötig sein sollte, dann sorgen wir dafür, dass er kommt. Schließlich tritt der Böse schon auf den Plan. Gott sei gepriesen, der uns nicht fehlen wird, wenn wir es ihm gegenüber nicht fehlen lassen.[14]

5. Ich sehne mich wirklich sehr danach, Euer Gnaden zu besuchen, was mir, glaube ich, eine große Freude sein wird, und dann werde ich auf die Liebenswürdigkeiten eingehen, die Sie mir in ihrem Brief erweisen. Möge es unserem Herrn gefallen, dass ich Euer Gnaden in sehr guter Verfassung antreffe, und auch Eurer Gnaden Herrn Schwiegersohn, in dessen Gebete ich mich sehr empfehle, wie auch in die von Euer Gnaden. Schauen Sie, das brauche ich, um mit meiner arg angeschlagenen Gesundheit solche Wege zurückzulegen, auch wenn die Fieberanfälle nicht wiedergekommen sind. Ich werde beachten, was Euer Gnaden mir ans Herz legen, und tue es bereits, und die Schwestern hier auch. Alle empfehlen sich in die Gebete von Euer Gnaden. Unser Herr halte Sie immer an seiner Hand. Amen.

Heute, am Samstag, 19. Februar. Geschrieben in Valladolid.

Euer Gnaden unwürdige Dienerin

Teresa von Jesus, Karmelitin

Hauptkapelle der Klosterkirche eine eigene Grablege zu erhalten – dem Teresa nach anfänglichem Zögern stattgab –, erregte den Zorn der alteingesessenen Adelsfamilien der Stadt, die das als ihr Privileg betrachteten; siehe dazu F 15,15ff.

13 Der Jesuit Pablo Hernández, von dem die Anregung zur Gründung eines Karmelitinnenklosters ausgegangen war; siehe Ct 17,1.

14 Diese Maxime, die zeigt, wie tief Teresas Gottvertrauen in ihrer freundschaftlichen Gottesbeziehung mit der zu jeder echten Freundschaft gehörenden Gegenseitigkeit wurzelt, kehrt bei ihr immer wieder: *„Lasst nur ihr es ihm gegenüber an nichts fehlen, und habt keine Angst, dass er euch gegenüber fehlt!“* (CE 2,2); *„Habt keine Angst, dass es an ihm fehlt, sofern wir es nicht an uns fehlen lassen“* (CE 26,5); vgl. auch: *„Wenn ihr Vertrauen habt und voll mutigen Mutes seid, dann braucht ihr keine Angst zu haben, dass es euch an etwas fehlt, denn Seine Majestät ist ein großer Freund davon“* (F 27,12).

6. Beiliegenden Brief wollen Euer Gnaden, bitte, meiner Herrin Doña Luisa[15] geben lassen, mit vielen Grüßen von mir. Ich habe keine Zeit, Herrn Diego de Ávila[16] zu schreiben, nicht einmal der Brief an Doña Luisa ist von mir geschrieben. Berichten ihr Euer Gnaden über meine Gesundheit, ich bitte Sie darum, und dass ich auf den Herrn hoffe, sie bald zu besuchen. Um die Genehmigungen[17] brauchen sich Euer Gnaden keine Sorgen machen, denn ich hoffe auf den Herrn, dass alles sehr gut gehen wird.

19.

An Doña María de Mendoza[1] in Valladolid

Toledo, Ende März 1569

An die Allerdurchlauchtigste Frau Doña María de Mendoza, meine Herrin.

1. Jesus. – Der Heilige Geist sei mit Euer Hochwohlgeboren. Wirklich, bei dieser Reise habe ich viel Beschwernis gehabt; ich leide darunter, mich so weit von dem Ort dort[2] zu ent-

---

[15] Luisa de la Cerda; siehe Ct 7 tít. Von diesem Brief ist nur dieser Satz als Autograph in einem kleinen Reliquiar im Kloster San José, Ávila, erhalten.

[16] Unbekannt, vielleicht ein Verwandter des Erzdiakons von Toledo, Francisco de Ávila.

[17] Für die Gründung; siehe Ct 18,3.

---

[1] María Sarmiento de Mendoza, eine große Wohltäterin Teresas, war eine Tochter des Grafen von Ribadavia und eine Schwester des Bischofs von Ávila und später Palencia, Álvaro de Mendoza; als Witwe des Sekretärs Karls V., Komtur Francisco de los Cobos, hatte sie Einfluss am Hof. Außerdem war sie mit vielen einflussreichen Persönlichkeiten, die auch im Leben Teresas eine Rolle spielten, verwandt: Luisa de la Cerda, der Prinzessin von Éboli, den Herzögen von Alba, Pedro Fernández, Ángel de Salazar, usw. Teresa lernte sie 1562 kennen, 1568 verhalf sie der Kommunität von Valladolid zu einem geeigneten Haus und blieb Teresa zeitlebens freundschaftlich verbunden; siehe Ct 18,2.

[2] Valladolid, das Teresa am 22. Februar verlassen hatte, nachdem sie sich witterungsbedingt mehrere Tage im dortigen Palast der Adressatin aufgehalten hatte; siehe Ct 18,2.

fernen. Noch dazu schreibt mir der Herr Bischof,[3] dass Euer Hochwohlgeboren eine große Prüfung durchmachen, sagt mir aber nicht, welche. Wäre es nicht schon der Vorabend meiner Abreise gewesen, hätte ich dafür gesorgt, nicht mit diesem Kummer abzureisen. Es hat aber geholfen, dass ich es unserem Herrn sehr anempfohlen habe. Ich weiß nicht, wie ich auf den Gedanken kam, ob es vielleicht etwas wäre, das der Verwalter[4] gegen meine Gnädige Frau Äbtissin[5] hat. Das hat mich ein wenig getröstet, denn auch wenn sie geprüft würde, so lässt Gott das vielleicht nur zu, damit sie größere Schätze in ihrer Seele ansammelt. Seine Majestät nehme alles in seine Hand, wie ich es von ihm erbitte!

2. Ich war ganz glücklich, als mir gesagt wurde, dass es Euer Hochwohlgeboren gesundheitlich viel besser gehe. O, wenn Sie über Ihr Inneres dieselbe Herrschaft wie im Äußeren hätten, wie wenig würden Euer Hochwohlgeboren sich dann aus den Dingen machen, die man hier auf Erden als Prüfungen bezeichnet! Was ich befürchte, ist der Schaden, den sie Ihrer Gesundheit zufügen. Ich bitte Euer Hochwohlgeboren inständig, mir ganz genau schreiben zu lassen, worum es sich handelte (Kuriere für diese Gegend wird es ja genug geben)[6]; denn es hält mich wirklich sehr in Sorge. Ich bin am Vorabend des Marienfestes[7] hier gut angekommen. Die Gnädige Frau Doña Luisa[8] war überglücklich. Wir verbringen viel Zeit mit dem Reden über Euer Hochwohlgeboren, was mir keine geringe Freude ist;

---

[3] Doña Marías Bruder, Álvaro de Mendoza, der zu diesem Zeitpunkt Bischof von Ávila war.

[4] Doña Marías Verwalter und Buchhalter, Juan Bernaldo.

[5] Vermutlich die Äbtissin der berühmten Zisterzienserinnenabtei Santa María la Real de las Huelgas (Kurzbezeichnung: Huelgas Reales) in Valladolid, Doña Ana Quixada de Mendoza, die eine Kusine von Doña María war.

[6] Ein erneuter Hinweis darauf, dass Privatkuriere die sicherste Gewähr boten, dass ein Brief auch wirklich ankam, zumal in eine solche Stadt wie Toledo; vgl. Ct 8,12.

[7] Am 24. März, dem Vorabend des Festes des Verkündigung des Herrn, das bis zum Zweiten Vatikanum nicht als Herrenfest, sondern als Muttergottesfest (Mariä Verkundigung) begangen wurde; siehe auch Ct 24,3.

[8] Luisa de la Cerda; siehe Ct 7 tít.

denn da sie Euer Hochwohlgeboren gern hat, wird sie nicht müde.

3. Ich sage Euer Hochwohlgeboren, dass Ihr Ruf hier so ist wie Ihr Werk sein möge, so es dem Herrn gefalle, denn man nennt Euer Hochwohlgeboren nur noch eine Heilige und singt mir die ganze Zeit Lobeshymnen über Sie vor. Der Herr sei gepriesen, dass ihnen ein solches Vorbild gegeben wird. Und was glauben Euer Hochwohlgeboren wohl womit? Indem Sie so viele Prüfungen durchmachen, denn dabei setzt unser Herr an, damit sich die feurige Liebe zu ihm, die er Ihnen ins Herz gibt, nach und nach in anderen entzünde. Schöpfen mir Euer Hochwohlgeboren von daher Kraft! Schauen Sie, was der Herr in dieser Zeit durchgemacht hat![9] Das Leben ist kurz, die Prüfung dauert nur einen Augenblick lang.[10] O mein Jesus, wie oft opfere ich ihm auf, dass ich nicht bei Euer Hochwohlgeboren bin und über Ihre Gesundheit nicht so im Bild sein kann, wie ich möchte![11]

4. Meine Stifter[12] hier sind aus sehr gutem Holz. Wir sind dabei, die Genehmigung einzuholen.[13] Ich würde mich gern sehr

[9] Eine Anspielung auf die liturgische Fastenzeit, in der das Leiden Christi und sein Ostergeheimnis besonders im Mittelpunkt stehen.

[10] Eine relativ häufige Feststellung bei Teresa, Ausdruck des Lebensgefühls einer Zeit, in der die Lebenserwartung aufgrund schlechter Lebensbedingungen und äußerst unzureichender medizinischer Versorgung wesentlich niedriger war als heute in den Industrieländern; vgl. auch CE 17,2 bzw. CV 12,2; 6M 11,7; CC 13,10; Ct 156,2. Andererseits schreibt sie aber auch: *„O Jesus, wie lang ist das Leben des Menschen, auch wenn man sagt, dass es kurz ist! Kurz ist es, mein Gott, um damit das Leben zu gewinnen, das nicht enden kann, doch sehr lang ist es für eine Seele, die sich in der Gegenwart ihres Gottes sehen möchte“* (E 15,1).

[11] Man beachte, mit welchem Feingefühl Teresa Doña María einerseits menschliche Nähe und Zuwendung schenkt, ihr zugleich aber eine geistliche Perspektive aufzeigt und sie ermutigt, die Schwierigkeiten, die das Leben unweigerlich mit sich bringt, in der Nachfolge Christi zu relativieren und zu bewältigen.

[12] Alonso Álvarez Ramírez und Diego Ortiz; siehe Ct 17 und Ct 18 sowie F 15,2ff.

[13] Diese sollte sie allerdings erst am 8. Mai erhalten; siehe F 15,5 und ferner Ct 18,3.

beeilen, und wenn man sie uns bald gibt, wird sich das, glaube ich, gut machen lassen. Meiner Gnädigen Frau Beatriz[14] und meinen Damen, den Gräfinnen,[15] möchte ich viele Grüße bestellen. Ich denke oft an meinen Engel Doña Leonor,[16] die der Herr zu seiner Dienerin mache. Ich bitte Euer Hochwohlgeboren, dem Pater Prior von San Pablo[17] und dem Pater Superior[18] meine Empfehlungen zu überbringen. Der Provinzial der Dominikaner[19] predigt hier; er hat großen Zulauf, und zwar zu Recht; ich habe aber noch nicht mit ihm gesprochen. Unser Herr halte Euer Hochwohlgeboren an seiner Hand und behüte Sie mir noch viele Jahre. Amen.

Euer Hochwohlgeboren unwürdige Dienerin

Teresa von Jesus, Karmelitin

---

[14] Die Schwester von Doña María, Beatriz de Mendoza.

[15] Die Gräfin von Ribadavia, Leonor de Castro y Portugal, die spätere Frau des Bruders von Doña María, Diego Sarmiento de Mendoza, Graf von Ribadavia (siehe Ct 60,4), und deren Mutter, die Gräfin von Lemus, Beatriz de Castro.

[16] Die Enkelin der Gräfin von Ribadavia, die ebenfalls Leonor de Castro hieß.

[17] Prior des Dominikanerklosters San Pablo in Valladolid war zu diesem Zeitpunkt Alonso de Hontiveros.

[18] Der Obere der Jesuitenniederlassung in Valladolid Juan Suárez.

[19] Juan de Salinas OP (1497–1569), der Teresa bei den hier erwähnten Fastenpredigten in Toledo kennenlernen sollte. Berühmt wurde er durch die Aussage seines Mitbruders Domingo Báñez im Seligsprechungsprozess: *„Einmal sagte Juan de Salinas zu diesem Zeugen (Báñez): ‚Wer ist denn diese gewisse Teresa von Jesus, von der man sagt, dass sie Ihnen sehr ergeben sei. Man kann der Tugend von Frauen nicht trauen', womit er diesen Zeugen vorsichtig machen wollte, wie wenn er es nicht schon wäre, und sogar noch mehr als er. Und dieser Zeuge antwortete ihm: ‚Gehen Eure Paternität nach Toledo und suchen Sie sie auf, und Sie werden erfahren, dass man sie mit Recht so hoch einschätzt'. Und er ging. ... Und als sie sich wieder trafen, fragte er ihn: ‚Was meinen Eure Paternität nun zu Teresa von Jesus?'. Daraufhin antwortete er diesem Zeugen mit einem verschmitzten Lächeln und sagte: ‚Sie haben mich getäuscht, als Sie mir sagten, dass sie eine Frau sei, wo sie doch in der Tat ein gestandener Mann ist, und zwar einer von den ganz bärtigen'“* (BMC 18,9; DST 1142).

20.

An Doña Juana de Ahumada[1] in Alba de Tormes

Toledo, 23. Juli 1569[2]

... gibt. Den Damen dort küsse ich die Hand. Es war Glück, dazu Gelegenheit zu haben. Herrn Juan de Ovalle[3] sage ich jetzt nichts, weil dieser Brief auch für Seine Gnaden gedacht ist.

Ich glaube, es ist der 23. Juli; gestern war Magdalenentag.[4] Mit der Prinzessin von Portugal[5] bin ich etliche Male zusammengekommen und habe mich gefreut, denn sie ist eine Dienerin Gottes.[6] Ihr ...

---

1 Teresas jüngste Schwester, die mit ihrem Mann Juan de Ovalle in Alba de Tormes lebte; siehe Ct 2,7.9.

2 Autographisches Fragment: Unbeschuhte Karmelitinnen, Rochefort (Belgien).

3 Ihrem Schwager, dem Mann Juanas; siehe auch Ct 2,7.

4 Das Fest der hl. Maria Magdalena (Maria von Magdala), das am 22. Juli begangen wird.

5 Die Schwester Philipps II., Juana de Austria, Witwe des Kronprinzen João von Portugal (daher Prinzessin von Portugal). Teresa kam mehrfach mit ihr zusammen, als sie auf der Durchreise von Pastrana nach Toledo Ende Mai 1569 zehn Tage lang bei den „Königlichen Unbeschuhten" in Madrid Station machte; dieses 1559 eingeweihte Reformkloster, auf das Teresa auch in V 32,10 anspielt (nicht zu verwechseln mit dem 1563 von der portugiesischen Kinderfrau Philipps II., Leonor Mascareñas, gestifteten, das sie in F 17,5 erwähnt), war von Juana de Austria, mit Hilfe von Francisco de Borja mit Klarissen aus Gandía gestiftet worden; die Prinzessin weilte oft dort. Siehe dazu TyV 355 bzw. 423f.

6 Dies ist nicht nur eine Floskel; wir wissen heute, dass Juana de Austria, deren Beichtvater Francisco de Borja war, nicht nur mit Ignatius von Loyola befreundet war, sondern 1555 heimlich unter dem Pseudonym Mateo Sánchez (in späteren Jahren Montoya) in die Gesellschaft Jesu eingetreten war und die Gelübde als Scholarin abgelegt hatte.

21.

An Simón Ruiz[1] in Medina del Campo

Toledo, 18. Oktober 1569[2]

1. Jesus. – Der Heilige Geist sei immer mit Euer Gnaden. Amen. Die Mutter Priorin[3] hat mir ebenso wie andere Personen geschrieben, wie gut sich alles erledigt hat. Unser Herr sei für immer gepriesen. Ich habe mich sehr gefreut, und von allem noch am meisten über die guten Nachrichten, die die Mutter Priorin mir über Schwester Isabel de los Ángeles[4] gibt. Möge es unserem Herrn gefallen, sie immer an seiner Hand zu halten, und auch die Schwester vom hl. Franziskus,[5] die ebenfalls sehr zu ihrer Zufriedenheit ist.

2. Es ist kein Wunder, dass es[6] Andacht und Aufsehen erregt hat, da die Welt wegen unserer Sünden nun mal so ist, dass nur wenige von den Frauen, die ihrer Meinung nach für ein bequemes Leben in der Welt genug haben, das Kreuz unseres Herrn umfassen, wo doch ein viel größeres auf sie zu kommt,

---

[1] Der aus Converso-Kreisen stammende reiche Kaufmann Simón Ruiz Envito unterhielt als Großlieferant Handelsbeziehungen nach Frankreich, Flandern, Deutschland und Westindien (Amerika) und spielte in Medina del Campo auch als Ratsherr eine wichtige Rolle. Er unterstützte Teresa 1567 maßgeblich bei der Klostergründung in dieser Stadt. Bald trat seine Nichte und Adoptivtochter zusammen mit ihrem Dienstmädchen dort ein, erstere mit dem Namen Isabel de los Ángeles, letztere mit dem Namen María de San Francisco. Als klar wurde, dass Ruiz dazu neigte, sich in klosterinterne Angelegenheiten einzumischen und sich vom Ordensgeneral Sonderprivilegien geben zu lassen, nahm Teresa Isabel 1570 nach Salamanca mit, wo sie 1571 ihre Profess ablegte; die Gedichte, die Teresa zu ihrer Profess und ihrem Schleierfest verfasste, sind noch erhalten; siehe P 21; 25.

[2] Autograph: Unbeschuhte Karmelitinnen, Medina del Campo.

[3] Inés de Jesús (Tapia), eine Verwandte Teresa, die 15-jährig in das Menschwerdungskloster in Ávila eingetreten war, dann bei der Gründung von San José (Ávila) mithalf und nun Priorin in Medina del Campo war.

[4] Die Nichte des Adressaten.

[5] María de San Francisco (Varaona bzw. Baraona), wie das Dienstmädchen der Ruiz im Kloster hieß; Teresa nennt die Schwestern öfter nur mit ihrem Adelsprädikat (Zusatz zum eigentlichen Ordensnamen), hier *„de San Francisco"*.

[6] Der Klostereintritt der Tochter eines reichen und angesehenen Mitbürgers.

wenn sie in ihr bleiben.[7] Sogar hier, glaube ich, werden uns die guten Nachrichten, die wir von dort erhalten haben, nützen, soweit ich das begriffen habe. Von der Freude von Euer Gnaden und der Gnädigen Frau Doña María[8] geht auch viel auf mich über. Ich empfehle mich in die Gebete von Euer Gnaden.

3. Sie[9] scheint sehr wohl in guter Gesellschaft aufgewachsen zu sein, da sie die Wahrheit[10] so begriffen hat. Im übrigen ist es gewiss, dass immer da, wo unserem Herrn gedient wird, der Böse unter vielfältigsten Vorwänden seine Macht versuchen wird.[11] Das hat er hier zur Genüge getan. Und in gewisser Weise haben die Leute ja recht, denn obwohl sie sehen, dass uns vermögende Personen unterstützen, meinen sie, da man in diesen Häusern von Spenden leben muss, es könnte uns schlecht gehen; eine Zeitlang kann das auch der Fall sein, doch wird man bald die Wahrheit erkennen. Schließlich sind es wichtige Geschäfte und die können nicht so bald abgeschlossen werden. Dem Herrn sei die Ehre, dass alles so gut gegangen ist! Möge es Seiner Majestät gefallen, Eure Gnaden viele Jahre zu erhalten, um sich daran zu erfreuen und einem so großen König die Wohnung herzurichten,[12] so dass ich auf Seine Majestät hoffe, dass er es Ihnen mit einer anderen vergelte, die nicht vergeht.

---

[7] Abgesehen von der damaligen Auffassung, das Ordensleben sei als „Stand der Vollkommenheit" dem Leben in der Welt grundsätzlich vorzuziehen, kommt darin Teresas realistische Sicht des Schicksals der meisten Frauen damals zum Ausdruck; vgl. *„Schwestern, die in sich den Wunsch verspüren sollten, sich unter die Weltleute zu mischen oder viel mit ihnen umzugehen, (...) erkennen (...) die große Gunst nicht, die der Herr ihnen erwiesen hat, indem er sie für sich auserwählt und davon befreit hat, einem Mann unterworfen zu sein, der ihnen oftmals ihr Leben ruiniert und gebe Gott, nicht auch ihre Seele"* (F 31,46).

[8] Die erste Frau des Adressaten, María de Montalvo.

[9] Isabel de los Ángeles.

[10] Die wahre Einstellung zur Welt, die vergänglich ist. Siehe V 1,4; 3,5.

[11] Vielleicht befürchtete Teresa, dass die Großzügigkeit des Großhändlers ihren Preis haben würde, wie es tatsächlich geschehen sollte, als Ruiz sich daraus das Recht ableitete, sich in klosterinterne Angelegenheiten einzumischen.

[12] Eine Anspielung auf die Mühen, die sich der Adressat gab, um das Kloster in Medina del Campo mit allem Nötigen auszustatten.

4. Ich habe sehr gute Nachrichten von Pater Juan de Montalvo,[13] auch wenn mir seit meiner Ankunft hier noch kein Brief von ihm zu Gesicht gekommen ist; ich dachte, er wäre dort. Viel Wohlwollen erweisen uns Euer Gnaden, da Sie die Sache mit dem Kaplan[14] so guten Händen übergeben haben. Wenn der, von dem Euer Gnaden sprechen, die nötige Eignung hat, macht es wenig aus, dass er jung ist. Unser Herr füge es so, wie er es mit dem übrigen getan hat.

5. Was die Schwestern anbelangt, haben Euer Gnaden sehr recht, denn so passt es. Jetzt dürfen nur noch zwei aufgenommen werden. Ich schreibe es der Mutter Priorin[15] schon, da unsere Höchstzahl dreizehn ist, und damit werden sie so viele sein.[16] Seine Majestät möge sie auswählen und Euer Gnaden immer an seiner Hand halten. Amen. Ich bitte Euer Gnaden, beiliegende Briefe gleich der Mutter Priorin zu geben.

Heute ist der achtzehnte Oktober. Am heutigen Tag hat man mir den Brief von Euer Gnaden gegeben.

Euer Gnaden unwürdige Dienerin

Teresa von Jesus, Karmelitin

22.

An Doña Juana de Ahumada[1] in Alba de Tormes

Toledo, 19. Oktober 1569[2]

1. Jesus. Der Heilige Geist sei mit Euer Gnaden. Ich schicke Geld nach Ávila, damit man Ihnen diesen Kurier weiterschickt, denn es kann gar nicht anders sein, als dass beiliegende Brie-

---

[13] Ein Augustiner, vermutlich der Bruder von María de Montalvo.

[14] Ein Priester, der täglich die Messe mit den Schwestern zu feiern, aber keine sonstigen Befugnisse hatte; vgl. VD 16.

[15] Inés de Jesús; siehe Ct 21,1.

[16] Siehe Anm. zu Ct 2,2.

fe[3] Ihnen große Freude machen; ich habe mich riesig darüber gefreut, und hoffe auf den Herrn, dass die Rückkehr meines Bruders[4] Ihnen in Ihren Prüfungen eine gewisse, ja sogar eine große Hilfe ist. So heilige Absichten können gar nicht anders als in einem vollen Erfolg enden, und ich hätte sie lieber ruhig zu Hause, als mit jenen Ämtern beladen, denn in all dem sehe ich ein Jein.[5] Der Herr sei gepriesen, der es so fügt. Ich sage Ihnen, wegen Herrn Juan de Ovalle[6] und Ihretwegen war es mir, wie ich eben sage, eine besondere Freude; am Ende nützen meine Briefe doch etwas, auch wenn sie im Vergleich zu denen von Euer Gnaden wenig ausrichten.

2. Gonzalito[7] habe ich über den Inquisitor Soto[8] geschrieben; ich weiß noch nicht, ob man ihm den Brief schon gegeben hat; ich habe nichts von ihm gehört. Merken Sie jetzt nicht, was es ist, das Gott in Lorenzo de Cepeda bewirkt? Er ist, glaube ich, mehr darauf bedacht, dass seine Kinder leichter

---

[1] Teresas jüngste Schwester; siehe Ct 2,7.9; 20.

[2] Autograph: Unbeschuhte Karmelitinnen, Toro (Zamora).

[3] Briefe von ihrem Bruder Lorenzo de Cepeda, in denen dieser seine Rückkehr aus Westindien und vermutlich auch Finanzhilfe für die Adressatin ankündigte. Von allen Brüdern Teresas, die sich an der Conquista beteiligten, war Lorenzo der einzige, der in Westindien zu Reichtum und Ansehen gekommen war; er hatte in Quito die wichtige Stelle eines königlichen Schatzmeisters inne. Seit dem Tod seiner Frau Juana Fuentes de Espinosa im November 1567 dachte er jedoch wegen der Erziehung seiner Kinder an eine Rückkehr nach Spanien; vgl. Ct 2.

[4] Lorenzo de Cepeda.

[5] Wörtlich: *„un sí no"*; vgl. *„Bei den Glücksgefühlen von hienieden verstehen wir, so kommt mir vor, nur wie durch ein Wunder, wo das Glück ist, weil es da nie am ‚Jein' fehlt"* (V 14,5). Lorenzo selbst gegenüber äußert Teresa ihre Sorge über das Leben vieler Spanier in Westindien viel unverblümter; siehe Ct 24,1.13.

[6] Dem Mann des Adressatin; siehe auch Ct 2,7.8; 20.

[7] Gonzalo de Ovalle, der damals etwa 12-jährige Sohn des Ehepaars.

[8] Der Inquisitor Francisco de Soto y Salazar hatte 1553 die Ehe der Ovalles eingesegnet; er war der Adressat der *Vida* Teresas und auch derjenige, der ihr riet, diese von Juan de Ávila prüfen zu lassen; siehe CC 53,7, wo Teresa darüber berichtet, wie sie ihn kennen lernte und seine Unterstützung gewann; und ferner Anm. zu Ct 5,2. Er war nacheinander Inquisitor in Córdoba, Sevilla und Toledo.

ihr Seelenheil wirken,[9] als ein großes Vermögen zu haben. Ach Jesus, wo bin ich ihm überall verpflichtet, und wie wenig diene ich ihm! Es gibt für mich keine größere Freude als die, wenn Menschen, die ich so liebe wie meine Geschwister, einen klaren Blick haben, um das Beste zu wollen. Habe ich Ihnen nicht gesagt, dass Sie sich auf unseren Herrn verlassen sollten, da er schon sorgen würde? So sage ich auch jetzt, dass Sie Ihre Angelegenheiten in seine Hände legen, denn Seine Majestät wird in allem tun, was am besten für uns ist.

3. Ich schreibe jetzt nicht ausführlicher, weil ich heute schon viel geschrieben habe und es spät ist. Ich bin ganz glücklich beim Gedanken an die Freude, die Sie haben werden. Der Herr gebe sie uns dort, wo sie von Dauer ist, denn alle Freuden dieses Lebens sind doch nur zweifelhaft. Es geht mir gut, und ich beeile mich sehr mit dem Ankauf des Hauses;[10] die Verhandlungen laufen gut. Grüße an Beatriz.[11]

Heute ist der neunzehnte Oktober.

Von Euer Gnaden

Teresa von Jesus, Karmelitin

Ich habe den beiliegenden Brief meines Bruders aufgemacht, um ...[12] Sie sollen wissen, dass ich ihn gerade aufmachen wollte, aber Skrupel bekam. Wenn etwas darin steht, was in diesem fehlt, lassen Sie es mich, bitte, wissen.

---

[9] Teresa machte sich Sorgen über das Seelenheil der Spanier in Westindien; siehe Ct 24,13.

[10] Anspielung auf die schwierige und langwierige Suche nach einem Haus für die Gründung in Toledo, bis sie schließlich durch Vermittlung eines mittellosen jungen Mannes, Alonso Andrada, eines fand; sie sollte aber erst im Mai 1570 dort einziehen können; siehe F 15,7ff.

[11] Die damals etwa neunjährige Nichte Teresas, Beatriz de Ovalle, die 1584 mit dem Namen Beatriz de Jesús in den Karmel von Alba de Tormes eintrat.

[12] Hier ist im Autograph ein Wort durchgestrichen. Teresa wollte den Brief offenbar zunächst aufmachen, bekam dann aber Bedenken und schickte ihn ungeöffnet weiter.

23.

An Doña Juana de Ahumada[1] in Alba de Tormes

Toledo, Mitte Dezember 1569[2]

1. Jesus sei mit Euer Gnaden. Es wäre Dummheit, bei einem so guten Kurier[3] keine Zeit mit dem Schreiben zu verschwenden, nur um die Freude von Euer Gnaden beim Lesen meines Briefes nicht zu trüben. Der Herr sei gepriesen, der es so gut gefügt hat. Möge es Seiner Majestät gefallen, dass es auch mit dem, was noch fehlt, so geschehe.

2. Sehen Sie nicht, dass sich unerlässliche Gründe ergeben haben, damit mein Bruder[4] hierher kommt, auch wenn Sie beide das nicht wollten? Und er wird wegen des Geldes vielleicht noch einmal kommen müssen, auch wenn es sein kann, dass es durch jemanden geschickt werden kann.[5] Er wird Nachrichten mitbringen von seinem Sohn.[6] Das Geschäft[7] geht jetzt gut voran, ganz nach Wunsch; möge es so auch mit dem seelischen Fortschritt gehen. Beichten Sie vor Weihnachten, und beten Sie für mich zu Gott.

3. Sehen Sie nicht, dass Seine Majestät nicht will, dass ich arm bin, auch wenn ich mir noch so viel Mühe gebe?[8] Ich

---

[1] Teresas jüngste Schwester; siehe Ct 2,7.9; 20; 22.

[2] In der Ausgabe von EDE, Madrid [5]2000, wird dieser Brief auf Dezember 1577 datiert.

[3] Der Mann der Adressatin, Juan de Ovalle, der nach Sevilla gereist war, um im Auftrag von Lorenzo de Cepeda das Geld in Empfang zu nehmen, das dieser aus Westindien geschickt hatte, um es in Spanien anzulegen; siehe Ct 24,5. Außerdem hatte er 100 Pesos (Silbertaler) für seine Frau Juana und 100 für Teresa in Empfang genommen; auf der Rückreise nach Alba de Tormes macht er deshalb in Toledo Station.

[4] Ihr Schwager Juan de Ovalle, den sie auch „Bruder" nennt.

[5] Geld oder Wertgegenstände konnten aus Sicherheitsgründen nur einem verlässlichen privaten Kurier anvertraut werden, ein erneuter Hinweis auf die Unzuverlässigkeit der Postverbindungen.

[6] Gonzalito de Ovalle; siehe Ct 22,2.

[7] Vermutlich die Geldgeschäfte der Familie Ovalle.

[8] Eine Anspielung auf die Geldspende von ihrem Bruder Lorenzo de Cepeda, die Juan de Ovalle ihr gerade überreicht hatte. Im Hintergrund steht die große

sage Ihnen, dass es mir ganz bestimmt mitunter großes Unbehagen bereitet, es sei denn, um keine Skrupel mehr zu haben, wenn ich etwas unternehmen muss. So denke ich jetzt daran, Ihnen ein paar ausstehende Kleinigkeiten zu bezahlen und einiges oder sogar das meiste für den Orden selbst zu verwenden, und Buch zu führen, um keine solchen Skrupel zu haben, wenn ich etwas tun möchte, was außerhalb des Ordens ist. Denn sobald ich etwas habe, werde ich bei der großen Not, die ich im Menschwerdungskloster[9] sehe, nichts behalten können, aber was ich auch tue, man wird mir nicht einmal fünfzig Dukaten geben für das, wovon ich spreche; es soll nämlich nicht nach meinem Willen gehen, sondern nach dem, womit Gott am meisten gedient ist. Das ist sicher. Seine Majestät halte uns an seiner Hand, und er mache Sie heilig und schenke Ihnen gute Festtage.[10]

4. Diese Geschäfte, von denen mein Bruder[11] spricht, machen mich nicht glücklich. Es bedeutet, von Zuhause wegzugehen, mehr auszugeben als einzunehmen, und dabei sind Euer Gnaden allein, und alle in Unruhe. Warten wir jetzt einmal ab, was der Herr tut. Geben Sie sich Mühe, ihn zufrieden zu stellen, dann wird er Ihre geschäftlichen Angelegenheiten schon

---

Not, die Teresa und ihre Schwestern wegen der Widerstands der Adelsfamilien gegen ihre Gründung in Toledo erlitten; allerdings erlebten sie das nicht nur negativ, sondern erfuhren darin auch eine große Gottnähe: „*So etwas wie eine sanfte Kontemplation scheint mir dieser Mangel hervorgerufen zu haben*“ (F 15,14). So erklären sich Teresas gemischte Gefühle angesichts der erhaltenen Geldspende; vgl. Ct 24,11 und ihre diesbezüglichen Ausführungen im *Buch der Gründungen*: „*Meine Traurigkeit war ganz bestimmt so groß, dass es mir nicht anders vorkam als wenn ich viele Goldjuwelen gehabt hätte, man sie mir aber wieder weggenommen und mich arm zurückgelassen hatte; so leid tat es mir, und ebenso auch meinen Gefährtinnen, dass es mit der Armut zu Ende ging. Wie ich sie so geknickt erlebte, fragte ich sie, was sie denn hätten, und sie sagten mir: ‚Was sollen wir schon haben, Mutter! Es kommt uns vor als wären wir nicht mehr arm.‘*“ (a.a.O.).

9 Das Menschwerdungskloster in Ávila, in dem Teresa 1535–1562 gelebt hatte und dessen wirtschaftliche Not sie nur zu gut kannte.

10 *Buenas Pascuas*, womit hier das Weihnachtsfest gemeint ist.

11 Bankgeschäfte oder Zinseintreibungen, die ihr Schwager vornehmen wollte; sie nennt ihn wieder „Bruder“.

regeln. Und vergessen Sie nicht, dass alles ein Ende hat; nur keine Angst, dass Ihren Kindern etwas abgeht, wenn Sie Seine Majestät zufrieden stellen. Grüße an Beatriz.[12] Er behüte Sie mir alle. Amen.

5. Um eines bitte ich Sie herzlich: dass Sie mich nicht aus weltlichem Interesse gern haben, sondern damit ich Sie Gott anempfehle, denn mit etwas anderem habe ich (was immer Herr Godínez[13] sagen mag) nichts zu tun, und es betrübt mich sehr.[14] Ich habe jemanden, der meine Seele leitet, und das ist nicht der Kopf von irgendjemanden. Das sage ich, damit Sie eine Antwort haben, falls man Ihnen etwas sagen sollte, doch so wie die Welt jetzt ist und bei dem Lebensstand, in den mich der Herr gestellt hat, mögen Euer Gnaden verstehen, dass es mir dann um so besser geht, je weniger man glaubt, dass ich für Sie tätig bin, und das entspricht auch dem Dienst für den Herrn. Tatsächlich, auch wenn ich nichts täte, würden sie über mich reden, was ich von anderen höre, sobald sie sich nur das Geringste einbildeten; und so ist jetzt Vorsicht geboten, wo man diese Lappalie heranzieht.

6. Glauben Sie mir, dass ich Sie sehr gern habe und ab und zu eine Kleinigkeit besorge, gerade dann, wenn es Ihnen Freude macht, doch die Leute müssen verstehen, falls sie Ihnen etwas sagen sollten, dass ich das, was ich habe, für den Orden verwenden muss, weil es ihm gehört.[15] Was geht sie das überhaupt an? Und glauben Sie mir, dass jemand, der den Augen der Welt so ausgesetzt ist wie ich, sogar bei dem, was eine

---

[12] Teresas neunjährige Nichte Beatriz de Ovalle; siehe Ct 22,3.

[13] Gonzalo Godínez de Ovalle, ein Bruder von Juan de Ovalle, der mit Teresas Cousine Inés del Águila verheiratet war.

[14] Wie aus dem Folgenden noch deutlicher wird, hatte Godínez Juana einzureden versucht, dass Teresa den Ovalles in ihrer prekären wirtschaftlichen Situation (siehe auch Ct 2,8) helfen müsse; diese weist das entschieden zurück, da sie als Ordensfrau nicht nach eigenem Gutdünken über die ihr geschenkten Spenden verfügen könne, sondern sie für den Orden verwenden müsse.

[15] So entspricht es in der Tat ihrem Armutsgelübde, das den Verzicht auf jeglichen Privatbesitz beinhaltet; so hatte sie selbst es in ihren Konstitutionen festgelegt: *„Auf keinen Fall sollen die Schwestern etwas für sich persönlich*

Tugend ist, noch zusehen muss, wie es geschieht. Sie werden es nicht glauben können, was ich für Mühen habe. Da ich es aber tue, um ihm zu dienen, wird mir Seine Majestät schon auf Euer Gnaden und Ihre Dinge Acht geben.

7. Er behüte Sie mir, denn ich habe jetzt lange bei Ihnen verweilt, und es hat zur Matutin[16] geläutet. Ich versichere Ihnen, wenn ich bei denen, die eintreten, etwas Wertvolles sehe, dann habe ich Sie und Beatriz vor mir,[17] doch habe ich es nie gewagt, etwas davon zu nehmen, nicht einmal mit meinem Geld.

Ihre Teresa von Jesus, Karmelitin

24.

An Don Lorenzo de Cepeda in Quito[1]

Toledo, 17. Januar 1570[2]

1. Jesus. Der Heilige Geist sei immer mit Euer Gnaden. Amen. Ich habe Euer Gnaden auf vier verschiedenen Wegen geschrieben, und dreimal war ein Brief an Herrn Jerónimo de Cepeda[3] beigelegt; und da es nicht anders sein kann, als das wenigstens einer ankommt,[4] werde ich jetzt nicht auf alles antworten, was Euer Gnaden schreiben, und auch nichts über

---

haben, noch werde ihnen das zugestanden“ (Cs 10). Daraus leitet sich auch der Verzicht auf die freie Verfügung über Geschenktes ab, da alles, was geschenkt wird, dem Orden gehört.

16 Nächtliches Chorgebet (im weiblichen Zweig des Teresianischen Karmel am späten Abend gebetet), damals aus dreimal drei Psalmen mit Schrift- und Kommentarlesungen bestehend; im heutigen Stundengebet entspricht dem die Lesehore.

17 Siehe oben Ct 23,4.

---

1 Siehe Ct 2 tít.

2 Autographisches Fragment: Unbeschuhte Karmelitinnen, San Clemente (Cuenca).

3 Siehe Ct 2,14.

4 Ein erneuter vielsagender Hinweis auf die Schwierigkeit der Nachrichtenübermittlung, zumal mit der Neuen Welt.

den guten Entschluss[5] sagen, den Ihnen unser Herr in die Seele gegeben hat – wofür ich Seine Majestät gepriesen habe – und der mir sehr richtig scheint. Schließlich kann ich aufgrund der Anlässe, die Euer Gnaden mir nennen, mir mehr oder weniger ausmalen, welche es sonst noch geben mag, und ich hoffe auf unseren Herrn, dass ihm damit sehr gedient sei. In all unseren Klöstern wird ganz besonders und beständig gebetet, dass Seine Majestät Sie uns wohlbehalten hierher führe und in die Wege leite, was Ihrem Seelenheil und dem der Kinder dort[6] dient, da es ja Ihre Absicht ist, dem Herrn zu dienen.

2. Ich habe Euer Gnaden schon geschrieben, dass nun schon sechs Klöster gegründet sind, und zwei Brüderklöster unseres Ordens,[7] ebenfalls Unbeschuht, was ich für einen großen Gnadenerweis des Herrn gehalten habe; sie leben nämlich in großer Vollkommenheit,[8] die Schwestern alle genauso wie die in San José in Ávila, so dass sie eine einzige Gemeinschaft zu sein scheinen. Und das macht mir Mut, wenn ich sehe, mit welcher Wahrhaftigkeit und Reinheit des Herzens unser Herr in ihnen gepriesen wird.

3. Im Augenblick bin ich in Toledo. Es wird bald ein Jahr, dass ich am Vorabend des Muttergottesfestes im März[9] hier

---

[5] Der Entschluss, nach Spanien zurückzukehren; siehe auch Ct 22,1; 23,2. Dieser sollte aber erst fast sechs Jahre später, im Sommer 1575, in die Tat umgesetzt werden.

[6] Lorenzo hatte vier (noch lebende) Kinder, die seit dem Tod ihrer Mutter Juana Fuentes de Espinosa im Jahr 1567 Halbwaisen waren: Francisco („Francisquillo") de Cepeda (*1560); Lorenzo („Lorencico") de Cepeda jun. (*1562); Esteban de Cepeda (*1563), der die Überfahrt nach Spanien 1575 nicht überlebte; Teresa („Terecia", „Teresita" oder „Teresica") de Ahumada (*1566); siehe Ct 87,1.

[7] Des Karmelordens; außer in Ávila gab es zu diesem Zeitpunkt Teresianische („Unbeschuhte") Frauenklöster in Medina del Campo (1567 gegründet), Malagón (1568), Valladolid (1568), Toledo (1569) und Pastrana (1569); die beiden Teresianischen („Unbeschuhten") Männerklöster waren Duruelo (1568) und Pastrana (1569).

[8] Gemeint ist entsprechend der „ursprünglichen" Regel, in Teresas Vorstellung „ohne Milderung." Siehe V 36,26.

[9] Am 24. März 1569, dem Vorabend des Festes des Verkündigung des Herrn, das bis zum Zweiten Vatikanum nicht als Herrenfest, sondern als Muttergottesfest (Mariä Verkundigung) begangen wurde; vgl. Ct 19,2.

angekommen bin; ich bin allerdings von hier aus in ein Städtchen von Ruy Gómez, dem Fürsten von Éboli,[10] weitergereist, wo ein Brüderkloster und ein weiteres Schwesternkloster gegründet wurde, und es geht dort recht gut.[11] Ich bin hierher zurückgekehrt, um dieses Haus vollends in Ordnung zu bringen, denn es ist von der Art, dass es ein sehr wichtiges Haus wird. Gesundheitlich ist es mir in diesem Winter viel besser gegangen, denn das Klima dieser Gegend ist wunderbar, und wenn es nicht wegen anderer Nachteile wäre (denn wegen Ihrer Kinder geht es nicht an, dass Euer Gnaden sich hier niederlassen), hätte ich manchmal Lust, dass Sie wegen des Klimas dieser Gegend hier wären. Es gibt aber auch in der Gegend von Ávila Orte, wo Euer Gnaden sich im Winter niederlassen können, denn so machen das manche.[12] Ich sage das wegen meines Bruders Jerónimo de Cepeda, denn wenn Gott ihn hierher führt, wird es ihm hier, glaube ich, gesundheitlich eher besser gehen. Es ist alles so, wie Seine Majestät es will; es ging mir, glaube ich, seit vierzig Jahren gesundheitlich nicht so gut wie jetzt, obwohl ich dasselbe beobachte wie alle ande-

---

[10] Der portugiesische Hochadlige Ruy Gómez da Silva (1516–1573), Fürst von Éboli, war einer der mächtigsten Männer am Hof Philipps II.; er wurde ein Freund und großer Wohltäter Teresas. Mit seiner Frau Ana de Mendoza, der Prinzessin von Éboli, sollte Teresa allerdings große Probleme bekommen, da sie nach dem Tod ihres Mannes am 29. Juli 1573 bei den Unbeschuhten Karmelitinnen in Pastrana eintrat, wo sie von diesem Tag an bis Anfang 1574 blieb (F 17,16f.). Da sie den Karmelitinnen das Leben unmöglich machte, ließ Teresa des Nachts ihre Schwestern von Pastrana nach Segovia holen, was ihr den Unmut der großen Dame einbrachte, die daraufhin ihre *Vida* bei der Inquisition anzeigte (siehe CC 53,19; R. J. Sender, *Die Heilige und die Sünder*).

[11] Die Gründung in Toledo wurde am 14. Mai vollzogen; Ende Mai reiste Teresa nach Pastrana weiter und kehrte erst am 21. Juli nach Toledo zurück. „Gut" sollte es in Pastrana allerdings nicht lang gehen; das Schwesternkloster musste Teresa 1574 aufgrund unlösbarer Probleme mit der Prinzessin von Éboli (s.o. Anm. 10) nach Segovia verlegen; das Brüderkloster war von Anfang an durch rigoristische Tendenzen gefährdet, die auch durch zweimaliges Eingreifen von Johannes vom Kreuz 1570 bzw. 1572 nicht abgestellt werden konnten, so dass die Entwicklung bei den Brüdern Teresa *„sehr zu schaffen machte"* (F 23,12).

[12] Ávila mit seinem Kontinentalklima mitten auf der zentralspanischen Meseta (Hochebene Altkastiliens) hat lange, strenge Winter.

ren, und niemals Fleisch esse, außer wenn es unbedingt notwendig ist.[13]

4. Es wird ein Jahr her sein, dass ich das Viertagefieber[14] hatte, doch seitdem geht es mir besser. Ich war da gerade bei der Gründung in Valladolid, wo mich Doña María de Mendoza,[15] die Witwe des Sekretärs Cobos,[16] so sehr verwöhnte, dass es mich geradezu umbrachte, denn so, wie sie mich mag, ist das gewaltig. Wenn der Herr sieht, dass wir es zu unserem Wohl brauchen, schenkt er uns Gesundheit, wenn nicht, Krankheit. Er sei für alles gepriesen. Es hat mir leid getan, dass die von Euer Gnaden die Augen betraf, denn das ist schmerzhaft. Gottlob ist es schon viel besser!

5. Juan de Ovalle[17] hat Euer Gnaden schon geschrieben, wie er von hier aus nach Sevilla gereist ist.[18] Ein Freund von mir

---

[13] *„Dasselbe"*: dieselbe asketische Lebensweise. – Fleischabstinenz gehörte zu den typischen asketischen Praktiken der Reformbewegungen; Teresa übernahm diese Praxis zwar grundsätzlich für ihre Klöster (siehe Cs 11), handhabte sie aber flexibel und setzte sie in Ortschaften, wo Fisch unerschwinglich war, ohne weiteres außer Kraft; siehe Anm. zu Ct 11,9. Ferner befürwortete sie den Fleischgenuss nicht nur bei Krankheit und körperlicher Schwäche, sondern auch bei psychischer Labilität; vgl. Ct 136,9; 188,6; 428,5.

[14] *Quartanas*, viertägig intermittierende Fieberanfälle mit Schüttelfrost; vermutlich ist an Malaria zu denken; siehe B. Souvignier, *Die Würde des Leibes*, 95f. Zu Beginn der Gründung in Valladolid waren nahezu alle Schwestern, einschließlich Teresa selbst, krank geworden, was Teresa auf die ungünstige Lage des ersten Hauses in Flussnähe zurückführte; siehe F 10,6 und ferner Ct 17,2; 18,5.

[15] Siehe Ct 19 tít.

[16] Der Ehemann von María de Mendoza, Komtur Francisco de los Cobos, war Sekretär Karls V. gewesen.

[17] Teresas Schwager, der Mann ihrer jüngsten Schwester, Juana de Ahumada.

[18] Ovalle war nach Sevilla gereist, um bei der dortigen Casa de Contratación de Indias („Staatliches Handelshaus für Westindien"), der königlichen Behörde zur Leitung aller spanischen Entdeckungs- und Eroberungsexpeditionen in die Neue Welt und zur Überwachung des kastilischen Handelsmonopols mit den spanischen Kolonien, 2020 Silbertaler (Pesos de plata) abzuheben, die der Adressat am 22. November 1568 aus Quito *„an Juan de Ovalle und Doña Theresa de Jesús ... und an die Herren Antonio del Peso, Ratsherr der erwähnten Stadt Ávila, und Pedro del Peso* (der Jüngere, DST 1095) *und Francisco de Salcedo"* (BMC 7,52, Anm. 2) geschickt hatte; siehe Ct 23,1-4. Lorenzo sollte seiner Schwester noch öfter Geld schicken; vgl. Ct 71,5.

hat es so gut in die Wege geleitet, dass er das Silber noch am Tag seiner Ankunft abhob. Er hat es hierher gebracht, wo man uns Ende dieses Monats den Geldwert auszahlen wird. In meiner Anwesenheit wurde über die erhobenen Steuern die Abrechnung erstellt; ich schicke sie Ihnen beiliegend. Ich tat nämlich nicht wenig, um bei diesen Geschäften durchzublicken, doch bin ich jetzt eine so gute Geldwechslerin und Unterhändlerin, dass ich mich bei diesen Gottes- und Ordenshäuser in all dem auskenne, und so betrachte ich die Geschäfte von Euer Gnaden als die Seinen und freue mich, mich in ihnen auszukennen.[19]

6. Bevor ich es vergesse, sollen Sie wissen, dass der Sohn von Cueto[20] in ganz jungem Alter gestorben ist, nachdem ich Euer Gnaden geschrieben hatte. Man kann sich in diesem Leben auf nichts verlassen; darum freue ich mich jedes Mal, wenn ich daran denke, wie gut Euer Gnaden das begriffen haben.

7. Sobald ich mich hier entbehrlich gemacht habe, möchte ich nach Ávila zurückkehren,[21] wo ich ja noch Priorin bin, um den Bischof[22] nicht zu verärgern, da ich ihm viel verdanke, wie der ganze Orden auch. Ich weiß nicht, was der Herr mit mir machen wird, ob ich vielleicht nach Salamanca gehe, wo man mir ein Haus anbietet;[23] denn auch wenn es für mich ermüdend ist, so ist der Nutzen, den diese Häuser für den Ort haben, an dem sie sich befinden, so groß, dass es mich im Gewissen verpflichtet, so viele zu gründen, wie ich nur kann.[24] Der Herr fördert es so sehr, dass es mich ermutigt.

---

19 Ein interessantes Selbstzeugnis Teresas, das wie viele andere Details ihrer Briefe zeigt, wie der Alltag der großen Mystikerin aussah; vgl. auch Ct 135,15.

20 Diego Álvarez de Cueto, ein Freund des Adressaten, der ihn später in seinem Testament erwähnen und ihm eine gewisse Summe in Goldtalern hinterlassen sollte (DST 860); über den Sohn ist weiter nichts bekannt.

21 Sie meint in das Kloster San José.

22 Álvaro de Mendoza.

23 Diese Reise sollte auf den Herbst jenes Jahres verschoben werden; Teresa kam am 31. Oktober 1570 in Salamanca an und gründete das Kloster am folgenden Tag, dem 1. November 1570; siehe F 18-20.

8. Ich habe in den anderen Briefen vergessen, die guten Einrichtungen zu erwähnen, die es in Ávila für die gute Erziehung der Kinder gibt. Die von der Gesellschaft[25] haben ein Kolleg, wo man sie in der Grammatik unterweist und sie alle acht Tage zur Beichte führt und so zur Tugend[26] anleitet, dass man unseren Herrn dafür preisen muss. Ferner lehren sie in Santo Tomás[27] Philosophie und danach Theologie, so dass man wegen der Tugend und der Studien nicht von dort wegzugehen braucht; und beim ganzen Volk ist so viel christlicher Geist, dass sich Leute, die von anderswo herkommen, daran erbauen können: viel Gebet und Beichten und Weltleute, die ein sehr vollkommenes Leben[28] führen.

9. Der gute Francisco de Salcedo[29] ist so einer. Euer Gnaden haben mir einen großen Gefallen getan, als Sie für Cepeda[30] eine so schöne Sendung schickten. Er hört nicht auf, sich dafür zu bedanken, dieser Heilige – ich glaube, damit sage ich nichts gegen ihn. Pedro del Peso der Ältere[31] ist vor etwa einem Jahr gestorben; er hat es gut gemacht. Ana de Cepeda[32] hat die Spende, die Euer Gnaden ihr geschickt haben, sehr ge-

---

24 Hier formuliert Teresa eine klare apostolische Motivation für ihre rege Gründungstätigkeit: die segensreiche Wirkung der Klöster auf ihre unmittelbare Umgebung; hinzu kam die Motivation, eine betende Antwort auf die Nöte der von den Wirren der Reformationzeit geschüttelten Kirche Europas (CE 1,2) und auf die ihr vom Franziskanermissionar Alonso Maldonado ans Herz gelegte Not *„vieler Millionen Seelen“* der Indios in der Neuen Welt zu geben (F 1,7f.).

25 Die Jesuiten (Gesellschaft Jesu); das Jesuitenkolleg San Gil bestand seit 1554.

26 Mit Tugend meint Teresa Verhaltensweisen und Einstellungen, die für das gute Zusammenleben der Menschen förderlich sind.

27 Ein Studienkolleg der Dominikaner, das seit 1482 in Ávila bestand.

28 Heute würden wir sagen, ein Leben nach dem Evangelium.

29 Siehe Ct 13 tít und V 23,6f.

30 Vermutlich einer der Cousins Teresas und Lorenzos.

31 Der Bruder der ersten Frau ihres Vaters, Catalina del Peso y Henao, der Ratsherr in Ávila gewesen war; er wurde „der Ältere“ genannt, um ihn von seinem gleichnamigen Sohn zu unterscheiden, dem Lorenzo 1568/69 Geld geschickt hatte (DST 1095).

32 Vermutlich ist die Kusine Teresas, die Tochter ihres Onkels Ruy Sánchez de Cepeda, gemeint.

schätzt; damit ist sie sehr reich, denn da sie eine so gute Frau ist, tun ihr noch andere Personen Gutes. Es fehlte ihr nicht an Möglichkeiten unterzukommen, aber sie ist von ihrer Art her so eigen, und nichts für Gesellschaft. Gott führt sie auf diesem Weg, so dass ich es nie gewagt habe, sie in eines dieser Häuser[33] aufzunehmen, und das nicht wegen Mangel an Tugend, sondern weil ich sehe, dass es so für sie passend ist, und so wird sie weder bei der Gnädigen Frau Doña María[34] noch bei sonst jemandem bleiben, und das ist für ihr Vorhaben ganz richtig so. Offensichtlich hat sie etwas Einsiedlerisches an sich, dazu ihr gutes Herz, das sie immer schon hatte, und viel Bußgesinnung.

10. Der Sohn der Gnädigen Frau Doña María,[35] meiner Schwester, und von Martín de Guzmán hat Profess gemacht und macht Fortschritte in der Heiligkeit.[36] Doña Beatriz[37] und ihre Tochter sind, wie ich Euer Gnaden bereits geschrieben habe, gestorben. Doña Magdalena,[38] die Jüngste, lebt als Weltliche in einem Kloster. Ich würde mir sehr wünschen, dass Gott sie zum Leben als Ordensschwester beriefe. Sie ist sehr nett. Ich habe sie schon seit vielen Jahren nicht mehr gesehen. Jetzt hat man ihr eine Heirat mit einem verwitweten Majoratsherrn[39] angetragen; ich weiß nicht, wie es ausgehen wird.

---

[33] Sie meint ihre Klöster.

[34] Vielleicht Teresas entferntere Verwandte María de Cepeda, die Tochter ihres Cousins Francisco de Cepeda, die Karmelitin im Menschwerdungskloster war.

[35] Teresas älteste (Halb)schwester María de Cepeda, die zu diesem Zeitpunkt bereits verstorben war.

[36] Teresas Neffe Juan de Jesús (Guzmán), ein Sohn ihrer ältesten (Halb)schwester María de Cepeda, war bei den Franziskanern der Reform Pedros de Alcántara (Alcantariner) eingetreten und hatte 1570 die Gelübde abgelegt; siehe auch Ct 25,3.

[37] Teresas Nichte Beatriz de Guzmán y Barrientos, eine Tochter von María de Cepeda und Martín de Guzmán.

[38] Ihre Nichte Magdalena de Guzmán y Cepeda, die jüngste Tochter von María de Cepeda und Martín de Guzmán; siehe auch den Brief vom Dezember 1576 an einen weiteren Sohn des Ehepaars, Diego de Guzmán (Ct 168).

[39] Der älteste Sohn einer Adelsfamilie, der das Erstgeburtsrecht und somit Anspruch auf das Familiengut und den Titel hatte.

11. Ich habe Euer Gnaden schon geschrieben, wie Sie meiner Schwester[40] genau zum richtigen Zeitpunkt die Spende gemacht haben; ich war nämlich über ihre Geldnöte, die ihr der Herr geschickt hat, ganz erschrocken, während sie es so gut ertragen hat, dass er ihr nun so Erleichterung verschaffen will. Ich selbst habe keinerlei Not, sondern von allem mehr als genug, und so werde ich etwas von dem, was Euer Gnaden mir als Spende schicken, für meine Schwester verwenden und den Rest für gute Werke, und das wird wegen Euer Gnaden sein. Wegen gewisser Skrupel, die ich hatte, kam mir einiges davon gerade zur rechten Zeit; denn bei diesen Gründungen kommt so manches auf mich zu, so dass ich, selbst wenn ich noch so gut aufpasse und das Ganze für sie ist, doch weniger für manche Studiertenhonorare, letztlich Kleinigkeiten, ausgeben könnte (wegen meiner seelischen Angelegenheiten bespreche ich mich nämlich immer mit ihnen). So war es mir eine ziemliche Erleichterung, es von niemandem annehmen zu müssen, woran es nicht fehlen würde; aber ich behalte mir bei diesen Herren lieber meine Freiheit, um ihnen meine Meinung sagen zu können, und es gibt in der Welt nun einmal so viel Eigeninteresse, dass mir wirklich davor graut, etwas zu haben, und so werde ich nichts davon für mich behalten, sondern meine Freiheit wahren, indem ich dem Orden selbst etwas davon gebe, denn in dieser Absicht werde ich es geben.[41] Ich habe nämlich so viel Freiheit, wie man nur haben kann,

---

[40] Teresas jüngste Schwester Juana de Ahumada.

[41] Ein weiteres interessantes Selbstzeugnis: Es ist Teresa vor allem wichtig, sich nicht finanziell von jemandem abhängig zu machen, um frei zu bleiben, *„ihnen meine Meinung sagen zu können"*. Auf der selben Linie liegt es, wenn eines der Ziele ihrer Klostergründungen gerade die Schaffung eines sowohl räumlichen als auch spirituellen Freiraums war, in dem Frauen unbehelligt von der Unterdrückung durch die Männer leben konnten; siehe F 31,46. Den räumlichen Freiraum erreicht sie durch die Übernahme der strengen Klausur mit Gittern und Mauern, in die auch die Beichtväter und Vikare nicht eintreten dürfen (siehe CE 8,6), den spirituellen durch die Privilegierung des inneren Betens gegenüber allen von Wohltätern aufgetragenen und bezahlten Gebetsverrichtungen (siehe dazu CE 1,5).

von Seiten des Generals und des Provinzials,[42] sowohl um Schwestern aufzunehmen und zu versetzen, als auch um ein Haus mit dem Eigentum der anderen zu unterstützen.

12. Die Blindheit, mit der man mir vertraut, ist so groß, dass ich nicht weiß wie; ich genieße so großes Vertrauen, dass man mir tausend oder zweitausend Dukaten anvertraut.[43] So möchte der Herr, gerade zu einer Zeit, wo mir vor Geld und Geschäften nur noch graute, dass ich mich mit nichts anderem mehr beschäftige, was kein geringes Kreuz ist. Möge es Seiner Majestät gefallen, dass ich ihm damit diene, denn es geht ja alles vorbei.

13. Ich bin der festen Meinung, dass es eine Erleichterung für mich ist, Euer Gnaden hier zu haben, wo es auf der ganzen Welt nur so wenige Dinge gibt, die mir eine verschaffen, so dass unser Herr vielleicht möchte, dass ich diese habe und wir beiden uns zusammentun, um mehr für seine Ehre und Verherrlichung und zum Nutzen der Seelen zu tun. Das ist es nämlich, was mir sehr zu schaffen macht, so viele verloren gehen zu sehen, und diese Indios dort kosten mich nicht wenig.[44] Der Herr gebe ihnen Licht, denn hier wie dort gibt es viel Unheil; da ich so viel herumkomme und viele Leute mit mir sprechen, weiß ich oft nicht, was ich sagen soll, außer

---

[42] Ordensgeneral der Karmeliten war Giovanni Battista Rossi (hispanisiert: Juan Bautista Rubeo); siehe Ct 15,1. Provinzial der Karmeliten Kastiliens war zu diesem Zeitpunkt Alfonso (bzw. Alonso) González, dem Teresa in ihrem *Buch der Gründungen* folgendes Zeugnis ausstellt: *„Er war ein alter und recht gutmütiger Mann, ohne Falsch“* (F 13,6).

[43] Eine immense Summe; zum Wert eines Dukaten siehe Ct 2,3.

[44] Vgl. F 1,7, wo Teresa ihre Erschütterung beschreibt, als sie 1566 in einer Predigt des Franziskanermissionars Alonso Maldonado von den *„vielen Millionen von Seelen“* hörte, die in Westindien, dem damaligen engen Heilsbegriff zufolge, *„mangels Glaubensunterweisung verloren gingen.“* Der Rest dieses Absatzes, insbesondere die Bemerkung über die Menschen, die *„schlimmer als Bestien sind“* legt nahe, dass sie um die schlechte Behandlung der Indios durch die spanischen Eroberer wusste, von der sie ebenfalls von Maldonado, einem entschiedenen Verteidiger der Indios, aber auch von anderen erfahren haben mag.

dass wir schlimmer sind als Bestien, da wir die große Würde unserer Seele nicht begreifen und sie mit derart minderen Dingen vermindern, wie es die irdischen sind. Der Herr gebe uns Licht.

14. Mit Pater García de Toledo, dem Neffen des Vizekönigs,[45] einem Menschen, den ich bei meinen Geschäften sehr vermisse, werden Euer Gnaden sprechen können. Und sollten Sie vom Vizekönig etwas brauchen, sollen Sie wissen, dass der Vizekönig ein guter Christ ist, und dass es ein großes Glück war, dass er dorthin gehen wollte. In den Umschlägen ist ein Brief an ihn. Auch habe ich Euer Gnaden in jedem Reliquien für die Reise geschickt; ich wünsche sehr, sie kämen dort an.

15. Ich dachte nicht, so ausführlich zu werden. Ich wünsche mir, dass Sie die Gnade erkennen, die Gott der Gnädigen Frau Juana[46] durch das Geschenk eines so guten Todes[47] erwiesen hat. Hier haben wir sie in all unseren Klöstern unserem Herrn empfohlen und ihr die letzten Ehren erwiesen, doch hoffe ich auf Seine Majestät, dass sie dessen nicht mehr be-

---

[45] Der Dominikaner García de Toledo, ein langjähriger Beichtvater und Freund Teresas und der Adressat ihrer *Vida*, war ein Cousin des Vizekönigs von Perú, Francisco de Toledo. Er war 1569 als theologischer Berater seines Cousins nach Perú aufgebrochen, weshalb Teresa hier sagt, dass sie ihn vermisst, Lorenzo aber mit ihm wird sprechen können. Er wurde der Autor des *„Gutachtens von Yucay"* vom 16.3.1571, das die theologische Rechtfertigung für die Ausbeutung der Indios lieferte. (Siehe dazu G. Gutiérrez, *Gott oder das Gold*, 65-84.131-163.) Im Jahr 1581 kehrte er nach Spanien zurück; siehe den Brief Teresas an María de San José (Salazar) vom 8.11.1581 (Ct 412,7).

[46] Die Ehefrau Lorenzos, Juana Fuentes de Espinosa, die am 14. November 1567 verstorben war; Teresa hatte offenbar jetzt erst davon erfahren.

[47] Ein *„guter Tod"* im Sinne der mittelalterlichen *Ars Moriendi* war eine bewusste Annahme des Todes und rituelle Gestaltung der Sterbestunde, vor allem indem die betreffende Person sich durch den Empfang der Sterbesakramente (Krankensalbung, damals „Letzte Ölung" genannt, Beichte und Kommunionempfang) auf die Begegnung mit Gott vorbereitete. Da die Geisteshaltung des Sterbenden als entscheidend für das ewige Heil betrachtet wurde, gehörten Reue über Fehler und Versäumnisse ebenso zum „guten Sterben" wie Mahnungen an die Vergänglichkeit des Lebens, Aufforderungen an die Umstehenden, es besser zu machen, und der Ausdruck der eigenen Sehnsucht nach dem ewigen Leben; vgl. B. Souvignier, *Die Würde des Leibes*, 48 ff.

darf.[48] Geben sich Euer Gnaden große Mühe, sich über diesen Schmerz hinwegzusetzen. Schauen Sie, es ist für die, die nicht daran denken, dass es ein ewiges Leben gibt, ganz typisch, so um die zu trauern, die ins Leben eingehen, wo sie doch diesen elenden Bedingungen entkommen sind.[49]

16. Meinem Bruder Herrn Jerónimo de Cepeda[50] empfehle ich mich sehr; er möge diesen Brief auch als seinen betrachten. Ich habe mich sehr gefreut, als Euer Gnaden mir sagten, dass er schon Anweisung gegeben hätte, um in ein paar Jahren hierher kommen zu können, und es wäre mir recht, falls es ihm möglich ist, dass er seine Kinder nicht dort lassen würde, sondern wir uns hier zusammen fänden und uns darin unterstützten, für immer zusammen zu bleiben.

Heute ist der 17. Januar des Jahres 1570.

Euer Gnaden unwürdige Dienerin

Teresa von Jesus, Karmelitin

17. Von den heiligen Messen sind schon viele gelesen worden, und die restlichen werden noch gelesen. Ich habe eine Schwester ohne alles[51] aufgenommen, ja sogar das Bett wollte ich ihr schenken, und sie Gott angeboten, damit er mir Euer

---

48 Sie meint: dass die Verstorbene aufgrund ihres *„guten Todes"* (s.o.) bereits mit Gott vereint ist und deshalb das fürbittende Gebet für die Verstorbenen, die im Fegfeuer weilen – ein Bild für die Läuterung im Jenseits – nicht mehr braucht.

49 Die starke Ausrichtung auf das Jenseits ist typisch für die Barockzeit; sie ist als Gegenreaktion gegen die betonte Diesseitigkeit der Renaissance zu verstehen, zugleich ist sie aber auch durch die weitgehende Hilflosigkeit gegenüber Krankheiten und sonstigen Nöten bedingt.

50 Siehe Ct 24,1.3.

51 Sie meint: ohne Mitgift. In ihren *Konstitutionen* hatte Teresa geschrieben: *„Wenn man mit der Person zufrieden ist, so soll ihr, auch wenn sie keinerlei Vermögen hat, das sie dem Kloster geben könnte, deshalb die Aufnahme nicht abgeschlagen werden, wie man das bis jetzt handhabt"* (Cs 21). Wie aus dem folgenden Absatz deutlich wird, nahm sie, um Schuldenfreiheit ihrer Klöster zu erreichen, aber durchaus an, was eine mitbrachte, ohne allerdings die Höhe der Mitgift zu bestimmen.

Gnaden und Ihre Kinder wohlbehalten hierher bringt. Empfehlen Sie mich ihnen. Eine weitere biete ich ihm für Herrn Jerónimo de Cepeda an. Viele nehme ich so auf, so sie geistliche Menschen sind, und so schickt der Herr andere, wodurch sich das Ganze machen lässt.

18. In Medina ist eine mit achttausend Dukaten eingetreten,[52] und eine andere, die neuntausend Dukaten hat, will hier[53] eintreten, ohne dass ich sie um etwas gebeten hätte. Und es sind so viele, dass man Gott dafür nur loben kann. Wenn eine inneres Beten hält,[54] will sie sozusagen nichts anderes als diese Häuser, und dabei ist die Höchstzahl in allen nicht mehr als dreizehn; denn da für uns nicht gebettelt wird – das ist nämlich Satzung[55] –, sondern wir essen, was man uns an die Winde[56] bringt, was mehr als genug ist, geht es nicht an, viele zu sein. Ich glaube, dass es Ihnen viel Freude machen wird, diese Häuser zu sehen. Über alles, was geschenkt wird, verlangt niemand Rechenschaft, und es hat auch niemand etwas damit zu tun als nur ich, daher ist es mehr Arbeit.

---

[52] Die Adoptivtochter des Simón Ruiz, Isabel de los Ángeles; siehe Ct 21. Wegen ihrer Mitgift sollte es allerdings Streitigkeiten geben, so dass Teresa sie in einem Brief vom Juni 1574 an María Bautista als *„jene mit den Streitereien“* bezeichnet (Ct 68,2).

[53] Also in Toledo; um wen es sich handelt, ist nicht klar.

[54] Hier wird Teresas Hauptanliegen deutlich: Räume zu schaffen, in denen Frauen das innere Beten üben konnten, was ihnen in der damaligen Zeit von vielen Theologen streitig gemacht wurde; vgl. die Klage des Luis de Granada in einem Brief an den Erzbischof von Toledo, Bartolomé Carranza: *„Der Erzbischof (= der Großinquisitor Fernando de Valdés) ist so arg gegen alles, was er als Kontemplation für Zimmermannsfrauen bezeichnet“*; in: Luis de Granada, *Obras Completas*, Bd. 14, 144.

[55] Teresa hatte in ihren *Konstitutionen* geschrieben: *„Man soll immer von Almosen, ohne irgendwelche festen Einkünfte leben, und solange sie es aushalten können, soll man nichts erbitten. Es muss schon eine große Not da sein, die sie dazu bringt, etwas zu erbitten; vielmehr sollen sie sich durch ihrer Hände Arbeit helfen, wie es der hl. Paulus tat (Apg 20,34), denn der Herr wird sie mit dem Notwendigen versehen* (Cs 9).

[56] Eine Art Drehtrommel, mit der man kleinere Gegenstände aus der Klausur heraus- oder in sie hineinbefördern konnte. Diese Regelung gibt es in einigen kontemplativen Klöstern auch heute noch.

19. Dem Herrn Pedro de Ahumada[57] mögen Euer Gnaden meine Empfehlungen ausrichten, denn da Euer Gnaden ja von mir wissen, und ich so wenig Zeit habe, schreibe ich ihm nicht. Ich bin ziemlich in Sorge über Agustín de Ahumada,[58] da ich nicht weiß, wie er es mit unserem Herrn hält. Ich bete viel für ihn. Meine Empfehlungen auch an Herrn Hernando de Cepeda.[59] Eine Tochter seiner Schwester hat jetzt gerade recht vernünftig geheiratet.[60]

25.

An Pater Antonio de Segura[1] in Cadalso de los Vidrios[2]

Toledo, Februar/März(?) 1570[3]

An Seine Hochwürden, meinen Vater in Christus Fray Antonio de Segura, Guardian der Niederlassung in Cadalso. Dieser Brief soll ihm ins Haus gebracht werden.

---

[57] Ein jüngerer Bruder Teresas, der 1548 nach Westindien aufgebrochen war und 1575, völlig verarmt, zusammen mit Lorenzo nach Spanien zurückkehrte; er sollte Teresa wegen seiner psychischen Labilität Sorge bereiten; siehe Ct 2,15; 337,1; 338,7.

[58] Ein weiterer Bruder Teresas, der 1546 nach Westindien aufgebrochen war. Teresa machte sich Sorgen über seinen unbeständigen Lebenswandel: *„Er hat keinen festen Wohnsitz, denn er ist immer noch nicht verheiratet und ist, wie man so sagt, heute hier und morgen dort“* (Ct 163,4 aus dem Jahr 1576). Er nahm u.a. am Krieg gegen den legendären letzten Inka, Tupaq Amaru, teil, kehrte 1585 nach Spanien zurück, um sich 1590/91 erneut nach Perú einzuschiffen; er starb kurz nach seiner Ankunft dort.

[59] Ein Cousin Teresas, der ebenfalls in Westindien weilte; er war vermutlich ein Sohn ihres Onkels Ruy Sánchez de Cepeda.

[60] Natürlich war das auch eine arrangierte Ehe; freie Partnerwahl und Liebesheirat gibt es erst seit der Aufklärung.

---

[1] Franziskaner der Reform Pedros de Alcántara (Alcantariner), Guardian (Hausoberer) in Cadalso de los Vidrios; siehe auch Ct 11,12f.

[2] Ortschaft in der Nähe von Toledo, heute zur Autonomen Region Madrid gehörend.

[3] Autograph im Kloster der Augustiner-Chorfrauen, Paris.

1. Jesus. Der Heilige Geist sei mit Euer Gnaden, Herr Pater. Ich weiß nicht, was Sie mir davon sagen, wie wenig man sich aus den Dingen dieser Welt machen soll, und wie es mir nicht gelingt, das zu begreifen. Das sage ich, weil ich mir nie gedacht hätte, dass Euer Gnaden Teresa von Jesus so sehr vergessen würden, und da Sie ganz in der Nähe sind, kann es gar nicht sein, dass Sie noch eine Erinnerung an mich haben; das scheint nämlich so wenig der Fall zu sein, dass Euer Gnaden, obwohl Sie hier gewesen sind, nicht einmal Ihrem Haus hier[4] einen Besuch abgestattet und den Segen erteilt haben.

2. Jetzt schreibt mir Padre Julián,[5] dass Euer Hochwürden hier in Cadalso Guardian sind, so dass Euer Hochwürden, auch wenn Sie noch so wenig an mich denken, doch das eine oder andere Mal von mir gehört haben müssen. Möge es dem Herrn gefallen, dass Sie mich in Ihren Gebeten nicht derart vergessen, denn damit werde ich über all das hinweggehen; ich mache das nicht,[6] auch wenn ich armselig bin.

3. Er schreibt mir auch, dass mein Neffe[7] dorthin kommt, wenn auch nur auf der Durchreise. Falls er noch nicht weg ist, bitte ich Euer Hochwürden, ihn mir ausführlich schreiben zu lassen, wie es ihm innerlich und äußerlich geht, denn so wie ihn der Gehorsam im Reisen übt, wird er entweder weit fortgeschritten oder aber zerstreut sein. Gott gebe ihm Kraft, denn man geht nicht so mit ihm um, wie ich glaubte, dass man es tun würde, da er mir nahe steht. Wenn es nötig ist, dass ich bei den Oberen zu seinen Gunsten vorspreche, so lassen Euer Gnaden es mich wissen, denn wer die Gnädige Frau Doña María de Mendoza[8] und weitere Persönlichkeiten

---

[4] Das im Vorjahr gegründete Karmelitinnenkloster von Toledo.

[5] Der Hausgeistliche von San José (Ávila), Julián de Ávila.

[6] Sie meint: „Ich vergesse Sie in meinem Gebet nicht."

[7] Juan de Jesús Guzmán, ein Sohn ihrer ältesten Schwester María de Cepeda, der kurz zuvor seine Profess als Alcantariner abgelegt hatte; siehe Ct 24,10.

[8] Siehe Ct 19 tít.

von dieser Art auf seiner Seite hat, für den ist es leicht, so dass man Rücksicht nimmt und ihm wenigstens ein bisschen Ruhe gönnt.[9]

4. Wenn Euer Hochwürden unterwegs sein sollten, schauen Sie, es mir ja nicht zu versäumen, dieses Ihr Haus hier zu besuchen. Der Herr geleite uns zum Himmel. Ich fühle mich wohl, und es geht uns gut, Gott sei's gelobt. Da ich nicht weiß, ob Fray Juan de Jesús noch dort ist, schreibe ich ihm nicht. Er schenke ihm innere Kraft, denn er braucht sie sehr, und er sei mit Euer Gnaden.

Euer Hochwürden unwürdige Dienerin und Tochter

Teresa von Jesus, Karmelitin

5. Pater Fray Bartolomé de Santa Ana[10] ist während der ganzen Fastenzeit in Paracuellos bei der Gnädigen Frau Doña Luisa.[11]

26.

An Diego de San Pedro de Palma[1] in Toledo

Toledo, 15. Juli 1570

1. Jesus. – Der Heilige Geist sei immer mit Euer Gnaden. Da ich weiß, dass unsere Schwestern hier, die Töchter von Euer

---

[9] Heutigem Empfinden mag es merkwürdig anmuten, dass Teresa sich nicht scheut, ihre Beziehungen zum Hochadel spielen zu lassen, doch ist ihr Anliegen wohl, den Neffen vor dem allzu großen Rigorismus der Alcantariner, der ihr Sorge macht, zu schützen.

[10] Ein weiterer Alcantariner, der später zweimal Provinzial wurde.

[11] Siehe Ct 7 tít.

---

[1] Ein Einwohner Toledos. Zwei Töchter von ihm hatten kurz zuvor ohne seine Zustimmung um Aufnahme in das dortige Karmelitinnenkloster gebeten, wo sie die Ordensnamen Juana del Espíritu Santo und Inés Bautista annahmen. Teresa schreibt ihm diesen Brief, um ihm mitzuteilen, dass sie inzwischen

Gnaden,[2] sich seit langem nach dem heiligen Ordensgewand Unserer Lieben Frau[3] sehnen, und Euer Gnaden nicht in Unkenntnis davon waren, habe ich mich heute angesichts des Geistes und Eifers, mit denen sie mich darum baten, dazu entschlossen, es ihnen zu geben; ich bin überzeugt, dass es zur Verherrlichung unseres Herrn gereichen wird.

2. Ich bitte Euer Gnaden, es um der Liebe willen gutzuheißen, denn schauen Sie, welche Gnade Seine Majestät Ihnen erwiesen hat, da er Ihnen Töchter gab, die er als seine Bräute auserwählt hat.[4] Sie freuen sich sehr, sind aber wegen des Schmerzes von Euer beiden Gnaden in Sorge.[5] Unternehmen Sie aus Liebe zum Herrn nichts, was Seelen, die für diese Lebensform so geeignet sind, beunruhigen würde. Es wird für Euer beiden Gnaden tröstlich sein, sie hier zu haben, womöglich mehr als anderswo; und alle Schwestern dieses Hauses dürfen Sie als ihre Dienerinnen und persönlichen Beterinnen betrachten.[6]

Unser Herr sei immer mit Euer Gnaden und halte Sie an seiner Hand. Amen.

Euer Gnaden unwürdige Dienerin

Teresa von Jesus, Karmelitin

---

eingekleidet wurden, und eine Versöhnung in die Wege zu leiten. Die Reaktion des Adressaten war wohlwollend, vor allem nachdem Teresa auf die Mitgift der beiden verzichtete; siehe Ct 27. Vgl. auch den Brief vom 31. Oktober 1570 an seine Frau Catalina Hurtado (Ct 29).

2 Juana del Espíritu Santo und Inés Bautista.

3 Der Karmelorden ist der Muttergottes geweiht; sein offzieller Name lautet „Brüder und Schwestern Unserer Lieben Frau vom Berge Karmel".

4 Auch hier klingt wieder Teresas Überzeugung an, dass es die Frauen als „Bräute des Herrn" besser haben denn als Ehefrauen; vgl. Ct 21,2; F 31,46.

5 Die Eltern der beiden Schwestern Don Diego und Doña Catalina Hurtado.

6 Wörtlich schreibt Teresa *„als ihre Dienerinnen und Kapläninnen"* (*capellanas*); *capellán* wurde der Hausgeistliche genannt, den sich wohlhabende Familien hielten.

27.

An Diego de San Pedro de Palma[1] in Toledo

Toledo, 11. August 1570

Ich, Teresa von Jesus, Karmelitin, bestätige, dass ich und die Schwestern dieses Hauses bezüglich der Vereinbarung, die Pater Luis,[2] Oberer der Gesellschaft Jesu, mit Herrn Diego de San Pedro de Palma über den Betrag getroffen hat, den er diesem Haus aufgrund des Eintritts seiner Töchter[3] als Schwestern als Almosen zu geben hätte, mit meiner Unterschrift die Vollmacht geben werden, um die erforderlichen Schriftstücke für den Verzicht der Töchter von Herrn Diego de San Pedro auf ihren Pflichtteil gemäß dem Antrag seines Anwalts auszustellen.

Gegeben im Kloster San José zu Toledo, am elften Tag des Monats August im Jahr 1570.

Teresa de Jesús, Karmelitin

28.

An Diego Ortiz[1] in Toledo

Toledo, Mitte August 1570

An Seine Magnifizenz, Herrn Diego Ortiz, meinen Herrn.

1. Jesus. – Unser Herr schenke Euer Gnaden seine göttliche Gnade. Ich habe mir sehr gewünscht, in diesen Tagen mit

---

[1] Siehe Ct 26 tít.

[2] Der Hausobere der Jesuitenniederlassung von Toledo, Luis de Guzmán, der bereits im Auftrag Teresas die Verhandlungen für die Gründung des Karmelitinnenklosters in Toledo geführt hatte; siehe Ct 15.

[3] Juana del Espíritu Santo und Inés Bautista; siehe Ct 26 tít.1.2

---

[1] Siehe Ct 17 tít. Ortiz, der im Auftrag seines Schwiegervaters Alonso Álvarez Ramírez mit Teresa über die Klostergründung in Toledo verhandelte, hatte sich geweigert, sie aufzusuchen, um sich über gewisse Klauseln im Gründungsvertrag zu einigen; am Vorabend ihrer Abreise nach Ávila schreibt Teresa ihm diesen Brief.

Euer Gnaden zusammenzukommen, und deshalb habe ich Sie um einen Besuch bitten lassen. Angesichts der Tatsache, dass Euer Gnaden mir diesen Gefallen nicht erweisen, und die Stunde meiner Abreise näher rückt, die, wie ich sehe, morgen sein wird, wollte ich Euer Gnaden sagen, was ich anderntags wegen der gesungenen Messen an Sonn- und Feiertagen mit Euer Gnaden zu besprechen begann. Ich habe dieser Tage darüber nachgedacht, denn ich war damals, als ich mit Euer Gnaden sprach, nicht so damit befasst, noch erkannte ich, dass es erforderlich wäre, darüber zu sprechen, sondern ich glaubte, meine Absicht wäre klar, als das Schriftstück aufgesetzt wurde,[2] doch sei ich verpflichtet, so sagt man mir, diese klarzustellen.

2. Was ich beabsichtigte, war, dass die Herren Kapläne verpflichtet wären, an Festtagen zu singen, da wir das von den Konstitutionen her[3] so haben, nicht aber die Schwestern zu verpflichten, die von ihrer Regel her singen können oder auch nicht; es steht zwar in den Konstitutionen, ist aber kein Punkt, der bei Strafe einer Sünde verpflichtet. Schauen nun Euer Gnaden, ob ich sie dazu verpflichten sollte! Ich würde es um nichts in der Welt tun, und weder Euer Gnaden noch sonst jemand hat mich um so etwas gebeten, sondern ich habe es nur gesagt, weil es für uns angenehmer ist. Wenn sich in das Schriftstück ein Irrtum eingeschlichen haben sollte, ist es nicht richtig, sie mit Nachdruck nun um etwas zu bitten, was in ihrer Entscheidung steht. Und da sie Euer Gnaden zu Diensten sind und normalerweise die Messen singen, bitte ich Euer Gnaden, es gutzuheißen, dass sie sich ihrer Freiheit erfreuen dürfen, sobald eine Notlage auf sie zukommt.[4] Die

---

[2] Das war am 28. Mai 1570 (siehe BMC 5, 413-421). Siehe dazu TyV 448.

[3] In ihren *Konstitutionen* hatte Teresa geschrieben: *„An Sonn- und Festtagen sollen Messe, Vesper und Matutin gesungen werden“* (Cs 2).

[4] Man beachte, wie sich Teresa für die Entscheidungsfreiheit ihrer Schwestern einsetzt und die Gottesdienste nicht mehr als nötig überfrachten möchte – ein kleiner Einblick in die Art und Weise, wie das geistliche Leben in den Frauenklöstern damals ablief.

fremde Hand[5] bitte ich Euer Gnaden, zu entschuldigen, da mich die Aderlässe schlapp machen und mein Kopf zu mehr nicht taugt. Unser Herr behüte Euer Gnaden.

3. Herr Martín Ramírez[6] hat mir sehr gefallen. Möge es dem Herrn gefallen, ihn zu seinem Diener zu machen und Euer Gnaden zum Wohl aller zu behüten. Euer Gnaden werden mir einen großen Gefallen erweisen, wenn Sie das mit diesen Ihren Messen klären; und da sie fast täglich gesungen werden, ohne dass sie dazu verpflichtet wären, ist es nur richtig, dass Euer Gnaden uns diesen Skrupel nehmen und diesen Schwestern und mir in einer so unbedeutenden Sache eine Freude machen, wo wir doch alle den Wunsch haben, Euer Gnaden zu Diensten zu sein.[7]

Euer Gnaden unwürdige Dienerin

Teresa von Jesus, Karmelitin

---

[5] Die Tatsache, dass sie aus gesundheitlichen Gründen nicht selbst schrieb, sondern den Brief einer Mitschwester diktierte.

[6] Der älteste Sohn des Adressaten und seiner Frau Francisca Ramírez, von Teresa liebevoll „Martinico" genannt; siehe auch Ct 31,4. Die sel. Maria von Jesus (María de Jesús López Rivas) berichtet, Teresa habe ihr und den übrigen Pförtnerinnen des Klosters aufgetragen, *„mich immer zu holen, wenn Martinico kommt, und ihn nicht wegzuschicken, denn ich freue mich, mit ihm zu sprechen, da er ein Junge mit vielen Tugenden ist."*

[7] Ortiz weigerte sich, auf Teresas Wünsche einzugehen, so dass es zu Unstimmigkeiten zwischen ihr und den Ramírez kam: *„Mit Alonso Álvarez (Ramírez) war ich schon auseinandergekommen"* (F 15,6); *„wenn ich mit Alonso Álvarez übereingekommen wäre, hätte man ohne Mühe gründen können, aber das war nicht der Fall"* (F 15,8). Schließlich wurde mit dem Geld der Ramírez ein anderes Haus gekauft (F 15,17). Vgl. auch die Briefe an Diego Ortiz vom 29. März 1571 (Ct 32), vom 26. Dezember 1575 (Ct 97), vom 16. Dezember 1576 (Ct 165); an Alonso Álvarez Ramírez vom 5. Februar 1571 (Ct 31).

29.

An Doña Catalina Hurtado[1] in Toledo

Ávila, 31. Oktober 1570[2]

1. Jesus. – Die Gnade des Heiligen Geistes sei mit Euer Gnaden und behüte Sie mir. Amen. Und er vergelte Ihnen die Mühe, die Sie sich machen, um mich zu beschenken. Die Butter war sehr fein, wie es die selbstgemachte von Euer Gnaden ist, denn so machen Sie es für mich bei allem, und so werde ich sie annehmen, damit Sie an mich denken, wenn Sie wieder eine haben, die gut ist, denn sie tut mir sehr gut. Auch die Quitten waren sehr fein; es sieht so aus, als hätten Sie keine andere Sorge als mir Geschenke zu machen. Für mich ist es eines, den Brief von Euer Gnaden zu sehen und zu wissen, dass es Ihnen gut geht. Mir geht es zur Zeit nicht besonders, da ich Zahnschmerzen bekommen habe und mir das Gesicht ein bisschen angeschwollen ist, und deshalb schreibe ich dies nicht eigenhändig. Doch ich glaube, das bedeutet nichts.

2. Empfehlen mich Euer Gnaden Gott, und glauben Sie ja nicht, dass es eine geringe Freude für mich wäre, eine solche Tochter[3] zu haben, wie sie es bislang für mich gewesen ist und immer sein wird; ich werde auch nicht vergessen, Sie Gott zu empfehlen, und das tun auch die Schwestern. Alle in diesem Haus küssen Euer Gnaden die Hände, insbesondere die Mutter Subpriorin,[4] die Euer Gnaden viel verdankt. Emp-

---

[1] Die Frau des Diego de San Pedro de Palma und Mutter der beiden ohne die elterliche Zustimmung in das Karmelitinnenkloster von Toledo eingetretenen Novizinnen Juana del Espíritu Santo und Inés Bautista; siehe Ct 26 tít. Inzwischen sind die Eltern mit dem Ordenseintritt ihrer Töchter versöhnt, und Catalina Hurtado hat Teresa Butter und Quitten geschickt.

[2] Nicht gesicherte Datierung. EDE datiert diesen Brief auf 31. Oktober 1574.

[3] Juana del Espíritu Santo, eine der beiden Töchter der Adressatin, die 1571 in Toledo ihre Ordensprofess ablegte.

[4] María de San Jerónimo, eine der ersten Schwestern von San José (Ávila), die Teresa bereits 1567 als Vikarin vertrat, als diese zur Gründung nach Medina del Campo aufbrach, und nach ihrem Tod ihre Nachfolgerin als Priorin von San José wurde.

fehlen Sie sie Gott, denn es geht ihr gesundheitlich nicht gut. Der Herr behüte mir Euer Gnaden und schenke Ihnen seinen Heiligen Geist.

Im Oktober, am letzten Tag des Monats.

In die Gebete dieser Damen, Ihrer Schwestern, empfehle ich mich sehr. Dem Kranken[5] möge Gott die Gesundheit schenken, ich bitte ihn darum, und Euer Gnaden, meiner Tochter, genauso.

Euer Gnaden unwürdige Dienerin

Teresa von Jesus

30.

An Doña Isabel de Jimena in Segovia

Salamanca, Ende 1570[1]

An Ihre Magnifizenz, Doña Isabel de Jimena,[2] meine Gnädige Frau.

1. Jesus. – Der Heilige Geist sei immer mit Euer Gnaden und schenke Ihnen die Gnade, um zu erkennen, wie viel Euer Gnaden dem Herrn verdanken, da er Ihnen inmitten von so bedrohlichen Gefahren, wie es jugendliches Alter, Besitz und Freiheit sind, sein Licht schenkt, um aus all dem aussteigen zu wollen, und dass das, was andere Seelen für gewöhnlich er-

---

5 Unbekannt.

---

1 Autograph: Internationales Kolleg Teresianum, Rom.

2 Isabel de Jimena, gebürtig aus Segovia, hatte schriftlich um Aufnahme in eines der Klöster Teresas gebeten. Sie trat kurze Zeit danach in das Karmelitinnenkloster von Salamanca ein, wo sie den Ordensnamen Isabel de Jesús erhielt. Sie war es, die als Novizin Teresa in Ekstase versetzte, als sie ihr an Ostern 1571 den Refrain *„Véante mis ojos – Sehen mögen dich meine Augen“* vorsang, dessen 4. Zeile lautet: *„lass mich bald sterben“*; Teresa berichtet darüber nicht weniger als dreimal, siehe CC 13,1; MC 7,2; 6M 11,8.

schreckt, nämlich Buße, Eingeschlossenheit und Armut,[3] zum Anstoß wurde, dass Euer Gnaden einerseits diesen Wert, andererseits aber auch den Selbstbetrug und Verlust erkannten, die es für Sie bedeuten könnte, dem erst genannten nachzulaufen.

2. Das ist der Anlass gewesen, weshalb mich Euer Gnaden leicht überzeugen konnten, dass Sie durch den Eintritt in diesen heiligen Orden Unserer Lieben Frau[4] eine sehr gute und geeignete Tochter von ihr sein würden. Möge es Gott gefallen, dass Euer Gnaden in Ihren heiligen Wünschen und Werken so fortschreiten, dass ich mich über Pater Juan de León[5] nicht beklagen muss; mit seinem Zeugnis bin ich so zufrieden, dass ich kein weiteres brauche, und über den Gedanken, dass Euer Gnaden eine große Heilige sein werden, bin ich so froh, dass ich allein schon mit Ihrer Person sehr zufrieden bin.

3. Der Herr vergelte Euer Gnaden die Spende, die Sie aufgrund Ihres Entschlusses dort machen wollen, wo Sie eintreten, denn sie ist groß;[6] dabei dürfen Euer Gnaden sehr froh sein, da Sie tun, was der Herr als Rat gibt, nämlich sich und das, was Sie haben, aus Liebe zu ihm den Armen zu schenken.[7] Und bei dem, was Euer Gnaden in Empfang genommen haben, hätten Sie ihn meines Erachtens mit weniger als dem, was Sie tun, nicht erfüllt; da Sie aber alles tun, was Sie können, tun Sie nicht wenig, noch wird es mit einem geringen Lohn vergolten werden.

---

[3] Eine Anspielung auf die durch Askese, Klausur und Armut geprägte Lebensweise in den Klöstern Teresas.

[4] Siehe Anm. zu Ct 26,1.

[5] Der flämische Jesuit Jean Leunis (1532–1584), hispanisiert Juan de León, auf den die Gründung der Marianischen Kongregationen zurückgeht und der in Spanien ein segensreiches Wirken entfaltete, war damals in Segovia stationiert; von ihm hatte sich die Adressatin ein Zeugnis erbeten, das sie ihrem Aufnahmegesuch beigelegt hatte.

[6] Die Adressatin brachte eine Mitgift von *„3000 Dukaten, und sonstige Gegenstände für die Kirche“* mit (BMC 7, 81, Anm. 2). Sie legte am 4. Juni 1573 ihre Profess ab. Zum Wert dieser Summe siehe Ct 2,3.

[7] Eine Anspielung auf Jesu Rat an den reichen Jüngling, Mt 19,21.

4. Da Euer Gnaden unsere Regel und Konstitutionen gesehen haben, brauche ich weiter nichts zu sagen, als dass Euer Gnaden, wenn Sie mit dieser Entschlossenheit weitermachen, kommen dürfen, wann Sie das anordnen, und in welches von unseren Häusern Sie wollen, denn in diesem Punkt, dass Euer Gnaden das auswählen, möchte ich meinem Pater Juan de León zu Diensten sein. Es ist allerdings wahr, dass ich es gerne hätte, wenn Euer Gnaden dort den Habit nähmen, wo ich gerade weilte, weil ich Euer Gnaden wirklich gern kennen lernen würde. Alles führe unser Herr so, wie ihm am meisten gedient werde und es zu seiner Verherrlichung gereiche. Amen.

Euer Gnaden unwürdige Dienerin

Teresa von Jesus, Karmelitin

31.

An Alonso Álvarez Ramírez[1] in Toledo

Alba de Tormes, 5. Februar 1571

An Seine Magnifizenz, Herrn Alonso Álvarez Ramírez, meinen Herrn.

1. Jesus sei mit Euer Gnaden. Wenn ich so viel Zeit wie Euer Gnaden hätte, um zu schreiben,[2] würde ich nicht so wenig Sorgfalt darauf verwenden, denn um Euer Gnaden unserem Herrn zu empfehlen, verliere ich keine. Da ich aber von anderer Seite her erfahren habe, wie es um Ihre Gesundheit steht, kann ich es ertragen. Unser Herr gebe sie Ihnen so, wie er das vermag und ich es mir wünsche, und er lasse Euer Gnaden und Herrn Diego Ortiz[3] und die Gnädige Frau Francisca Ra-

[1] Siehe Ct 17 tít und ferner Ct 18; 28.
[2] Wörtlich: *„um dies zu tun"*.
[3] Der Schwiegersohn des Adressaten, der in seinem Auftrag mit Teresa über die Klostergründung in Toledo verhandelte; siehe Ct 17; 18,4; 28.

mírez[4] an einer so rühmlichen Sache, wie es, nach dem, was man mir sagt, diese Kirche mit den Kaplänen heute ist, ihre Freude haben. Gott sei für immer gepriesen.

2. Es hat mich entzückt, wie elegant unser hochwürdigster General[5] das Geschäft erledigt hat. Er ist ein weiser, heiligmäßiger Mann. Gott behüte ihn! Seine Majestät weiß, wie gern ich in jenem Haus wäre. Seitdem ich aber von dort weg bin, ich sage Euer Gnaden, weiß ich nicht, ob ich einen Tag ohne große Mühen gehabt habe. Es sind zwei Klöster gegründet worden, Gott sei's gelobt, und dieses hier ist das kleinere.[6] Möge es Seiner Majestät gefallen, dass ihm in etwa damit gedient sei.

3. Ich verstehe nicht, aus welchem Grund der Leichnam von Herrn Martín Ramírez (Gott hab' ihn selig, wie ich es ihm wünsche und vom Herrn erflehe) nicht überführt wird;[7] lassen Euer Gnaden mich den Grund wissen, ich bitte Sie darum, und wenn es mit dem, was Euer Gnaden zu tun vereinbart hatten, vorangegangen ist, dann geben Sie mir eines Tages darüber Bescheid. O mein Herr, wie oft habe ich bei den Vereinbarungen, die sich mir hier darbieten, an Euer Gnaden gedacht und Ihnen meinen Segen geschickt! Denn hier war es wirklich so, wie mir Euer Gnaden, freilich nur im Spaß, einmal sagten.[8] Unser Herr erhalte Sie alle noch viele Jahre und

---

[4] Die Tochter des Adressaten, die mit Diego Ortiz verheiratet war.

[5] Der Ordensgeneral der Karmeliten Giovanni Battista Rossi (hispanisiert: Juan Bautista Rubeo), der die Vereinbarung zwischen Teresa und den Ramírez gebilligt hatte.

[6] Die Klöster in Salamanca und Alba de Tormes; siehe F 18-20.

[7] Der verstorbene Stifter der Klosters, Martín Ramírez, war in der Kirche Santa Justa (vgl. Ct 32,3) beigesetzt worden, im Gründungsvertrag war jedoch vereinbart, dass seine Überreste in die Karmelkirche überführt würden. Da die Ramírez Conversos waren, hatte ihr Wunsch, in der Karmelkirche eine eigene Grablege zu erhalten, bei den Adeligen Toledos, die das als ein Adelsprivileg betrachteten, starke Entrüstung hervorgerufen. Siehe dazu F 15,16f.

[8] Eine Anspielung auf die schwierigen Verhandlungen mit der Stifterin des Klosters in Alba de Tormes, Teresa de Láiz (Layz), von denen Teresa in F 20,13f berichtet. Alba de Tormes war ein kleiner Ort, so dass Teresa auf festen Ein-

lasse mich Freude an Ihnen haben, denn ich liebe Sie wirklich im Herrn.

4. Herr Diego Ortiz[9] täte gut daran, mir einmal zu schreiben. Wenn er nicht mag, tragen Euer Gnaden es ihm doch auf. Ich küsse ihm und der Gnädigen Frau Francisca Ramírez[10] vielmals die Hand, und lasse unsere süßen Engelchen[11] grüßen. Unser Herr behüte sie, besonders unseren Patron;[12] und Euer Gnaden halte er an Seiner Hand und gebe Ihnen alles Gute, um das ich ihn bitte. Amen.

Heute ist der 5. Februar.

5. Ich vergaß noch, dass Juan de Ovalle und meine Schwester[13] Euer Gnaden vielmals die Hand küssen. Juan de Ovalle kann nicht oft genug wiederholen, was er Euer Gnaden verdankt; was werde ich erst machen!

Euer Gnaden unwürdige Dienerin

Teresa von Jesus, Karmelitin

---

künften für das Kloster bestand; die Stifterfamilie war jedoch zunächst nicht bereit, *„für die Schwesternzahl genügend Einkünfte“* (F 20,14) zu geben. Aus den Gründungsdokumenten geht hervor, dass schließlich vor allem der Erbe des Familiengutes der Láiz, der Priester Pedro de Aponte aus dem nahe gelegenen Gajates, es gewesen ist, der entscheidend zur Finanzierung des Klosters in Alba de Tormes beitrug, in dem Teresa 1582 starb und bis heute beigesetzt ist.

9 Siehe Ct 31,1.

10 Siehe Ct 31,1.

11 Die Kinder des Diego Ortiz und seiner Frau Francisca Ramírez.

12 Der älteste Sohn des Diego Ortiz und seiner Frau Francisca Ramírez, Martín (Martinico) Ramírez, von Teresa hier liebevoll *„unser Patron“* genannt, weil er den Namen seines verstorbenen Großonkels, des Stifters des Karmelitinnenklosters von Toledo, Martín Ramírez sen., trug; siehe auch Ct 28,3; 32,4. Martinico starb im Ruf der Heiligkeit; 1636 wurde in Toledo sein Seligsprechungsprozess eröffnet.

13 Ihre jüngste Schwester Juana de Ahumada, die mit ihrem Mann Juan de Ovalle in Alba de Tormes lebte.

6. Über das Wohlwollen, das mir Euer Gnaden erweisen, da Sie Isabel de San Pablo[14] so sehr verwöhnen, sage ich nichts, denn es ist so viel, was ich Euer Gnaden verdanke, dass ich es dem Herrn überlasse, Ihnen zu danken und zu vergelten. Es ist ein großes Almosen. Der Herr sei für alles gepriesen. (Sagen Sie) Herrn Ortiz, dass ich Seine Gnaden bitte, nicht so nachlässig zu sein, meinen Herrn, den heiligen Josef,[15] am Kirchenportal anzubringen.

32.

An Diego Ortiz[1] in Toledo

Salamanca, 29. März 1571

An Seine Magnifizenz Herrn Diego Ortiz, meinen Herrn.

1. Jesus. – Der Heilige Geist sei immer in der Seele von Euer Gnaden und vergelte Ihnen die Liebe und Güte, die Sie mir mit Ihrem Brief erwiesen haben. Es wäre keine verlorene Zeit, wenn Euer Gnaden mir viele schrieben, denn es könnte dazu dienen, um uns im Dienst für unseren Herrn zu ermuntern. Seine Majestät weiß, wie gern ich dort wäre, und so beeile ich mich sehr mit dem Kauf des Hauses hier,[2] was keine geringe Last ist, obwohl es hier viele gibt, noch dazu billige, und so hoffe ich auf den Herrn, dass es bald zum Abschluss kommt. Sollte ich mir denn keine große Eile geben, wenn es nach dem ginge, wie es mich freuen würde, Herrn Alonso Ramírez[3] wie-

---

[14] Eine Verwandte Teresas, die wie sie Karmelitin im Menschwerdungskloster war und ihr dann nach San José (Ávila) folgte; Teresa hatte sie nach Toledo mitgenommen.

[15] Wie fast alle Klöster Teresas war die Gründung in Toledo dem hl. Josef geweiht, zu dem sie eine besondere Verehrung hatte; siehe V 6.

---

[1] Siehe Ct 17 tít; und ferner Ct 28; 33.

[2] In Salamanca; siehe F 19. Nach Toledo sollte Teresa erst 1575, auf der Durchreise nach Beas de Segura, wieder kommen.

[3] Siehe Ct 17 tít und ferner Ct 18; 28; 31.

derzusehen? Ich küsse Seiner Gnaden die Hand, und auch der Gnädigen Frau Doña Francisca Ramírez.[4]

2. Es kann gar nicht anders sein, als dass Eure Gnaden große Freude über Ihre Kirche haben, wo ich sie hier doch sehr teile angesichts der guten Nachrichten, die Sie mir geben. Unser Herr lasse Sie noch viele Jahre Ihre Freude an einem so großen Dienst für ihn haben, wie ich es von ihm erbitte. Lassen Euer Gnaden Seine Majestät nur machen, und verlangen Sie nicht, alles so schnell fertig zu sehen, denn er hat uns viel Gnade mit dem erwiesen, was in zwei Jahren geschafft wurde.

3. Ich weiß nicht, was Sie mir da über einen Prozess mit dem Pfarrer und den Kaplänen schreiben; es muss wohl der von Santa Justa[5] sein? Ich bitte Euer Gnaden, mir Bescheid zu geben, worum es geht.

4. Seiner Gnaden Herrn Alonso Ramírez schreibe ich nicht, weil es keinen Grund gibt, ihn zu ermüden, da ich ja Euer Gnaden schreibe. Ich bitte unseren Herrn (da ich Ihnen nicht so zu Diensten sein kann, wie ich es Seiner Gnaden und Euer Gnaden schuldig bin), es zu vergelten und Sie noch viele Jahre zu erhalten; und diese Engel[6] dort mache er ganz heilig, vor allem meinen Schutzpatron,[7] denn wir haben es nötig, dass er es sei; und Euer Gnaden halte er immer an seiner Hand. Amen.

Heute ist der 29. März.

Euer Gnaden unwürdige Dienerin

Teresa von Jesus, Karmelitin

---

[4] Siehe Ct 31,1.

[5] In der Kirche Santa Justa (y Rufina) war der verstorbene Stifter Martín Ramírez vorläufig beigesetzt worden; siehe F 15,16f. und Ct 31,3. Die hl. Justa erlitt zusammen mit der hl. Rufina um 300/306 in Sevilla das Martyrium.

[6] Die Kinder des Adressaten; vgl. Ct 31,4.

[7] Der älteste Sohn des Adressaten, Martín (Martinico) Ramírez; siehe Ct 31,4.

33.

An Diego Ortiz[1] in Toledo

Ávila, 27. Mai 1571

1. Jesus. – Die Gnade des Heiligen Geistes sei mit Euer Gnaden. Amen. Euer Gnaden erweisen mir mit Ihren Briefen so viel Wohlwollen und Liebe, dass ich dennoch reich vergolten und zu neuem Dienst verpflichtet bin, auch wenn der letzte noch viel schärfer gewesen wäre. Euer Gnaden sagen mir, Sie hätten mir den von Pater Mariano[2] mitgebrachten geschickt, damit ich die Gründe verstünde, die Ihrer Bitte zugrunde liegen; es hat mich ernüchtert, dass Euer Gnaden sie so gut nennen und das, was Sie möchten, so eindringlich darzulegen vermögen, dass meine wohl wenig Gewicht haben. Und so denke ich nicht daran, mich mit Argumenten zu verteidigen, sondern sie mit Geschrei vorzubringen,[3] wie Leute, um deren Prozess es schlecht bestellt ist, und dieses an Euer Gnaden zu richten, um Sie daran zu erinnern, dass Sie mehr dazu verpflichtet sind, stets Ihren Töchter, die Waisen und unmündig sind, zu Gefallen zu sein als den Kaplänen. Letzten Endes gehört alles Euer Gnaden und ist Ihr Eigentum, aber das Kloster und die darin leben, doch wohl mehr als jene, von denen einige, wie Euer Gnaden sagen, nur mit dem Wunsch dahin gehen, möglichst bald wieder fertig zu sein, statt mehr Geist zu haben.[4]

---

[1] Siehe Ct 17 tít; und ferner Ct 28; 32; 97; 165.

[2] Der Italiener Ambrosio Mariano de San Benito (Mariano Azzaro) stand zunächst als Ingenieur im Dienste Philipps II., lebte dann als Einsiedler in El Tardón und wurde schließlich als Unbeschuhter Karmelit einer der Pioniere in Pastrana; siehe F 17. Er spielte im neu entstehenden Orden eine wichtige Rolle. Teresa hielt ihn für *„genial und äußerst begabt"* (F 17,7.10), hatte aber im Lauf der Zeit auch ihre liebe Not mit ihm; siehe die Briefe an ihn: Ct 106; 131; 133; 135, 144; usw.

[3] Eine Anspielung auf das Sprichwort *Quien ha mal pleito, pónelo a voces* („Um wessen Prozess es schlecht steht, der schreit das laut heraus"). Der ganze Brief ist ein Meisterstück teresianischer Diplomatie.

[4] Wie bereits in Ct 28,2 besteht Teresa hier nochmals auf der Entlastung ihrer Schwestern von zu viel Zeremonien.

2. Einen großen Gefallen erweisen mir Euer Gnaden, dass Sie das wegen der Vespern[5] für gut halten, denn das ist eine Angelegenheit, in der ich Ihnen nicht dienen kann. Was das Übrige anbelangt, schreibe ich der Mutter Priorin[6] schon, dass sie es so halten soll, wie es Euer Gnaden auftragen, und schicke ihr Ihren Brief. Vielleicht werden wir am meisten gewinnen, wenn wir das Ganze ihren Händen und denen von Herrn Alonso Álvarez[7] überlassen. Sie mögen sich dort beide darüber einig werden. Ich küsse Seiner Gnaden vielmals die Hand. Es tat mir sehr leid, von dem Seitenstechen zu erfahren, an dem er litt; hier haben wir es dem Herrn empfohlen, und genauso tue ich es für Eure Gnaden[8] und für die Engel[9] dort. Gott mache sie zu den seinen und behüte sie.

3. Ein Punkt ist, glaube ich, für sie eine beträchtliche Belastung und wird für sie beschwerlich sein: dass die Messe[10] vor dem Hochamt gefeiert werden muss, wenn einer ein Fest veranstaltet; vor allem wenn eine Predigt ist, weiß ich nicht, wie das zu vereinbaren ist. Für Eure Gnaden macht es nicht viel aus, wenn an diesem Tag das Hochamt feierlich begangen wird, und die Messe der Kaplanei kurz zuvor still gelesen wird.[11] Das ist nur an wenigen Tagen der Fall. Tun Euer Gnaden etwas entgegen dem, was Sie möchten, und tun Sie mir den Gefallen, auch wenn es ein Feiertag ist, sofern es sich nicht um die Feste handelt, die Eure Gnaden veranstalten. Schauen Sie,

---

[5] Die Vesper ist das kirchliche Abendgebet, wurde aber damals laut Cst 6 um 2 Uhr Nachmittag gebetet.

[6] Ana de los Ángeles (Ordóñez y Gómez), die 1569–1585 Priorin in Toledo war; siehe auch Ct 14,3.

[7] Der Schwiegervater des Adressaten, Alonso Álvarez Ramírez, der offenbar umgänglicher war als sein schwieriger Schwiegersohn; siehe Ct 17 tít und ferner Ct 18; 31.

[8] Diego Ortiz und seine Frau Francisca Ramírez.

[9] Die Kinder des Adressaten; siehe Ct 31,4; 32,4.

[10] Die sogenannte Stiftermesse oder Messe der Kaplanei, die regelmäßig in den Anliegen des Stifters zu feiern war; Ortiz bestand darauf, dass diese Messe von den Schwestern gesungen wurde; vgl. Ct 28,2.

[11] Es geht Teresa darum, dass es zu beschwerlich für die Schwestern ist, die Stiftermesse singen zu müssen, wenn ein feierlich gesungenes Hochamt folgt.

es ist doch nichts dabei, und es bedeutet, ihnen ein Almosen zu schenken und ein gutes Werk zu tun, und mir einen großen Gefallen.

4. Erst nachdem der Brief an unseren Pater General[12] abgegangen war, habe ich bemerkt, dass es keinen Grund dazu gab, denn was auch immer der Pater Visitator[13] tun sollte, ist sehr viel rechtskräftiger, da es so ist, wie wenn es der Papst täte, so dass kein General oder Generalkapitel[14] es annullieren könnte. Er ist ein sehr weiser und studierter Mann, Euer Gnaden werden sich freuen, mit ihm zu verhandeln; ich glaube, dass er ganz sicher in diesem Sommer zur Visitation kommt, und alles, was Euer Gnaden anordnen, könnte mit aller Rechtskräftigkeit gemacht werden; ich werde ihn hier darum bitten. Letzen Endes werde ich von allem, was Euer Gnaden im Hinblick auf mehr Rechtskräftigkeit für besser halten, nicht abgehen, und auch nicht von allem, womit ich Euer Gnaden dienen könnte. Es tut mir leid, nicht dort sein zu können, wo ich Ihnen meine Bereitwilligkeit mehr aus der Nähe zeigen könnte. In die Gebete der Gnädigen Frau Doña Francisca Ramírez[15] empfehle ich mich sehr. Ich bin gottlob wieder fieberfrei.

5. Gern dürfen mir Euer Gnaden schreiben, was immer Sie wollen, denn da ich weiß, mit welchem Wohlwollen es gesagt wird, betrübt es mich nur, wenn ich Euer Gnaden betrübe; das möchte ich nun wirklich nicht, und auch nicht, dass man Sie in diesem Haus betrübt. Ansonsten hat mir das, was Euer Gnaden mir sagen, keinen Schaden zugefügt, noch wird es das tun. Der Herr schenke Ihnen so viel geistliches Wohlergehen,

---

[12] Der Ordensgeneral der Karmeliten Giovanni Battista Rossi (Juan Bautista Rubeo), der den Gründungsvertrag gebilligt hatte; vgl. Ct 31,2.

[13] Der Dominikaner Pedro Fernández, der am 26. August 1569 von Papst Pius V. zum Apostolischen Visitator der Karmeliten Kastiliens ernannt worden war.

[14] Die Versammlung aller Provinzoberen unter dem Vorsitz des Generaloberen, die höchste juristische Instanz des Ordens.

[15] Die Ehefrau von Diego Ortiz; siehe Ct 31,1.

wie ich es von Seiner Majestät erbitte, und halte Euer Gnaden immer an seiner Hand.

Heute ist der Sonntag nach Christi Himmelfahrt.

Euer Gnaden unwürdige Dienerin

Teresa von Jesus

34.

An Doña María de Mendoza[1] in Valladolid

Ávila, Mitte Juni 1571

1. Jesus sei mit Euer Hochwohlgeboren. Als man mir den Brief von Euer Hochwohlgeboren überbrachte, hatte ich den beiliegenden schon geschrieben. Ich küsse Euer Hochwohlgeboren vielmals die Hand für Ihre Aufmerksamkeit, mir einen Gefallen zu tun; das ist ja nichts Neues. Gesundheitlich ist es mir ziemlich schlecht gegangen, seit ich hier bin, aber es geht mir schon wieder gut; und da ich Seine Hochwohlgeboren[2] hier habe, lässt sich alles gut ertragen, auch wenn es noch besser wäre, zu dieser Labsal hinzu noch die zu haben, die es für mich wäre, bei Euer Hochwohlgeboren zu sein, denn bei vielen Dingen wäre es mir eine Erleichterung, sie mit Euer Hochwohlgeboren zu besprechen. Das wird aber, glaube ich, aus mehreren Gründen[3] nicht so bald geschehen können, wie ich dachte.

2. Euer Hochwohlgeboren werden alles mit dem Pater Visitator[4] besprechen, wie man mir schreibt, was mich sehr beglückt.

---

[1] Siehe Ct 19 tít.

[2] Den Bruder der Adressatin, Don Álvaro de Mendoza, der Bischof von Ávila war.

[3] Wahrscheinlich eine Anspielung auf die Tatsache, dass der Provinzial der Karmeliten, Alonso González, Teresa befohlen hatte, Medina del Campo zu verlassen, zu dessen Priorin er eine Schwester aus dem Menschwerdungskloster von Ávila, Teresa de la Columna (de Quesada), ernannte.

[4] Der Dominikaner Pedro Fernández, der Visitator der Karmeliten Kastiliens war; siehe Ct 33,4. Über seine Einstellung gegenüber Teresa in dieser ersten

Er ist Euer Hochwohlgeboren gegenüber sehr dienstbeflissen, und es war mir ein Trost, als ich sah, mit welcher Zuneigung er über Euer Hochwohlgeboren spricht, und so glaube ich, dass er in allem das tun wird, was Euer Hochwohlgeboren anordnen. Ich bitte Euer Hochwohlgeboren, ihm viel Gunst zu bezeugen und ihn mit dem Wohlwollen zu behandeln, mit dem Sie solche Persönlichkeiten zu behandeln pflegen; er ist nämlich der höchste Obere, den wir jetzt haben, und seine Seele muss vor dem Herrn große Verdienste haben.

3. Bezüglich der Vorsicht gegenüber jenen Schwestern[5] sehe ich schon das Wohlwollen, das Euer Hochwohlgeboren mir erweisen; wie mir aber Pater Suárez[6] von der Gesellschaft Jesu schreibt, der derjenige ist, der mit ihnen zu sprechen und sie über unseren Orden zu informieren hatte, besteht kein Grund zur Verzögerung, da sie für ihn geeignet sind, vielmehr möge man den Pater Provinzial[7] um die Genehmigung bitten, und Euer Hochwohlgeboren mögen anordnen, dass sie aufgenommen werden; oder aber den Pater Visitator,[8] der sie gleich geben wird, und mit dem ich mich besser verstehe; denn der Pater Provinzial will mir nicht antworten, obwohl ich ihm häufiger schreibe.

4. Die Krankheit meiner Gnädigen Frau, der Äbtissin,[9] hat mir leid getan. Gott sei gepriesen, dass es Euer Hochwohl-

---

Zeit berichtet sein Mitbruder Domingo Báñez: *„Da er ein Prinzipienreiter und vor falschen Geistern ganz besonders auf der Hut war, besprach er sich mit der besagten Teresa de Jesús, die er mit mehr Furchtsamkeit als dieser Zeuge zu prüfen begann; schließlich aber überwand er sich und sagte zu diesem Zeugen, dass Teresa de Jesús am Ende doch eine gute Frau sei, was im Mund des besagten Magisters ein großes Kompliment war“* (BMC 18, 9).

[5] Kandidatinnen für den Karmel von Valladolid.

[6] Der Jesuit Juan Suárez, der zu diesem Zeitpunkt Oberer der Jesuitenniederlassung in Valladolid war; siehe auch Ct 19,4.

[7] Den Provinzoberen der Karmeliten, Alonso González.

[8] Siehe Ct 34,2.

[9] Die Äbtissin der Zisterzienserinnenabtei Santa María la Real de las Huelgas (kurz: Huelgas Reales), Doña Ana Quixada de Mendoza, die mit Doña María de Mendoza verwandt war; siehe auch Ct 19,1.

geboren auf diese oder jene Weise nie an etwas fehlt, um Leid zu haben. Hier empfehlen wir sie alle Gott, auch Euer Hochwohlgeboren. Es ist gar nicht nötig, mir das aufzutragen, solange es eine so gute Ruferin gibt, wie es die Liebe ist. Möge es unserem Herrn gefallen, dass es nichts Ernsthaftes sei, und dass es Euer Hochwohlgeboren bald wieder gut gehe. Die Schwestern hier küssen Euer Hochwohlgeboren vielmals die Hand.

5. Man hat mir geschrieben, dass Euer Hochwohlgeboren sehr geistlich leben. Das ist für mich nichts Neues, doch würde ich mich freuen, mehr in Ihrer Nähe zu sein, und wenn ich nicht so wäre, wie ich bin, wäre es mir ein Vergnügen, mit Euer Hochwohlgeboren darüber zu sprechen. Dieser Pater Visitator[10] lässt mich aufleben, denn ich glaube nicht, dass er sich bei mir täuscht wie alle, da Gott ihm zu verstehen geben möchte, wie armselig ich bin, und so ertappt er mich auf Schritt und Tritt bei Unvollkommenheiten. Ich bin sehr froh darüber und gebe mir Mühe, dass er sie erkennt.[11] Es ist eine große Erleichterung, in aller Offenheit mit dem umzugehen, der an Gottes Stelle steht, und dafür werde ich ihn in der Zeit halten, die ich bei ihm bin.

6. Euer Hochwohlgeboren werden wohl schon wissen, dass Fray Domingo[12] als Prior nach Trujillo[13] versetzt wird – da die ihn gewählt haben[14] –, und dass die von Salamanca dem Pater Provinzial[15] ein Gesuch geschickt haben, dass er ihn dort lasse; noch weiß man nicht, was er tut. Die Gegend ist für seine Gesundheit unbekömmlich. Wenn Euer Hochwohlgeboren den Pater Provinzial der Dominikaner sehen, dann schelten Sie ihn, da er mich in Salamanca nicht besucht hat, wo er

[10] Pedro Fernández; siehe Ct 34,2.
[11] Vgl. Anm. zu Ct 82,1.
[12] Domingo Báñez O.P.
[13] Hier ist die spanische Stadt in der Extremadura gemeint, nach der mehrere lateinamerikanische Städte genannt wurden.
[14] Die Mitglieder des Dominikanerklosters in Trujillo.
[15] Alonso de Hontiveros; siehe Ct 19,4.

tagelang dort war. Es ist wahr, dass ich ihn nicht besonders liebe! Dieses ist nun schon so, um Euer Hochwohlgeboren sehr müde zu machen; da ein weiterer Brief unterwegs ist, nicht noch mehr; doch da es mir Freude macht, mich mit Euer Hochwohlgeboren zu unterhalten, habe ich nicht darauf geachtet.

Euer Hochwohlgeboren unwürdige Dienerin und Untergebene

Teresa von Jesus, Karmelitin

35.

An García de San Pedro[1] in Toledo

Medina del Campo, im August(?) 1571[2]

1. ... müsste ich willkommen heißen ... mit Euer Gnaden, und so habe ich mich über das eine wie das andere gefreut. Besuchen Euer Gnaden die Neuprofessin[3] doch einmal meinerseits, und sprechen Sie ganz ausführlich mit ihr, und bitten Sie sie, mich und diese Ordensgeschäfte dem Herrn zu empfehlen. Unser Herr mache sie mir ganz heilig, und die Gnädige Frau Doña Catalina[4] genauso; richten ihr Euer Gnaden von mir Grüße aus.

2. Es ist für mich eine merkwürdige Übung im Ich-Sterben, wenn ich sehe, wie unsere Armut gerühmt wird, und dabei

---

[1] Der Priester García de San Pedro aus Toledo ist ein Bruder von Diego de San Pedro de Palma; siehe Ct 26; 27; 29. Im Karmelitinnenkloster von Toledo ist eine Nichte von ihm und außerdem eine junge Frau, die er geistlich begleitet hat. Der Brief ist nur als Fragment auf uns gekommen.

[2] Die Datierung dieses Briefes ist ungewiss; EDE datiert ihn auf Anfang Juli 1571, Efrén / Steggink auf Mitte Juli 1571. Verstümmelter Autograph: Unbeschuhte Karmelitinnen, Loeches.

[3] Die Tochter von Diego de San Pedro und seiner Frau Catalina Hurtado, Juana del Espíritu Santo, die am 15. Juli 1571 im Karmel von Toledo ihre Profess abgelegt hatte; da sie bei dieser Gelegenheit den schwarzen Schleier der Profess-Schwestern empfing, spricht Teresa wörtlich von der „Neu-Verschleierten".

[4] Die Mutter der Neuprofessin, Catalina Hurtado.

sind wir sehr verwöhnt, denn wie die Schwestern sagen, sind wir das wirklich im bezug auf das Essen und sehr ... und bequem eingerichtet. Ein paar Kleinigkeiten ... aber nicht derart, dass es viel zu bedeuten hätte ...; wir haben von allem mehr als genug, denn viel ... und wir schicken es den Brüdern ... Fray Gregorio,[5] der hier ist ... dort Gesundheit, es war nicht nötig.

3. Ich glaube schon, dass Beatriz[6] Euer Gnaden Ehre machen wird, da sie sich so um ihren Fortschritt bemüht. Ich freue mich sehr über das, was Euer Gnaden und auch die Mutter Priorin[7] sagen, dass sie Ihnen keinen Kummer macht. Ihre Ehrwürden[8] sagt mir, dass sie an der Winde[9] wortkarg sei. Sagen ihr Euer Gnaden, – ich habe es nämlich vergessen –, dass sie sie da lassen soll, denn das ist eine hohe Tugend für Pförtnerinnen dieser Häuser. Hier habe ich Alberta,[10] die das hier ist, untersagt, auch nur ein Wort zu sprechen, sondern nur zuzuhören und zu antworten; und wenn man ihr etwas anderes erzählt oder sie etwas fragt, sagt sie, dass sie dazu keine Erlaubnis hat. Damit erbauen sie mehr als mit viel Geplauder.

---

[5] Ein unbekannter Ordensmann. EDE identifiziert ihn als Gregorio Nacianceno, der jedoch erst 1575 als Karmelit eingekleidet wurde, also nicht gemeint sein kann.

[6] Beatriz de San Miguel (Andrada y de la Torre), die García de San Pedro vor ihrem Eintritt in den Karmel von Toledo geistlich begleitet hatte; sie legte am 14. August 1571 in Toledo ihre Profess ab, begleitete Teresa 1574 nach Beas, wo sie sich der geistlichen Führung des Johannes vom Kreuz unterstellte, und gehörte 1582 zu den Gründungsschwestern von Granada, wo sie 1586 die Nachfolge von Ana de Jesús (Lobera) als Priorin antrat.

[7] Ana de los Ángeles (Ordóñez y Gómez).

[8] Die Mutter Priorin.

[9] Eine Art Drehtrommel, mit der man kleinere Gegenstände aus der Klausur heraus- oder in sie hineinbefördern konnte, in diesem Fall auch der Ort, an dem die Kontakte mit Außenstehenden stattfanden, also mehr oder weniger identisch mit der Klosterpforte. Teresa legte großen Wert darauf, dass die Schwester, die für die Außenkontakte zuständig war, keine unnützen Unterhaltungen führte, sondern *„mit Zurückhaltung und zur Erbauung* (der Besucher)" (Cs 38) nur das Nötige sagte.

[10] Alberta Bautista (Ponce de León), die zu diesem Zeitpunkt in Medina del Campo Windnerin, d.h. für die Außenkontakte zuständig war. Als Priorin sollte sie 1582 der sterbenskranken Teresa einen sehr bitteren Abschied von Medina bereiten.

4. Da ich der Mutter Priorin[11] ganz ausführlich schreibe (ich habe heute nämlich das Glück, keine sonstigen Briefe zu haben, so dass ich es so machen kann, und sie Euer Gnaden sagen wird, was hier fehlt), sage ich weiter nichts außer dass ich Sie bitte, es nicht zu versäumen, mir manchmal zu schreiben, denn das tröstet mich sehr. Gott schenke Ihnen den Trost, den ich Ihnen wünsche. Amen.

Euer Gnaden unwürdige Dienerin und Tochter

Teresa von Jesus, Karmelitin

36.

An Doña Catalina Balsameda[1] in Medina del Campo

Medina del Campo, 5. Oktober 1571

1. Jesus. – Meine Tochter und meine Gnädige Frau: „Besser, es hilft einem Gott, als noch so früh aufstehen."[2] Euer Gnaden ist mit großer Bereitwilligkeit aller Schwestern in dieses Haus aufgenommen. Ich würde Ihnen gern vor meiner Abreise den Habit geben; das ist aber nicht möglich, da es in aller Frühe sein wird.[3] Wir werden uns dann sehen.[4]

Euer Gnaden Dienerin

Teresa von Jesus

---

[11] Die oben genannte Priorin von Toledo, Ana de los Ángeles (Ordóñez y Gómez); dieser Brief ist nicht erhalten.

---

[1] Catalina Balsameda (bzw. Valsameda), gebürtig aus Madrigal de las Altas Torres (Ávila), trat am Tag nachdem sie diese schriftliche Erlaubnis erhielt, mit dem Namen Catalina de Cristo in das Karmelitinnenkloster von Medina del Campo ein; später wurde sie Priorin in Soria; siehe Ct 428. Der Text dieses Zettels ist von der Biographin Catalinas, Leonor de la Misericordia, überliefert worden.

[2] Teresa zitiert ein spanisches Sprichwort.

[3] Teresa reiste am folgenden Tag nach Ávila ab, da sie zur Priorin des Menschwerdungsklosters ernannt worden war.

[4] Die Adressatin befand sich bereits in der Nähe des Klosters, im Haus von Doña Elena Quiroga, die 1581 ebenfalls Karmelitin in Medina del Campo wurde.

37.

An Doña Guiomar Pardo de Tavera[1] in Paracuellos[2]

Ávila, 22. Oktober 1571

1. Jesus. – Der Heilige Geist sei mit Euer Gnaden. Der Herr hat nicht gewollt, dass ich es genießen sollte, als ich einen Brief von Euer Gnaden zu Gesicht bekam, denn der Anlass, warum man ihn mir schickte, nahm mir die Freude. Gott sei für alles gepriesen.

2. Es sieht ganz so aus, als werde er in Ihrem Haus geliebt, da er auf so vielfältige Weise Prüfungen schickt, damit er noch größere Gnaden gewähren kann, wenn jene mit der Geduld erlitten werden, mit der Sie sie auf sich nehmen. Besonders groß ist sie, wenn Sie immer besser verstehen, wie wenig man sich aus einem Leben machen soll, das ständig lehrt, wie vergänglich es ist, und das lieben und sich nach dem ausstrecken, das niemals enden wird.[3] Möge es unserem Herrn gefallen, meiner Gnädigen Frau Doña Luisa[4] und dem Gnädigen Herrn Don Juan[5] die Gesundheit zu schenken, worum wir ihn hier inständig bitten.

---

[1] Tochter der hochadligen Freundin Teresas Doña Luisa de la Cerda und ihres Mannes Antonio Arias Pardo de Saavedra; siehe Ct 7 tít. Obwohl Teresa Doña Guiomar in ihren Briefen an María de San José (Salazar) immer wieder erwähnt (Ct 137,4; 158,6; 188,8; 335,2), ist dies der einzige Brief an sie, der erhalten ist.

[2] Neukastilische Kleinstadt am Jarama (Nebenfluss des Tajo) zwischen Madrid und Alcalá, die zum Familienbesitz der Adressatin gehörte. Im 20. Jh. erlangte die Kleinstadt eine traurige Berühmtheit, weil hier während des spanischen Bürgerkriegs mehrere Tausend Häftlinge umgebracht wurden („das Gemetzel von Paracuellos").

[3] Eine typische Haltung für die stark auf das Jenseits ausgerichtete barocke Mentalität, wobei allerdings auch die durch die schlechten Lebensbedingungen und geringen medizinischen Möglichkeiten bedingte reale Gefährdung und niedrige Lebenserwartung der damaligen Menschen zu bedenken ist; vgl. auch Ct 24,15.

[4] Die Mutter von Doña Guiomar, Doña Luisa de la Cerda.

[5] Der älteste Bruder von Doña Guiomar, Don Juan Pardo de Tavera de la Cerda, der noch am selben Tag starb; siehe auch Ct 7-10; 14, 16; und vor allem Ct 38.

3. Euer Gnaden bitte ich inständig, mir den Schmerz, den Sie mir jetzt bereitet haben, zu nehmen, sobald eine Besserung eintritt. In die Gebete meiner Gnädigen Frauen Doña Isabel und Doña Catalina[6] empfehle ich mich. Euer Gnaden bitte ich inständig, Mut zu haben, um ihn auch meiner Gnädigen Frau Doña Luisa zu machen. Wirklich, noch länger an diesem Ort zu bleiben, hieße, Gott zu versuchen![7]

4. Seine Majestät halte Euer Gnaden an seiner Hand und schenke Ihnen alles Gute, das ich Ihnen wünsche und inständig von ihm erbitte, Amen; und meiner Gnädigen Frau Doña Catalina genauso!

Es ist heute der 22. Oktober. Am selben Tag erhielt ich den Brief von Euer Gnaden.

Euer Gnaden unwürdige Dienerin

Teresa von Jesus, Karmelitin

38.

An Doña Luisa de la Cerda[1] in Paracuellos[2]

Ávila, 7. November 1571[3]

An die Durchlauchtigste Frau Doña Luisa de la Cerda, meine Herrin, in Paracuellos.

1. Jesus. – Die Gnade des Heiligen Geistes sei mit Euer Hochwohlgeboren. Dreimal schon habe ich Euer Hochwohlgeboren

[6] Die beiden Tanten von Doña Guiomar (Schwestern ihrer Mutter Doña Luisa), Doña Isabel Manuel de la Cerda und Doña Catalina de la Cerda.

[7] Teresa ist überzeugt, dass Paracuellos del Jarama ein ungesundes Klima hat; siehe auch Ct 38,3.

[1] Siehe Ct 7 tít.

[2] Siehe Ct 37 tít.

[3] Autograph: Karmelitinnenkloster der hl. Maria Magdalena von Pazzi, Trespiano per Careggi (Florenz), Italien.

geschrieben, seit ich hier im Menschwerdungskloster bin, was nicht viel mehr als drei Wochen her ist;[4] ich habe den Eindruck, dass kein einziger Brief in die Hände von Euer Hochwohlgeboren gelangt ist.[5] Von dort erreicht mich ein so starker Anteil an Ihren Prüfungen, dass ich bei den vielen, die ich hier zusätzlich zu diesem Schmerz durchmache, keine Sorge zu haben brauche, unseren Herrn um noch mehr zu bitten.[6] Er sei für alles gepriesen; denn es sieht ganz so aus, als gehörten Euer Hochwohlgeboren zu denen, die sich an seinem Reich freuen werden, da er Sie bei all diesen Krankheiten von Euer Hochwohlgeboren und von denen, die Sie gern haben, aus dem Kelch trinken lässt.[7]

2. Ich habe einmal in einem Buch gelesen, dass Gottes Liebe der Lohn für die Prüfungen ist. Wer sollte dann diese um eines so wertvollen Lohnes willen nicht lieben? So bitte ich Euer Hochwohlgeboren inständig, das zu tun, und bedenken Sie, dass alles bald zu Ende ist, und lösen Sie sich nach und nach von allem, was nicht für immer andauert.[8]

3. Ich wusste schon, dass Euer Hochwohlgeboren krank waren, und so hatte ich mich heute bemüht, woher ich wohl Nachricht über Ihren Gesundheitszustand bekäme. Der Herr sei gepriesen, dass Euer Hochwohlgeboren sich besser fühlen. Kommen Sie mir um Gottes willen aus diesem Ort[9] zurück, denn man sieht doch deutlich, wie sehr er der Gesundheit

---

[4] In Wirklichkeit ist Teresa seit dem 6. Oktober 1571 – also seit einem Monat – Priorin in Menschwerdungskloster; zu den Umständen dieser Ernennung siehe unten Ct 38,4; Ct 41,3.

[5] Eine erneuter Hinweis auf die Unzuverlässigkeit der Postverbindungen; vgl. auch Ct 2,13; 23,2.

[6] Teresa war gegen ihren und vor allem auch gegen den Willen der Schwestern des Menschwerdungsklosters zu dessen Priorin ernannt worden, was zu starken Spannungen geführt hatte; vgl. Ct 41,3. Siehe auch TyV 509-520.

[7] Eine Anspielung auf Mt 20,22f.

[8] Eine der Grunderfahrungen Teresas, die sie bereits in ihrer Kindheit machte. Siehe V 1,4.

[9] Paracuellos del Jarama, das Teresa zufolge ein ungesundes Klima hat; vgl. Ct 37,3.

aller schadet. Meine ist verglichen mit sonst gottlob gut; aber bei den Schwierigkeiten, die ich hier habe, wäre es auch unmöglich, sie zu ertragen, wenn es mir gesundheitlich nicht etwas besser ginge als sonst. Die Aufgaben außerhalb und innerhalb des Hauses sind so zahlreich und so dringlich, dass ich zum Schreiben selbst dieses Briefes kaum Gelegenheit habe.

4. Unser Herr vergelte Euer Hochwohlgeboren das Wohlwollen und den Trost, den Sie mir mit Ihrem Brief bereiteten, denn ich kann Ihnen sagen, dass ich so etwas wohl brauche. Ach, Gnädige Frau, wenn man die Ruhe unserer Häuser[10] erlebt hat und jetzt dieses Durcheinander erlebt, dann weiß ich nicht, wie man da am Leben bleiben kann, denn man hat auf jede erdenkliche Weise zu leiden. Trotz allem herrscht, gottlob, Frieden, was nicht wenig ist, wo ihnen doch nach und nach ihre Vergnügen und ihre Freiheit genommen werden; denn auch wenn sie noch so gut sind – und es gibt in diesem Haus wirklich viel Tugend –,[11] so ist die Änderung von Gewohnheiten doch ein Tod, wie man so sagt. Sie tragen es mit Fassung und erweisen mir viel Respekt. Wo aber hundertdreißig sind,[12]

[10] Der kleinen teresianischen Gemeinschaften.

[11] Trotz der mit der großen Schwesternzahl und mit der wirtschaftlichen Not zusammenhängenden Schwierigkeiten, die sie nicht verschweigt, stellt Teresa ihren Mitschwestern im Menschwerdungskloster hier also grundsätzlich ein positives Zeugnis aus; vgl. auch Ct 41,3. Sie stimmt darin mit dem ebenfalls positiven Visitationsbericht des Ordensgenerals Giovanni Battista Rossi überein, der das Kloster 1567 visitierte. Obwohl die wirtschaftliche Not manche Missbräuche wie zu häufige Besuche und Abwesenheiten mit sich brachte, steht der religiöse Eifer der Gemeinschaft außer Frage, wie Teresa auch in ihrer *Vida* zugibt: *„Dort gibt es viele, die dem Herrn in aller Ehrlichkeit und mit großer Vollkommenheit dienen“* (V 7,3). Das belegt auch die Tatsache, dass Teresa als Grundstock für ihre Gründungen mehr als dreißig vorbildliche Schwestern aus dem Menschwerdungskloster rekrutieren konnte; siehe TyV 100f. Demnach wäre es verfehlt, von einem total verflachten Ordensleben im Menschwerdungskloster auszugehen; siehe auch O. Steggink, *Erfahrung und Realismus*, 55-68. Zu bedenken ist ferner, dass viele Frauen mangels einer Alternative ins Kloster gingen, so dass es dort viele ohne echte Berufung gab.

[12] Diese Zahl gibt wenig später auch der Apostolische Visitator Pedro Fernández OP an; siehe BMC 2,217.

da werden Euer Hochwohlgeboren schon verstehen, wie viel Sorge es braucht, um Ordnung zu schaffen. Ich bin ein bisschen in Sorge um unsere Klöster, obwohl ich natürlich auf unseren Herrn hoffe, da ja ich unter dem Zwang des Gehorsams hierher kam,[13] dass er nicht zulassen wird, dass ihnen etwas fehlt, sondern für sie Sorge tragen wird. Meine Seele scheint diesem ganzen Babylon zum Trotz nicht in Unruhe zu sein, was ich für einen Gnadenerweis des Herrn halte. Die Natur macht schlapp, doch ist das alles wenig bei dem, womit ich den Herrn beleidigt habe.[14]

5. Es hat mir leid getan, vom Tod der guten Doña Juana[15] zu erfahren. Gott nehme sie zu sich, was er bestimmt tun wird, denn sie war sehr gut. Wirklich, ich weiß nicht, wieso wir um Menschen trauern, die in ein sicheres Land einziehen, wo sie Gott aus den Wechselfällen und Gefahren dieser Welt herausholt; das bedeutet doch, uns zu lieben und nicht die, die sich eines größeren Gutes erfreuen werden. Den Gnädigen Damen dort empfehle ich mich sehr.

6. Ich versichere Euer Hochwohlgeboren, dass ich Sie sehr präsent habe, und es nicht nötig war, mich mit Ihrem Brief aufzuwecken, wo ich doch gern ein bisschen verschlafen wäre, um mich in meinem Leid aus Mitgefühl mit den Leiden

---

[13] Sie war auf Vorschlag des Provinzials Ángel de Salazar, der damit die Ausbreitung ihrer Reform verhindern wollte, vom Apostolischen Visitator Pedro Fernández gegen den Widerstand der dortigen Schwestern zur Priorin des Menschwerdungsklosters ernannt worden. In einem *Geistlichen Erfahrungsbericht* vom 10. Juli 1571 berichtet sie, wie sie in dieser Situation von folgenden innerlich vernommenen Worten ermutigt wurde: *„O Tochter, Tochter! Die im Menschwerdungskloster sind Schwestern von mir, und du zögerst noch? Auf, hab Mut; schau, ich will es, und es ist nicht so schwierig, wie du denkst, und auf dem Weg, auf dem ihr glaubt, dass diese anderen Häuser verlieren, wird das eine und das andere gewinnen, denn meine Macht ist groß"* (CC 17).

[14] Ein typisches Gottesbild für die damalige Zeit: Gott als Majestät, die durch unsere Sünden und Unvollkommenheiten beleidigt wird.

[15] Die Gräfin von Orgaz und Tochter des Grafen von Oropesa Doña Juana de Toledo (y) Pacheco.

von Euer Hochwohlgeboren nicht so unvollkommen zu erleben. Unser Herr schenke Ihnen die ewige Freude und Ruhe, denn für das, was dieses Leben davon bietet, haben Euer Hochwohlgeboren seit Tagen die Quittung ausgestellt,[16] auch wenn Ihnen das Ihrer Meinung nach nicht sehr gut vergolten wurde angesichts Ihres Leidens. Es wird der Tag kommen, an dem Euer Hochwohlgeboren den Gewinn erkennen und ihn um nichts in der Welt hätten verlieren wollen.

7. Ich freue mich sehr, dass mein Pater Duarte[17] dort ist. Wenn ich Euer Hochwohlgeboren schon nicht zu Diensten sein kann, freut es mich, dass Sie eine so gute Hilfe haben, um Ihre Prüfungen durchzustehen. Der Kurier wartet, und so kann ich mich nicht noch länger verbreiten, als nur noch zu sagen, dass ich den Gnädigen Damen dort vielmals die Hand küsse.

8. Unser Herr halte Euer Hochwohlgeboren in seinen Händen und nehme schnell dieses Fieber weg und schenke Ihnen Kraft, um Seine Majestät in allem zufrieden zu stellen, wie ich es inständig von ihm erbitte. Amen.

Gegeben im Menschwerdungskloster in Ávila, am 7. November.

Euer Hochwohlgeboren unwürdige Dienerin und Untergebene

Teresa von Jesus

---

[16] Mit diesem Bild soll ausgedrückt werden, dass Doña Luisa sich nichts mehr aus weltlichen Freuden macht. Teresa benutzt gern Vergleiche aus der Geschäfts- und Finanzwelt, die ihr als *Conversa* nahe steht; vgl. auch V 4,2; 11,1; 19,11; 20,27; 33,14; 39,15; CE 29,5; 43,3; 51,2; 65,5; CC 1,22; usw. Siehe dazu ferner J. A. Álvarez Vázquez, *„Trabajos, dineros y negocios"*.

[17] Ein Jesuit aus Alcalá de Henares.

39.

An Doña Juana de Ahumada[1] in Galinduste[2] (Salamanca)

Ávila, 4. Februar 1572

1. Jesus sei mit Euer Gnaden. Man möchte meinen, Sie sind in der anderen Welt, wenn Sie an jenem Ort weilen.[3] Gott möge ihn mir ersparen, und auch diesen Ort hier, denn schon fast seitdem ich hier bin, geht es mir gesundheitlich schlecht, und nur um Euer Gnaden das nicht sagen zu müssen, war es mir lieber, Euer Gnaden nicht zu schreiben. Vor Weihnachten überfielen mich Fieberanfälle und Halsschmerzen, ich wurde zweimal zur Ader gelassen und mit Abführmitteln behandelt. Seit der Zeit vor Dreikönig[4] habe ich das Viertagefieber,[5] allerdings ohne Brechreiz, und an den Tagen, an denen ich keines habe, versäume ich es nicht, mit allen anderen in den Chor zu gehen, und manchmal auch ins Refektorium;[6] ich glaube nicht, dass es andauern wird. Da ich sehe, was der Herr in diesem Haus[7] für eine große Verbesserung bewirkt hat, gebe ich mir Mühe, nicht im Bett zu bleiben, außer wenn ich Fieber habe, was die ganze Nacht anhält. Der Schüttelfrost beginnt ab zwei Uhr morgens, ist aber nicht heftig. Sonst geht es aber gut, bei so vielen Beschäftigungen und Prüfungen, dass ich nicht weiß, wie man das aushalten kann. Das Schlimmste sind die Briefe.[8] Nach Westindien[9] habe ich viermal geschrieben, da die Kriegsflotte[10] ausläuft.

---

[1] Teresas jüngste Schwester; siehe Ct 20 tít.

[2] Kleines Dorf in der Nähe von Alba de Tormes, wo die Adressatin mit ihrer Familie den Winter verbrachte; ihr Mann Juan de Ovalle hatte dort ein Landgut.

[3] Hier spürt man Teresas Abneigung gegen kleine Orte heraus, wie z.B. auch in F 20,1.

[4] Das Fest der hl. drei Könige, Erscheinung des Herrn oder Epiphanie, das am 6. Januar gefeiert wird.

[5] Siehe Ct 24,4.

[6] Als Chor bezeichnet man den klösterlichen Gebetsraum, sie meint also die Teilnahme am gemeinsamen Stundengebet; das Refektorium ist der klösterliche Speisesaal.

[7] Im Menschwerdungskloster.

2. Erstaunt bin ich über die Sorglosigkeit, die Sie an den Tag legen, wo Sie mich doch in so vielen Prüfungen stecken sehen. Ich habe jeden Tag auf Herrn Juan de Ovalle[11] gewartet, da man mir sagt, dass er kommen würde, um nach Madrid zu gehen, denn es wäre wichtig gewesen, meinem Bruder[12] zu schicken, worum er hat bitten lassen. Jetzt ist keine Zeit mehr, noch weiß ich, was ich sagen soll. Es soll Ihnen beiden alles nur so in die Hände fallen; das kann einem doch sicherlich nicht gut vorkommen.[13]

3. Man hat mir gesagt, dass Herr Juan de Ovalle und Herr Gonzalo de Ovalle[14] diejenigen sind, die dagegen sind, dass dem Kloster ein Gässchen überlassen wird.[15] Ich kann das nicht glauben. Ich möchte nicht, dass wir uns zu streiten anfingen, denn bei Frauen sieht das schlecht aus, selbst wenn ein Anlass bestehen sollte, und es würden diese Herren an Ansehen einbüßen, vor allem da es sich um eine Angelegenheit von mir handelt, um wie viel mehr noch, da ich nicht glaube, dass sie[16] bewusst Anlass dazu gegeben hatten, falls ihnen nicht ihre Naivität schadet. Geben Euer Gnaden mir Bescheid, was los ist, denn es sind Gerüchte, wie ich eben sage, und sie können trügerisch sein. Und seien Sie wegen meiner Krankheit nicht traurig, denn ich glaube nicht, dass

---

[8] Ähnlich in Ct 77,5: *„Diese Briefe sind eine wahre Tortur, und wenn es einmal nur zu meinem Vergnügen wäre, dann fehlt mir immer die Zeit.“*

[9] Die neu eroberten Gebiete in Amerika, wo ihre Brüder weilten; siehe die Briefe an Lorenzo de Cepeda: Ct 2; 24.

[10] Teresa schreibt *„armada“* („die Bewaffnete“), womit jedoch nicht die als Spanische Armada berühmt gewordene Kriegsflotte gemeint ist, die Philipp II. 1588 gegen England ausschickte, sondern die Kriegsmarine überhaupt.

[11] Juanas Mann.

[12] Vermutlich Lorenzo de Cepeda, der um die Erledigung eines Amtsgeschäfts am Madrider Hof gebeten hatte.

[13] Man beachte die Offenherzigkeit, mit der Teresa hier ihre Schwester und deren Mann kritisiert.

[14] Juan de Ovalles Bruder Gonzalo Godínez de Ovalle.

[15] Die beiden Brüder sind dagegen, dass dem Kloster vom Stadtrat von Alba de Tormes ein Gässchen, das es von ihren Häusern trennte, zugesprochen wird.

[16] Die Karmelitinnen von Alba de Tormes.

etwas dran ist; zumindest behindert es mich nicht sehr, auch wenn es mich etwas kostet.

4. Ich vermisse Sie hier sehr und fühle mich einsam. Ich könnte ein paar Realen[17] brauchen, da ich kein Essen vom Kloster nehme, nur Brot;[18] sorgen Sie doch dafür, sie mir zu schicken. Den Herren dort küsse ich die Hand, und meiner Beatriz[19] auch. Ich würde mich hier sehr über sie freuen. Von Gonzalo[20] weiß ich schon, dass er gut ist. Gott behüte sie! Agustín de Ahumada[21] ist beim Vizekönig,[22] Fray García[23] hat es mir geschrieben. Mein Bruder[24] hat zwei Nichten verheiratet und zwar sehr gut; bevor er zurückkommt, lässt er sie versorgt zurück. Es wird gleich zwölf schlagen, und ich bin recht müde, daher nicht mehr.

Gestern war Blasiustag, davor Unsere Liebe Frau.[25]

Euer Gnaden wahre Dienerin

Teresa von Jesus

---

17 Eine kleinere Summe; elf Realen war ein Dukaten. Siehe dazu Ct 2,3.

18 Angesichts der desolaten wirtschaftlichen Situation des Menschwerdungsklosters, versucht Teresa, es möglichst wenig finanziell zu belasten.

19 Teresas Nichte, die 12-jährige Beatriz de Ovalle y Ahumada (Juanas Tochter), die allen Andeutungen ihrer Tante zum Trotz erst nach deren Tod (1584) bei den Karmelitinnen in Alba de Tormes eintrat. Erziehung im Kloster bzw. Klostereintritt im Kindesalter waren damals nichts Ungewöhnliches; so verweist Teresa 1575 in einem Brief an Gracián auf folgende Weisung des Konzils von Trient: *„Unter zwölf Jahren (!) darf man ihnen nicht den Habit geben, aber im Kloster erziehen, das schon“* (Ct 89,3).

20 Teresas Neffe Gonzalo de Ovalle, der Sohn Juanas.

21 Ein Bruder Teresas, der 1546 nach Westindien aufgebrochen war. Wie Teresa im Folgenden andeutet, war er durch Vermittlung ihres Freundes, des Dominikaners García de Toledo, vom Vizekönig von Perú, Francisco Álvarez de Toledo, in Dienst genommen worden.

22 Francisco Álvarez de Toledo; siehe Ct 24,14.

23 Der Dominikaner García de Toledo, der seit März 1569 als theologischer Berater seines Cousins, des neuen Vizekönigs, Francisco Álvarez de Toledo, in Westindien weilte; siehe Ct 24,14.

24 Lorenzo de Cepeda, der mit dem Geld seiner verstorbenen Frau für die Aussteuer von Leonor de Ahumada, einer unehelichen Tochter von Agustín de Ahumada, und Juana de Ahumada (jun.), einer unehelichen Tochter von Jerónimo de Cepeda, aufgekommen war und ihnen damit eine Heirat ermöglicht hatte.

40.

An Doña Juana de Ahumada[1] in Galinduste[2] (Salamanca)

Ávila, Februar–März 1572[3]

1. Jesus. – Der Herr (sei mit Euer Gnaden).[4] Dieser Fuhrknecht[5] kommt wegen des Briefes erst, wenn er sich auf den Weg machen will. Daher bleibt keine Zeit, um mehr zu sagen. Bedenken Euer Gnaden, meine Gnädige Frau, dass wer gerettet werden will, so oder so Prüfungen durchmacht, und Gott sie uns nicht auswählen lässt; vielleicht gibt er Euer Gnaden als der Schwächeren sogar die kleinsten.[6] Ich weiß besser als Euer Gnaden es mir sagen oder brieflich mitteilen können, welche Sie durchmachen, und so empfehle ich Sie eifrig Gott, denn ich habe den Eindruck, dass ich Sie jetzt noch lieber habe als sonst, auch wenn es immer sehr ist.

---

25 Der Gedenktag des hl. Blasius, eines Märtyrer-Bischofs aus dem 4. Jahrhundert, der als Nothelfer beliebt war, wird am 3. Februar begangen. Am 2. Februar feiert die Kirche das Fest der Darstellung des Herrn, das heute als Herrenfest begangen wird, bis zum Zweiten Vatikanum aber Maria Lichtmess genannt und als Marienfest betrachtet wurde, daher Teresas Hinweis auf sie.

---

1 Teresas jüngste Schwester; siehe Ct 20 tít.

2 Siehe Ct 39 tít.

3 Die Datierung ist ungewiss; der Autograph befindet sich im Dominikanerinnenkloster Santa Catalina in Havanna (Kuba).

4 Konjektur; der Anfang des Briefes ist im Autograph unleserlich.

5 Neben der relativ billigen aber unzuverlässigen und nur zwischen Städten funktionierenden Königlichen Post und teuren, aber sicheren Privatkurieren benutzte Teresa zur Übermittlung ihrer Briefe auch Fuhrleute und Mauleseltreiber. Letztere brauchten zwar oft lange, waren dafür aber relativ zuverlässig; für Briefe und andere Sendungen in kleine, schlecht erschlossene Ortschaften kamen, zumal im Winter, oft nur Mauleseltreiber in Frage; siehe L. Rodríguez-Martínez/T. Egido, *Epistolario*, 634-638.

6 Teresa ermutigt ihre Adressaten und Adressatinnen immer wieder, die Prüfungen und Schwierigkeiten, die unweigerlich zum Leben zu gehören, im Glauben zu bestehen; vgl. etwa auch Ct 19,1f.; 37,2; 38,1. Je nach Fassungskraft des jeweiligen Adressaten weist sie auf die Vergänglichkeit alles Irdischen und den himmlischen Lohn hin (Ct 37,2; 38,1), ermuntert zur Nachfolge Christi (Ct 19,3) und zur Gottesliebe (Ct 38,2), immer aber verbunden mit herzlicher Anteilnahme (Ct 19,3; 38,1).

2. Man wird Ihnen noch einen weiteren Brief von mir bringen.[7] Ich glaube nicht, dass Sie armseliger sind, auch wenn es Ihnen so scheinen mag. Aber oft beichten, darum bitte ich Sie aus Liebe zu Gott und zu mir. Er sei mit Ihnen. Amen. Das weitere wird Ihnen Herr Juan de Ovalle sagen; sehr schnell ist er wieder von mir fort.

Die Truthähne sollen nur kommen, da Sie ja viele haben.

Ihre unwürdige Dienerin

Teresa von Jesus

41.

An Doña María de Mendoza in Valladolid

Ávila, 7. März 1572[1]

An die Allerdurchlauchtigste Frau Doña María de Mendoza, meine Herrin.

1. Jesus. – Die Gnade des Heiligen Geistes sei immer mit Euer Hochwohlgeboren. Amen. Bei diesem Wetter habe ich viel an Euer Hochwohlgeboren gedacht und die Befürchtung gehegt, dass seine Rauheit Euer Hochwohlgeboren Schaden zufügen müsste. Mir scheint daher, dass dieser bestimmt nicht ausgeblieben ist. Gott sei gepriesen, dass wir eine Ewigkeit ohne Wetterumschwung erleben werden. Möge es Seiner Majestät gefallen, dass dies so vorbeigeht, dass wir uns eines so hohen Gutes erfreuen dürfen. Mich hat diese Gegend so heimgesucht, dass man nicht meinen möchte, ich sei hier geboren; ich glaube, dass ich keine eineinhalb Monate gesund gewesen

---

[7] Damit ist vermutlich nicht Ct 39 gemeint, in dem Teresa sich darüber beschwert, dass ihr Schwager Juan de Ovalle keine Anstalten macht, nach Madrid zu gehen (Ct 39,2); jetzt hat er sie offensichtlich auf dem Rückweg von Madrid besucht.

---

[1] Autograph: Unbeschuhte Karmelitinnen, Valladolid.

bin, abgesehen vom Anfang,[2] weil da der Herr sah, dass man damals ohne Gesundheit nichts hätte auf die Beine bringen können; jetzt macht Seine Majestät alles. Ich verstehe mich auf nichts anderes als mich zu verwöhnen, vor allem vor drei Wochen, als ich zusätzlich zum Viertage-Fieber[3] auch noch Seitenstechen und eine Halsentzündung bekam. Eines dieser Übel hätte schon gereicht, um umzukommen, wenn Gott damit gedient gewesen wäre, aber es sieht nicht so aus, als sei ihm daran gelegen gewesen, dass es so weit komme, um mir diese Wohltat zu erweisen. Nach dreimaligem Aderlass geht es mir besser. Das Viertage-Fieber hat mich zwar verlassen, aber fiebrig bin ich immer noch, und so nehme ich morgen ein Abführmittel. Ich ärgere mich schon, mich so hilflos zu erleben, denn außer zur Messe krieche ich nicht aus meiner Ecke, und kann es auch nicht. Die Zahnschmerzen, an denen ich seit eineinhalb Monaten leide, setzen mir noch am meisten zu.

2. Ich erzähle Euer Hochwohlgeboren von all diesen Beschwerden, damit Sie es mir nicht anlasten, wenn ich Euer Hochwohlgeboren nicht geschrieben habe, und damit Sie sehen, dass dies die Gnadenerweise sind, die der Herr mir schenkt, da er mir genau das gibt, worum ich ihn immer bitte. Wirklich, es kam mir schon gleich bei meiner Ankunft hier unmöglich vor, bei meiner schlechten Gesundheit und schwachen Natur so viel Arbeit zu schaffen, denn wegen Vorgängen, wie sie sich in diesen Klöstern ergeben und wegen noch vielem anderen, was mich auch ohne dieses Haus erschöpfen würde, gibt es beständig Geschäfte zu erledigen; damit Sie sehen, dass man in Gott alles vermag, wie der heilige Paulus sagt (Phil 4,13). Er gibt mir insgesamt eine so schlechte Gesundheit (und doch tue ich dabei alles, so dass ich manchmal lachen muss) und lässt mich ohne Beichtvater und so allein,

[2] Zu Beginn ihres Aufenthaltes im Menschwerdungskloster, wo sie am 6. Oktober 1571 ankam.

[3] Siehe Anm. zu Ct 24,4.

dass es keinen Menschen gibt, mit dem ich zu meiner Erleichterung etwas besprechen könnte, sondern alles nur mit Bedacht. Allerdings hat es, was die Pflege des Leibes anbelangt, nicht an großer Anteilnahme und jemandem gefehlt, der für mich sorgte, und hier am Ort haben sie mir reichlich Almosen geschenkt; denn vom Haus esse ich nur Brot, und am liebsten nicht einmal das.[4] Die Spende, die uns Doña Magdalena[5] schenkte, ist schon aufgebraucht, denn davon (und mithilfe der weiteren Almosen, die Seine Hochwohlgeboren[6] und noch einige Personen schenken) haben wir bislang den ärmsten Schwestern ein Mittagessen gegeben.[7]

3. Da ich sehe, wie friedlich und gut sie schon sind, tut es mir leid, sie leiden zu sehen, denn das tun sie wirklich. Man muss unseren Herrn für die Veränderung loben, die er in ihnen bewirkt hat. Die schwierigsten sind jetzt am zufriedensten und mir gegenüber am wohlwollendsten.[8] In dieser Fastenzeit gibt es keinen Besuch, kein Mann und keine Frau, nicht einmal die Eltern, was für dieses Haus ganz neu ist. Aber sie nehmen alles in großem Frieden hin. Wirklich, es gibt hier große Dienerinnen Gottes, und es sind fast alle auf dem Weg der Besserung.[9] Meine Priorin[10] wirkt diese Wunder. Damit man er-

---

[4] Teresa möchte das mit großen wirtschaftlichen Problemen kämpfende Menschwerdungskloster nicht finanziell belasten; vgl. Ct 39,4.

[5] Die Kinderfrau von Don Juan de Austria, Doña Magdalena de Ulloa Toledo Osorio y Quiñones, die wegen ihrer sprichwörtlichen Mildtätigkeit die „Almosengeberin Gottes" genannt wurde. Sie war die Witwe des 1570 bei der Niederschlagung des Moriskenaufstandes der Alpujarras (Andalusien) umgekommenen Beraters Philipps II., Luis Méndez Quijada.

[6] Der Bischof von Ávila, Don Álvaro de Mendoza, der ein Bruder der Adressatin war.

[7] Im Menschwerdungskloster gab es große soziale Unterschiede, die Teresa nicht einfach abstellen konnte; Schwestern aus wohlhabenderen Familien führten ihren eigenen Tisch, während es den auf den gemeinsamen Tisch angewiesenen ärmeren Schwestern aufgrund der wirtschaftlichen Not des Klosters oft am Notwendigsten fehlte.

[8] Eine Anspielung auf die Tatsache, dass Teresa gegen den Willen vieler Schwestern und unter Missachtung von deren Wahlrecht zur Priorin ernannt worden war, was zu heftigem Widerstand geführt hatte; vgl. Ct 38,4; TyV 509-520.

[9] Vgl. Ct 38,4, wo Teresa den Schwestern des Menschwerdungsklosters ebenfalls ein gutes Zeugnis ausstellt.

kennt, dass das so ist, hat unser Herr es so gefügt, dass es mir so geht, als sei ich allem Anschein nach nur gekommen, um mich vor der Buße zu drücken und nur auf meine Bequemlichkeit zu achten.

4. Jetzt schreibt mir die Mutter Priorin des Hauses von Euer Hochwohlgeboren,[11] damit ich in jeder Hinsicht leide, dass Euer Hochwohlgeboren wünschen, dort eine Schwester aufzunehmen, und es seien Euer Hochwohlgeboren verärgert, weil ich sie nicht hätte aufnehmen wollen, was man Ihnen gesagt hat; ich solle ihr eine Genehmigung zur Aufnahme schicken, und dazu einer weiteren, die Pater Ripalda[12] bringt.[13] Ich habe mir gedacht, dass man Sie hintergangen hat. Es würde mir wehtun, wenn es wahr wäre, denn Euer Hochwohlgeboren dürfen mir ja Vorwürfe machen und mir befehlen, aber ich kann nicht glauben, dass Euer Hochwohlgeboren über mich verärgert sind, ohne dass Sie mir das sagen würden, es sei denn, um sie[14] abzuschütteln, sondern dass Euer Hochwohlgeboren sich genau deshalb so geben. Wenn es so wäre, verschaffte mir das eine große Beruhigung, denn mit diesen Patres der Gesellschaft[15] weiß ich mich schon zu verständigen, da sie nämlich niemanden aufnehmen würden, der für ihren Orden un-

[10] Die Muttergottes, deren Bild Teresa auf den Priorinnenplatz gestellt hatte, als die um ihr Wahlrecht gebrachten Schwestern ihrer Amtseinführung am 6. Oktober 1571 größten Widerstand entgegensetzten; sie hatte den Schwestern dabei erklärt, dass nicht sie, sondern Maria ihre wahre Priorin sei. Bei dem Bild handelte es sich um eine damals sehr populäre Darstellung der „Virgen de la Clemencia" (Unsere Liebe Frau von der Milde), die dem Porträt Isabellas der Katholischen nachempfunden war; das Gemälde befindet sich heute in San José in Ávila. Vgl. TyV 516; 521 u. Anm. 110.

[11] Die Priorin von Valladolid, María Bautista (Cepeda y Ocampo).

[12] Der Jesuit Jerónimo Ripalda (1535–1618), einer der Beichtväter und großen Helfer Teresas.

[13] Die folgenden Absätze sind wieder ein Meisterwerk teresianischer Diplomatie. Sie ist gegen die Aufnahme der besagten Kandidatinnen, kann es sich aber nicht leisten, den Wunsch der hohen Dame zu ignorieren, also zieht sie alle Register, um diese zu einer Meinungsänderung zu bewegen. Vgl. aber auch Ct 42, 1f.

[14] Diejenigen, die die besagten Kandidatinnen empfohlen hatten.

[15] Die Jesuiten.

geeignet wäre, nur um mir einen Gefallen zu tun. Wenn Euer Hochwohlgeboren es mit aller Entschiedenheit zu befehlen wünschen, dann besteht kein Grund mehr, noch weiter darüber zu reden, denn es ist klar, dass Sie in jenem Haus und überhaupt in allen befehlen können und ich zu gehorchen habe. Ich werde dem Pater Visitator[16] oder dem Pater General[17] ein Gesuch um eine Genehmigung schicken, da es gegen unsere Konstitutionen ist, eine mit dem Gebrechen, das sie hat, aufzunehmen, aber ohne einen von beiden kann ich gegen die Satzung keine aufnehmen. Außerdem müssen sie[18] gut Latein lesen lernen, denn es wurde angeordnet, dass keine aufgenommen werde, die das nicht kann.[19]

5. Zur Entlastung meines Gewissens darf ich es nicht unterlassen, Euer Hochwohlgeboren zu sagen, was ich in diesem Fall tun würde, nachdem ich es dem Herrn empfohlen hätte. Ich lasse beiseite, dass Euer Hochwohlgeboren es wünschen, wie ich eben sage, denn um Sie nicht zu verärgern, habe ich mich in allem darauf einzustellen und werde kein weiteres Wort darüber verlieren. Nur bitte ich Euer Hochwohlgeboren inständig, es sich gut zu überlegen und für Ihr Haus[20] höhere Ansprüche zu haben; denn wenn Euer Hochwohlgeboren nicht sehen, dass es ihm damit sehr gut geht, werden Sie es bedauern. Wenn es ein Haus mit vielen ist, kann man jedes Gebrechen besser ertragen; wo es aber so wenige sind, müssen sie zu Recht ausgewählt werden, und ich habe bei Euer Hochwohlgeboren immer diese Absicht wahrgenommen, so sehr, dass ich zwar für überall Schwestern finde, es aber noch nicht

---

[16] Pedro Fernández OP.

[17] Giovanni Battista Rossi (Rubeo).

[18] Die beiden Kandidatinnen.

[19] Lateinische Sprachkenntnisse wurden nicht verlangt; auch Teresa selbst war der lateinischen Sprache nicht mächtig. Da jedoch das gemeinsame Chorgebet lateinisch gebetet wurde, mussten Kandidatinnen, die Chorschwester werden wollten, fähig sein, die lateinischen Texte einigermaßen richtig aussprechen zu lernen. Teresa bauscht diese Minimalforderung hier wohl bewusst auf, um die unerwünschten Kandidatinnen abzuschrecken.

[20] Doña María hatte das Kloster in Valladolid gestiftet; siehe F 10.

gewagt habe, auch nur eine einzige in dieses Haus zu schicken, weil ich eine, die meinem Wunsch entsprechend so fähig wäre, wie ich sie für dort haben wollte, nicht gefunden habe; und so sollte meines Erachtens keine von diesen beiden dort aufgenommen werden, da ich bei ihnen weder Heiligkeit, noch Starkmut, noch übermäßige Urteilskraft, noch Begabungen sehe, so dass sie für dieses Haus ein Gewinn wären. Wozu nun wollen Euer Hochwohlgeboren dann, dass sie aufgenommen werden, wenn es dabei verlieren muss? Um sie zu versorgen, gibt es Klöster genug, wo, wie ich eben sage, die Dinge leichter zu ertragen sind, weil sie viele sind, doch dort muss jede, die aufgenommen wird, als Priorin oder für jedwede Aufgabe, die auf sie zukäme, tauglich sein.[21]

6. Aus Liebe zu unserem Herrn, überlegen Euer Hochwohlgeboren sich das gut, und beachten Sie, dass man immer mehr auf das Gemeinwohl als auf das Wohl des einzelnen achten muss, und dass Euer Hochwohlgeboren ihnen, da sie dort eingeschlossen sind[22] und miteinander leben und neben anderen Prüfungen des Ordens ihre gegenseitigen Fehler ertragen müssen (was die größte Prüfung ist, wenn sie keine Berufung erkennen können), in diesem Punkt den Gefallen tun müssen,

---

[21] Teresas Bestehen auf strengen Kriterien für die Unterscheidung der Berufungen ist um so bemerkenswerter in einer Zeit, in der Klöster vielfach Zufluchtsorte für mittellose Frauen oder nachgeborene Töchter waren, zumal es damals in Kastilien einen erheblichen Frauenüberschuss gab, da viele junge Männer ihr Glück in Westindien (Amerika) versuchten und somit in der Heimat als Heiratskandidaten ausfielen. In ihren kleinen Gemeinschaften sollen nur geeignete Kandidatinnen Aufnahme finden: *„Es liegt viel daran, darauf zu achten, was für eine Einstellung die Eintretende hat, und dass es nicht nur deswegen ist, um versorgt zu sein, wie es bei vielen der Fall sein wird“* (CE 21,1); *„Frauen, die kommen, weil sie Ordensschwestern werden wollen, sollt ihr (sofern euch ihre Wünsche und Geistesgaben zusagen, und es nicht nur deswegen ist, um sich zu versorgen, sondern um Gott in größerer Vollkommenheit zu dienen) niemals die Aufnahme verweigern, nur weil sie keine Vermögensgüter haben, wenn sie nur Tugendgüter haben“* (F 27,12).

[22] Eine Anspielung auf die strenge Klausur in den Teresianischen Klöstern, die den Schwestern einerseits den Freiraum bot, um ihr Leben ohne Einmischung von außen zu gestalten, andererseits aber hohe Anforderungen an das Gemeinschaftsleben stellte, wie Teresa hier anmerkt.

wie Sie uns in allem anderen ihr Wohlwollen erweisen. Überlassen es Euer Hochwohlgeboren nur mir, so Sie befehligen, denn ich werde mich mit ihnen,[23] wie ich eben sage, schon verständigen. Wenn es so ist, dass Euer Hochwohlgeboren es immer noch wollen, dann soll, wie ich gesagt habe, getan werden, was Euer Hochwohlgeboren wünschen, allerdings zu Lasten von Euer Hochwohlgeboren, wenn es nicht gut gehen sollte. Diese, die Pater Ripalda[24] meint, scheint mir für woanders nicht übel, dort aber stehen sie noch in den Anfängen, wo man darauf achten muss, das Haus nicht in Verruf zu bringen. Der Herr möge es fügen, wie es mehr zu seiner Ehre sei; er gebe Euer Hochwohlgeboren Licht, damit Sie tun, was recht ist, und erhalte Sie uns noch viele Jahre, wie ich es inständig von ihm erbitte, denn das vernachlässige ich nicht, wie krank auch immer ich sein mag.

7. Ihrer Exzellenz, meiner Gnädigen Frau Herzogin[25] küsse ich vielmals die Hand, und auch meiner Gnädigen Frau Doña Beatriz[26] und meinen Damen der Gräfin und Doña Leonor.[27] Schreiben mir Euer Hochwohlgeboren (ich meine, lassen mir Euer Hochwohlgeboren schreiben), was Sie möchten, damit das bei all dem hier getan werde, denn ich glaube, dass ich mein Gewissen beruhige, wenn ich es dem von Euer Hochwohlgeboren überlasse, und ich meine, dass ich damit nicht wenig tue, denn in allen unseren Klöstern wird es keine Schwester mit einem so auffallenden Gebrechen geben, und ich würde auch um nichts in der Welt eine aufnehmen.[28] Es kommt mir wie eine andauernde Bußübung[29] für die anderen vor, denn sie sind ja immer so eng beisammen, und da sie sich so gern

---

[23] Mit den Jesuiten; siehe Ct 41,4.

[24] Siehe oben Ct 41,4.

[25] Die Herzogin von Osuna, Doña Leonor Ana de Guzmán y Aragón.

[26] Doña Marías Schwester, Doña Beatriz Sarmiento de Mendoza.

[27] Die Gräfin von Lemus, Doña Beatriz de Castro, und ihre Tochter Doña Leonor de Castro y Portugal, die spätere Frau von Doña Marías Bruder, Don Diego Sarmiento de Mendoza; vgl. Ct 19,4; Ct 60,4.

[28] Die besagte Kandidatin war offenbar einäugig und hatte außerdem eine Missbildung im Gesicht.

haben, würde sie ihnen immer leid tun. Es reicht, dass sie dort die gute Magdalena[30] haben, und gebe Gott, dass es nur so wäre (wie bei ihr).

Heute ist der 7. März.

Euer Hochwohlgeboren unwürdige Dienerin und Untergebene

Teresa von Jesus, Karmelitin

Die Mutter Subpriorin[31] küsst Euer Hochwohlgeboren vielmals die Hand. Ich verstehe mich gut mit ihr.

42.

An Doña María de Mendoza in Valladolid

Ávila, 8. März 1572[1]

An die Allerdurchlauchtigste Frau Doña María de Mendoza, meine Herrin. Valladolid.

1. Jesus. Der Heilige Geist sei immer mit Euer Hochwohlgeboren. Amen. Da ich Euer Hochwohlgeboren erst gestern geschrieben habe, ist dies nur, um Euer Hochwohlgeboren wissen zu lassen, dass man mir heute von der Herzogin von Osuna[2] und von Doktor Ayala[3] Briefe überbracht hat, in denen sie zur Eile bei der Aufnahme einer jener jungen Frauen drän-

---

[29] *Mortificación*, eigentlich eine asketische Übung zum Zweck der Einübung ins Ich-Sterben, hier allgemeiner im Sinne einer Zumutung.

[30] María Magdalena Gutiérrez, die am 15. August 1571 in Valladolid ihre Ordensprofess abgelegt hatte. Welche Behinderung sie hatte, ist nicht bekannt.

[31] Die Subpriorin des Menschwerdungsklosters Isabel de la Cruz (Arias). Diese hatte Teresas Gründungswerk bereits als Subpriorin in Medina del Campo und Priorin in Valladolid unterstützt; von dort nahm Teresa sie wieder mit nach Ávila, als sie unverhofft zur Priorin des Menschwerdungsklosters ernannt wurde.

---

[1] Autograph: Kapuzinerinnenkloster, Bilbao.

[2] Doña Leonor Ana de Guzmán y Aragón; siehe Ct 41,7.

[3] Unbekannt, vielleicht ein Hausgeistlicher der Herzogin.

gen;[4] und ein Pater der Gesellschaft,[5] der sich darüber erkundigt hat, schickt mir einen gutes Zeugnis über die eine; die andere dürfte wohl die Strenge abgeschreckt haben. Eben deswegen ist es gut, dass jemand mit ihnen spricht, der ihnen das genau erklärt. Sie sagen mir kein Wort über sie. Ich habe geschrieben, dass man sie sehr wohl bald hinbringen dürfe, dass ich Euer Hochwohlgeboren geschrieben hätte, was zu tun wäre, um ihr bald den Habit zu geben, und dass sie Euer Hochwohlgeboren Bescheid geben sollen, sobald sie in Valladolid seien.

2. Ich schreibe unserem Pater Visitator[6] und sage ihm, dass Euer Hochwohlgeboren daran festhalten, sie aufzunehmen, und bitte Seine Paternität[7] inständig, auf diesen Brief hin die Genehmigung zu schicken. Ich glaube, dass er das tun wird; wenn nicht, dann mögen Euer Hochwohlgeboren Seiner Paternität gleich noch einmal schreiben und es so anordnen, dass man nicht auf den Gedanken kommt, es hätte da einen Irrtum gegeben, denn nach dem, was ich erkennen kann, wird der Pater Visitator es nicht unterlassen, so gut er kann zur Zufriedenheit von Euer Hochwohlgeboren darauf einzugehen. Möge unser Herr uns jene geben, die für immer andauert, und Euer Hochwohlgeboren immer an seiner Hand halten und Sie mir behüten.

3. Heute hat der Herr Bischof[8] mir sagen lassen, dass es ihm besser gehe und er hierher kommen wird. Seien Euer Hochwohlgeboren also nicht betrübt. Wann darf ich Euer Hochwohlgeboren innerlich freier erleben? Das bewirke unser Herr! Es stimmt allerdings, dass wir uns gegenseitig helfen müssen. Möge es ihm gefallen, dass ich Euer Hochwohlgeboren, wenn

---

[4] Eine der beiden Kandidatinnen für den Karmel von Valladolid, gegen deren Aufnahme Teresa erst am Vortag Vorbehalte geäußert hatte; siehe Ct 41,4-6.
[5] Der Jesuit Juan Álvarez.
[6] Der Dominikaner Pedro Fernández; vgl. Ct 41,4.
[7] Bis zum Zweiten Vatikanum üblicher Titel für einen Ordensoberen.
[8] Der Bischof von Ávila, Álvaro de Mendoza, der Bruder von Doña María.

ich Sie wiedersehe, mit mehr Herrschaft über sich antreffe, wo Sie doch den nötigen Mut haben, um es zu sein. Ich glaube, dass es für Euer Hochwohlgeboren nützlich wäre, mich in Ihrer Nähe zu haben, so wie auch für mich, in der Nähe des Paters Visitator zu sein, denn als Oberer sagt er mir die Wahrheit, und ich, verwegen und darauf aus, dass Euer Hochwohlgeboren mich ertragen, würde dasselbe tun. Ich empfehle mich in die Gebete meiner Gnädigen Frau, der Herzogin.[9] Die Schwestern hier denken in ihren Gebeten oft an Euer Hochwohlgeboren.

Euer Hochwohlgeboren unwürdige Dienerin und Untergebene

Teresa von Jesus, Karmelitin

4. Euer Hochwohlgeboren sagen mir nie, wie es Ihnen mit Pater Fray Juan Gutiérrez[10] geht; eines Tages werde ich es ihm sagen. Grüßen Euer Hochwohlgeboren ihn von mir. Ich habe noch nicht erfahren, ob seine Nichte[11] Profess gemacht hat. Der Pater Visitator wird die Genehmigung für diejenigen geben, die sie ablegen sollen. Wollen Euer Hochwohlgeboren das der Mutter Priorin[12] mitteilen lassen, denn ich habe es vergessen.

43.

An Doña Juana de Ahumada in Alba de Tormes[1]

Ávila, 27. August 1572(?)

An meine Gnädige Frau und Schwester Doña Juana de Ahumada.

---

9 Erneut die Herzogin von Osuna, Doña Leonor Ana de Guzmán y Aragón; vgl. Ct 42,1.

10 Ein Dominikaner aus Valladolid.

11 María Magdalena Gutiérrez, die am 15. August 1571 die Profess abgelegt hatte; siehe auch Ct 41,7.

12 María Bautista (Cepeda y Ocampo).

---

1 Teresas jüngste Schwester; siehe Ct 20 tít.

1. Jesus sei mit Euer Gnaden. Ich bin wohlauf, wenn auch so beschäftigt, dass ich am liebsten jetzt nicht schreiben würde. Gepriesen sei Gott, dass Herr Juan de Ovalle[2] es auch ist. Stimmen Euer Gnaden auf keinen Fall zu, dass er hierher kommt, denn das wäre ein großes Wagnis. Die Briefe nach Westindien wären besser genauso gegangen, wie ich die Geschenke schicke, denn Briefe, die Euer Gnaden schicken, kommen drüben nie an. Der Gnädigen Frau Doña Magdalena,[3] über deren Besserung ich mich freue, und meinen Kindern[4] empfehle ich mich.

2. Fray Diego[5] ist hier, doch habe ich ihn kaum zu Gesicht bekommen; wenn er kann, kommt er dort vorbei. Der Mutter Priorin[6] geht es gut, und meiner Gefährtin[7] auch; mir geht es derart besser, dass ich mich wundere, ob es so bleibt. Der Herr mache es so, wie ihm gedient ist, und sei mit Euer Gnaden.

Heute ist der Vortag von Sankt Augustinus.[8] Er wäre ein großer Irrtum, wenn Herr Juan de Ovalle reisen wollte.

Im Menschwerdungskloster ...[9]

Euer Gnaden

Teresa von Jesus

---

[2] Doña Juanas Ehemann.

[3] Die Schwester des Grafen von Oropesa, Doña Magdalena de Toledo, die Benediktinerin in der Abtei Santa Isabel in Alba de Tormes war.

[4] Die beiden Kinder der Adressatin, Gonzalo und Beatriz de Ovalle.

[5] Der Alcantariner (Reformfranziskaner) Diego de Cepeda, der mit Teresa verwandt war.

[6] Die Priorin von San José (Ávila), María de San Jerónimo.

[7] Isabel de la Cruz (Arias), die Teresa nach Medina del Campo und Valladolid begleitet hatte und sie jetzt als Subpriorin im Menschwerdungskloster unterstützte; vgl. Ct 41,7.

[8] Das Fest des großen Kirchenvaters († 430) wird am 28. August begangen; Teresa schreibt also am 27. August.

[9] Unleserliche Stelle im inzwischen verschollenen Autograph.

44.

An Pater Antonio Lárez[1] in Ávila

Ávila, 1572

Euer Hochwohlgeboren mögen um den so plötzlichen Tod von Pater Hernandálvarez del Águila[2] nicht trauern, denn es fehlt nicht an jemandem, der ihn im Himmel, inmitten von anderen heiligen Bekennern, die dort weilen, erblickt hat.[3]

45.

An Doña Juana de Ahumada in Alba de Tormes[1]

Ávila, 27. September 1572[2]

1. Jesus sei mit Euer Gnaden. Gott sei gepriesen, dass Herr Juan de Ovalle[3] gesund ist, denn die Schwäche müsste vorübergehen. Dieses Dreitagefieber[4] ist allgemein umgegangen; hier gibt es nichts anderes, wenngleich es mich wieder verlas-

---

[1] Rektor des Jesuitenkollegs San Gil in Ávila; vgl. Ct 6,4; es handelt sich bei diesem Brief um ein Fragment von einem Beileidsschreiben, das wir dem Jesuitenbruder Pedro Hernández verdanken, der den Text bei seiner Befragung im Zusammenhang mit dem Seligsprechungsprozess überlieferte (BMC 19,593).

[2] Der Jesuit Hernando Álvarez del Águila, dessen Schwester Mencía del Águila mit einem der ersten geistlichen Berater Teresas, dem „Spirituellen" Francisco de Salcedo, verheiratet war; 1510 geboren, wurde er 62 Jahre alt.

[3] Eine verhüllte Anspielung auf eine Vision, wie Teresa sie öfter von Verstorbenen hatte, über deren Schicksal im Jenseits sie sich sorgte; vgl. V 38,24ff. Solche Visionen, in denen Teresas Vertrauen auf den menschenfreundlichen, rettenden Gott zum Ausdruck kommt, sind aufschlussreich vor dem Hintergrund der damals stark betonten Heilsungewissheit sogar derer, die sich ernsthaft um ein christliches Leben bemüht hatten. Siehe dazu M. N. Ebertz, *Die Zivilisierung Gottes*, 130f.: *„Francisco Suárez (1548–1617) sollte der erste katholische Theologe sein, der die Position vertrat, dass die* Mehrzahl *der erwachsenen Katholiken des jenseitigen Heils teilhaftig werden."*

---

[1] Teresas jüngste Schwester; siehe Ct 20 tít.

[2] Autograph: Unbeschuhte Karmelitinnen, Palencia.

[3] Doña Juanas Ehemann.

[4] *Tercianas*: dreitägig intermittierendes Fieber.

sen hat. Es geht, gottlob, insgesamt von Tag zu Tag besser. Mir ist es in diesem Sommer gut gegangen; ich weiß aber nicht, wie es im Winter sein wird, denn er beginnt mir schon ein bisschen zuzusetzen; aber so lange kein Fieber da ist, übersteht man alles.

2. Bezüglich des Hauskaufs wüsste ich gern, was geschehen ist.[5] Aus Oropesa hat man mir geschrieben, es sei die Nachricht eingetroffen, dass die Kriegsflotte in Sanlúcar sei, allerdings ist es nicht ganz sicher.[6] Mehr weiß ich nicht. Sobald ich etwas von meinem Bruder[7] erfahre, werde ich Euer Gnaden benachrichtigen. Ich habe schon das Haus von Perálvarez,[8] damit er dort wohne.

3. Ich bin verärgert über diese Fastenübungen der Priorin.[9] Sagen Sie es ihr, und dass ich ihr deswegen nicht schreiben und sie nicht beachten will. Gott bewahre mich vor Leuten, die lieber ihren eigenen Willen durchsetzen als dass sie gehorchen.[10] Was immer ich tun kann, um der Gnädigen Frau Doña Ana einen Dienst zu erweisen, werde ich um des Gnä-

---

5 Vermutlich eine Anspielung auf das Kloster in Alba de Tormes, das in einem Rechtsstreit mit den Ovalles wegen einer zwischen dem Kloster und deren Besitz liegenden Gasse verwickelt war; vgl. Ct 39,3.

6 Oropesa liegt in der Provinz Toledo, Sanlúcar de Barrameda ist eine Hafenstadt in der andalusischen Provinz Cádiz. Diese Nachricht ist wichtig für Teresa und ihre Schwester, da sie auf die Rückkehr ihres Bruders Lorenzo de Cepeda aus Amerika hoffen; vgl. Ct 22,1; 24,1.

7 Lorenzo de Cepeda.

8 Teresas Verwandter Pedro Álvarez Cimbrón, der nach Lorenzos Rückkehr nach Spanien dessen Freund und Berater wurde.

9 Die Priorin von Alba de Tormes, Juana del Espíritu Santo (Yera), die zuerst im Menschwerdungskloster war und dann Teresas Werk in Toledo und Alba de Tormes unterstützte.

10 In der *Inneren Burg* betont Teresa, dass die wahre Gotteinung darin bestehe, *„unsere Eigenwilligkeit aufgeben und sie an das binden, was jeweils Gottes Wille ist"* (5M 3,3); aus diesem Grund hält sie wenig von selbst erdachten asketischen Übertreibungen, die das Kreisen um sich eher verstärken als überwinden helfen. Vgl. auch CC 20, wo sie Christus sagen lässt, dass er ihren Gehorsam mehr schätzt als die übertriebene Buße der Catalina de Cardona.

digen Herrn Don Cristóbals willen sehr gern tun.[11] Wir hatten darüber gesprochen, dass sie in diesem Haus[12] wohnen könnte, wo auch Doña Sancha[13] ist, aber sie ist von der Art, dass sie sich dafür nicht eignet. In dieses Haus darf niemand herein, es sei denn in den Pfortenbereich, noch darf eine Bedienstete von hier hinaus; ihre Schwestern werden ihr, glaube ich, kaum zu Diensten sein können, auch wenn sie das gerne hätte, denn da es schon fünf Jahre her sind, dass sie vom Kloster kein Essen nehmen, nur Brot,[14] sind sie eingeschränkt,[15] und Doña Inés[16] ist fast immer krank. Sie leiden sehr darunter, dass der Spielraum für alles so eng ist, und ich, Sie sehen schon, welchen ich haben kann, da sie durch Vorschriften derart gebunden sind.[17]

4. Der Subpriorin[18] mögen Sie mich herzlich empfehlen. Man lässt mir keine Zeit, um ihr zu schreiben, noch für mehr. Isabel Juárez[19] ist die, die aus Malagón gekommen ist, und zwar sehr ungern, wie man sagt, doch da sie gelegentlich das Verlangen danach hatte, hat die Priorin[20] sie zurückgeschickt, und

---

[11] Cristóbal Chacón, ein alter Freund von Teresas Vater Alonso Sánchez de Cepeda, und seine Tochter Ana.

[12] Im Menschwerdungskloster.

[13] Eine weitere Tochter von Cristóbal Chacón, die Karmelitin im Menschwerdungskloster war.

[14] Eine Anspielung auf die angespannte wirtschaftliche Situation des Menschwerdungsklosters; vgl. Ct 39,4 und Ct 41,2.

[15] Sie können also ihrer Schwester, die ebenfalls in beschränkten Verhältnissen lebt, nicht helfen.

[16] Die dritte Tochter von Cristóbal Chacón, die ebenfalls Karmelitin im Menschwerdungskloster war.

[17] Eine Anspielung auf die strengen Auflagen, die der Apostolische Visitator Pedro Fernández für die Reform des Menschwerdungsklosters gemacht hatte.

[18] Die Subpriorin von Alba de Tormes, María del Sacramento (Suárez), die aus dem Menschwerdungskloster in Ávila kam.

[19] Eine Schwester aus dem Menschwerdungskloster, die 1569 in das eben von Teresa gegründete Kloster nach Toledo und von dort nach Malagón gegangen war; nun war sie aus Malagón in das Menschwerdungskloster zurückgeschickt worden.

[20] María del Sacramento, die in Malagón Priorin gewesen war, bevor sie in Alba Subpriorin wurde; diese kehrte in der Tat fünf Monate später in das Menschwerdungskloster zurück; siehe Ct 48,5.

eines Tages wird sie, glaube ich, selbst auch kommen. Ich habe ziemlich große Sorgen; möge Gott helfen! An Herrn Juan de Ovalle meine Empfehlungen, und an meine Kinder auch.[21] Sie sagen mir nicht, woran Beatriz erkrankt war. Gott sei mit ihnen.

Es ist der 27. September.

Ihre

Teresa von Jesus

Großen Nutzen bringt dieser Unbeschuhte, der hier die Beichte hört; es ist Bruder Johannes vom Kreuz.[22]

46.

An Doña Mariana Xuárez de Lara(?) in Ávila[1]

Ávila, Ende Dezember 1572(?)[2]

1. Jesus. – Die Gnade des Heiligen Geistes sei immer mit Euer Gnaden. Es war nicht nötig, Euer Gnaden zu treffen, um es als einen sehr großen Gunsterweis aufzunehmen, dass Euer Gnaden mir Gelegenheit geben wollten, Ihnen die Hand zu küssen; nachdem ich nämlich erkannt hatte, wie gut Euer Gnaden das Gute erkennen, hätte ich mir, falls ich gekonnt hätte, diese Freude selbst verschafft. Und so bitte ich Euer

---

[21] Die beiden Kinder der Adressatin, Gonzalo und Beatriz de Ovalle.

[22] Teresa hatte Johannes vom Kreuz im Mai 1572 als Beichtvater ins Menschwerdungskloster geholt, um ihr bei der spirituellen Erneuerung des Klosters zu helfen.

---

[1] Adressatin ungewiss; Efrén/Steggink identifizieren sie mit Mariana Xuárez (Juárez) de Lara, der Tochter des Francisco Xuárez de Lara und seiner Frau Francisca Villafañe, die sich sechs Jahre lang dem Karmeleintritt ihrer Tochter widersetzten, bis diese schließlich 1574 mit dem Namen Mariana de Jesús in San José (Ávila) eintrat; vgl. Ct 62,1.

[2] Entstehungsdatum ungewiss; da Teresa davon auszugehen scheint, dass sie längere Zeit in Ávila weilen wird, datieren Efrén/Steggink diesen Brief auf Ende 1572.

Gnaden inständig, doch zur Kenntnis zu nehmen, dass es eine sehr große Freude wäre, wenn Sie mir die Gunst erwiesen, hierher zu kommen; und wenn das zu einer Stunde wäre, wo dies länger dauern könnte, wird diese noch größer sein. Am Thomastag[3] war so wenig Zeit, dass ich mich geradezu freute, als es für Euer Gnaden einen Anlass gab, es auf einen anderen Tag zu verschieben.

2. Bei dem, was Euer Gnaden ansprechen, würde das meine Freude eher vermehren als stören, denn es fehlte die Zeit, um über seelische Angelegenheiten zu sprechen, geschweige denn über all das andere, was bedeutet hätte, die Zeit sehr auszudehnen. Und so müssen es Euer Gnaden im Dienst unseres Herrn tun, da Sie sich einer so guten Unterweisung erfreuen. Es sieht ganz danach aus, dass Euer Gnaden das auch verdienen. Möge es unserem Herrn gefallen, dass Sie bei dieser erbärmlichen Dienerin, mit der Sie vorlieb nehmen wollen, nichts verlieren! Beachten Euer Gnaden daher, was Sie tun, denn Sie schulden es sich selbst, sie nicht mehr zu entlassen, sobald sie einmal als solche akzeptiert wurde. Man gewinnt viel, wenn man in allen Dingen auf die Anfänge achtet, damit auch das Ende gut ist. Für mich kann es nicht anders als so ausgehen, und so wird es für mich an dem von Ihnen bestimmten Tag und zu der Stunde, die Ihnen passt, ein großer Gunsterweis sein.

Möge unser Herr immer Licht und Führer von Euer Gnaden sein!

Euer Gnaden unwürdige Dienerin

Teresa von Jesus

[3] Der Gedenktag des Apostels Thomas, 21. Dezember.

47.

An Martín Dávila Maldonado Bocalán[1] in Salamanca

Ávila, 1. Februar 1573

An Seine Magnifizenz, Herrn Maldonado Bocalán, meinen Herrn.

1. Jesus. – Die Gnade des Heiligen Geistes sei immer mit Euer Gnaden und vergelte Ihnen die Liebe und Sorgfalt, mit der Sie das Almosen, das uns der Gnädige Herrn Don Francisco[2] spendet, vervollständigten. Möge es unserem Herrn gefallen, Seine Hochwohlgeboren noch viele Jahre zu erhalten und die Besserung, die er zu spüren beginnt, weiter voranschreiten zu lassen.

2. Da ich nicht wusste, wohin ich den Brief schicken sollte, hatte ich Euer Gnaden die Bitte, mir das Geflügel zu schicken, noch nicht zukommen lassen. Die Not dieses Hauses[3] und der Kranken, ist so groß, dass es sehr nötig war. Ich bin ziemlich krank gewesen, aber jetzt geht es mir wieder gut. Ich habe mich sehr über das Almosen gefreut, das uns jetzt erneut erreicht. Gott sei für alles gepriesen. Der sie brachte, hat seine Sache sehr gut gemacht.

3. Hiermit bestätige ich, dass ich heute, am Vortag Unserer Lieben Frau von der Reinigung[4] des Jahres 1573 62 Stück Ge-

---

[1] Ein Adliger aus Salamanca, dessen Tochter ein knappes halbes Jahr danach, im September 1573, mit dem Namen Leonor de Jesús (de Ledesma) in das dortige Karmelitinnenkloster eintrat, wo sie bereits zwei Jahr später starb; vgl. Ct 57,4. Der Brief ist eine Empfangsbestätigung für die Zusendung von 62 Stück Geflügel im Auftrag eines Freundes und großen Wohltäters von Teresa, des Herrn von Coca und Alaejos, Francisco de Fonseca. Als solcher gibt er Einblick in die nach wie vor angespannte wirtschaftliche Lage des Menschwerdungsklosters; Teresa war ständig auf die Hilfe von Wohltätern angewiesen, um ihre Schwestern ernähren zu können.

[2] Francisco de Fonseca; siehe Anm. 1.

[3] Des Menschwerdungsklosters in Ávila.

[4] Eine alte Bezeichnung für das Fest, das seit dem Zweiten Vatikanum als Darstellung des Herrn bezeichnet und am 2. Februar begangen wird.

flügel erhalten habe. Und da es so ist, bestätige ich es mit meiner Unterschrift. Unser Herr halte Euer Gnaden immer an seiner Hand, und es schenke Ihnen Seine Majestät so viel Gutes wie er nur kann. Amen.

Euer Gnaden Dienerin

Teresa von Jesus, Priorin

Ich habe Don Francisco schon geschrieben, wie viel Sorgfalt Euer Gnaden aufwenden und in welch gutem Zustand das Geflügel angekommen ist.[5]

48.

An Pater Gaspar de Salazar[1] in Cuenca

Ávila, 13. Februar 1573

An Seine Magnifizenz und Hochwürden Herrn Gaspar de Salazar, Rektor der Niederlassung der Gesellschaft Jesu in Cuenca, meinen Herrn und meinen Vater.

1. Jesus. – Die Gnade des Heiligen Geistes sei immer mit Euer Gnaden. Amen. Ich habe mich gefreut, dass sich die Gelegenheit bietet, um Euer Gnaden von mir berichten zu können, wo Euer Gnaden es schon so vernachlässigen, mir Nachricht über sich zukommen zu lassen. Möge es unserem Herrn gefallen, dass Sie bei so guter Gesundheit sind, wie ich es Ihnen wünsche und erbete.

---

[5] Dieser Brief ist nicht erhalten.

---

[1] Der Jesuit Gaspar de Salazar war vom 9. April 1561 bis Anfang 1562 Rektor des Jesuitenkollegs San Gil in Ávila gewesen und hatte Teresa damals als Beichtvater in ihrem Vorhaben, das Kloster San José (Ávila) zu gründen, unterstützt; siehe V 31,7-10, wo Teresa ihn als *„lautere und heiligmäßige Seele“* bezeichnet, *„ausgestattet vom Herrn mit einer besonderen Gabe zur Unterscheidung der Geister“* (V 31,10). Sie blieb ihm freundschaftlich verbunden (*„mein guter Freund Salazar“*, Ct 121,2) und erwähnt ihn öfter in ihrem Briefwechsel; siehe auch Ct 7,3; 10,2; 117,2; 150,3; 152,6; usw.

2. Es sind schon viele Tage, ja sogar Monate her, dass ich einen Brief von Euer Gnaden voll guter Ratschläge und Hinweise erhielt. Er kam zu einer Zeit an, in der er mir viel Mut machte,[2] auch wenn mir die Gebete von Euer Gnaden noch mehr genützt haben dürften; ich lasse Sie nämlich wissen, dass der Herr in diesem Haus[3] so viele Gnaden erwiesen hat, dass ich Ihnen versichere, es gebe hier mittlerweile, was Widerstand gegen den Gehorsam oder die Sammlung anbelangt, nicht mehr Betrübliches für mich, als das in San José der Fall war.[4] Es sieht so aus, als erweise der Herr diesen Seelen insgesamt so viel Gnade, dass es mich erstaunt; und so erging es auch dem Pater Visitator,[5] der uns vor etwa einem Monat visitierte, denn er fand nichts zum Verbessern. Danken Euer Gnaden unserem Herrn dafür. Er hat im hiesigen Kloster der Karmeliten[6] Unbeschuhte als Prior, Subprior, Pförtner und Sakristan eingesetzt, und einer von ihnen, ein ganz heiligmäßiger,[7] ist seit längerem hier, um die Beichte zu hören; er hat großen Nutzen gebracht, und auch all jene anderen sind ganz nach meinem Geschmack.

3. Das ist großartig gewesen, und wenn ihnen jenes Haus ganz überlassen würde,[8] wie ich mir vom Herrn erhoffe, hätte

---

2 Eine Anspielung auf die sehr schwere Anfangszeit ihres Priorats im Menschwerdungskloster; vgl. dazu Ct 38,4; 41,3.

3 Das Menschwerdungskloster in Ávila.

4 Ein bemerkenswertes Zeugnis, galt doch Teresas erste Klostergründung San José (Ávila) als Musterkonvent; vgl. F 1, wo sie die Anfänge in San José geradezu glorifiziert.

5 Der Dominikaner Pedro Fernández, der sie zur Priorin ernannt hatte und nun ihrem segensreichen Wirken in einem Brief vom 22. Januar 1573 überschwängliches Lob zollte.

6 Das Karmelitenkloster von Ávila; die Besetzung aller Schlüsselpositionen (Leitung und Außenkontakte) mit Unbeschuhten war ein Versuch, die Reform von oben herab durchzusetzen. Zum Prior wurde Antonio de Jesús (Heredia) ernannt. Siehe Einführung S. 48.

7 Johannes vom Kreuz, der bereits seit dem Frühjahr 1572 Beichtvater im Menschwerdungskloster war.

8 Es ist nicht ganz klar, wie Teresa dies meint, da es lediglich die Absicht des Visitators gewesen war *„einige Unbeschuhte“* in diesen Konvent zu versetzen, *„nicht damit es ein Konvent von Unbeschuhten würde, sondern damit sie ihn*

ich keinen Grund mehr, um noch länger in diesem hier[9] zu sein. Bitten Euer Gnaden ihn[10] darum, denn damit wäre ihm insgesamt abgeholfen. Bislang hat es an großen Prüfungen nicht gefehlt, noch an Beschäftigungen und äußerst schlechter Gesundheit im Winter, da dieses Haus für meine Krankheiten sehr schädlich ist. Aber alles halte ich für gut eingesetzt, wenn ich sehe, wie viele Gnaden mir Seine Majestät erwiesen hat. Ich wünschte mir sehr, dass Euer Gnaden von diesen neuen Gnadenerweisen erführen, und wenn ich Sie treffen könnte, würde mich das sehr trösten. (Gehen Euer Gnaden zur nächsten Seite, denn ich habe schlechtes Papier genommen.) Der Herr mache es in allem so, wie er möchte.[11]

4. Der Herr Bürgermeister von hier,[12] dem ich sehr gern zu Diensten wäre, kam zu mir und hat mir zugesetzt – und nachher tat er es noch einmal –, ich solle Euer Gnaden inständig bitten, dass man in eines der Klöster dort[13] (ich glaube, er sagt, von Unbeschuhten, wo Euer Gnaden schließlich viel Einfluss haben) eine Tochter von Juan de Buedo und Leonor de Hermosa als Ordensschwester aufnehmen möge.[14] Sie sagen, dass die junge Frau und ihre Eltern alle Eigenschaften haben, die erforderlich seien. Erkundigen sich Euer Gnaden, ob es wirklich so ist, aber auch aus Liebe zu Gott, der ihr seine Gunst schenken möge, denn es ist ein Dienst für Gott, und mir würden Sie einen großen Gefallen erweisen, da ich

---

nach ihren Gesetzen leiteten: Denn wenn sie die halten, werden sie heilig werden“ (MHCT 1,139).

[9] Im Menschwerdungskloster.

[10] Gemeint ist der Visitator Pedro Fernández OP.

[11] Hier fehlt im Autograph ein ganzes Blatt; am Seitenrand ist vermerkt: *„Die Hälfte dieses Briefes, auf der sich keine Unterschrift befand, wurde mit Genehmigung des Paters Visitator nach Paraguay mitgenommen“* – ein beredtes Zeugnis für die Sucht nachfolgender Generationen, sich Reliquien von Teresa zu beschaffen.

[12] Von Ávila.

[13] In Cuenca.

[14] Ein typischer Fall für die damalige Zeit, in der insbesondere nachgeborene Töchter von den Eltern zum Klostereintritt genötigt wurden, damit sie versorgt waren.

sie in keines unserer Klöster aufnehmen kann, weil die Eignung dafür fehlt.

5. Allen geht es recht gut. In Malagón ist Brianda de San José[15] bereits Priorin, und die andere ist hierher in ihr Haus zurückgekehrt.[16] Da ich mir sicher bin, dass mir Euer Gnaden in allem soviel Wohlwollen erweisen werden, wie Sie nur können, schreibe ich nicht mehr. Gesundheitlich geht es mir jetzt besser als sonst. Vergessen mich Euer Gnaden nicht in Ihren Gebeten, denn ich, wiewohl armselig, mache das auch.[17]

Ich beichte bei Pater Lárez.[18]

Heute ist der 13. Februar des Jahres 1573.

Euer Gnaden Dienerin und Tochter

Teresa von Jesus

49.

An Doña Juana de Ahumada[1] in Alba de Tormes

Ávila, 9. März 1573

1. Jesus sei mit Euer Gnaden. Mit diesem Kurier habe ich noch nie geschrieben; aber ich freue mich sogar sehr, dass er hier ist, damit er den beiliegenden Brief von meinem Bruder[2]

---

15 Brianda de San José (Temiño y Mendoza) hatte 1571 in Toledo Profess gemacht. Teresa schätzte sie sehr. Sie war noch sehr jung, als sie in Malagón Priorin wurde; bald darauf wurde sie jedoch krank, wovon es in den Briefen Teresas immer wieder Echos gibt; siehe etwa Ct 108,6.10; 109,1; 163,6; 175,3; 179,6. Sie starb 1586 in Toledo.

16 María del Sacramento (Suárez), die aus dem Menschwerdungskloster in Ávila stammte und zu den Pionierinnen von Malagón gehörte, wo sie 1569 Priorin war; nach einem Zwischenspiel als Subpriorin und dann Priorin in Alba de Tormes (siehe Ct 45,4), war sie nun in das Menschwerdungskloster zurückgekehrt.

17 Elliptisch für *„ich vergesse Sie nicht in meinen Gebeten“.*

18 Der Jesuit Antonio Lárez war Rektor des Studienkollegs San Gil in Ávila; siehe Ct 44.

mitnimmt, der mir überbracht wurde, als ich bei der Vesper[3] war. Gottlob geht es ihm gut, und wie Euer Gnaden sehen werden, dürfen wir nun sicher mit seiner Rückkehr rechnen.[4] Möge es Seiner Majestät gefallen, dass Herr Juan de Ovalle[5] wohlauf ist. Da dieser Kurier so zuverlässig ist, wäre es gut, wenn Sie mir ein paar Zeilen schrieben, damit ich weiß, wie es ihm geht. Ich bin wohlauf und es geht, gottlob, insgesamt gut.

2. Es wird vernünftig sein, sich gleich mit der Beschaffung der Papiere zu beeilen und Besitz zu ergreifen. Ich weiß nicht, wo diese Stadt, von der Sie sprechen, liegt, ob es sehr weit ist.[6] Mein Bruder dort wird es schon wissen. Sie werden schon sehen, wie es sich bald machen lässt; und da von dort[7] aus, wie man so sagt, jedes *Credo*[8] ein Bote nach Madrid geht, wäre es gut, sofern man sich bemüht, diesen Herrn, der in Gerichtsverhandlungen stecken wird, ausfindig zu machen, dass die Papiere bald fertig sind. Der Herr möge alles in seine Hand nehmen und Euer Gnaden ganz heilig machen.

---

[1] Teresas jüngste Schwester; siehe Ct 20 tít.

[2] Lorenzo de Cepeda, der in Amerika weilt; siehe Ct 2 tít. In den Briefen an Juana de Ahumada ist immer wieder von ihm bzw. von seiner geplanten Rückkehr nach Spanien die Rede; siehe etwa Ct 22,1; 23,2; 39,2.4; 45,2. Am 12. August 1575 kann sie ihr schließlich seine glückliche Ankunft melden (Ct 87,1).

[3] Das kirchliche Abendgebet, das damals am frühen Nachmittag bzw. in der Fastenzeit sogar bereits am späten Vormittag gebetet wurde; siehe Cs 6.

[4] Diese sollte sich allerdings noch bis August 1575 verzögern.

[5] Doña Juanas Mann, auf dessen gesundheitliche Probleme Teresa in den Briefen an ihre Schwester immer wieder einmal anspielt; siehe etwa auch Ct 43,1; 57,1.

[6] Teresa versucht, sich so kurz wie möglich zu fassen, weil der Kurier bereits wartet, darum lässt sich nur schwer rekonstruieren, worauf sie hier anspielt; möglicherweise geht es um Überlegungen wegen des künftigen Wohnsitzes von Lorenzo in Spanien; vgl. Ct 45,2.

[7] Alba de Tormes.

[8] „Jeden Augenblick"; *Credo (Glaubensbekenntnis)*: ein typisches Zeitmaß für eine sakralisierte Gesellschaft, in der die Zeit nach *„Aves"* (V 4,7; 38,1.10), *„Vaterunser"* oder *„Credos"* (V 12,5; 15,7; 30,16) gemessen wurde.

3. Mir scheint, dass der beiliegende Brief von einem Schwager des Sohnes von unserem Onkel Ruy Sánchez[9] stammt. Ich werde versuchen, ihm mit diesem Kurier zu schreiben, denn das wird sicher sein; versuchen Sie es auch dort.

Heute ist der 9. März.

Meine Kinder[10] lasse ich herzlich grüßen.

Euer Ehrwürden[11]

Teresa von Jesus

50.

An Pater Juan Ordóñez[1] in Medina del Campo (?)

Ávila, 26. März 1573[2]

... schreibe ich jetzt. Sagen Euer Gnaden Herrn Asensio Galiano[3] und Doña Elena[4] viele Grüße von mir. Der Herr sei immer mit Euer Gnaden. Heute ist Donnerstag nach Ostern.

Euer Gnaden unwürdige Dienerin und Untergebene ...

---

9 Bruder des Vaters von Teresa, Alonso Sánchez de Cepeda.

10 Doña Juanas Kinder, Gonzalo und Beatriz de Ovalle.

11 Wohl ein Flüchtigkeitsfehler Teresas oder auch des Kopisten, da diese Anrede nur für Ordensleute üblich ist.

---

1 Ein Jesuit, mit dem Teresa in Medina del Campo zu tun hatte; siehe Ct 53. Von diesem Brief ist nur ein kleines Fragment erhalten.

2 Autographisches Fragment: Unbeschuhte Karmelitinnen, Rochefort (Belgien).

3 Ein Großhändler aus Medina del Campo, der Teresa in Medina und Sevilla unterstützte.

4 Elena de Quiroga, eine Nichte des Großinquisitors Kardinal Gaspar de Quiroga, die eine Tochter im Karmelitinnenkloster von Medina del Campo hatte (Jerónima de la Encarnación Villarroel y Quiroga) und dort 1581 auch selbst mit dem Ordensnamen Elena de Jesús eintreten sollte.

51.

An Mutter Inés de Jesús[1] in Medina del Campo

Ávila, um 1573[2]

Meine Tochter: Es tut mir sehr leid wegen der Krankheit, an der Schwester Isabel[3] leidet. Ich schicke Ihnen den heiligmäßigen Bruder Johannes vom Kreuz[4] dorthin, denn Gott hat ihm in seinem Erbarmen die Gnade geschenkt, um böse Geister aus denen, die sie haben, zu vertreiben. Hier in Ávila hat er jetzt gerade aus einer Person drei Legionen von bösen Geistern ausgetrieben. Sie fürchten in ihm so viel Gnade, von einer solchen Demut begleitet.[5]

---

[1] Inés de Jesús (Tapia), gestorben 1601, eine Cousine Teresas, zunächst Karmelitin im Menschwerdungskloster zu Ávila, war bei der Gründung von San José in Ávila dabei, anschließend auch bei der Gründung in Medina del Campo, dann Priorin in Medina del Campo; siehe auch Ct 21,1; 68,1; 298; 437.

[2] Der Text dieses Briefes, der nicht gesichert ist, wird von den ersten Hagiographen des Johannes vom Kreuz, José de Jesús María (1629), Jerónimo de San José (1641) und Alonso de la Madre de Dios (um 1600?) überliefert.

[3] Isabel de San Jerónimo (Ureña) hatte 1569 in Medina del Campo ihre Profess abgelegt, wechselte später nach Pastrana und von dort nach Segovia und begleitete Teresa nach Beas und Sevilla. Als sich um 1573 bei ihr erste Anzeichen einer seelischen Störung zeigten, glaubte die Priorin an Besessenheit und wendete sich in ihrer Not an Teresa, die daraufhin Johannes vom Kreuz mit der Prüfung der Situation beauftragte. Alonso de la Madre de Dios zufolge, sah dieser „*in Medina angekommen, die Ordensfrau, und allein schon bei ihrem Anblick sagte er, dass ihr Leid nicht vom Bösen sei, sondern der Anfang anderer Leiden, nämlich Verrücktheit. Und nachher, nachdem diese einmal geklärt war, erkannten sie ihr Leid sehr wohl*“ (*Vida* II, cap. 26).

[4] Johannes vom Kreuz war seit 1572 Beichtvater im Menschwerdungskloster.

[5] Bei José de Jesús María heißt der letzte Satz: „*... von bösen Geistern ausgetrieben. In der Kraft Gottes machte er, dass sie ihm gehorchten und ihm sogar ihre Namen sagten*“ (*Historia* II, cap. 11,679).

52.

An den König Don Felipe II.[1] in Madrid

Ávila, 11. Juni 1573[2]

An die Heilige[3] Kaiserlich-Königliche Katholische Majestät[4] des Königs, unseres Herrn.

1. Jesus. – Die Gnade des Heiligen Geistes sei immer mit Eurer Majestät. Amen. Ich glaube, dass Eure Majestät über meine fortwährende Sorgfalt, Eure Majestät in meinen armseligen Gebeten Gott zu empfehlen, wohl unterrichtet ist. Das mag zwar, weil ich so erbärmlich bin, ein geringer Dienst sein, aber da ich die Unbeschuhten Schwestern in den Klöstern unseres Ordens wachrüttle, das zu tun, ist es doch etwas; denn ich weiß, dass sie unserem Herrn dienen, so auch in dem Haus, in dem ich jetzt bin,[5] ebenso wie sie für die Königin, unsere Herrin,[6] und den Prinzen[7] bitten, dem Gott ein sehr langes Leben gebe. Und am Tag, an dem Seine Hoheit vereidigt wurde, betete man besonders.[8] Das wird man immer so machen, und so wird der Gewinn für Eure Majestät umso größer sein, je mehr dieser Orden vorangeht.

---

1 1529 in Valladolid als Sohn Kaiser Karls V. und Isabellas von Portugal geboren, ab 1556 König von Spanien mit seinen weltweiten Besitzungen, zu denen ab 1565 auch die nach ihm benannten Philippinen gehörten; 1598 im Escorial bei Madrid gestorben.

2 Autograph: Kapuzinerkloster, Jerez de la Frontera.

3 Hier die Übersetzung von „*Sacra*" wie beim „*Sacrum Imperium Romanum – dem Heiligen Römischen Reich*."

4 Philipp II. war nicht wie sein Vater Karl V. Kaiser des Heiligen Römischen Reiches; sein Titel war „*Katholischer König*" im Unterschied zum „*Allerchristlichsten König*" von Frankreich oder dem „*Defensor Fidei*" von England.

5 Teresa war seit dem 14. Oktober 1571 auf Geheiß des Apostolischen Visitators Pedro Fernández Priorin im Menschwerdungskloster. Siehe TyV 511.

6 Die Königin Ana de Austria (Anna von Österreich), mit der Philipp II. von 1570 bis 1580 in vierter Ehe verheiratet war.

7 Don Fernando de Austria (Ferdinand von Österreich), 1571 als erstes von fünf Kindern aus der Ehe mit Anna von Österreich geboren, gestorben 1578.

8 Im Mai 1573 wurde Don Fernando als Thronfolger vereidigt.

2. Und deshalb habe ich es gewagt, Eure Majestät zu bitten, uns in einigen Angelegenheiten, die der Lizenziat Juan de Padilla[9] vortragen wird, zu unterstützen; auf ihn verweise ich. Seine Majestät möge ihm Vertrauen schenken. Als ich seinen großen Eifer sah, hat mich das dazu gebracht, ihm dieses Geschäft anzuvertrauen, denn wenn es bekannt würde, würde man genau dem, was man beabsichtigt, schaden, wo doch alles zur Verherrlichung und Ehre unseres Herrn ist.[10] Seine Göttliche Majestät behüte Sie so viele Jahre, wie die Christenheit Ihrer bedarf. Eine recht große Entlastung ist es, dass Gott, unser Herr, bei den Bedrängnissen und Verfolgungen, die es in ihr gibt,[11] einen so großen Anwalt und Helfer für seine Kirche hat, wie es Eure Majestät ist.

Aus diesem Haus zur Menschwerdung in Ávila am 11. Juni des Jahres 1573.

Eurer Majestät unwürdige Dienerin und Untergebene

Teresa von Jesus, Karmelitin

53.

An Pater Juan Ordóñez[1] in Medina del Campo

Ávila, 27. Juli 1573

An Seine Magnifizenz, den hochwürdigen Herrn Pater Ordóñez aus der Gesellschaft Jesu, meinen Herrn.

1. Jesus. – Die Gnade des Heiligen Geistes sei mit Euer Gnaden. Ich hätte gern viel Zeit und gute Gesundheit, um ein

---

9 Juan Calvo de Padilla wurde um 1520 geboren, er war Missionar in Afrika und Amerika; um diese Zeit begann er seine Aktivitäten als Reformator, was ihn am 27. Juni 1578 in das Inquisitionsgefängnis brachte. Siehe Ct 250,4.

10 Es ist nicht bekannt, um welche Angelegenheit es sich hier handelt.

11 Anspielung auf das Massaker an den Hugenotten in Paris – Bartholomäusnacht genannt –, das in der Nacht zum 24. August 1572 (Gedenktag des hl. Bartholomäus) begonnen hatte und sich auf ganz Frankreich ausweitete.

---

1 Siehe Ct 50 tít.

paar Dinge zu sagen, die meiner Meinung nach wichtig sind; aber ich bin so elend beisammen gewesen – nachdem der Kurierjunge gegangen war, sogar noch unvergleichlich viel schlechter als zuvor –, dass ich schon viel tue mit dem, was ich sagen werde; dabei bin ich so schwerfällig, dass es, so kurz ich mich auch fassen möchte, doch ausführlich wird. Dieses Haus von der Menschwerdung, das merkt man mir deutlich an, tut mir gar nicht gut. Gebe Gott, dass es zu etwas gut ist.

2. Da dieses unser Geschäft[2] schon ganz danach aussieht, als ob es zu einem Abschluss käme, bin ich deswegen noch viel mehr in Sorge, vor allem, nachdem ich heute den Brief des Paters Visitator[3] sah, der es dem Pater Magister Fray Domingo[4] und mir anheim stellt, und ihm einen Brief schreibt, in dem er uns seine Vollmachten dazu gibt; ich bin nämlich immer furchtsam bei etwas, bei dem ich irgendwie mitbestimmen soll;[5] schnell meine ich, es ganz falsch einzuschätzen. Wahr ist allerdings, dass ich es zuvor dem Herrn ans Herz gelegt habe, und dass man das hier auch getan hat.

3. Mir scheint, Herr Pater, dass wir sehr genau alle Nachteile ins Auge fassen sollen; denn wenn es nicht gut ausginge, werden Gott und die Welt es Euer Gnaden und mir anlasten; daran brauchen Sie nicht zu zweifeln; und so machen sich Euer Gnaden doch nichts daraus, ob es nun vierzehn Tage früher

---

2 Das Projekt eines dem Karmelitinnenkloster von Medina angeschlossenen Mädchenpensionats nach Art des von Kardinal Silíceo in Toledo gegründeten *Colegio de Doncellas Nobles* (Höhere Töchterschule), das die eben dort eingetretene Jerónima Villarroel y Quiroga, mit Ordensnamen Jerónima de la Encarnación, in Absprache mit ihrer Mutter, Doña Elena de Quiroga, mit ihrem Vermögen stiften möchte. Ordóñez befürwortet dieses Projekt, über das er mit Domingo Báñez als Vertreter des Visitators, Pedro Fernández, und Teresa verhandelt. Teresa hat immer mehr Bedenken. Der Gedanke wurde schließlich fallengelassen; siehe auch Ct 55,3.

3 Pedro Fernández OP.

4 Domingo Báñez OP.

5 Hier wird erneut Teresas Situation als Frau deutlich: Obwohl sie die Gründerin war, hatte sie keine Entscheidungskompetenz, sie musste froh sein, „*irgendwie*“ ein Mitspracherecht zu haben.

oder später zum Abschluss kommt. Ich habe mich über das, was Euer Gnaden mir in Ihrem Brief sagen, gefreut, dass nämlich die Priorin[6] nur mit diesen beiden Dingen zu tun haben soll; denn Sie dürfen mir glauben, dass es sehr wichtig ist, es so zu machen, dass man um eines guten Werkes willen ein anderes nicht aufgibt, wie Euer Gnaden sagen.

4. Da es so viele junge Frauen sind, wie Euer Gnaden sagten, blieb mir immer ein Unbehagen; ich meine nämlich, Frauen zu unterrichten und sie als Gruppe zusammen zur Räson zu bringen ist verglichen mit dem Unterrichten von heranwachsenden Jungen so verschieden wie weiß von schwarz; und es gibt, wenn es viele sind, so viele Nachteile, die ich jetzt gar nicht alle aufzählen kann, so dass dabei nichts Gutes herauskommt, sondern es angebracht ist, eine Höchstzahl festzulegen; jedenfalls wenn man über vierzig noch hinausginge, wäre das viel zu viel und das reinste Durcheinander: Sie würden sich nur gegenseitig stören, so dass nichts Gutes dabei herauskäme. In Toledo[7] habe ich mich erkundigt, und es sind nur fünfunddreißig, und mehr dürfen es nicht sein. Ich versichere Euer Gnaden, dass die so viele Dienstmädchen bräuchten und so viel Lärm machen würden, dass das in keinster Weise angeht. Wenn einige Leute dann deswegen[8] keine Almosen geben wollten, dann gehen Euer Gnaden doch schrittweise vor, es besteht ja keine Eile, und gründen Sie Ihre heilige Kongregation, wozu Gott schon helfen wird, doch wegen Almosen dürfen wir nicht am Wesentlichen rütteln.[9]

---

[6] Priorin in Medina del Campo ist zu diesem Zeitpunkt Teresas Kusine Inés de Jesús (Tapia); siehe Ct 51.

[7] In dem um die Mitte des 16. Jahrhunderts von Kardinal Silíceo gegründeten *Colegio de Doncellas Nobles*.

[8] Weil eine Höchstzahl festgesetzt werden soll, was bedeutet, dass nicht alle Anfragen berücksichtigt werden können, so dass das Kloster ohne Almosen bliebe.

[9] Hier zeigt sich der wirkliche Grund für Teresas Bedenken: Sie hat Sorge, dass das verloren gehen könnte, worum es ihr bei ihren Klostergründungen wirklich geht, nämlich Bedingungen zu schaffen, um ein intensives Gebets- und Gemeinschaftsleben zu ermöglichen.

5. Es wäre auch notwendig, bei der Auswahl derer, die eintreten sollen, und damit sie dazu passen,[10] außer dem Votum der Priorin noch zwei weitere einzuholen. Bei diesen möge man gut hinschauen. Wenn es der Prior von San Andrés[11] machen wollte, wäre das nicht schlecht, und dazu ein Ratsherr oder auch beide Ratsherren, und dass sie über die Ausgaben Buch führen; denn damit soll sich die Priorin nicht befassen und es auch weder zu sehen noch zu hören bekommen, wie ich von Anfang an gesagt habe. Es wird nötig sein, auf die Eigenschaften zu achten, die die Eintretenden haben sollten, und wie viele Jahre sie bleiben müssen. Das wird am besten dort zwischen Euer Gnaden und dem Pater Magister[12] abgesprochen, und alles, was ihm obläge, muss mit dem Pater Provinzial der Gesellschaft[13] und mit Pater Baltasar Álvarez[14] beratschlagt werden.

6. Noch viele andere Dinge sind nötig. Wir haben dort schon über einige gesprochen, insbesondere nicht hinauszugehen;[15] was mir aber besonders wichtig scheint, sind die ersten beiden,[16] denn ich weiß aus Erfahrung, wie das mit vielen Frauen auf einem Haufen ist: Bewahre uns Gott!

7. Hinsichtlich dessen, was Euer Gnaden raten (die Priorin[17] schreibt es mir, glaube ich), den Einkommenstitel[18] im Augenblick nicht abzukaufen, mögen Euer Gnaden verstehen, dass

---

[10] In das eventuell zu gründende Mädchenpensionat, nicht in das Kloster.
[11] Das Dominikanerkloster in Medina del Campo.
[12] P. Domingo Báñez OP.
[13] Provinzial der Jesuiten war Juan Suárez; siehe auch Ct 19,4; 34,3.
[14] Der Jesuit Baltasar Álvarez, einer der ersten geistlichen Begleiter Teresas (V 28,14), war zu diesem Zeitpunkt Rektor des Jesuitenkollegs von Medina del Campo.
[15] Gemeint ist: die Schwestern sollen den klösterlichen Schutzraum der Klausur nicht verlassen, um in dem eventuell zu gründenden Mädchenpensionat zu wirken.
[16] Die beiden Punkte, die sie gerade genannt hat: eine begrenzte Zahl und eine sorgfältige Auswahl.
[17] Ines der Jesús Tapia.
[18] Ein Einkommenstitel ist ein Geldbetrag, z. B. eine Erbschaft oder Mitgift, auf den eine Schwester einen garantierten Anspruch hat.

die Gnädige Frau Doña Jerónima[19] nicht eintreten kann, und ich auch keine Erlaubnis für ihren Eintritt habe, wenn der Einkommenstitel nicht zuvor abgekauft wird oder aber Doña Elena[20] ihn zusätzlich zu ihrem eigenen Vermögen übernimmt, so dass das Haus nichts für die Auszahlung von Kapitalerträgen auszugeben braucht und somit frei bleibt; so wie ich es verstehe, hat der Pater Provinzial[21] die Genehmigung nämlich nur deshalb gegeben, und es wäre sonst meines Erachtens ein Schwindel. Kurz, da ist nichts zu machen. Ich sehe sehr wohl, dass all dies eine schwere Bürde für Doña Elena ist. Suchen Sie einen Weg: Entweder sollte der Bau der Kirche zurückgestellt werden, oder die Gnädige Frau Doña Jerónima nicht so bald eintreten; letzteres wäre wohl das Beste, denn dann wird sie älter sein.[22]

8. Mir fiel ein, ob es nicht doch so etwas wäre, wie sich weitgehend auf ein wackliges Fundament zu stützen, da wir ja nicht wissen, ob diese Dame auch durchhält. Nehmen Euer Hochwürden alles genau unter die Lupe. Besser ist es, sich erst in einigen Jahren darauf einzulassen, und dass es von Dauer sei, als etwas zu tun, was uns dem Gelächter preisgibt; daran läge zwar nicht viel, wenn die Tugend dadurch nicht in Verruf geriete.

9. Auch muss man beachten, falls wir ab jetzt dieses Mittel gutheißen, an wen wir uns da binden, denn im Augenblick scheint nichts sicher zu sein, und der Pater Visitator[23] wird

---

[19] Jerónima de Villaroel y Quiroga (1561–1596), die schließlich am 13. Januar 1575 aus den Händen Teresas den Habit empfing und den Ordensnamen Jerónima de la Encarnación annahm.

[20] Elena de Quiroga, die Mutter von Doña Jerónima; siehe auch Anm. zu Ct 53,2.

[21] Der Provinzial der Karmeliten, Ángel de Salazar. Geboren in Valdecañas (Palencia) legt er 1537 im Karmelitenorden Profess ab, war 1559–1567, 1571–1576, 1579–1583 und 1592–1593 Provinzial; gestorben 1596/1597 (DST 1138 f.).

[22] Doña Jerónima, 1561 geboren, war in der Tat noch sehr jung, gerade einmal zwölf Jahre alt, doch gilt es zu bedenken, dass Mädchen auch bereits in diesem Alter verheiratet werden konnten.

[23] Der Dominikaner Pedro Fernández.

sagen, was für [Notwendigkeit] wir denn für einen schriftlichen Vertrag sähen.[24] Ich wäre frei davon, das alles beachten zu müssen, wenn es der Pater Visitator täte; jetzt muss ich in manchem so tun, als ob ich es wäre, ohne es zu sein.[25]

10. Ich bitte Euer Gnaden inständig, Herrn Asensio Galiano[26] ganz herzliche Grüße von mir auszurichten und ihn dies zu lesen zu geben. Er erweist mir immer in allem Wohlwollen, denn ich habe mich sehr gefreut, dass meine Briefe bereits in sicheren Händen sind.[27] Diese meine miserable Gesundheit lässt mich in viele Fehler fallen. Ana de San Pedro[28] gibt nicht so wenig auf ihre Töchter, als dass sie sie dorthin schicken würde; so etwas kommt ihr noch nicht einmal in den Sinn. Übermorgen reise ich ab,[29] es sei denn, es befällt mich von neuem eine andere Krankheit, aber es müsste schon eine schlimme sein, um mich daran zu hindern. Alle Briefe wurden schon nach San Gil[30] gebracht, aber es kam noch keine Antwort; morgen, dienstag, wird nachgehakt.

---

[24] Verstümmelte Textstelle.

[25] Eine erneute Anspielung auf ihre schwierige Stellung, in der sie vieles machen und es vor Gott und vor ihrem eigenen Gewissen verantworten muss, ohne letztlich frei entscheiden zu dürfen.

[26] Ein Großhändler aus Medina, der Teresa unterstützte; vgl. Ct 50.

[27] Eine erneute Anspielung auf die Unzuverlässigkeit der Postverbindungen; am sichersten waren Kurierdienste von persönlichen Bekannten, wie offenbar im vorliegenden Fall.

[28] Ana de San Pedro Wasteels (1540–1588), *„die Flämin"* (Ct 13,4), war als Witwe in San José (Ávila) eingetreten, wo sie 1571 in Abwesenheit Teresas und ohne deren Einwilligung ihre Profess ablegte; sie hatte in Ávila noch zwei Töchter, deren jüngere 1579/1580 als Ana de los Ángeles in San José eintrat. Um diese Zeit geriet die Mutter allerdings in eine ernsthafte Berufungskrise (siehe Ct 402,9; 421,6), die sich erst nach der Profess der Tochter im November 1581 legte (Ct 421,7).

[29] Am 29. Juli 1573 reiste Teresa im Auftrag des Visitators Pedro Fernández OP, begleitet von Julián de Ávila, Antonio de Jesús (Heredia) und einer Schwester aus dem Menschwerdungskloster, Doña Quiteria Dávila, nach Salamanca, um den Umzug der dortigen Schwestern in ein geeigneteres Haus in die Wege zu leiten; siehe F 19,7 und ferner TyV 539f. Vgl. auch Ct 54 an den Besitzer des neuen Hauses, Pedro de la Banda (Vanda).

[30] Studienkolleg der Jesuiten in Ávila.

Euer Gnaden unwürdige Dienerin und Tochter

Teresa von Jesus, Karmelitin

In die Gebete meines Paters Rektor[31] empfehle ich mich sehr.

54.

An Pedro de la Banda[1] in Tozas[2]

Salamanca, 2. August 1573[3]

1. Jesus. – Die Gnade des Heiligen Geistes sei immer mit Euer Gnaden. Amen. Ich bin in diesen Ort gekommen mit dem Wunsch, es bald zu bewerkstelligen, diese Schwestern in guten Lebensbedingungen zurückzulassen. Ich habe wenig Zeit, und deshalb, aber auch weil die günstige Zeit, um Wände einzuziehen, vorübergeht, tut es mir leid, Euer Gnaden hier nicht anzutreffen. Das königliche Dokument liegt vor, und es passt, dass man bald zur Absprache kommt.

2. Ich bitte Euer Gnaden inständig, mir den Gefallen zu erweisen, bald zu kommen, da es ein Geschäft von so großer Bedeutung ist, dass ich auf Gott hoffe, Euer Gnaden werden sich mit mir nicht überwerfen. Der Herr möge alles so leiten, wie ihm mehr gedient ist, und Euer Gnaden immer an seiner Hand halten.

---

[31] Der oben (Ct 53,5) genannte Jesuit Baltasar Álvarez.

---

[1] Pedro de la Banda (= Vanda) und seine Frau Aldonza Ruiz hatten den Karmelitinnen in Salamanca ein Haus für eine Gründung angeboten (F 19,7.10). Da es sich um ein Familienerbe (*mayorazgo*) handelte, brauchte man die Zustimmung des Königs. Teresa, die vor zwei Tagen nach Salamanca gekommen ist, hat das königliche Dokument bei sich, doch der Verkäufer ist nicht da; mit diesem Brief schickt sie nach ihm.

[2] Dorf in der Nähe von Ledesma (Salamanca).

[3] Autograph: Unbeschuhte Karmeliten, Alba de Tormes.

3. Das Haus scheint mir gut zu sein, wenn man auch noch mehr als 500 Dukaten[4] braucht, um einzuziehen. Insgesamt bin ich zufrieden und hoffe auf unseren Herrn, er mache Euer Gnaden auch zufrieden bei der Aussicht, dass Ihr Haus so gute Verwendung gefunden hat. Der Herr behüte Euer Gnaden viele Jahre. Schauen Euer Gnaden, dass es ein bedeutendes Geschäft ist, um bei gutem Wetter damit zu beginnen, denn es gehen diese Tage vorbei.

4. Um der Liebe Gottes willen erweisen uns Euer Gnaden den Gefallen, dass Euer Gnaden bald kommen; und wenn Euer Gnaden sich verzögern sollten, dann bitte ich Sie, es gut zu heißen, dass wir mit der Errichtung der Zwischenwände beginnen, denn davon sind mehr als zweihundert nötig. Dadurch entsteht dem Haus keinerlei Schaden: Selbst wenn es nach dem Abschluss (was, wie ich auf den Herrn hoffe, bald sein wird) daran fehlen sollte, kommen wir für den Schaden auf.

5. Sobald Euer Gnaden kommen, wird alles in Ordnung gehen,[5] und Seine Majestät möge Euer Gnaden ein sehr langes Leben geben, damit Sie für das ewige immer mehr gewinnen.

Es ist der 2. August.

Euer Gnaden unwürdige Dienerin, die Ihre Hand küsst.

Unwürdige

Teresa von Jesus, Karmelitin

---

[4] Zum Wert dieser Summe siehe Ct 2,3.

[5] Pedro de la Banda befand sich wahrscheinlich auf seiner Viehkoppel in Tozas bei Ledesma, ca. 32 km von Salamanca entfernt. Offensichtlich passte ihm dieses Geschäft nicht sehr, denn er kam erst im September nach Salamanca.

55.

An Don Francisco de Salcedo[1] in Salamanca(?)

Salamanca, 3. August 1573(?)[2]

1. Jesus. – Der Heilige Geist sei mit Euer Gnaden und vergelte Ihnen die Güte, die Sie mir heute erwiesen haben. Ich dachte, mit Ihnen reden zu können, nicht, um mich zu beklagen, denn ich hätte nichts, worüber, sondern um mich zu erquicken. Schauen Sie, dass mich Euer Gnaden in Ihren Gebeten nicht vergessen, denn für die bin ich Ihnen bei der Armseligkeit der meinen jetzt noch dankbarer.

2. Diese Briefe bitte ich Euer Gnaden, mit großer Umsicht mitzunehmen und sie dem Pater Lárez[3] zu geben, denn es sind einige bezüglich eines sehr wichtigen Geschäftes dabei. Der Herr möge mit Euer Gnaden sein.

3. Richten sie unserem Pater Provinzial[4] aus, dass ich von hier einige Briefe wegen Medina schicke, und ich bitte Euer Gnaden, dass sie nur eine äußerst zuverlässige Person befördere, denn es geht um die Geschäfte, über die ich neulich mit Euer Gnaden redete,[5] und es könnten uns große Unruhe und viele Nachteile für den Dienst Gottes daraus entstehen. Wenn das nicht geht, dann schicken Euer Gnaden sie mir wieder zurück; wenn sie aber abgehen, dann händigen Sie sie dem Pater Ordóñez[6] aus, der bald anordne, sie weiterzugeben.

Euer Gnaden Dienerin Teresa von Jesus, Karmelitin

---

[1] Siehe Ct 13. Nachdem Francisco de Salcedo 1570 verwitwet wurde, hatte er sich zum Priester weihen lassen.

[2] Die Datierung ist ungewiss; Autograph: Unbeschuhte Karmeliten, Santa Teresa a Chiaia, Neapel.

[3] Jesuit in Ávila; vgl. Ct 44.

[4] Ángel de Salazar. Siehe Ct 53,7.

[5] Wahrscheinlich geht es um die Gründung eines Mädchenpensionats in Medina del Campo, worüber Teresa in diesen Tagen verhandelte; nach reiflicher Überlegung wurde das Projekt fallengelassen; vgl. dazu Ct 53 und DST 847f.

[6] Juan Ordóñez, ein Jesuit aus Medina del Campo, der das Projekt mit dem Mädchenpensionat favorisierte. Siehe Ct 53.

56.

An Pedro de la Banda[1] in Salamanca

Salamanca, 8. Oktober 1573[2]

An Seine Durchlaucht Herrn Pedro de la Banda, meinen Herrn.

1. Alles, was Euer Gnaden in Ihrer Denkschrift angesprochen haben, geht in Ordnung.[3] Wie mir alle sagen, bin ich bis zum Eintreffen der Verkaufslizenz[4] zu all dem gar nicht verpflichtet; aber die Tatsache, dass ich bereits in das Haus eingezogen bin, hilft sehr mit, damit getan werde, was Euer Gnaden wünschen, und gebe Gott, dass wir Euer Gnaden mit all dem zufrieden gestellt haben.

2. Unser Herr gebe Euer Gnaden die Ruhe, um ihm immer besser dienen zu können, und halte Euer Gnaden immer an seiner Hand.

Heute ist der 8. Oktober.

Euer Gnaden unwürdige Dienerin

Teresa von Jesus, Karmelitin

---

1 Siehe Ct 54 tít.

2 Von diesem Brief sind nur drei Fragmente erhalten: die Anschrift, ein Teil der Antwort (Absatz 1) und der Schluss (Absatz 2).

3 Der Hintergrund ist, dass der Kaufvertrag für das Haus, in das die Karmelitinnen von Salamanca am 29. September 1573 umgezogen sind, zwar am 6. Oktober unterschrieben wurde, Pedro de la Banda jedoch nicht aufhört, neue Forderungen zu stellen.

4 Da das Haus, das eigentlich aus dem Besitz seiner Frau stammte (siehe Ct 58,5), zu einem Majorat (nach dem Ältestenrecht vererbtes Gut) gehörte, war eine Verkaufslizenz des Königs erforderlich. Diese wurde jedoch verweigert, so dass der Kaufvertrag annulliert werden musste.

57.

An Doña Juana de Ahumada[1] in Alba de Tormes

Salamanca, 14. November 1573

1. Jesus. – Die Gnade des Heiligen Geistes sei mit Euer Gnaden. Ich habe den Herrn gepriesen, dass es Herrn Juan de Ovalle[2] trotz dieses feuchten Wetters besser geht. Möge es Seiner Majestät gefallen, das so weiter gehen zu lassen. Mein Viertage-Fieber[3] geht weiter, und das Schlimmste ist, dass der Schmerz der letzten Winter wiederkommt, so dass ich in der letzten Nacht deshalb kaum geschlafen habe. Ich glaube, sie werden mich wieder zur Ader lassen. Gott muss es wohl so fügen, damit es nicht so aussieht, als käme alles nur vom Aufenthalt im Menschwerdungskloster;[4] es stimmt aber, dass dieser Schaden von dort kommt, und ich nie ohne irgendwelche Nachwirkungen gewesen bin. Vielleicht würde es mir bei Ihnen dort[5] besser gehen, und sogar hier[6] ist der Schmerz bislang bei weitem nicht so stark wie dort; und auch wenn er es wäre, könnte ich ihn ohne so viel Mühsal[7] doch besser ertragen.

2. Die Geschäfte mit Herrn Pedro de la Banda[8] nehmen einen erfolgversprechenden Verlauf; trotz allem befürchte ich, dass wir dabei Zeit verlieren, da man sich nach Madrid wenden muss.[9] ... Sobald die Beweisaufnahme abgeschlossen ist, werde

---

1 Teresas jüngste Schwester; siehe Ct 20 tít.
2 Der Mann der Adressatin.
3 Siehe Anm. zu Ct 24,4.
4 Dort war es ihr gesundheitlich sehr schlecht gegangen; siehe etwa Ct 39,1.
5 In Alba de Tormes.
6 In Salamanca.
7 Eine Anspielung auf die wirtschaftlichen und sonstigen Probleme, denen sie im Menschwerdungskloster die Stirn zu bieten hatte.
8 Der Eigentümer des neuen Hauses in Salamanca; siehe Ct 54; 56; F 19.
9 Wegen der erforderlichen Verkaufslizenz des Königs; siehe Ct 56,1. Diese wurde jedoch am Ende verweigert. – An dieser Stelle fehlt eine Textpassage.

ich zu den Handwerkern gehen, da sie ja noch nicht fertig sind; Gott aber möchte offensichtlich, dass ich hier bin, da kein Mensch im Haus ist, der sich auf Bauarbeiten oder Geschäfte versteht.

3. Gestern haben wir einer jungen Frau[10] aus recht guter Familie den Habit gegeben, und ich glaube, sie wird einiges oder sogar viel haben, um uns zu helfen. Sie ist gottlob wie für uns geschaffen, eine Tochter von Martín de Ávila Maldonado,[11] während ihre Mutter Doña Guiomar de Ledesma ist. Das war ein großes Glück für uns. Sie ist sehr zufrieden und hier sind sie es mit ihr.

4. An Herrn Juan de Ovalle, der diesen Brief auch als an ihn gerichtet betrachten möge, viele Grüße, und auch an meine Töchter.[12] Doña Antonia[13] empfiehlt sich Ihnen – es geht ihr wieder gut, ohne Viertage-Fieber –, und die Priorin[14] grüßt Sie auch; und ich grüße die Schwestern dort[15], besonders die Jüngste;[16] denn ich glaube nicht, dass ich ihnen werde schreiben können, auch habe ich jetzt nichts zu sagen, außer dass sie mich Gott empfehlen sollen. Seine Majestät mache Sie mir zu einer Heiligen.

Ihre Dienerin

Teresa von Jesus

---

[10] Leonor de Jesús (de Ledesma), die am 13. November 1574 ihre Profess ablegte, doch bereits sieben Monate später, am 14. Juni 1575 starb. Ribera zufolge hinterließ sie bei den Schwestern *„große Sehnsucht nach ihr, denn sie war sehr liebenswert und demütig und sanft zu allen“* (*Vida* II, 16, 206).

[11] Auch Dávila Maldonado Bocalán; siehe den Brief an ihn, Ct 47.

[12] Die Karmelitinnen von Alba de Tormes.

[13] Antonia del Águila, eine Schwester aus dem Menschwerdungskloster, die Teresa nach Salamanca begleitete.

[14] Die Priorin von Salamanca, Ana de la Encarnación (Tapia), die eine Kusine Teresas und Juanas war, daher wohl die Grüße.

[15] Erneut die Karmelitinnen von Alba.

[16] Inés de la Cruz (Arias), die kurz zuvor, am 26. April 1573, in Alba ihre Profess abgelegt hatte.

5. Der Herr vergelte Euer Gnaden das Wohlwollen, das Sie mir erweisen, denn Euer Gnaden haben schon recht mit dem, was Ihrem Reden nach angebracht sei. Ich habe mich sehr über die Besserung von Herrn Juan de Ovalle gefreut, und auch, dass Euer Gnaden gesund sind, und die Engelchen[17] auch.

58.

An Pater Domingo Báñez[1] in Valladolid

Salamanca, Anfang Januar 1574

Für meinen Vater und meinen Gnädigen Herrn, den Magister Fray Domingo Báñez.

1. Jesus. – Die Gnade des Heiligen Geistes sei mit Euer Gnaden und auch in meiner Seele. Ich weiß nicht, wie es sein kann, dass Ihnen ein recht langer Brief, den ich schrieb, als es mir nicht gut ging, und den ich über Medina schickte, gar nicht ausgehändigt wurde; ich sprach darin über mein Wohl und Weh. Auch jetzt wäre ich gern ausführlich, aber ich habe viele Briefe zu schreiben und außerdem verspüre ich ein wenig Schüttelfrost, da es der Tag des Viertage-Fiebers ist.[2] Zwei

[17] Die beiden Kinder des Ehepaars Ovalle, Gonzalito und Beatriz de Ovalle, die Teresa in nahezu jedem Brief an ihre Schwester erwähnt.

[1] Geboren am 28. Februar 1528 in Valladolid, gestorben am 22. Oktober 1604 in Medina del Campo. Der Konzilstheologe Domingo Báñez war der bedeutendste und wichtigste Dominikaner im Leben Teresas; er ist wahrscheinlich einer *„der fünf, die wir uns jetzt in Christus lieben"* (V 16,7), unterstützt sie bei der Gründung von San José (V 36,15), ist der Adressat des *Wegs der Vollkommenheit* (CE [CV] *pról* 1), ist ihr zeitlebens freundschaftlich verbunden, unterstützt sie und ihre Schwestern über ihren Tod hinaus bei allen Gründungsvorhaben, und sagt im Seligsprechungsprozess über sie aus (BMC 6,131; 18,6; vgl. auch 29,368; DST 749-751).

[2] Der Tag, an dem das viertägig intermittierende Fieber zurückkehrte; dazwischen war sie jeweils zwei Tage fieberfrei, was an Malaria denken lässt; siehe Anm. zu Ct 24,4. Hippokrates zufolge war das Viertagefieber zwar nicht die

Tage lang war ich fieberfrei oder doch so gut wie fieberfrei; doch da der Schmerz nicht wie üblich wiederkommt, hat das alles nichts zu bedeuten.

2. Ich preise den Herrn für die Nachrichten, die ich über Ihre Predigten zu hören bekomme, und ich bin ganz neidisch;[3] und jetzt, wo Sie Oberer des Hauses dort[4] sind, hätte ich große Lust, dort zu sein; doch haben Sie jemals aufgehört, mein Oberer zu sein? Indem ich mir das vor Augen halte, würde es mich, glaube ich, erneut glücklich machen; da ich aber nichts anderes verdiene als das Kreuz, preise ich den, der es mir immer wieder gibt.

3. Ich habe schmunzeln müssen über diese Briefe des Paters Visitator[5] an meinen Pater,[6] denn dieser Freund von Ihnen ist nicht nur heilig, er weiß es auch noch herauszukehren; und wenn seine Worte nicht im Widerspruch zu seinen Werken stehen, zieht er sich sehr klug aus der Affäre; aber auch wenn das, was er sagt, stimmt, wird er es am Ende nicht unterlassen, sie zuzulassen, denn schließlich gibt es solche und solche Herren!

---

schlimmste der sieben Arten von Fieber, die er unterschied, wohl aber die beschwerlichste für den Patienten, da sie ihn abgeschlagen, appetit- und lustlos mache, ohne Energie für irgend etwas; im Zuge der Viersäfte-Lehre wurde das Viertage-Fieber vor allem mit der schwarzen Galle in Verbindung gebracht; siehe dazu B. Souvignier, *Die Würde des Leibes*, 95-98. Typisch für die damalige Zeit ist, dass Teresa das Fieber nicht als Krankheitssymptom, sondern als die Krankheit selbst versteht.

[3] Teresa ist neidisch auf die Zuhörer, aber auch auf den Prediger, weil er tun konnte, was sie gern getan hätte, aber als Frau nicht tun durfte; vgl. V 10,8; 21,2; 27,13; 30,21; 33,11; CE 4,1; F 1,7f.; MC 2,29; 6M 6,3. Siehe dazu E. Renault, *L'idéal apostolique des Carmélites*, 103: *„Mit anderen Worten, Teresa bedauert es, dass sie keine eigentlich priesterliche Aufgabe ausüben darf."*

[4] Báñez war zum Rektor der Studienkonvents der Dominikaner San Gregorio in Valladolid, an dem er bereits zuvor lehrte, ernannt worden und außerdem Beichtvater im dortigen Karmelitinnenkloster; daher Teresas Sehnsucht, dort zu sein.

[5] Pedro Fernández OP, der ein Noviziatsgefährte des Adressaten gewesen war.

[6] Domingo Báñez.

4. Die Nonne, die die Prinzessin von Éboli[7] abgab, war zum Weinen, doch die, die dieser Engel[8] abgibt, kann anderen Seelen von großem Nutzen sein, und je größeren Lärm es geben sollte, um so mehr; ich sehe da keinen Nachteil. Das einzig Schlimme, was geschehen könnte, wäre, dass sie wieder von hier wegginge; und dabei hätte der Herr, wie ich eben sage, andere Wohltaten gewirkt, und womöglich die eine oder andere Seele angerührt, die vielleicht verdammt gewesen wäre, wenn es dieses Mittel nicht gegeben hätte. Groß sind die Ratschlüsse des Herrn,[9] und wenn jemand ihn so echt liebt, und dabei in der Gefahr schwebt, in der alle hochgestellten Leute schweben, dann haben wir keinen Grund, um es ihr zu verwehren, noch uns zu weigern, uns um eines so großen Gutes willen ein bisschen Belastung durch Unruhe auszusetzen. Es sieht mir nach menschlichem Kalkül und Eingehen auf die

---

[7] Die Prinzessin Éboli, Doña Ana de Mendoza, die Witwe des adeligen und mächtigen Portugiesen am Hof Philipps II., Ruy Gómez de Silva, war kurz nach dem Tod ihres Mannes am 29. Juli 1573 hochschwanger in das Karmelitinnenkloster in Pastrana eingetreten, wo sie von diesem Tag an bis Anfang 1574 blieb (F 17,16f.). Da sie den Karmelitinnen aber nach wie vor das Leben unmöglich machte (siehe auch unten Ct 58,6), ließ Teresa schließlich in der Nacht vom 6. auf den 7. April 1574 ihre Schwestern von Pastrana nach Segovia holen, was ihr den Unmut der großen Dame einbrachte, die sie wegen ihrer *Vida* bei der Inquisition anzeigte (siehe CC 53,19; R. J. Sender, *Die Heilige und die Sünder*). In die Umtriebe des Sekretärs Philipps II., Antonio Pérez, gegen Philipp II. hineingeraten, wurde sie schließlich eingekerkert und starb 1592 (G. Marañón, *Antonio Pérez*). (DST 1044f.).

[8] Casilda de Padilla, geb. in Valladolid um 1560, gest. 1618, Tochter des Statthalters von Kastilien Juan de Padilla Manrique und seiner Gattin María de Acuña, war 11-jährig mit ihrem Onkel Martín de Padilla verlobt worden. Sie löste diese Verlobung jedoch, um sich in das Karmelitinnenkloster ihrer Heimatstadt zu flüchten, was ihre adelige Familie sehr gegen sie und Teresa aufbrachte. Sie appellierten an Báñez, das Ganze ungeschehen zu machen. Mit königlichem Erlass aus dem Kloster herausgeholt, kehrte Casilda dennoch dorthin zurück und legte 1577 mit Dispens wegen ihres zu jungen Alters als Casilda Juliana de la Concepción ihre Profess als Unbeschuhte Karmelitin ab; 1581 verließ sie auf Druck ihrer Verwandten den Karmel, um Franziskanerin-Conceptionistin und Äbtissin auf Lebenszeit von Santa Gadea del Cid in der Nähe von Burgos und anschließend von Burgos zu werden; siehe dazu F 10,13-16;11.

[9] Vgl. Weish 17,1, eine Stelle, auf die Teresa immer wieder anspielt; siehe F 17,10.17; 22,7; Ct 105,6; 236,3; 310,1; 359,2; 408,1; ähnlich auch V 19,9.

Welt aus, sie hinzuhalten und noch mehr Qual auszusetzen, denn es ist doch klar, dass sie es nicht sagen würde, selbst wenn sie ihren Schritt nach dreißig Tagen bereute.[10] Wenn sie[11] aber dadurch besänftigt würden, sich ihr Anliegen dadurch jedoch als richtig erwiese, und zudem auch Euer Gnaden sie hinhalten (wobei es sich, wie ich schon sage, beim Hinhalten nur um Tage handeln sollte), dann steh ihr Gott bei! Es kann ja nicht anders sein als dass Gott ihr viel geben wird, da sie viel aufgibt; gibt er es ja sogar uns, die wir nichts aufgeben.

5. Es tröstet mich sehr, dass Euer Gnaden dort sind, wegen des Trostes für die Priorin[12] und damit sie in allem das Richtige tut. Gepriesen sei er, der alles so gefügt hat. Ich hoffe auf Seine Majestät, dass alles recht wird. Dieses Geschäft mit Pedro de la Banda[13] kommt einfach zu keinem Abschluss; ich glaube, ich werde vorher nach Alba gehen müssen, um keine Zeit zu verlieren; denn es steckt ein Risiko in dem Geschäft, da es deswegen Streit zwischen ihm und seiner Frau gibt.[14]

6. Die von Pastrana[15] tun mir sehr leid. Auch wenn die Prinzessin nach Hause gegangen ist, so sind sie doch wie Gefangene, so dass jetzt der Prior von Atocha[16] dort war, sie aber nicht zu besuchen wagte. Sie versteht sich auch schlecht mit den Brüdern, und ich sehe keinen Grund, weshalb man diese

---

[10] Der Plan der Verwandten, bei dem Báñez hätte mitwirken sollen, war, sie für dreißig Tage aus dem Kloster zu entfernen, um sie umzustimmen.

[11] Die Verwandten.

[12] María Bautista (de Ocampo), die Báñez sehr anhimmelte; vgl. dazu Ct 143,4.

[13] Siehe Ct 54; 56; 57,2.

[14] Das Haus, das Teresa in Salamanca von ihm kaufen wollte, gehörte eigentlich seiner Frau und war außerdem ein Majoratsgut, so dass die Zustimmung des Königs erforderlich war; siehe Anm. zu Ct 54 tít und Ct 56,1; und F 19,10.

[15] Die Karmelitinnen, die von der Prinzessin von Éboli terrorisiert wurden.

[16] Der Prior des Dominikanerklosters von Atocha (Madrid), Hernando del Castillo, war ein Freund des verstorbenen Gatten der Prinzessin, Ruy Gómez, gewesen, aber auch ihm war es offensichtlich nicht gelungen, sie zu besänftigen.

Sklaverei ertragen müsste. Mit Pater Medina[17] komme ich gut klar; ich glaube, wenn ich oft mit ihm spräche, würde er sich bald besänftigen.[18] Er ist aber so beschäftigt, dass ich ihn kaum zu Gesicht bekomme ...[19] Doña Cosneza[20] sagte mir, dass ich ihn nicht so liebgewinnen soll wie Euer Gnaden ...

7. Doña Beatriz[21] geht es gut; am vergangenen Freitag bot sie mir vieles an, was sie tun wollte, aber Gott sei Dank habe ich nicht nötig, dass sie etwas tut. Sie erzählte mir von den Geschenken, die Euer Gnaden ihr gemacht haben. Die Gottesliebe hält viel aus, doch wenn es da etwas gäbe, das nicht von daher käme, wäre es damit schon zu Ende. Es sieht ganz danach aus, dass die Schwierigkeit, die Sie haben, um ausführlich zu sein, ich habe, um es nicht zu sein. Dennoch tun mir Euer Gnaden doch den Gefallen, damit ich nicht traurig werde, wenn ich den Packen Briefe durchsehe und ihre Handschrift nicht entdecke. Gott behüte Sie! Es sieht nicht so aus, als hätte dieser Brief ...[22] Gebe Gott, dass mein Überschwang nicht durch Ihr Schweigen gemäßigt werde.[23]

Euer Gnaden Dienerin und Tochter

Teresa von Jesus

---

[17] Bartolomé de Medina OP, geboren 1527 in Medina de Rioseco, gestorben am 30. Dezember 1580. Von seiner ursprünglich ablehnenden Haltung gegenüber Teresa – *„... das ist typisch für dumme Weiber, von einem zum anderen Ort zu laufen, während es viel besser wäre, wenn sie zu Hause blieben, um zu beten und zu spinnen“* (BMC 19,349) – wurde er zu einem ihrer entschiedensten Verteidiger, nachdem er, Inhaber des wichtigsten Lehrstuhls in Salamanca, sie 1570/74 persönlich kennen gelernt hatte (DST 1037f.).

[18] So sollte es in der Tat kommen; siehe vorige Anm.

[19] Textlücke aufgrund einer Verstümmelung des nicht erhaltenen Autographs.

[20] María Cosneza, geistliche Tochter und Bewunderin von Báñez.

[21] Beatriz Sarmiento de Mendoza, eine Schwester des Bischofs Álvaro de Mendoza und der María de Mendoza.

[22] Eine erneute Textlücke.

[23] Sinngemäß ergänzt.

59.

An Mutter Ana de la Encarnación[1] in Salamanca

Alba de Tormes, im Januar 1574[2]

Dies ist für die Mutter Priorin von Salamanca.

1. Jesus sei mit Euer Ehrwürden. Lassen Sie mich wissen, wie es Ihnen und allen geht, und richten Sie ihnen meine Grüße aus, denn ich würde mich liebend gern an denen dort und an denen hier erfreuen können. Ich glaube, dass ich nun weniger Belastungen ausgesetzt bin, habe ich doch eine Einsiedelei,[3] von der aus man den Fluss sieht, und wo ich sogar schlafe, so dass ich mich vom Bett aus an ihm erfreuen kann, was für mich eine große Erholung bedeutet. Heute ist es mir besser gegangen als sonst. Doña Quiteria, nach wie vor fiebrig, sagt, sie hätte sie alle vermisst.[4] Sie sollen wissen, dass man für die Gnädige Frau Doña Jerónima[5] einen Arzt von hier hat holen lassen, denn es geht ihr immer noch schlecht. Empfehlen Sie sie dort Gott, wie wir es hier auch tun; sie macht mir Sorgen. Gott halte Euer Ehrwürden an seiner Hand.

---

1 Ana de la Encarnación Tapia (1536–1601), eine Kusine Teresas, die zuerst Karmelitin im Menschwerdungskloster zu Ávila und dann Unbeschuhte Karmelitin in Medina del Campo und Salamanca war; um diese Zeit war sie Priorin in Salamanca.

2 Autograph: Karmelitinnenkloster, Salamanca.

3 In den Klöstern Teresas gab es und gibt es bis heute innerhalb des Hauses oder im Garten einige sehr einfache Rückzugsmöglichkeiten, in denen die Schwestern sich von Zeit zu Zeit zurückziehen, um sich intensiver der Kontemplation zu widmen. Vgl. *„In der ganzen Zeit, die sie nicht in der Kommunität oder in deren Arbeitsräumen verbringen, soll jede Schwester in ihrer Zelle oder der Einsiedelei sein, die ihr die Priorin zugewiesen hat, kurz, am Ort ihrer Zurückgezogenheit, wo sie, außer an Festtagen, mit einer Arbeit beschäftigt sein sollen“* (Cs 8).

4 Doña Quiteria Dávila, eine Schwester aus dem Menschwerdungskloster, die ab 1580 fünf Triennien lang Priorin dort war, hatte Teresa nach Salamanca begleitet; siehe auch Anm. zu Ct 53,10.

5 Jerónima de Villaroel y Quiroga, eine Nichte des Kardinals Quiroga, die ein Jahr später, am 13. Januar 1575, als Jerónima de la Encarnación in den Karmel von Medina del Campo eintreten sollte.

2. Diese Forelle schickte mir heute die Herzogin;[6] sie scheint mir so gut, dass ich mir diesen Kurier besorgt habe, um sie meinem Pater Magister Fray Bartolomé de Medina[7] zu schicken. Wenn sie zur Essenszeit ankommen sollte, dann schicken Euer Ehrwürden sie, bitte, sofort mit Miguel[8] weiter, und dazu den beiliegenden Brief; wenn sie aber erst später kommt, dann unterlassen Sie es bitte genauso wenig, sie überbringen zu lassen; so sehen wir, ob er ein paar Zeilen schreiben will.

3. Versäumen Euer Ehrwürden es nicht, mir zu schreiben, wie es Ihnen geht, und bleiben Sie dabei, diese Tage Fleisch zu essen.[9] Sprechen Sie mit dem Doktor über Ihre Schwäche und empfehlen Sie mich ihm sehr. Jedenfalls sei Gott immer mit Euer Ehrwürden. Amen.

4. Meinem Padre Osma[10] empfehle ich mich sehr, und dass ich ihn hier sehr vermissen werde. Juana de Jesús[11] soll mich wissen lassen, wie es ihr geht, denn sie hatte am Tag meiner Abreise ein ganz eingefallenes Gesicht.

Es ist heute Mittwoch, nach zwölf, und ich bin
Euer Ehrwürden

Teresa von Jesus

---

[6] Die Herzogin von Alba, María Enríquez de Toledo.

[7] Siehe Anm. zu Ct 58,6.

[8] Vermutlich Miguel Lescano, der Kurier, den Teresa auch in ihrem Postskriptum (Ct 59,5) erwähnt.

[9] Die Karmelitinnen aßen normalerweise kein Fleisch, doch war dies im Falle von Krankheit oder Schwäche als Stärkung erlaubt; Teresa empfiehlt es in solchen Fällen immer wieder, übrigens auch bei seelischer Labilität; vgl. *„Es soll niemals Fleisch gegessen werden, außer im Falle einer Notwendigkeit, wie es die Regel vorschreibt“* (Cs 11).

[10] Ein unbekannter Priester aus Salamanca.

[11] Juana de Jesús (Guerra), gebürtig aus Trillo (Guadalajara), war 1570 in San José (Ávila) eingetreten, dann aber zur Gründung mit nach Salamanca gegangen, wo sie am 30. April 1573 ihre Profess ablegte.

5. Wie geht es der Gräfin?[12] Und der Frau des Bürgermeisters?[13] Schicken Sie jemanden hin, um sich in meinem Namen zu erkundigen, und sagen Sie es mir; ich werde schreiben, wie es Ihrer Schwester[14] geht; denn bevor ich das nicht weiß, wollte ich Navarro[15] nicht hinschicken, da ich Ihnen auch etwas schicken möchte. Er wird die sechzehn Realen überbringen, wenn ich morgen daran denke, denn ich habe es heute auch vergessen. Falls Lescano[16] um etwas bittet, geben Sie es ihm nur, ich werde es zurückzahlen; ich habe nämlich gesagt, falls er etwas bräuchte, dass Euer Ehrwürden es ihm geben würden; ich glaube aber bestimmt, dass er nicht darum bitten wird.

60.

An Don Álvaro de Mendoza[1] in Valladolid

Alba de Tormes, Januar–Februar 1574

1. Jesus. – Die Gnade des Heiligen Geistes sei immer mit Euer Hochwohlgeboren. Gott sei gepriesen, dass Euer Hochwohlgeboren wohlauf sind. Möge es Seiner Majestät gefallen, dass es immer weiter aufwärts geht, wie ich es von ihm erbitte.

2. Es wäre eine Freude für mich, die Zeit zu haben, um Ihnen in diesem Brief ausführlich zu schreiben, aber ich habe so wenig, dass ich am liebsten nicht einmal mit ihm anfinge. María Bautista[2] wird Euer Hochwohlgeboren über mich berichten,

---

12 María Pimentel, Gräfin von Monterrey, von der Teresa im Bericht über die Gründung von Salamanca sagt, dass sie den Karmelitinnen *„sehr gewogen war"* (F 19,10).

13 Eine gewisse Doña Mariana, ebenfalls eine Wohltäterin der Karmelitinnen von Salamanca; siehe F 19,10.

14 Die leibliche Schwester von Ana de la Encarnación, Inés de Jesús (Tapia), die in Medina del Campo Priorin ist.

15 Ein Kurier Teresas.

16 Ebenfalls ein Kurier, vermutlich dieselbe Person wie „Miguel" in Ct 59,2; siehe auch Ct 14,3.

---

1 Siehe Ct 12 tít.

da ich es hier in diesem Brief nicht tun kann. Sie gibt mir Nachricht über Euer Hochwohlgeboren, wenn sie mir schreibt, und gottlob auch die Neuigkeiten, nach denen ich mich sehne; damit kann ich es aushalten, so lange verbleiben zu müssen, ohne Handschriftliches von Euer Hochwohlgeboren zu Gesicht zu bekommen. Ich habe mehrere Briefe geschrieben: von einem weiß ich schon, dass er Euer Hochwohlgeboren aus einem bestimmten Grund nie übergeben wurde; bei den übrigen weiß ich nicht, was damit geschehen ist.[3] Von Euer Hochwohlgeboren habe ich nur einen einzigen erhalten, seit ich hier bin. (In Salamanca, will ich sagen, habe ich ihn erhalten.)[4]

3. Der Herzogin[5] habe ich bereits ausgerichtet, was mir Euer Hochwohlgeboren auftrugen. Sie hat mir von der Angelegenheit[6] erzählt, und sagt, dass sie nie geglaubt hätte, dass Euer Hochwohlgeboren sich mit Letzterem[7] beschäftigt hätten; sie verdient es wirklich, dass man ihre Freundschaft nicht verliert. Meiner Gnädigen Frau Doña María[8] kann ich auch nicht schreiben. Ich küsse Ihrer Hochwohlgeboren vielmals die Hand, doch mir scheint, dass Unsere Liebe Frau ihre Töchter besser verteidigt als Ihre Hochwohlgeboren ihre Untergebenen, so wie sie dem Vernehmen nach zu diesen Vorfällen geschwiegen hat.[9] Der Herr helfe diesem kleinen Engel, denn

---

[2] Die Priorin von Valladolid; siehe zu ihr Anm. zu Ct 63 tít.

[3] Ein erneuter Hinweis auf die Unzuverlässigkeit der Postverbindungen.

[4] Der Satz in Klammern wurde von Teresa am Rand ergänzt.

[5] Die Herzogin von Alba, María Enríquez.

[6] Die Angelegenheit, auf die hier so diskret angespielt wird, ist die geplante Eheschließung des Sohnes der Herzöge von Alba, Don Fadrique Álvarez de Toledo, mit der Hofdame der Königin Anna von Österreich, Magdalena de Guzmán; Don Fadrique löste jedoch die Verlobung mit ihr, um statt dessen seine Kusine María de Toledo y Colonna zu heiraten, worauf die düpierte Braut an Philipp II. appellierte, der 1579/80 den jungen Herzog zusammen mit seinem Vater, Herzog Fernando Álvarez de Toledo, inhaftieren ließ.

[7] Vermutlich eine Anspielung auf die Tatsache, dass Don Álvaro mit dem Verhalten der Herzöge nicht einverstanden war, oder aber auf das, was Teresa der Herzogin in seinem Auftrag ausgerichtet hatte.

[8] Die Schwester von Don Álvaro, María de Mendoza.

[9] Eine Anspielung auf María de Mendozas Weigerung, in der Auseinandersetzung zwischen den Karmelitinnen von Valladolid und den hochadligen Ver-

es ist heutzutage etwas ziemlich Neues in der Welt, was unser Herr für sie tut. Ich glaube, dass er es deswegen so gefügt hat, dass man sie allein lassen sollte und sie solche Kämpfe durchzustehen hätte, damit man das besser erkennt; es bringt mich dazu, Seine Majestät sehr zu preisen.

4. Sie aber, Gnädiger Herr, erkennen so nach und nach, da Euer Hochwohlgeboren viele Heiligen[10] haben, wer es nicht ist, und vergessen mich deshalb; trotz allem glaube ich aber, dass Euer Hochwohlgeboren im Himmel einsehen werden, dass Sie der Sünderin[11] mehr verdanken als ihnen.[12] Lieber würde ich Doña María und meiner Gnädigen Frau, der Gräfin,[13] zu etwas anderem als dieser Verlobung gratulieren, auch wenn ich mich gefreut habe, dass sie so bald stattfindet.

5. Möge es unserem Herrn gefallen, dass ihm damit gedient ist, und dass Euer Hochwohlgeboren und meine Gnädige Frau Doña María noch viele Jahre ihre Freude daran haben. Meiner Gnädigen Frau Doña Beatriz[14] und meiner Gnädigen Frau der Herzogin[15] küsse ich vielmals die Hand. Unser Herr halte Euer Hochwohlgeboren immer an der seinen.

Euer Hochwohlgeboren unwürdige Dienerin und Untergebene

Teresa von Jesus

---

wandten der Casilda de Padilla – *„diesem kleinen Engel“* – zu vermitteln (siehe Ct 58,4), wie Teresa es sich wohl von ihr als Stifterin dieses Klosters erhofft hatte.

10 Die Karmelitinnen von Ávila und Valladolid.

11 Sie selbst.

12 Ein ähnliches Selbstbewusstsein gegenüber einem kirchlichen Oberen spricht auch aus Teresas Brief an ihren Ordensoberen Giovanni Battista Rossi von Ende Januar/Anfang Februar 1576 (Ct 102,3).

13 Die Gräfin von Lemus, Leonor de Castro y Portugal, die sich mit Don Álvaros Bruder, dem Grafen von Ribadavia Diego Sarmiento de Mendoza verlobt hatte.

14 Eine weitere Schwester von Don Álvaro, Beatriz Sarmiento de Mendoza, die mit dem Grafen von Salvatierra, Juan Sarmiento, verheiratet war.

15 Die Herzogin von Osuna, Leonor Ana de Guzmán y Aragón; siehe auch Ct 41,7; 42,1.3; 105,10; 181,10.

6. Ich bitte Euer Hochwohlgeboren inständig, mir Bescheid geben zu lassen, ob die Genehmigung des Paters Visitator[16] eingeholt wurde, damit ich mich den einen oder anderen Tag in San José aufhalten darf;[17] die Priorin[18] wird es mir schreiben.

61.

An Pater Domingo Báñez[1] in Valladolid

Salamanca, 28. Februar 1574[2]

An den Hochwürdigsten Herrn, meinen Vater, den Magister Fray Domingo Báñez, meinen Herrn.

1. Jesus. – Die Gnade des Heiligen Geistes sei mit Euer Gnaden und mit meiner Seele. Man braucht sich über gar nichts zu wundern, was aus Liebe zu Gott gemacht wird, denn Fray Domingos Gottesliebe vermag so viel, dass mir gut scheint, was ihm gut scheint, und ich das will, was er will; und ich weiß nicht, wo dieses Entzücken noch hinführen soll.

2. Ihre „Braune"[3] hat uns zufrieden gestellt. Sie ist seit ihrem Eintritt so außer sich vor Glück, dass sie uns Gott loben lässt. Ich glaube, ich sollte es nicht übers Herz bringen, sie Laienschwester[4] werden zu lassen, wenn ich sehe, was Euer Gna-

---

16 Pedro Fernández OP.

17 Teresa hatte vor, auf dem Weg nach Segovia zur Gründung eines weiteren Klosters, in Ávila Station zu machen; obwohl sie San José selbst gegründet hatte, brauchte sie als Priorin des Menschwerdungsklosters die Erlaubnis des Visitators, um sich dort ein paar Tage aufhalten zu dürfen.

18 Die Priorin von Valladolid, María Bautista (de Ocampo).

---

1 Siehe Ct 58 tít.

2 Ungefähres Datum.

3 María de Jesús Pardo y Cifuentes, gebürtig aus Rioseco, gestorben 1616, legte am 19. März 1575 Profess ab und ging 1581 mit Teresa zur Gründung nach Soria. Siehe Anm. zu F 30,5. Der Spitzname *Parda* („Braune") ist eine humorvolle Anspielung auf ihren Nachnahmen *Pardo* („Braun"), evtl. auch auf ihre Haarfarbe oder ihren dunklen Teint.

4 In den Orden galt damals allgemein ein Zweiklassensystem: einerseits Chormönche bzw. -schwestern, die des Lesens kundig waren und zum gemein-

den investiert haben, um ihr weiterzuhelfen, und so bin ich entschlossen, dass man ihr das Lesen beibringen soll, und je nach dem, wie es ihr damit geht, werden wir es machen.

3. Mein Geist hat den ihren gut verstanden, obwohl ich nicht mit ihr gesprochen habe, aber es hat da eine Schwester gegeben, die sich seit ihrem Eintritt des intensiven Gebetseifers nicht erwehren kann, den sie in ihr entfacht hat. Glauben Sie mir, Herr Pater, es ist für mich jedes Mal eine Wonne, wenn ich eine aufnehme, die nichts mitbringt, die man dagegen nur um Gottes willen aufnimmt,[5] und man dann sieht, dass sie nichts haben, womit sie eintreten könnten, sondern davon hätten lassen müssen, da sie ja mehr nicht vermögen. Ich sehe, dass mir Gott eine besondere Gnade erweist, da ich Mittel bin, um ihnen weiterzuhelfen. Wenn es möglich wäre, dass alle so wären, wäre das eine große Freude für mich; aber mir fällt keine ein, die mich zufrieden stellte, die ich aber zurückgewiesen hätte, weil sie nichts hatte.

4. Es ist mir eine besondere Freude gewesen zu sehen, wie Gott Euer Gnaden so große Gunsterweise schenkt, dass er Sie mit derartigen Werken befasst, und dann zu sehen, wie es zu diesen kommt. Sie sind zum Vater derer geworden, die wenig

---

samen Rezitieren des lateinischen Chorgebets verpflichtet waren, andererseits Laienbrüder bzw. -schwestern, die Analphabet(inn)en waren und mit den schweren Arbeiten betraut wurden. Als Teresa San José gründete, wollte sie diese Einteilung in Klassen nicht, doch akzeptierte sie später *„freilas"* oder *„legas"*, also Laienschwestern, die einen weißen Schleier trugen, weil immer mehr Analphabetinnen um Aufnahme baten, die nicht am Chorgebet teilnehmen konnten. In ihren *Konstitutionen* fordert sie, dass diese *„kräftig und Personen sein sollen, denen man anmerkt, dass sie dem Herrn dienen wollen"* (Cs 21). Bei aller Gleichheit der Behandlung, die sie für sie fordert, hatten sie im Kapitel weder Sitz noch Stimmrecht (Cs 43). Diese Teresas ursprünglicher Idee nicht entsprechende Klassifizierung der Schwestern hat im Lauf der Zeit viele Probleme verursacht und wurde erst im Gefolge der Erneuerung des Ordenslebens durch das Zweite Vatikanische Konzil abgeschafft (DST 308).

[5] Sie meint: keine Mitgift, wie es damals in den Orden allgemein üblich war, so dass mittellosen Frauen der Ordenseintritt verwehrt war. Das hat sie auch in F 27,13 so geschrieben; siehe dazu auch Cs 21.

vermögen, und das liebende Herz, das der Herr Ihnen dafür gibt, stimmt mich so froh, dass ich alles täte, um Ihnen bei derartigen Werken zu helfen, wenn ich nur könnte. Dann aber das Weinen derer, die sie mitbrachte![6] Ich dachte, dass es nicht aufhören würde. Ich weiß nicht, wozu Sie sie mir herschickten.

5. Der Pater Visitator hat[7] seine Erlaubnis[8] schon gegeben, und das ist der Auftakt, dass er mit Gottes Güte noch mehr gibt, und vielleicht könnte ich diese Heulsuse[9] ja aufnehmen, wenn sie Euer Gnaden zufrieden stellt, denn für Segovia habe ich schon zu viele.

6. In Euer Gnaden hat die „Braune" einen guten Vater gehabt. Sie sagt, dass sie es noch gar nicht glauben kann, dass sie in diesem Haus ist. Es ist um Gott zu loben, wie zufrieden sie ist. Ich habe ihn gelobt beim Anblick des kleinen Neffen[10] von Euer Gnaden, der mit Doña Beatriz[11] gekommen ist, und ich freute mich sehr, ihn zu sehen. Warum haben Sie mir das nicht gesagt?

7. Es ist für mich auch von Bedeutung, dass diese Schwester mit jener heiligen Freundin von mir beisammen war.[12] Ihre Schwester schreibt mir nun und macht mir großzügige Angebote. Ich sage Ihnen, ich war ganz gerührt. Mir scheint, dass ich sie nun noch viel mehr mag als zu ihren Lebzeiten.

---

[6] María de los Santos (Díaz), die Teresa im nächsten Absatz als „Heulsuse" bezeichnet. Sie war eine Nichte von Teresas Freundin Maridíaz (María Díaz de Vivar), die um diese Zeit schon tot war; sie war am 17. November 1572 gestorben.

[7] Pater Pedro Fernández OP.

[8] Die Erlaubnis zur Gründung in Segovia. Teresa ist seit Oktober 1571 auf Geheiß dieses Visitators Priorin im Kloster der Menschwerdung in Ávila, was zunächst ein Ende ihrer Gründungstätigkeit bedeutete.

[9] María de los Santos, die am 30. September 1576 ihre Profess ablegte.

[10] Báñez' Neffe kam als Page mit Doña Beatriz Sarmiento de Mendoza.

[11] Doña Beatriz Sarmiento de Mendoza, Schwester von Don Álvaro de Mendoza, dem Bischof von Ávila; siehe auch Ct 41,7.

[12] María de los Santos mit Maridíaz; siehe Ct 61,4.

8. Sie werden schon wissen, dass Sie als Prior von San Esteban eine Stimme hatten, alle anderen jedoch für den Prior;[13] es hat mich berührt, sie so einmütig zu sehen. Gestern war ich bei einem Pater Ihres Ordens mit Namen Fray Melchor Cano.[14] Ich sage Ihnen, wenn es viele solche Geister wie er in Ihrem Orden gäbe, dann könnte man Klöster von Kontemplativen gründen.

9. Ich habe nach Ávila geschrieben, damit diejenigen, die eine solche Gründung machen wollten, nicht mutlos würden, wenn es hier keine Mittel dazu gibt, denn ich wünsche sehr, dass man beginnt. Warum sagen Sie mir nicht, was Sie getan haben? Gott mache Sie so heilig, wie ich es wünsche. Ich hätte Lust, mit Ihnen einmal über diese Ängste zu sprechen, die Sie haben, was nichts bewirkt als Sie nur Zeit vergeuden zu lassen, aber als wenig Demütiger wollen Sie mir nicht glauben. Besser macht es da Pater Fray Melchor, den ich erwähnte, der mir nach einer Unterredung mit ihm in Ávila einmal sagte, dass es ihm Nutzen gebracht habe und es ihm vorkäme, als dächte er auch nicht eine Stunde lang nicht an mich. Was für einen Geist und was für eine Seele hat Gott an ihm! Ich erfuhr dadurch großen Trost. Es sieht so aus, als hätte ich nichts anderes zu tun als Ihnen vom Geist anderer zu erzählen.[15] Verbleiben Sie mit Gott und bitten Sie ihn, dass er mir davon gibt, damit ich in nichts von seinem Willen abweiche.

Es ist Sonntag Nacht. Euer Gnaden Tochter und Dienerin

Teresa von Jesus

---

[13] Bei der Priorenwahl in San Esteban in Salamanca wurde Alonso de Hontiveros zum Prior gewählt (siehe auch Ct 19,4; 34,6); die eine Stimme für Báñez war demnach von ihm.

[14] Dieser Melchor Cano (mit weltlichem Namen Baltasar de Prego, 1541–1607) war ein Neffe des gleichnamigen berühmten Theologen Melchor Cano OP (1509–1560), der 1551–1552 Konzilsvater in Trient und Verfasser des Traktats *„De locis theologicis“* war.

[15] Man beachte den Freimut, mit dem Teresa dem berühmten Theologen Báñez ihre Meinung sagt.

62.

An einige Aspirantinnen in Ávila[1]

Segovia(?), März 1574[2]

1. Jesus. – Die Gnade des Heiligen Geistes sei in den Seelen von Euer Gnaden, und er schenke sie Ihnen, damit diese guten Wünsche in Ihnen anhalten. Mir scheint, meine Damen, dass Doña Mariana, die Tochter von Francisco Juárez,[3] mehr Mut gezeigt hat; denn seit fast sechs Jahren erträgt sie den Unmut von Vater und Mutter und ist die meiste Zeit in ein kleines Dorf abgeschoben, wo sie viel für die Freiheit gäbe, die Eure Gnaden haben, um in San Gil[4] zu beichten.

2. So leicht ist es nicht, wie es Ihnen scheint, auf diese Weise den Habit zu nehmen, denn selbst wenn Sie jetzt zu diesem Wunsch entschlossen sind, so halte ich Sie dennoch nicht für so heilig, dass Sie später nicht doch niedergedrückt wären, wenn Sie die Verstimmung Ihres Vaters erlebten. Deshalb ist es ratsamer, ihn unserem Herrn zu empfehlen und es Seiner Majestät anheim zu stellen, der die Herzen verändern und andere Mittel bereit stellen kann, und wenn wir am wenigsten damit befasst sind, wird er es so fügen, wie es zum Wohlgefallen aller ist, während es Ihnen jetzt zukommen dürfte zu warten. Seine Ratschlüsse sind anders als die unsrigen.[5]

3. Geben sich Eure Gnaden damit zufrieden, dass Ihnen ein Platz bereit gehalten wird, und überlassen Sie sich Gottes

---

[1] Es handelt sich um zwei junge Frauen aus Ávila, die ohne Zustimmung ihrer Eltern bei Teresa eintreten wollen.

[2] Autograph: Karmelitinnenkloster Talavera de la Reina (Toledo).

[3] Mariana Juárez (Xuárez) de Lara, die Tochter von Francisco Juárez und Francisca de Villafañe; siehe Ct 46 tít. Sie trat schließlich 1574 in San José ein, wo sie am 9. Januar 1576 Profess ablegte.

[4] Das Jesuitenkolleg in Ávila.

[5] Vgl. Weish 17,1, eine Stelle, auf die Teresa immer wieder anspielt; siehe Anm. zu Ct 58,4.

Händen, damit sich sein Wille in Ihnen erfülle, denn das ist die Vollkommenheit, während alles Übrige eine Versuchung sein könnte.

4. Möge Seine Göttliche Majestät so handeln, wie sie sieht, dass es angebracht ist. Gewiss, wenn es nur meinem Willen nach ginge, würde ich den von Euren Gnaden bald erfüllen, doch muss man auf vieles achten, wie ich gesagt habe.

Eurer Gnaden Dienerin

Teresa von Jesus

63.

An Mutter[1] María Bautista[2] in Valladolid

Segovia, 14. Mai 1574[3]

1. Jesus sei mit Ihnen, meine Tochter. Dieser Ihr Bediensteter ist wirklich ein guter Läufer, denn ich dachte, er käme morgen von Madrid zurück, wohin ich ihn geschickt hatte, da ich nicht wusste, wem ich diese Geschäfte anvertrauen sollte; dabei kam er heute, donnerstags, und zusammen mit Ihrem gibt es nun eine Antwort auf Briefe aus Ávila, doch kann ich vor morgen Mittag die Sendung nicht aufgeben, denn weder mei-

---

1 Damals und zum Teil bis heute Anrede für die Priorin in den Karmelitinnenklöstern, in Spanien allerdings bis heute vielfach Bezeichnung für alle Karmelitinnen.

2 María Bautista de Ocampo (de Cepeda y Ocampo), Tochter von Teresas Cousin Diego de Cepeda und seiner Frau Beatriz de la Cruz Ocampo, *„eine der klügsten und begabtesten Schwestern, die es unter uns gab"* (F 1,3), geboren 1543 in Valladolid, kommt 1561 ins Menschwerdungskloster nach Ávila, wo sie an der berühmten „Gründungssitzung" teilnimmt (V 32,10), tritt in San José ein und legt dort am 21. Oktober 1564 Profess ab; sie ist ab 1571 Priorin in Valladolid, unterhält mit Teresa einen ausgedehnten Briefwechsel, doch bereitet sie ihr einen bitteren Abschied, als diese sich von Valladolid aus Mitte September 1582 auf den Weg nach Alba de Tormes macht; sie starb am 10. August 1603 in Valladolid. (DST 1023f.).

3 Autograph: Karmelitenkloster Monte Carlo, Fürstentum Monaco.

ne Augen noch mein Kopf stehen mir danach, und möge es Gott gefallen, dass er morgen fortkommt. Gerne würde ich Ihnen ausführlich schreiben, und auch Doña María.[4] Jetzt geht es mir weitgehend gut,[5] denn der Sirup, von dem ich unserem Pater[6] schreibe, hat mir jene qualvolle Melancholie[7] weggenommen und ich glaube sogar das ganze Fieber.

2. Ein bisschen hat mich sein eigenhändig geschriebener Brief schon schmunzeln lassen, weil ich da schon nicht mehr in dieser Verfassung war. Sagen Sie es dem Pater Fray Domingo[8] aber nicht, denn ihm schreibe ich eher neckisch, vielleicht zeigt er Ihnen den Brief. Natürlich habe ich mich über seinen und auch über den von Euer Ehrwürden gefreut, und ganz besonders über letzteren, durch den ich erfuhr, dass jene Heilige nun im Frieden ruht, dazu bei einem solchen Sterben.[9] Ich bin verwundert, wie jemand über ihr so großes Glück betrübt sein kann, anstatt ihr gegenüber Neid zu empfinden. Schmerz empfinde ich über den großen Kummer, den Sie gehabt haben mögen, meine Tochter, und bei so großen und so zahlreichen Geschäften noch haben, denn ich weiß, worauf das hinausläuft.[10] Aber ich glaube nicht, dass Sie bei besserem Wohlbefinden wären, wenn Sie die Ruhe genießen würden, von der Sie sprechen, sondern bei schlechterem, und dessen bin ich mir ganz sicher, da ich Ihr Temperament kenne; und so erdulde ich es, dass Sie in Prüfungen stecken, denn irgendwie müssen Sie ja heilig werden, und sich die Einsamkeit zu wünschen ist für Sie besser als sie zu haben.

---

4 María de Mendoza, die Schwester des Bischofs von Ávila, Álvaro de Mendoza.

5 In F 21,4 berichtet sie, dass sie in Segovia an allen möglichen Beschwerden gelitten hat.

6 Domingo Báñez OP.

7 Zu Melancholie siehe Anm. zu Ct 8,2.

8 Domingo Báñez OP.

9 Gemeint ist Beatriz de la Encarnación (Óñez), gestorben am 5. Mai 1574. Siehe F 12,1-9.

10 Anspielung auf den Wirbel, den Casilda de Padilla verursacht hat. Siehe F 10-11.

3. O wenn Sie den Aufruhr sähen,[11] der sich zugunsten der Unbeschuhten abspielt, freilich im Geheimen! Es ist, um den Herrn zu loben. Und all das haben die losgetreten, die nach Andalusien gingen, Gracián und Mariano.[12] Der Schmerz, der das unserem Pater General bereiten muss, dämpft meine Freude ziemlich, da ich ihn so gern habe;[13] andererseits sehe ich aber das Verderben, dem wir sonst ausgeliefert wären. Empfehlen Sie es Gott! Pater Fray Domingo wird Ihnen sagen, was los ist; dazu schicke ich Ihnen auch einige Papiere; und falls Sie mir schreiben, schicken Sie es nur mit einer zuverlässigen Person hierher, mit einer ganz zuverlässigen, was ganz wichtig ist, auch wenn es einige Tage dort liegen bleiben sollte.[14] Der Pater Visitator, der so weit weg ist, geht uns sehr ab, denn es gibt Geschäfte, für die ich ihm, glaube ich, einen Kurier schicken muss, koste es, was es wolle, da der Obere[15] weder für ihn noch für das, worum es geht, ausreicht. Möge er es für viele Jahre sein.[16]

4. Wegen der Sache mit Pater Medina brauchen Sie nicht zu fürchten, dass es mich bedrängen würde, auch wenn es noch

---

[11] Dieser war dadurch begründet, dass man Jerónimo Gracián, der erst im Jahr zuvor in den Orden eingetreten war, zum Visitator machen wollte, was natürlich bei den „Beschuhten" Missstimmung hervorrufen musste, mit den bekannten Auswirkungen. Siehe Einführung S. 49.

[12] Jerónimo de la Madre de Dios Gracián und Ambrosio Mariano de San Benito; zu Gracián siehe F 23, zu Ambrosio Mariano F 17,6-14. Den historischen Hintergrund skizzieren Efrén/Steggink so: *„Eineinhalb Jahre, bevor die Unbeschuhten Schwestern nach Beas kamen* [gegründet am 24. Februar 1575, also im Herbst 1573], *begaben sich die kastilischen Unbeschuhten, sowohl vom König als auch vom Apostolischen Visitator willkommen geheißen, nach Andalusien, um dort die Reform, die letzterem nicht geglückt war, zu einem guten Ende zu führen"* (TyV 600). Siehe Einführung S. 49.

[13] Hier zeigt sich der ganze Konflikt zwischen der vom Ordensgeneral Giovanni Rossi im Auftrag des Konzils von Trient vorangetriebenen Reform und den Interessen des spanischen Königs, der diese mit Apostolischen Visitatoren – spanischen Dominikanern – durchsetzen möchte.

[14] Ein weiterer klarer Hinweis auf die Zuspitzung des Konflikts; die Briefe sollen ja nicht in falsche Hände geraten.

[15] Domingo Báñez OP, der Stellvertreter des Visitators war.

[16] Das ist ein hohes Lob für den Visitator Pedro Fernández OP, der Ende März in Pamplona weilte.

viel mehr wäre, im Gegenteil, es hat mich zum Lachen gebracht;[17] aber auch nur ein halbes Wort von Fray Domingo[18] würde mir mehr weh tun, denn dieser andere schuldet mir überhaupt nichts, noch liegt mir viel daran, dass er mir nicht diese Anhänglichkeit zeigt. Er hatte nie Umgang mit diesen Klöstern, noch weiß er, was Sache ist, und erst recht nicht sollte er mit Fray Domingo gleichgesetzt werden, der sie liebt, als wären sie seine eigenen, und sie wahrhaft mitgetragen hat. Sie hatten dort ziemlich viel Wirbel aufgrund von Geschäften, aber die hätte auch jede andere für ihr Haus in Kauf genommen.

5. Richten Sie Doña María de Samaniego[19] einen ganz herzlichen Gruß von mir aus, und dass diese Welt so ist, dass wir uns nur auf Gott verlassen können. Ich glaube alles, was Euer Ehrwürden von ihr und ihrer Schwester schreiben. Aber es ist gut, dass nicht mehr getan wurde, denn wir müssen dankbar sein, und es wäre eine große Undankbarkeit, auch dem Bischof[20] gegenüber. Im Lauf der Zeit wird der Herr die Dinge schon anderweitig fügen, und man könnte etwas zum Trost dieser Damen tun, doch sehe ich klar, dass es der Gnädigen Frau Doña María[21] nicht passen würde. Ich hatte im Sinn, ihr zu schreiben, doch denke ich nicht, dass ich dazu komme. Sie sollen wissen, dass Doña María Cibrián[22] gestorben ist; empfehlen Sie sie mir Gott. Schicken Sie mir einen Gruß an die Priorin von Madre de Dios,[23] einen recht herzlichen, denn hier

---

[17] Siehe Ct 58,6.

[18] Domingo Báñez OP.

[19] Teresa schreibt *Samago;* eine nicht identifizierte Person aus dem Umfeld von Doña María de Mendoza, eventuell eine Schwester von Estefanía de Samaniego, die als Karmelitin im Menschwerdungskloster lebte. Hier endet der Autograph dieses Briefes.

[20] Don Álvaro de Mendoza.

[21] Doña María de Mendoza, Schwester des Bischofs Don Álvaro de Mendoza.

[22] María Cibrián (evtl. eine Verschreibung für Cimbrón) ist wahrscheinlich eine Schwester aus dem Kloster der Menschwerdung zu Ávila.

[23] Doña María de León, Priorin des Dominikanerinnenklosters Madre de Dios in Valladolid.

erweist man uns durch ihre Vermittlung viele Liebesdienste; und da ich wegen meiner schlechten Augen nicht in der Lage bin, möge sie es mir verzeihen, wenn ich nicht schreibe; achten Euer Ehrwürden doch auf Ihre Gesundheit, denn ich möchte nicht, dass Sie für so viele Prüfungen und schlechten Nächte, die Sie gehabt haben, nachzahlen müssten.

6. Wie sehr habe ich den Wunsch, eines Tages dorthin zu reisen, denn wir sind ja nicht weit auseinander, doch sehe ich mich nicht hinaus. Grüßen Sie meine Casilda[24] herzlich; geben Sie ihr, falls es Ihnen gut scheint, diesen Brief ihrer Tante[25] zu lesen, der ich den geschickt habe, den sie mir geschrieben hatte; schon seit einiger Zeit bin ich ihr sehr verbunden und ich würde ihr in jeder Hinsicht vertrauen. Etwas muss ich wohl vergessen haben. Gott sei mit Ihnen und er behüte Sie, der uns in innigster Freundschaft verbindet. Ich weiß nicht, wie ich es ertrage, dass Sie eine so enge mit meinem Pater haben.[26] Daran ersehen Sie, dass Sie mich hintergangen haben, wo ich doch denke, dass Sie eine große Dienerin Gottes sind. Er mache Sie heilig.

Es ist heute der 14. Mai.

7. Meine gute María de la Cruz[27] möchte ich sehr gerne wiedersehen; sagen Sie ihr das eindringlich von mir, und auch Estefanía.[28] Pablo Hernández[29] kam zurück, voller Verwunderung über sie, und er hat Recht.

Ihre

Teresa von Jesus

---

[24] Casilda de Padilla. Siehe zu ihr Teresas ausführlichen Bericht in F 10,8-16; 11.

[25] Drei Tanten, Schwestern ihres Vaters, des Statthalters von Kastilien, Don Juan de Padilla y Manrique, kennen wir: Doña Ángela Manrique, Doña Isabel Manrique und Doña Luisa Manrique.

[26] Gemeint ist wieder Domingo Báñez OP.

[27] María de la Cruz (de la Paz), eine der vier Schwestern, die am 24. August 1562 in San José in Ávila begonnen haben (V 36,5).

[28] Estefanía de los Apóstoles, eine einfache und eifrige Laienschwester; siehe F 11,1.

[29] Jesuit, Beichtvater und Freund Teresas. Siehe zu ihm Anm. zu F 15,1.

8. Erst jetzt habe ich von den Ratschlägen erfahren, die Ihnen Isabel de San Pablo[30] gibt; sie hat mich mit ihren Klöstern zum Lachen gebracht. Sie hat mich in dieser Krankheit neu belebt, denn ihr Temperament und ihr Humor haben mich froh gemacht und so belebt, dass es mir half, zum Chorgebet zu gehen. Ich sage Ihnen, dass sie so auch in allem recht tüchtig sein wird, und man ihr, wenn die Gesundheit mitmacht, durchaus ein Kloster anvertrauen kann.

64.

An Antonio Gaytán[1] in Alba

Segovia, 30.(?) Mai 1574[2]

1. Jesus. – Der Heilige Geist sei mit Euer Gnaden, mein Sohn. Ich habe nicht dass Glück, die Zeit zu haben, um Ihnen ausführlich zu schreiben, doch versichere ich Ihnen, dass mich schon die Absicht glücklich macht, und auch die Freude, die mir Ihre Briefe machen, im Wissen um die Gnaden, die Ihnen der Herr erweist, die jeden Tag größer sind. Er vergilt Ihnen nun das, was Sie hier[3] geleistet haben.

2. Mühen sich Euer Gnaden doch nicht zu sehr ab, viel denken zu wollen,[4] noch machen Sie sich etwas aus der Medita-

---

[30] Isabel de San Pablo (de la Peña), Tochter von Teresas Cousin Francisco de Cepeda; Profess in San José zu Ávila am 21. Oktober 1564.

---

[1] Antonio Gaytán (Gaitán) stammte aus Alba de Tormes, wo er Teresa kennen lernte. Nach der Abkehr von seinem früheren oberflächlicheren Leben wurde er zu einem der zuverlässigsten und selbstlosesten Begleiter Teresas und half ihr bei den Gründungen in Segovia, Beas, Sevilla und Caravaca. Eine seiner Töchter, Mariana de Jesús, wurde schon mit sieben Jahren in das Kloster zu Alba aufgenommen. Im Hinblick auf die Gründung von Caravaca sagt Teresa, dass man ihm und Julián de Ávila *„diese Gründung verdanken kann“* (F 27,4).

[2] Autograph: Karmelitinnenkloster Toledo.

[3] Bei der Gründung in Segovia. Siehe F 21,5f.

[4] Mit dieser Einladung *„nicht viel zu denken“* setzt sich Teresa einerseits klar vom gefährlichen *„no pensar nada – nichts zu denken“* ab, das den Alumbra-

tion, denn, falls Sie nicht darauf vergessen haben, ich habe Ihnen schon oft gesagt, was zu tun ist, und wie das eine größere Gnade des Herrn ist;[5] und immer in seinem Lob zu verweilen und den Wunsch zu haben, dass alle das machen, ist die größte Auswirkung in einer Seele, die sich auf Seine Majestät eingelassen hat. Möge es dem Herrn gefallen, dass Euer Gnaden ebenso wie ich ihm ein bisschen von dem zu vergelten vermögen, was wir ihm schulden, und er uns viel zu leiden gebe, und seien es nur Flöhe, Poltergeister und Reisen.[6]

3. Antoño Sánchez[7] war schon so weit, uns ohne weitere Erklärungen an Sie das Haus zu geben. Doch weiß ich nicht, wo Euer Gnaden und Padre Julián de Ávila[8] Ihre Augen hatten, dass Sie so etwas kaufen wollten. Ein Glück, dass er es nicht mehr verkaufen wollte. Jetzt sind wir dabei, eines bei San Francisco in der Calle Real, im besten Teil der Vorstadt nahe dem Azoguejo,[9] zu kaufen. Es ist sehr gut. Empfehlen Sie es Gott an.[10]

---

dos zum Vorwurf gemacht wurde, verweist aber zugleich auf das, was für sie entscheidend beim inneren Beten ist: die liebende Beziehung; vgl. *„Ich möchte nur, dass ihr euch bewusst seid, dass es nicht darauf ankommt, viel zu denken, sondern viel zu lieben“* (4M 1,7); vgl. auch ihre berühmte Definition des inneren Betens als *„Verweilen bei einem Freund“* (V 8,5). Siehe dazu U. Dobhan, *Gott - Mensch - Welt*, 104-116.

[5] Auch wenn Teresa den Fachausdruck Kontemplation an dieser Stelle vermeidet, gibt sie hier eindeutig Hinweise für das vom schweigenden Dasein in Gottes Gotteswart getragene kontemplative Gebet; vgl. auch Ct 75,1. „Meditation" steht bei ihr für die diskursive Betrachtung von Glaubenswahrheiten, Schriftstellen, usw., bei welcher der Hauptakzent auf der nachdenkenden und einfühlenden Tätigkeit des Menschen liegt.

[6] Eine humorvolle Anspielung auf die gemeinsam bestandenen Abenteuer auf den schlecht ausgebauten Straßen Spaniens mit ihren oftmals miserablen Herbergen, von denen Teresa in ihrem *Buch der Gründungen* anschaulich berichtet. Siehe auch ihr humorvolles Gedicht zu diesem Thema (P 28).

[7] Der Besitzer des Hauses, das Antonio Gaytán und Julián de Ávila für eine Gründung in Segovia ausgesucht hatten, aber von Teresa nicht gekauft wurde.

[8] Der Hausgeistliche von San José in Ávila.

[9] Laut S. de Covarrubias, *Tesoro*, 39, ursprünglich der Name eines Stadtteils in Vallodolid, bedeutet das Wort so viel wie Platz, Marktplatz; man könnte sagen: Am Kleinen Markt.

[10] Siehe dazu F 21 und TyV 374-378.

4. Alle Schwestern empfehlen sich Ihnen sehr. Es geht mir besser, möchte sagen gut, denn wenn ich außer den normalen Beschwerden nichts habe, bedeutet das gute Gesundheit. Der Herr gebe sie Euer Gnaden und er behüte Sie uns.

Euer Gnaden Dienerin

Teresa von Jesus

65.

An Don Francisco de Salcedo(?)[1] in Ávila

Segovia, 4. Juni 1474[2]

1. Jesus. – Die Gnade des Heiligen Geistes sei immer mit Euer Gnaden. Es ist etwas Großes, in Zeiten der Not einen so guten Schatzmeister zu haben. In bin nun in einer großen, und so bitte ich Euer Gnaden inständig, von dem, was Sie haben, dem Herrn Julián de Ávila[3] zu geben, was Euer Gnaden vermag, denn das ist für die Reisekosten, die man ihm geliehen hat. Mit diesem, mit meinem Namen unterzeichneten Brief bestätige ich Ihnen den Empfang.[4] Euer Gnaden mögen mich unserem Herrn empfehlen, was ich, wiewohl armselig, für Sie tue; sagen Sie das auch dem Herrn Magister und meiner guten Schwester, der Gnädigen Frau Catalina Daza.[5]

2. Große Einsamkeit verursacht es mir, von denen, die ich so gern habe, so weit weg zu sein, doch so muss man dieses Leben bestehen. Wenn es nicht schon beschlossene Sache wäre,

---

[1] Siehe zu ihm Ct 13 tít.

[2] Autograph: Witwe von Claudio Porrero, C/Antonio Maura 12, Madrid.

[3] Hausgeistlicher von San José in Ávila.

[4] Teresa schreibt aus Segovia, wo sie zur Gründung für die aus Pastrana gekommenen Schwestern weilt, die Julián de Ávila zusammen mit Antonio Gaitán auf ihre Anweisung am 6./7. April 1574 nach Segovia geholt hatte, um sie der Willkür der Prinzessin Éboli zu entziehen (TyV 566). Dafür muss Julián de Ávila nun entlohnt werden.

[5] Der Domherr Daza und seine Schwester. Zu Gaspar Daza siehe V 23,6.

dass es nicht ohne Kreuz sein kann, dann hätte ich viel zu leiden. Möge unser Herr Euer Gnaden die Ruhe schenken, die ich Ihnen wünsche, und dazu große Heiligkeit.

Gegeben am 4. Juni im Jahre fünfzehnhundertvierundsiebzig. Aus diesem Kloster zum hl. Josef in Segovia.

Euer Gnaden unwürdige Dienerin

Teresa von Jesus, Karmelitin

66.

An Mutter Ana de la Encarnación(?)[1] in Salamanca

Segovia, 6. Juni 1574[2]

... Gott Ihre Angelegenheiten und die von Don Fadrique[3] anzuempfehlen. Von meinen Brüdern[4] weiß ich nichts. Sie erweisen mir eine große Liebestat, diese Sorge mitzutragen, da sie übers Meer kommen müssen. Isabel de Jesús[5] wird erzählen, was hier fehlt, und so schreibe ich nicht mehr.

Es ist heute der Tag der Heiligsten Dreifaltigkeit[6], und ich bin Euer Ehrwürden

Teresa von Jesus, Karmelitin

---

[1] Wahrscheinlich Teresas Kusine Ana de la Encarnación (Tapia); siehe Ct 59 tít.

[2] Brieffragment; seine Zuweisung an die genannte Empfängerin ist nicht gesichert.

[3] Don Fadrique Álvarez de Toledo, Sohn des Herzogs von Alba, Fernando Álvarez de Toledo. Zur Geburt seines Sohnes wurde Teresa, bereits schwer krank, im September 1582 nach Alba de Tormes geschickt, wo sie dann am 4. Oktober 1582 starb. Don Fadrique, den Teresa in ihrem Briefwechsel immer wieder erwähnt, starb 1585.

[4] Vermutlich Anspielung auf ihre Brüder, die planen, nach Spanien zurückzukommen. Lorenzo kommt schließlich am 12. August 1575 mit seinen Kindern an.

[5] Isabel de Jesús Jimena (Ct 30) war um diese Zeit, 1574, als Subpriorin nach Segovia gekommen.

[6] Das Fest der Heiligsten Dreifaltigkeit wird am Sonntag nach Pfingsten gefeiert.

67.

An Don Teutonio de Braganza[1] in Salamanca

Segovia, Mitte Juni 1574[2]

1. Jesus. – Die Gnade des Heiligen Geistes sei mit Euer Hochwohlgeboren, und meinen herzlichen Glückwunsch für die gesunde Ankunft, was für mich eine große Freude war, auch wenn der Brief für mich angesichts einer so langen Reise kurz ausfiel.[3] Dabei sagen mir Euer Hochwohlgeboren gar nicht, ob das, warum sich Euer Hochwohlgeboren auf den Weg machten, gut ausging. Dass Sie mit sich unzufrieden sind, wäre nichts Neues, noch seien Euer Hochwohlgeboren verwundert, dass Sie bei der Beschwernis der Reise und der Unmöglichkeit, eine so geregelte Zeiteinteilung zu haben, ein Stück weit an Lauheit litten. Sobald Euer Hochwohlgeboren zur Ruhe kommen, wird auch Ihre Seele sie wieder haben.[4]

2.-3. Mir geht es verglichen mit früher gesundheitlich einigermaßen besser, und wenn ich es so gut verstünde, mich zu beklagen wie Euer Hochwohlgeboren, würden Sie Ihre Beschwerden für nichts erachten. In den beiden Monaten war die Krankheit, die ich hatte, extrem schlimm,[5] dazu noch von der Art, dass sie sich innerlich auswirkte, so dass sie mich wie ein

---

[1] Coimbra 1530 – Valladolid 1602, portugiesischer Theologe, ab 1574 großer Freund und Förderer Teresas, ab 1578 Erzbischof von Évora, Herausgeber der *editio princeps* des *Weges der Vollkommenheit* in Évora 1583, Verteidiger von Jerónimo Gracián 1589.

[2] Autographisches Fragment in der Pfarrei von Santa María in Viana, Navarra, Spanien.

[3] Wir wissen nicht, auf welche Reise Teresa hier anspielt. Teresa hatte Don Teutonio erst zu Beginn dieses Jahres, wahrscheinlich in Salamanca, kennen gelernt.

[4] Teresa erweist sich hier als Seelenführerin sogar eines Bischofs, wie sie es auch für etliche weitere Adressaten ist (etwa Antonio Gaytán; vgl. Ct 64,2); siehe dazu vor allem auch Ct 69,4.

[5] Über diese ersten Monate des Jahres 1574 bei der Gründung in Segovia schreibt sie: *„Doch weil es keine Gründung ohne solche [Mühe] geben sollte, abgesehen davon, dass ich mit hohem Fieber und Übelkeit und inneren Leiden, wie Trockenheit und schwärzester Dunkelheit in der Seele, und viel-*

lebloses Ding niederhielt. Innerlich geht es mir schon besser, äußerlich mit den üblichen Beschwerden, gut verwöhnt von Euer Hochwohlgeboren. Unser Herr vergelte es Ihnen, denn es kam mir und anderen Kranken zugute; aus Pastrana kamen nämlich einige sehr angeschlagen, da das Haus sehr feucht war.[6] Es geht ihnen besser, und es sind ausgezeichnete Seelen; der Umgang mit ihnen wäre für Euer Hochwohlgeboren eine Freude, insbesondere mit der Priorin.[7]

4. Vom Tod des Königs von Frankreich[8] hatte ich schon erfahren. Es tut mir sehr weh, so viele Probleme zu sehen, und wie der Böse dabei ist, Seelen zu gewinnen.[9] Gott helfe dem ab, und sollten unsere Gebete Nutzen bringen, so unterlassen wir es nicht, das von Seiner Majestät zu erflehen; ihn bitte ich inständig, Euer Hochwohlgeboren die Sorge zu vergelten, die Sie haben, um diesen Orden mit Gunst und Güte zu bedenken.

5. Der Pater Provinzial (ich meine, der Visitator) ist so weit fort,[10] dass ich mit ihm noch nicht einmal durch Briefe die

---

fältigen körperlichen Beschwerden dorthin ging, wobei die heftige Phase drei Monate lang andauerte, und es mir das halbe Jahr, das ich dort war, immer schlecht ging“ (F 21,4). Die gesundheitlichen Probleme gingen also weiter. Teresa kehrte am 30. September 1574 von Segovia nach Ávila zurück.

6 Die Kommunität von Pastrana kam am 7. April 1574 nach Segovia, um den Launen der Prinzessin von Éboli zu entkommen. Siehe dazu F 17 und F 21.

7 Isabel de Santo Domingo, vorher Priorin in Pastrana, jetzt in Segovia.

8 Karl IX. (1550–1574), Sohn von Heinrich II. und Katharina von Medici, ab 1560 König von Frankreich. In seine Regierungszeit fallen das Massaker an den Hugenotten von Vassy (1562), das den Beginn der Hugenottenkriege markierte (1562–1598), und die Bartholomäusnacht (Massaker an den Hugenotten von Paris in der Nacht zum 24. August 1572). Auf ersteres spielt Teresa in CE/CV 1,2 an, auf letzteres in Ct 52,2.

9 Eine Anspielung auf die Religionskriege in Frankreich, über die Teresa allerdings sehr mangelhaft informiert war; bereits im *Weg der Vollkommenheit* (1566) hatte sie geschrieben, dabei die kalvinistischen Hugenotten mit Lutheranern verwechselnd: *„Nachdem ich von den Schäden in Frankreich durch diese Lutheraner erfahren hatte, und wie sehr diese unheilvolle Sekte im Anwachsen war, setzte mir das sehr zu, und wie wenn ich etwas vermöchte oder etwas bedeutete, weinte ich mich beim Herrn aus und bat ihn, diesem großen Übel abzuhelfen“* (CE 1,2).

10 Pedro Fernández OP.

Angelegenheit besprechen konnte, von der mir Euer Hochwohlgeboren sprachen, nämlich dort ein Haus von diesen Unbeschuhten Brüdern zu gründen;[11] das wäre sehr gut, falls es nicht der Böse eben deswegen behindern würde. Die Gunst, die uns Euer Hochwohlgeboren erweist, ist höchst angenehm, und sie kommt jetzt gelegen, denn die Visitatoren wurden wieder bestätigt (und zwar nicht nur für eine begrenzte Zeit, und ich glaube mit mehr Vollmachten als zuvor)[12] und können Klöster zulassen, und so hoffe ich auf den Herrn, dass er es möchte. Euer Hochwohlgeboren mögen es doch um der Liebe Gottes willen nicht aufgeben.

6. Ich denke, der Pater Visitator[13] wird bald in der Nähe sein; ich werde ihm schreiben, und man sagt mir, dass er dort[14] vorbeikommen wird. Euer Hochwohlgeboren würden mir eine Gunst erweisen, wenn Sie mit ihm sprechen und ihm über alles Ihre Meinung darlegen würden. Euer Hochwohlgeboren können mit ihm in aller Offenheit reden, denn er ist sehr gut und verdient es, dass man so mit ihm umgeht, und um Euer Hochwohlgeboren willen entschließt er sich vielleicht, es zu tun. Bis Sie sehen, was er tut, bitte ich Euer Hochwohlgeboren, es nicht aufzugeben.[15]

7. Die Mutter Priorin[16] empfiehlt sich in die Gebete von Euer Hochwohlgeboren. Alle Schwestern waren darauf bedacht und sind es weiterhin, Sie unserem Herrn zu empfehlen, und so machen es auch die von Medina und wo sonst sie mir einen

---

[11] Teresa hätte in der Universitätsstadt Salamanca gerne einen Konvent für Brüder gegründet, wozu es damals nicht kam. Man beachte, wie sie sich auch für die Brüder verantwortlich fühlt!

[12] Das heißt, die Visitatoren wurden in ihren Ämtern bestätigt, und zwar am 8. Mai 1574 durch Niccolò (Nicolás) Ormaneto, der von 1572 bis 1577 Päpstlicher Nuntius war.

[13] Pedro Fernández OP.

[14] In Salamanca, wo Don Teutonio weilt.

[15] Zur Gründung für die Unbeschuhten Brüder kam es in Salamanca erst 1581.

[16] Isabel de Santo Domingo (Ortega).

Gefallen tun wollen. Leid tut es mir, dass unser Pater Rektor[17] bei so schlechter Gesundheit ist. Unser Herr gebe sie ihm, Euer Hochwohlgeboren aber eine so große Heiligkeit, wie ich sie für Sie erflehe. Amen.

8. Lassen Euer Hochwohlgeboren dem Pater Rektor ausrichten, dass wir Sorge tragen, den Herrn um seine Gesundung zu bitten, und dass es mir mit Pater Santander[18] gut geht, allerdings nicht mit den Franziskanern; wir haben ein Haus so ganz nach unseren Vorstellungen gekauft und es steht in ihrer Nähe, und jetzt haben sie uns einen Prozess angehängt.[19] Ich weiß nicht, wo das noch enden soll.

Euer Hochwohlgeboren unwürdige Dienerin und Untergebene

Teresa von Jesus, Karmelitin

68.

An Mutter María Bautista[1] in Valladolid

Segovia, Ende Juni 1574[2]

1. Jesus. – Der Heilige Geist sei mit Euer Ehrwürden, meine Tochter. Ich würde Schmerz empfinden beim Gedanken, es wäre wegen gesundheitlicher Probleme gewesen, dass Sie mir schon so lange nicht mehr schrieben, wenn mir die Priorin

[17] Der Jesuit Baltasar Álvarez, einer der ersten geistlichen Begleiter Teresas (V 28,14), wurde 1533 in Cervera (La Rioja) geboren, war nacheinander Rektor der Jesuitenkollegien von Medina del Campo, Salamanca und Villagarcía de Campos, mehrfach Provinzial und schließlich Visitator; er starb 1580.

[18] Luis Santander SJ (1527 Écija – 1599 Sevilla), lernte Teresa bereits im Menschwerdungskloster kennen, half ihr bei verschiedenen Gründungen, wird von Teresa in der Liste der Beichtväter in CC 53,3 erwähnt, war Rektor in verschiedenen Kollegien, so auch in Segovia.

[19] Darüber berichtet Teresa in F 21,8-10; der Streit wurde aber bald beigelegt.

[1] Siehe zu ihr Ct 63 tít.

[2] Autographisches Fragment: Unbeschuhte Karmelitinnen, Sevilla.

von Medina[3] nicht geschrieben hätte, dass es Euer Ehrwürden gut geht. Gott sei gepriesen, denn ich wünsche Ihnen die Gesundheit in reichem Maße. Mag es anderen Schwestern unter Umständen schlecht gehen, wenn Gott damit gedient ist; so haben sie etwas, um Verdienste zu sammeln.

2. Hiermit sollen Sie wissen, dass der Herr Isabel de los Ángeles, das ist jene mit den Streitereien in Medina,[4] zu sich geholt hat, und zwar durch einen solchen Tod, dass man eine Schwester, die einen solchen wie sie erlebt hätte, für eine Heilige hielte. Sie ist nun ganz gewiss bei Gott, während ich hier als nutzloses Ding herumstehe. Vor drei Wochen hatte ich eine schreckliche Erkältung mit zahlreichen Unpässlichkeiten. Jetzt geht es mir besser, freilich noch nicht ganz unbeschwert, doch glücklich über die Neuigkeiten, die ich Pater Fray Domingo schreibe;[5] danken Sie alle unserem Herrn, denn das haben wir hier gemacht. Er sei für alles gepriesen.

3. Schicken Sie diesen Brief an die Priorin von Madre de Dios,[6] denn ich lege hier ein Medikament bei, das mir, glaube ich, geholfen hat. Ihre Krankheit tut mir sehr leid, da ich sie in diesen Jahren selbst oft durchgemacht habe; dieser Schmerz kennt keine Nachsicht. Was für eine Idee, mir Schwarzwurzel[7] zu schicken! Doch habe ich kaum davon gegessen, weil mich ein schrecklicher Ekel vor Süßigkeiten überkam. Trotz-

---

[3] Inés de Jesús (Tapia): †1601, eine Cousine Teresas, zunächst Karmelitin im Menschwerdungskloster zu Ávila, war bei der Gründung von San José in Ávila dabei, anschließend auch bei der Gründung in Medina del Campo, dann Priorin in Medina del Campo; siehe auch Ct 21,1; 51; 298; 437.

[4] Nichte von Simón Ruiz, gestorben am 11. Juni 1574; siehe Ct 21 tít. Die *„Streiterien“* beziehen sich auf ihr reiches Erbe, das sie entgegen dem Willen ihrer Familie und des Provinzials Ángel de Salazar noch vor der Profess dem Kloster vermachen wollte (Siehe dazu F 6,13; TyV 487-490). Vgl. auch Ct 21 tít.1.3; 24,18.

[5] Domingo Báñez OP.

[6] Doña María de León, Priorin des Dominikanerinnenkloster von Madre de Dios in Valladolid. Siehe Ct 63,5.

[7] *Escorzonera*: Nach S. de Covarrubias, *Tesoro*, 539, ein Heilkraut gegen Schlangengift.

dem habe ich die Sorge für das, was Sie den Schwestern und Isabel[8] schicken, die mit ihrer Ausgeglichenheit und Liebe schon eine reife Person zu sein scheint, sehr geschätzt.

4. Wie albern sind Sie mit Ihren Entschuldigungen[9] wegen *der Hände und*[10] dem anderen! Bis zu unserem nächsten Treffen wage ich gar nicht, Ihnen von der Absicht zu erzählen, die ich bei allem habe. Wissen Sie, jeden Tag spüre ich mehr Freiheit, und sofern ich wegen der Beleidigungen Gottes bei dieser Person sicher wäre, hätte ich keine anderen Ängste, denn ich habe in dieser Hinsicht große Versagen und Gefahren erlebt, und habe diese Seele sehr gern (da es scheint, als habe mir Gott diese Sorge gegeben), und je schlichter sie ist, umso mehr fürchte ich für sie, und so freue ich mich sehr, dass sie sich freut, an einem sicheren Ort zu sein, wiewohl es freilich in diesem Leben keinen gibt, noch ist es gut, dass wir uns sicher fühlen, denn wir sind im Krieg und von vielen Feinden umgeben.[11]

5. Schauen Sie, meine Tochter, wenn ich ohne eine so schwere Krankheit bin, wie ich sie hier hatte, dann entsetzt mich eine auch nur kleine erste Regung über etwas sehr.[12] Das sei nur für Sie allein gesagt, denn mit jemandem, der mit mir

---

[8] Isabel Bautista (Ortigosa), geboren in Logroño, legte 1571 in Valladolid als Laienschwester Profess ab.

[9] Evtl. auch rechtfertigende Erklärungen oder Anflüge von Skrupel.

[10] Im Autograph scheinen die Worte wegen *der Hände und* durchgestrichen, was ja tatsächlich auch keinen rechten Sinn ergibt.

[11] Es ist für Teresa selbstverständlich, dass wir in diesem Leben immer zu kämpfen haben werden, wobei sie mit den „Feinden" nicht nur äußere Widersacher, sondern vor allem auch innere Anfechtungen und Gefahren für das geistliche Leben meint; vgl. *„Achtet um Gottes willen sehr auf euch. In diesem Leben geht es nicht ohne Krieg ab, denn bei so vielen Feinden ist es nicht möglich, dass man uns die Hände in den Schoß legen lässt, sondern man muss immer Sorgfalt walten lassen und darauf schauen, wie wir innerlich und äußerlich vorankommen"* (MC 2,2).

[12] *Erste Regung* (lat. *primus motus*) ist ein Fachausdruck der scholastischen Theologie für den (spontanen, unwillkürlichen) ersten Anflug einer Faszination durch Böses (Sündhaftes) oder, wie hier, durch die äußere Wirklichkeit.

nicht klar kommt, muss ich seiner Veranlagung entsprechend umgehen. Und es ist wahr: Wenn mir jemand dabei ein bisschen entgegenkommt, dann diejenige, der ich schreibe, aber dieses bisschen spürt eine freie Seele sehr, und vielleicht will Gott, dass sie es spürt, um den Anteil zu garantieren, den man für seinen Dienst braucht. O meine Tochter, wir leben in einer Welt, die Sie nie ganz verstehen werden, auch wenn Sie mein Alter haben.[13] Ich weiß gar nicht, warum ich das schreibe, da ich niemanden Zuverlässigen habe, der den Brief befördert; ich werde ein gutes Entgelt einsetzen.[14]

6. Alles, was Sie[15] für Doña Guiomar[16] tun, ist gut getan, denn sie ist heiliger als man meint, und reich an Mühsalen. Es ist schon viel, dass die andere[17] in solchem Frieden gegangen ist. Möge es Gott gefallen, dass es uns mit der, die wir trotz meiner großen Bedenken aufgenommen haben, besser ergeht, denn die aus ihren Häusern[18] kommen, finden sich in unseren Häusern nur schwerlich zurecht, wenn es auch jetzt nicht so aussieht, als würde es schlecht gehen. Isabel[19] wird ihnen davon schreiben.

7. Bis hierher kam ich mit dem Schreiben, doch habe ich keinen Kurier gefunden, aber nun sagt man mir, dass einer da sei, und dass ich ihm die Briefe gleich aushändigen soll ...[20]

Schädlich wirkt sich eine solche Faszination erst aus, wenn es nicht bei der ersten spontanen Regung bleibt, sondern man sich ihr bewusst in ungebührlicher Weise hingibt.

13 Teresa war um diese Zeit 59, María Bautista 31 Jahre alt.

14 Ein erneuter Hinweis, nicht nur auf die Unsicherheit der Postverbindungen, sondern auch auf Teresas berechtigte Sorge, dass ihre Brief in die falschen Hände geraten könnten.

15 So nach EDE ([5]2000); T. Álvarez (1997) hat *„was ich getan habe"*.

16 Guiomar de Ulloa; siehe Ct 2,3.

17 Offensichtlich eine Novizin.

18 Aus anderen Klöstern.

19 Wahrscheinlich Isabel de San Pablo, die Teresa in dieser Zeit bei der Korrespondenz half. Siehe zu ihr Ct 31,6.

20 Der Rest des Textes fehlt.

69.

An Don Teutonio de Braganza[1] in Salamanca

Segovia, 3. Juli 1574[2]

An den Durchlauchtigsten Herrn Don Teutonio de Braganza, meinen Herrn, in Salamanca.

1. Jesus. – Die Gnade des Heiligen Geistes sei mit Euer Hochwohlgeboren. Ich sage Ihnen allen Ernstes, dass ich nicht mehr antworte, wenn Sie Ihren Brief an mich wieder mit solchen Anschriften versehen.[3] Ich weiß nicht, warum Sie mich verstimmen wollen, denn das ist es jedes Mal für mich, auch wenn ich es erst heute so recht erkannt habe. Lernen Euer Hochwohlgeboren von Pater Rektor,[4] wie er mich anschreibt, und setzen Sie da nichts anderes hin, denn jene Anrede ist gänzlich unpassend für meinen Orden. Es hat mich gefreut, dass es ihm gut geht, denn das hat mir Sorgen gemacht. Ich bitte Euer Hochwohlgeboren inständig, ihm meine Empfehlungen auszurichten.

2. Es scheint mir jetzt ein ungünstiger Zeitpunkt für eine Kur für Euer Gnaden zu sein. Möge es dem Herrn gefallen, dass sie so ausgehe, wie ich es von ihm erflehe. Seine Majestät brin-

---

[1] Siehe zu ihm Ct 67 tít.

[2] Autograph: Karmelitinnenkloster San José, Santiago de Chile.

[3] Anspielung auf die Titel, die Don Teutonio in seinen Briefen an Teresa verwendete. Obwohl sie peinlichst genau darauf achtete, ihre Adressaten standesgemäß anzureden, wollte sie das für sich nicht. Siehe einen weiteren Brief an ihn (Ct 226,19) und an P. Ambrosio Mariano (Ct 133,1). Bereits in ihrer *Vida* hat Teresa diese Titelsucht aufs Korn genommen: *„Sogar für die Anreden in Briefen ist es – sozusagen – schon nötig, einen Lehrstuhl zu haben, wo man Vorlesungen hält, wie man es zu machen hat, denn einmal lässt man auf der einen Seite einen Rand frei, dann auf der anderen, und wen man früher nicht einmal mit Magnifizenz ansprach, den muss man jetzt mit Euer Durchlaucht ansprechen. Ich weiß nicht, wo das noch enden soll, denn ich bin noch keine fünfzig Jahre alt, und habe in meinem bisherigen Leben schon so viele Änderungen erlebt, dass ich nicht mehr weiß, wie leben“* (V 37,10f.).

[4] Baltasar Álvarez, Rektor des Jesuitenkollegs in Salamanca.

ge die Bediensteten von Euer Hochwohlgeboren gut zurück. Ich erbitte das schon von ihm, möchte aber nicht, dass Ihnen das so großen Kummer bereitet. Was soll das, wenn Sie ihn haben, mit Ihrer Gesundheit machen? O wenn wir diese Wahrheiten einsähen, wie wenige Dinge in der Welt würden uns Schmerz bereiten!

3. Den Brief habe ich alsbald weggeschickt und dem Pater Rektor[5] geschrieben und ihm gesagt, dass es mir sehr darauf ankäme, ohne Verzug zu handeln. Ich verdanke ihm viel. Er hat Absprachen getroffen wegen eines Hauses, das wir gottlob bereits gekauft haben,[6] (sagen Euer Hochwohlgeboren das dem Pater Rektor[7]), und es ist sehr gut, neben dem, wo wir jetzt sind, was eine gute Lage ist. Es gehört einem Edelmann Namens Diego de Porras. Pater Acosta[8] wird schon erzählen, wie es ist; und außerdem bitte ich Euer Hochwohlgeboren, ihm meine Empfehlungen zu übermitteln, und dass seine Novizinnen[9] jeden Tag zufriedener sind und wir mit ihnen. Sie empfehlen sich den Gebeten von Euer Hochwohlgeboren, ebenso alle Schwestern. Doch wie bin ich doch schlecht erzogen, dass ich Euer Hochwohlgeboren um diese Gefälligkeiten bitte! Doch wahrlich, Ihre Demut erträgt das alles.

4. Im Hinblick darauf, dass Euer Hochwohlgeboren die Anwandlung überkommt, vom Beten abzusehen, geben Sie nichts darauf, sondern loben Sie den Herrn wegen des Wunsches, den Sie haben, es zu halten, und glauben Sie, dass Ihr Wille

---

[5] Luis Santander, Rektor der Jesuiten in Segovia. Siehe Ct 67,8.

[6] Luis Santander hatte im Namen der Karmelitinnen für die Gründung in Segovia ein Haus gekauft. Siehe F 21,8.

[7] Baltasar Álvarez, Rektor der Jesuiten in Salamanca.

[8] Diego de Acosta SJ (1534–1585), Professor für Philosophie und Theologie in Rom, Neapel, Salamanca und Granada, 1581–1584 Provinzial in Andalusien, Freund von Teutonio de Braganza und ab 1574 auch von Teresa; bei den Problemen im Karmel von Sevilla im Jahre 1578 versagte er den Schwestern jedoch seine Unterstützung (DST 679).

[9] Schon bevor Teresa P. Acosta 1574 kennen gelernt hatte, schickte dieser ihr mehrere junge Frauen (DST 679).

das so möchte, und lieben Sie es, bei Gott zu verweilen. Die Melancholie[10] drängt einen zur Meinung, man müsse sich unter Druck setzen. Bemühen sich Euer Hochwohlgeboren manchmal, wenn Sie sich so bedrängt erleben, hinauszugehen, um zum Himmel aufzuschauen und einen Spaziergang zu machen, denn deswegen hört das Beten nicht auf, vielmehr muss man diese unsere Schwäche so ertragen, dass die Natur nicht darunter leidet. Das ist alles Gottsuche, denn seinetwegen machen wir uns auf die Suche nach Mitteln, und man muss die Seele mit Sanftheit leiten.[11] In Hinblick auf das, aber auch auf alles wird mein Pater Rektor besser verstehen, was angebracht ist.[12]

5. Man erwartet den Pater Visitator,[13] der in die Nähe kommt. Gott vergelte Euer Hochwohlgeboren die Umsicht, mit der Sie uns zu Gefallen sind.[14] Ich werde ihm schreiben, sobald ich weiß, wo er sich aufhält, wobei es freilich darauf ankommt, dass Euer Hochwohlgeboren mit ihm sprechen, da er ja dort vorbeikommt. Mir geht es gut; möge es Seiner Majestät gefallen, dass es Ihnen auch gut gehe und die Kur Ihnen sehr gut tut.

Es ist heute der 3. Juli.

Euer Hochwohlgeboren unwürdige Dienerin und Untergebene

Teresa von Jesus, Karmelitin

---

[10] Siehe dazu Ct 8,2.

[11] Teresa erweist sich auch diesem hochgestellten Kleriker gegenüber als die kundige Lehrmeisterin des inneren Betens und bleibt dabei ihrer Vorstellung von Beten treu; in aller Kürze gibt sie hier einen sehr konkreten und hilfreichen Rat. Ähnlich in V 11,16. „*Sanftheit*" (*suavidad*) ist ein wichtiger Grundsatz ihrer geistlichen Pädagogik.

[12] Baltasar Álvarez.

[13] Pedro Fernández OP, von dem die Gründung für Brüder in Salamanca abhing. Siehe Ct 67,6.

[14] Don Teutonio ist weiterhin an dieser Gründung in Salamanca interessiert.

70.

An Mutter María Bautista[1] in Valladolid

Segovia, 16. Juli 1574[2]

Für meine Tochter, Mutter María Bautista, Priorin der Empfängnis.[3]

1. Jesus sei mit Ihnen, meine Tochter. Ihr Ärger hat mich belustigt, aber ich versichere Ihnen, dass der Verzicht darauf, Sie zu sehen, keineswegs ein großer Gefallen für mich ist, sondern ich im Gegenteil soviel Gefallen daran hätte, dass es mir unvollkommen zu sein schien, es zu versuchen, da ich keine Notwendigkeit sehe, es zu erzwingen; denn wo der Pater Magister ist, wie kann ich Ihnen da noch abgehen?[4] So werde ich dorthin gehen, wenn man es mir aufträgt, und wenn nicht, verliere ich kein Wort darüber. Ich glaube wohl, dass ich für etwas nütze, wohin ich auch gehe, auch wenn es so aussehen mag, dass es da nichts zu tun gibt. Doch da Sie so klug sind, hätte ich dort vielleicht nichts zu tun außer es mir bequem zu machen; für etwas anderes dürfte ich kaum noch taugen.

2. Bezüglich der Laienschwester braucht man nicht mehr zu reden, denn die Sache ist schon geschehen. Doch sage ich Ihnen, dass es unerträglich ist, wenn man sozusagen für drei Schwestern so viele Laienschwestern hat; das hat doch keinen Sinn. Ich glaube, man muss dafür sorgen, dass der Pater Visitator[5] eine Anzahl festsetzt wie für die Chorschwestern.[6] Ich

---

[1] Siehe zu ihr Ct 63 tít.

[2] Autographisches Fragment: Karmelitinnenkloster Soria.

[3] Das Kloster in Valladolid *„trägt den Namen zur Empfängnis Unserer Lieben Frau vom Karmel“* (F 10 tít).

[4] Domingo Báñez OP, den sie im Brief *meinen Pater* nennt.

[5] Pedro Fernández OP.

[6] In den Konstitutionen von Alcalá aus dem Jahre 1581 wurde festgesetzt, dass es nicht mehr als drei Laienschwestern sein sollten. Am 2. September 1571 hatte der Apostolische Visitator festgesetzt, dass es in den Klöstern, die von Almosen leben, maximal 13 oder 14 Chorschwestern, und in den Klöstern mit festen Einkünften nicht mehr als 20 sein sollten.

weiß nicht, was ich davon halten soll, da Sie nichts davon schreiben, wie krank Sie sind, und das tut mir sehr leid. Es zeugt von großer Dummheit, in Sachen Ihrer Erholung nach Vollkommenheiten Ausschau zu halten, wo Sie doch sehen, was uns an Ihrer Gesundheit liegt. Ich weiß nicht, was mein Pater[7] tut. Doch schauen Sie, dass es mich sehr ärgert, wenn Sie in diesem Fall nicht María Cruz[8] gehorchen.

3. Ich bin in solchen Fällen sehr zurückhaltend, und in der Tat hatte ich immer wenig mit Vollkommenheit zu tun, wo es doch so aussieht, dass ich jetzt mehr Gelegenheit dazu habe, da ich alt und verbraucht bin, so dass Sie erstaunt wären, wenn Sie mich sähen. Diese Tage spüre ich eine Magenverstimmung, so dass die Nüsse gerade recht kamen, obwohl von denen, die man mir hier geschickt hat, noch welche da waren; die waren sehr gut. Essen Sie doch aus Liebe zu mir die dort verbliebenen und schicken Sie einen dicken Gruß von mir an die Gräfin Osorno.[9] Nur einen Brief, glaube ich, habe ich von Ihrer Hochwohlgeboren erhalten und einen habe ich ihr geschrieben, doch werde ich das wieder tun, sobald ich kann; man hat mir nämlich heute drei Sendungen mit Briefen gebracht und gestern auch nicht wenige, und mein Beichtvater wartet am Gitter, und da er mir sagt, dass ich diesen Botenjungen schnell weiterschicken soll, kann ich mich nicht lange ausbreiten.

4. Oh, wie klingt der Brief von meinem Pater[10] doch melancholisch! Bekommen Euer Ehrwürden doch bald heraus, ob die Vollmacht, die der Pater Visitator hat, schriftlich vorliegt, denn diese Domherren gehen mir auf die Nerven, und jetzt

---

[7] Domingo Báñez OP.
[8] Kurzform für María de la Cruz; siehe Ct 63,7 mit Anm.
[9] Doña María de Velasco y Aragón, die Gräfin von Osorno war; in CC 22,1 vom 19. Januar 1572 erwähnt Teresa ein Bild Unserer Lieben Frau, das sie von ihr bekommen hatte und das bis heute in San José (Ávila) aufbewahrt wird.
[10] Domino Báñez OP.

verlangen sie die Erlaubnis des Oberen, damit wir uns zu einer Hypothek verpflichten.[11] Wenn mein Pater sie geben kann, dann schriftlich und vor einem Notar, der begutachten muss, was er in Händen hat, und wenn er das vermag, dann soll er sie mir, bitte, bald zuschicken, wenn er nicht möchte, dass es mich ins Grab bringt; wir wären schon in dem Haus, wenn es nicht wegen dieser schmutzigen drei Tausend Maravedís wäre, und vielleicht spränge für mich sogar die Zeit heraus, um dorthin[12] geschickt zu werden, und ich wollte das auch um zu sehen, was es mit dieser Ihrer Schwester auf sich hat. Sagen Sie María de la Cruz, dass ich mich über ihren Brief freute, und dass das Geschenk, dass ich jetzt von ihr erbitte, darin besteht, dass sie Euer Ehrwürden verwöhnt.

5. Versäumen Sie nicht, mit dem Rektor[13] in Verbindung zu bleiben, denn ich sage Ihnen, dass er vielleicht ein besserer Freund ist als sonst wer, und letztlich erweisen sich diese Patres als nützlich. Der Rektor von hier[14] tätigte den Kauf und ging zum Kapitel und macht alles recht gut. Möge Gott das auch so mit Euer Ehrwürden machen, meine Tochter, und ärgern Sie sich nicht über mich, denn ich sage Ihnen ja, was es mit dieser fehlenden Bereitschaft zu kommen auf sich hat. Es wäre eine Lüge zu sagen, dass ich nicht möchte.[15] Doch wäre es sehr anstrengend für mich, wenn ich ginge, bei so viel Adel und Getöse, aber durch das alles ginge ich hindurch, um Sie zu besuchen.

6. Gestern Nacht habe ich Ihnen einige Zeilen geschrieben, und jetzt war es angesichts der Eile, die ich habe, ziemlich viel, diese zu schreiben. Alle Schwestern empfehlen sich Ihnen.

---

[11] Die Domherren in Segovia lagen mit Teresa wegen der von ihr dem Diego Porras (Porres) abgekauften Häuser in einem Rechtsstreit, der erst im Februar 1579 beigelegt wurde. Siehe dazu F 21,8.

[12] Nach Valladolid zu María Bautista. Zu Maravedís siehe Ct 2,3.

[13] P. Juan Suárez, Rektor der Jesuiten in Valladolid; siehe auch Ct 19,4; 34,3.

[14] P. Luis Santander, Rektor der Jesuiten in Segovia.

[15] Siehe den ersten Absatz dieses Briefes.

Gott mache Sie mir heilig. Recht charmant sind die Antworten, die Sie dem Brief meines Paters[16] anfügen; ich weiß nicht, wem ich glauben soll. Mühen Sie sich nicht ab, ihn zum Schreiben an mich zu bringen, denn sofern mir Euer Ehrwürden von seiner Gesundheit berichten, kann ich das sehr gut ertragen.

7. Sagen Sie mir, was seine Heimat ist, denn wenn es Medina ist,[17] dann tut er nicht gut daran, hier nicht vorbeizukommen. Der Botenjunge kam heute, am 16. Juli, um 10, ich schickte ihn noch am selben Tag um 4 weiter. Wieso erzählen Sie mir nichts über die Geschäfte von Doña María?[18] Grüßen Sie sie herzlich von mir. Gott behüte Sie.

Ihre Dienerin ...[19]

Teresa von Jesus

71.

An Mutter María Bautista[1] in Valladolid

Segovia, 11. September 1574

1. Jesus. – Der Heilige Geist sei mit Euer Ehrwürden, meine Tochter. Durch den Brief von Pater Magister Fray Domingo[2] werden Sie sehen, was los ist, und wie der Herr die Dinge so gefügt hat, dass ich Sie nicht besuchen kann.[3] Ich sage Ihnen, dass mir das sehr, sehr leid tut, denn das wäre etwas, was mir jetzt Trost und Freude verschaffte; doch auch das geht vorbei,

---

[16] Domingo Báñez.
[17] Domingo Báñez war zwar in Medina del Campo aufgewachsen, aber in Valladolid geboren.
[18] María de Mendoza, Schwester des Bischofs Álvaro de Mendoza.
[19] Es folgen einige unleserlichen Zeilen.

---

[1] Siehe zu ihr Ct 63 tít.
[2] Domingo Báñez.
[3] Vgl. Ct 70,1.5.

wie alles in diesem Leben, und wenn ich daran denke, dann ertrage ich alles Unbehagen gern.

2. Empfehlen Sie mich sehr meiner lieben Casilda[4] (dass ich sie nicht sehe, tut mir auch sehr leid) und María de la Cruz.[5] An einem anderen Tag wird es der Herr so fügen, dass ich länger da sein werde als es jetzt möglich gewesen wäre. Achten Sie auf Ihre Gesundheit (Sie sehen ja schon, wie viel daran liegt, und den Schmerz, den es mir bereitet zu wissen, dass sie Ihnen abgeht) und darauf, dass Sie sehr heilig sind, denn ich sage Ihnen, dass Sie das brauchen, um die Mühsal zu ertragen, die Sie dort haben. Ich habe bereits kein Viertagefieber[6] mehr. Sobald der Herr will, dass ich etwas tue, gibt er mir alsbald mehr Gesundheit.

3. Ich werde Ende des Monats hier aufbrechen,[7] doch habe ich noch die Befürchtung, dass ich die Schwestern nicht in ihrem Haus zurücklassen kann, denn mit dem Domkapitel wurde abgemacht, ihnen alsbald sechshundert Dukaten zu geben;[8] wir haben zwar eine Schwester mit einem guten Einkommenstitel,[9] der sechshundertunddreißig wert ist,[10] doch haben wir nichts dazu gefunden, weder wer ihn übernähme, noch wer uns daraufhin etwas liehe. Empfehlen Sie es Gott, denn ich würde mich sehr freuen, sie in ihrem eigenen Haus zurückzulassen. Wenn die Gnädige Frau Doña María[11] das Geld gegeben hätte, käme es ihnen sehr gut aus, ihn zu übernehmen, da der Titel sehr sicher und vorteilhaft ist. Benachrichtigen Sie mich, wenn man das machen könnte, oder wenn

[4] Siehe zu ihr Ct 58,4.
[5] Siehe zu ihr Ct 63,7 mit Anm.
[6] Siehe Ct 24,4.
[7] Sie ist am 30. September 1574 von Segovia aufgebrochen.
[8] Siehe Ct 70,4.
[9] Siehe Anm. zu Ct 53,7.
[10] Es geht um große Summen; zum Wert eines Dukaten siehe Ct 2,3.
[11] Doña María de Mendoza, Schwester des Bischofs Don Álvaro de Mendoza.

Sie jemanden hätten, der ihn übernimmt, oder wer es uns gegen sichere Bürgschaften leiht, die mehr als tausend wert sind. Und empfehlen Sie mich Gott, da ich mich auf einen so weiten Weg machen muss und noch dazu im Winter.[12]

4. Ende dieses Monats spätestens werde ich in die Menschwerdung gehen.[13] Wenn Sie mir von dort bis dahin einen Auftrag schicken wollen, schreiben Sie es mir, und machen Sie sich keinen Kummer, wenn Sie mich nicht sehen, vielleicht wäre er größer, wenn Sie mich so alt und verbraucht sähen.[14] Richten Sie allen Schwestern meine Empfehlungen aus. Isabel de San Pablo[15] würde Sie gerne treffen. Diese Domherren haben uns alle in der Buße geübt.[16] Gott verzeihe ihnen.

5. Wenn Sie dort jemand hätten, der mir ein paar Reales[17] leihen würde (ich will sie nicht als Geschenk, sondern nur so lange, bis man mir das von meinem Bruder[18] gegebene ausbezahlt, das, wie es heißt, schon abgehoben ist), denn ich habe keinen Pfennig,[19] und so in die Menschwerdung zu kommen, das geht nicht an,[20] und hier[21] ist nichts vorrätig, da das Haus eingerichtet werden muss; beschaffen Sie mir etwas, egal ob wenig oder viel.

---

12 Teresa machte sich im Februar 1575 auf den Weg nach Beas, wo sie am 24. Februar die Gründung vollzieht. Siehe F 22.

13 Ins Kloster der Menschwerdung in Ávila, wo sie Priorin war.

14 Teresa, die am 28. März 1515 geboren wurde, ist zu diesem Zeitpunkt 59 Jahre alt; zu bedenken wäre allerdings die damals viel niedrigere Lebenserwartung, zumal für Frauen.

15 Siehe zu ihr Ct 68,6 und vor allem Ct 31,6.

16 Ironisch gemeint; im Normalfall übt man ja sich selbst in der Buße (*mortificación*, d.h. Ich-Sterben). Zu ihren Schwierigkeiten mit den Domherren siehe auch Ct 70,4.

17 Elf Reales waren ein Dukaten; siehe Anm. zu Ct 2,3.

18 Wahrscheinlich ist ihr Bruder Lorenzo de Cepeda gemeint, der ihr aus Amerika Geld geschickt hatte.

19 Teresa schreibt wieder *blanca:* die kleinste Münze im monetären System, das seit den Katholischen Königen in Kastilien in Kraft war.

20 Teresa musste in das Kloster der Menschwerdung zurückgehen, da am 6. Oktober ihr Amt als Priorin zu Ende war.

21 In Segovia.

6. Jetzt ist hier die Rede von zwei Schwestern,[22] aus sehr gutem Holz geschnitzt,[23] die hier eintreten wollen, und mehr als zweitausend Dukaten[24] mitbringen, was zur Bezahlung des Hauses zur Verfügung stünde, das viertausend kostete, und auch für die sechshundert[25] und noch weit mehr. Das sage ich Ihnen, damit Sie den Herrn loben, da er mir diese Gunst erwiesen hat, und weil die Frauen, die aufgenommen werden, so gut sind. Von den Geschäften der Gnädigen Frau Doña María[26] habe ich nichts mehr erfahren; schreiben Sie mir davon und schicken Sie ihr von mir eine Empfehlung; mal sehen, ob sie uns etwas schickt.

7. Gottlob ist es meinem Pater Fray Domingo[27] gut bekommen. Wenn zufällig dort Pater Magister Medina[28] vorbeikäme, lassen Sie ihm diesen meinen Brief geben, denn, wie mir der Pater Provinzial[29] sagte, denkt er, ich sei wegen eines Briefes, den er mir geschrieben hat, über ihn verärgert, wo es doch so ist, dass ich ihm gegenüber eher dankbar als verärgert bin. Er wird sich auch denken, ob ich wohl weiß, was er zur anderen gesagt hat, obwohl ich ihm davon nichts gesagt habe. Unser Pater Visitator sagte mir, dass sie schon Ordensschwester sei und nur tausend Dukaten an Mitgift mitgebracht habe.[30] Schreiben Sir mir, wie es mit ihr geht und was unser Pater[31]

---

[22] Es sind Beatriz del Espíritu Santo (Casarrubios), die 1575 in Segovia ihre Profess ablegte, und Francisca de la Encarnación.

[23] *„Muy de buen arte“.* Diesen Ausdruck verwendet Teresa gern, um ihre Wertschätzung für eine Person zu zeigen; vgl. Ct 19,4; 152,6; 414,5.

[24] Jede würde also mehr als zweitausend Dukaten mitbringen. Zum Wert dieser Summe siehe Ct 2,3.

[25] Die Summe, die die Chorherren reklamieren, wie sie in Ct 71,3 gesagt hatte.

[26] Doña María de Mendoza; siehe Ct 71,3.

[27] Domingo Báñez OP.

[28] Bartolomé de Medina OP. Zu ihm siehe Ct 63,4.

[29] Der Provinzial der Dominikaner Pedro Fernández, der auch Apostolischer Visitator war.

[30] Es ist nicht bekannt, um welche Schwester es sich hier handelt, offenbar nicht um die in Ct 73,2 erwähnte.

[31] Pedro Fernández OP; offensichtlich war diese Schwester bei den Dominikanerinnen.

dazu sagt. Da sie ja in seinem Orden ist, wird er Geduld mit ihr haben.

8. Vor kurzem schrieb ich Euer Ehrwürden einen Brief; ich weiß nicht, ob man ihn Ihnen gebracht hat. Es ist nicht schön von Ihnen, mir so lange nicht zu schreiben, wo Sie doch wissen, wie ich mich über Ihre Briefe freue. Gott sei mit Ihnen. Seltsam, wie es mir fortwährend Schmerz verursacht, dass ich Sie nicht treffen werde, denn noch hatte ich Hoffnung.[32]

Es ist heute der 11. September.

Euer Ehrwürden

Teresa von Jesus

72.

An Don Teutonio de Braganza[1] in Salamanca

Segovia, 15. September 1574[2]

1. Jesus. – Die Gnade des Heiligen Geistes sei immer mit Euer Hochwohlgeboren. Einen ganz großen Trost hat mir der Gesundheitszustand von Euer Hochwohlgeboren bereitet.[3] Möge es unserem Herrn gefallen, dass es damit gut weitergehe. Möge er mir nun ebenso reichlich vergelten, dass ich Euer Hochwohlgeboren Seiner Majestät empfohlen habe, denn ich brauche es sehr für die vielen Reisen, die ich machen muss.[4]

---

[32] Teresa musste tatsächlich noch vor Ihrer Reise nach Beas und Sevilla Ende Dezember 1574 wegen Casilda de Padilla nach Valladolid reisen.

---

[1] Siehe zu ihm Ct 67 tít.

[2] Autograph: Karmelitenkloster Genua.

[3] Vgl. Ct 67,2-3; 69,2.5 und ferner Ct 72,3, in denen auf Don Teutonios gesundheitliche Beschwerden angespielt wird.

[4] Sie denkt an die weite Reise nach Beas, die sie von Valladolid über Medina del Campo, Ávila und Toledo zu machen hat, wie sie sie in Ct 79,11 geplant hat. Doch wird sich alles verzögern, denn sie kommt erst am 21. Februar 1575 in Beas an.

2. Dem Pater Rektor schreibe ich, was der Pater Visitator über mich verfügt hat;[5] Euer Hochwohlgeboren mögen ihn danach fragen. Er beauftragte mich, Euer Hochwohlgeboren zu schreiben, wieso er mir den Auftrag gegeben hat, nach San José zu gehen. Er sagte mir auch, der Pater Prior von Atocha[6] habe ihm geschrieben, dass der Nuntius seine Erlaubnis für das Kloster gäbe, sofern dies Seiner Paternität gut erschiene.[7] Dass ich das Euer Hochwohlgeboren auch schreiben sollte, sagte er mir nicht, wohl weil er gedacht hat, dass Sie es vom Nuntius wissen. Ich verstand, dass er den Wunsch hat, Euer Hochwohlgeboren in allem zufrieden zu stellen, worüber ich mich sehr freute; und so würde ich mich freuen, wenn dieser Kleriker[8] bei Euer Hochwohlgeboren wohnte, wenn das zu Ihrer Zufriedenheit ist.

3. Pater Gómez ist mehrmals hier gewesen; er scheint mir ein guter Mann zu sein.[9] Er sagte mir, dass er zu wissen wünschte, ob der, der von hier weggegangen ist,[10] bei Ihnen eine Stelle angenommen hat; denn er wusste, dass er an jenem Ort[11] war. Ich sagte ihm eindringlich, er solle Euer Hochwohlgeboren Gott empfehlen, da es Ihnen schlecht ginge, und er nahm es sich zu Herzen. So werden wir es auch für das Geschäft machen, wofür Euer Hochwohlgeboren uns beauftragte, damit

---

[5] Rektor der Jesuiten in Salamanca war Baltasar Álvarez SJ, Visitator Pedro Fernández OP, der verfügt hatte, dass sie nach Beendigung ihres Priorats in der Menschwerdung in ihr Kloster San José in Ávila zurückkehre. Das teilt sie Don Teutonio deshalb mit, weil dieser möchte, dass Teresa nach Salamanca geht, um den Rechtsstreit der Schwestern mit Pedro de la Banda zu beenden; siehe zu ihm Ct 54 tít; Ct 56 und Ct 79,12.

[6] Prior der Dominikaner in Madrid-Atocha war Hernando del Castillo.

[7] Nicolás Ormaneto, der die Gründung eines Klosters für Brüder in Salamanca gut hieß, war ein Freund und Mitarbeiter des führenden Vertreters der Katholischen Reform, des hl. Karl Borromäus; er begleitete Kardinal Reginald Pole nach England, war Konzilsvater in Trient und Bischof von Padua; von 1572–1577 war er Päpstlicher Nuntius in Spanien, wo er Teresas Gründungswerk nach Kräften unterstützte.

[8] Ein weiter nicht bekannter Kleriker.

[9] Oder: *„das scheint mir eine gute Sache zu sein."*

[10] Es ist nicht bekannt, wer diese Person ist, auch nicht, wer Pater Gómez ist.

[11] In Salamanca.

unser Herr das tue, was ihm mehr zu Diensten ist. Seine Majestät mache es so wie er kann und nehme Euer Hochwohlgeboren an seiner Hand. Ich hatte heute eigentlich keine Zeit, um Ihnen zu schreiben, und so verbreite ich mich nicht weiter.

Es ist heute der 15. September.

Euer Hochwohlgeboren unwürdige Dienerin und Untergebene

Teresa von Jesus, Karmelitin

73.

An Mutter María Bautista[1] in Valladolid

Segovia, Ende September 1574

1. Jesus. – Der Heilige Geist sei mit Euer Ehrwürden, meine Tochter. Offensichtlich hat es mich bei dem Schmerz, den ich habe, weil ich ohne Sie zu treffen abreisen muss, getröstet, dass Sie ihn genauso haben.[2] Nun, letztendlich kann der Herr die Dinge in kurzer Zeit so regeln, wie wir es jetzt nicht verstehen,[3] um für länger zu kommen (denn während ich hier war, war ganz sicher mehr nicht möglich) und uns nur kurz zu sehen, bedeutet eine große Anstrengung. Alles erschöpft sich in Besuchen und, vor lauter Reden, in zu wenig Schlaf, und bei der Lust, die ich darauf hätte, wird es auch nicht an manch müßigem Wort fehlen. Doch vieles, was ich sagen möchte, geht nicht in einem Brief, eines davon ist der Wunsch, den Magister Medina nicht zu verstimmen.[4] Glauben Sie mir, dass ich meine Absichten habe und dass ich diesbezüglich schon manchen Erfolg gesehen habe. Unterlassen Sie es deshalb nicht, ihm den Brief zu schicken, noch machen Sie sich etwas da-

[1] Siehe zu ihr Ct 63 tít.
[2] Zu diesem heiß ersehnten Besuch siehe auch Ct 70,1.5; 71,1.
[3] Teresa sollte Recht bekommen, denn im Dezember 1574 musste sie wegen Casilda de Padilla nach Valladolid reisen.
[4] Bartolomé de Medina OP; siehe zu ihm Ct 63,4.

raus, dass er kein so guter Freund ist, denn weder ist er zu so viel verpflichtet, noch macht es etwas aus, was er von mir sagen sollte. Warum aber sagen Sie es mir nicht?[5]

2. Sie sollen wissen, dass ich dem Pater Provinzial[6] gesagt habe, dass man gut verhandelt hat, um die Samanó[7] von uns wegzuholen. Wissen Sie, was ich dabei denke? Dass Gott Euch als ehrbare Arme möchte, denn er gab Euch Casilda,[8] die das ist und mehr wert als alles Geld. Es scheint, dass der Pater Visitator[9] das bemerkt hat und sich damit bei mir entschuldigen wollte, wenigstens entlastete er Orellana[10] sehr, und so glaube ich, dass sie das so gewollt hat. Ich werde schon ganz ärgerlich, wenn ich von dieser gebenedeiten Seele spreche.[11]

3. Nach dem Brief, auf den Sie antworteten, schickte ich Ihnen einen durch einen Theatiner[12] oder ich weiß nicht mehr durch wen (nein, es war mit dem, der sie gewöhnlich zur Priorin von Madre de Dios[13] bringt), und da sagte ich Ihnen, dass wir das Geld beisammen hatten,[14] und alles gottlob abge-

---

5 Offensichtlich hatte Bartolomé de Medina ein kritisches Wort über Teresa gesagt und María Bautista hat es Teresa nicht ausdrücklich mitgeteilt. Siehe Anm. zu Ct 63,4.

6 Pedro Fernández OP, Provinzial der Dominikaner und Apostolischer Visitator.

7 Eine nicht weiter bekannte Ordenskandidatin, die schließlich bei den Dominikanerinnen eintrat, und, wie im folgenden gesagt wird, offenbar sehr reich war.

8 Teresa schätzt Casilda, die aus einer reichen adeligen Familie stammt, als arm ein, weil diese sich ihrem Ordenseintritt widersetzt hat; siehe F 10-11. Doch sollten sich Teresa und auch Domingo Báñez in ihrer Berufung täuschen (Ct 58,4; 71,2 und F 11,11 mit Anm.).

9 Pedro Fernández.

10 Juan de Orellana OP, vielleicht ein Verwandter von Pedro Fernández OP, damals Professor für Theologie in Ávila, später berühmt geworden durch seine Anzeigen der Schriften Teresas bei der Inquisition. Siehe dazu U. Dobhan, *Gott-Mensch-Welt*, 40-45 und 342-356.

11 Die oben genannte Ordenskandidatin, die zu den Dominikanerinnen ging.

12 Damals mitunter gebräuchlicher Name für die Jesuiten.

13 Doña María de León, Priorin des Dominikanerinnenkloster von Madre de Dios in Valladolid.

14 Das Geld, um die Häuser des Diego Porras zu kaufen; siehe Ct 71,3.6. Den Kaufvertrag hat sie am 28. September unterschrieben.

schlossen ist. Ich bin in großer Eile, dass wir hinüberkommen, bevor ich abreise, weiß aber nicht, ob es noch geräumt wird. Es gibt wenig zu tun, da es neben diesem steht. Haben Sie deshalb keine Sorge. Gott vergelte Ihnen Ihre Ratschläge. Ich meine, auch das Durchgestrichene verstanden zu haben. Wissen Sie, Beas liegt nicht in Andalusien, sondern fünf Meilen mehr nach hier,[15] denn ich weiß ja, dass ich in Andalusien nicht gründen darf.[16]

4. Ich habe das Buch[17] hier, ich glaube seit zwei oder drei Tagen, nachdem der Bischof[18] an den Hof gegangen war; ich müsste es ihm hinterherschicken, habe aber nachher nicht erfahren, wo sein Aufenthaltsort ist. Hier bringt man es Ihnen; geben Sie es ihm so, wie es ist persönlich, wenn er kommt, vorher aber den Brief, der an Seine Hochwohlgeboren geht, diesen geben Sie ihm sofort. Ihm lege ich einen Gruß an die Gnädige Frau Doña María bei.[19]

5. Als Priorin nehme ich Ana de Jesús aus Plasencia[20] mit, das ist eine, die wir in San José aufnahmen, und die in Sala-

---

[15] *Legua*: eine spanische Meile sind 5,572 km, also ca. 29 km.

[16] Damit hatte Teresa nur teilweise recht, denn Beas gehörte kirchenrechtlich wohl zu Andalusien, nicht aber zivilrechtlich. Die Rechtslage war kompliziert, selbst P. Gracián musste sich informieren: *„Ich fragte, ob jenes [Beas] zur Provinz Andalusien oder Kastilien gehörte. Er sagte, Andalusien. Ich ließ die Studierten des Ortes zusammenholen und begab mich zu den Franziskanern [in Beas], um in diesem Punkt nachzuforschen. Man bekam heraus, dass es im Hinblick auf die weltlichen Prozesse in den Kanzleien auf dem Gebiet von Kastilien lag, doch im Hinblick auf kirchliche Angelegenheiten in der Provinz Andalusien.“* (J. Gracián, *Escolias a la vida de Santa Teresa*, 391.) Die unmittelbare Jurisdiktion übte jedoch der Ritterorden von Santiago aus. Diese komplizierte Rechtslage sollte Teresa in große Schwierigkeiten bringen und zu Unstimmigkeiten mit dem Ordensgeneral führen, der nur Gründungen in Kastilien erlaubt hatte. Siehe auch F 24,4.

[17] *Das Buch meines Lebens.*

[18] Don Álvaro de Mendoza, Bischof von Ávila.

[19] Doña María de Mendoza, die Schwester von Don Álvaro de Mendoza.

[20] An diesem Ort in der südwestspanischen Provinz Cáceres hatte Ana de Jesús nach dem frühen Tod ihres Vaters im Haus ihrer Großmutter ihre Jugend verbracht, daher sagt Teresa hier, ein wenig ungenau, sie sei *„aus Plasencia“*.

manca war und noch ist.[21] Im Moment sehe ich keine, die für dort[22] geeignet wäre. Wissen Sie, von einer der beiden Damen, die die Stiftung machen, sagt man wegen ihrer Heiligkeit und Demut Wunderbares, und beide sind gut.[23] Da darf keine mitgenommen werden, die sie mit ihren Unvollkommenheiten ansteckt, denn nach dem, was man sagt, soll jenes Kloster der Ausgangspunkt für viel Gutes sein. Das sage ich für die Schwester bei Ihnen.

6. Eine weitere Gründung wird, wenn es Gott gefällt, bald gemacht werden.[24] Aber eine, die mit Ihnen nicht klar kommt, wäre in einer Neugründung ein schlechter Anfang, auch wenn ich sie gerne mit fortgenommen hätte. Von denen aus Pastrana[25] sollen vier mitgehen, und das sind noch wenige, denn mit den beiden, die jetzt bald eintreten,[26] wären wir hier zweiundzwanzig (die eine mit den tausendfünfhundert Dukaten kommt am Samstag, und ihr Eifer versetzt alle in Erstaunen; ich weiß nicht, wie das enden wird; die Schwestern, die hier sind, das versichere ich Ihnen, sind alle hervorragend). Wenn sechs hier weggehen, zusammen mit der Priorin, die nicht von hier ist,[27] und der Subpriorin,[28] ist es noch vertretbar. Es gibt hier in der Tat vier sehr gute Laienschwestern. Natürlich muss man hier noch mehr Schwestern wegholen, denn ich sehe, dass es hier sehr gute gibt, die eintreten wollen. Sehen

---

[21] Ana de Jesús (Lobera): 1545–1621, gebürtig aus Medina del Campo, 1569 Einkleidung als Unbeschuhte Karmelitin in San José (Ávila), 1571 Profess in Salamanca, 1575 Priorin in Beas, 1582 Gründerin des Karmels in Granada, 1604 gründet sie in Paris, 1607 in Brüssel.

[22] Für das Kloster in Beas.

[23] Es handelt sich um die beiden Schwestern Catalina und María Sandoval y Godínez, Stifterinnen des Klosters in Beas, über die Teresa in F 22,4-20 ausführlich geschrieben hat.

[24] Die Gründung in Beas fand am 24. Februar 1575 statt; nur drei Monate später, am 29. Mai 1575, gründete sie in Sevilla.

[25] Die Schwestern, die aus Pastrana kamen, als dort der Konvent wegen der Übergriffe der Prinzessin Éboli geschlossen wurde.

[26] Sie wurden bereits in Ct 71,6 erwähnt.

[27] Isabel de Santo Domingo (Ortega), die aus Pastrana kam.

[28] Isabel de Jesús (Jimena), die aus Salamanca gekommen war.

Sie, wie könnte man das mit Beas jetzt aufgeben! Und noch ein weiteres Kloster ist nötig.

7. Sie, meine Tochter, denken, mir große Ehrerbietung entgegenzubringen mit Ihrem Rat, doch nicht zu reisen. In diesem Winter wird es sein, denn so hat es Gott gemacht. Ich weiß allerdings nicht, wie es mir in diesen kalten Gegenden ergehen wird bei der Beschwerde, die sie mir machen, denn Sie sollen nicht glauben, dass das, was ich hier durchgemacht habe, nur Kinkerlitzchen waren. Es könnte sein, dass wie ...[29]

74.

An Mateo de las Peñuelas[1] in Ávila

Segovia, September 1574[2]

1. Jesus. – Die Gnade des Heiligen Geistes sei mit Euer Gnaden. Ich sage Ihnen, dass mich Ihr Brief sehr erheitert hat, er ist ja auch für nichts anderes gekommen. Gott vergelte Euer Gnaden das Wohlwollen, das Sie mir mit ihm und mit allem, was Sie sagen, erwiesen haben. Im übrigen sind diese Tage so gewesen, dass ich noch nicht einmal an mich gedacht habe, wie viel weniger noch an das Essen. Wenn es gerade mal einen Augenblick ohne Belastung gibt, dann, das sage ich Euer Gnaden, steigt mehr Sorge in mir auf als wenn ich dort weil-

---

[29] Hier endet der Text, da der Autograph verstümmelt ist. Im Kopfteil des Autographs sagt ein Hinweis folgendes: „*Dieses Blatt ist eigenhändig von unserer hl. Mutter Teresa von Jesus beschrieben; es war ein vollständiger Brief, doch ich gab die andere Hälfte an eine Schwester, und darauf befinden sich die Unterschrift und Anschrift der Heiligen; es war ein Brief an Mutter María Bautista, Priorin von Valladolid.*“

---

[1] Mateo de las Peñuelas (= Piñuelas) ist als Mayordomo (Ökonom) des Klosters der Menschwerdung für die Verwaltung des Klostervermögens zuständig und war wegen der Armut des Kloster sehr besorgt. In der Zeit des Priorats Teresas (1571–1574) war er ihr Mitarbeiter; jetzt, am Ende ihrer Amtszeit als Priorin, sucht sie erneut nach Abhilfen für diese Armut.

[2] Autograph: Kloster der Menschwerdung in Ávila.

te. Ich weiß nicht, wie Sie sagen können, dass ich Mut machte, wo doch Euer Gnaden es war, der ihn uns allen machte, und so bitte ich Sie, es auch jetzt zu machen.

2. Es bedrückt mich sehr, dass man jetzt schon das Brotgetreide aufzubrauchen beginnt.[3] Ich hatte nichts anderes an Bürgschaften als den Erlös aus seinem Verkauf, so dass ich fürchte, dass man auf der einen Seite verliert, was man auf der anderen gewinnt. Ich habe gerade sagen lassen, dass man Brot kaufe; mit dem, was man verkauft, müsste es möglich sein. Ich schaue mich hier um, ob ich etwas zusammenkratzen kann, wenn ich heimreise.[4] Doch letztlich vertraue ich auf den Herrn, dass uns nichts fehlen wird. Erweisen uns Euer Gnaden deshalb Ihr Wohlwollen wie sonst auch. Ich werde es abdienen, indem ich Sie dem Herrn empfehle; machen Sie das gleiche auch für mich. Es geht mir gut, doch bei so viel Schreiberei kann ich nicht mehr sagen.

Euer Gnaden Teresa von Jesus

3. Besuchen Sie mir, bitte, den Gnädigen Herrn Francisco de Salcedo[5] und sagen Sie ihm, dass mich seine Krankheit betroffen gemacht hat, es mich aber gefreut hat, als mir der Kurierjunge sagte, dass er sich aus dem Prozess nichts mache; dass man mir aber sagte, nachdem ich Seiner Gnaden geschrieben hatte, dass es heftig zuging, und dass mir das leid getan hat. Er hat wohl den Brief nicht erhalten. Geben Sie sehr Acht auf die Briefe für die kleinen Dörfer; schauen Sie, es ist angebracht.

---

[3] Teresa meint die diesjährige Getreideernte von den Feldern des Klosters, mit der sie aufgelaufene Schulden bezahlen wollte. Ein sehr direkter Hinweis auf die wirtschaftliche Lage des Klosters; Teresa schreibt dies Ende September!

[4] Am 11. September hatte sie an María Bautista geschrieben: *„Wenn Sie dort jemand hätten, der mir ein paar Reales leihen würde, ... denn ich habe keinen Pfennig, und so in die Menschwerdung zu kommen, das geht nicht an; ... beschaffen Sie mir etwas, sei es wenig oder viel“* (Ct 71,5).

[5] Siehe zu ihm Ct 13 tít.

75.

An Antonio Gaytán[1] in Alba

Letzte Monate 1574 (?)[2]

An Seine Magnifizenz Herrn Antonio Gaytán, meinen Herrn.

1. Jesus sei mit Euer Gnaden, und er vergelte Ihnen das Geschenk des Buches, das mir sehr zusagt. Um auf das zu antworten, was Euer Gnaden fragten, bräuchte es mehr Zeit (ich meine auf das über das innere Beten), wobei das Wesentliche darin besteht, dass das eine ganz gewöhnliche Vorgehensweise ist bei jenen, die zur Kontemplation gelangt sind, was ich Euer Gnaden schon oft gesagt habe, Sie aber wohl vergessen haben. Wissen Sie, so wie es in dieser Welt verschiedene Jahreszeiten gibt, so auch in der inneren, und es kann gar nicht anders sein. Seien Sie unbekümmert, denn es handelt sich nicht um Schuld.[3]

2. Zum anderen habe ich keine Meinung, da ich parteiisch bin; von meiner natürlichen Neigung her zieht es mich immer zum Stand der Einsamkeit (obwohl ich es nicht verdient habe, sie zu erleben), und da das auch der unseres Ordens ist, könnte ich wohl nach meiner Vorstellung einen Rat geben, aber nicht nach dem, was Euer Gnaden entspricht. Besprechen Sie es in Offenheit mit dem Pater Rektor[4] und Euer Gnaden werden es schon klarer sehen, und achten Sie auf das, wohin Ihr Geist Sie mehr zieht.[5] Gott behüte Sie, doch

---

1 Siehe zu ihm Ct 64 tít.

2 In der Ausgabe von EDE wird dieser Brief auf den 15. September 1574 datiert.

3 Mit großer Nüchternheit betont Teresa immer wieder, dass *„Zeiten des Streits, der Prüfungen und Mühen"* (7M 2,10) im geistlichen Leben (sogar in den *Siebten Wohnungen*!), etwas völlig Normales sind und man sich deshalb also keine unnötigen Sorgen oder Vorwürfe zu machen braucht. Vgl. auch mit ihren Hinweisen zum kontemplativen Gebet in Ct 64,2.

4 Baltasar Álvarez war damals Rektor der Jesuiten in Salamanca.

5 Teresa gibt hier zwei Hinweise für die geistliche Unterscheidung, die bis heute nichts von ihrer Gültigkeit eingebüßt haben: sorgsam auf die inneren Im-

habe ich so viele Briefe zu schreiben, dass ich nicht weiß, wie ich das sagen konnte, denn der Kurier wartet schon.

3. Wegen meiner Reise[6] gibt es zur Zeit nichts Neues, und ich weiß auch nicht, wie sie dieses Jahr noch möglich sein sollte; Gott vermag alles. Empfehlen Sie mich fest Seiner Majestät, denn so mache ich es, und lassen Sie mich immer von Ihnen wissen.

Euer Gnaden unwürdige Dienerin

Teresa von Jesus

76.

An Pater Domingo Báñez[1] in Valladolid

Ávila, 3. Dezember 1574

1. ... Ich sage Ihnen, Herr Pater, meine Freuden sind, glaube ich, nicht mehr von dieser Welt,[2] denn was ich möchte, habe ich nicht, und was ich habe, möchte ich nicht.[3] Das Schlimme ist, dass es die Freude, die ich sonst bei meinen Beichtvätern verspürte, nicht mehr gibt; es müsste schon mehr als ein Beichtvater sein. Etwas Geringeres als es die Seele ist, erfüllt ihre Sehnsucht nicht.[4] Natürlich hat es mir eine Erleich-

---

pulse achten, sich zugleich aber, als Korrektiv für einen zu starken Subjektivismus, mit einem erfahrenen geistlichen Begleiter besprechen. Man beachte auch ihre Zurückhaltung, selbst vorschnell einen Rat zu geben.

6 Nach Salamanca.

---

1 Siehe Ct 58 tít.

2 Wörtlich: „von diesem Reich" (im Gegensatz zu „vom Himmelreich").

3 D.h. sie sehnt sich nach dem ewigen Leben, das irdische erfüllt sie nicht mehr. Die für die Barockzeit typische, auch durch die weitgehende Hilflosigkeit gegenüber Krankheiten und sonstigen Nöten mitbedingte Jenseitsausrichtung wird bei Teresa durch ihre tiefe Gottesbeziehung und die Sehnsucht nach der endgültigen Vereinigung mit ihm noch verstärkt; siehe auch Ct 24,15; 37,2; 83,7; usw. Vgl. aber auch Ct 105,12; CE 32,1 und vor allem 7M 3,6f, wo die Todessehnsucht der nüchternen Bereitschaft weicht, Gott und den Menschen hier auf Erden zu dienen.

4 Siehe dazu V 24,6-7; 37,5; CC 29,1; Brief an Gracián Ct 89,5.

terung gebracht, dies zu schreiben. Gebe Gott sie Euer Gnaden immer in der Liebe zu ihm.

2. Sagen Sie diesem Ihrem „armen Ding",[5] die sehr darauf festgelegt ist, ob die Schwestern ihr die Stimme geben oder nicht, dass das starke Einflussnahme bedeutet und von wenig Demut zeugt, und dass das [geschehen wird], was Euer Gnaden oder uns gut scheint, die wir auf das Wohl dieses Hauses schauen, worauf es uns mehr ankommt als ihnen, [und nicht das, was einer Schwester gut scheint.][6] Man muss sie über solche Dinge aufklären. Sobald Sie die Gnädige Frau Doña María[7] treffen, sagen Sie ihr herzliche Grüße von mir, denn es ist schon lange her, dass ich ihr nicht mehr geschrieben habe. Es ist schon viel, dass es mir bei dieser eisigen Kälte besser geht.

Ich glaube, es ist heute der 3. Dezember, und ich bin Euer Gnaden Tochter und unwürdige Dienerin

Teresa von Jesus

77.

An Doña Ana Enríquez[1] in Toro

Valladolid, 23. Dezember 1574

1. Jesus. – Die Gnade des Heiligen Geistes sei allezeit mit Euer Gnaden. Es wäre für mich eine großer Trost gewesen,

---

[5] *„Poca cosa"*: Ironische Selbstbezeichnung von María Bautista (de Ocampo bzw. de Cepeda y Ocampo), die in Valladolid Priorin war. Die Priorinnenwahl fand noch vor dem 23. Dezember statt und bestätigte sie in ihrem Amt; die Subpriorin Antonia del Espíritu Santo (de Henao) kam aus Ávila; siehe Ct 77,4.

[6] Die Stellen zwischen eckigen Klammern sind von fremder Hand hinzugefügt worden.

[7] María Sarmiento de Mendoza (sen.), die Schwester von Don Álvaro de Mendoza, Bischof von Ávila.

---

[1] Eine Tochter des Markgrafen von Alcañices, die 1558 in den Prozess gegen Cazalla verwickelt und im Lauf der Zeit zur großen Freundin Teresas wurde. Agustín Cazalla (1510–1559), Hofprediger Karls V., begleitete ihn nach Deutsch-

wenn ich Euer Gnaden an diesem Ort[2] hier angetroffen hätte, und ich hätte die Reise für gut genutzt gehalten, da ich mich mit mehr Ruhe als in Salamanca an Euer Gnaden erfreut hätte. Ich habe diese Gnade von unserem Herrn nicht verdient; er sei für immer gepriesen. Die Priorin hier[3] hat das voll genossen; nun gut, sie ist besser als ich und eine treue Dienerin von Euer Gnaden.

2. Sehr gefreut habe ich mich, dass Euer Gnaden meinen Pater Baltasar Álvarez[4] einige Tage bei sich hatten, so dass es bei den vielen Mühen eine Verschnaufpause gab. Der Herr sei gepriesen, dass Euer Gnaden eine bessere Gesundheit haben als sonst. Meine ist gerade viel besser als in allen anderen Jahren, was zu dieser Jahreszeit viel ist. Ich habe in diesem Haus solche Seelen vorgefunden, dass es mich ein Lob auf unseren Herrn hat anstimmen lassen. Ist Estefanía[5] nach meinem Dafürhalten ganz gewiss eine Heilige, so haben mich doch die Begabung Casildas[6] und die Gnadengaben, die der Herr ihr erweist, seit sie den Habit genommen hat, sehr zufrieden gestellt. Seine Majestät bringe sie voran, denn Seelen, die er schon so frühzeitig für sich einnimmt, sind hoch zu schätzen.

3. Die Schlichtheit Estefanías für alles außer wenn es um Gott geht, ist etwas, das mich erstaunt, wenn ich aus ihrem Reden die weise Einsicht in die Wahrheit heraushöre.[7]

---

land (1543–1556), lebte dann in Valladolid, wo man ihm 1559 wegen protestantisierender Meinungen den Prozess machte. Eine Folge dieser Ereignisse war der Index des Fernando de Valdés aus diesem Jahr. Evtl. Anspielungen Teresas darauf in V 13,21 und V 16,7. (DST 824).

2 In Valladolid, wo Teresa schreibt. Toro liegt 62 km südwestlich von Valladolid und 72 km nördlich von Salamanca.

3 María Bautista (de Ocampo bzw. de Cepeda y Ocampo).

4 Der Jesuit Baltasar Álvarez war einer der ersten geistlichen Begleiter Teresas gewesen (V 28,14).

5 Estefanía de los Apóstoles (Gallo Sánchez), eine Laienschwester. Siehe zu ihr F 11,1 und Ct 63,7.

6 Casilda de Padilla, die jetzt als Casilda de la Concepción im Karmel Valladolid lebte; siehe Ct 71,2 und Teresas ausführlichen Bericht in F 10,8-16; 11.

7 Vgl. Ct 79,8.

4. Der Pater Provinzial[8] hat dieses Haus visitiert und die Wahl durchgeführt. Sie einigten sich auf dieselbe, die sie hatten,[9] und als Subpriorin holen wir eine aus San José in Ávila, die sie wählten; sie heißt Antonia del Espíritu Santo.[10] Die Gnädige Frau Doña Guiomar de Ulloa[11] kennt sie; sie hat einen recht guten Geist.

5. Die Gründung in Zamora ist für jetzt gestoppt,[12] und ich mache mich wieder auf die lange Reise, für die ich unterwegs war.[13] Ich hatte schon daran gedacht, mir die Freude zu machen und durch diesen Ort zu reisen, um Euer Gnaden die Hände zu küssen. Seit langem schon erhielt ich keine Post mehr von meinem Pater Baltasar Álvarez, habe ihm aber auch nicht geschrieben, doch wahrlich nicht aus Buße[14] (denn darin mache ich keine Fortschritte, und ich glaube sogar in gar nichts), sondern weil diese Briefe eine wahre Tortur sind, und wenn es einmal nur zu meinem Vergnügen wäre, dann fehlt mir immer die Zeit.[15] Gepriesen sei Gott, denn ihn dürfen wir ganz sicher auf ewig genießen. Doch hier, bei diesen Abwesenheiten und Veränderungen in allem,[16] können wir auf nichts viel geben. Mit diesem Erhoffen des Endes gehe ich durchs Leben, wie man sagt, unter Prüfungen, aber mir kommt es nicht so vor.[17]

---

[8] Pedro Fernández OP, Provinzial der Dominikaner und Apostolischer Visitator.

[9] D.h. sie wählten María Bautista wieder.

[10] Eine der vier Pionierinnen von San José; daher kennt Doña Guiomar de Ulloa, die Teresa damals maßgeblich unterstützt hatte, sie, wie Teresa anschließend hervorhebt.

[11] Zu ihr siehe Ct 2,3. Sie hatte in Toro Besitzungen.

[12] In Ct 79,3 kommt Teresa nochmals darauf zu sprechen, aber erst 1953 wird dort ein Karmel gegründet.

[13] Nach Beas, wohin sie Anfang Januar 1578 aufbrechen wird.

[14] Teresa schreibt *mortificación*, wörtlich „Ich-Sterben".

[15] Bereits 1572 hatte sie geschrieben: *„Das Schlimmste sind die Briefe"* (Ct 39,1).

[16] Teresa beklagt sich in den *Gründungen* darüber: *„Dann auch die Eigenarten so vieler Menschen zu ertragen (was in jedem Ort nötig war), ging nicht ohne Mühe ab. Und das Zurücklassen meiner Töchter und Schwestern, wenn ich von einem Ort zum anderen reiste; ich sage euch, dass das nicht das kleinste Kreuz gewesen ist."* (F 27,18).

[17] Vgl. Anm. 3 zu Ct 76,1.

6. Hier erzählt mir die Mutter Priorin[18] von meinem „Beschützer,"[19] dessen liebe Art ihr nicht weniger angenehm ist als mir. Unser Herr mache ihn sehr heilig. Ich bitte Euer Gnaden, Seiner Gnaden meine Grüße auszurichten. Ich stelle ihn unserem Herrn oftmals vor, ebenso wie den Gnädigen Herrn Don Juan Antonio.[20] Vergessen Sie mich doch um der Liebe des Herrn willen nicht, denn das brauche ich immer. Wegen der Gnädigen Frau Doña Guiomar de Ulloa[21] können wir nach dem, was mir Euer Gnaden sagen und sie bestätigt, schon unbesorgt sein. Sehr gern hätte ich nur einen kleinen Ansatz von dieser guten Erfahrung kennen gelernt, um erraten zu können, worum es sich handelt, um so die Freude zu genießen, die Euer Gnaden haben. Unser Herr gewähre Euer Gnaden in Eurer Seele an diesem Weihnachtsfest eine so große, wie ich es für Sie erflehe.

7. Am Tag des hl. Thomas hielt diesmal Pater Fray Domingo[22] hier eine Predigt, in der er die Prüfungen in solchen Farben schilderte, dass ich mir wünschte, viele gehabt zu haben, und sogar, dass mir der Herr in Zukunft noch welche gäbe. Seine Predigten haben mir außerordentlich gut gefallen. Sie haben ihn zum Prior gewählt, doch noch weiß man nicht, ob man ihn bestätigt.[23] Er ist dermaßen beschäftigt, dass ich mich nur wenig an ihm erfreute. Doch wenn ich Euer Gnaden ebenso lange träfe, wäre ich schon zufrieden. Der Herr möge es fügen, und Euer Gnaden so gute Gesundheit und Erholung schenken, wie es nötig ist, um das, was kein Ende hat, zu erreichen.

Morgen ist Heiligabend.

Euer Gnaden unwürdige Dienerin und Untergebene

Teresa von Jesus, Karmelitin

---

18 María Bautista.

19 Man nimmt an, dass es sich um den kleinen Sohn von Doña Ana Enríquez handelt, der Teresa sehr gern hatte.

20 Nicht bekannt.

21 Zu ihr siehe Ct 2,3.

22 Domingo Báñez OP.

23 Seine Wahl wurde nicht bestätigt, so dass er in Valladolid blieb.

78.

An Doña Inés Nieto[1] in Madrid

Valladolid, 28. Dezember 1574

1. Jesus. – Die Gnade des Heiligen Geistes sei mit Euer Gnaden. Obwohl ich bis jetzt so etwas nicht getan habe, können Euer Gnaden doch sicher sein, dass ich Sie mit meinen armen Gebeten vor unserem Herrn nicht vergesse, und mich die Freude, die Euer Gnaden haben, froh gemacht hat. Möge es unserem Herrn gefallen, dass Sie diese in seinem Dienst noch viele Jahre genießen, denn ich hoffe auf Seine Majestät, dass nichts Euer Gnaden darin behindern möge, selbst wenn es Hindernisse geben sollte. So etwas sind nämlich alle Dinge, die man in diesem armseligen Leben Güter nennt; und so wird es Euer Gnaden sehr zugute kommen, dass sie sich in den vergangenen Jahren für Gott eingesetzt haben, um alle Dinge auf ihren wahren Wert zu schätzen und sie so einzuschätzen, wie es dem, was so schnell zu Ende geht, zukommt.[2]

2. Die Gnädige Frau Isabel de Córdoba[3] hat vor mehreren Tagen mit der Priorin dieses Hauses gesprochen,[4] und diese hält sie für eine große Dienerin Gottes, und so war ich bestrebt, sie zu sprechen. Sie sagte mir, dass sie eine enge Ver-

---

1 Inés Nieto (†1610) war die Frau von Juan de Albornoz, dem Sekretär des Herzogs von Alba, Don Fernando Álvarez de Toledo.

2 Der Hinweis auf die Vergänglichkeit und Relativität irdischer Werte im Vergleich zu den bleibenden Werten ist ein Topos der damaligen Frömmigkeit. Als Kind ihrer Zeit war Teresa stark von der auch im 16. Jahrhundert weit verbreiteten mittelalterlichen *contemptus-mundi*-Literatur beeinflusst; siehe dazu B. Souvignier, *Die Würde des Leibes*, 224. Doch geht es ihr nicht um Lebensverneinung, sondern um die zeitlos gültige Einsicht, dass nur das, was uns Menschen Gott – der Wahrheit schlechthin – näher bringt, letztlich bleibt.

3 Seit zwanzig Jahren Witwe war sie von Doña Inés und ihrem Gemahl den Karmelitinnen in Valladolid empfohlen worden; später trat sie in den Karmel Santa Ana in Madrid ein.

4 María Bautista, Priorin von Valladolid.

wandte des Gnädigen Herrn Albornoz[5] sei, was der Grund war, weshalb ich wünschte, dass sie hier einträte; doch da dieses Kloster erst im Entstehen ist und die Gnädige Frau Doña María[6] es stiftete, müsste man allerdings mit einer milden Gabe nachhelfen, um sie aufzunehmen. Als sie mir sagte, dass der Gnädige Herr Albornoz ihr versprochen hatte, bei ihrem Klostereintritt zu helfen, sagte ich ihr, dass ich glaubte, Seine Gnaden würden das noch lieber tun, wenn es in diesem Kloster wäre. Gewiss, auch wenn es mir anders lieber wäre,[7] so könnte ich doch nicht, einmal wegen der Gnädigen Frau Doña María, dann aber wegen der Schwestern, denn da die Zahl so klein ist,[8] es aber viele Eintrittswillige gibt, und sie, wie ich sage, in Not sind, würde ich ihnen Unrecht tun, wenn man nicht solche aufnähme, die ihnen helfen können. Sie hat mir gesagt, dass sie zwar Vermögen hat, das aber nach dem, was man ihr sagte, so ist, dass man es nicht verkaufen kann. Wenn es nur irgendwie geht, werde ich tun, was ich kann, auch wenn sie weniger mitbrächte als man bei anderen nehmen könnte, denn ich möchte ganz gewiss Euer Gnaden und dem Gnädigen Herrn Albornoz zu Diensten sein, dessen Gebeten ich mich empfehle. Ich werde in meinen, auch wenn ich armselig bin, tun, was Euer Gnaden auftragen sollten.

3. Möge unser Herr Euer Gnaden für das Bild belohnen. Sie bleiben es mir wirklich schuldig.[9] Ich bitte Euer Gnaden in-

---

[5] Also des Ehemanns von Doña Inés.

[6] María Sarmiento de Mendoza, die Schwester des Bischofs von Ávila, Don Álvaro de Mendoza.

[7] D.h. sie ohne Mitgift aufzunehmen, was Teresa lieber war: *„Ich kann euch versichern, dass es mir keine so große Freude machte, eine aufzunehmen, die viel mitbrachte, als solche, die ich nur um Gottes willen aufnahm. Im Gegenteil, bei ihnen hatte ich Angst, während mir die Armen das Herz weit machten und so große Freude bereiteten, dass ich vor Freude weinen musste. Das ist die Wahrheit“* (F 27,13).

[8] Zur Schwesternzahl in den Klöstern Teresas siehe Anm. zu Ct 2,2 und ferner Ct 21,5; 70,2; 88,6; 92,3; 319,7; 374,3; 413,2.

[9] Sie will sagen, dass sie es gern als Geschenk annimmt.

ständig, es mir gut aufzubewahren, bis ich es erbitte, sobald es so weit ist, dass ich in einem Kloster einmal einen festeren Wohnsitz habe als jetzt, um mich daran zu erfreuen.[10] Erweisen Sie mir den Gefallen, mich in Ihren Gebeten nicht zu vergessen. Möge unser Herr Euer Gnaden alle geistlichen Güter geben, um die ich ihn bitte. Amen.

Es ist heute der Tag der Unschuldigen Kinder.[11]

Euer Gnaden unwürdige Dienerin

Teresa von Jesus, Karmelitin

79.

An Don Teutonio de Braganza[1] in Salamanca

Valladolid, 2. Januar 1575[2]

1. Jesus. – Die Gnade des Heiligen Geistes sei immer mit Euer Hochwohlgeboren und schenke Ihnen so zahlreiche und so gute Jahresanfänge, wie ich es wünsche, zusammen mit der Heiligkeit, die ich für Sie erflehe. Ich war sehr darauf aus, ein paar Zeilen von Euer Hochwohlgeboren zu Gesicht zu bekommen, und dass Sie in Salamanca wären, denn ich wusste nicht, wohin ich an Euer Hochwohlgeboren schreiben sollte. Jetzt aber weiß ich nicht, wie viel Zeit ich haben werde, um so

[10] Es handelt sich um eine Darstellung der Muttergottes; am 19. Juni 1575 erbat Teresa es sich für das neu gegründete Kloster in Sevilla; da Gracián gerade in Madrid weilte, ergab sich eine gute Gelegenheit, es sich schicken zu lassen (Ct 84,1). Am 31. Oktober 1575 wird sie sich schließlich bei Doña Inés für das inzwischen eingetroffene Bild bedanken: *„Je länger ich das Bild anschaue, desto lieblicher finde ich es“* (Ct 94,3).

[11] Zur Erinnerung an den Kindermord von Bethlehem (Mt 2,16-18) wird der 28. Dezember als Gedenktag für sie begangen.

[1] Zu ihm siehe Ct 67 tít.

[2] Autograph: Karmelitenkloster Concesa (Mailand), Italien.

ausführlich sein zu können, wie ich es wünsche, wo doch der Kurier, der diesen Brief befördert, sehr verlässlich ist. Ich lobe unseren Herrn, da es Euer Hochwohlgeboren gut geht. Ich bin bei guter Gesundheit und bin es auch bislang gewesen, was um diese Jahreszeit viel ist.

2. Seine Majestät vergelte Euer Hochwohlgeboren die große Sorge, die Sie auf all das verwendeten, worum ich Sie bat.[3] Letztlich scheint mir, dass die Jungfrau, Unsere Liebe Frau, Euer Hochwohlgeboren als Beschützer ihres Ordens genommen hat.[4] Es tröstet mich, dass sie es besser vergilt als ich zu erbitten vermöchte, was ich freilich tue.

3. Das Kloster in Zamora ist für den Moment gestoppt,[5] einmal weil es nicht die entsprechende Jahreszeit ist; diese wäre jetzt gut für Gegenden mit großer Hitze; zum anderen, weil derjenige, der uns das Haus gab, nicht sehr gut darauf eingegangen ist und nicht da ist, wiewohl es noch nicht aufgegeben ist. Aber ich habe auch erwogen, wie mühsam es für ein Haus in Armut ist, einen Stifter zu haben, der nicht sehr darauf aus ist zu helfen, besonders wenn er das Patronat[6] haben will, so dass es mir besser erscheint, auf andere Weise einzusteigen und ein Haus zu kaufen; dazu braucht es aber mehr Zeit. Der Herr wird es geben, sobald ihm mit seiner Errichtung gedient ist. Euer Hochwohlgeboren haben mir eine große Gefälligkeit erwiesen, dass die Erlaubnis zum rechten Zeitpunkt da ist. Wenn sich der Dienst eines Kuriers anbietet, beauftragen Sie ihn, doch besteht kein Grund, dafür eigens einen zu schicken.

---

[3] Wir wissen nicht, worauf sich Teresa damit bezieht.

[4] Der Karmelorden ist der Muttergottes geweiht.

[5] Siehe Ct 77,5.

[6] Ein *„Haus in Armut“* bedeutet, dass es keine festen Einkünfte gibt. *„Patronat“* bedeutet, dass sich der Stifter das Recht vorbehält, das Kloster zu errichten oder es mit Einkünften auszustatten, und das hieß oft genug, sich von dessen Launen abhängig zu machen.

4. Tun sich Euer Hochwohlgeboren wegen Torrijos[7] nicht ab, denn der Ort ist wirklich überhaupt nicht nach meinem Geschmack. Nur wenn Euer Hochwohlgeboren es anordnete, würde ich es annehmen. Aber Personen dieser Art aufzunehmen, die wir wegen dem, was sie haben, durchaus bräuchten, aber dann, wenn eine für den Orden nicht geeignet ist, nicht gleich wieder wegschicken könnten, wäre etwas, was man in diesen Häusern nicht dulden kann.[8]

5. Es tut mir leid, dass der Zweck der Reise von Euer Hochwohlgeboren nicht so gut aufgegangen ist. Dennoch hoffe ich auf den Herrn, dass die Worte von Euer Hochwohlgeboren nicht ohne großen Nutzen bleiben werden, auch wenn man die Wirkung nicht sofort sieht. Möge es dem Herrn gefallen, dass das Geschäft in Rom für Sie gut ausgehe.[9] Sehr erbitte ich das von ihm, so es zu seinem Dienst sein soll, was, wie ich hoffe, sehr wohl der Fall sein wird, wenn er es macht, denn es wird ja so viel dafür gebetet.

6. Im Hinblick auf das Kloster der Gräfin weiß ich nicht, was ich sagen soll,[10] denn schon seit langem spricht man mir da-

---

[7] In der Provinz Toledo; vielleicht handelt es sich um das Kloster, von dem weiter unten (Ct 79,6) die Rede ist; ein Karmelitinnenkloster wurde dort jedenfalls nicht gegründet.

[8] An dieser Stelle wird deutlich, wie Teresa um Freiheit für ihre Schwestern ringt: Einerseits ist sie, um Schuldenfreiheit für ihre Klöster zu erlangen, zunehmend auf die Mitgiften der Eintretenden angewiesen, andererseits möchte sie sich und ihren Schwestern den Spielraum erhalten, ungeeignete Kandidatinnen entlassen zu können. In ihrem *Weg der Vollkommenheit* widmet sie der Frage, „*wie wichtig es ist, keine Schwester zur Profess zuzulassen, deren Geist* (dem, worum es in ihren Klöstern geht), *widerspricht*“ ein eigenes Kapitel; siehe CE 20 (CV 13,6-7).

[9] Nach Silverio de Santa Teresa (BMC 7,163) geht es dabei um die Ernennung und Bestätigung von Don Teutonio zum Koadjutor des Erzbischofs von Évora in Portugal.

[10] Wir wissen nicht, um was für ein Kloster es sich handelt. Wie aus dem folgenden hervorgeht, handelte es sich um die Reform eines bestehenden Klosters, womit Teresa sich, wie im folgenden deutlich wird, nicht belasten möchte, da sie es für wenig aussichtsreich hält. Vielleicht sind die Franziskanerinnen von Torrijos gemeint.

von; dabei sage ich Euer Hochwohlgeboren, dass ich lieber vier Klöster von Schwestern gründe – denn wenn einmal der Anfang gemacht ist, ist in 14 Tagen unsere Lebensweise eingeführt, da die Eintretenden nichts anderes machen als das, was sie bei denen sehen, die bereits da sind – als diese Gebenedeiten in unsere Vorgehensweise einzuführen, so heiligmäßig sie auch sein mögen. Mit zweien in Toledo habe ich gesprochen und sehe, dass sie gut sind, und dass es ihnen auf dem Weg, den sie gehen, gut geht, denn andernfalls wüsste ich sicherlich nicht, wie ich es wagte, mich auf sie einzulassen; ich glaube nämlich, es geht ihnen mehr um Härte und Buße als ums Einüben ins Ich-Sterben und das innere Beten,[11] ganz allgemein, meine ich. Dennoch werde ich mich, falls der Herr es will, noch genauer erkundigen, da es Euer Hochwohlgeboren gut scheint.

7. Es ist eine sehr gute Sache gewesen, dass Euer Hochwohlgeboren den Markgrafen so deutlich auf Ihrer Seite haben, was sehr wichtig ist.[12] Möge es dem Herrn gefallen, dass eine gute Nachricht eintrifft. In Bezug auf das hiesige,[13] hoffe ich auf ihn, dass alles gut ausgehe, da Euer Hochwohlgeboren damit befasst sind. Ich brauche mich nun nicht mehr darum zu kümmern, Briefe zu schreiben, die dem Pater Olea[14] vielleicht schaden, denn man hat an Euer Hochwohlgeboren zu schreiben. Das hat mir leid getan, da man ihm zu viel Dank verpflichtet ist, und meines Erachtens Briefe von mir in andere Hände geleitet worden sind.[15] Die Priorin von Sego-

---

[11] Man beachte die klare Zurückweisung des Rigorismus (*„Härte und Buße“*)! Demgegenüber sind Inneres Beten und Einübung ins Ich-Sterben für Teresa die beiden Säulen für das geistliche Leben des einzelnen wie auch der Kommunität; siehe auch Ct 2,2.

[12] Es ist nicht bekannt, um was es sich dabei handelt.

[13] Das Kloster in Valladolid.

[14] Der Jesuit Francisco de Olea, mit dem Teresa befreundet war; von den vielen Briefen an ihn, auf die sie in ihrer Korrespondenz anspielt, ist kein einziger erhalten.

[15] Angesichts der zunehmenden Spannungen zwischen „Beschuhten“ und „Unbeschuhten“ musste Teresa damit rechnen, dass ihre Briefe abgefangen wur-

via[16] wird es wohl übersehen haben, weil sie sich gedacht hat, dass nicht so viel daran liegt. Es freut mich, nun zu wissen, wie ich es jetzt bewerkstelligen muss, falls es nötig sein sollte, und dass sich vielleicht ein günstiger Umstand ergibt, damit Euer Hochwohlgeboren über meine Ausgänge[17] sprechen. Diese gehören für mich zu dem, was mich in meinem Leben am meisten ermüdet und für mich die schwerste Prüfung ist, und dann auch noch zu erleben, dass das zu allem dazu noch schlecht gemacht wird. Viele Male habe ich mir schon gedacht, wie es mir doch viel besser bekäme, meine Ruhe zu pflegen, wenn es da nicht das Gebot des Generals gäbe.[18] Andere Male, wenn ich sehe, wie sehr dem Herrn in diesen Häusern gedient wird, wird das alles für mich unwichtig. Seine Majestät führe mich auf den Weg, seinen Willen zu tun.

8. Ich sage Euer Hochwohlgeboren, dass es in diesem Haus[19] Seelen gibt, die mir Anlass wurden, fast ständig oder doch sehr oft Gott zu loben. Auch wenn Estefanía[20] großartig und meiner Meinung nach heiligmäßig ist, so versetzt mich Casilda de la Concepción[21] in Erstaunen, denn sie ist ganz gewiss so, dass ich an ihrem äußeren oder inneren Verhalten nichts auszusetzen habe (wenn Gott sie behütet, wird sie eine große Heilige werden, denn man sieht klar, was er in ihr wirkt). Sie hat große Begabung (was für ihr Alter unmöglich scheint)

---

den, daher die häufigen Anspielungen auf „zuverlässige Kuriere" und später sogar der Gebrauch von Decknamen; siehe etwa auch Ct 109,4.

[16] Isabel de Santo Domingo (Ortega); siehe zu ihr Ct 81 tít.

[17] Nur dank des zuverlässigen Kuriers kann Teresa so offen schreiben; angesichts der Vorwürfe, sie würde sich nicht an die vom Konzil von Trient allen Ordensfrauen auferlegte Klausur halten, hofft sie, dass Don Teutonio in Madrid Gelegenheit haben wird, zu ihren Gunsten zu sprechen. Selbst der ihr wohlgesonnene Nuntius Nicolás Ormaneto hatte da seine Bedenken, die er gegenüber Jerónimo Gracián auch schriftlich zum Ausdruck bringt. Teresa verteidigt sich selbst in Briefen an den Ordensgeneral (Ct 102,15; 271,11).

[18] Siehe das derartige Schreiben des Ordensgenerals vom 6. April 1571 in MHCT 1,110-112. Darauf weist sie wiederholt hin (F 21,2; 22,2; 27,19; usw.).

[19] Gemeint ist das Kloster in Valladolid.

[20] Eine einfache und eifrige Laienschwester; siehe F 11,1 und Ct 77,2.

[21] Casilda de Padilla. Siehe Ct 71,2; 73,2; 77,2.

und großen Gebetseifer, da der Herr ihr seine Gnade erwiesen hat, seitdem sie den Habit genommen hat. Groß sind ihre Zufriedenheit und Demut; es ist zum Staunen. Beide sagen, dass sie Euer Hochwohlgeboren unserem Herrn ganz besonders empfehlen werden.

9. Ich wollte nicht, dass sie[22] Euer Hochwohlgeboren schriebe, einmal weil wir darauf achten, dass es nicht so ausschaut, als machte man Aufhebens von ihr (wobei freilich ihre Schlichtheit so etwas wenig erfordert, denn darin ist sie ein Bruder Juniperus)[23]; zum anderen, weil ich nicht möchte, dass Euer Hochwohlgeboren etwas auf das geben, was wir Weiblein sagen, denn Sie haben einen guten Vater, der Sie wachruft und unterweist, und einen guten Gott, der Sie liebt.

10. Bezüglich Madrid,[24] weiß ich nicht, was los ist, denn obwohl ich sehe, dass es angebracht wäre, dort eines von diesen Klöstern zu haben, regt sich in mir ein seltsamer Widerstand; das muss wohl eine Versuchung sein. Ich habe noch kein Schreiben des Priors Covarrubias gesehen.[25] Es dürfte wohl schwierig sein, es ohne Erlaubnis des Ordinarius[26] zu machen, da es das Bevollmächtigungsschreiben, das ich habe,

[22] Casilda.

[23] Ein Gefährte des hl. Franziskus, der durch seine Schlichtheit auffiel. Siehe Franz von Assisi, *Legenden und Laude*, 441-445.

[24] Die Gründung in Madrid war eine Lieblingsidee Teresa, die sie in den letzten sechs Jahren ihres Lebens hartnäckig verfolgte, doch konnte erst nach ihrem Tod, am 17. September 1586, von Ana de Jesús Lobera der Karmel zur hl. Anna eingeweiht werden.

[25] Diego de Covarrubias y Leyva (1512–1577), Bischof von Segovia, 1574 Präsident des Staatsrates, den Teresa irrtümlich als *Prior* bezeichnet.

[26] Der Ordinarius für Madrid war bis 1885 der Erzbischof von Toledo; erst in diesem Jahr wurde eine eigene Diözese Madrid-Alcalá de Henares gegründet. Wie Teresa in F 15,4 berichtet, gab es um diese Zeit nur einen Verwalter, da der Erzbischof Bartolomé Carranza im Inquisitionsgefängnis war. Zur Zeit dieses Briefes war der damalige Verwalter schon tot. Erst im Jahre 1576 nach dem Tod von Carranza wurde in der Person von Gaspar de Quiroga ein neuer Erzbischof ernannt, der sich, obwohl er ein Bewunderer des Werkes Teresas war und sogar ihre *Vida* mit Gewinn gelesen hatte, dennoch weigerte, ihr die Erlaubnis zur Gründung zu geben.

und das Konzil vorschreiben,[27] doch glaube ich, sie zu bekommen, wenn es nichts mehr als das wäre. Der Herr bringe es auf den Weg.

11. Ich werde nach Dreikönig[28] hier aufbrechen. Ich reise nach Ávila, über Medina, wo ich mich, glaube ich, nicht länger als ein oder zwei Tage aufhalten werde, ebenso wie in Ávila, da ich bald nach Toledo gehen werde. Ich möchte das mit Beas hinter mich bekommen.[29] Wo es auch sei, ich werde Euer Hochwohlgeboren immer schreiben, wenn ich jemanden finde, mit dem ich den Brief schicken kann. Empfehlen Sie mich bitte unserem Herrn.

12. Seine Majestät vergelte Euer Hochwohlgeboren die Sorge, die Sie um die Schwestern haben,[30] was eine große Liebestat ist, denn es fehlt ihnen nicht an Prüfungen. Es wäre mir eine große Freude, dort zu sein, doch da es nicht auf dem Weg zur Gründung liegt, wäre es sehr beschwerlich für mich, und sofern man es mir nicht aufträgt, würde ich es nicht tun, noch darf ich mehr tun als mir die studierten Theologen sagten.[31] Ich glaube, sobald man ihm mehr gibt,[32] wird er zufrieden sein, denn die Lage ist sehr gut, und man kann es erweitern (die von Euer Hochwohlgeboren genannte liegt, glaube ich,

---

[27] Das verlangt der Ordensgeneral ausdrücklich in seinem Schreiben vom 6. April 1571, in dem er sie an die Vorschrift des Konzils von Trient erinnerte (25. Sitzung vom 3./4. Dezember 1563 im Dekret zur Reform der Orden, Kap. 3). Siehe auch sein Schreiben vom 27. April 1567 (MHCT 1,62-65).

[28] Teresa sagt *„nach den Königen"*, wie das heute in Spanien noch üblich ist, also nach dem 6. Januar 1575.

[29] Teresa führte diese Reise im großen und ganzen so aus, wie sie hier schreibt, doch kehrte sie nicht nach Salamanca zurück, wie sie hoffte (siehe den nächsten Absatz), sondern ging weiter nach Sevilla, wo sie ein ganzes Jahr blieb.

[30] Die Karmelitinnen von Salamanca, die wegen des Prozesses mit dem Eigentümer des von ihnen gekauften Hauses Pedro de la Banda in Schwierigkeiten waren. Siehe F 18f. und die beiden Briefe an ihn, Ct 54 und Ct 56.

[31] Ein klarer Hinweis auf Teresas Situation als Frau: Obwohl sie die Gründerin ist, darf sie nicht selbst entscheiden, ob ihre Anwesenheit erwünscht wäre, sonst ist auf die Genehmigung *„studierter Theologen"* angewiesen.

[32] Pedro de la Banda, dem Verkäufer des Hauses in Salamanca.

abseits), und die Kirche ist schön. Letztlich ist die Lage die Hauptsache, denn beim anderen läge mir wenig daran, wenn die Bauarbeiten umsonst wären. Euer Hochwohlgeboren begutachten wohl alles, ebenso der Pater Rektor,[33] wie etwas, das für Unsere Liebe Frau geschieht,[34] und dementsprechend machen wir es dann. Bis ich wieder von Beas zurückkomme, hätte ich gerne, dass Sie es auf die eine oder andere Weise aufhielten, so dass nichts Neues gemacht wird. Wenn ich kann, komme ich im April.

13. Über die Unvollkommenheiten von Euer Hochwohlgeboren bin ich nicht erstaunt,[35] da ich an mir viele feststelle, obwohl ich hier viel mehr Zeit zum Alleinsein hatte als lange zuvor, was mir ein großer Trost war. Gebe ihn unser Herr Euer Hochwohlgeboren für Ihre Seele, wie ich es für Sie erflehe, Amen. Mit dem, was Euer Hochwohlgeboren mir sagen, übertreiben Sie sehr; etwas davon hatte ich schon bemerkt, wie auch von dem anderen, aber meine Lage als Begünstigte und Ihr großer Eifer lassen mich über das hinweggehen, was meiner Veranlagung sehr fern liegt. Ich bin dennoch auf der Hut![36] Die Priorin[37] empfiehlt sich sehr den Gebeten von Euer Hochwohlgeboren und jetzt da sie Sie kennt, bedauert sie es, dass sie die Gnade, die ihr Gott mit dem Besuch von Euer Hochwohlgeboren gemacht hat, so wenig verstanden hat.

Es ist heute der 2. Januar.

Euer Hochwohlgeboren unwürdige Dienerin

Teresa von Jesus

---

[33] Baltasar Álvarez SJ.

[34] Da der Karmel Maria geweiht ist; vgl. Ct 79,2.

[35] Wie bereits in einigen früheren Briefen an Teutonio de Braganza (Ct 67; 69) erweist sich Teresa auch hier wieder als seine geistliche Begleiterin, durchaus nicht selbstverständlich in einer Zeit, in der diese Aufgabe vielfach Priestern vorbehalten war.

[36] Es ist nicht klar, was Teresa hier meint.

[37] María Bautista.

80.

An Don Álvaro de Mendoza[1] in Ávila

Beas, 11. Mai 1575

1. Jesus. - Die Gnade des Heiligen Geistes sei immer mit Euer Hochwohlgeboren. Jeden Tag begreife ich besser, welche Gnade mir unser Herr erweist, indem er mich begreifen lässt, welches Gut im Leiden liegt, um gelassen das geringe Glück zu ertragen, das in den Dingen dieser Welt liegt, da sie von so kurzer Dauer sind.[2]

2. Es sollen Euer Hochwohlgeboren wissen, dass Pater Gracián[3] hierher kam, gerade als ich mich sehr beeilte, um diesmal in Ávila oder Valladolid einen angenehmen Sommer zu verbringen; er ist Provinzial von Andalusien kraft einer Verfügung des Nuntius[4], der ihn nach dem Gegenbreve[5] dahin geschickt hat.... (Er hat so gute Eigenschaften)[6] und ist eine solche Persönlichkeit, dass ich mich sehr freuen würde, wenn er Euer Hochwohlgeboren die Hand küsste, um zu sehen, ob ich

---

[1] Zu ihm siehe Ct 12 tít.

[2] Zum Gedanken der Vergänglichkeit allen irdischen Glücks siehe Anm. zu Ct 78,1.

[3] Jerónimo Gracián wurde 1545 in Valladolid geboren, 1570 zum Priester geweiht und trat 1572 in das Noviziat der Unbeschuhten Karmeliten in Pastrana ein, wo er 1573 seine Profess ablegte. Als Teresa ihn 1575 kennen lernte, war er bereits Visitator und Apostolischer Kommissar für die andalusischen Klöster der Unbeschuhten. Teresas Beziehung zu ihm war von Bewunderung, mütterlicher Zuneigung und unverhohlener Sympathie geprägt.

[4] Nicolás Ormaneto. Gracián war allerdings nicht Provinzial, wie Teresa meint, sondern Provinzvikar der Unbeschuhten Andalusiens; siehe Ct 81,4.

[5] Sie meint das Breve Gregors XIII. vom 13. August 1574, mit dem Vollmachten der 1569 ernannten dominikanischen Visitatoren Pedro Fernández (für Kastilien) und Francisco de Vargas (für Andalusien) widerrufen wurden. Da letzterer seine Vollmacht zur Visitation der Karmeliten Andalusiens am 13. Juni 1574 an Gracián delegiert hatte, galt also auch dieser als abgesetzt, doch wurde er wenige Wochen später, am 22. September 1574, zusammen mit Vargas vom Apostolischen Nuntius Ormaneto erneut eingesetzt, wie Teresa anschließend auch schreibt. Siehe Einführung S. 47-50.

[6] Hier fehlt ein Textfragment; der eingeklammerte Satz wurde von den ersten Herausgebern ergänzt.

mich täusche; er wünscht sich das nämlich sehr, weil ich ihm vom Wohlwollen erzählt habe, das Euer Hochwohlgeboren unserem Orden immer wieder erweisen. Ich habe mich sehr gefreut zu sehen, dass wir in ihm einen so guten Mann haben.

3. Nun gut, wir brechen am Montag der kommenden Woche dorthin[7] auf. Es sind 50 Meilen.[8] Ich glaube zwar gern, dass er mich nicht dazu gezwungen hätte, aber er wollte es so gern, dass ich argen Skrupeln verfallen wäre, mich nämlich nicht an den Gehorsam zu halten, wie ich es mir immer wünsche, wenn ich es nicht getan hätte. Was mich anbelangt, ist es mir schwer gefallen und hat mir nicht besonders zugesagt, mich bei dieser Gluthitze auf den Weg zu machen, um den Sommer in Sevilla zu verbringen.[9] Gebe der Herr, dass ihm damit gedient sei, denn dann macht das nicht so viel aus. Ich bitte Euer Hochwohlgeboren inständig um Ihren Segen für mich, und vergessen Sie, bitte, nicht, mich unserem Herrn zu empfehlen.

4. Von dort aus, so heißt es, wird es Kuriere geben, die an diesem Ort hier fehlten – er ist nämlich sehr abgelegen –,[10] und dann werde ich Euer Hochwohlgeboren schreiben. Möge es unserem Herrn gefallen, dass Sie bei guter Gesundheit seien, wie ich es immer wieder von ihm erbitte. Padre Julián de Ávila[11] tut das ebenfalls; er hilft mir sehr gut. Er küsst Euer Hoch-

---

[7] Nach Sevilla. Allerdings fand die Abreise erst zwei Tage später, am 18. Mai 1575 statt.

[8] Das sind ca. 280 km.

[9] Vgl. F 24-25; auch dort schreibt Teresa, dass *„die Hitze drückend wurde"* (F 24,5) und es in Sevilla *„extrem heiß"* war (F 25,5). Als Kastilierin kommt sie mit den andalusischen Sommertemperaturen nicht gut zurecht; vgl. Ct 81,5; 85,3; 89,6.

[10] Ein erneuter Hinweis auf die schlechten Postverbindungen, sobald man an einem kleineren oder abgelegeneren Ort weilte; Sevilla mit seinem für den Handel mit Westindien so wichtigen Hafen verfügte über gute Verbindungen nach Kastilien. Vgl. auch Ct 81,6 und ferner Ct 2,13; 23,2; 38,1; 53,10; 60,2; 68,5; 81,6; 83,1; 108,4.

[11] Der Hausgeistliche von San José (Ávila), der Teresa zusammen mit Antonio Gaytán und dem jungen Karmeliten Gregorio Nacianceno nach Sevilla begleitete; siehe F 24,5.

wohlgeboren viemals die Hand. Wir haben Euer Hochwohlgeboren und (das Haus des heiligen Josef)[12] sehr vor Augen und auch die Ruhe, die ich dort genossen hätte. Möge das alles dem Herrn dienen, und er behüte mir Euer Hochwohlgeboren viel mehr als mich selbst. Es ist heute der Vigiltag von Christi Himmelfahrt.

Euer Hochwohlgeboren unwürdige Dienerin und Untergebene

Teresa von Jesus

Ich bin hier bei guter Gesundheit gewesen und habe zur Zeit gottlob eine viele bessere als sonst.

81.

An Isabel de Santo Domingo[1] in Segovia

Beas, 12. Mai 1575[2]

1. Jesus. – Die Gnade des Heiligen Geistes sei mit Euer Ehrwürden, meine Tochter. Gepriesen sei Gott, dass Briefe von Ihnen hier ankamen, denn ich habe sie mir nicht wenig ersehnt, und daran ersehe ich, dass ich Sie lieber habe als andere nahe Verwandten; und mir kommt immer vor, als schrie-

[12] Die eingeklammerte Stelle ist erneut eine Ergänzung von fremder Hand, um eine Lücke im Manuskript zu füllen.

[1] Isabel de Santo Domingo Ortega (1537 Cardeñosa – 1623 Ávila) machte 1565 Profess in San José zu Ávila und war ab 1569 Priorin in Pastrana, wo sie die Auseinandersetzung mit der Prinzessin von Éboli bestand und 1574 den Umzug nach Segovia leitete. Nach dem Tod Teresas gründete sie 1588 ein Kloster in Zaragoza, ging 1598 als Priorin nach Ocaña und war von 1606 bis 1610 Priorin in ihrem Stammkloster zu Ávila. Teresa nennt sie in F 23,8 *„eine ganz große Dienerin Gottes“* und erwähnt sie auch in Ct 376,10.

[2] In den meisten Ausgaben wird als Adressatin dieses Briefes irrtümlich Teresas Kusine Inés de Jesús (Tapia), die Priorin von Medina del Campo, genannt. Inzwischen konnte jedoch nachgewiesen werden, dass es sich um Isabel de Santo Domingo handelt; siehe J. L. Astigarraga, *Las Cartas de Santa Teresa a Jerónimo Gracián*, 149f.

ben Sie wenig. Es ist mir ein großer Trost gewesen, dass Sie bei guter Gesundheit sind; der Herr schenke Sie ihnen so, wie ich es Ihnen von ihm erbitte. Es tut mir sehr leid, dass Sie immerfort diese Quälerei haben, noch zusätzlich zu denen, die das Amt[3] mit sich bringt, denn diese Krankheit scheint mir jetzt so normal zu sein, dass es da eines starken Mittels bedarf.[4] Der Herr schenke das, was es braucht.

2. O liebe Mutter, wie gern hätte ich Sie in diesen Tagen bei mir gehabt! Wissen Sie, meiner Meinung nach waren es, ohne Übertreibung, die besten meines Lebens. Länger als zwanzig Tage ist Pater Magister Gracián hier gewesen.[5] Ich sage Ihnen, dass ich nach all dem, was ich mit ihm zu tun hatte, den Wert dieses Mannes noch nicht ganz erfasst habe. Er ist in meinen Augen wirklich fähig, und für uns Schwestern besser als wir es uns von Gott hätten erbitten können.[6] Was Euer Ehrwürden und Sie alle jetzt machen müssen, ist, von Seiner Majestät erbitten, dass er ihn uns als Oberen schenken möge.[7] Damit

---

[3] Isabel ist Priorin in Segovia.

[4] Es ist nicht klar, worauf Teresa hier anspielt; möglicherweise gab es in Segovia eine seelisch gestörte Schwester; vgl. F 7, wo Teresa solche Störungen unter dem Überbegriff der „Melancholie" als *„schwere Krankheit"* (F 7,10) bezeichnet, die für das Umfeld sehr belastend sei.

[5] Isabel de Santo Domingo war diejenige gewesen, die 1572 als Priorin von Pastrana Jerónimo Gracián, damals noch Theologiestudent in Alcalá, für den Karmel gewonnen hatte; siehe F 23,7, und vor allem Ct 89 tít.

[6] Auch im *Buch der Gründungen* singt sie sein Lob: *„Er ist sehr umsichtig"* (F 26,11); *„angenehm im Umgang"* (F 31,17); *„er fügte alles in eine so vernünftige Ordnung und Harmonie"* (F 23,13) und ist doch einer von denen, *„die dabei am meisten erlitten"* (F 28,4); *„so wie er mich entzückte, hatten ihn die Leute, die ihn gelobt hatten, glaube ich, nicht kennen gelernt"* (F 24,1).

[7] Als Apostolischer Kommissar und Visitator der Beschuhten Karmeliten und Provinzvikar der Unbeschuhten Karmeliten Andalusiens war Gracián nicht Teresas Oberer, so lange sie nur in Kastilien gründete; in Beas lagen die Dinge allerdings anders, wie sie im nächsten Abschnitt erklärt. Bereits wenige Monate später, am 3. August 1575, wurde Gracián ohnehin vom Nuntius Ormaneto zusätzlich zum Apostolischen Kommissar der Unbeschuhten Kastiliens ernannt, so dass Teresa ihm im Oktober 1575 von der Begeisterung des Johannes vom Kreuz für seinen neuen Oberen berichten kann (Ct 92,4). Nach der Errichtung einer eigenen Provinz für die Unbeschuhten Brüder und Schwestern wurde er am 4. März 1581 deren erster Provinzial.

könnte ich mich von der Leitung dieser Häuser ausruhen, denn so viel Vollkommenheit gepaart mit so viel Sanftheit[8] habe ich noch nie gesehen. Gott halte ihn an seiner Hand und behüte ihn, denn ich hätte es um nichts in der Welt versäumen wollen, ihn zu sehen und mit ihm so viel zusammen zu sein.

3. Er wartete gerade auf Mariano,[9] der sich zu unserer Freude ziemlich verspätete. Julián de Ávila[10] ist ganz weg von ihm, und so sind es alle. Er predigt wunderbar. Ich glaube bestimmt, dass er sich zu seinem Vorteil verändert hat, seit Sie ihn erlebt haben,[11] denn die großen Prüfungen, die er durchgemacht hat,[12] werden ihn wohl sehr gefördert haben. Der Herr hat die Dinge so gewendet, dass ich mit der Hilfe des Herrn am kommenden Montag nach Sevilla aufbreche.[13] Über das Wie schreibe ich Pater Diego[14] noch mehr Einzelheiten.

4. Tatsache ist, dass dieses Haus hier in Andalusien liegt,[15] und da Pater Magister Gracián der dortige Provinzial ist,[16]

[8] *Suavidad*, einer der Kernbegriffe teresianischer Pädagogik, so dass es nicht überrascht, dass sie gerade diese Eigenschaft bei Gracián schätzt.

[9] Ambrosio Mariano de San Benito, der Gracián nach Andalusien begleitet hatte; siehe zu ihm Ct 106 tít.

[10] Der Hausgeistliche von San José (Ávila), der Teresa nach Beas begleitet hatte.

[11] Isabel de Santo Domingo hatte Gracián nicht mehr gesehen, seit er im Sommer 1573 das Noviziat in Pastrana verließ, um nach Andalusien zu gehen.

[12] Eine Anspielung auf den Widerstand der Beschuhten Karmeliten gegen ihn als Visitator.

[13] Tatsächlich reiste sie erst am Mittwoch, den 18. Mai 1575 ab.

[14] Vermutlich handelt es sich um den Dominikaner Diego de Yanguas, der Teresa 1574 dazu anhielt, das Manuskript ihrer *Gedanken zum Hohenlied* ins Feuer zu werfen.

[15] Als Teresa in Beas gründete, war sie davon ausgegangen, dass es zu Kastilien gehörte, was zivilrechtlich auch stimmte; kirchenrechtlich gehörte es jedoch damals zur andalusischen Diözese Cartagena, wobei die unmittelbare Jurisdiktion vom Ritterorden von Santiago ausgeübt wurde. Die rechtliche Lage war so verwirrend, dass selbst Gracián sich zuerst informieren musste: *„Ich fragte, ob jenes [Beas] zur Provinz Andalusien oder Kastilien gehörte. Er sagte, Andalusien. Ich ließ die Studierten des Ortes zusammenholen und begab mich zu den Franziskanern [in Beas], um in diesem Punkt nachzuforschen. Man bekam heraus, dass es im Hinblick auf die weltlichen Prozesse in den Kanzleien auf dem Gebiet von Kastilien lag, doch im Hinblick auf kirchliche*

fand ich mich, ohne es zu wissen, als seine Untergebene vor, und als solcher konnte er mir Befehle erteilen. Dazu kam, dass wir zwar nach Caravaca unterwegs waren, da der Ordensrat die Genehmigung erteilt hatte, diese aber, als sie dann eintraf, so ausfiel, dass sie wertlos war;[17] und so wurde entschieden, zuerst das Kloster in Sevilla zu gründen. Ich wäre sehr froh, Sie mitzunehmen, sehe aber ein, dass es hieße, das Haus dort[18] preiszugeben, wenn Sie es jetzt verließen, abgesehen von weiteren Nachteilen.

5. Ich gehe davon aus, dass der Pater Magister[19] Sie besuchen wird, bevor er hierher zurückkehrt, denn der Nuntius[20] hat ihn zu sich bestellt, und wenn dieser Brief ankommt, wird er in Madrid sein. Ich bin bei viel besserer Gesundheit als sonst und bin das hier bislang auch gewesen. Wie viel angenehmer wäre doch der Sommer für mich bei Euer Ehrwürden als in der Gluthitze von Sevilla![21] Empfehlen Sie uns dem Herrn, und sagen Sie das auch allen Schwestern, und grüßen Sie sie von mir.

Angelegenheiten in der Provinz Andalusien." (J. Gracián, *Escolias a la vida de Santa Teresa*, 391.) Diese komplizierte Rechtslage sollte Teresa in große Schwierigkeiten bringen und zu Unstimmigkeiten mit dem Ordensgeneral führen, der nur Gründungen in Kastilien erlaubt hatte; vgl. Ct 83,2.

16 In Wirklichkeit war er Apostolischer Kommissar der Beschuhten Karmeliten und Provinzvikar der Unbeschuhten.

17 Wie Beas fiel auch Caravaca unter die Jurisdiktion des Ritterordens von Santiago, so dass zur Gründung eines Klosters die Genehmigung des am königlichen Hof angesiedelten „*Consejo de las Órdenes – Ordensrates*," der höchste Instanz für die verschiedenen für den Kampf gegen die Mauren gegründeten Ritterorden, erforderlich war. Im *Buch der Gründungen* erläutert Teresa, weshalb die darin genannte Auflage unannehmbar für sie waren: „*Als die Erlaubnis eintraf und ich schon im Begriff war, dorthin zu reisen, erfuhr ich, dass es darin hieß, dass das Haus den Ordensrittern unterstellt würde, und die Schwestern ihnen Gehorsam zu leisten hätten. Das konnte ich nicht machen, denn es ist ja der Orden Unserer Lieben Frau vom Karmel*" (F 27,6); vgl. auch F 24,3.

18 Segovia, wo Isabel als Priorin gebraucht wird.

19 Gracián, der im Begriff war, von Beas nach Madrid und Altkastilien aufzubrechen; er sollte erst Anfang November 1575 nach Andalusien zurückkehren.

20 Nicolás Ormaneto.

21 Vgl. Ct 80,3.

6. Von Sevilla aus wird es mehr Kuriere geben,[22] und dann werden wir uns öfter schreiben; daher jetzt nicht mehr, als dass ich den Pater Rektor[23] und den Lizentiaten[24] herzlich grüßen lasse; sagen Sie ihnen, was sich tut, und dass sie mich Gott anempfehlen mögen. Meine Grüße an alle Schwestern. Er mache Sie heilig.

Heute ist Christi Himmelfahrt.

7. San Jerónimo[25] lässt Sie grüßen. Sie geht zusammen mit fünf anderen mit recht guten Begabungen nach Sevilla; und die als Priorin dorthin geht, ist dafür genau die Richtige.[26]

Eurer Ehrwürden Dienerin Teresa von Jesus

8. Ich weiß nicht, wozu Sie eine solche Eile haben, dass Juana Bautista[27] ihre Profess ablegt. Halten Sie sie noch ein bisschen hin, denn sie ist noch recht jung. Wenn Sie aber anderer Meinung und mit ihr zufrieden sind, dann tun Sie es nur; aber meines Erachtens wäre es nicht schlecht, sie noch besser zu prüfen, denn sie kam mir krank vor.

---

22 Vgl. Ct 80,4.

23 Der Rektor der Jesuiten von Segovia, Luis de Santander.

24 Cristóbal de Herrera, der Teresa bei der Gründung in Segovia unterstützt hatte.

25 Isabel de San Jerónimo (Ureña), die in Pastrana und Segovia eine Untergebene von Isabel de Santo Domingo gewesen war.

26 Als Priorin für Sevilla war María de San José (Salazar) vorgesehen; siehe zu ihr Ct 109 tít. Die vier übrigen waren María del Espíritu Santo (de Pavia) als Subpriorin; Ana de San Alberto (Salcedo), die 1576 in Teresas Auftrag in Caravaca gründete; Leonor de San Gabriel (Mena Ruiz) und Isabel de San Francisco (de Vega). Von dieser Gründungsgruppe sagt Teresa im *Buch der Gründungen*: *„Die sechs, die mit mir reisten, waren solche Seelen, dass ich, glaube ich, gewagt hätte, mit ihnen ins Türkenland zu ziehen"* (F 24,6).

27 Nicht die in Ct 8,12 erwähnte Juana Bautista (Baena), die bereits 1569 in Malagón Profess machte, sondern eine Novizin gleichen Namens, die möglicherweise den Orden aus gesundheitlichen Gründen wieder verlassen musste, da von ihr keine Professurkunde auffindbar ist; T. Álvarez zufolge soll sie am 24. Juni 1575 in Segovia Profess gemacht haben.

82.

An Fray Luis de Granada[1] in Lissabon

Beas, im Mai 1575(?)

1. Jesus. – Die Gnade des Heiligen Geistes sei immer mit Eurer Paternität. Amen. Von den vielen Personen, die Eure Paternität im Herrn lieben, weil Sie eine so heilige und nützliche Lehre aufgeschrieben haben, und die Seiner Majestät dafür danken, dass er sie Eurer Paternität zum großen, universalen Wohl der Seelen geschenkt hat, bin ich eine.[2] Und so wie ich mich kenne, hätte keine Schwierigkeit mich davon abhalten können, jemanden zu besuchen, dessen Worte zu hören mir so großen Trost verschafft, wenn sich das mit meinem Lebensstand und damit, dass ich eine Frau bin, vertrüge.[3] Abgesehen davon habe ich nämlich Grund gehabt, mich auf die

---

[1] Der 1997 selig gesprochene Dominikanermystiker Luis de Granada (*1504 in Granada, †1588 in Lissabon) gehört zu den größten geistlichen Schriftstellern Spaniens des 16. Jh. Aus armen Verhältnissen stammend, trat er mit 24 Jahren bei den Dominikanern ein, genoss eine hervorragende theologische Ausbildung und machte sich einen Namen als Prediger. Unter dem Einfluss des Erasmus war er von der universalen Berufung zur Heiligkeit überzeugt und schrieb auf spanisch, um das kontemplative Gebet möglichst vielen zugänglich zu machen – ein Stein des Anstoßes für viele Theologen damals, u. a. für seinen Mitbruder Melchor Cano. Seine beiden wichtigsten Schriften, *Libro de la oración y meditación* (*Buch über das innere Beten und die Meditation*, 1554) und *Guía de pecadores* (*Leitfaden für Sünder*, 1556), landeten 1559 auf dem Index des Valdés, wurden dann allerdings vom Konzil von Trient in einer überarbeiteten Fassung approbiert. Möglicherweise um sich vor der spanischen Inquisition zu schützen, lebte er ab 1551 in Portugal (Évora und Lissabon), wo er Beichtvater des portugiesischen Königs und Provinzial der Dominikaner war. Sein letztes Lebensjahr wurde durch die Entlarvung der falschen Stigmatisierten von Lissabon, María de la Visitación, überschattet, der er – anders als Johannes vom Kreuz – zu Unrecht Glauben geschenkt hatte.

[2] Teresa empfiehlt „*die Bücher des P. Luis de Granada*" ausdrücklich in ihren *Konstitutionen* (Cs 8); vgl. auch F 28,42. Es ist nicht bekannt, welche seiner Werke sie persönlich gelesen hat.

[3] Interessanterweise hebt Teresa hier nicht nur ihre Lebensform, sondern auch ihr Frausein als Begründung für die fehlende Bewegungsfreiheit hervor; in der Tat galten und gelten bis heute für Ordensfrauen strengere Klausurvorschriften als für Ordensmänner.

Suche nach solchen Personen zu machen, um mich gegen die Befürchtungen abzusichern, in denen meine Seele einige Jahre lang gelebt hat. Und da ich das nicht verdient habe, gereichte es mir zum Trost, dass mir der Gnädige Herr Don Teutonio[4] auftrug, diesen Brief zu schreiben, wozu ich von mir aus nicht die Kühnheit gehabt hätte. Im Vertrauen auf den Gehorsam hoffe ich aber auf unseren Herrn, dass es mir nützen möge, damit Eure Paternität ab und zu daran denken, mich unserem Herrn zu empfehlen, denn das brauche ich sehr, da ich, den Augen der Welt ausgesetzt, mit dem Wenigen, das ich habe, umherziehe, und nichts habe, um das, was sie sich über mich einbilden, wenigstens in etwa wahrzumachen.[5]

2. Sollten Eure Paternität dies einsehen, wäre das schon genug, um mir diese Gunst und Gabe zu erweisen, denn Sie erkennen ja so gut, wie viel daran liegt, und welch große Mühsal es für jemanden ist, der ein recht armseliges Leben geführt hat. Obwohl ich das so sehr bin, habe ich es oft gewagt, unseren Herrn zu bitten, dass das Leben Eurer Paternität sehr lange dauere. Möge es Seiner Majestät gefallen, mir diesen Gefallen zu erweisen und Eure Paternität in der Heiligkeit und Liebe zu ihm wachsen zu lassen. Amen.

Eurer Paternität unwürdige Dienerin und Untergebene

Teresa von Jesus

3. Der Gnädige Herr Don Teutonio gehört, glaube ich, zu denen, die sich in mir täuschen.[6] Er sagt mir, dass er Eure Paternität sehr gern hat. Als Entgelt dafür ist Eure Paternität ver-

---

4 Teresas großer Unterstützer Teutonio de Braganza, selbst Portugiese, der mit Luis de Granada befreundet war.

5 Dies ist nicht nur falsche Bescheidenheit; Teresa mit ihrer sprichwörtlichen Wahrhaftigkeit litt darunter, dass sie viele anhimmelten und für eine Heilige hielten, während sie sich selbst oft sehr armselig fühlte; vgl.: „*Ich glaube nicht, dass* [Pedro Fernández] *sich bei mir täuscht wie alle, da Gott ihm zu verstehen geben möchte, wie armselig ich bin*" (Ct 34,5).

6 Die sie mehr schätzen als ihr lieb ist.

pflichtet, Seine Hochwohlgeboren zu besuchen;[7] nicht ganz ohne Grund, wie Sie glauben dürfen.

83.

An Pater Juan Bautista Rubeo[1] in Piacenza

Sevilla, 18. Juni 1575[2]

1. Jesus. – Die Gnade des Heiligen Geistes sei immer mit Euer Hochwohlgeboren. Letzte Woche habe ich Euer Hochwohlgeboren ausführlich geschrieben, auf zwei verschiedenen Wegen, aber alle mit gleichem Inhalt, da ich mir wünsche, dass der Brief in Ihre Hände gelangen möge. Gestern, am 17. Juni, hat man mir zwei Briefe von Euer Hochwohlgeboren gegeben, die ich sehr ersehnt hatte: der eine war vom Oktober

---

[7] Wir folgen hier dem Text der EDE-Ausgabe (*visitar*); T. Álvarez hat: *„Seine Hochwohlgeboren zu benachrichtigen“* (*avisar*).

---

[1] Der Italienier Giovanni Battista Rossi (1507–1578), dessen Name Teresa immer hispanisiert, entstammte einer Adelsfamilie aus Ravenna. Im Jahr 1534 trat er siebzehnjährig in das Karmelitenkloster seiner Heimatstadt ein. Nach dem Tod des Generals Nikolaus Audet (1562) war er zunächst vom Papst zum Generalvikar des Ordens ernannt und dann auf dem Generalkapitel 1564 zum neuen Ordensgeneral gewählt worden, welches Amt er bis 1578 ausübte. Teresa lernte ihn 1567 kennen, als er sie im Zuge seiner Visitationsreise durch Spanien mehrfach in San José (Ávila) besuchte; siehe ihren Bericht in F 2,2f. Der reformgesinnte Rossi war von dem, was er dort sah, so beeindruckt, dass er Teresa *„weitreichende Vollmachten gab, um noch mehr [Schwestern]klöster zu gründen“* (F 2,3); auf ihre wiederholte Bitte hin ergänzte er das einige Zeit später um die Genehmigung zur Gründung von zwei Brüderkonventen (F 2,5) – nicht mehr, *„um die Provinz nicht in Unruhe zu versetzen“* (F 2,4). Im Zuge der Richtungsstreitigkeiten im Orden wurde sein Verhältnis zu Teresa ab 1575 aufgrund von Fehlinformationen und Verleumdungen gespannt; siehe dazu F 28,2. Der konkrete Hintergrund dieses Briefes ist die vom Generalkapitel von Piacenza (Mai–Juni 1575) verfügte Aufhebung der drei andalusischen Klöster der Unbeschuhten Karmeliten, Los Remedios (Sevilla), Los Mártires (Granada) und La Peñuela (Jaén), deren Gründung zwar mit Genehmigung der Apostolischen Visitatoren Pedro Fernández und Francisco Vargas, aber gegen den Willen Rossis und ohne vorherige Absprache mit ihm stattgefunden hatte. Teresa selbst befindet sich auf Weisung Graciáns in Sevilla.

[2] Das Original dieses Briefes ist vermutlich verlorengegangen; autographische Kopie: Unbeschuhte Karmelitinnen, Livorno-Antignano (Italien).

und der andere vom Januar.[3] Auch wenn sie vom Datum her nicht so neu waren, wie ich es mir gewünscht hätte, habe ich mich sehr, sehr darüber gefreut, zumal ich dabei erfuhr, dass Euer Hochwohlgeboren bei guter Gesundheit sind. Unser Herr schenke sie Ihnen, wie wir, Ihre Töchter, es Ihnen alle erbitten, denn das geschieht die ganze Zeit in diesen Häusern von Euer Hochwohlgeboren. Jeden Tag wird im Chor eigens dafür gebetet, und auch ohne das nehmen es sich alle zu Herzen. Da sie nämlich wissen, wie sehr ich Euer Hochwohlgeboren liebe, und keinen anderen als Vater anerkennen,[4] haben sie eine große Liebe zu Euer Hochwohlgeboren; und das ist nicht zu viel, denn wir haben auf Erden kein anderes Gut; da nämlich alle so glücklich sind, können sie Euer Hochwohlgeboren nie genug für ihr Entstehen danken.[5]

2. Ich schrieb Euer Hochwohlgeboren über die Gründung in Beas, und wie in Caravaca eine weitere erbeten wird, und dass sie die Genehmigung mit einer so nachteiligen Auflage erteilt hatten, dass ich letztere nicht wollte.[6] Nun haben sie wieder so eine gegeben, wie es die von Beas ist, womit sie Euer Hochwohlgeboren unterstellt sein sollen; und so wird es, so der Herr will, mit allen sein. Ferner schrieb ich Euer Hochwohlgeboren über die Gründe, weshalb ich hierher nach Sevilla zum Gründen gekommen bin. Möge es unserem Herrn gefallen, dass Gott mir die Gnade erweise, das Ziel – nämlich die Angelegenheiten dieser Unbeschuhten Brüder zu glätten, da-

---

3 Waren die Postverbindungen innerhalb Spaniens schon unzuverlässig und manchmal sehr langsam, so galt dies erst recht für internationale Verbindungen. Von den hier erwähnten Briefen Teresas und Rossis ist keiner erhalten.

4 Vgl. mit ihren Ausführungen zum Standesbewusstsein im *Weg der Vollkommenheit*: *„In diesem Haus soll es, gebe Gott, niemals eine Anspielung auf so etwas geben. (...) Der gute Jesus gibt euch einen guten Vater; einen anderen Vater sollte man hier nicht kennen“* (CE 45,2).

5 Eine Anspielung auf die vom General erfahrene Unterstützung, dank derer die Verbreitung der Neugründung Teresas erst möglich wurde; siehe F 2.

6 Das Haus sollte dem Ritterorden von Santiago unterstellt werden, während Teresa erfolgreich darauf bestand, dass es dem Orden unterstellt wurde; siehe Anm. zu Ct 81,4.

mit sie Euer Hochwohlgeboren keinen Ärger bereiten – noch zu erleben. Euer Hochwohlgeboren sollen wissen, dass ich mich eingehend erkundigt habe, als ich nach Beas kam, damit es ja nicht Andalusien wäre, denn ich hatte keineswegs vor, dorthin zu gehen, da ich mit den Leuten dort nicht gut auskam. Nun ist es so, dass Beas zwar nicht Andalusien ist, aber zur Provinz Andalusien gehört.[7] Das erfuhr ich aber erst mehr als einen Monat nach der Gründung des Klosters. Da ich schon mit Schwestern dort war, meinte auch ich, dass dieses Kloster nicht aufgegeben werden sollte, und das war zum Teil auch der Grund, weshalb ich hierher kam. Mein Hauptanliegen ist es aber, wie ich Euer Hochwohlgeboren schrieb, die verwickelte Lage dieser Patres aufzuklären; denn auch wenn sie ihre Sache rechtfertigen (und tatsächlich weiß ich von ihnen nur, dass sie echte Söhne von Euer Hochwohlgeboren sind und sich nur wünschen, Sie nicht zu verärgern), so kann ich doch nicht umhin, ihnen Schuld zuzuweisen. Es sieht so aus, als kämen sie allmählich dahinter, dass es besser gewesen wäre, es anders zu machen, um Euer Hochwohlgeboren nicht zu verärgern. Wir haben uns sehr gestritten, besonders Mariano[8] und ich, denn der ist von großem Ungestüm. Gracián[9] ist wie ein Engel, und wäre er allein gewesen, so wäre es anders gelaufen; er ist hierher gekommen, weil Fray Baltasar,[10] der damals in Pastrana Prior war, es ihm befahl. Ich sage Euer

[7] Eine etwas kryptische Weise, um zu sagen, dass Beas zwar zivilrechtlich zu Kastilien gehörte, kirchenrechtlich aber zur Diözese Cartagena, die der andalusischen Kirchenprovinz zugeordnet war, was Teresa nicht wusste, als sie dort gründete; siehe auch Ct 81,4. Rossi hatte ihr 1567 nur Gründungen in Kastilien erlaubt. Vgl. ferner F 24,4.

[8] Ambrosio Mariano de San Benito, der von Pastrana nach Sevilla gekommen war; siehe zu ihm Ct 106 tít.

[9] Jerónimo de la Madre de Dios Gracián, der ebenfalls aus Pastrana kam; siehe zu ihm Ct 89 tít.

[10] Baltasar de Jesús (Nieto), ein andalusischer Karmelit, der 1563 in Sevilla in den Orden eingetreten war und 1566 zusammen mit seinen beiden Brüdern Gaspar und Melchor gegen den Ordensgeneral rebellierte. Von diesem bestraft und aus Andalusien verbannt, mimte er den Reumütigen und wurde 1569 bei den Unbeschuhten Karmeliten aufgenommen. Er war ein Intrigant, der in der Reform zwar bald Karriere machte, aber immer wieder auch für Schwierigkeiten sorgte.

Hochwohlgeboren: Würden sie ihn kennen, wären sie froh, ihn als Sohn zu haben, denn das ist er meines Erachtens wirklich, und Mariano genau so.

3. Dieser Mariano ist ein tugendhafter und bußfertiger Mann; er macht sich bei allen Leuten wegen seines Einfallsreichtums einen Namen, und Euer Hochwohlgeboren dürfen wirklich glauben, dass ihn nur Eifer für Gott und das Wohl des Ordens bewegte, nur war dieser, wie ich Ihnen sage, übertrieben und unklug. Ehrgeiz liegt ihm nicht, soweit ich das erkennen kann, nur wirbelt der Böse, wie Euer Hochwohlgeboren sagen, diese Geschäfte durcheinander, während er viel sagt, was nicht verständlich ist. Ich habe mitunter sehr darunter gelitten, doch da ich sehe, dass er tugendhaft ist, gehe ich darüber hinweg. Wenn Euer Hochwohlgeboren die Abbitten hörten, die er vorbringt, kämen Sie nicht umhin, sich zufrieden zu geben. Erst heute sagte er zu mir, dass er nicht ruhen werde, bis er sich Euer Hochwohlgeboren zu Füßen werfen kann. Ich habe Euer Hochwohlgeboren bereits geschrieben, wie mich beide baten, Euer Hochwohlgeboren zu schreiben und ihre Entschuldigungen vorzubringen, da sie sich nicht trauen;[11] daher werde ich hier nur das schreiben, wozu ich meines Erachtens verpflichtet bin, da ich es bereits geschrieben habe.

4. Erstens mögen Euer Hochwohlgeboren aus Liebe zu unserem Herrn verstehen, dass ich alle Unbeschuhten zusammen für nichts halte im Vergleich zu etwas, was auch nur das Gewand von Euer Hochwohlgeboren berührt; das ist wirklich wahr, und es bedeutet, dass es mir zu Herzen geht,[12] wenn man Euer Hochwohlgeboren irgendeinen Verdruss bereitet. Sie haben diese Briefe nicht gesehen und werden sie auch nicht

---

[11] Da sie immer noch keine Antwort hat, schreibt Teresa ihm dies ein gutes halbes Jahr später noch einmal; vgl. Ct 102,2.

[12] Teresa schreibt *„es darme en los ojos“*, einen Ausdruck, den sie in Ct 105,8 im Zusammenhang mit der Anmaßung der Söhne ihres Bruders Lorenzo, sich als „Don“ ansprechen zu lassen, noch einmal verwendet: *„schmerzlich getroffen sein, schockiert sein“*.

zu Gesicht bekommen,[13] auch wenn ich zu Mariano gesagt habe, dass ich um das Erbarmen weiß, das Euer Hochwohlgeboren haben werden, sofern sie gehorsam sind. Gracián ist nicht hier, denn wie ich Euer Hochwohlgeboren schrieb, hat ihn der Nuntius zu sich bestellt;[14] und Euer Hochwohlgeboren dürfen glauben, dass ich sie weder hätte sehen noch anhören wollen, wenn ich sie als ungehorsam erlebte; doch kann ich nicht so sehr Tochter von Euer Hochwohlgeboren sein, wie sich die beiden (als Ihre Söhne) erweisen.

5. Ich werde jetzt meine Meinung sagen, und falls es Unsinn sein sollte, mögen mir Euer Hochwohlgeboren verzeihen. Was die Exkommunikation anbelangt,[15] so ist das, was Gracián jetzt vom Hof aus an Mariano geschrieben hat, folgendes, dass nämlich der Pater Provinzial Fray Ángel[16] ihm gesagt habe, ihn nicht in sein Haus aufnehmen zu können, da er exkommuniziert sei, und daher sei er zu seinem Vater[17] nach Hause gegangen. Als aber der Nuntius das erfahren habe, hätte er Pater Ángel zu sich bestellt und ihn sehr gerügt; er sagt, der Nuntius sei beleidigt, da behauptet würde, sie seien exkommuniziert, obwohl sie auf seine Anordnung hin hier[18] sind, und dass wer immer das sagt, bestraft werden solle. Gleich danach habe er sich ins Kloster begeben, und dort ist er jetzt und predigt am Hof.[19]

---

[13] Vermutlich meint sie damit nicht ihre eigenen Briefe, sondern die beiden eben erhaltenen vom General; siehe Ct 83,1.

[14] Der Nuntius Nicolás Ormaneto hatte ihn zwei Monate zuvor zu sich nach Madrid bestellt, so dass Teresa sich unterwegs in Beas mit ihm treffen konnte.

[15] Anspielung auf Gerüchte, dass Gracián exkommuniziert sei (vgl. Ct 83,6), oder aber auf Redereien über die gegen die Unbeschuhten gerichteten Beschlüsse des Generalkapitels von Piacenza.

[16] Der Provinzial von Kastilien, Ángel de Salazar, der in dieser Funktion am Generalkapitel teilgenommen hatte.

[17] Diego Gracián de Alderete, der Privatsekretär des Königs war.

[18] In Andalusien.

[19] Man beachte die Andeutung, dass Gracián die Gunst Philipps II. besitze, was sie im folgenden Absatz dann noch deutlicher zu verstehen gibt; vgl. auch Ct 83,9.

6. Mein Pater und Gnädiger Herr, die Lage sieht zur Zeit nicht nach so etwas[20] aus, denn dieser Gracián hat einen Bruder,[21] der als Sekretär in der Umgebung des Königs ist, der ihn sehr schätzt; und der König hat, wie ich erfahren habe, nichts dagegen, dass die Reform eine gute Wende nimmt.[22] Die Beschuhten sagen, dass sie nicht wüssten, wie Euer Hochwohlgeboren so tugendhafte Menschen so behandelt, und dass sie gern mit den Kontemplativen[23] umgingen und deren Tugend sähen, dass aber Euer Hochwohlgeboren ihnen mit dieser Exkommunikation das weggenommen hätten. Bei Euer Hochwohlgeboren reden sie so, doch hier reden sie anders. Sie laufen zum Erzbischof[24] und sagen, dass sie es nicht wagen, sie zu bestrafen, weil sie dann gleich zu Euer Hochwohlgeboren laufen. Es sind seltsame Leute. Ich, Gnädiger Herr, schaue mir das eine an und sehe auch das andere, und unser Herr weiß, dass ich die Wahrheit spreche; ich glaube nämlich, dass die Unbeschuhten am gehorsamsten sind und es auch bleiben werden. Euer Hochwohlgeboren sehen dort nicht, was hier vor sich geht;[25] ich sehe es aber und ertrage alles, da ich sehr wohl weiß, wie heiligmäßig und welcher Freund der Tugend Euer Hochwohlgeboren sind. Da die Lage des Ordens hier wegen unserer Sünden nun einmal so ist (denn jetzt, wo ich sehe, was hier los ist, kommen mir die Brüder von Kastilien

---

20 Exkommunikationen.

21 Graciáns ältester Bruder Antonio Gracián Alderete, der ihm und Teresa als Privatsekretär des Königs in schwierigen Situationen unschätzbare Dienste leistete: *„Als Erleichterung in diesen Prüfungen hatte ich ferner meinen Bruder Antonio Gracián, den Sekretär des Königs, durch dessen Hand alles ging, was wir für unseren Orden brauchten“* (*Peregrinación de Anastasio*, 10. Dialog, 164f.). Teresa bedauerte es zutiefst, als er bereits am 6. April 1576 34- oder 35-jährig starb.

22 Siehe ihren Brief an den König vom 19. Juli 1575 (Ct 86).

23 So hatte Rossi selbst die Unbeschuhten Karmeliten in seiner Gründungsgenehmigung vom 10. August 1567 bezeichnet.

24 Der Erzbischof von Sevilla, Cristóbal de Rojas y Sandoval, war zu diesem Zeitpunkt noch ein Gegner Teresas; siehe dazu F 24,16ff und den letzten Absatz dieses Briefes.

25 Hier macht sich Teresa die allgemeine Klage zu eigen, dass die kirchlichen Behörden in Rom nicht immer richtig informiert waren. Siehe auch Ct 102,8.

sehr gut vor)[26] – sogar seitdem ich hier bin[27] ist etwas sehr Schwerwiegendes vorgefallen, denn die Polizei hat mitten am Tag zwei Ordensbrüder in einem verrufenen Haus angetroffen und sie öffentlich abgeführt, was eine große Schandtat war. Dabei wundere ich mich nicht über Schwächen, doch wünschte ich mir, dass man auf den guten Ruf achtete.[28] Das war, nachdem ich Euer Hochwohlgeboren geschrieben hatte. Aber trotz allem sagt man, dass es gut sei, dass sie gefasst wurden.

7. Einige sind zu mir auf Besuch gekommen. Sie machen mir einen guten Eindruck, vor allem der Prior[29] ist ein recht guter Mann. Er kam, damit ich ihm die Genehmigungen zeigte, mit denen ich gegründet hatte; er wollte eine Abschrift mitnehmen. Ich sagte ihm, dass sie keinen Prozess anstrengen sollten, da er ja sähe, dass ich gründen durfte. In der letzten, die mir Euer Hochwohlgeboren auf Latein schickten, nachdem die Visitatoren[30] gekommen waren, geben Sie mir ja die Erlaubnis und sagen, dass ich überall gründen darf.[31] So verstehen es auch die Studierten, denn Euer Hochwohlgeboren geben kein bestimmtes Haus oder Königreich an und setzen

[26] Anakoluth (Satzbruch), wie öfter bei Teresa, die spontan schreibt, wie sie spricht. – In Andalusien gab es seit Jahren Probleme mit kriminellen Elementen unter den Karmeliten, so dass die Reformbemühungen der Generäle Audet und Rossi dort nicht griffen; siehe dazu TyV 293-306.

[27] Teresa war am 26. Mai 1575 in Sevilla angekommen; sie schreibt am 18. Juni.

[28] Teresa regt sich also nicht über das skandalöse Verhalten auf, wiewohl sie mit diesem Vorkommnis beim Ordensgeneral für ihr Erneuerungswerk hätte punkten können, doch liegt ihr der gute Ruf, die *honra*, sehr am Herzen.

[29] Der Prior der Beschuhten von Sevilla, Vicente de la Trinidad.

[30] Die Dominikaner Pedro Fernández (für Kastilien) und Francisco de Vargas (für Andalusien) waren am 20. August 1569 ernannt worden.

[31] Siehe sein Schreiben vom 6. April 1571 (MHCT 1,110-112). Es heißt da: „... *commisimus ... et tradidimus eidem in Christo dilectae filiae Teresiae de Jesus pro construendis tot religionis domibus seu monasteriis sanctimonialium (quae vivere deberent ad normam primae Regulae) quot construere posset omnibus in locis ... haben wir die in Christus geliebte Tochter Teresia von Jesus beauftragt und ihr übertragen, an allen Orten so viele Ordenshäuser bzw. Klöster von Nonnen (die nach der Vorschrift der ursprünglichen Regel leben sollen) zu errichten, wie sie könnte ...*“.

keine Grenze, sondern sagen: überall. Und sie kommt sogar mit einem formellen Befehl, was mich dazu gebracht hat, mich mehr anzustrengen als ich es vermag, wo ich doch schon alt und erschöpft bin; doch sogar die ganze Erschöpfung, die ich im Menschwerdungskloster durchlebte,[32] macht mir nichts aus. Ich bin nie gesund, noch habe ich den Wunsch gehabt, es zu sein; eine große Sehnsucht, dieser Verbannung schon entkommen zu sein, habe ich allerdings schon,[33] auch wenn Gott mir von Tag zu Tag noch größere Gnaden erweist. Er sei für alles gepriesen.

8. Das mit diesen Brüdern, die sie aufgenommen haben,[34] habe ich Mariano schon gesagt. Er sagt, dass dieser Piñuela[35] sich den Habit durch Täuschung erschlich, denn er ging nach Pastrana und sagte, dass er ihn von Vargas, dem Visitator von hier, erhalten hatte, während man dahinter kam, dass er ihn sich selbst genommen hatte. Seit einiger Zeit sind sie daran, ihn aus dem Orden zu werfen, und das werden sie auch tun.[36] Der andere ist nicht mehr bei ihnen. Die Klöster[37] wur-

---

32 Anspielung auf ihr Priorat im Menschwerdungskloster zu Ávila, das sie 1571–74 unter besonders schweren Umständen auf Anordnung des Visitators Pedro Fernández auf sich nehmen musste; vgl. die Briefe aus dieser Zeit (Ct 38,4; Ct 41,3; 48,2; 57,1).

33 Siehe Anm. zu Ct 76,1.

34 Beschuhte Karmeliten, die auf unrechtmäßige Weise bei den Unbeschuhten Aufnahme fanden, darunter einige, die von Rossi bestraft worden waren, wie Baltasar Nieto oder der im folgenden genannte Gabriel de la Peñuela.

35 Gabriel de la Peñuela († 1593), ein Beschuhter Karmelit der andalusischen Provinz, der wegen seiner Machenschaften bereits 1566 von Rossi als Prior von Granada abgesetzt und bestraft worden war. Jetzt hatte er sich gegen dessen Anordnungen bei den Unbeschuhten eingeschlichen, wo er den Namen Gabriel de la Concepción annahm und mit Unterstützung von Baltasar Nieto den Konvent La Peñuela (Jaén) errichtete.

36 Teresa ist zu optimistisch; weit davon entfernt, aus dem Orden entlassen zu werden, gelang es Gabriel de la Peñuela, Prior in dem von ihm gegründeten Konvent La Peñuela zu werden. Später lebte er in Los Mártires (Granada) eine Zeitlang mit Johannes vom Kreuz zusammen. Gegen Ende seines Lebens soll er eine innere Wandlung vollzogen und sein früheres Verhalten bereut haben; er starb 1593 in Los Mártires.

37 Die drei im Aufhebungsdekret des Generalkapitels von Piacenza genannten andalusischen Klöster der Unbeschuhten Karmeliten La Peñuela (Jaén), Los

den auf Anordnung des Visitators Vargas gegründet, kraft der apostolischen Vollmacht, die er besitzt, da man es hier für die wichtigste Reformbemühung hält, dass es zu Häusern von Unbeschuhten kommt. Daher gab der Nuntius als Reformator die Genehmigung, als er Fray Antonio de Jesús[38] befahl, eine Visitation zu halten, damit Klöster gegründet würden; doch dieser machte es besser, denn er tat es nicht, ohne Euer Hochwohlgeboren darum zu bitten. Und wenn Teresa von Jesus hier gewesen wäre, hätte man das vielleicht besser beachtet; denn dann wäre es nicht angegangen, es ohne Genehmigung von Euer Hochwohlgeboren zu tun, da ich sonst sehr wild geworden wäre. In dieser Hinsicht hat es Fray Pedro Fernández, der Visitator dort,[39] recht gemacht; und ich verdanke ihm viel, da er darauf geachtet hat, Euer Hochwohlgeboren nicht zu verstimmen. Der hiesige hat diesen Patres so viel Genehmigungen und Vollmachten gegeben und sie somit geradezu darum gebeten, so dass Euer Hochwohlgeboren erkennen werden, dass die Schuld nicht so sehr bei ihnen liegt, sobald Sie sehen, was sie alles haben. So sagen sie, dass sie Fray Gaspar[40] nie hätten aufnehmen noch seine Freundschaft hätten annehmen wollen – worum er[41] sie sehr gebeten hatte –, und auch manche anderen nicht, und dass sie ihnen das Haus, das sie dem Orden weggenommen hatten, gleich wieder überlassen hätten.[42] Und so sagen sie noch vieles zu ihrer Entlastung, aus

Remedios (Sevilla) und Los Mártires (Granada), die ohne Genehmigung des Generals gegründet worden waren.

[38] Antonio de Jesús Heredia, der 1568 zusammen mit Johannes vom Kreuz in Duruelo (Ávila) das erste Kloster der Unbeschuhten Karmeliten gegründet hatte; anders als seine Mitbrüder hatte dieser zur Gründung eines Klosters in Almodóvar del Campo die Genehmigung des Ordensgeneral eingeholt, die ihm am 21. Juni 1574 erteilt wurde.

[39] Von Kastilien.

[40] Der Exprovinzial der andalusischen Karmeliten Gaspar Nieto, ein ebenso großer Intrigant wie seine Brüder Baltasar und Melchor, der ebenfalls von Rossi bestraft worden war; vgl. Ct 89,1.

[41] Der Visitator Vargas.

[42] San Juan del Puerto (Huelva), wo von andalusischen Unbeschuhten Karmeliten auf unrechtmäßige Weise die Teresianische Reform eingeführt wurde; Gracián gab das Kloster den Beschuhten zurück; siehe *Peregrinación de Anastasio*, 1. Dialog, 17.

dem ich ersehe, dass sie nicht aus Bosheit gehandelt haben. Und wenn ich dann die großen Prüfungen sehe, die sie durchgemacht haben, und die Buße, die sie tun – nach meiner Erkenntnis sind es nämlich wirklich Diener Gottes –, dann tut es mir weh, wenn man erkennen kann, dass Euer Hochwohlgeboren ihnen Ihre Gunst entziehen.

9. Die Klöster sind vom Visitator[43] errichtet worden, und ihnen wurde unter striktem Gehorsam befohlen, nicht von dort wegzugehen, und der Nuntius[44] hat Gracián Vollmachten als Reformator gegeben, und dass er die Verantwortung für die Häuser der Unbeschuhten tragen soll, und Euer Hochwohlgeboren sagen doch selbst, dass sie sich an das halten sollen, was die Visitatoren anordnen;[45] und dasselbe ordnet, wie Euer Hochwohlgeboren wissen, auch der Papst in dem Breve an, mit dem er sie absetzt.[46] Wie man das jetzt ungeschehen machen soll, weiß ich nicht. Und auch abgesehen davon sagt man, dass wir eine Satzung[47] haben, die gerade gedruckt wird, dass es in jeder Provinz Häuser der Reformierten[48] Brüder geben

---

43 Vargas.

44 Ormaneto.

45 Man beachte die polysyndetische Wiederholung („und, und.., und...") als rhetorische Überredungsstrategie; J. A. Marcos spricht in diesem Zusammenhang von einem „Guerillakrieg", in dem der Adressat unablässig bearbeitet wird, damit er sich ihren Argumenten beugt (*Mística y subversiva*, 16). Teresas zusammenfassender Überblick der juristischen Lage der Unbeschuhten Karmeliten in Andalusien stimmt mit dem überein, was auch Gracián um diese Zeit schreibt (MHCT 1,216-220): 1. Sie können sich auf die Autorität des Apostolischen Visitators Vargas stützen; 2. auch auf die seines Delegaten Gracián, der am 22. September 1574 vom Apostolischen Nuntius als Visitator bevollmächtigt wurde; 3. Rossi selbst erkennt die Autorität der Visitatoren an (vermutlich eine Anspielung auf den Beschluss des Generalkapitel von Piacenza *„De statutis R. Visitatorum"*); 4. außerdem ist diese vom Papst beglaubigt worden.

46 Das Breve vom 13. August 1574, mit dem Gregor XIII. die Befugnisse der beiden dominikanischen Visitatoren widerrief; siehe auch Ct 80,2.

47 Anspielung auf die Konstitutionen von Venedig (1524), die 1573 vom Provinzial von Andalusien, Agustín Suárez, in Sevilla neu aufgelegt wurden; auch dieses Argument stimmt mit der Ansicht Graciáns überein.

48 „Reformiert", „Unbeschuht" und „Kontemplativ" werden in diesem Brief als Synonyme verwendet.

soll. Ob es der ganze Orden ist[49] – hier glaubt man das jedenfalls nicht, doch diese Brüder hält man für Heilige, mögen sie sein, wie sie wollen. Und es geht wirklich gut mit ihnen, und das bei großer Sammlung, denn sie halten inneres Beten, sind herausragende Personen, und über zwanzig mit Kursabschlüssen – oder ich weiß nicht, wie man das nennt –, die einen im Kirchenrecht und die anderen in Theologie,[50] und von guten Begabungen. Und in dem Haus hier[51] und in denen in Granada und La Peñuela zusammen gibt es, wie man sagt, mehr als siebzig; ich glaube, so habe ich gehört. Ich weiß nicht, was aus ihnen allen werden soll,[52] noch was alle Welt angesichts des guten Rufes, den sie genießen, zum jetzigen Zeitpunkt davon halten würde, aber vielleicht käme es auf uns zu, dass wir dafür bezahlen müssten, denn beim König stehen sie in hohem Ansehen, und der Erzbischof hier[53] sagt, dass nur sie Ordensmänner sind. Jetzt aber aus der Reform aussteigen (da Euer Hochwohlgeboren nicht wollen, dass es sie gibt): Glauben Sie mir, auch wenn Euer Hochwohlgeboren alles Recht der Welt auf Ihrer Seite hätten, so würde das gerade nicht so ankommen. Dass Euer Hochwohlgeboren aber davon abließen, sie in Ihrer Obhut zu haben, das wollen sie weder selbst, noch besteht ein Grund, weshalb Euer Hochwohlgeboren das tun sollten, noch wäre unserem Herrn damit gedient.

Empfehlen Euer Hochwohlgeboren es Seiner Majestät, und vergessen Sie wie ein echter Vater das Geschehene,[54] und bedenken Euer Hochwohlgeboren, dass Sie ein Diener der Jungfrau sind, und dass sie verärgert sein wird, wenn Euer Hochwohlgeboren Menschen aus ihrer Obhut entlassen, die mit ihrem Schweiß ihrem Orden zum Wachstum verhelfen wollen. So wie die Dinge jetzte stehen, braucht es viel Rücksicht...[55]

---

[49] Ob der ganze Orden bereits als reformiert gelten kann.

[50] Teresa schreibt „Theolie" (*teolía*).

[51] Los Remedios in Sevilla.

[52] Sie meint: falls diese Klöster in der Tat aufgelöst würden.

[53] Der Erzbischof von Sevilla, Cristóbal de Rojas y Sandoval.

[54] Vgl. *„Schauen Euer Hochwohlgeboren, den Söhnen ist es eigen, sich zu irren, den Vätern aber zu vergeben und nicht auf ihre Fehler zu achten"* (Ct 102,8).

[55] Hier bricht der Autograph ab.

84.

An Doña Inés Nieto[1] in Madrid

Sevilla, 19. Juni 1575[2]

1. Jesus. – Die Gnade des Heiligen Geistes sei immer mit Euer Gnaden.

Ich habe die Liebenswürdigkeit, die mir Euer Gnaden mit dem Bild Unserer Lieben Frau erwiesen haben, nicht vergessen;[3] es ist bestimmt sehr schön, da es Herrn Albornós[4] gefiel. Daher bitte ich Euer Gnaden herzlich, es dem übergeben zu lassen, durch den Pater Magister Gracián es holen lässt;[5] Seine Hochwürden wird es nämlich übernehmen, es mir mit aller Sorgfalt zu schicken.

2. Ich werde darum besorgt sein, sie[6] zu bitten, sich Euer Gnaden ganz zu eigen zu machen, und den Gnädigen Herrn Albornós auch. Da ich von so weit hierher gekommen bin, habe ich noch nicht in Erfahrung gebracht, ob man die Angelegenheit weiter verhandelt hat, über die mir Euer Gnaden nach Valladolid schrieben.[7] Ich bin, gottlob, gesund, und in dieser Gegend, in die mich der Gehorsam versetzt hat, geht es mir gut. Ich wünsche mir sehr, dass es Euer Gnaden auch so geht und Sie auf dem guten Weg immer weiter vorankommen, den Sie im Dienst des Herrn eingeschlagen haben.

3. Möge es Seiner Majestät gefallen, dass Sie gut vorankommen, und er Sie aus diesem Trubel am Hof heraushole, auch wenn das einen, der Gott wirklich liebt, weiter nicht stört.

---

1 Siehe Ct 78 tít.

2 Autograph: Dr. Engracia Zaballa, Cuesta del Carmen, Salamanca.

3 Siehe Ct 78,3.

4 Inés Nietos Ehemann, Juan de Albornoz (Teresa schreibt öfter „Albornós"), der Sekretär des Herzogs von Alba war; siehe Ct 78 tít.

5 Da Gracián gerade in Madrid weilte, aber nach Andalusien zurückkehren sollte, ergab sich dazu eine günstige Gelegenheit; Teresa hatte das Bild für das neu gegründete Kloster in Sevilla bestimmt.

6 Unsere Liebe Frau.

7 Der Klostereintritt von Isabel de Córdoba in Valladolid; siehe Ct 78,2.

Es ist heute der 19. Juni. Aus diesem Haus des glorreichen heiligen Josef in Sevilla,

Euer Gnaden unwürdige Dienerin

Teresa von Jesus, Karmelitin

85.

An Antonio Gaytán[1] in Alba

Sevilla, 10. Juli 1575

1. Jesus. – Die Gnade des Heiligen Geistes sei mit Euer Gnaden, mein lieber Gründer.[2] Bis gestern war der Mauleseltreiber noch nicht angekommen. Gebe Gott, dass ihn der Lizentiat[3] zuverlässig schickt, denn er hat es mir fest versprochen. Ich werde ihn noch einmal daran erinnern, denn ich bin in großer Sorge gewesen. Im Umschlag schicke ich der Priorin[4] eine Zweitalermünze[5] und lasse ihr sagen, dass sie den Rest begleichen möge. Wir sind jetzt schon reich; und wir haben wirklich nie Mangel gelitten, außer in dem Augenblick, als ich es mir am meisten wünschte, nämlich bei Ihrer Abreise.[6]

---

[1] Siehe zu ihm Ct 64 tít.

[2] So nennt Teresa ihn wegen seiner tatkräftigen Unterstützung bei den Klostergründungen in Segovia, Beas und Sevilla und seiner erst kürzlich erfolgten Mission in Caravaca.

[3] Vermutlich ist der Domherr und Lizentiat Antonio Cueva y Castilla gemeint, ein Freund ihres Bruders Lorenzo de Cepeda, der öfter Briefe von Sevilla nach Kastilien für Teresa beförderte. Er interessierte sich sehr für ihre Gründungen und war auch mit Mitarbeitern von ihr wie Gracián, Johannes vom Kreuz, Antonio de Jesús, Julián de Ávila und Domingo Báñez bekannt oder befreundet (DST 861).

[4] Der Priorin von Alba, Juana del Espíritu Santo (Yera).

[5] Zweitalermünze mit zwei Kopfseiten, „Dublone" genannt.

[6] Als Gaytán nach Alba zurückkehren musste, war es Teresa ein Anliegen, ihm reichlich Geld für die Reise zu geben, wie sein Reisegefährte Julián de Ávila berichtet: *„Sie schickte mich und meinen Gefährten, einen Edelmann aus Alba (= Gaytán) fort und gab uns genug Geld, um nach Hause zu kommen"* (BMC 18,219).

2. Der Erzbischof[7] kam hierher und tat alles, was ich wollte, und er gibt uns auch Getreide und Geld und viel Wohlwollen. Wegen des Hauses von Bethlehem[8] und der Kirche haben sie bei uns angefragt; ich weiß nicht, was wir machen werden. Die Sache lässt sich schon sehr gut an; machen Sie sich keine Sorgen. Sagen Sie es meinen Mitschwestern[9] und auch meiner Schwester,[10] denn solange ich ihr keine gute Nachricht von unseren Brüdern schicken kann, möchte ich ihr nicht schreiben.[11] Euer Gnaden versäumen doch nicht, uns zu schreiben, denn Sie wissen ja, wie sehr mich das freut.

3. Es geht mir gut, und allen Schwestern und der Priorin[12] genauso. Es ist ein bisschen heiß, aber das ist besser zu ertragen als die Sonne der Herberge von Albino;[13] wir haben nämlich ein Sonnendach[14] im Innenhof, eine feine Sache. Ich schrieb Ihnen schon, wie die Erlaubnis für Caravaca erteilt wurde, genau wie die für Beas;[15] da Euer Gnaden Ihr Wort gaben, mögen Sie auch irgendein Mittel geben.

---

[7] Der Erzbischof von Sevilla, Cristóbal de Rojas y Sandoval.

[8] Auf der Suche nach einem geeigneten Haus für die Gründung in Sevilla war die Wallfahrtskapelle Nuestra Señora de Belén (Unsere Liebe Frau von Bethlehem) an der Puerta de la Macarena in Sevilla in den Blick geraten, doch wurde nichts daraus.

[9] Den Karmelitinnen von Alba de Tormes.

[10] Juana de Ahumada, die mit ihrer Familie in Alba de Tormes lebte.

[11] Lorenzo de Cepeda und Pedro de Ahumada, mit deren baldiger Ankunft aus Westindien sie rechnet.

[12] Der Priorin von Sevilla, María de San José (Salazar).

[13] Eine Anspielung auf eine Episode, die sich unterwegs zwischen Écija und Sevilla zutrug und die María de San José in ihrem *Libro de Recreaciones* schildert: Während die Schwestern sich um Teresas Planwagen scharten, der in der prallen Mittagssonne mitten auf einem Misthaufen stand, prügelten sich in der Herberge die betrunkenen Fuhrleute (*9. Rekreation*, 199f.).

[14] Teresa schreibt *„einen Himmel“ (un cielo)*: ein großes Tuch, das aufgespannt und regelmäßig befeuchtet wurde, um für Abkühlung zu sorgen.

[15] Die königliche Erlaubnis vom 9. Juni 1575, die beide Gründungen der Jurisdiktion des Ritterordens von Santiago entzog, unter die sie sonst gefallen wären; siehe die einschlägigen Anm. zu Ct 81,4.

4. Ich sage Ihnen, wenn die Gründer[16] die Schwestern nicht aus Segovia holen, bleibt es dabei. Bis wir sehen, wie die Verhandlungen bei Hof ausgehen,[17] können wir nichts tun. Unser guter Freund Don Teutonio[18] macht seine Sache recht gut, und so wie es aussieht, wird es sich gut verhandeln lassen. Empfehlen Sie es Gott, und mich auch. Der Mutter Priorin,[19] Tomasina[20] und San Francisco[21] richten Sie Grüße von mir aus.

5. Schreiben Sie mir, wie Sie unser Würmchen[22] und seine Kinderfrau[23] angetroffen, und in welchem Zustand Sie Ihr Haus vorgefunden haben, ob es eingestürzt war. Richten Sie, wem immer es Ihnen recht erscheint, Grüße von mir aus, und behüt' Sie Gott; ich sehne mich schon jetzt danach, Sie wiederzusehen, auch wenn mich das ein Gutteil weiterer Mühsal kostete. Seine Majestät mache Sie so heilig, wie ich es von ihm erbitte. Amen.

Heute ist der 10. Juli.

Euer Gnaden unwürdige Dienerin

Teresa von Jesus

---

16 So nennt Teresa ihre beiden unermüdlichen Mitarbeiter Antonio Gaytán und Julián de Ávila.

17 Anspielung auf die Tatsache, dass Gracián vom Nuntius Ormaneto zu sich nach Madrid bestellt worden war; nun wartet man auf das Ergebnis dieser Unterredung.

18 Teutonio de Braganza.

19 Die Priorin von Alba, Juana del Espíritu Santo.

20 Tomasina Bautista (Perea), die 1569 in Medina del Campo ihre Profess abgelegt hatte, 1570 von Teresa nach Salamanca mitgenommen wurde und im darauf folgenden Jahr zur Gründungsgruppe von Alba gehörte.

21 María de San Francisco (Ramírez) hatte 1570 in Salamanca ihre Profess abgelegt und war ebenfalls eine der Gründungsschwestern von Alba.

22 Die fünfjährige Tochter des Adressaten, Mariana Gaytán, die 1577 mit sieben Jahren, zunächst zur Erziehung, in das Karmelitinnenkloster von Alba de Tormes aufgenommen wurde, wo sie 1585 als Mariana de Jesús ihre Profess ablegte.

23 Antonio Gaytán war Witwer.

86.

An den König Don Felipe II.[1] in Madrid

Sevilla, 19. Juli 1575[2]

1. Jesus. – Die Gnade des Heiligen Geistes sei immer mit Eurer Mäjestät. Als ich sehr schmerzlich berührt war, während ich gerade die Anliegen dieses heiligen Ordens Unserer Lieben Frau[3] dem Herrn anempfahl, und dabei die große Not bedachte, in der er schwebt, damit diese Neuanfänge, die der Herr in ihm begonnen hat, nicht wieder in sich zusammenfallen, fiel mir ein,[4] dass wohl die beste Hilfe zur Abhilfe für uns die wäre, dass Eure Majestät verstünden, worauf es ankommt, damit dieses Gebäude[5] ganz fest begründet ist, und selbst den Beschuhten zum Wachstum verholfen würde.

2. Es sind jetzt vierzig Jahre, dass ich unter ihnen lebe,[6] und wenn ich alles bedenke, erkenne ich klar, dass großer Schaden entsteht, wenn nicht, und zwar bald, eine abgetrennte Provinz für die Unbeschuhten errichtet wird, wobei ich es für unmöglich halte, dass sie weitermachen können. Da dies in den Händen von Eurer Majestät liegt und ich sehe, dass die Jungfrau, Unsere Liebe Frau, Sie zum Schutz und Schirm ihres

---

[1] Siehe Ct 52 tít.

[2] Autograph: Unbeschuhte Karmelitinnen, Yepes (Toledo).

[3] Der Karmelorden ist Maria geweiht; sein offizieller Name lautet „Orden der Brüder und Schwestern Unserer Lieben Frau vom Berge Karmel".

[4] *Se me ofreció*, wörtlich: *„bot sich mir an"*. Einige frühe Interpretatoren haben dies als Hinweis auf eine visionäre Erfahrung aufgefasst; in einigen Biographien Philipps II. taucht sogar ein gefälschter „Brief Teresas" mit einer Beschreibung dieser mutmaßlichen Vision auf. Doch steht der Ausdruck *se me ofrece* bei Teresa nie für eine göttliche Eingebung im engeren Sinn, sondern durchwegs viel allgemeiner für einen Einfall, der ihr kommt, oder eine günstige Gelegenheit, die sich ihr bietet; vgl. *„Mir scheint hier folgender Vergleich, der mir gerade einfällt, gut zu passen"* (V 10,3). Vgl. ferner V 11,11; 15,6; 31,19; 32,10; 34,16; 36,11; 39,7; 40,8; F 5,3; 6,22; 11,1; 18,6; 29,20; 1M 1,1; 3M 2,4; 5M 3,12; 6M 1,3; 6M 5,6; 7M 3,14; 7M 4,7; CC 1,29; 53,11.

[5] Die Reform.

[6] Im Karmel. Sie war am 2. November 1535 in das Menschwerdungskloster zu Ávila eingetreten.

Ordens hat nehmen wollen, habe ich gewagt, das zu tun, nämlich Eure Majestät inständig zu bitten, dass Eure Majestät aus Liebe zu unserem Herrn und seiner glorreichen Mutter anordnen mögen, dass dies geschehe.[7] Dem Bösen liegt nämlich so viel daran, dies zu stören, dass er nicht wenige Nachteile vorschieben wird, ohne dass es auch nur einen einzigen gibt, sondern in jeder Hinsicht nur Gutes.

3. Es wäre für uns sehr wichtig, wenn man in diesen Anfängen einen Unbeschuhten Pater namens Gracián beauftragte, den ich jetzt kennen gelernt habe;[8] auch wenn er noch jung ist,[9] hat mich das, was der Herr dieser Seele geschenkt hat, einen großen Lobpreis auf ihn anstimmen lassen, ebenso auch die großen Werke, die er durch seine Vermittlung vollbracht und dadurch vielen weitergeholfen hat; und so glaube ich, dass er ihn zum großen Wohl dieses Ordens auserwählt hat. Möge unser Herr die Dinge so in die Wege leiten, dass Seine Majestät ihm diesen Dienst zu erweisen geruhen und das anordnen.

4. Wegen der Gunst, die mir Eure Majestät mit der Erlaubnis zur Gründung des Klosters in Caravaca erwiesen haben, küsse

---

[7] Philipp II. trieb, parallel zu den Reformbestrebungen Roms für die Gesamtkirche und zu denen des Generals der Karmeliten für seinen Orden, aus politischen Gründen die von seinen Urgroßeltern, den Katholischen Königen, Isabella I. von Kastilien († 1504) und Ferdinand V. von Aragonien († 1516), bereits angestoßene Kirchen- und Ordensreform, die sog. *„reforma del Rey – Reform des Königs“* weiter voran. Aus diesem Grund war er ein engagierter Förderer Teresas, was diese dankbar ausnutzte; in ihrem Buch der Gründungen nennt sie ihn *„ein[en] große[n] Freund und Gönner der Orden, die darauf aus sind, ihre Profess zu halten“* (F 27,6). Allerdings unterschätzte Teresa den Ernst der Meinungsverschiedenheiten, die bereits zu diesem Zeitpunkt zwischen dem König und dem Ordensgeneral Giovanni Battista Rossi (Juan Bautista Rubeo) bestanden. Die von ihr ersehnte unabhängige Provinz der Unbeschuhten kam erst im Juli 1580 durch das Breve Gregors XIII. *Pia consideratione* zustande. Siehe Einführung S. 45-49.

[8] Jerónimo de la Madre de Dios Gracián, den Teresa im April–Mai 1575 in Beas kennengelernt hatte.

[9] Gracián war 30 Jahre alt und seit fünf Jahren Priester, hatte aber erst zwei Jahre zuvor die Ordensprofess abgelegt.

ich Eurer Majestät vielmals die Hand.[10] Ich bitte Eure Majestät inständig, mir aus Liebe zu Gott zu verzeihen, denn ich sehe schon ein, dass ich sehr verwegen bin; aber wenn ich bedenke, dass der Herr auf die Armen hört und Eure Majestät an seiner Stelle stehen,[11] glaube ich nicht, es werde Sie ermüden.

5. Möge Gott Eurer Majestät so viel Ruhe und Lebensjahre schenken, wie ich es unablässig von ihm erbitte und die Christenheit es braucht.[12]

Heute ist der 19. Juli.

Eurer Majestät unwürdige Dienerin und Untergebene

Teresa von Jesus, Karmelitin

87.

An Doña Juana de Ahumada[1] in Alba

Sevilla, 12. August 1575

1. Jesus. – Die Gnade des Heiligen Geistes sei mit Ihnen, meine Freundin, und er lasse Sie an ihren Brüdern sich erfreuen, die gottlob schon in Sanlúcar sind.[2] Heute haben sie an den

---

[10] Zu den Hintergründen der Schwierigkeiten mit der Gründungserlaubnis für Caravaca siehe Anm. zu Ct 81,4 und ferner F 27,6. Da sie ihre Gründung nicht der Jurisdiktion der Ordensritter von Santiago unterstellen wollte, hatte Teresa an den König appelliert und um Dispens von der Auflage des Ordensrates gebeten, die ihr umgehend verliehen wurde: *„Der König erwies mir eine so große Gunst, dass er, als ich ihm schrieb, anordnete, man solle sie mir gewähren“* (F 27,6). Der einschlägige Brief Teresas ist nicht erhalten, wohl aber die Antwort des Königs vom 9. Juni 1575 (BMC 6,257-262).

[11] Man beachte die Stellung, die damit dem absolutistischen Monarchen eingeräumt wird.

[12] Als Beschützer der Christenheit bzw. des christlichen Glaubens sahen sich damals alle Monarchen; vgl. Anm. 4 zu Ct 52. Doch mag Teresa insbesondere auch an Philipp als Garant für den „wahren Glauben“ gegen das Vordringen der *„unheilvollen Sekte der Lutheraner“* (CE 1,2) gedacht haben, wie sie als Spanierin, nicht zuletzt aufgrund der königlichen Propaganda, die Reformationswirren wahrnehmen musste.

Domherrn Cueva y Castillo[3] geschrieben, damit man es uns, den Herrn Juan de Ovalle[4] in Alba und mich in Ávila, wissen lasse, wo sie meinen, dass ich mich befinde. Ich glaube, dass sie sich sehr freuen werden, mich hier anzutreffen. Doch geht alles Glück dieser Welt mit Nöten einher, damit wir nicht in ihm untergehen. Sie sollen wissen, dass der gute Jerónimo de Cepeda[5] in Nombre de Dios wie ein Heiliger gestorben ist;[6] und es kommt Pedro de Ahumada, da, wie man mir sagt, seine Frau gestorben ist.[7] Es besteht kein Grund zur Trauer, denn ich weiß um ihr Leben. Sie übte seit langem inneres Beten, und so war ihr Sterben, so dass es alle ins Staunen versetzte, wie mir sagt, der es erzählt hat. Ihm[8] ist auch noch ein Kind gestorben;[9] er bringt drei mit, einschließlich Teresita.[10] Sie sind gottlob wohlauf. Ich schreibe ihnen heute und schicke ein paar Kleinigkeiten.

2. In zwei oder drei Tagen, werden sie, sagt man, hier ankommen. Ich freue mich für sie, dass sie mich so ganz in der Nähe

---

[1] Teresas jüngste Schwester; siehe Ct 20 tít.

[2] Lorenzo de Cepeda und Pedro de Ahumada, von deren glücklicher Ankunft aus Westindien sie eben erst erfahren hat; Sanlúcar de Barrameda liegt an der Mündung des Guadalquivir im Nordwesten der andalusischen (südspanischen) Provinz Cádiz. Teresa hatte spätestens seit 1569 auf ihre Rückkehr gewartet; vgl. Ct 22,1; 23,2; 45,2; 49,1

[3] Der Domherr und Lizentiat Antonio Cueva y Castilla, ein Freund Lorenzos de Cepeda, der in Sevilla lebte; siehe auch Ct 85,1.

[4] Juanas Ehemann.

[5] Dieser Bruder Teresas, der sieben Jahre jünger war als sie, war 1540 nach Westindien aufgebrochen.

[6] Er war Anfang Mai 1575 in der Schlacht bei Nombre de Dios, einer der ersten von den Spaniern in der Landenge von Panamá gegründeten Siedlungen und dem ersten Hafen für die Westindienflotte auf dem neuentdeckten Kontinent, gefallen.

[7] Pedro de Ahumada, sechs Jahre jünger als Teresa, war 1548 nach Westindien gegangen; seine Frau Ana Pérez war 1574 dort gestorben.

[8] Lorenzo de Cepeda.

[9] Lorenzos zwölfjähriger Sohn Esteban (* 1563) war 1575 in Westindien oder auf der Überfahrt gestorben; seine Frau Juana Fuentes de Espinosa bereits 1567.

[10] Francisco („Francisquillo") de Cepeda (* 1560); Lorenzo („Lorencico") de Cepeda Jr. (* 1562); Teresa („Terecia", „Teresita" oder „Teresica") de Ahumada (* 1566); siehe Ct 24,1.

antreffen. Gottes Fügungen versetzen mich in Staunen, dass er mir jetzt die herbringt, die so weit weg schienen. Heute habe ich unserem Pater Gracián nach Madrid geschrieben, damit auch dieser Brief auf demselben Weg geht, was eine ganz zuverlässige Sache ist, damit Eure Gnaden es bald wissen. Weinen Sie nicht über den, der im Himmel ist,[11] sondern danken Sie dem Herrn, dass er die anderen hergeführt hat.

3. Ich meine, der Gnädige Herr Juan de Ovalle soll sich nicht auf den Weg machen, solange ich nicht mit meinem Bruder[12] gesprochen habe, einmal wegen der ganz schlimmen Temperatur hier, aber auch bis wir wissen, ob er irgendwelche Geschäfte hat, deretwegen er sich hier aufhalten muss; denn wenn das für länger wäre, wird er sich vielleicht wünschen, dass Euer Gnaden zu ihm kommen, um wieder einmal zusammen zu sein. Ich werde bald wieder schreiben und ihm sagen, wieso ich verhindert habe, dass er komme, und dann wird er kommen, wenn die Temperatur ein bisschen gemäßigter ist. Beglückwünschen Euer Gnaden den Gnädigen Herrn Juan de Ovalle von mir, und Seine Gnaden möge dieser Brief als auch an ihn gerichtet auffassen.

4. Sie sollen auch wissen, dass man Pater Gracián Vollmacht über alle Unbeschuhten Brüder und Schwestern, die von hier und die von dort,[13] gegeben hat, so dass uns etwas Besseres gar nicht hätte passieren können. Wissen Sie, er ist eine Persönlichkeit, wie es der Gnädige Herr Antonio Gaytán wohl schon gesagt haben wird,[14] dem Sie von mir viele Grüße ausrichten mögen, und er möge diesen Brief als auch an ihn ge-

---

[11] Jerónimo de Cepeda.

[12] Lorenzo de Cepeda.

[13] In Andalusien und in Kastilien; am 3. August 1575 hatte der Nuntius Ormaneto Graciáns Befugnisse auf Kastilien ausgedehnt, so dass er nunmehr für alle Unbeschuhten Männer- und Frauenklöster zuständig war; vgl. Ct 81,2.

[14] Statt näher auszuführen, was für eine Persönlichkeit Gracián ist, bricht Teresa den bereits begonnenen Satz ab (Anakoluth) und konzentriert sich statt dessen auf die Grüße, die sie an verschiedene Personen ausrichten will.

richtet auffassen, da ich nicht mehr schreiben kann; und auch an die Mutter Priorin,[15] der ich mich sehr empfehle, und an alle Schwestern. Besuchen Sie die Gnädige Frau Markgräfin[16] für mich und sagen Sie Ihrer Hochwohlgeboren, dass es mir gut geht; und der Gnädigen Frau Doña Mayor[17] gratuliere ich zur Ankunft von Herrn Pedro de Ahumada,[18] denn ich glaube, er war ihr sehr zugetan; und viele Grüße an alle Damen, und schicken Sie der Mutter Priorin von Salamanca[19] diese Neuigkeiten, und auch, dass der Herr eine weitere Schwester zu sich geholt habe.[20]

5. Seine Majestät behüte Sie mir, meine Gnädige Frau. Ich verspreche Ihnen, dass ich noch ausführlich schreiben werde, denn es gibt Meldungen, deretwegen Sie beide beruhigt und froh sein dürfen.[21]

Heute ist der 12. August.

Auf dem beiliegenden Brief, den ich eben schrieb, damit Euer Gnaden ihn weiterschicken, habe ich als Datum den 10. geschrieben, aber ich glaube, es ist der 12., der Gedenktag der hl. Klara.[22] Sollte Pater Gracián dort vorbeikommen, wäre jede Herzlichkeit und Liebe, die Sie ihm angedeihen ließen so, wie wenn Sie es mir reichlich erwiesen.

Euer Gnaden Dienerin

Teresa von Jesus

---

[15] Die Priorin von Alba de Tormes, Juana del Espíritu Santo (Yera).

[16] Die Markgräfin von Velada, Juana de Toledo; vgl. Ct 9,2.

[17] Die Schwester des Juan de Ovalle, die als Benediktinerin in Alba lebte.

[18] Der eben aus Perú heimgekehrte verwitwete Bruder Teresas.

[19] Ana de la Encarnación (Tapia), eine Kusine Teresas und Juanas.

[20] Vermutlich die Novizin, von der es in Ct 57,3 hieß, sie sei *„wie für uns geschaffen"*.

[21] Vermutlich eine Andeutung, dass Lorenzo, der einzige der Brüder Teresas, der es in Westindien zu einem gewissen Reichtum gebracht hatte, den Ovalles finanziell unter die Arme greifen wolle.

[22] Klara von Assisi, die Gefährtin des Franziskus und Gründerin des Klarissenordens; ihr Gedenktag wurde bis zum Zweiten Vatikanum am 12. August begangen, heute am 11.

88.

An Mutter María Bautista[1] in Valladolid

Sevilla, 28. August 1575[2]

Für Mutter Priorin María Bautista

1. Jesus sei mit Euer Ehrwürden, meine Tochter. Es ist schon seltsam, dass mich außer Ihren fast alle Briefe ermüden (das gilt nicht für die von meinen Beichtvätern), und das Antworten darauf erst recht, aber bei Euer Ehrwürden bedeutet mir das eine wie das andere eine Erleichterung. Eine große bereitet es mir, da Sie sagen, dass es Ihnen besser geht. Gott sei für alles gepriesen!

2. Sie haben wohl schon erfahren, dass meine Brüder[3] mit dieser Flotte angekommen sind. Lorenzo de Cepeda ist der, den ich so gern habe, und ich sage Ihnen, dass man ihn sehr lieben muss, auch wenn er nicht mein Bruder wäre, da er so tugendhaft und ein echter Diener Gottes ist. Er hat eine sehr gute Seele. Er kommt jetzt langsam wieder zu sich, denn er war bei seiner Ankunft sehr geschwächt. Es war göttliche Vorsehung, dass er mich hier angetroffen hat, daher kann er sich nicht genug darüber freuen. Aus vielen Gründen ist es ihm ... gewesen.[4] Kurz, ich ertrage es jetzt besser. Teresa[5] wird acht oder neun sein, recht lieb und hübsch.

3. Er möchte über den Winter hier bleiben, um nicht von mir fortzugehen. Ich habe den Auftrag gegeben, dass meine Schwe-

---

[1] Die Priorin von Valladolid, die mit Teresa verwandt ist; siehe zu ihr Ct 63 tít.

[2] Autograph: Unbeschuhte Karmelitinnen, Lima (Perú).

[3] Lorenzo de Cepeda und Pedro de Ahumada waren am 12. August aus Westindien im Hafen von Sanlúcar eingetroffen; vgl. Ct 87,1.

[4] An dieser wie an einigen weiteren Stellen sind im Autograph einige Worte durch Streichungen unleserlich gemacht worden.

[5] Lorenzos Tochter Teresa (Teresita) de Ahumada wurde am 27. Oktober 1566 in Quito (damals die Hauptstadt des Vizekönigreichs Perú) geboren, sie war zu diesem Zeitpunkt also fast neun Jahre alt.

ster und ihr Mann[6] zu ihm kommen, und dass er in ihrem Haus lebt, wenn er sich an den Hof begibt, denn er muss unbedingt dorthin. Er bringt genug mit, um über die Runden zu kommen, und ist das Ganze sehr leid. Er wäre glücklich, allein zu sein. Gott erweist ihm viele Gnaden. Bitten Sie ihn dort, dass er ihm einen Wohnsitz gebe, wo immer es für seine Kinder am besten wäre. Nun möchte ich mich an die Beantwortung Ihres Briefes machen, denn ich sage Ihnen, dass viele für mich gekommen sind, die auf Antwort warten, vor allem nach Medina.

4. Es ist dies das Haus, das mich ständig umtreibt, und jetzt sind sie Asensio[7] mit der Bitte in den Ohren gelegen, die Hauptkapelle zu nehmen, damit Doña Elena[8] die Kirche errichte; ihm verdanken wir aber so viel, und es wäre für die Schwestern so dringend notwendig, aus diesem Betchor[9] herauszukommen, dass ich nicht weiß, was ich dazu sagen soll, noch wer sie in fremde Häuser versetzt.

5. Auch wenn sich Euer Ehrwürden auf die Ihre[10] noch mehr einbilden, lasse ich Sie hiermit wissen, dass Sie gar nicht anders gekonnt hätten, als die Schwester, über die sie so viel reden,[11] aufzunehmen, falls deren Eintritt bei Ihnen dort vereinbart worden wäre, da nämlich sehr viel mehr wiegt, was vereinbart ist. Und seien Euer Ehrwürden nicht so vorlaut; es reicht, dass Sie sich auf Ihr eigenes Haus verstehen, denn es

---

[6] Juana de Ahumada und ihr Mann Juan de Ovalle, die in Alba de Tormes lebten.

[7] Der Großhändler Asensio Galiano, ein großer Freund und Wohltäter Teresas; vgl. Ct 50; 53,10; 104,7; 148,7.

[8] Elena de Quiroga, die Nichte des Kardinals und Großinquisitors Gaspar de Quiroga, die 1581 als Karmelitin in Medina eintreten sollte, besaß ein Haus, das an das Kloster angrenzte; die Schwestern wollten dieses zu einer Klosterkirche umgestalten.

[9] Der Gebetsraum der Schwestern.

[10] Die Novizin Casilda de Padilla, eine Tochter des Statthalters von Kastilien Juan de Padilla y Manrique de Lara, die am 13. Januar 1577 in Valladolid Profess machen sollte; siehe zu ihr Ct 58,4 mit Anm.

[11] Um wen es sich handelt, ist unklar.

hätte ziemlich viel Schaden stiften können, sie zurückzuhalten.

6. Glauben Sie nur, wo der Gewinn für viele Seelen auf dem Spiel steht, da fallen solche Rücksichten kaum ins Gewicht; wenn man sie nämlich irgendwohin schickt, wo man sie nicht kennt, bedeutet das schon das Ende, und denken Sie nur nicht, dass überall alles zu haben ist, was Sie suchen, denn mancherorts gäbe es gar keine Schwestern, wenn man so genau hinschaute. Bei Neuanfängen und Geschäften muss man sich auf so manches einlassen, wie man es in San José in Ávila und anderswo gehandhabt hat, und sogar dort wird handhaben müssen, oder man wird ohne Schwestern dastehen. ... Ich meine, wenn ich es gleich am Anfang gemerkt hätte, dass ich sie dann nicht aufgenommen hätte; es gab aber keinen Ausweg mehr, und ohne dass mir Euer Ehrwürden schrieben, war es nicht in Ordnung, die anderen in Unruhe zu versetzen, wo Sie doch wussten, dass ich sie aufgenommen hatte; denn es war doch klar, dass mir bewusst war, ob die Zahl überschritten würde oder nicht.[12] Haben Sie nur keine Angst, dass es an einem Ort fehle, wohin ich sie mitnehmen könnte.

7. Es ist schlimm, dass Sie meinen, alles zu wissen, und sich dann auch noch demütig nennen; dabei haben sie nur Ihr Häuschen im Blick, nicht aber das, was für alle wesentlich ist. Das ist der Anfang von Unruhestiftung, damit wir bei allem nicht noch am Boden liegen. Es war gar nicht diese Schwester, die ich dorthin schicken wollte, sondern eine Verwandte von Olea[13] selbst, aber sie will nicht mehr gehen. Es wäre gut, wenn Sie ein Geschäft abschließen und dabei bleiben müssten, denn Euer Ehrwürden sind so starrsinnig, wie es noch keine Priorin mir gegenüber gewesen ist, und auch keine von

[12] Eine Anspielung auf die festgelegte Höchstzahl der Schwestern in den Klöstern Teresas; siehe Anm. zu Ct 2,2.

[13] Der Jesuit Francisco de Olea, der mit Teresa befreundet war und ihr öfter Kandidatinnen schickte, die allerdings nicht immer geeignet waren.

denen, die es nicht sind. Daran, das sage ich Ihnen, würde unsere Freundschaft zerbrechen.

8. Wissen Sie, es ärgert mich, dass Ihr dort glaubt, es gäbe niemanden, der die Dinge so durchschauen würde wie Sie; und das nur, wie ich schon sagte, weil Sie nur von Ihrem Haus eine Ahnung haben und nicht davon, wie wichtig viele andere sind. Und es reicht nicht einmal, selbst frech zu sein, nein, Sie müssen es auch noch den anderen zeigen, es zu sein. Vielleicht wird diese Schwester heiliger als alle anderen. Ich weiß nicht, woher Sie bei dem Geist, den Sie haben, so eingebildet sind. Wenn Sie sähen, wie hier damit umgegangen wird, Ämter zu erhalten, oder zu wechseln, und für wie unwichtig sie gehalten werden, würden Sie staunen. Es ist schon gut, hinzuschauen, nicht aber diese Heftigkeit; denn man wird mich nicht glauben machen, dass das aus Demut erwächst; dabei liegt alle Schuld bei mir, da ich mich nicht bei ihm selbst[14] erkundigt hatte, wer sie war. Da er mir eine andere, extrem geeignete gegeben hatte, glaubte ich, diese würde auch so sein. Es ist alles für einen guten Zweck, denn wir verdanken ihm viel, wirklich.

9. Was Pater Gracián ... anbelangt ... Freundschaft, die ich mit ihm habe;[15] Sie wären nämlich erstaunt, was da vor sich geht. Ich konnte nicht anders, und ich bedauere das keineswegs. Wenn Sie Fehler an ihm entdecken, muss das wohl sein, weil Euer Ehrwürden ihn selten bei sich haben und mit ihm sprechen. Ich sage Ihnen, dass er ein Heiliger ist und keineswegs draufgängerisch, sondern sehr umsichtig. Ich habe Erfahrung damit, und in seine Vollmacht kann mehr gelegt werden als nur Bücher. Sie sagen, dass ich, seit ich ihn habe, nicht mehr

---

[14] Olea.

[15] An dieser Stelle sind im Autograph erneut einige Worte durch Streichungen unleserlich. – Gracián befand sich zu dieser Zeit in Kastilien, da er vom Päpstlichen Nuntius Ormaneto zum Kommissar für die Unbeschuhten Brüder und Schwestern Kastiliens ernannt worden war; zu Teresas Beziehung zu ihm siehe die um diese Zeit entstandenen *Geistlichen Erfahrungsberichte* CC 29-31.

an meinen Pater Fray Domingo[16] denke. Das wird sein, weil der eine so verschieden ist vom anderen, dass ich nur so staune, denn er bringt mir eine Freundschaft entgegen, die in keiner Weise verstrickt, sondern bis in die Seele geht. Es ist wie der Umgang mit einem Engel, was er wirklich ist und immer gewesen ist; und auch wenn der Genannte[17] das ebenfalls ist, weiß ich doch nicht, was das für eine Versuchung war; denn es ist ganz anders. Gott sei gepriesen, dass es ihm besser geht. Grüßen Sie ihn von mir.

10. O, was für ein Leben wird ihm die geben, die behauptet, es gehe ihr dort schlechter als mir![18] Allerdings sehe ich wohl ein, dass alle meine Befürchtungen von der Furcht herrühren, er würde seine heilige Freiheit verlieren, denn wenn ich diesbezüglich Gewissheit habe, weiß ich, dass mir, abgesehen von der Undankbarkeit, sonst nichts etwas ausmachen würde, so wie mir das, was jetzt dort geschieht, nichts ausmacht. Wissen Sie, seit ich dort war, kam ich mit größerer Gewissheit als je zuvor zurück, dass er mir gegenüber nicht undankbar ist; und das hat mir genutzt, und auch, dass Sie mit jedem Tag, der vorbeigeht ... bei Pater Gracián ...; denn diese andere Freundschaft macht einen, wie ich Ihnen schon sage, im Gegenteil frei. Es ist etwas ganz anderes, und die Unterwerfung geschieht nicht aufgrund des eigenen Willens, sondern weil man erkennt, dass der Gottes geschieht, wie ich Ihnen gesagt habe.

11. Warum sagen Sie mir nicht, ob derjenige, der das große Buch gut geheißen hat, das auch vom kleinen sagte?[19] Lassen

---

[16] Der Dominikanertheologe Domingo Báñez, den Teresa als Beichtvater und Berater sehr schätzte; in einem *Geistlichen Erfahrungsbericht*, der um diese Zeit entstand, äußert sie auch selbst die Befürchtung, ihre Bevorzugung Graciáns als Beichtvater und geistlicher Begleiter, könnte so aussehen *„als würde ich ihn (Báñez) beleidigen,“* zu dem sie doch *„großen Respekt und Liebe“* empfinde (CC 29,2).

[17] Báñez.

[18] María Bautista.

[19] Mit dem „großen Buch“ ist ihre *Vida* gemeint, die am 7. Juli 1575 von Báñez approbiert worden war (siehe sein Gutachten im *Buch meines Lebens*, 624-629); das „kleine Buch“ ist entweder der *Weg der Vollkommenheit* oder aber

Sie mir anstreichen, was gestrichen werden soll, denn ich habe mich sehr gefreut, dass sie nicht verbrannt wurden,[20] und ich würde mich freuen, wenn das große dort bliebe, bis ... im Wissen um das, was ich weiß ... sie zerreißt, damit für mich ... vielen Seelen Nutzen bringen; denn was mich anbelangt, woran liegt mir denn sonst? Die Verherrlichung meines Herrn will ich, und dass es viele gebe, die ihn preisen, und ich wünschte mir wirklich, dass sie meine Armseligkeit kennen lernten.[21]

12. Und einer der Gründe, der ausmacht, dass ich mich hier glücklich fühle und mich noch länger hier bleiben lässt, ist die Tatsache, dass hier keiner daran denkt, diese Komödie mit der Heiligkeit aufzuführen, wie das drüben[22] geschah, was mich leben und meinen Weg ohne die Angst gehen lässt, dass dieses Luftschloss über mir zusammenfällt ... denn es ist schon so viel Zeit vergangen, ohne dass ich sie gesehen habe.

13. Auch das würde mir leid tun, wenn auch aus einem schwerwiegenderen Grund. Sagen Sie ihm viele Grüße von mir. Ich sage Ihnen, dass es mir schwer fällt, ihm nicht zu schreiben. Nur keine Angst, dass jemand diese Freundschaft, die mich so viel gekostet hat,[23] wegnimmt.

14. Wegen dem anderen mit Catalina de Jesús[24] wird Pater Gracián, dem ich geschrieben habe, dass er sie gut anschauen solle, wohl schon dort gewesen sein, und Euer Ehrwürden

---

ihr Hohelied-Kommentar *Gedanken zum Hohenlied*, von dem Báñez am 10. Juli 1575 eine Abschrift durchgesehen und mit einigen Korrekturen approbiert hatte.

20 Wie es 1574 in Segovia auf Geheiß des Dominikaners Diego de Yanguas mit dem Autograph ihrer *Gedanken zum Hohenlied* geschehen war. – Der nächste Satz ist wieder teilweise unleserlich, so dass man nur ahnen kann, was sie sagen will.

21 Vgl. V pról 1; 40,24.

22 In Kastilien, wo sie viele Bewunderer hatte, die sie als Heilige verehrten.

23 Vermutlich die mit Domingo Báñez.

24 Gebürtig aus Valderas (León), hatte diese 1572 in Valladolid ihre Profess als Unbeschuhte Karmelitin abgelegt; 1580 nahm Teresa sie nach Palencia mit

werden wohl mit ihm gesprochen haben. Ich bin überglücklich, dass er es ist, der die Verantwortung haben soll für ...

Ansonsten sage ich, dass es der Gedenktag des hl. Augustinus[25] ist. Damit Sie nicht nach dem Datum suchen müssen, schreibe ich es noch einmal.

15. Es steht hier eine vor dem Eintritt, reich und gut.[26] Falls sie eintritt, werden wir uns gleich bemühen, ein Haus zu suchen. Wissen Sie, viele der Schwestern hier sticken; die gerade eingetreten ist, hat ungemein geschickte Hände.

Euer Ehrwürden

Teresa von Jesus, Karmelitin

16. Heben Sie die beiliegenden Hefte gut auf.[27] In einigen stehen gute Dinge dafür, wenn sie Profess machen sollen, und wie sie sich zu verhalten haben, falls sie Versuchungen haben sollten. Geben Sie das meiner Casilda[28] zu lesen, und nachher bei ... die ... Schicken Sie diesen Brief auf sicherem Weg an Doña Guiomar,[29] denn ich schreibe ihr andauernd, aber sie

---

und von dort 1582 nach Burgos. Sie starb 1599 in Soria. Sie ist die Adressatin des ältesten erhaltenen Briefes von Johannes vom Kreuz aus dem Jahr 1581 (Ep 1).

25 Der Kirchenvater Augustinus von Hippo (354–430), der am 28. August gefeiert wird.

26 Ursprünglich verzichtete Teresa grundsätzlich auf die damals in Klöstern übliche Mitgift (eine bestimmte Geldsumme bzw. eine bestimmte Menge Naturalien, die eine Kandidatin mitzubringen hatte). Mit diesem Verzicht wollte sie nicht zuletzt gewährleisten, dass bei der Aufnahme der Kandidatinnen auf Eignung statt auf finanzielle Vorteile geachtet würde; siehe CE 20,1; V 36,6; Cs 21. Erst im Laufe der Zeit änderte sie ihre diesbezügliche Haltung: Als Finanzgrundlage für die immer zahlreicher werdenden Gründungen waren ihr nun Kandidatinnen, die eine größere Mitgift mitbrachten, sehr willkommen; siehe etwa auch Ct 135,21; 202,4. In ihren letzten Lebensjahren bildeten Kandidatinnen, die ohne Mitgift aufgenommen wurden, die Ausnahme; doch legte sie nie eine bestimmte Höhe fest und bestand immer auf dem entscheidenden Kriterium der Eignung für die Lebensweise. Vgl. ferner Ct 8,12; 24,17 mit Anm.

27 Sie sind vermutlich verloren gegangen.

28 Casilda de Padilla.

29 Teresas Freundin aus Ávila, Guiomar de Ulloa, die ihr bei der Gründung von San José sehr geholfen hatte.

gehen verloren, und nachher beklagt sie sich, noch dazu zu Recht. Der Subpriorin Dorotea de la Cruz[30] würde ich gern schreiben, doch sind so viele Briefe eingetroffen, dass ich müde bin. Sagen Sie ... denn man muss es wissen ... irgendwie werde ich schon dafür sorgen, dass ich da heraus komme, auch wenn ich mich nicht zu der Überzeugung durchringen kann ... und die Unterwerfung geschieht nicht aufgrund des eigenen Willens, sondern weil man erkennt, dass der Gottes geschieht, wie ich Ihnen gesagt habe.[31]

89.

An Pater Jerónimo Gracián[1] in Ávila

Sevilla, 27. September 1575

1. Jesus. – Die Gnade des Heiligen Geistes sei mit Eurer Paternität, Herr Pater. Da Eure Paternität zu Recht wohl bereits hierher unterwegs sind und dieser Brief Sie wohl nicht mehr

---

[30] Die Subpriorin von Valladolid Dorotea de la Cruz (Ponce de León) war zusammen mit ihrer leiblichen Schwester Alberta Bautista in Medina del Campo eingetreten und von Teresa bereits als Novizin nach Valladolid mitgenommen worden, wo sie 1569 ihre Profess ablegte. Ab 1581 war sie Subpriorin in Palencia, wo sie 1615 starb.

[31] Siehe oben Ct 88,10.

---

[1] Jerónimo Gracián wurde 1545 in Valladolid geboren, 1570 zum Priester geweiht und trat 1572 in das Noviziat der Unbeschuhten Karmeliten in Pastrana ein, wo er 1573 als Jerónimo de la Madre de Dios seine Profess ablegte. Mit bedingt durch den Personalmangel im entstehenden Teresianischen Karmel machte der begabte und umgängliche Gracián eine Blitzkarriere. Als Teresa ihn 1575 kennen lernte, war er bereits Visitator und Apostolischer Kommissar für die andalusischen Klöster der Unbeschuhten; siehe ihre erste Erwähnung im Brief vom 12. Mai 1575: *„Er ist für uns Schwestern besser als wir es uns von Gott hätten erbitten können“* (Ct 81,2). Er wurde bald ihr engster Mitarbeiter und Lieblingsschüler und der erste Provinzial des Teresianischen Karmel. Ihre Beziehung zu ihm war von Bewunderung, mütterlicher Zuneigung und unverhohlener Sympathie geprägt: *„Er ist sehr umsichtig“* (F 26,11); *„angenehm im Umgang“* (F 31,17); *„so wie er mich entzückte, hatten ihn die Leute, die ihn gelobt hatten, glaube ich, nicht kennen gelernt“* (F 24,1); vgl. ferner Ct 86,3; 88,9; 143,2; 162,1; 311,2; 366,2. In den Machtkämpfen und Richtungsstreitigkeiten, die nach Teresas Tod entbrannten, trat Johannes vom

in Madrid erreichen wird,[2] werde ich nicht ausführlich schreiben. Gestern war der Pater Provinzial derer *vom Tuch*[3] mit einem Magister hier, und bald danach kam der Prior,[4] und später noch ein Magister. Am Tag davor war Fray Gaspar Nieto[5] hier gewesen. Bei allen finde ich die Entschlossenheit, Eurer Paternität zu gehorchen, und Ihnen bei allem, was die Ausmerzung von Sündhaftem betrifft, zu helfen, sofern es in sonstigen Dingen nichts Extremes ist. Ich versichere ihnen, dass Sie das, so weit ich Eure Paternität kenne, in Sanftheit angehen werden,[6] und sage ihnen, was ich dazu meine.[7]

Kreuz gegen den ehrgeizigen und rigoristischen Doria für ihn ein, was ihn die Entfernung aus allen Ämtern kostete; nach Johannes' Tod wurde Gracián am 17. Februar 1592 aus dem Orden ausgeschlossen und musste Spanien verlassen. Nach eineinhalbjährigem Zwischenspiel als Türkensklave in Tunesien (1593–95) gelangte er nach Rom und konnte erreichen, dass seine Unschuld von der Religiosenkongregation festgestellt und 1598 seine Wiederaufnahme in den Orden verfügt wurde, was jedoch von seinen Mitbrüdern durch Intrigen verhindert wurde. Angesichts dieses Widerstands der Unbeschuhten wurde ihm von Papst Clemens VIII. geraten, sich um Aufnahme in den Stammorden des Karmel zu bemühen. Seine letzten Lebensjahre verbrachte er bei den Beschuhten Karmeliten in Brüssel, damals die Hauptstadt der Spanischen Niederlande, wo er die Herausgabe des *Buchs der Gründungen* (1610) und der *Gedanken zum Hohenlied* (1611) besorgte. Er starb 1614 in Brüssel, nachdem er im Jahr zuvor noch die Seligsprechung Teresas feiern konnte. Seine offizielle Rehabilitierung durch den Orden der Unbeschuhten Karmeliten erfolgte erst 1999.

2 Gracián besuchte von Madrid aus, wohin ihn der Apostolische Nuntius Ormaneto bestellt hatte, die Karmelitinnenklöster Kastiliens (Ávila, Valladolid ...) und kehrte dann via Madrid nach Sevilla zurück. Bereits seit Juni 1574 Visitator der Karmeliten Andalusiens, war er am 3. August von Ormaneto zum Apostolischen Kommissar der Karmeliten Andalusiens und der Unbeschuhten Karmeliten und Karmelitinnen Kastiliens ernannt worden.

3 So bezeichnet Teresa im *Buch der Gründungen* und in ihren Briefen immer wieder die Beschuhten Karmeliten aufgrund der Tatsache, dass deren Habite aus feinem Tuch waren, während Teresas Brüder und Schwestern – den Gepflogenheiten in den Reformbewegungen Kastiliens folgend – grobes Wollzeug für ihre Habite verwendete. Provinzial der Karmeliten Andalusiens war zu diesem Zeitpunkt Agustín Suárez, der eben erst vom Generalkapitel von Piacenza heimgekehrt war.

4 Der Prior von Sevilla, Vicente de la Trinidad.

5 Der Ex-Provinzial von Andalusien, ein leiblicher Bruder des im nächsten Absatz genannten Baltasar de Jesús Nieto; siehe zu ihm Ct 83,8.

6 *Suavidad* (wörtlich: Sanftheit, Milde), ein Schlüsselbegriff der teresianischen Pädagogik und eine der Grundhaltungen, zu denen sie auch Gracián rät; vgl. auch Ct 89,2.

2. Mich hat die Antwort, die man mir im Zusammenhang mit dem *Motu*[8] gegeben hat, nicht unzufrieden gemacht. Ich hoffe auf unseren Herrn, dass sich das Ganze sehr gut machen lässt. Pater Elias[9] ist schon ruhiger und besseren Mutes. Ich sage Eurer Paternität, dass ich glaube, dass man viel Arbeit leisten kann, wenn man es ohne Lärm und in Milde angeht; man muss es ja nicht an einem Tag erreichen wollen. Ich habe wirklich den Eindruck, dass es vernünftige Leute gibt. Wenn es die nur auch dort[10] gäbe! Wissen Sie, Macario[11] führt sich, wie man mir sagt, so schrecklich auf, dass es mich im Hinblick auf seine Seele sehr schmerzlich berührt. Man schreibt mir, dass er jetzt nach Toledo gehen wollte. Mir kam der Gedanke, ob er sich wohl in sein Versteck zurückziehen will, da die Visitation dort bereits vorüber ist, um nicht mit meinem Eliseo[12] zusammenzutreffen, und das würde ich nicht

---

[7] Im Hintergrund dieser beruhigenden Bemerkungen stehen Befürchtungen, dass sich der Widerstand der Beschuhten Karmeliten Andalusiens gegen Gracián als Visitator durch seine eben erhaltenen neuen Vollmachten noch erhöhen könnte, wie es dann auch tatsächlich kam; vgl. Ct 96; 98; 100; 102. Teresa erweist sich hier als zu naiv.

[8] Für *Motupropio*; so bezeichnet Teresa, sachlich ungenau, das Ernennungsbreve vom 3. August 1575, mit dem der Apostolische Nuntius Ormaneto Gracián zum Apostolischen Kommissar der Karmeliten Andalusiens und der Unbeschuhten Karmeliten und Karmelitinnen Kastiliens ernannt hatte.

[9] Deckname für den Prior der Beschuhten Karmeliten von Sevilla, Juan Evangelista, nach dem alttestamentlichen Propheten Elija (9. Jh. v. Chr.); nicht zu verwechseln mit dem gleichnamigen Schüler und Freund des Johannes vom Kreuz, dem Unbeschuhten Karmeliten Juan Evangelista Lope de Molina. Wegen der Brisanz der hier behandelten Thematik greift Teresa in diesem Brief – wie in vielen späteren – auf Decknamen zurück für den Fall, dass der Brief abgefangen wird.

[10] In Kastilien.

[11] Deckname für Baltasar de Jesús Nieto, nach dem großen Einsiedler der Sketischen Wüste Makarios dem Großen (bzw. dem Ägypter), ein Hinweis darauf, dass die Wüstenväter der ersten christlichen Jahrhunderte Teresa ein Begriff waren. Vom Generalkapitel von Piacenza wegen „Unbelehrbarkeit" aus dem Orden ausgeschlossen, war es Nieto gelungen, sich bei den Unbeschuhten Karmeliten einzuschleichen, wo ihm der rasche Aufstieg Graciáns ein Dorn im Auge war; siehe zu ihm Ct 83,2.

[12] Deckname für Gracián, nach dem alttestamentlichen Propheten Elischa (Elisäus), vermutlich eine humorvolle Anspielung auf die Tatsache, dass Gracián, wie der Prophet, kahlköpfig war.

bedauern, bis er wieder mehr Vernunft annimmt. Wirklich, es macht mir Angst und Bange, gute Seelen so in Selbsttäuschung zu sehen.

3. Man hat wegen dem mit Teresita[13] Doktor Enríquez[14] geholt, einen der besten Studierten der Gesellschaft.[15] Er sagt, dass unter den von einer Kardinalsversammlung[16] zur Erläuterung des Konzils erlassenen Bestimmungen, die man ihm geschickt habe, unter anderem auch folgende sei: Dass man unter zwölf Jahren nicht den Habit geben,[17] wohl aber im Kloster erziehen darf.[18] Das hat auch Fray Baltasar, der Dominikaner,[19] gesagt. Sie ist schon hier mit ihrem Habit,[20] man möchte meinen, der Kobold des Hauses, und ihr Vater kann sich nicht fassen vor Freude, und alle finden viel Freude an ihr; dabei hat sie einen Charakter wie ein Engel und weiß uns in den Rekreationsstunden[21] mit ihren Erzählungen über die Indios und das Meer bestens zu unterhalten, besser als ich es

---

[13] Die neunjährige Tochter ihres Bruders Lorenzo de Cepeda, die seit kurzem im Karmel von Sevilla lebte.

[14] Enrique Enríquez (1536–1608), ein Jesuit aus Sevilla, der zusammen mit Rodrigo Álvarez im Auftrag der Inquisition Teresas Geist prüfen und später im Seligsprechungsprozess aussagen sollte.

[15] Der Gesellschaft Jesu, also der Jesuiten.

[16] Gemeint ist die von Pius IV. ernannte Kardinalskongregation zur Verfassung von Ausführungsbestimmungen zu den neuen Kanones (Rechtsvorschriften) des Konzils von Trient. Pius IV. war auch der Papst, der dem Kloster San José (Ávila) endgültig das Privileg der „absoluten Armut" gewährt hatte (V 39,14).

[17] Die Überreichung des Ordenskleides („Einkleidung") als offizieller Beginn des Noviziats (Einführungszeit in das Ordensleben).

[18] Das war bereits ein Fortschritt, da mit dieser Maßnahme die bis dahin übliche Aufnahme von Kindern in den Noviziaten bekämpft werden sollte, wobei es zu bedenken gilt, dass Mädchen auch bereits zu Beginn der Pubertät verheiratet wurden.

[19] Der Dominikaner Baltasar de Vargas, der etwa zehn Jahre lang als Missionar in Westindien gewirkt hatte und nach einem kurzen Zwischenspiel in Sevilla dorthin zurückkehren sollte.

[20] Dies steht nur scheinbar im Widerspruch zur eben genannten Konzilsbestimmung, da es sich hier nicht um den Habit einer Novizin, sondern lediglich um ein ordensähnliches Gewand handelt, das die zur Erziehung im Kloster weilenden Mädchen trugen. Teresita war knapp fünfzehn, als sie Anfang 1581 in San José, Ávila, ihr Noviziat begann und sechzehn, als sie dort am 5. November 1582 ihre Profess ablegte.

selbst erzählen würde. Ich habe mich gefreut, dass sie ihnen nicht zur Last fallen wird. Ich wünsche mir schon, dass Eure Paternität sie zu Gesicht bekommen. Gott hat ihr viel Gnade erwiesen, und das hat sie wohl Eurer Paternität zu verdanken. Ich glaube, ihm wird damit gedient sein, dass diese Seele fern der weltlichen Dinge erzogen wird. Ich sehe schon ein, welchen Liebesdienst mir Eure Paternität erwiesen haben, denn abgesehen davon, dass er ohnehin groß ist, ist er jetzt noch viel größer, weil es nun ohne Gewissensbisse geschehen kann.[22]

4. Jetzt habe ich den Eindruck gewonnen, dass ich eine gewisse Nächstenliebe habe; denn obwohl die Abwesenheit Eurer Paternität für mich so schmerzlich ist, gefiele es mir, sofern der Menschwerdung[23] damit geholfen wäre, wenn Sie einen Monat länger ausblieben, und man Ihnen dieses Haus anvertraute;[24] ja, es würden schon acht Tage reichen, sofern sie Bruder Johannes[25] als Stellvertreter dort ließen. Ich weiß, welche Zustände dort herrschen, aber wenn sie einen führenden Kopf[26] zu Gesicht bekommen, lenken sie schnell ein, auch wenn sie anfangs laut schreien. Sie tun mir sehr leid; und wenn der Nuntius ein großes Werk vollbringen wollte, sollte er es tun, indem er so vorgeht. Möge Gott Abhilfe schaffen, er kann es ja!

---

21 Die gemeinsam verbrachten Erholungsstunden, die Teresa in ihren Klöstern als Ausgleich und zur Stärkung des Gemeinschaftslebens eingeführt hatte; siehe Cs 26-28.

22 Gracián hatte darauf bestanden, den Status des Kindes im Karmel von Sevilla von Kirchenrechtlern prüfen und mit den neuen Rechtsvorschriften in Einklang bringen zu lassen.

23 Das Menschwerdungskloster in Ávila, wo nach wie vor große Not herrscht.

24 Teresa wünscht, dass Gracián, der vom Nuntius Nicolás Ormaneto am 3. August 1575 zum Kommissar für die Unbeschuhten Kastiliens ernannt wurde (MHCT 1,221-223), das auch für die Beschuhten würde, um im Menschwerdungskloster eingreifen zu können.

25 Johannes vom Kreuz, den sie im Frühjahr 1572 als Beichtvater ins Menschwerdungskloster geholt hatte; vgl. Ct 45,4; 48,2.

26 Wie in F 28,1 schreibt Teresa *cabeza* (führender Kopf, Oberhaupt), und wie dort denkt sie an Gracián und Johannes vom Kreuz.

5. Es hilft alles nichts, um Laurencia[27] wieder so wie sonst zu ihren Beichtvätern stehen zu lassen, und da dies das einzige war, das ihr Erleichterung verschaffte, hat sie jetzt keine mehr. Wie zartfühlend übt einen unser Herr im Ich-Sterben! Denn der Beichtvater, den man ihr gibt, da fürchtet sie, dass sie sich an dem bei den vielen Hindernissen nur wenig erfreuen kann.[28]

6. Hier ist es jetzt so heiß, wie dort im Juni[29] und sogar schlimmer. Eure Paternität haben gut daran getan, auszubleiben. Dem guten Padilla[30] habe ich das mit der Menschwerdung[31] geschrieben. Ich bitte Eure Paternität inständig, es meinem Pater Olea[32] zu schreiben, und sagen Sie ihm einen ganz herzlichen Gruß von mir. Drei Briefe habe ich ihm geschrieben; bringen Eure Paternität in Erfahrung, ob er sie erhalten hat. O Jesus, mit wie wenig könnte man so vielen Seelen Abhilfe schaffen! Ich bin erstaunt, wie sehr ich mir das jetzt wünsche, denn eines der Dinge, vor denen mir am meisten graute, war doch, Eure Paternität in dieser Not zu erleben. Jetzt fällt es mir leichter. Möge Gott es bewirken und Eure Paternität behüten.

Heute ist der 27. September.

Eurer Paternität unwürdige Dienerin und Untergebene

Teresa von Jesus

---

[27] Pseudonym, das Teresa sich hier zum ersten Mal zulegt; die Wahl dieses Namens war vermutlich durch ihre Zuneigung für ihren kurz zuvor aus Westindien zurückgekehrten Bruder Lorenzo de Cepeda motiviert.

[28] Gracián ist seit kurzem ihr Beichtvater und geistlicher Begleiter; für ihre Beziehung zu ihm sind die *Geistlichen Erfahrungsberichte*, die um diese Zeit entstehen, sehr aufschlussreich (CC 29-31). Vgl. auch Ct 88,9.

[29] In Kastilien, und Teresa schreibt im September. Teresa beklagt sich immer wieder über die Hitze in Andalusien; vgl. Ct 80,3; 81,5; 85,3.

[30] Der Weltpriester Juan Calvo de Padilla, der sich als selbsternannter Ordensreformator betätigte, was ihn 1578 in das Inquisitionsgefängnis brachte; siehe Anm. zu Ct 52,2; und ferner Ct 105,9.10; 106,1.6.7.

[31] Das Menschwerdungskloster in Ávila.

[32] Der Jesuit Francisco de Olea, der gute Beziehungen zum Karmelitinnenkloster in Valladolid pflegte; siehe Ct 88,7f.

90.

An Pater Baltasar Álvarez[1] in Salamanca[2]

Sevilla, 9. Oktober 1575[3]

1. Jesus. – Die Gnade des Heiligen Geistes sei mit Euer Gnaden, mein Pater und Gnädiger Herr. Padre Julián de Ávila[4] und auch der Herr Magister[5] haben mir über das zum Verkauf stehende Haus des Juan de Ávila de la Vega[6] geschrieben. Es hat uns gut gepasst, sowohl vom Preis (der, wie mir Padre Julián de Ávila sagt, nicht viel mehr als tausend Dukaten betragen wird), als auch von der Lage her, die für unsere Zwecke außerordentlich günstig ist; es genügt doch schon, dass es in der Nähe von Euer Gnaden ist.[7]

---

[1] Der Jesuit Baltasar Álvarez, geboren am 26. April 1533 in Cervera del Río Alhama (Rioja), gestorben am 25. Juli 1580 in Belmonte (Cuenca), war einer der wichtigsten geistlichen Begleiter Teresas. Nach Teresas erster Begegnung mit ihm (V 26,3) hielt er trotz starken Widerstandes an ihrer geistlichen Begleitung fest (V 28,14-16; 33,8). Später war er nacheinander Rektor der Jesuitenkollegien von Medina del Campo, Salamanca und Villagarcía de Campos, mehrfach Provinzial und schließlich Visitator; er blieb Teresa freundschaftlich verbunden und unterstützte sie bei der Gründung von San José (1562) und später bei den Klostergründungen in Medina del Campo (1567), Palencia (1581) und Burgos (1582). (DST 697f.)

[2] Obwohl Teresa sich bereits seit über vier Monaten in Sevilla befindet, wo sie mit vielen Schwierigkeiten zu kämpfen hat, geht ihr die Not ihrer Schwestern in Salamanca, die auch fünf Jahre nach der Gründung noch kein geeignetes Haus haben, nicht aus dem Sinn; aus der Ferne mobilisiert sie ihre treuesten Freunde, um Abhilfe zu schaffen.

[3] Autograph: Kathedrale, Genua.

[4] Der Hausgeistliche des Klosters San José in Ávila, der Teresa auf mehreren Gründungsreisen begleitete und sie immer wieder unterstützte. Er ist zwar Weltpriester, doch Teresa nennt ihn, wie in vielen Ländern bis heute üblich, dennoch „padre".

[5] Gaspar Daza, einer ihr ersten geistlichen Begleiter aus Ávila.

[6] Ein Adliger aus Salamanca.

[7] Es war Teresa immer ein großes Anliegen, ihren Schwestern geeignete Beichtväter und geistliche Begleiter zu besorgen; Álvarez war zu diesem Zeitpunkt Rektor des Jesuitenkollegs von Salamanca.

2. Ich glaube wohl, dass es so alt ist, dass man es gleich ausbessern muss, doch das macht wenig aus, wenn es geräumig ist und einen Brunnen hat. Ich bitte Euer Gnaden inständig, bald darüber zu verhandeln, aber so, dass man kein allzu großes Interesse zeigt, weil es sonst teuer wird.[8]

3. Mein Bruder[9] geht nach Madrid, dort kann man ihn benachrichtigen, dass er Euer Gnaden die Vollmacht schicken möge.[10] Der Herr möge es in die Wege leiten, denn es wäre großartig, in ein eigenes Haus zu ziehen. Da ich noch viele Briefe zu schreiben habe, kann ich nicht ausführlicher sein. Gott erhalte mir Euer Gnaden noch viele Jahre und schenke mir ein Wiedersehen mit Ihnen.

4. Mir kommt das Ganze hier so viel schlimmer vor,[11] dass ich deshalb glaube, ich werde wohl noch lange hier sein. Es geht mir gut, und mein Bruder[12] küsst Euer Gnaden vielmals die Hand.

Heute ist der 9. Oktober.

Euer Gnaden unwürdige Dienerin und wahre Freundin

Teresa von Jesus

---

[8] Hier zeigt sich wieder einmal Teresas Geschäftssinn.

[9] Der kurz zuvor, am 12. August, aus Westindien zurückgekehrte Lorenzo de Cepeda.

[10] Lorenzo, der es in Westindien zu einem gewissen Reichtum gebracht hatte, unterstützte Teresa großzügig. Der hier ins Auge gefasste Häuserkauf kam nicht zustande; das Kloster wurde erst 1582 in die Häuser der Familie Suárez y Solís verlegt. Heute liegt es außerhalb Salamancas in Arenal del Ángel.

[11] Eine Anspielung auf die zunehmenden Spannungen zwischen den Beschuhten und den Unbeschuhten Andalusiens; siehe Ct 83; 86; 89. Im Dezember jenes Jahres sollte eine neue Herausforderung hinzukommen, als Teresa und ihre Schwestern von einer ehemaligen Novizin von Sevilla bei der Inquisition verklagt wurden.

[12] Lorenzo de Cepeda.

91.

An Pater Jerónimo Gracián[1]

Sevilla, im Oktober 1575(?)[2]

... Für die Belange des Hauses ist meines Erachtens jede beliebige besser als dass man eine von außen holt ...[3]

... Wenn es um die seelische Gesundheit geht, muss alles zurückgestellt werden; wegen der körperlichen Gesundheit aber hat es ziemlich große Nachteile, dies zum Grundsatz zu machen, und zwar so viele, dass ich neulich schon mit einer Aufzählung der vielen, die mir in den Sinn kommen, geantwortet habe.

92.

An Pater Jerónimo Gracián[1] in Toledo (?)

Sevilla, Mitte Oktober 1575[2]

1. ... Wenn Sie bereit wären, würden Eure Paternität dem Haus eine ziemliche Wohltat damit erweisen, sie dort zu lassen; wenn nicht, bringen Sie sie hierher; denn bis Malagón könnte

---

[1] Siehe Ct 89 tít.

[2] Es handelt sich um zwei Brieffragmente, die möglicherweise von zwei verschiedenen Briefen stammen; daher ist die Datierung schwierig. Vielleicht handelt es sich um Antworten Teresas auf Fragen Graciáns während seiner ersten Visitationsreise bei den Unbeschuhten Karmelitinnen von Kastilien von August bis Oktober 1575. Der erste Herausgeber versah das erste Fragment mit folgender Erläuterung: *„In einem anderen Brief, in dem die Rede von einer als Oberin eines Klosters eingesetzten Schwester ist, sagt sie ...“*; zum zweiten Fragment heißt es bei ihm: *„Über die Versetzung einer sehr kranken Schwester in eine Gegend, in der es ihr, wie man meinte, besser gehen würde, sagt sie ...“*. Eventuell besteht ein Zusammenhang mit Ct 92. Teresa stand Versetzungen skeptisch gegenüber; siehe Ct 92,2.

[3] Gemeint ist bei einer Priorinnenwahl.

---

[1] Siehe Ct 89 tít.

[2] Dieser Brief wurde vermutlich nach Toledo geschickt, wo Gracián im Oktober 1575 auf der Durchreise von Madrid nach Andalusien Station machte.

sie zusammen mit den Schwestern kommen.[3] Doch eigentlich sollten sie mir diesen Gefallen niemals tun! Es gibt kein Haus, das dringlicher begabte Leute bräuchte als Toledo. Die Priorin dort[4] hört bald auf, aber ich glaube nicht, dass es für dort eine bessere gibt; sie ist zwar ziemlich krank, aber sehr umsichtig, und auch wenn sie eine Freundin der „Katzen"[5] ist, so hat sie doch viele Tugenden. Falls Eure Paternität das für gut erachteten, könnte sie zurücktreten und eine Wahl halten,[6] denn die heiße Gegend bringt sie ganz offensichtlich um. Nur sehe ich nicht, wer als Priorin dorthin gehen könnte, denn es haben sie nahezu alle so gern, dass sie, soviel ich glaube, mit einer anderen nicht klar kämen, wobei es freilich an der einen oder anderen, die sich schwer tut,[7] nicht fehlen dürfte; denn solche gibt es schon.

2. Eure Paternität, Herr Pater, mögen darauf achten und glauben, dass ich die Gemütsschwankungen von Frauen besser kenne als Eure Paternität; denn weder für Priorinnen noch für Untergebene ist es gut, wenn Eure Paternität durchblicken lassen, dass es möglich sei, eine aus ihrem Haus herauszuholen, es sei denn zum Zweck einer Gründung. Und eigentlich sehe ich, wie sogar in einem solchen Fall die Hoffnung darauf soviel Unheil stiftet, dass ich mir schon oft gewünscht habe, es möchte mit diesen Gründungen ein Ende haben, damit sie endlich alle sesshaft würden. Und glauben Sie mir, dass dies

---

[3] Es geht um die Versetzung einer Schwester in einen anderen Konvent, möglicherweise von Toledo nach Malagón; Teresa schlägt vor, dass sie gegebenenfalls mit den drei Schwestern von Segovia reisen könnte, die auf dem Weg zur Gründung nach Caravaca in Toledo und Malagón Station machen würden. Es sind dies Bárbara del Espíritu Santo (del Castillo), Ana de la Encarnación (Arbizo) und die Laienschwester Catalina de la Asunción.

[4] Die Priorin von Toledo, Ana de los Ángeles (Ordóñez y Gómez).

[5] Ein Spitzname für die Beschuhten Karmeliten; da sich der Konflikt im Orden immer mehr zuspitzt, verschleiert Teresa aus Sicherheitsgründen manche Anspielung für den Fall, dass ihre Briefe in falsche Hände gelangen sollten; vgl. auch die beiden weiteren Pseudonyme „Seneca" (Ct 92,4) und „Elias" (Ct 92,6).

[6] Sie meint: die jetzige Priorin Ana de los Ángeles könnte aus gesundheitlichen Gründen auf ihr Amt verzichten.

[7] Wörtlich: *„an der einen oder anderen mit Versuchungen (gegen die Priorin)"*.

die Wahrheit ist (und vergessen Sie es nicht, wenn ich mal sterbe), denn bei klausurierten Leuten möchte der Böse nichts lieber, als dass sie sich in den Kopf setzen, es wäre etwas möglich. Darüber gäbe es noch viel zu sagen; denn auch wenn ich von unserem Pater General[8] die Genehmigung habe, um die ich ihn eigens gebeten habe, eine zu versetzen, falls ihr eine bestimmte Gegend nicht gut täte, habe ich doch nachher so viele Nachteile davon erlebt, dass es meines Erachtens nicht angeht, es sei denn, zum Nutzen des Ordens; wenn es nicht überhaupt besser wäre, dass die einen sterben, um nicht allen zu schaden.

3. Es gibt noch kein einziges Kloster, das vollzählig ist;[9] vielmehr fehlen in einigen noch ziemlich viele, und in Segovia, glaube ich, drei oder vier, denn das habe ich meines Erachtens sehr wohl berücksichtigt. In Malagón habe ich der Priorin[10] ich weiß nicht wie viele Genehmigungen zur Aufnahme von Schwestern gegeben – mit dem Rat, sehr genau hinzuschauen – als wir die anderen dort wegnahmen,[11] denn sie sind nur wenige. Nehmen Sie ihr die wieder fort, Eure Paternität; denn es ist besser, man wendet sich an Sie; und glauben Sie mir, Herr Pater, dass ich jetzt nicht mehr dazu versucht bin, da ich erkenne, mit welcher Sorgfalt Eure Paternität darauf achten, so dass es mir ein großer Trost sein wird, wenn Sie mir diese Sorge abnehmen. So wie die Dinge jetzt stehen, wird größere Ordnung herrschen; aber wer, wie ich, diese und jene brauchte, um sie mit nichts[12] zu gründen, hat manchmal etwas gebraucht, um Zufriedenheit herzustellen.[13]

---

[8] Giovanni Battista Rossi.

[9] Zu Teresas Vorstellungen bezüglich der Anzahl der Schwestern in den einzelnen Klöstern siehe Anm. zu Ct 2,2.

[10] Brianda de San José.

[11] Aus Malagón nahm Teresa Schwestern für die Neugründungen in Beas, Sevilla und Caravaca, ein Zeichen, dass dieses erste Kloster, das weder an die „absolute Armut" von San José noch an die Fleischabstinenz gebunden war (F 9), in Teresas Augen keineswegs weniger galt als die anderen.

[12] Wörtlich: *„mit Luft"*.

[13] Damit gibt Teresa zu verstehen, dass sie manchmal mehr der Not gehorchte als dass sie ihre idealen Vorstellungen verwirklichen konnte.

Und glauben Eure Paternität nur, dass sie viel gewinnen, wenn sie sich auf die Gesellschaft[14] stützen, auch wenn man sich deshalb mitunter irren mag, wie es die Zeit aufzeigen wird und ich auch, sobald ich Eure Paternität sehe. Zumindest sind sie die wichtigste Stütze gewesen, die ich hatte, und nie werde ich aufhören, das anzuerkennen. Ich möchte nicht, dass Eure Paternität damit Schluss machten, dass die Schwestern in Valladolid ihnen manchmal etwas aus dem Garten schicken, denn sie sind auch arm, und für sie ist mehr als genug da. Und glauben Sie mir, Herr Pater, in irgendeinem unwichtigen Punkt eine Gefälligkeit zu tun, lässt sich bei manchen Personen nicht vermeiden. Das ist das Einzige, was mir bei den Visitationen ein bisschen zu rigoros vorgekommen ist, wenn es auch – da Eure Paternität es taten – irgendeinen Grund dafür gegeben haben muss.

4. Seneca[15] sagt, ganz glücklich, dass er in seinem Oberen[16] mehr gefunden hätte, als er sich hätte wünschen können; er dankt Gott sehr. Ich selbst möchte nichts anderes tun. Möge Seine Majestät Sie uns noch viele Jahre erhalten.

5. Ich sage Ihnen, dass ich wegen dieser häufigen Stürze von Ihnen verärgert bin, und es gut wäre, wenn man Sie festbände, damit Sie nicht mehr herabstürzen könnten.[17] Ich weiß nicht, was das für ein Esel ist, noch warum Eure Paternität an einem einzigen Tag zehn Meilen[18] zurücklegen müssen, was auf ei-

---

[14] Die Gesellschaft Jesu, also die Jesuiten, die Teresa sehr unterstützten, wie sie im folgenden dankbar anerkennt.

[15] Deckname für Johannes vom Kreuz, den Teresa gern *„meinen kleinen Seneca“* nennt, wobei sie humorvoll eine Anspielung auf die Weisheit des römischen Philosophen und Schriftstellers Lucius Annaeus Seneca (um 1–65) mit einer Neckerei wegen seiner auffallend kleinen Statur verbindet.

[16] Also in Gracián; wohl ein bewusster Versuch Teresas, eventuelle Sorgen Graciáns wegen mangelnder Loyalität des Johannes vom Kreuz zu zerstreuen; vgl. den Brief an ihn vom 11. Februar 1580, wo sie sich für Johannes vom Kreuz verbürgt, dass er *„falls nötig, für Eure Paternität sterben würde“* (Ct 333,1).

[17] Gracián war ein schlechter Reiter, der immer wieder vom Maulesel stürzte; umso mehr bewunderte er die ruhige Sicherheit, mit der Teresa ritt.

[18] Ca. 55 km.

nem Packsattel mörderisch ist! Es tut mir leid, wenn Sie deshalb gestürzt sind, weil Sie dickere Kleidung angezogen haben, da es schon kalt ist. Der Herr gebe, dass Ihnen nichts Schlimmes passiert ist. Schauen Sie (der Nutzen der Seelen liegt Ihnen ja am Herzen), was für ein Schaden für viele wegen schlechter Gesundheit Ihrerseits entstünde, und passen Sie um Gottes willen auf sie auf!

6. Elias[19] hat schon weniger Angst. Der Rektor[20] und Rodrigo Álvarez[21] hegen große Hoffnungen, dass alles sehr gut vonstatten gehen wird. Mich hat inzwischen die ganze Angst verlassen, die ich vorher hatte; ich könnte nicht einmal welche haben, auch wenn ich wollte. Gesundheitlich ist es mir dieser Tage miserabel ergangen; ich habe aber ein Abführmittel eingenommen und nun geht es mir gut, was schon seit vier oder mehr Monaten nicht mehr der Fall war, so dass es nicht mehr zum Ertragen war.

Eurer Paternität unwürdige Tochter

Teresa von Jesus

93.

An Doña María de Cepeda[1] in Ávila

Sevilla, 24. Oktober 1575

1. Jesus. – Die Gnade des Heiligen Geistes sei mit Euer Gnaden. Heute sind meine Schwester und ihr Mann mit den Kin-

---

[19] Deckname für den Prior der Beschuhten Karmeliten von Sevilla, Juan Evangelista, der sich vor der Visitation durch Gracián fürchtete; siehe Ct 89,2.

[20] Der Rektor und Novizenmeister der Jesuiten von Sevilla, Francisco Arias de Párraga (1534–1605), war ein treuer Freund und Unterstützer Teresas.

[21] Der Jesuit Rodrigo Álvarez (1523–1578), Konsultor am Inquisitionsgericht von Sevilla, war der Adressat der beiden Stellungnahmen, die Teresa 1576 für das dortige Inquisitionstribunal verfasste (CC 53 und CC 54). Er war einer der ersten Theologen, der ohne die damals üblichen Vorbehalte gegen Frauen die Schriften Teresas akzeptierte.

---

[1] Hier ist nicht Teresas älteste Halbschwester gemeint, die bereits 1562 verstorben war, sondern die gleichnamige Tochter des Cousins von Teresa, Francisco

dern[2] hier angekommen, um meinen Bruder Lorenzo[3] zu treffen; er ist an den Hof gegangen, hat seine Kinder[4] allerdings hier zurückgelassen, doch kommt er wieder zurück, um diesen Winter hier zu verbringen; danach geht er geradewegs nach Ávila. Er kam recht geschwächt und krank an; es geht ihm aber schon besser. Wir haben uns viel über Euer Gnaden unterhalten. Agustín ist dort geblieben.[5]

2. Schwester Beatriz de Jesús[6] hat die Priorin von Malagón[7] so liebgewonnen, dass sie mich inständig gebeten hat, sie nicht von dort wegzuholen, und außerdem ist sie nicht gesund gewesen. Möge es dem Herrn gefallen, ihr die Gesundheit zu schenken; denn sie sind alle mit ihr und ihrer Art sehr zufrieden. Ich bin es mit Herrn Luis de Cepeda gar nicht;[8] es wäre gut, wenn er mir einmal Nachricht von sich zukommen

---

Álvarez de Cepeda, und seiner Frau María de Ocampo, die Karmelitin im Menschwerdungskloster zu Ávila war. Wie ihre beiden leiblichen Schwestern Isabel de San Pablo (de la Peña) und Beatriz de Jesús (de Cepeda y Ocampo) wechselte sie zu den Unbeschuhten Karmelitinnen Teresas, musste aber aus gesundheitlichen Gründen in das Menschwerdungskloster zurückkehren.

2 Teresas jüngste Schwester Juana de Ahumada mit ihrem Mann Juan de Ovalle und den beiden Kindern Gonzalo („Gonzalito") de Ovalle und Beatriz de Ovalle y Ahumada.

3 Lorenzo de Cepeda, der im August jenes Jahres aus Westindien zurückgekehrt war.

4 Francisco („Francisquillo"), Lorenzo („Lorencico") und Teresita.

5 Teresas Bruder Agustín de Ahumada (1527–1591) war 1546 nach Westindien aufgebrochen; Teresa machte sich Sorgen über seinen unbeständigen Lebenswandel: *„Er hat keinen festen Wohnsitz, denn er ist immer noch nicht verheiratet und ist, wie man so sagt, heute hier und morgen dort"* (Ct 163,4 aus dem Jahr 1576). Obwohl sie 1581 fest mit seiner Rückkehr rechnete (Ct 414,4; 427,10), kam er erst nach ihrem Tod, um 1585, nach Spanien zurück, um sich 1590/91 erneut nach Perú einzuschiffen, wo er kurz nach seiner Ankunft erkrankte und starb.

6 Beatriz de Jesús (de Cepeda y Ocampo), die eine leibliche Schwester von María de Cepeda ist und wie diese im Menschwerdungskloster zu Ávila eingetreten war, sich dann aber Teresas Gründung anschloss.

7 Brianda de San José (Temiño y Mendoza).

8 Ein Bruder von María de Cepeda, der in Torrijos verheiratet war und bei dem Teresa öfter zu Gast gewesen war; vgl. Ct 9,1.

ließe. Von Isabel de San Pablo[9] bekam ich heute einen Brief. Gott mache sie zu seinen Dienerinnen, und Euer Gnaden möge er noch viele Jahre erhalten. Es geht mir hier gesundheitlich besser als dort.[10] Alle Damen dort lasse ich herzlich grüßen.

Heute ist der 24. Oktober.

Euer Gnaden unwürdige Dienerin

Teresa von Jesus

94.

An Doña Inés Nieto[1] in Alba

Sevilla, 31. Oktober 1575

1. Jesus. – Die Gnade des Heiligen Geistes sei mit Euer Gnaden. Den beiliegenden Brief habe ich vor ein paar Tagen geschrieben.[2] Mit diesem möchte ich den Gnädigen Herrn Albornós[3] inständig bitten, mir die Gunst zu erweisen, dass er meinen Neffen Gonzalo[4] in allem, wie er nur kann, begünstige. Möge ich doch erfahren, dass er durch diese Dienerin bei Euren Gnaden etwas erreicht; und so bitte ich Euer Gnaden inständig, mich in dieser Sache sehr zu unterstützen.

---

[9] Isabel de San Pablo (de la Peña), eine weitere leibliche Schwester von María de Cepeda, die ebenfalls im Menschwerdungskloster eingetreten und zu den Unbeschuhten Karmelitinnen übergewechselt war.

[10] In Sevilla besser als in Ávila.

---

[1] Siehe Ct 78 tít.

[2] Der Brief für die Herzogin von Alba, Doña María Enríquez, auf dessen Inhalt sie im nächsten Absatz eingeht.

[3] Inés Nietos Ehemann Juan de Albornoz, der Sekretär beim Herzog von Alba, Don Fernando Álvarez de Toledo, ist, weshalb Teresa ihm ihren Neffen empfiehlt, dem sie eine Anstellung beim Herzog als Page vermitteln möchte.

[4] Gonzalo de Ovalle, der etwa 19-jährige Sohn ihrer Schwester Juana de Ahumada und deren Mann Juan de Ovalle.

2. Es ist nämlich so, dass ich meiner Gnädigen Frau Herzogin[5] schreibe mit der inständigen Bitte an Ihre Exzellenz, ihn als Pagen anzustellen; denn er kam mir als der richtige Mann dafür vor, und ich weiß, dass der Gnädige Herr Albornós da viel vermag. Da die Leute miteinander schwätzen, befürchte ich sehr, sie könnten ihn dazu bringen, nach drüben aufzubrechen,[6] indem man ihm sagt, er sei für einen Pagen zu alt. Mir machte das auch nichts aus, wenn ich erkennen würde, dass damit dem Herrn gedient sei, aber es steht gefährlich in Italien. Seine Majestät möge ihn behüten, so er kann, und Euer Gnaden schenke er eine glückliche Niederkunft.

3. Ich habe mich gefreut, von meiner Schwester[7] Genaueres über Euer Gnaden und über diesen Engel, den Sie haben,[8] zu erfahren. Gott möge ihn uns behüten, und er schenke Euren Gnaden das, worum ich ihn inständig bitte. Je länger ich das Bild anschaue, desto lieblicher finde ich es, und die Krone ist ganz anmutig.[9] Ich habe vor, es mitzunehmen, wenn ich wieder nach drüben zurückkehre.[10]

Heute ist der letzte Oktobertag.

Euer Gnaden unwürdige Dienerin

Teresa von Jesus, Karmelitin

[5] Die Herzogin von Alba, Doña María Enríquez.

[6] Teresa befürchtet, dass Gonzalo sich von den Truppen des Herzogs anwerben lassen könnte, falls er keine Anstellung als Page findet.

[7] Juana de Ahumada, die auf Teresas Wunsch mit ihrem Mann nach Sevilla gekommen war, um die aus Westindien heimgekehrten Brüder Lorenzo de Cepeda und Pedro de Ahumada wiederzusehen; vgl. Ct 88,3.

[8] Ein Enkel von Inés Nieto, der kleine Sohn ihrer Tochter Elvira de Albornoz.

[9] Das bereits in Ct 78,3 und Ct 84,1 erwähnte Muttergottesbild, ein Geschenk der Adressatin, das jetzt von ihrer Schwester Juana nach Sevilla mitgebracht worden war.

[10] Nach Kastilien; sie nahm es jedoch nicht mit, sondern überließ es den Schwestern in Sevilla.

95.

An Mutter Ana de San Alberto[1] in Sevilla

Sevilla, 24. November 1575[2]

Jesus – Denkschrift zu dem, was in Caravaca zu tun ist.

1. So bald Euer Ehrwürden ankommen, sollen Sie sich in ihr Haus einschließen,[3] und es darf von niemandem sonst mehr betreten werden; bis aber das Gitter eingebaut wird, soll man an einer bestimmten Ecke sprechen, wo die Gitter einzubauen sind, oder auch durch die Winde;[4] und sorgen Sie dafür, dass das Gitter bald eingebaut wird.[5]

2. Bevor die (erste) Messe gelesen wird – ich meine, vor der Inbesitznahme –,[6] müssen Sie Ihre Glocke aufhängen und dafür sorgen, dass ein Studierter die Schriftstücke, die diese Da-

---

[1] Ana de San Alberto Salcedo (1545–1624), gebürtig aus Malagón, trat 1568 23-jährig in den Karmel ihrer Heimatstadt ein, wo sie 1569 ihre Profess ablegte; 1575 nahm Teresa sie nach Beas und von dort nach Sevilla mit. Am 22. November 1575 wurde sie zur Priorin der Gründung in Caravaca de la Cruz ernannt, die sie am 1. Januar 1576 in Teresas Auftrag vornahm: *„Ich sorgte dafür, dass eine Schwester Priorin würde, der ich zutraute, dass sie es sehr gut machen würde, da sie viel besser ist als ich“* (F 27,8). Diese Denkschrift wurde ihr zwei Tage nach ihrer offiziellen Ernennung durch Gracián von Teresa überreicht. Ana war insgesamt 25 Jahre, davon 15 Jahre ohne Unterbrechung im Amt. In Caravaca lernte sie auch Johannes vom Kreuz kennen und unterstellte sich seiner geistlichen Führung; aus den folgenden Jahren sind vier Briefe von ihm an sie erhalten, aus denen ihre tiefe geistliche Verbundenheit ersichtlich wird (Ep 3; 4; 5; 30).

[2] Autograph: Archiv der Stadtverwaltung, Caravaca.

[3] Teresa verstand die vom Konzil von Trient allen Frauenklöstern auferlegte Klausur vor allem als Freiraum, in dem sie zusammen mit ihren Schwestern ohne Einmischung von außen ihr geistliches Leben nach ihren eigenen Vorstellungen gestalten konnte; siehe F 31,46; CE 8,6.

[4] Siehe Anm. zu Ct 24,18.

[5] Sprechgitter waren vom Konzil von Trient vorgeschrieben.

[6] Seit der Gründung in Salamanca 1570 wusste Teresa, dass zur gültigen Gründung eines Klosters bzw. zur Inbesitznahme des Hauses die Feier der ersten heiligen Messe in der Klosterkirche genügte (F 19,3), daher an dieser Stelle die Gleichsetzung beider Tatbestände. Wenn sie Widerstand fürchtete, beeilte sie sich daher immer, mit der baldigen Feier einer Messe Tatsachen zu schaffen, so etwa in Medina del Campo: *„Wir beeilten uns sehr, dass bei Tagesanbruch*

men[7] haben anfertigen lassen und in denen sie das feste Einkommen für das Haus zusagen, prüft, und die von unserem Hochwürdigsten Vater[8] autorisierte Genehmigung, die Euer Ehrwürden mitbringen, vorzeigen, kraft derer und der von mir gegebenen Vollmacht,[9] die Sie mitbringen, er die Gründung ohne jede Gebühr oder Abgabeverpflichtung oder sonst etwas akzeptieren soll, da es im Schriftstück so vereinbart worden ist.

3. Ist dieses Schriftstück einmal ausgestellt – Pater Vikar Fray Ambrosio[10] wird schon darauf achten, dass es richtig geschieht – und von Euer Ehrwürden und diesen Damen unterschrieben, dann kann man das Allerheiligste Sakrament einsetzen.

4. Achten Sie darauf, dass man in dem Schriftstück auch die Erlaubnis von Seiner Majestät erwähnen muss;[11] die des Bischofs braucht man dann, glaube ich, nicht mehr. Sie müssen

---

der Altar aufgestellt war und in einem Flur eine kleine Glocke hing, und sofort wurde die Messe gelesen. Das genügte für die Inbesitznahme. Das war uns aber nicht bewusst, sondern wir setzten auch noch das Allerheiligste Sakrament ein“ (F 3,9).

7 Die Stifterinnen aus Caravaca, die die Gründung vorbereitet hatten und dort eintreten wollten: Catalina de Otálora; Francisca de Sahojosa bzw. Saojosa; Francisca de Cuéllar, die den Namen Francisca de la Cruz annahm; und Francisca de Tauste, die als Unbeschuhte Karmelitin Francisca de San José hieß.

8 Eine Anspielung entweder auf die generelle Gründungserlaubnis, die Teresa 1567 vom Ordensgeneral Giovanni Battista Rossi (Juan Bautista Rubeo) erhalten hatte, oder aber auf die Gründungsgenehmigung für Caravaca, die Jerónimo Gracián am 22. November 1575 zugunsten von Ana de San Alberto als Priorin und Bárbara del Espíritu Santo als Subpriorin ausgestellt hatte. (BMC 6,263).

9 Die notariell beglaubigte Vollmacht wurde am 24. November in Sevilla ausgestellt. (BMC 6,266f.).

10 Im Auftrag Graciáns wurden die Schwestern von Ambrosio de San Pedro (Buencuchillo), dem Subprior von Almodóvar del Campo (weshalb Teresa ihn hier „Vikar“ – Stellvertreter – nennt), und dem Laienbruder Miguel de la Columna nach Caravaca begleitet. Letzterer ist derselbe, der Gracián 1577 beim König verleumdete; siehe Ct 208,1.

11 Da Caravaca der unmittelbaren Jurisdiktion des Ritterordens von Santiago unterstand, war die Erlaubnis des in Madrid ansässigen Ordensrates erforderlich, deren Bedingungen Teresa jedoch nicht akzeptieren konnte, so dass sie an den König appellierte; siehe F 27,6 und ferner Ct 81,4 und insbesondere Ct 86,4. Der Ortsbischof war in diesem Fall in der Tat nicht zuständig.

die Glocke zur Messfeier läuten, um das Haus in Besitz zu nehmen.[12] Es ist nicht nötig, die Kirche segnen zu lassen, da es keine ordenseigene ist. Sobald das Haus in Besitz genommen ist, können diese Damen[13] den Habit nehmen, sobald sie darum bitten.

Teresa von Jesus

96.

An Pater Jerónimo Gracián[1] in Sevilla

Sevilla, Ende November 1575[2]

Für unseren Pater Visitator.

1. Jesus. – Die Gnade des Heiligen Geistes sei mit Euer Gnaden, Herr Pater. O, wenn Sie sehen würden, wie aufgelöst und voller Skrupel ich heute bin! Ich sage Ihnen, ich bin recht armselig, und das Schlimmste ist noch, dass ich mich niemals bessere. Ich habe heute dem Bischof[3] gesagt, was Fray

---

[12] Siehe oben Ct 95,2.
[13] Die in Ct 95,2 erwähnten Stifterinnen.

---

[1] Siehe Ct 89 tít.
[2] Autograph: Archivo Histórico Nacional, Madrid.
[3] Der andalusische Karmelit Diego de León (1510–1581), gebürtig aus Utrera in der Provinz Sevilla, der einzige spanische Karmelit in Trient, hatte sich als Theologe auf dem Konzil von Trient und Erzieher der Neffen Philipps II. einen Namen gemacht. Am 2. Oktober 1560 von Pius IV. zum Bischof von „Columbica in Africa Mauretania Caesariensi" (CT VIII, 671, Anm. 5; der Name variiert in den Konzilsakten) ernannt, erhielt er die Erlaubnis, da dieser Ort im Gebiet der Ungläubigen lag, seine Pontifikalfunktionen in der Erzdiözese Siponto (heute Manfredonia-Vieste-San Giovanni Rotondo, Italien) auszuüben. Als Teresa diesen Brief schrieb, war er Titularbischof von den Schottischen Inseln und lebte zurückgezogen in Sevilla, wo er Prior des Karmelitenklosters gewesen war. Am 7. Februar 1574 hatte er trotz der Aufhebung der andalusischen Klöster der Unbeschuhten durch das Generalkapitel von Piacenza (Ct 83,8) vom Ordensgeneral Rossi (Rubeo) die Genehmigung zur Gründung eines Klosters von Unbeschuhten Karmeliten in Andalusien erhalten; er war also reformgesinnt und ein Freund Teresas, doch war auch er nicht einverstanden mit der Visitation der Karmeliten Andalusiens durch Gracián.

Ángel[4] in Alba gemacht hatte, und er meinte, das täte doch nichts zur Sache; er sagte mir nämlich, was uns denn Schlimmes passieren könnte, wenn er die Leitung über diese Klöster hätte, was er uns denn tun würde. Ich habe ihm auch ein bisschen über das von Medina erzählt; denn da sie es nicht geheimhalten, glaubte ich nicht, dass viel dabei wäre, dass es aber gut wäre, wenn jener[5] über einige Dinge im Bild wäre; meiner Meinung nach weiß er nämlich nicht, worum es wirklich geht. Dennoch habe ich deswegen solche Skrupel, dass ich morgen, sofern nicht jemand von dort[6] kommt, um meine Beichte zu hören, nicht zur Kommunion gehen werde:[7] Schauen Sie, was für eine Hilfe bei den sonstigen Sorgen, die ich mir zur Zeit wegen derer von Euer Ehrwürden mache![8]

2. Ich habe ihm das andere gesagt;[9] er meinte, dass Padilla[10] es mir geschrieben hätte. Ich habe es so stehen lassen. Er sagt, dass man sie selbst dann nicht zum Gehorchen brächte, wenn noch so viele hohe Herren kämen, und sei es der Erzbischof von Granada,[11] außer sie hätten Jurisdiktionsgewalt über sie; und dass, wenn sie ihm etwas sagten, das nur deshalb wäre, um zu sehen, ob sie mit seiner Meinung übereinstimmten; und dass sie ohnehin nicht ernstnähmen, was er ihnen sagt, er

---

[4] Der Provinzial der Karmeliten von Kastilien, Ángel de Salazar; als solcher hatte er die Klöster der Unbeschuhten Karmelitinnen in Alba de Tormes und Medina del Campo, die ihm rechtlich unterstanden, visitiert und einige Anordnungen hinterlassen, mit denen Teresa nicht glücklich war.

[5] Der Bischof.

[6] Aus dem Konvent der Unbeschuhten Los Remedios (Sevilla), wo sich Gracián zu diesem Zeitpunkt aufhielt.

[7] Den damaligen Vorstellungen von einer „würdigen" Kommunion entsprechend, nach der man alle Sünden, die einem bewusst waren, beichten musste, bevor man zum Tisch des Herrn kommen durfte.

[8] Eine Anspielung auf den Widerstand der Beschuhten Karmeliten von Sevilla gegen Gracián als Visitator; vgl. Ct 89,1.

[9] Erneut eine Anspielung auf Graciáns Probleme mit den Beschuhten Karmeliten Sevillas.

[10] Der Weltpriester und selbsternannte Ordensreformator Juan Calvo de Padilla.

[11] Erzbischof von Granada war zu diesem Zeitpunkt Don Pedro Guerrero († 1576), der in dieser Eigenschaft auch am Konzil von Trient teilgenommen hatte.

aber gar nicht verpflichtet sei, sich mit ihnen anzulegen, damit sie gehorchten, denn mit der Weigerung, darüber zu sprechen, tue er niemandem Unrecht; und was für einen Grund es denn gäbe, auf ihn etwas zu geben, da es ja gar nicht das sei, worum es bei diesem Geschäft gehe, sondern es andere Mittel wären, die den Ausschlag geben.

3. Ich habe aufgrund eines Punktes, den er ansprach, den Eindruck gewonnen, dass sie gehorchen würden, falls es Strafen gäbe. Er hat das aber nicht deutlich ausgesprochen, und Sie brauchen es auch nicht ernstzunehmen, denn vielleicht habe ich es mir nur eingebildet. Wir empfehlen es Gott sehr. Und bei Lichte besehen wäre es schon besser, sie gehorchten, um den Skandal im Ort zu beseitigen, denn es müssen sie wohl viele unterstützen. Gott schenke ihnen Licht!

4. Lassen sich Eure Paternität Zeit, die Exkommunikationsschreiben auszustellen, auch wenn sie nicht gehorchen sollten, damit sie das gut bedenken. Das ist es, was mir dazu einfällt. Dort wird man es aber besser wissen; ich möchte nur nicht, dass es so aussieht, als würden sie durch Erstickung schachmatt gesetzt.[12]

5. Von dem Mitbruder, den sie an den Hof geschickt hatten, sagt er, dass er nach Rom gegangen sei, ohne mit dem Nuntius[13] zu sprechen.[14] Es muss ihnen wohl bewusst sein, dass es um einen Prozess nicht gut bestellt ist.

---

[12] *Mate ahogado*: *„ersticktes Matt"* (engl. *„smothered mate"*), ein Fachbegriff aus der Schachsprache für ein Schachmatt durch einen Springer, dem der König weder durch Schlagen des schachbietenden Springers noch durch Wegziehen entkommen kann, weil alle Fluchtfelder durch eigene Figuren besetzt sind; seit dem 15. Jahrhundert auch ein beliebtes Motiv in der Schachkomposition. Dies ist eine der beiden Stellen im Gesamtwerk, an denen deutlich wird, dass Teresa sich mit dem in Spanien aufgrund der Jahrhunderte langen arabischen Präsenz besonders in höheren Kreisen sehr populären Schachspiel vorzüglich auskannte; vgl. CE 24,1.

[13] Nicolás Ormaneto, der Teresa und ihrem Gründungswerk wohlgesonnen war.

[14] Anspielung auf den von den Beschuhten Karmeliten von Sevilla nach Madrid entsandten Vertreter, um ihre Sache beim Nuntius zu verfechten; nach Rom

6. Sagen mir Euer Ehrwürden, wie es Ihnen geht, denn an Sorgen mangelt es Ihnen nicht, wie ich sehe. Auch mich bedenkt man damit reichlich, und die Hilfe, die Eure Paternität an mir haben, besteht in meiner Armseligkeit, wie Sie sehen. Möge Gott mich bessern, und Eure Paternität behüte er mir.

7. Trotz alledem sagte er mir, als ich ihm das sagte – ich meine, das mit Fray Ángel,[15] denn aus dem anderen machte er sich nicht viel, man merkt, dass er sich den Rücken frei hält –, dass man dem Nuntius Bescheid sagen solle, da er der höhere Obere sei. Je länger ich mit dem Gedanken spiele, dass Eure Paternität an den General schreiben und so viel Entgegenkommen zeigen sollten, wie nur möglich, desto besser scheint es mir, und ich glaube nicht, dass irgend jemand das krumm nimmt. Es reicht schon, dass die Dinge gegen seinen Willen geschehen, ohne dass man ihm auch noch ein paar gute Worte versagt und nichts sagt. Schauen Sie, Herr Pater, wir haben ihm den Gehorsam versprochen,[16] und man hat damit nichts zu verlieren.

Eurer Paternität unwürdige Tochter

Teresa von Jesus

8. Den beiliegenden Brief hat mein Bruder[17] gebracht. Sagen mir Eure Paternität, wie es dem Ihren geht,[18] denn Sie kommen gar nicht dazu, es mir zu sagen, und sorgen Sie dafür, dass morgen jemand hierher kommt, damit ich beichte. Es sind viele Jahre her, dass ich einer so schlimmen Prüfung ausgesetzt war wie jetzt, seit diese Reformen im Gange sind; denn hier wie dort sage ich immer mehr, als ich möchte, und doch nicht alles, was ich mir wünsche.

---

wurden der Prior von Córdoba, Pedro de Cota, und der Prior von Utrera, Luis de Navarrete, entsandt; siehe Ct 111,1.

15 Ángel de Salazar; siehe oben Ct 96,1.

16 In der Professformel wurde ausdrücklich der Ordensgeneral genannt.

17 Lorenzo de Cepeda.

18 Graciáns ältester Bruder Antonio Gracián, der damals schwerkrank war und im April 1576 sterben sollte; siehe Ct 97,3; 102,4.

97.

An Diego Ortiz[1] in Toledo

Sevilla, 26. Dezember 1575

1. Jesus. – Die Gnade des Heiligen Geistes sei mit Euer Gnaden. Amen. Gott sei gepriesen, dass Euer Gnaden und Ihr ganzes Haus bei guter Gesundheit sind. Ich wünsche sie auch sehr dem Gnädigen Herrn Alonso Álvarez,[2] denn ich habe ihn im Herrn herzlich lieb und empfehle ihn Gott und bitte auch die Schwestern hier[3] darum, und für Euer Gnaden genauso.

2. Seiner Gnaden küsse ich die Hand, und er möge diesen Brief als an ihn gerichtet ansehen, und soll wissen, dass er an mir, wo immer ich auch bin, eine treue Dienerin hat. Und der Gnädigen Frau Doña Francisca Ramírez[4], darum bitte ich ihn inständig, soll er dasselbe sagen. Da ich über die Mutter Priorin[5] Nachricht von Euren Gnaden erhalte, bin ich im Schreiben nachlässig; aber, um die Wahrheit zu sagen, muss ich mich oftmals auf so viel einlassen, dass ich nicht kann. Hier ist es mir gottlob gesundheitlich gut gegangen. Ansonsten aber sagen mir die Leute der Gegend dort besser zu, denn mit denen von dieser Gegend verstehe ich mich nicht gut.

3. Mit unserem Pater Provinzial[6] habe ich über das Geschäft, das mir Euer Gnaden auftragen, gesprochen.[7] Er sagt, dass es

---

[1] Siehe zu ihm Ct 17 tít und ferner Ct 28; 32; 33. Teresa hat die Verbindung zu *„meinen Stiftern“* (Ct 19,4) von Toledo nie abreißen lassen; selbst in Briefen aus den letzten Monaten ihres Lebens sind sie noch präsent, so an Ana de los Ángeles vom 26. August 1582 (Ct 463,2.7) und vom 2. September 1582 (Ct 466,2).

[2] Der Schwiegervater des Adressaten Diego Ortiz, ein Converso aus Toledo.

[3] In Sevilla.

[4] Die Frau von Diego Ortiz und Tochter von Alonso Álvarez Ramírez.

[5] Die Priorin von Toledo, Ana de los Ángeles (Ordóñez y Gómez).

[6] Jerónimo Gracián, der damals noch nicht eigentlich Provinzial war; dazu wurde er erst 1581 gewählt.

[7] Es ist nicht klar, worum es sich genau handelt; Ortiz hat sich wohl von Teresa Unterstützung in einer Sache erhofft, die bei Hof in Madrid anhängig war.

nötig wäre, dort zu sein; da aber sein Bruder[8] seit vielen Tagen schwerkrank im Bett liegt, könne man nichts machen. Ich habe mich hier darüber besprochen, und er hält es für fraglich, ob es sich durchsetzen lässt; deshalb mögen es Euer Gnaden nicht vernachlässigen, wenn Sie dort Recht bekommen, und man durch eine Verzögerung verlieren würde, denn wenn Interessen im Spiel sind, habe ich am Hof wenig Glück, auch wenn wir tun, was wir können. Möge es dem Herrn gefallen, es so zu machen, wie er sieht, dass es nötig wäre, denn ich sehe ja auch, wie wichtig es für uns Schwestern ist. Er ist schon arg, dass bei allen Prüfungen, die Eure Gnaden mit diesem Geschäft ohnehin haben, jetzt auch diese noch auf Sie zukommt.

Seine Majestät behüte Euer Gnaden und halte Sie an seiner Hand. Amen. Und Herrn Alonso Álvarez genauso.

Heute ist der 26.

Euer Gnaden unwürdige Dienerin

Teresa von Jesus, Karmelitin

98.

An Mutter María Bautista[1] in Valladolid

Sevilla, 30. Dezember 1575[2]

1. Jesus sei mit Ihnen, meine Tochter, und schenke Ihnen so gute und so viele Jahre, wie ich es von ihm erbitte. Ich sage Ihnen, dass es mich zum Lachen bringt, wenn Sie mir sagen, mir ein andermal sagen zu wollen, was Sie von manchen Din-

---

[8] Antonio Gracián, der Sekretär des Königs; siehe Ct 96,8.

---

[1] Siehe Ct 63 tít.
[2] Autographisches Fragment: Stiftskirche, Pastrana.

gen halten. Das glaube ich gern, dass Sie Ratschläge zu erteilen haben! Am letzten Weihnachtstag[3] hat man mir den Brief gebracht, der über Medina kam, und vorher schon den anderen zusammen mit dem von meinem Pater;[4] ich hatte aber niemandem, mit dem ich eine Antwort schicken konnte. Ich habe mich sehr über letzteren gefreut wegen der Nachricht von der Gnädigen Frau Doña María,[5] denn da der Bischof[6] geschrieben hatte, dass sie Fieber hatte, war ich sehr in Sorge, und so haben wir sie alle Gott sehr anempfohlen. Sagen Sie es ihr, und herzliche Grüße von mir. Er sei gepriesen, dass er ihr die Gesundheit wiedergeschenkt hat, und empfehlen Sie mich ihrer Tochter[7] und allen Damen.

2. Der Brief war mehr aus Anhänglichkeit als aus Gefallsucht geschrieben.[8] Ich hätte gern ein solches Verhältnis zu ihm, so dass wenigstens etwas von dem, was ich sage, ein Gefallen für ihn wäre. Es ist seltsam, dass es mir bei unserem anderen Pater[9] überhaupt kein Unbehagen verursacht, dass ich ihn so gern mag, nicht mehr als wenn er keine lebende Person wäre.[10] Zum Teil weiß er das, was ich Ihnen heute schreibe, gar nicht. Es geht ihm gut. O, was haben wir bei diesen seinen Reformen für Schwierigkeiten durchgemacht![11] Gehorchen gibt es nicht; er hat ihnen Exkommunikationen auferlegt. Es gibt weiterhin Auflehnung, so dass ich Ihnen sage, dass mir, seit

---

[3] Am 27. Dezember, gemäß dem klösterlichen Brauch, die höchsten Festtage drei Tage lang zu feiern.

[4] Domingo Báñez OP.

[5] María de Mendoza, die Schwester des Bischofs von Ávila, Álvaro de Mendoza.

[6] Álvaro de Mendoza.

[7] Die nach ihrer Großmutter mütterlicherseits, María Sarmiento y Pimentel sen., benannte María Sarmiento y Pimentel jun.; siehe auch Ct 207,1.

[8] Vermutlich eine Anspielung auf einen Brief Teresas an Báñez.

[9] Jerónimo Gracián.

[10] Vgl. Ct 88,9, wo auch Teresas Beziehung zu Báñez und zu Gracián miteinander verglichen wird.

[11] Eine Anspielung auf Graciáns Schwierigkeiten als Visitator der Beschuhten Karmeliten Andalusiens, da von ihm die Durchsetzung von Reformen erwartet wurde, zu denen viele von ihnen nicht bereit waren.

er hier ist, mehr Leid als Glück zuteil geworden ist; vorher ging es mir viel besser.

3. Wenn sie mich nur ließen, wäre ich schon bei Euer Ehrwürden; denn man hat mich von dem Befehl des Hochwürdigsten[12] in Kenntnis gesetzt, dass ich mir nämlich ein Haus aussuchen solle, in dem ich für immer bleiben und nicht mehr gründen solle,[13] denn dem Konzil zufolge darf ich das Haus nicht verlassen.[14] Es ist leicht zu durchschauen, dass Verärgerung über die Tatsache, dass ich hierher gekommen bin, dahinter steckt. Ich habe eine Bittschrift derer *vom Tuch*[15] gesehen, wo sie meinen, mir ein großes Leid zuzufügen; dabei ist es eine solche Wohltat für mich, dass ich nicht einmal glauben kann, ich werde es erleben. Ich würde mir aus gewissen Gründen, die ich in einem Brief nicht erwähnen kann, außer dem einen, dass mein Pater[16] und Euer Ehrwürden dort sind,[17] am liebsten das dortige Haus[18] aussuchen. Der Pater Visitator,[19] der im Augenblick mehr zu sagen hat als unser Hochwürdigster, hat mich aber von hier nicht fortziehen lassen; ich weiß nicht, wie es ausgehen wird.[20]

---

12 Sie meint den Generaloberen der Karmeliten, Giovanni Battista Rossi (Juan Bautista Rubeo); eine Anspielung auf die gegen sie gerichteten Anordnungen des Generalkapitels, das im Mai–Juni 1575 unter dem Vorsitz des Ordensgenerals in Piacenza (Italien) getagt hatte.

13 In den Kapitelakten ist von einem solchen Befehl, der darauf abzielte, die Ausbreitung der Unbeschuhten zu stoppen, nichts zu finden; siehe dazu F 25,2; 27,19.

14 Eine Anspielung auf das Dekret des Konzils von Trient über die Klausur der Ordensfrauen, das die Klausurvorschriften als Reaktion auf mancherorts aufgetretene Missstände wesentlich verschärfte und für alle Frauenklöster verbindlich machte; dabei ging es weniger um den Schutz des geistlichen Freiraums – wie Teresa die Klausur verstand –, als vielmehr darum, jeder Möglichkeit zum Kontakt mit dem „anderen Geschlecht" vorzubauen. Siehe dazu E. Boaga, *La clausura,* 499ff.

15 Der Beschuhten Karmeliten; vgl. Ct 89,1.

16 Báñez.

17 Vgl. Ct 104,2.

18 In Valladolid.

19 Gracián.

20 Ein Hinweis auf die Spannungen zwischen dem von Teresas Gegnern beeinflussten Ordensgeneral und dem Apostolischen Nuntius als Repräsentant

4. Für mich wäre es eine große Wohltat, jetzt nicht in diesem Trubel von Reformen zu stecken; doch will der Herr nicht, dass er mich von derartigen Prüfungen, die mir sehr unangenehm sind, frei mache. Unser Pater[21] sagt, dass ich bis zum Sommer gehen werde. Was dieses Haus hier[22] – ich meine, seine Gründung – anbelangt, macht es nichts, wenn ich dort fehle; für meine Gesundheit sieht man deutlich, dass diese Gegend besser ist, ja sogar teilweise für meine innere Ruhe, da das eitle Getue, das es dort um mich gab, unbekannt ist;[23] aber es gibt sonstige Gründe, weshalb ich glaube, dass es besser sein wird, mich dort[24] niederzulassen: einer ist, um den Häusern näher zu sein. Der Herr möge es lenken, denn ich habe nicht vor, meine Meinung kundzutun, denn wo auch immer man mich hinschickt, werde ich zufrieden sein.

5. Mein Bruder[25] ist zurückgekommen, war aber ziemlich krank; er ist inzwischen wieder fieberfrei. Mit seinen Verhandlungen erreichte er nichts, da aber das, was er hier schon hatte, sicher ist, hat er genug, um gut leben zu können. Im Sommer geht er noch einmal zurück,[26] denn jetzt war nicht der rechte Zeitpunkt. Er ist mit seiner Schwester[27] und auch mit Juan de Ovalle[28] überglücklich (sie verwöhnen und beglücken ihn aber auch dermaßen), und sie sind es sehr mit ihm. Er war nur ganz kurz bei mir, daher habe ich das andere noch nicht mit ihm besprochen, doch glaube ich, dass ich es ihm nur zu sagen brauche, und er wird es tun; für das aber,

---

des Papstes, der Gracián zum Visitator ernannt hat; in ihrem Brief an María Bautista vom 19. Februar 1576 wird Teresa diesbezüglich noch deutlicher (Ct 104,2).

21 Gracián.

22 Teresas Neugründung in Sevilla.

23 In Kastilien, wo sie als Heilige verehrt wurde; vgl. Ct 88,12.

24 In Kastilien.

25 Lorenzo de Cepeda, der in Madrid gewesen war, um seine finanziellen Angelegenheiten zu regeln.

26 An den Hof nach Madrid.

27 Juana de Ahumada.

28 Juanas Ehemann.

was die Kinder[29] brauchen, wird ihnen ein Page gerade reichen.[30]

6. Mein Bruder sagt, wenn dieser hierher kommt, könne seine Mutter[31] sich denken, es sei so, als wohne er bei ihr; und wenn er durchhält und tugendhaft ist, wird er mit ihnen in San Gil[32] studieren, und es wird ihm besser gehen als woanders. Und Juan de Ovalle sagt (da ich ihm gesagt habe, dass Euer Ehrwürden es wünschen), er werde sich die Angelegenheit sehr zu Herzen nehmen, so dass ich lachen musste; denn mein Bruder erweckt in ihm die Lust, das zu tun, von dem er sich vorstellt, dass ich es möchte; und so habe ich sie so sehr in Freundschaft mit ihm verbunden, dass ich zu Gott hoffe, sie werden viel dadurch gewinnen,[33] während er durch sie nichts verliert, da sie Ruhe geben.

7. Juan de Ovalle versteht sich außerordentlich gut mir ihm; die Kinder werden gar nicht fertig, ihn zu loben. Ich sage das, weil dieser Junge[34] dann gar nichts anderes als Tugendhaftes lernen kann, falls er vielleicht kommt – hierhin, meine ich –, sofern sie im April nicht schon in Ávila sind. Wenn ich das Ganze in Ordnung bringen könnte, würde mich das sehr freuen, um meinem Pater[35] die Sorge zu nehmen; denn bei seiner Art wundert es mich, wie sehr er sich dies zu Herzen genommen hat, und es muss wohl Gott tun, weil sie keinen anderen Ausweg haben. Es würde mir sehr leid tun, wenn er[36] nach Toledo ginge. Ich verstehe nicht, wieso er lieber dort ist

---

[29] Die beiden Söhne Lorenzos, Francisco (Francisquillo) und Lorenzo (Lorencico) de Cepeda.

[30] Eine Anspielung auf den Pagen, den Báñez für die Söhne Lorenzos empfohlen hatte; vgl. Ct 104,6.

[31] Die Mutter des besagten Pagen.

[32] Das Studienkolleg der Jesuiten in Ávila.

[33] Teresa erhofft sich von Lorenzo finanzielle Unterstützung für das Ehepaar Ovalle, dem es nach wie vor wirtschaftlich schlecht geht; vgl. Ct 22,1; 24,11.

[34] Der Page, von dem in den beiden vorigen Absätzen die Rede war.

[35] Báñez.

[36] Erneut Báñez.

als in Madrid, befürchte aber, dass es sich nicht machen lässt. Gott möge es so fügen, wie ihm mehr damit gedient ist, was doch das ist, worum es geht. Für Sie[37] würde es mir leid tun, und es würde mir sogar ziemlich die Lust nehmen, in dem Haus dort[38] zu leben. Ich glaube aber, wie gesagt, dass man mir auftragen wird, dort zu leben, wo es am nötigsten ist.

8. Was Ihre Schwester[39] anbelangt, so braucht darüber nicht gesprochen zu werden, bis unser Pater[40] dorthin[41] kommt; und ich fürchte wirklich, dass wir uns mehr Kosten aufladen, nur um sie ihnen zu ersparen; denn da sie ihr ganzes Leben lang dort aufgewachsen ist, weiß ich nicht, wie sie sich hier zurechtfinden soll,[42] und wie ich halb herausgehört habe, kommt sie wohl nicht gut mit ihren Schwestern aus. Ich meine, sie wird wohl ein bisschen ihre eigenen Wege gehen; wenn es sich bloß nicht um melancholiebedingte[43] Heiligkeit handelt! Nun gut, unser Pater wird sich über das Ganze informieren, und bis dahin soll über nichts gesprochen werden.

9. Man wird Ihnen wohl schon einen Brief von mir gebracht haben, in dem ich Ihnen sagte, wie ich eine von hier[44] als Priorin nach Caravaca geschickt habe. Die Ihre[45] hat es mit großer Freude aufgenommen, und genauso schreibt mir auch die Priorin von Malagón,[46] wo sie lebte, dass sie glücklich sei.

---

37 Für María Bautista.

38 In Valladolid.

39 Es ist nicht klar, um wen es sich handelt.

40 Jerónimo Gracián.

41 Nach Valladolid.

42 „Dort": in Kastilien, „hier": Andalusien.

43 Zu Teresas Melancholiebegriff siehe Ct 8,2.

44 Ana de San Alberto (Salcedo); siehe zu ihr Ct 95 tít; Teresa hatte sie 1575 nach Beas und von dort nach Sevilla mitgenommen, deshalb *„von hier"*; nun war sie beauftragt worden, die Gründung in Caravaca vorzunehmen.

45 Wohl eine Schwester aus dem Karmel Valladolid, die nach Caravaca mitgehen sollte; möglicherweise ist Jerónima de Jesús gemeint.

46 Das war zu diesem Zeitpunkt Brianda de San José (Temiño y Mendoza); Ana de San Alberto war in Malagón eingetreten und hatte dort 1569 Profess gemacht.

Ich sage Ihnen, sie muss eine gute Seele sein; sie hat mir geschrieben, dass sie um Euer Ehrwürden wissen wolle, und spricht viel von dem, was sie Ihnen verdanke, und redet mit viel Liebe von Ihnen. Soviel ich verstehe, wird das Haus wohl noch vor Weihnachten gegründet sein; ich habe aber noch nichts erfahren.[47]

10. Ich denke, es wird gut sein, dass Sie meinem Pater[48] noch nichts über den Jungen[49] sagen, bis ich mit meinem Bruder gesprochen habe. Schreiben Sie mir, wie alt er ist und ob er lesen und schreiben kann, denn er muss mit ihnen zum Studium gehen.[50] Grüßen Sie mir meine María de la Cruz[51] und alle ganz herzlich, auch Dorotea.[52] Und warum haben Sie mir nichts vom Hausgeistlichen gesagt, wie es ihm geht?[53] Behalten Sie ihn, denn er ist ein guter Mann. Und wie es Ihnen wohl mit der räumlichen Einteilung geht, und ob Sie im Winter wie im Sommer gut damit zurechtkommen? Gewiss sind Sie, auch wenn Sie das von der Subpriorin sagen, selbst auch nicht ergebener.[54] O Jesus, wie kennen wir uns selbst nicht! Seine Majestät gebe uns Licht und behüte Sie mir.

11. Wegen der Angelegenheiten der Menschwerdung[55] können Sie Isabel de la Cruz[56] schreiben, denn ich kann von hier

---

[47] In Caravaca. Die Schwestern kamen am 18. Dezember 1575 dort an und weihten den neuen Karmel am 1. Januar 1576 ein; siehe F 27,9.

[48] Báñez.

[49] Der oben (Ct 98,5-7) erwähnte Page.

[50] Ins Studienkolleg der Jesuiten San Gil zum Studium der Grammatik bzw. des Triviums, das heißt der grundlegenden sprachlichen Fächer des klassischen Kanons der „freien Künste“: Grammatik, Rhetorik, Dialektik bzw. Logik.

[51] María de la Cruz (de la Paz), eine der vier Pionierinnen von San José (Ávila), die sich zu diesem Zeitpunkt in Valladolid befand.

[52] Dorotea de la Cruz (Ponce de León).

[53] Der Hausgeistliche der Karmelitinnen von Valladolid, Pedro Xalame bzw. de Xarame.

[54] Antonia del Espíritu Santo (de Henao), ebenfalls eine der vier Pionierinnen von San José (Ávila). María Bautista hatte sich darüber beklagt, dass diese nicht auf sie hörte, doch hörte sie selbst bezüglich ihrer Gesundheit auch nicht auf die Subpriorin.

[55] Das Menschwerdungskloster in Ávila.

aus weit besser helfen als von dort aus, und tue das auch; und ich hoffe auf Gott, wenn er dem Papst und dem König und dem Nuntius und unserem Pater[57] noch ein oder zwei Jahre das Leben schenkt, dass dann das Ganze so ziemlich geregelt sein wird. Doch wenn einer von ihnen ausfällt, sind wir verloren, da unser Hochwürdigster[58] nun einmal in einer solchen Verfassung ist; doch wird Gott dem auf andere Weise abhelfen. Ich denke gerade daran, ihm zu schreiben und ihm noch mehr zu Diensten zu sein als zuvor, denn ich habe ihn sehr gern und bin es ihm schuldig. Es tut mir sehr leid zu sehen, was er aufgrund von Fehlinformationen tut. Beten Sie alle viel für ihn.

12. Uns ist nicht nach Dichten zumute.[59] Meinen Sie denn, dass die Sache so gut steht? Beten Sie viel für unseren Pater[60] zu Gott, denn heute hat eine wichtige Person zum Erzbischof[61] gesagt, dass sie ihn vielleicht umbringen werden. Sie sind so dran, dass es ein Jammer ist, aber ein noch größerer ist es, wenn Sie die Beleidigungen Gottes sähen, die an diesem Ort von Schwestern und Brüdern aus den Klöstern begangen werden. Möge Seine Majestät Abhilfe schaffen, und mich befreie er davon, mich eine begehen zu sehen, denn dort weiß ich nicht ...[62] Visitation durch unseren Pater, denn es ist ein Jammer ... das wäre noch schlimmer als im Menschwer-

---

56 Isabel de la Cruz (Arias), eine Karmelitin aus dem Menschwerdungskloster, die 1568–1571 die erste Priorin von Valladolid gewesen war, um dann auf Teresas Bitten als Subpriorin ins Menschwerdungskloster zurückzukehren, als diese dort zur Priorin ernannt wurde.

57 Die vier, auf die Teresa ihre Hoffnung setzt, sind also Pius V., Philipp II., Ormaneto und Gracián. Den Ordensgeneral nennt sie nicht, denn bei ihm war sie, wie sie im folgenden andeutet, aufgrund von Verleumdungen in Ungnade gefallen.

58 Der Ordensgeneral Giovanni Battista Rossi.

59 *Coplas*, d. h. anspruchslose Gelegenheitsgedichte, die zu einer bekannten Melodie gesungen wurden, wie es in den Klöstern Teresas Brauch war und wie Teresa selbst viele verfasste; siehe ihre Gedichte, in: *Gedanken zum Hohenlied, Gedichte und kleinere Schriften*, 333-384.

60 Gracián.

61 Der Erzbischof von Sevilla, Cristóbal de Rojas y Sandoval.

62 An dieser Stelle ist der Autograph verstümmelt.

dungskloster. Wenn aber Gott irgendwie damit gedient werden kann, zählt mein Leben nicht viel; da hätte ich am liebsten viele.

Morgen ist der Vorabend des neuen Jahres.

Euer Ehrwürden

Teresa von Jesus

13. Hier herrscht zur Zeit ein solches Wetter, dass ich nachts ständig auf der Suche nach Abkühlung bin. Es ist nicht zu glauben.[63] Zumindest meiner Gesundheit tut diese Gegend gut, aber trotz allem habe ich kein Verlangen danach.

Aus den Klostergedanken meines Bruders[64] ist nichts geworden und wird wohl auch nichts werden.

99.

An Pater Jerónimo Gracián[1] in Sevilla(?)

Sevilla, im Dezember 1575(?)[2]

Meinen Eure Paternität nur nicht, wie ich Ihnen schon ein paar Mal geschrieben habe, dass man Geld und alles zusammen findet; ich sage Ihnen, wenn ich mich bei den wenigen, die kommen, nicht entgegenkommend gezeigt hätte, dann hätten Eure Paternität jetzt weder für das noch für jenes Schwestern.

---

63 Teresa schreibt „*es para alabar a Dios*" (wörtlich „es gereicht zum Lob Gottes") als Ausdruck höchsten Erstaunens.

64 Lorenzo de Cepeda trug sich mit dem Gedanken, Unbeschuhter Karmelit zu werden.

---

1 Siehe Ct 89 tít.

2 Die Datierung dieses Fragmentes ist ungewiss; der erste Herausgeber deutet es wie folgt: „*Offenbar spricht sie von einer (Kandidatin), die nur eine bescheidene Mitgift mitbrachte, weshalb Gracián gezögerte hätte, (ihr den Eintritt zu genehmigen.*") Auch wenn Teresa in späteren Jahren zunehmend auf die Mitgiften der Eintretenden angewiesen war, verweigerte sie einer geeigneten Kandidatin wegen fehlender Mitgift nie die Aufnahme; vgl. F 27,12; Ct 8,12; 24,17 mit Anm.

100.

An Tomás Gracián[1] in Madrid

Sevilla, um Dezember 1575[2]

Unser Pater ist ganz glücklich mit den Verfolgungen, denen er jetzt ausgesetzt ist. Nun, das sind Torten und Zuckerbrot im Vergleich zu den vielen, die noch auf ihn zukommen werden, aber am Ende wird unser Herr ihn aus ihnen herausholen ...[3]

101.

An Doña Ana Enríquez(?)[1] in Valladolid

Sevilla, im Januar 1576(?)[2]

1. Jesus. – Die Gnade des Heiligen Geistes sei immer mit Euer Gnaden. Ich sehe schon, dass ich das Wohlwollen, das mir Euer Gnaden erweisen, nicht verdiene, wenn man darauf

---

[1] Ein jüngerer Bruder des Jerónimo de la Madre de Dios Gracián, der seinem Vater Diego Gracián de Alderete als Privatsekretär Philipps II. nachfolgte.

[2] Fragment aus einer Zeugenaussage des Adressaten für den Heiligsprechungsprozess Teresas vom 22. Januar 1610, in der er den Sitz im Leben wie folgt beschreibt: *„Als der genannte Pater Gracián Gott um Verfolgungen bat und meinte, er täte noch gar nichts, wenn er nur Ordensmann sei und sich an den gedeckten Tisch setze, ohne Verfolgungen ausgesetzt zu sein; und als er dann in Portugal, wohin er als Visitator der Beschuhten Karmeliten ging, welche erlitt, schrieb Mutter Teresa folgende Worte:"*

[3] Diese angebliche „Prophezeiung" ist mit gebührender Vorsicht zu lesen, denn 1610 wusste der Adressat bereits um das weitere schwere Schicksal seines Bruders (Ausschluss aus dem Orden 1592, Gefangenschaft bei den Türken 1593–95, Weigerung der Unbeschuhten, ihn wieder aufzunehmen) und dessen Aufnahme in den Brüsseler Konvent des Stammordens, wo er um diese Zeit lebte; zu bedenken ist ferner, dass die Fähigkeit, die Zukunft vorherzusagen, zu den typischen Merkmalen des Heiligkeitsideals der damaligen Zeit gehörte.

---

[1] Siehe Ct 77 tít.

[2] Dieser Brief besteht aus zwei sehr beschädigten Fragmenten, von denen nicht einmal sicher ist, dass sie von ein und demselben Brief stammen; Adressatin und Datierung sind ebenfalls ungewiss.

schaut, wie langsam ich mit dem Antworten an Sie bin; doch weiß ich um meinen Wunsch, Euer Gnaden ganz heilig zu sehen ... Die Priorin schreibt jetzt nichts über meine Gnädige Frau Doña Mariana;[3] daher denke ich mir, dass ihre Gnaden fort sein müssen.

2. Ich hoffe auf den Herrn, dass sie Seiner Majestät, wo immer sie sein mag, sehr dienen wird. Das möchte ich auch selbst tun, und so werden wir uns dort wiedersehen, wo wir keinen Trennungsschmerz mehr zu befürchten brauchen. Ich wüsste gern, wo ihre Gnaden ... werden.

3. ... dass er mir Euer Gnaden verschone und Ihnen vergelte ... (Schwester?), für mich wäre es die größte, wegen ... das sich hier befinden Mariana, die heute ... Euer Gnaden möchte ich nur wenig überlassen.[4]

Euer Gnaden unwürdige Dienerin und Untergebene

Teresa von Jesus

102.

An Pater Juan Bautista Rubeo[1] in Cremona

Sevilla, im Januar/Februar(?) 1576[2]

1. Jesus. – Die Gnade des Heiligen Geistes sei immer mit Euer Hochwohlgeboren. Amen. Seit meiner Ankunft hier in Sevilla[3] habe ich Euer Hochwohlgeboren drei- oder viermal

[3] Eine nicht identifizierte Ordensinteressentin; siehe auch Ct 104,7.

[4] Unsichere Übersetzung, da der Text sehr verstümmelt ist und keine verlässliche Interpretation zulässt.

[1] Der Ordensgeneral der Karmeliten Giovanni Battista Rossi, dessen Name Teresa immer hispanisiert; siehe zu ihm Ct 83 tít. Den Hintergrund dieses Briefes bildet die Zuspitzung des Konflikts zwischen den „Beschuhten" und „Unbeschuhten" Karmeliten, besonders in Andalusien. Teresas Vertrauter Gracián ist mit neuen Vollmachten des Päpstlichen Nuntius Nicolás Ormaneto aus Madrid nach Sevilla zurückgekehrt, was den Widerstand der Beschuhten

geschrieben, doch habe ich es dann nicht mehr öfter getan,[4] weil mir die Patres, die vom Kapitel[5] zurückkamen, sagten, Euer Hochwohlgeboren seien nicht in Rom, da Sie auf Visitationsreise bei den Mantuanern[6] waren. Gott sei gepriesen, dass dieses Geschäft abgeschlossen ist. Darin[7] legte ich Euer Hochwohlgeboren auch Rechenschaft über die Klöster ab, die in diesem Jahr gegründet worden sind, nämlich drei: in Beas und Caravaca und hier.[8] Euer Hochwohlgeboren haben in ihnen

---

(nicht-reformierten) Karmeliten Andalusiens gegen ihn noch erhöht; um diese Zeit wurden Johannes vom Kreuz und sein Gefährte Germán de San Matías (oder Francisco de los Ápósteles) in Ávila ein erstes Mal von den Beschuhten Mitbrüdern verhaftet und nach Medina del Campo überführt, aber dank der Intervention des Teresa wohlgesonnenen Nuntius wieder auf freien Fuß gesetzt (Ct 102,16). Teresa hat eben erfahren, dass ihr vom Generalkapitel von Piacenza, das im Mai–Juni 1575 unter dem Vorsitz des Ordensgenerals getagt hatte, auferlegt worden sei, sich endgültig in ein Kloster ihrer Wahl in Kastilien zurückzuziehen und keine weiteren Klöster mehr zu gründen; allerdings ist in den Kapitelakten von einem solchen Befehl, der darauf abzielte, die Ausbreitung der Unbeschuhten zu stoppen, nichts zu finden; siehe dazu F 25,2; 27,19. In diesem aufgeheizten Klima versucht sie zu vermitteln und zum Abbau der Spannungen beizutragen. Der ganze Brief ist ein Meisterwerk teresianischer Diplomatie. (TyV 644-651).

2 Datierung ungewiss (siehe auch Anm. zu Ct 102,16). Autographische Fragmente: Pfarrei Esquivias, Toledo; Unbeschuhte Karmelitinnen von Santa Ana, Madrid; Unbeschuhte Karmeliten Santa Teresa a Chiaia, Neapel.

3 Teresa war am 26. Mai 1575 in Sevilla angekommen.

4 Davon ist nur ein Brief (Ct 83) erhalten. Zur Korrespondenz mit dem Ordensgeneral siehe Ct 83,1.

5 Vom Generalkapitel in Piacenza; siehe Anm. 1; mit den eben von dort zurückgekehrten Patres meint sie vermutlich den Provinzial der andalusischen Karmelprovinz Agustín Suárez und seinen Sozius (vom Provinzkapitel bestimmten Begleiter) Diego de los Reyes.

6 Mitglieder der Reformkongregation von Mantua, am 3. September 1442 von Eugen IV. approbiert. Typisch für diese Reformbewegung, die sich seit Anfang des 15. Jh. in Norditalien ausbreitete, war die Betonung des Schweigens und der klösterlichen Zurückgezogenheit (Klausur) als Voraussetzungen für ein intensives geistliches Leben; außerdem wies sie, wie Teresa auch, die von Eugen IV. gewährte Milderung des Abstinenzgebots zurück. Zur Zeit ihrer größten Ausdehnung gehörten 53 Konvente mit über 700 Brüdern und ca. 15 Schwesternklöster dazu. (DC 846).

7 In den eben erwähnten Briefen.

8 Das Kloster in Beas de Segura war am 24. Februar 1575 eingeweiht worden, das in Sevilla am 29. Mai 1575; siehe F 22 bzw. F 23-26. Das in Caravaca de la Cruz, das in Teresas Auftrag von Ana de San Alberto (Salcedo) gegründet wurde, war am 1. Januar 1576 eingeweiht worden; siehe F 27.

Untergebene, die große Dienerinnen Gottes sind. Die beiden ersteren sind solche mit festem Einkommen, das an diesem Ort mit Armut.[9] Hier gibt es noch kein eigenes Haus, aber ich hoffe auf den Herrn, dass sich eines finden wird.[10] Da ich sicher bin, dass mancher der Briefe schon in die Hände von Euer Hochwohlgeboren gelangt ist, lege ich Ihnen in diesem keine genauere Rechenschaft mehr ab über das Ganze.

2. Dort sagte ich Ihnen, was es für ein Unterschied ist, mit diesen Unbeschuhten Patres zu sprechen – ich meine, mit dem Pater Magister Gracián und mit Mariano –,[11] verglichen mit dem, was ich drüben[12] gehört habe; denn sie sind wirklich echte Söhne von Euer Hochwohlgeboren, und im Wesentlichen, so wage ich zu behaupten, hat ihnen keiner von denen, die sich so sehr damit brüsten, es zu sein, etwas voraus. Da sie mich als Vermittlerin eingeschaltet haben, damit Euer Hochwohlgeboren sie wieder in Gnaden aufnehmen, bat ich Euer Hochwohlgeboren in diesen Briefen inständig und mit allem Nachdruck, zu dem ich fähig war, denn sie selbst wagen es nicht mehr, Ihnen zu schreiben,[13] und so bitte ich Sie auch heute inständig, mir aus Liebe zu unserem Herrn dieses Wohlwollen zu erweisen und mir ein wenig Glauben zu schenken, da es keinen Grund gibt, weshalb ich etwas anderes als die volle Wahrheit sagen sollte; ganz abgesehen davon, dass ich es für

---

[9] In Ortschaften, die zu klein waren, um mit einem genügend großen Spendenaufkommen rechnen zu können, gründete Teresa nur Klöster, die über eine ausreichende Finanzrücklage verfügten; an größeren Orten bestand sie, wie schon bei ihrer ersten Gründung San José (Ávila), auf „Armut", d.h. darauf, dass die Schwestern von ihrer Hände Arbeit und von Spenden lebten; siehe Anm. zu Ct 7,2 und Ct 11,9.

[10] Am 3. Juni 1576 fand der Umzug der Karmelitinnen von Sevilla in ein eigenes Haus statt, siehe F 25,12. Am nächsten Tag reiste Teresa nach Kastilien ab.

[11] Zu Jerónimo Gracián siehe F 23 und Ct 89 tít, zu Ambrosio Mariano F 17 und Ct 106 tít. Als Schlüsselfiguren in Teresas Werk hatten sich beide bei den nicht-reformierten Mitbrüdern in Andalusien denkbar unbeliebt gemacht und waren beim General verleumdet worden, so dass sie in seine Ungnade gefallen waren; Teresa versucht zu vermitteln.

[12] In Kastilien; siehe Ct 83,2 ff.

[13] Siehe Ct 83,3.

eine Beleidigung Gottes hielte, Unwahres zu sagen, empfände ich es, selbst wenn es nicht gegen Gott ginge, gegenüber einem Vater, den ich so innig liebe, als schlimmen Verrat und als Schandtat.

3. Wenn wir vor seinem Richterstuhl stehen, werden Euer Hochwohlgeboren sehen, was Sie ihrer wahren Tochter Teresa von Jesus verdanken. Das allein tröstet mich über diese Dinge hinweg; denn ich begreife wohl, dass es jemanden geben muss, der das Gegenteil sagt;[14] und so tue ich in allem, was ich kann, dazu, damit alle, ich meine die nicht ihren Leidenschaften folgen, zur Einsicht kommen und, solange ich lebe, noch zur Einsicht kommen werden.

4. Ich habe Euer Hochwohlgeboren schon von dem Auftrag geschrieben, den Pater Gracián vom Nuntius[15] hatte, und wie er ihn jetzt wieder zu sich bestellt hatte. Euer Hochwohlgeboren werden schon wissen, dass man ihm nun den Auftrag der Visitation bei den Unbeschuhten Brüdern und Schwestern und in der Provinz Andalusien[16] von neuem erteilt hat.[17] Ich weiß ganz sicher, dass er letzteren ablehnte, so gut er nur konnte (auch wenn es anders erzählt wird, ist dies doch die Wahrheit), und dass auch sein Bruder, der Sekretär,[18] das nicht haben wollte, weil es nur zu großen Schwierigkeiten führt.

5. Da es aber nun schon geschehen war, wäre es, wenn diese Patres mir nur geglaubt hätten, vonstatten gegangen, ohne jemandem Kenntnis davon zu geben, und ganz brüderlich, und

---

[14] Teresa lässt durchblicken, dass sie um die Verleumdungen weiß; zugleich deutet sie an, dass es sich eben um Verdrehungen der Wahrheit handelt.

[15] Nicolás Ormaneto; siehe Ct 83,5.8.9.

[16] D.h. bei den Beschuhten Karmeliten Andalusiens, die ihn als Visitator ablehnten.

[17] Durch ein Breve des Nuntius vom 3. August 1575.

[18] Antonio Gracián Alderete, der seinen Vater, Diego Gracián de Alderete, als Privatsekretär Philipps II. unterstützte und von diesem zu seinem Hilfssekretär ernannt worden war; er wird hier wohl wegen seines Einflusses am Königshof genannt, damals ein schlagendes Argument.

dafür habe ich mich mit allen Kräften eingesetzt.[19] Denn abgesehen davon, dass das nur recht und billig ist, sind sie uns in allem beigestanden, seit wir hier sind; und wie ich Euer Hochwohlgeboren schrieb, treffe ich hier recht begabte und studierte Personen an, von denen ich mir sehnlich wünschte, dass es sie in unserer kastilischen Provinz gäbe.[20]

6. Ich bin immer eine Freundin des Sprichwortes, dass man aus der Not eine Tugend macht; daher hätte ich mir gewünscht, dass sie darauf geschaut hätten, ob sie mit dem Widerstand, den sie dann leisteten, Erfolg haben könnten. Andererseits wundere ich mich nicht, dass sie all diese Visitationen[21] und Neuerungen, die es wegen unserer Sünden seit so vielen Jahren gibt, satt haben. Möge es dem Herrn gefallen, dass wir es fertig bringen, Nutzen daraus zu ziehen, denn Seine Majestät regt uns reichlich dazu an, auch wenn es jetzt, wo der Visitator ja vom selben Orden ist,[22] nicht als eine so

---

[19] Eine Anspielung auf den tumultartigen Aufstand der Karmeliten von Sevilla gegen Gracián, als dieser ihnen am 21. November 1575 seine Vollmacht als Visitator zeigte; vgl. CC 46. Es gehört zur Tragik im Leben Teresas, dass sie bei ihren Mitbrüdern, einschließlich der von ihr selbst gegründeten Unbeschuhten, nie den Einfluss gewann, den sie bei den Schwestern hatte, und daher manchen Schwierigkeiten und Fehlentwicklungen machtlos gegenüber stand; vgl. ihre diesbezügliche Bemerkung in F 23,12.

[20] Zu den Beschuhten Karmeliten Andalusiens, die Teresa schätzte, zählt etwa der Bischof Diego de León, der damals zurückgezogen in Sevilla lebte; siehe Ct 96,1; 120,11; 122,10.

[21] Die andalusischen Klöster der Karmeliten waren in den Jahren zuvor, abgesehen von Jerónimo Gracián, unter anderem vom General selbst und von dem zum Apostolischen Visitator ernannten Dominikaner Francisco de Vargas visitiert worden, wobei der jeweilige Visitator weitreichende Vollmachten hatte, um in das Konventleben einzugreifen. Was sie davon hält, macht Teresa in dem *Leitfaden für die Visitation der Unbeschuhten Schwestern*, den sie in demselben Jahr, in dem dieser Brief entstand (1576), für Gracián verfasste, mit folgenden Worten deutlich: *„Es wäre unerträglich, wenn jeder Obere Anordnungen erließe oder das bei jeder Visitation geschähe. Das ist sehr wichtig. (...) Wenn man diese Häuser [der Unbeschuhten Schwestern] so visitiert, wie es im [Karmel]orden üblich ist, wird das wenig Frucht bringen und mehr zum Schaden als zum Nutzen gereichen“* (VD 20.54).

[22] Sie meint: Eine Visitation durch Gracián, einen Mitbruder, ist für die Karmeliten weniger demütigend, als wenn es so aussieht, als müsse ein Außenstehender bei ihnen nach dem Rechten sehen.

große Schande für ihn aussieht; und ich hoffe auf Gott, dass alles gut ausgeht, wenn Euer Hochwohlgeboren diesem Pater[23] Ihre Gunst erweisen, so dass er erkennt, dass er bei Euer Hochwohlgeboren in Gnade steht. Er schreibt Euer Hochwohlgeboren noch, wo er doch großes Verlangen hat nach dem, was ich eben sage, aber auch danach, Euer Hochwohlgeboren in keinster Weise zu verärgern, denn er betrachtet sich als Ihren gehorsamen Sohn.

7. Worum ich Euer Hochwohlgeboren in diesem Brief aus Liebe zu unserem Herrn und seiner glorreichen Mutter (die Euer Hochwohlgeboren so innig lieben, und dieser Pater genauso, denn er ist wegen seiner großer Verehrung für sie in diesen Orden eingetreten)[24] erneut dringend bitten möchte, ist, dass Euer Hochwohlgeboren ihm antworten,[25] und zwar zurückhaltend, und dass Sie das Vergangene auf sich beruhen lassen mögen, auch wenn er doch irgendwie schuldig sein sollte, und ihn wieder als Ihren ergebenen Sohn und Untergebenen aufnehmen mögen, denn das ist er wirklich; und den armen Mariano[26] genauso, nur weiß der manchmal nicht, was er sagt. Ich wundere mich nicht, wenn er Euer Hochwohlgeboren etwas anderes geschrieben haben sollte als das, was er wollte, weil er sich nicht ausdrücken kann, denn er bekennt, dass es niemals seine Absicht gewesen sei, Euer Hochwohlgeboren in Wort oder Tat zu verärgern. Da der Böse so viel gewinnt, wenn die Dinge in seinem Sinne missverstanden werden, muss er wohl mitgeholfen haben, damit sie, ohne es zu wollen, die Geschäfte falsch angepackt haben.

---

23 Jerónimo Gracián.

24 Das beschreibt Teresa in F 23,4-6. Als kluge Diplomatin zieht sie alle Register, um Rossi für Gracián einzunehmen.

25 Obwohl Teresa hier sehr auf einen direkten Briefwechsel zwischen dem General und Gracián drängt, gibt es keinerlei Hinweise, dass Gracián Rossi je schrieb, noch dieser ihm; dafür wandte sich Rossi brieflich an Ambrosio Mariano, der am wenigsten geeignet war, um die schwierige Situation zu entschärfen, und an Antonio de Jesús; siehe auch Ct 102,10.14.

26 Ambrosio Mariano de San Benito (Azzaro); siehe Ct 106 tít; F 17.

8. Aber, schauen Euer Hochwohlgeboren, den Söhnen ist es eigen, sich zu irren, den Vätern aber zu vergeben und nicht auf ihre Fehler zu achten.[27] Aus Liebe zu unserem Herrn bitte ich Euer Hochwohlgeboren inständig, mir diesen Gefallen zu tun. Schauen Sie, das ist aus vielen Gründen angebracht, denn vielleicht erkennen Euer Hochwohlgeboren diese von dort aus nicht so gut wie ich, die ich hier bin;[28] und auch wenn wir Frauen zum Ratgeben nicht taugen, treffen wir ab und zu doch das Richtige.[29] Ich sehe nicht ein, welcher Nachteil daraus entstehen könnte, während es, wie ich eben sage, viele Vorteile haben könnte; kein Nachteil kann es nach meinem Dafürhalten sein, wenn Euer Hochwohlgeboren diejenigen aufnähmen, die sich Ihnen liebend gern zu Füßen werfen würden, wenn Sie anwesend wären, hört doch Gott nie auf zu vergeben; und man erkennen würde, dass es Euer Hochwohlgeboren gefiele, dass die Reform[30] durch einen Untergebenen und Sohn von Ihnen vorgenommen wird, und Sie ihm im Gegenzug dafür gern verzeihen.

9. Wie wenn es viele gäbe, denen man dies anvertrauen könnte! Da es aber allem Anschein nach keine mit den Gaben gibt, die dieser Pater[31] hat (ich bin mir nämlich sicher, dass Euer Hochwohlgeboren das auch sagen würden, wenn Sie ihn sähen), warum sollten Euer Hochwohlgeboren da nicht zeigen, dass Sie ihn gern als Untergebenen haben und gern möchten, dass alle erkennen, dass diese Reform, wenn sie denn gut durchgeführt wird, Euer Hochwohlgeboren und Ihren Rat-

[27] Ein erneutes Beispiel für Teresas diplomatisches Geschick.

[28] Damit schließt Teresa sich den damals oft vorgebrachten Klagen an, die Zentralverwaltung in Rom (der Papst und seine Berater bzw. in diesem Fall die Generalkurie ihres Ordens) sei schlecht informiert.

[29] Eine der vielen Stellen, an denen Teresa, taktisch klug, zunächst scheinbar die frauenfeindlichen Vorurteile ihrer Umgebung übernimmt, um sie dann aber im Nachsatz zu entkräften; vgl. V 30,3; 34,12; 40,8; MC 1,1; CC 53,29; 1M 1,4; F 5,2.

[30] Es handelt sich hier um die Reform der Karmelitenklöster Andalusiens, die bislang jeder Reformbemühung widerstanden hatten.

[31] Jerónimo Gracián.

schlägen und Hinweisen zu verdanken ist? Und wenn man erkennt, dass Euer Hochwohlgeboren sich darüber freuen, glättet sich alles. Noch viel mehr möchte ich diesbezüglich sagen, doch meine ich, es sei mehr daran gelegen, unseren Herrn anzuflehen, dass er Euer Hochwohlgeboren erkennen lasse, wie sehr dies angebracht ist, denn schon seit langem lassen Sie sich an meinen Worten nichts gelegen sein. Ich bin mir ganz sicher, falls ich mit ihnen falsch liege, dass ich mich in meiner Absicht nicht irre.

10. Pater Antonio de Jesús[32] ist hier, da er ja nicht anders kann, auch wenn er sich genauso dagegen zu wehren begann wie diese Patres. Er schreibt Euer Hochwohlgeboren noch; vielleicht hat er ja mehr Glück als ich, dass Euer Hochwohlgeboren uns dann glauben, wie es bei allem, was ich sage, angebracht wäre. Möge unser Herr es so fügen, wie er es vermag und sieht, dass es notwendig ist.

11. Ich habe vom Beschluss des Generalkapitels erfahren, dass ich ein bestimmtes Haus nicht mehr verlassen soll.[33] Pater Provinzial Fray Ángel[34] hatte ihn hierher an Pater Ulloa[35] geschickt, mit dem Befehl, mich davon in Kenntnis zu setzen. Er dachte, dass mir das sehr weh tun würde, da jene Patres

---

[32] Antonio de Jesús Heredia, der 1568 zusammen mit Johannes vom Kreuz in Duruelo das erste teresianische Männerkloster gegründet hatte; dieser war gerade aus Almodóvar, ebenfalls gegen seinen Willen, als Prior des Klosters Los Remedios nach Sevilla gekommen.

[33] Sie meint das Generalkapitel von Piacenza (1575), in dessen Akten ein solcher Beschluss allerdings nicht zu finden ist. Teresa zufolge handelt es sich um *„einen Befehl, der im Definitorium* (Generalrat) *gegeben wurde“* (F 27,19) bzw. um *„einen Befehl des Hochwürdigsten Generals“* (Ct 98,3); *„sie verfügten, und es befahl unser Pater General, dass keine einzige Unbeschuhte Schwester ihr Haus verlassen durfte, vor allem ich nicht, die ich mir bei Strafe der Exkommunikation aussuchen sollte, welches ich wollte“* (Ct 226,13).

[34] Ángel de Salazar, der Provinzial der Karmeliten Kastiliens.

[35] Der andalusische Karmelit Miguel de Ulloa, eine polemische Persönlichkeit und ein erklärter Gegner Graciáns, wurde 1571 vom Visitator Francisco de Vargas exkommuniziert und aus Andalusien vertrieben, gehorchte aber nicht, worauf er 1575 vom Provinzkapitel erneut zum Prior von Sevilla ernannt, aber von Gracián bestraft und abgesetzt wurde (DST 1184f.).

das beabsichtigten, als sie ihn erwirkt haben, und so hat er ihn zurückbehalten. Es muss etwas mehr als einen Monat her sein, dass ich mich selbst darum bemühte, dass man ihn mir gäbe; denn ich hatte schon anderweitig davon erfahren.[36]

12. Ich versichere Euer Hochwohlgeboren, dass es, soweit ich mich verstehen kann, ein großes Geschenk und Glück für mich gewesen wäre, wenn Euer Hochwohlgeboren mir das in einem Brief befohlen hätten, und ich gesehen hätte, dass es aus Mitgefühl mit mir geschehen ist angesichts der großen Prüfungen, die ich bei diesen Gründungen durchgemacht habe, wo ich doch wenig zum Leiden tauge, und Euer Hochwohlgeboren mir damit als Belohnung befahlen, mich zu erholen. Denn sogar jetzt, wo ich durchschaue, woher es kommt, ist es mir ein großer Trost gewesen, meine Ruhe haben zu dürfen.[37]

13. Da ich zu Euer Hochwohlgeboren so große Liebe habe, kam ich nicht umhin, es als schade zu empfinden, verweichlicht wie ich bin, dass der Befehl wie bei einer sehr ungehorsamen Person auf eine Weise eintraf, dass Pater Ángel es am Hof publik machen konnte, bevor ich selbst davon erfuhr, so dass es so aussah, als würde mir ein großer Zwang angetan; so schrieb er mir, dass ich durch die päpstliche Kammer Abhilfe schaffen könne, wie wenn das eine große Beruhigung für mich gewesen wäre.[38] Ganz gewiss wäre es mir nicht einmal in den Sinn gekommen, nicht zu gehorchen, auch wenn die

[36] Ángel de Salazar hatte es am Hof in Madrid publik gemacht; siehe Ct 102,13.

[37] Eine erneute Anspielung auf die Tatsache, dass sie sehr wohl um die Verleumdungen gegen ihre Person weiß. Ähnlich druckt sie sich auch im *Buch der Gründungen* aus: *„Dass ich nicht gründen durfte, war für mich, abgesehen davon, dass es eine Verstimmung des Hochwürdigsten Ordensgenerals bedeutete, eine große Erholung und etwas, das ich mir oftmals gewünscht hatte, nämlich mein Leben in Ruhe zu beschließen, auch wenn diejenigen, die mir das eingebrockt hatten, nicht an so etwas, sondern eher daran dachten, mir das größte Leid der Welt anzutun, aber vielleicht hatten sie auch andere gute Absichten“* (F 27,20); vgl. auch Ct 98,3.

[38] Hinweis auf die Möglichkeit eines Rekurses an die päpstliche Kurie, wie es bei solchen Befehlen üblich ist.

Ausführung dessen, was Euer Hochwohlgeboren mir befehlen, keine Beruhigung, sondern eine riesige Prüfung für mich bedeutet hätte, noch möge mir Gott je die Gelegenheit geben, mir gegen den Willen von Euer Hochwohlgeboren mein Vergnügen zu suchen; denn ich kann in Wahrheit sagen, und unser Herr weiß es, dass es bei den Prüfungen und Beunruhigungen, den Betrübnissen und Redereien, die ich durchgemacht habe, die Erkenntnis war, den Willen von Euer Hochwohlgeboren zu tun und Sie zufrieden zu stellen, die mir etwas Erleichterung verschaffte; und so wird sich das jetzt auch ergeben, wenn ich tue, was Euer Hochwohlgeboren mir befehlen.

14. Ich wollte das auch in die Tat umsetzen. Es war kurz vor Weihnachten, und da der Weg aber so weit ist, ließ man mich nicht fort, im Wissen, dass es nicht der Wille Euer Hochwohlgeboren wäre, dass ich meine Gesundheit aufs Spiel setzte; und so bin ich noch hier, wiewohl nicht in der Absicht, für immer in diesem Haus zu bleiben, sondern nur bis nach dem Winter. Ich komme nämlich mit den Leuten aus Andalusien nicht gut zurecht. Um was ich Euer Hochwohlgeboren inständig bitte, ist, das Sie es nicht versäumen, mir zu schreiben, wo auch immer ich sein sollte, denn da ich keine Geschäfte mehr zu besorgen habe (was mir wirklich eine große Freude sein wird), befürchte ich, dass mich Euer Hochwohlgeboren vergessen könnten, wozu ich Ihnen allerdings keine Gelegenheit geben werde; auch wenn es Euer Hochwohlgeboren ermüdet, versäumen Sie es doch nicht, mir zu meiner Erholung zu schreiben.[39]

15. Hierzulande hat man es nie so verstanden und versteht es auch jetzt nicht so, dass es den Oberen vom Konzil[40] oder durch ein *Motuproprio*[41] genommen wäre, Schwestern den Auftrag zu geben, sich in Angelegenheiten des Ordenswohles auf

[39] Vgl. Ct 98,11.
[40] Das Konzil von Trient (1545–1563).
[41] Päpstlicher Erlass.

den Weg zu machen, denn dafür können sich viele ergeben. Das sage ich jetzt nicht meinetwegen, denn ich tauge zu nichts mehr (ich meine also nicht, dass ich in einem bestimmten Haus bleiben soll, denn es tut mir so gut, ein wenig Ruhe und Erholung zu bekommen; sogar in einem Kerker verbliebe ich liebend gern mein ganzes Leben lang, wenn ich nur wüsste, dass ich dadurch Euer Hochwohlgeboren eine Freude machen würde), sondern nur, damit Euer Hochwohlgeboren sich wegen der Vergangenheit keinerlei Skrupel machen. Denn obwohl ich die Vollmachten hatte,[42] bin ich ohne schriftlichen Befehl oder Genehmigung des Oberen niemals irgendwohin zum Gründen gegangen (denn zu etwas anderem konnte ich sowieso nicht gehen); so gab sie mir Fray Ángel[43] für Beas und Caravaca, und Pater Gracián, um hierher zu kommen (da er damals denselben Auftrag vom Nuntius[44] hatte, den er auch jetzt hat, nur machte er damals keinen Gebrauch davon), auch wenn Pater Fray Ángel behauptet hat, dass ich als Abtrünnige hierher kam und exkommuniziert wäre. Gott verzeihe ihm; denn Euer Hochwohlgeboren sind Zeuge, wie sehr ich mich immer darum bemüht habe, dass es zwischen Euer Hochwohlgeboren und ihm gut gehe, und ich ihn zufrieden stelle (ich meine, sofern es sich um Dinge handelte, die Gott nicht missfielen), und doch bringt er es nie fertig, mir gut zu sein.[45]

---

[42] Eine Anspielung auf die 1567 erhaltene ausdrückliche Vollmacht des Generals, *„um noch mehr Klöster zu gründen, sogar mit Strafandrohungen, damit mir kein Provinzial das Handwerk legen könnte“* (F 2,3).

[43] Der Provinzial von Kastilien, Ángel de Salazar; Beas wurde 1575 gegründet, Caravaca 1576.

[44] Der päpstliche Nuntius Nicolás Ormaneto hatte Gracián am 22. September 1574 zusammen mit dem Dominikaner Vargas zum Apostolischen Visitator des andalusischen Karmel ernannt.

[45] Von Ángel de Salazar hatte Teresa sich bereits bei ihrer ersten Klostergründung San José (Ávila) 1562 im Stich gelassen gefühlt, da er die bereits erteilte Genehmigung zurückzog, als ihm klar wurde, dass es Widerstände gab (V 32, 13.15), so dass Teresa 1563 ihre Erfahrung mit ihm und anderen halbherzigen Unterstützern mit folgenden Worten zusammenfasste: *„Ich verstehe klar, dass sie alle ein paar trockene Rosmarinzweiglein sind und es keine Sicherheit gibt, wenn man sich an sie klammert, sondern dass sie abbrechen, sobald es Widersprüche oder Redereien hagelt“* (CC 3,1).

16. Es würde ihm großen Nutzen bringen, wenn er Valdemoro[46] so übel gesonnen wäre. Als Prior von Ávila, der er ist, hat er zum großen Ärgernis der Leute die Unbeschuhten[47] aus dem Menschwerdungskloster entfernt; und so behandelt er auch die Schwestern dort (denn um das Haus steht es so, dass es zum Lob Gottes gereichte), dass die große Unruhe, in die sie geraten, zum Erbarmen ist, und dabei schreiben sie mir, dass sie sich selbst die Schuld zuschieben, nur um ihn zu entschuldigen. Die Unbeschuhten sind schon zurückgekehrt, und der Nuntius[48] hat angeordnet, wie man mir geschrieben hat, dass niemand anders von denen vom Karmel ihre Beichte hören dürfe.

17. Dass jene Schwestern ganz untröstlich sind, hat mir großen Schmerz bereitet, denn sie bekommen nur Brot,[49] und dazu noch eine solche Unruhe, was mir sehr leid tut. Möge Gott in allem Abhilfe schaffen, und uns Eure Paternität[50] noch viele Jahre erhalten. Heute wurde mir gesagt, dass der General der Dominikaner[51] hierher kommt. Wenn Gott mir doch die Gunst erwiese, dass sich die Gelegenheit für einen Besuch von Euer Hochwohlgeboren ergäbe! Obwohl, andererseits täte es mir wegen der Beschwernis für Sie leid, und so

---

[46] Der Prior der Beschuhten Karmeliten von Ávila, Alonso de Valdemoro, so genannt nach seinem Geburtsort Valdemoro in der Provinz Ávila (eigentlich Alonso Hernández bzw. Fernández); dieser wurde von Rossi und Salazar sehr geschätzt; Teresa nimmt ihm sehr übel, dass er für die erste Verhaftung des Johannes vom Kreuz und seines Gefährten Ende 1575 verantwortlich war, wie sie im Folgenden andeutet.

[47] Johannes vom Kreuz und seinen Gefährten Germán de San Matías (oder Francisco de los Ápósteles), die als Beichtväter im Menschwerdungskloster wirkten; vgl. Ct 45,4. Diese waren Ende 1575 (anderen Quellen zufolge im Januar bzw. im Mai 1576, was eine spätere Datierung dieses Briefes implizieren würde) nach Medina del Campo überführt und dort gefangen gehalten worden, bis sie durch Intervention des Nuntius Ormaneto befreit wurden; siehe dazu DSJ 650; DST 990; *Introducción a la lectura de San Juan de la Cruz*, 51.

[48] Nicolás (Niccolò) Ormaneto.

[49] Ein Hinweis auf die nach wie vor angespannte wirtschaftliche Lage des Menschwerdungsklosters; vgl. Ct 39,4; 41,2.

[50] Bis zum Zweiten Vatikanum die Anrede für höhere Oberen.

[51] Serafino Cavalli OP (1522–1578), seit 1571 Generalmagister der Dominikaner, kam 1574 und erneut 1576 auf Visitationsreise nach Spanien; am 5. Dezember 1577 sollte er Teresa brieflich eine gegenseitige Gebetsgemeinschaft anbieten.

wird meine Erholung bis zu jener Ewigkeit ohne Ende ausbleiben müssen, wo Euer Hochwohlgeboren sehen werden, was Sie mir verdanken. Gebe der Herr in seiner Barmherzigkeit, dass ich das verdiene!

18. Diesen meinen Ehrwürdigen Patres, den Paternitäten in der Begleitung von Euer Hochwohlgeboren, empfehle ich mich vielmals ins Gebet. Diese Untergebenen und Töchter von Eurer Paternität bitten, dass Sie ihnen Ihren Segen spenden, und ich bitte um das Gleiche für mich.[52]

103.

An Don Rodrigo de Moya[1] in Caravaca

Sevilla, 19. Februar 1576

1. Jesus. – Die Gnade des Heiligen Geistes sei mit Euer Gnaden. Der Brief von Euer Gnaden hat mir große Freude bereitet, da es ganz anders steht als man hier mitbekommen hatte. Gott sei für alles gepriesen; denn ich habe mich sehr über die Mutter Priorin[2] gewundert und wäre verärgert gewesen, wenn sie gegen den Willen von Euer Gnaden gehandelt hätte. Mehr oder weniger verstehe ich schon, was denjenigen, der es sagte, bewegt haben mochte, um zu glauben, dass er die Wahrheit sagte. Mir fiel es doch recht schwer, es zu glauben, und daher

---

[52] Der Text endet ohne Unterschrift, da es sich um eine (autographische) Kopie vom Original handelt, das Teresa nach Cremona schickte.

---

[1] Rodrigo de Moya ist der Vater von Francisca de la Cruz (de Cuellar), einer von vier jungen Ordensinteressentinnen, die im Hause der Catalina de Otálora in Caravaca auf die Ankunft der Schwestern Teresas gewartet hatten, um bei ihnen einzutreten und den Grundstock der neuen Klostergründung zu bilden. Als *„ganz großer Diener Gottes und sehr klug“* (F 27,1), hatte er *„ihnen sehr gern einen Teil seines Hauses abgetreten“* (F 27,5). Zu Teresa waren Gerüchte über Meinungsverschiedenheiten zwischen ihm und der Priorin von Caravava, Ana de San Alberto (Salcedo), gelangt. Zur Geschichte der Gründung in Caravaca siehe F 27.

[2] Ana de San Alberto (Salcedo), die in Teresas Auftrag die Gründung vorgenommen hatte.

habe ich Euer Gnaden dringend um das, was Sie erlebt haben, bitten lassen, denn die Mutter Priorin sagt mir immer wieder, wie viel sie Euer Gnaden verdankt und wie sie sich darüber freut und welches Wohlwollen Sie ihr in allem erweisen.

2. Mit dem Kaufpreis des Hauses bin ich nicht unzufrieden, und auch Euer Gnaden mögen es nicht sein, denn ich habe noch nie darauf geachtet, ein Drittel über seinen Wert hinaus auszugeben, ja es ist mir sogar schon untergekommen, mehr als die Hälfte darüber zu geben, wenn man sich dafür eine gute Lage einhandelt; dass aber ein Kloster das hat, ist so wichtig, dass es ein Irrtum wäre, auf den Preis zu achten. Für das Wasser und die Aussicht[3] würde ich andernorts viel mehr bezahlen, als es gekostet hat, sogar liebend gern. Gott sei gelobt, dass es so gut zustande gekommen ist!

3. Das mit dem Diözesanadministrator[4] braucht Euer Gnaden überhaupt nicht leid zu tun, denn es steht, wie Sie selbst sagen, nicht an erster Stelle. Das Kloster ist mit Genehmigung des Ordensrates[5] und auf Anordnung des Königs[6] gegründet

---

[3] Man beachte, dass Teresa nicht nur auf das lebensnotwendige Wasser achtet, sondern auch auf die schöne Aussicht.

[4] In der Diözese Cartagena, zu der Caravaca gehörte, herrschte seit dem Tod von Bischof Gonzalo Arias Gallego (1565–1575) eine Sedisvakanz, so dass sie bis zur Ernennung eines neuen Bischofs von einem Diözesanadministrator verwaltet wurde. Caravaca gehörte jedoch zugleich zur Kommende der Jakobusritter, so dass in diesem Fall zur Ordensgründung nicht nur die Genehmigung des Ortsbischofs, sondern auch die des im folgenden genannten Ordensrates erforderlich war.

[5] Gemeint ist der am königlichen Hof angesiedelte „*Consejo de las Órdenes – Ordensrat,*" d.h. die höchste Instanz für die verschiedenen für den Kampf gegen die Mauren gegründeten Ritterorden. In Spanien gab es damals die Ritterorden von Calatrava, Alcántara, Santiago (Jakobusritter) und Montesa. Die besagte Erlaubnis sah jedoch die Bedingung vor, dass das Kloster dem Ordensrat unterstellt werden müsse, was Teresa zunächst bewog, von einer Gründung Abstand zu nehmen: „*Das konnte ich nicht machen, denn es ist ja der Orden Unserer Lieben Frau vom Karmel*" (F 27,6). Um diese Bedingung zu umgehen, wandte sie sich schließlich direkt an den König, dem einzigen, der über dem Ordensrat stand.

[6] Das sagt Teresa im *Buch der Gründungen*: „*Doch erwies mir der König eine so große Gunst, dass er, als ich ihm schrieb, anordnete, man solle sie mir ge-*

worden, während die Stifterin von Beas[7], da es Seine Majestät nicht angeordnet hatte (mir erweist er nämlich damit wegen seines großen Vertrauens, das er in diese Klöster hat, viel Wohlwollen), zwölf Jahre lang mit dem Bemühen um die Erlaubnis für die Gründung eines Klosters eines anderen Ordens herumgemacht hatte (denn von diesem hatte sie noch keine Kenntnis erhalten) und es nicht hatte zustande bringen können.[8] Aufgelöst wird ein Kloster, wenn es einmal gegründet ist, nicht so leicht; da braucht man nichts zu befürchten. Jetzt wird, glaube ich, alles ausgefertigt, außer dem, wovon ich im Brief an Herrn Miguel Caja[9] spreche; das werde ich aber bald schicken. Und falls ich es nicht schicken sollte, dann, weil der Bischof,[10] wie er mir heute in einem Brief sagt, dorthin gehen will; doch wird er in einer solchen Stimmung kommen, dass er es sofort genehmigt, denn er ist ein vollendeter Edelmann, und hat Verwandte und sonstige Personen, die mir jeden Gefallen tun würden, und so besteht darüber kein Zweifel.[11]

4. Der Fehler war, dass man es mir nicht gleich gesagt hat, denn ich war in der sicheren Annahme, dass die Genehmigung

---

währen; es ist zur Zeit Don Felipe, ein großer Freund und Gönner der Orden, die darauf aus sind, ihre Profess zu halten" (F 27,6). Die Genehmigung des Königs datiert vom 9. Mai 1575; siehe Teresas Dankesschreiben an ihn vom 19. Juli 1575 (Ct 86,4). Durch seine Zustimmung bestärkt konnte Teresa die vom zuständigen Bischof wegen der Gründung gemachten Schwierigkeiten auf die leichte Schulter nehmen.

7 Catalina Sandoval y Godínez, die anschließend mit dem Namen Catalina de Jesús in Beas eintrat; siehe F 22,4.

8 Beas de Segura gehörte ebenfalls zur Kommende der Jakobusritter; auch in diesem Fall kam die Genehmigung für die Gründung eines Karmelitinnenklosters nur durch die Intervention des Königs zustande: *„Solange ihre Bittschrift mit einem Gesuch nicht beim König selbst eingereicht wurde, hatte ihnen alles nichts genutzt. (...) Als sie aber dem König diese Bittschrift überreichte, und er erfuhr, dass es sich um die Unbeschuhten Schwestern des Karmel handelte, ordnete er an, ihr gleich die Genehmigung zu geben"* (F 22,14.18).

9 Ein Ratsherr von Caravaca, Bruder einer der im Hause der Catalina de Otálora wartenden Stifterinnen, Francisca Tauste, die bei ihrem Eintritt in das Kloster den Namen Francisca de San José annahm; siehe F 27,1.

10 Der am 10. Februar ernannte neue Bischof von Cartagena, Gómez Zapata.

11 Ein weiteres Beispiel dafür, dass Teresa ganz ungeniert ihre Beziehungen zum Adel spielen ließ; vgl. Ct 25,3.

des Ordinarius[12] da war, da ich ja so oft geschrieben hatte, dass ich es ohne sie nicht gründen würde; sonst wäre ich nämlich nicht unbesorgt gekommen. Sie wird nötig sein, denn ich habe hier erklärt, dass sie ein festes Einkommen von 700 Dukaten haben – wie mir die Mutter Priorin[13] schreibt, und man es ihm auch geschrieben hat –, damit er sehe, dass das wahr ist. Und selbst wenn man manche Schwester mit einer nicht allzu großen Mitgift aufnehmen müsste, um das zu ergänzen, falls es jetzt noch nicht so viel ist, wird sich das alles gut machen lassen. Es soll Euer Gnaden nicht leid tun, dass unser Herr uns etwas zu erleiden geben will, im Gegenteil, es beschlich mich wegen dieser Gründung vorher Misstrauen, weil es so friedlich vor sich gegangen war, wo es doch bei allen Häusern, in denen unserem Herrn sehr gedient werden soll, immer wieder so geht, da das den Bösen verdrießt.[14] Sehr habe ich mich gefreut, dass es unserer Schwester und Gnädigen Frau[15] besser geht. Gebe Gott, dass es viele Jahre anhält, und möge er Euer Gnaden und die Gnädige Frau Doña Constanza behüten.[16] Ich küsse Eure Gnaden vielmals die Hand.

Heute ist Sonntag Septuagesima.[17]

Euer Gnaden unwürdige Dienerin

Teresa von Jesus

---

[12] Des zuständigen Ortsbischofs.

[13] Ana de San Alberto.

[14] Teresa äußert immer wieder die Überzeugung, dass Schwierigkeiten beim Zustandekommen einer Klostergründung ein Zeichen sind, dass der Segen Gottes auf ihr ruht; dahinter steht der in der Vorstellungswelt einer sakralisierten Gesellschaft naheliegende Glaube, dass diese vom Widerpart Gottes, dem Bösen, stammen, dem um so mehr daran liege, ein Werk zu verhindern, je segensreicher es sein wird; vgl. Ct 21,3; 136,7; F 3,4; 18,2; 27,19.

[15] Moyas Tochter, Francisca de Cuellar, die als Francisca de la Cruz in das neue Kloster eintreten sollte; siehe F 27,1.

[16] Unbekannt, vielleicht eine weitere Tochter Moyas.

[17] In der evangelischen Kirche bis heute, in der katholischen Kirche bis zur Liturgiereform des Zweiten Vatikanums übliche Bezeichnung für den drittletzten Sonntag vor dem Beginn der als „Quadragesima" bezeichneten vierzigtägigen österlichen Bußzeit; in jenem Jahr der 19. Februar.

104.

An Mutter María Bautista[1] in Valladolid

Sevilla, 19. Februar 1576[2]

1. Jesus sei mit Ihnen, meine Tochter. Ich hätte gern mehr Ruhe, um Ihnen zu schreiben, denn bei allem, was ich gelesen und geschrieben habe, erstaunt es mich, wie man das durchhalten kann, und ich bin entschlossen, mich kurz zu fassen. Gebe Gott, dass ich es fertig bringe!

2. Was mein Gehen dorthin[3] anbelangt, waren Sie denn alle noch bei Verstand, dass ich mir einen Ort auswählen sollte, und ich nicht vielmehr dorthin ginge, wohin man mich schickt? Wenn von dort die Rede war, so wollte das unser Pater[4] aus bestimmten Gründen, die jetzt aber hinfällig sind, aber es war, wie ich glaube, niemals seine Absicht, dass es für immer wäre, meine schon. Es hatte mir aber der Nuntius[5] bereits sagen lassen, dass ich es nicht versäumen solle weiter zu gründen wie vorher, denn er[6] hat ihm die Sache so dargelegt, dass ihm schien, er sei seiner Meinung. Bei der Information, die man ihm gab, ist seine Einstellung jetzt die, die ich eben sage.[7] Ich bin fest entschlossen, nicht zu gründen, es sei denn, es wird mir so klar befohlen, dass ...[8] Herr, denn jetzt ist es an der Zeit, dass bald die Visitation bei den Brüdern beginnen sollte, die nämlich noch nicht begonnen hat.[9]

---

1 Siehe Ct 63 tít.

2 Autographisches Fragment: Unbeschuhte Karmelitinnen, Loeches (Madrid).

3 Im Hintergrund stehen die Weisung des Kapitels von Piacenza, sie solle keine weiteren Gründungen mehr vornehmen, sondern sich für ein bestimmtes Haus entscheiden und dort bleiben (siehe Ct 102,11), und ferner ihre Bemerkung in Ct 98,3 über ihre Vorliebe für das Kloster in Valladolid.

4 Jerónimo Gracián.

5 Ormaneto.

6 Mit „er" ist Gracián gemeint, mit „ihm" der Nuntius.

7 Also nicht zu gründen, da der Nuntius aufgrund der Informationen seine Meinung geändert hat.

8 Verstümmelte Textstelle an der Stelle, wo der nur zur Hälfte erhaltene Autograph ursprünglich gefaltet wurde; die untere Hälfte der Seiten fehlt jeweils.

3. Meine Brüder[10] setzen alle Hebel in Bewegung, damit ich mit ihnen gehe, vor allem Lorenzo, der sagt, er werde hier abwarten, was angeordnet wird; und unser Pater[11] ist anscheinend ein wenig nachgiebig.[12] Ich mache nichts anderes als zu schweigen und unseren Herrn zu bitten, er möge ihm ins Herz legen, womit ihm mehr gedient sei, und ich ihm besser gefalle, denn das ist es, was mich glücklich macht; tun Sie das, bitte, auch dort. Sagen Sie es meinen Töchtern, und dass Gott ihnen die Freude vergelten möge[13]: Sie mögen mir aber glauben, und ihr Glück doch nie in Dinge verlegen, die vergänglich sind, denn sonst werden sie betrogen dastehen; und sagen Sie doch meiner Casilda[14] dasselbe, denn ich kann ihr nicht schreiben.

4. Über Medina habe ich in einem Brief, den die Priorin[15] an Euer Ehrwürden geschickt haben wird, gesagt, dass ich jene Briefe und das Porto erhalten habe. Schicken Sie jetzt kein Porto mehr, bis ich es Ihnen sage.[16] Wegen Agustina mögen Sie es so halten wie bisher,[17] bis ich schreibe, denn ich werde es sagen ... ich meine, mit ihnen sprechen ... Es ist das wenig genug, und wenn man davon die Mitgift, die sie ihr gegeben

[9] Gracián hatte am 21. November 1575 vom Nuntius die Vollmacht erhalten, um die Beschuhten Brüder in Sevilla zu visitieren, hatte es aber in Anbetracht der schwierigen Lage bis jetzt aufgeschoben; siehe auch Ct 102,4.

[10] Lorenzo de Cepeda und Pedro de Ahumada, die im August 1575 aus Westindien zurückgekehrt waren.

[11] Gracián.

[12] Offensichtlich hatte Gracián auf Drängen von Don Lorenzo die Erlaubnis gegeben, noch vor Ende des Winters aufzubrechen, doch reiste Teresa schließlich erst am 4. Juni 1576 ab.

[13] Die Freude über das in Aussicht gestandene Kommen Teresas.

[14] Casilda de Padilla, die Novizin in Valladolid war; siehe Anm. zu Ct 58,4.

[15] Ines de Jesús (Tapia).

[16] Das Porto wurde damals nicht vom Absender, sondern vom Adressaten entrichtet, weil man sonst riskierte, dass der Brief nie ankam; um Teresa finanziell zu entlasten, hatte María Bautista das Porto aber offenbar beigelegt.

[17] So nach T. Álvarez, wobei vermutlich die Tochter des Auditors von Valladolid Álvaro de Alderete, Agustina del Espíritu Santo, gemeint sei, die am 2. Juli 1578 in Medina del Campo ihre Profess ablegte. Der Text ist an dieser Stelle erneut verstümmelt. EDE schlägt die Lesart *„Wegen Agustín ...“* vor, wobei Teresas Bruder Agustín de Ahumada gemeint sei.

haben, abzieht und die Verpflegung berechnet, wird gar nichts übrigbleiben; daher hat mir ihre Mutter[18] erneut geschrieben mit der Versicherung, dass es nicht deswegen geschehe, sondern auf Wunsch des Mädchens. Diesen Wunsch befürchte ich auch, und vielleicht es ist wirklich deswegen. Wenn es von Gott kommt, wird er uns Licht geben.

5. Ich weiß nicht, wie ich zum Schluss noch den Schmerz beschreiben soll, den mir die Krankheit meines Paters[19] bereitet hat; ich fürchte, dass er eine von diesen Bußübungen gemacht hat, die er gewöhnlich im Advent macht, nämlich auf dem Boden zu schlafen; denn diese Krankheit hat er sonst nicht. Bringen Sie ihn dazu, sich Fußwickel zu machen. Es stimmt zwar, dass der Schmerz nicht heftig ist, doch wenn er sich festsetzt, ist er etwas ganz Schlimmes und hält tagelang an. Achten Sie auch darauf, ob er sich warm genug anzieht. Gott sei gepriesen, dass es ihm besser geht. Es gibt nichts, was ich so mitfühle wie heftige Schmerzen, sogar bei meinen Feinden ... würde es mir zusetzen, wenn es sie gäbe ... bei jemandem, der mir so lieb ist.[20] Empfehlen Sie mich ihm und sagen Sie ihm einen ganz herzlichen Gruß.

6. Der Page ist noch arg jung, wenn er nur elf Jahre alt ist; zwölf wäre gut.[21] Ich hätte gern, dass er schreiben könnte, bevor er hierher kommt, denn er soll zusammen mit den Jungen zum Studium nach San Gil[22] zu gehen, um mit dem Lernen anzufangen. Mein Bruder[23] sagt, man müsse ihn nehmen, obwohl er ihn nicht brauche, da es ein Anliegen von Fray

---

18 Juana Ortiz, die Mutter der Agustina del Espíritu Santo, um die es hier geht.

19 Hier der Dominikaner Domingo Báñez.

20 Verstümmelte Textstelle, deren Sinn jedoch klar ist: Das würde ich nicht einmal meinen Feinden wünschen, daher setzt es mir umso mehr zu bei jemandem, der mir so lieb ist.

21 Der Page, den Báñez für die beiden Söhne von Lorenzo de Cepeda empfohlen hatte; siehe Ct 98,5.

22 Das Studienkolleg der Jesuiten in Ávila, zu dem die beiden Söhne Lorenzos, Lorenzo jun. (14) und Francisco (16) geschickt werden sollen.

23 Lorenzo de Cepeda.

Domingo sei; ich habe ihm nämlich schon gesagt, wie viel ich ihm verdanke. Die Güte von ...[24] Dass (Sie?) gesagt hätten, wieso für diese Schwester kein Platz sei.

7. Ich hätte sehr gerne, dass die Laienschwester[25] dort aufgenommen würde, sehe aber keine Möglichkeit,[26] da der gute Asensio[27] uns gebeten hat, eine Dienerin von ihm[28] aufzunehmen, und ich muss eine aus Medina wegholen, damit sie dort bleiben kann. Sie ist so heiligmäßig wie Estefanía,[29] und ist noch gar nicht eingekleidet;[30] fragen Sie nur Alberta,[31] ob es nicht so ist. Wenn Sie diese Heilige dort haben wollten, würde ich mein Leben dafür geben. Ich wage zu behaupten, dass Doña María[32] mich darum bitten würde, wenn sie darum wüsste. Sie könnten sie anstelle von Doña Mariana[33] aufnehmen, und ich würde mich bei unserem Pater[34] um einen anderen Ort für sie bemühen.

8. Es ist seltsam, dass Sie mir nicht gesagt haben, was er von sich aus gesagt hat, aber es muss wohl sein, dass er nicht weiß, wohin mit ihr; ich wartete ab, bis ich sah, was es für eine ist[35]... dieser, von dem er so oft sagte, dass er dafür nichts

---

[24] Textlücke.

[25] Francisca de Jesús (Cano), eine Kusine der langjährigen Begleiterin und Krankenschwester Teresas Ana de San Bartolomé, die in Medina del Campo aufgenommen werden sollte.

[26] Wegen der begrenzten Schwesternzahl; siehe dazu Anm. zu Ct 2,2.

[27] Der Großhändler aus Medina del Campo Asensio Galiano, ein Freund und Unterstützer Teresas.

[28] Vielleicht Juana del Sacramento.

[29] Estefanía de los Apósteles aus dem Karmel Valladolid; siehe F 11,1.

[30] Der Empfang des Ordenskleids markiert bis heute den Beginn des Noviziats.

[31] Alberta Bautista (Ponce de León) aus dem Karmel Medina del Campo, wo sie im darauf folgenden Jahr (1578) Priorin werden sollte.

[32] María de Mendoza, die Schwester des Bischofs von Ávila, Álvaro de Mendoza, und große Freundin und Wohltäterin der Karmelitinnen von Valladolid.

[33] Eine nicht identifizierte Ordensinteressentin, von der bereits in Ct 101,1.3 die Rede war, evtl. María Vanegas, die am 10. November 1577 als Mariana de los Santos in Sevilla Profess machte.

[34] Gracián.

[35] Hier ist der Text wieder verstümmelt.

wäre. Setzen Sie alles daran zu erkennen, was es für eine ist; und wenn sie gut ist, müssen wir sie aufnehmen, auch wenn es keinen Platz gibt. Hier[36] fehlt uns noch eine, und ich hätte recht gern eine von dort;[37] nur ist es so weit weg, dass ich nicht sehe, wie ich da etwas machen kann. Wissen Sie, unser Pater[38] hat viele Schwestern, noch dazu recht mittellose, und da die Jungfrau[39] ihn seinen Eltern weggenommen hat, die ihn als Versorger für sich hatten, müssen wir ihr diese und noch weitere geben.[40]

105.

An Mutter María Bautista[1] in Valladolid

Sevilla, 29. April 1576[2]

1. Jesus. – Die Gnade des Heiligen Geistes sei mit Ihnen, meine Tochter. Morgen bricht der Kurier auf, und da es nichts Gutes zu berichten gab, hatte ich nicht vor, Ihnen zu schrei-

---

36 In Sevilla, wo ein halbes Jahr nach der Gründung im Mai 1575 bis auf eine Schwester bereits die Höchstzahl erreicht ist, was verständlich macht, weshalb diese Zahl trotz der vielen Gründungen von ursprünglich dreizehn (V 32,13) in den *Konstitutionen von Alcalá* 1581 auf ca. 20 erhöht wurde. Siehe F 1,1 Anm. 8.

37 Aus Kastilien.

38 Erneut Gracián, der, wie hier gesagt wird, aus einer kinderreichen Familie stammte.

39 Der Karmelorden ist der Muttergottes geweiht, darum spricht Teresa hier davon, dass sie Gracián seinen Eltern weggenommen habe.

40 Hier zeigt sich das Problem der Versorgung der Töchter in der damaligen Gesellschaft, besonders wenn viele da waren und das elterliche Vermögen nicht ausreichte, um alle mit einer entsprechenden Mitgift auszustatten. Dies war bei den Graciáns der Fall, denn obwohl der Vater, Diego Gracián de Alderete, als Privatsekretär Philipps II. einen sehr ehrenvollen Posten hatte, war sein Verdienst sehr gering. Auch wenn Teresa nicht wollte, dass ihre Klöster zu Versorgungsstätten für mittellose Frauen wurden (CE 21,1 bzw. CV 14,1), fühlte sie sich offenbar Gracián verpflichtet. In der Tat wurden drei seiner Schwestern Karmelitinnen: María de San José Dantisco in Valladolid, Isabel de Jesús Dantisco bereits im Kindesalter in Toledo, und Juliana de la Madre de Dios Gracián Dantisco in Sevilla; eine weitere Schwester, Adriana Gracián wurde Hieronymitin, zwei weitere, Justina und Juana Dantisco, hei-

ben. Heute Abend aber, kurz bevor wir die Pforte zuschlossen, ließ man mir sagen, dass der Bewohner des Hauses es nun gut findet, dass wir übermorgen, am Tag der heiligen Philippus und Jakobus,[3] dort einziehen, woraus ich schließe, dass der Herr die Schwierigkeiten nun langsam beilegen wolle.

2. Schicken Sie diesen Brief, sobald Sie können, der Mutter Priorin von Medina;[4] denn wegen eines Briefes, den ich ihr schrieb,[5] wird sie bedrückt sein, und dabei habe ich mich bei der Darlegung der Prüfungen noch sehr kurz gefasst. Wissen Sie, dass im Vergleich zu denen, die ich hier durchgemacht habe, seit der Gründung von San José[6] alles nichts war.[7] Wüssten Sie es, würden Sie sehen, dass ich recht habe, denn es ist ein Erbarmenserweis Gottes, wenn wir heil daraus hervorgehen; aber man kann jetzt schon sagen, dass es so sein wird. Die Ungerechtigkeiten, die in diesem Land gang und gäbe sind, der Mangel an Wahrhaftigkeit, die Doppelzüngigkeiten, sind etwas Seltsames. Ich sage Ihnen, dass es den Ruf, den es hat, zu Recht hat.[8] Der Herr sei gepriesen, dass sich

---

rateten. Auch ein Bruder Graciáns, Pedro Gracián de Torres Alderete, versuchte sich als Karmelit, musste das Noviziat jedoch aus gesundheitlichen Gründen verlassen und wurde Weltpriester.

---

1 Siehe Ct 63 tít.

2 Es handelt sich um eine Art Rundbrief an die Priorinnen von Valladolid, Medina del Campo und Salamanca (Ct 105,2.12), in dem Teresa diesen drei Getreuen über große Schwierigkeiten in Sevilla berichtet, wo Gracián und ihr Bruder Lorenzo de Cepeda schwer zu leiden haben und sie selbst von einer entlassenen Novizin bei der Inquisition angezeigt wurde (Ct 105,5).

3 Das Fest Jakobus des Jüngeren wurde damals am 1. Mai begangen, heute am 3. Mai. In der Tat zog die Kommunität von Sevilla am 1. Mai 1576 in das neue Haus in der Calle de la Pajería um; die feierliche Einweihung erfolgte am 3. Juni (F 25,12).

4 Inés de Jesús (Tapia).

5 Dieser Brief ist nicht erhalten.

6 Teresas erste Gründung in Ávila am 24. August 1562.

7 Vgl. F 24-26. Zu ihrer eigenen Reaktion auf die gehäuften Schwierigkeiten heißt es dort u.a.: *„Nie in meinem Leben erlebte ich mich kleinlauter und feiger als dort“* (F 25,1), was bei Teresas sprichwörtlichem Mut etwas heißen will.

8 Abgesehen von der Tatsache, dass sie in Sevilla tatsächlich von allen Seiten bedrängt wurde, schlägt sich hier auch Teresas Aversion gegen die ihr fremde

aus allem Gutes herausholen lässt; und ich habe mich beim Erleben von so vielen Prüfungen seltsam glücklich gefühlt. Wäre mein Bruder[9] nicht hier gewesen, hätten wir im Leben nichts ausrichten können.

3. Voller Mut hat er bei den Ausgaben und dem Ertragen von allem ziemlich viel ausgestanden, so dass es uns zum Lobpreis Gottes stimmt. Die Schwestern mögen ihn sehr zu Recht; denn sie haben keinerlei Hilfe erhalten, sondern man lud uns noch mehr Prüfungen auf. Jetzt ist er unseretwegen im Kirchenasyl,[10] und es war ein großes Glück, dass sie ihn nicht ins Gefängnis gesteckt haben, dass hier wie eine Hölle ist, und das alles ohne jede Gerechtigkeit, denn sie verlangen von uns, was wir nicht schuldig sind, und auch von ihm als Bür-

---

Mentalität der Andalusier nieder, unter denen sie sich als Kastilierin nicht wohlfühlte; vgl. „*Ich weiß nicht, ob es das Klima dieses Landes ist, von dem ich immer sagen hörte, dass die Dämonen hier für ihre Verführungen freiere Hand hätten*" (F 25,1). Vgl. auch Ct 105,12. Vicente de la Fuente, der 1862 die erste weitgehend vollständige Sammlung von 407 Briefen Teresas herausgebracht hat, bemerkt hierzu: „*Diese Bemerkung war in den früheren Ausgaben ausgelassen worden. Selbst die Korrektoren, die sie zunächst kopiert hatten, haben sie dann wieder gestrichen, ebenso die Anmerkung, mit der sie sie abmildern wollten. Dabei sagten sie mit ihr aber nicht, was sie hätten sagen müssen, dass nämlich die Missstände, die die hl. Teresa beklagte, von der Ungerechtigkeit und unfähigen Regierung jener Zeit kam, denn es gab so viele Privilegien, Ausnahmen und Privatgerichte, dass es, wie man sagte, in Sevilla 40 Gerichtshöfe gab. Diese absurde Ungeheuerlichkeit machte die Ausübung der Justiz in jenem Volk unmöglich; das, zusammen mit dem Reichtum und den anderen Bedingungen für den materiellen Wohlstand, brachten es mit sich, dass jenes liebenswürdige Volk zum Schlupfwinkel für alle Gauner Spaniens und Westindiens wurde, deren Verhaltensweisen und Organisation von Cervantes und [anderen Dichtern] ... beschrieben wurden. Man weise die Schuld an den Ungerechtigkeiten und dem anderen, was die hl. Teresa bedauert, also nicht den Einwohnern Sevillas zu, die immer durch ihre Frömmigkeit und Großmut bekannt waren, sondern den Fehlern und der unfähigen Regierung jener Zeit.*" (BMC 7,227, Anm. 1).

[9] Lorenzo de Cepeda, der ihr finanziell half.

[10] Um der Verhaftung zu entgehen. Teresa verwendet hier denselben Ausdruck, wie im Bericht über die Gründung in Sevilla, in dem es heißt: „*Mein Bruder war ... wegen eines Fehlers, der beim Vertragsabschluss unterlaufen war, in Kirchenasyl (da alles so schnell gegangen war und es ein großer Schaden für das Kloster gewesen wäre); da er Bürge war, wollten sie ihn festnehmen*" (F 25,9).

gen.[11] Wir werden uns deswegen am Ende noch an den Hof wenden müssen, denn es ist eine Sackgasse; er hat sich aber gefreut, etwas für Gott durchzustehen.

4. Er ist im Karmel bei unserem Pater[12], doch was auf den an Prüfungen niedergeht, ist wie Hagel. Letztlich muss ich ihm gegenüber unsere sehr herunterspielen, und zwar zu Recht, da die ihn am meisten gequält haben.

5. Damit Sie es in etwa verstehen: Sie wissen doch schon von den Vorwürfen, die jene, die gegangen ist, gegen uns vorgebracht hat; ich habe Ihnen davon geschrieben.[13] Nun, die sind noch gar nichts im Vergleich zu dem, was sie uns an Anklagen anhängte (Sie werden schon verstehen); und so kamen sie zur Unzeit, ohne dass man wusste, warum, zu denen, denen sie es gesagt hatte – und nicht nur einmal! Nach der Person zu urteilen, die sie vorluden, erkannten wir klar, dass es darum ging.[14] Von mir versichere ich Ihnen, dass Gott mir die Gna-

---

[11] Man verlangte von den Karmelitinnen, dass sie die Kaufsteuer für das von ihnen erworbene Haus beglichen; andernfalls sollte Lorenzo, der sich für sie verbürgt hatte, in Haft genommen werden; vgl. F 25,9 und Ct 106,3, wo Teresa übereinstimmend von einem Fehler bei der Ausfertigung des Vertrags spricht.

[12] Bei Gracián im Karmelitenkloster, das die Unbeschuhten bereits 1574 gegründet hatten.

[13] María del Corro, eine Witwe in den vierziger Jahren, die kaum drei Monate nach der Ankunft Teresas in Sevilla am 26. Mai 1575 in das neu gegründete Kloster eintrat, und – von ihrem unerleuchteten Beichtvater Garciálvarez unterstützt – schon bald Schwierigkeiten machte und Teresa nach ihrer Entlassung sogar bei der Inquisition anzeigte. María de San José, Priorin des Klosters, nennt sie *„eine große Beatin, die schon in der ganzen Stadt als Heilige galt.... Nach ihrer eigenen Meinung war sie viel heiliger als in den Augen des Volkes“* (María de San José, *Libro de Recreaciones*, 9. Rekreation, 206; DST 856). Das Tribunal von Sevilla sandte über die durch María del Corro ausgelösten Vorgänge einen Bericht an den Inquisitionsrat nach Madrid. Die Anklage der Ex-Novizin bezog sich vor allem auf die Übung des inneren Betens (E. Llamas, *Santa Teresa de Jesús y la Inquisición española*, 78). Teresa wurde schließlich freigesprochen. Siehe auch CC 44,1.

[14] Verschleierte Ausdruckweise, um anzudeuten, dass die besagte ehemalige Novizin ihnen die Inquisition ins Haus schickte, die „Person“ ist Teresa selbst.

de schenkte, gleichsam im Hochgefühl zu schweben.[15] Obwohl ich mir den großen Schaden ausmalte, der für alle diese Häuser entstehen könnte, reichte das nicht aus, da die Freude überschäumte. Es ist etwas Großes, im Gewissen sicher und frei zu sein.

6. Die andere[16] ist in ein anderes Kloster eingetreten. Gestern hat man mir bestätigt, dass sie den Verstand verloren hat, und zwar nur deshalb, weil sie von hier weggegangen ist. Schauen Sie, wie groß Gottes Ratschlüsse sind,[17] denn er tritt für die Wahrheit ein, und jetzt wird man erkennen, dass das alles dummes Zeug war. Und was sie hier herumschwätzte, war von der Art: dass wir die Schwestern an Händen und Füßen festbänden und sie auspeitschten; und gebe Gott, es wäre alles nur so wie dies gewesen.[18] Abgesehen von dieser so schwerwiegenden Angelegenheit noch tausend weitere Dinge, so dass ich klar sah, dass der Herr uns in die Enge treiben wollte, um dann alles zu einem guten Ende zu bringen, und so machte er es. Deswegen sollen Sie also keinerlei Leid empfinden, im Gegenteil, ich erhoffe mir vom Herrn, dass wir nach dem Umzug ins Haus bald abreisen können;[19] denn die Franziskaner sind nicht wiedergekommen;[20] und sollten sie kommen,

---

15 Vgl. die beiden Stellungnahmen, die Teresa um diese Zeit für das Inquisitionsgericht von Sevilla verfasste, CC 53 und CC 54.

16 María del Corro hatte eine weitere Novizin zum Austritt überredet.

17 Vgl. Weish 17,1, eine Stelle, auf die Teresa immer wieder anspielt; siehe Anm. zu Ct 58,4.

18 María de San José verrät mehr Einzelheiten: „*Unter den Dingen, die sie als schlimm darstellte, war folgendes: Da wir arm waren und nicht so viele (Kommunion)schleier hatten, gelegentlich auch, weil die Schwestern nicht acht gegeben und ihren nicht mitgebracht hatten, gaben wir sie untereinander weiter, um uns zum Kommunionempfang damit den Kopf zu bedecken. Sie sagte, dass das eine [inquisitionsverdächtige] Zeremonie sei. Wir hatten das Kommunionfensterchen in einem Innenhof mit praller Sonne, und um uns vor ihr zu schützen und gesammelter zu sein, suchte sich jede nach der Kommunion eine Ecke oder drehte das Gesicht zur Mauer. Sie sagte, dass sei eine [inquisitionsverdächtige] Zeremonie*“ (*Libro de recreaciones*, 9. Rekreation, 206f.).

19 Teresa reiste schließlich am 4. Juni 1576 ab.

20 Anspielung auf den anfänglichen Widerstand der benachbarten Franziskaner gegen den Einzug der Schwestern Teresas in das von ihnen erworbene Haus, so dass diese schließlich heimlich nachts einzogen; siehe F 25,5-7.

nachdem es in Besitz genommen ist, so bedeutet das alles nichts.

7. Es sind großartige Seelen, die Schwestern hier; und die Priorin[21] hier hat so viel Mut, dass es mich in Erstaunen versetzt hat, viel mehr als ich noch. Ich glaube schon, dass es eine Hilfe für sie war, mich hier zu haben, denn auf mich fallen die Schläge. Sie hat einen sehr scharfen Verstand. Ich sage Ihnen, sie ist meines Erachtens äußerst geeignet für Andalusien. Aber wie nötig war es, nur Handverlesene mitzubringen!

Mir geht es gut, wenn auch noch nicht so lange; dieser Sirup gibt mir Leben. Unser Pater[22] ist angeschlagen, aber ohne Fieber. Er weiß nichts von diesem Brief. Beten Sie mir für ihn zu Gott, und auch, dass er uns heil aus all diesen Geschäften herausholt. Ich glaube schon, dass er das machen wird. O je, was für ein Jahr habe ich erlebt!

8. Kommen wir nun zu Ihren Ratschlägen.[23] Was das erste mit den „Don"-Titeln anbelangt,[24] so lassen sich in Westindien alle, die Untergebene haben, so nennen. Bei ihrer Ankunft aber bat ich ihren Vater,[25] sich nicht so nennen zu lassen, und gab ihm Gründe an. So wurde es gemacht, so dass sie schon beschwichtigt und ruhig waren, bis Juan de Ovalle und meine Schwester[26] daherkamen; da reichte dann kein Grund von mir mehr aus (ich weiß nicht, ob es war, um den Titel ihres eigenen Sohnes sicherzustellen); und da mein Bruder[27] nicht

[21] María de San José (Salazar).

[22] Gracián.

[23] Vgl. Ct 98,1.

[24] Die Söhne des Lorenzo de Cepeda hatten sich mit „Don" ansprechen lassen, was nur Adeligen zustand. Teresa ist wohl nicht nur aus Bescheidenheit dagegen, sondern weil sie um ihre Herkunft aus einer Converso-Familie weiß, deren angebliche Zugehörigkeit zum niederen Adel auf einen gekauften, in den Jahren 1520–23 dank Falschaussagen und Zeugenbestechung erneut bestätigten Adelsbrief zurückgeht; sie weiß, dass es in Ávila noch Leute gibt, die darum wissen. Siehe Einführung zum *Buch meines Lebens*, 17-19.

[25] Lorenzo und seine Söhne.

[26] Juana de Ahumada, die mit Juan de Ovalle verheiratet war; siehe Ct 20 tít.

[27] Lorenzo de Cepeda.

hier war und viele Tage wegblieb, und ich nicht bei ihnen war, redeten sie ihm nach seiner Rückkehr so vieles vor, dass es nichts nutzte. Es ist wahr, dass es in Ávila schon nichts anderes mehr gibt; es ist eine Schande. Gewiss, was sie[28] anbelangt, so gehen mir diese Titel schon gegen den Strich,[29] doch an mich hat man, glaube ich, nicht mehr gedacht, und auch Ihnen soll das nichts ausmachen; denn im Vergleich zu manchen anderen Dingen, die man von mir sagt, ist das gar nichts.[30] Aus Liebe zu Ihnen werde ich es ihrem Vater noch einmal sagen; doch glaube ich, dass es bei ihrem Onkel und ihrer Tante[31] nichts helfen wird, und auch, weil sie sich schon so sehr daran gewöhnt haben. Es ist mir jedes Mal, wenn ich es höre, ein Stück Ich-Sterben.

9. Zu dem, dass Teresa[32] dem Padilla[33] geschrieben haben soll, glaube ich nicht, dass sie überhaupt jemandem geschrieben hat (außer der Priorin von Medina[34] und Ihnen, um Ihnen beiden eine Freude zu machen); ihm, glaube ich, einmal zwei oder drei Worte. Sie haben sich in den Kopf gesetzt, dass ich für sie und meinen Bruder[35] schwärme, und es gelingt nicht,

---

28 Sie meint ihre Verwandten.

29 Siehe dazu die historische Einordnung bei T. Egido, *Ambiente histórico*, in: *Introducción a la lectura*, 100.

30 Ein drastisches Beispiel für diese „anderen Dinge" überliefert María de San José (Salazar): *„‚Diese Alte, auf den Strich müsste man sie schicken, damit sie von ihrem Laster genug kriegt, sie, die mit jungen Weibern unter dem Vorwand von Gründungen durch die Welt zog, damit sie so etwas machen.' So etwas und noch viel Schlimmeres sagte man in jenem Prozess, wobei jeder das erklärte, was er über unsere heiligen Mutter gehört hatte"* (*Libro de recreaciones*, 9. Rekreation, 215). María de San José bezieht sich hier auf den Prozess, den man gegen sie angezettelt hatte, um sie ihres Amtes zu entheben, was für eine gewisse Zeit auch gelang.

31 Juan de Ovalle und Juana de Ahumada.

32 Teresas zehnjährige Nichte Teresita, die Tochter Lorenzos, die im Karmelitinnenkloster in Sevilla erzogen wurde.

33 Der Weltpriester Juan Calvo de Padilla, dessen unkluges Auftreten als Ordensreformator ihn 1578 in das Inquisitionsgefängnis bringen sollte; siehe Ct 250,4.

34 Inés de Jesús Tapia, die, wie María Bautista, mit Teresa verwandt war.

35 Lorenzo.

Ihnen das auszureden. Und nach dem, wie sie beide sind, müsste das auch so sein, wenn ich eine andere wäre; aber schauen Sie, wie sehr ich mich, bei allem, was ich ihm verdanke, gefreut habe, dass er im Kirchenasyl ist, damit er nicht oft hierher kommt. Es ist schon wahr, dass er ein bisschen lästig ist. Aber auch wenn er hier ist, sage ich ihm, dass er gehen soll, sobald unser Pater[36] oder sonst jemand kommt, und er ist wie ein Engel. Nicht, dass ich ihn nicht sehr gern hätte; ich habe ihn schon gern, aber ich wäre lieber allein. Das ist alles so, möge man denken, was man will, denn daran liegt wenig.[37]

10. Bei dem, was Padilla gesagt hat, dass er Visitator wäre,[38] muss es sich wohl um einen Witz gehandelt haben. Ich kenne ihn schon. Aber trotzdem ist er eine große Hilfe, und wir verdanken ihm viel. Es gibt niemanden ohne Fehler, was wollen Sie! Ich habe mich gefreut, sehr sogar, dass Doña María[39] mit dieser Genehmigung zufrieden ist. Sagen Sie ihr ganz herzliche Grüße von mir, denn da es schon spät ist, schreibe ich ihr nicht; es tut mir zwar leid, dass sie ohne die Gnädige Frau Herzogin[40] ist, ich sehe aber, dass der Herr möchte, dass sie nur ihm Gesellschaft leisten und sich mit ihm trösten soll.

11. Von Ávila weiß ich nicht mehr, als was Sie mir schreiben. Gott sei mit Ihnen. Casilda[41] und allen Schwestern empfehle ich mich, und ganz besonders auch meinem Pater Fray Do-

---

[36] Gracián.

[37] Zum Verhältnis Teresas zu ihrem Bruder siehe CC 35 von August 1575.

[38] Padilla (siehe vorigen Absatz) neigte dazu, sich Titel zuzulegen, die ihm nicht zustanden.

[39] Die Schwester des Bischofs von Ávila, María de Mendoza, die Stifterin des Klosters in Valladolid.

[40] Wahrscheinlich die Herzogin von Sessa, María Sarmiento y Pimentel (jun.), Tochter der María Sarmiento de Mendoza (sen.), die im November 1577 den Herzog von Sessa, Gonzalo Fernández de Córdoba, heiraten sollte, der kurz darauf starb (Ct 296,3). Oder aber die Herzogin von Osuna, Leonor Ana de Guzmán y Aragón (EDE).

[41] Casilda de Padilla, die als Novizin in Vallodolid weilte; siehe Anm. zu Ct 58,4.

mingo.[42] Ich wünschte mir sehr, er würde davon absehen, aus Ávila wegzugehen, bis ich dort wäre; da er aber möchte, dass für mich alles nur Kreuz sei, soll es so sein. Unterlassen Sie nicht, mir zu schreiben. Schicken Sie die Schwester, von der Sie sagen, sie sei so gut, nicht fort, es sei denn, sie möchte hierher kommen; ich würde mir nämlich gern einige von dort holen, wenn ich könnte. Schauen Sie, meiner Meinung nach besteht jetzt kein Grund mehr zum Trübsalblasen, da ich glaube, dass sich alles zum Guten wenden wird.

12. Vergessen Sie nicht, dies der Mutter Priorin von Medina[43] zu schicken, und sie soll es dann der von Salamanca[44] schicken; es ist ja für alle drei. Gott mache Sie mir alle heilig. Ich gestehe, dass die Leute aus diesem Land nichts für mich sind,[45] und ich mich, wenn es Gott gefällt, schon danach sehne, im Land der Verheißung zu sein; sollte ich allerdings erkennen, dass ich ihm hier mehr gefalle, dann weiß ich, dass ich gern bleiben würde, auch wenn die schrecklichen Sünden, die es hier gibt, dazu angetan sind, einem sehr zuzusetzen;[46] Sie wären entsetzt. Der Herr möge dem abhelfen!

Heute ist Weißer Sonntag.[47]

Euer Ehrwürden

Teresa von Jesus

---

[42] Domingo Báñez; siehe Ct 58 tít.

[43] Inés de Jesús Tapia.

[44] Ana de la Encarnación Tapia, eine leibliche Schwester von Inés de Jesús. Beide sind Kusinen Teresas.

[45] Vgl. ihre Bemerkungen über Andalusien und seine Bewohner zu Beginn dieses Briefes (Ct 105,2).

[46] Die starke Ausrichtung auf das Jenseits und damit verbunden der Wunsch, vom irdischen Leben mit seinen Mängeln und Defiziten befreit zu werden, entspricht damaliger Frömmigkeit; sie waren nicht zuletzt durch die weitgehende Hilflosigkeit gegenüber Krankheiten und sonstigen Nöten bedingt. Ferner wurden sie durch eine Glaubensverkündigung gefördert, die den Akzent einseitig auf die ständige Gefährdung durch die Sünde legte, so dass das irdische Leben wie eine einzige potentielle Fallgrube erscheinen musste. Wie H. Hatzfeld betont, ist die Todessehnsucht deshalb *„nicht typisch für die Mystik ..., sondern* [sie hängt] *mit dem Geist der Gegenreformation zusammen, der als Korrektur für die extreme Diesseitigkeit der Renaissance das künftige Leben im Jenseits besonders hervorhebt“* (*Estudios literarios sobre mística*

13. Empfehlen Sie mich meiner María de la Cruz und der Subpriorin.[48] Lesen Euer Ehrwürden es María de la Cruz vor. Alle mögen uns Gott anempfehlen.

106.

An Pater Ambrosio Mariano[1] in Madrid

Sevilla, 9. Mai 1576[2]

1. Jesus. – Die Gnade des Heiligen Geistes sei mit Euer Ehrwürden. Mein Gott! Was haben Sie doch für ein Talent, um ei-

---

española, 199). Entsprechende Gedanken finden sich bei Teresa an vielen Stellen; siehe etwa V 6,9; 16,4; 17,1; 20,12f; 21,6; 29,8.10.12; 33,8; 34,10; 40,3.20; CE 72,4; E 1,1; 3,3; 11,2; 6M 6,1; und die Gedichte *„Ich leb', nicht in mir lebend"* (*Vivo sin vivir en mí*; P 1); *„Liebesdialog"* (*Coloquio amoroso*; P 9); *„Seufzer in der Verbannung"* (*Ayes del destierro*; P 10). Vgl. aber auch CE 32,1 und vor allem 7M 3,6f, wo die Todessehnsucht der nüchternen Bereitschaft weicht, Gott und den Menschen hier auf Erden zu dienen, wie sie diese hier auch zum Ausdruck bringt.

[47] *Dominica in albis*, d.h. der Sonntag nach Ostern, der in der katholischen Kirche, vermutlich als Anspielung auf die während der ganzen Osteroktav getragenen weißen Gewändern der Neugetauften, bis heute als Weißer Sonntag, in der evangelischen als Sonntag *Quasimodo geniti* bezeichnet wird.

[48] María de la Cruz (de la Paz) und Antonia del Espíritu Santo (de Henao), zwei Pionierinnen von San José (Ávila), die nun beim Aufbau der Kommunität von Valladolid mithalfen. Aus dem nächsten Satz geht hervor, dass María de la Cruz, wie die Mehrzahl der Frauen damals, Analphabetin war.

---

[1] Ambrosio Mariano de San Benito (Azzaro) wurde um 1510 in Bitonto (Bari), Italien, geboren. Er war vielseitig begabt, aber ein Hitzkopf. Er studierte zusammen mit dem späteren Papst Gregor XIII. Kirchenrecht und Theologie, arbeitete dann als Ingenieur im Auftrag Philipps II. an der Kanalisation des Guadalquivir und der Verbesserung des Laufs des Tajo. Auch führte er Pläne für die Bewässerung der Flußauen von Aranjuez aus. Nach einem Einsiedlerleben in El Tardón (Córdoba) initiierte er 1569, nach einer Begegnung mit Teresa, zusammen mit einem weiteren ehemaligen Einsiedler aus El Tardón, dem Neapolitaner Juan de la Miseria (Giovanni Narduch), die Gründung von Pastrana, wo er 1570 seine Profess als Unbeschuhter Karmelit ablegte. Teresa erzählt sein Leben ausführlich im *Buch der Gründungen* (F 17,6-15) und schrieb ihm eine ganze Reihe Briefe, von denen 16 erhalten sind. Innerhalb der Reform bekleidete er wichtige Ämter. So war er zusammen mit Johannes vom Kreuz Mitglied der Consulta (Generalrat).

[2] Autograph: Karmelitinnenkloster, Sevilla.

nen in Versuchung zu bringen![3] Ich sage Ihnen, dass ich schon viel Tugend haben muss, um überhaupt zu schreiben; und das Schlimmste ist noch, dass ich befürchte, dass sich etwas von Ihrer Einstellung an meinem Padre, dem Herrn Lizentiaten Padilla,[4] anhängt, denn er schreibt mir nicht, noch schickt er Grüße, genauso wie Euer Ehrwürden. Gott verzeihe Ihnen beiden; allerdings verdanke ich dem Herrn Lizentiaten Padilla so viel, dass ich es nicht fertig bringe, mag er auch noch so nachlässig sein, zu Seiner Gnaden nachlässig zu sein, den ich inständig bitte, diesen Brief auch als seinen zu betrachten.

2. Wenn ich bedenke, in welchen Verwicklungen mich Euer Ehrwürden hier gelassen haben und wie sorglos Sie mit allem umgehen,[5] dann weiß ich nicht, was ich mir denken soll, es sei denn *Verflucht der Mensch, usw.*[6] Da man aber Böses mit Gutem vergelten soll,[7] habe ich dies schreiben wollen, damit Euer Ehrwürden wissen, dass wir am Tag des heiligen Jakobus[8] Besitz ergreifen,[9] und die Brüder geschwiegen haben wie

---

[3] Im Hintergrund steht die Abreise des Adressaten aus Sevilla, um sich an den Hof nach Madrid zu begeben, während sich in Sevilla der Konflikt zwischen den Beschuhten Karmeliten Andalusiens und den Unbeschuhten zuspitzte. Hinter Teresas Ironie verbirgt sich ihre Verärgerung über die Tatsache, dass Mariano ohne Rücksprache mit ihr handelt und sie mit allen Schwierigkeiten allein lässt; bereits im Juni 1575 hatte sie dem Ordensgeneral Rossi geschrieben, dass sie sich *„sehr mit Mariano gestritten"* habe, da er *„von großem Ungestüm"* sei (Ct 83,2); vgl. auch Ct 114,4.

[4] Der Weltpriester und selbsternannte Ordensreformator Juan Calvo de Padilla, siehe Ct 105,9.10.

[5] Eine Anspielung auf die äußerst verwickelte Situation des neu gegründeten Karmelitinnenklosters von Sevilla, als Ambrosio Mariano von dort abreiste; siehe dazu Ct 83,2ff und Ct 105.

[6] Eine ironische Anspielung auf Jer 17,5: *Verflucht der Mann, der auf Menschen vertraut.*

[7] Vgl. Röm 12,17.21.

[8] Das Fest Jakobus' des Jüngeren wurde damals am 1. Mai begangen, heute am 3. Mai; vgl. Ct 105,1.

[9] Von dem neuen Haus; vgl. Ct 105,6.

ein Grab.[10] Unser Pater[11] sprach mit Navarro,[12] und er war es, glaube ich, der sie zum Schweigen brachte.

3. Das Haus ist so, dass die Schwestern an kein Ende kommen mit dem Dank an Gott. Er sei für alles gepriesen. Es sagen alle, dass es geradezu umsonst war, ja man versichert uns, dass man es jetzt nicht einmal für zwanzigtausend Dukaten bekäme.[13] Der Standort gehört, wie man sagt, zu den guten Sevillas. Der gute Prior von Las Cuevas[14] ist schon zweimal hierher gekommen (er ist äußerst zufrieden mit dem Haus), und Fray Bartolomé de Aguilar[15] einmal, bevor er abreiste; ich habe Euer Ehrwürden ja schon geschrieben, dass er zum Kapitel gegangen ist. Es ist ein ganz großer Glücksfall gewesen, ein solches Haus aufzustöbern. Wegen der Kaufsteuer haben wir einen ziemlichen Streit;[16] ich glaube, dass wir sie letztlich ganz zahlen müssen. Mein Bruder[17] müsste sie uns leihen; er kümmert sich um die Bauarbeiten, was mir viel Arbeit erspart. Der Fehler mit der Kaufsteuer lag beim Notar.[18] Unser Pater ist äußerst zufrieden mit dem Haus, alle anderen aber auch. Padre Soto[19] sagt großartige Dinge (er war gerade hier), aber auch, dass er Ihnen nicht schreiben will, weil Sie mir nicht schreiben. Die Kirche wird im Eingangsbereich eingerichtet; sie wird sehr hübsch. Es passt alles wie gegossen. So viel zum Haus.

---

[10] Vermutlich eine Anspielung auf die benachbarten Franziskaner, die anfangs gegen das neue Kloster polemisiert hatten; siehe F 25,7; Ct 105,6.

[11] Jerónimo Gracián.

[12] Unbekannt.

[13] Zum Wert eines Dukaten siehe Anm. zu Ct 2,3.

[14] Der Prior der Kartäuser Hernando de Pantoja, der ein großer Förderer und Freund Teresas war; siehe F 25,9.

[15] Ein Dominikaner.

[16] Siehe F 25,6.9 und Ct 105,3.

[17] Lorenzo de Cepeda.

[18] Vgl. F 25,9, wo sie von einem *„Fehler, der beim Vertragsabschluss unterlaufen war,"* spricht.

[19] Nicht der Dominikaner Domingo de Soto, sondern ein alter Weltpriester, der ein großer Wohltäter der Karmelitinnen von Sevilla war. Siehe auch Ct 238,9.

4. Bezüglich Tostado[20] ist da gerade ein Bruder gekommen, (er war nämlich Konventuale von hier),[21] der ihn im März in Barcelona gelassen hat, und der bringt eine Vollmacht von ihm mit, mit der er sich zum Generalvikar von ganz Spanien macht. Cota[22] kam gestern zurück, hält sich aber im Haus von Don Jerónimo[23] versteckt, wo er, wie man sagt, auf Fray Agustín Juárez[24] wartet, der heute kommen soll. Die ersten beiden Angaben sind wahr, denn ich habe die Vollmacht gesehen, und weiß, dass der andere[25] hier ist. Das mit dem Provinzial sei sicher, sagt man; und dass er komme, um sein Amt wieder aufzunehmen, und ein *Motupropio* vom Papst[26] mitbringe, wie man es für die Absicht der Beschuhten nicht besser hätte wünschen können, wie man sagt; und sogar der Prior[27] sagte mir heute, er wisse es sicher von einem, zu dem sie Vertrauen haben.

---

20 Der Beschuhte Karmelit Jerónimo Tostado, sehr geschätzt vom Ordensgeneral Rossi (Rubeo), aber ein erklärter Gegner Teresas, war auf dem Kapitel von Piacenza 1575 zum Generalvikar der Karmeliten Spaniens ernannt worden; im Mai 1576 wurde er außerdem Provinzial der Karmeliten von Katalonien. Teresa nennt ihn „el Tostado", vielleicht einen Anspielung auf die Bedeutung seines Namens: „der Geröstete".

21 Ein Mitglied des Karmelitenklosters von Sevilla.

22 Der Prior der Beschuhten Karmeliten von Córdoba, Pedro de Cota, der sich nach Rom begeben hatte, um die Abberufung Graciáns als Visitator zu erwirken; Gracian zufolge *„kam er aus Rom zurück ... sagend, dass er ein Breve mit der Abberufung habe, das aber im Hinblick auf die Aussetzung der Visitation völlig ungültig und unwirksam war"* (MHCT 1,363).

23 Der Domherr von Toledo und spätere Inquisitor von Murcia Jerónimo Manrique, der später den Seligsprechungsprozess für Teresa initiieren sollte.

24 Der Provinzial der Beschuhten Karmeliten Andalusiens Agustín Juárez oder Suárez, der zu Beginn der Visitation Graciáns am Hof in Madrid war und anschließend die Flucht ergriff, um sich nicht mit dem Visitator treffen zu müssen.

25 Cota.

26 Sie meint das sogenannte Gegenbreve von Papst Gregor XIII. vom 13. August 1574, mit dem die Ernennung Graciáns zum Visitator rückgängig gemacht wurde.

27 Der Beschuhte Karmelit Juan Evangelista, der von Gracián als Prior in Sevilla eingesetzt worden war.

5. Nun meinte Seine Allerdurchlauchtigste Herrschaft, unser guter Herr Erzbischof,[28] und auch der Assistent[29] und der Anwalt,[30] dass unser Pater[31] ihnen aus vielen Gründen, die ihnen wichtig schienen, aus dem Weg gehen sollte, damit sie es ihm nicht zur Kenntnis brächten, bis man vom Allerdurchlauchtigsten Herrn Nuntius[32] wüsste, was dieser befehle; so geht er jetzt auf einem anderen Weg dorthin,[33] ohne Visitation zu halten, denn eine Visitation bei denen hier[34] ist jetzt nicht möglich, da sie in höchster Aufregung sind. Gott verzeihe dem, der so viel Gutes unterbindet; allerdings glaube ich, dass es, zum größeren Wohl, bestimmt im Plan des Herrn liegt. Möge es Seiner Majestät gefallen, dass diese Hilfe verdienen, doch habe ich keine Angst,[35] dass die Unbeschuhten es versäumten, sehr voranzukommen, denn der Herr fügt das Ganze zum größeren Wohl zusammen. Unser Pater hat den Pater Prior der Karmeliten, Evangelista,[36] als Provinzvikar da gelassen, auf den jetzt dieser Schlag zukommt, wobei ich ihm allerdings sage, dass sie ihm, da er kein Anführer ist, nichts mit-

---

[28] Cristóbal de Rojas y Sandoval, ein Freund und Förderer Teresas.

[29] Francisco Zapata, Graf von Barajas; der „Assistent von Sevilla" war ein Verwaltungsbeamter mit den Befugnissen eines Stadtrichters oder Statthalters, der den König in Sevilla vertrat (DST 1211).

[30] Der Anwalt des Heiligen Offiziums, d.h. der Inquisition, Dr. Francisco de Arganda.

[31] Gracián.

[32] Nicolás Ormaneto, ein Förderer Teresas und derjenige, der Gracián zum Visitator ernannt hatte. Die Situation ist also verwickelt: Die Gegenspieler Graciáns haben sich hinter dem Rücken des Gracián wohlgesonnenen Päpstlichen Nuntius an den Papst selbst gewandt und von diesem ein Breve erwirkt, mit dem die Ernennung rückgängig gemacht wird.

[33] Nach Madrid, um sich mit dem Nuntius zu besprechen.

[34] Bei den Beschuhten Karmeliten von Sevilla, wo Gracián am 21. November 1575 mit der Visitation angefangen hatte.

[35] Konjektur; Teresa schreibt elliptisch *„ninguno [remedio] tengo"* (*„habe ich keine [Hilfe]"*), was jedoch keinen Sinn ergibt. Mit T. Álvarez (schriftliche Auskunft) gehen wir davon aus, dass Teresa beim raschen Schreiben eine unbewusste Metathesis (Lautumstellung) unterlaufen sein dürfte, so dass sie statt *„(re)medio"* in Wirklichkeit *„miedo"* *(Angst)* meinte.

[36] Juan Evangelista (siehe Ct 106,4); zum Prior der Beschuhten Karmeliten von Sevilla hatte ihn auch Gracián ernannt, wohl weil er als einziger bereit gewesen war, die Visitation zu akzeptieren. (DST 995).

teilen werden. Er ist guten Mutes, und der Assistent ist sehr bereit, ihm notfalls beizustehen.[37]

6. Morgen gehen der Prior und der Subprior von Los Remedios[38] nach Umbrete,[39] denn der Erzbischof[40] hat sie dorthin bestellen lassen, da er gerade dort weilt. Wenn die anderen[41] keinen Beweis vorlegen, dass ungültig ist, was der Pater Visitator[42] getan hat (was sie, glaube ich, nicht mitbringen), ist schon viel getan. Der Herr leite alles so in die Wege, wie ihm damit gedient sei, und Euer Ehrwürden verschone er vom Sirenengesang,[43] und auch meinen Padre, den Herrn Lizentiaten Padilla,[44] dem mein Bruder[45] vielmals die Hand küsst, und Euer Ehrwürden auch. Ich hätte Sie unendlich gern hier, denn ich glaube, dass Sie sich sehr freuen würden, diesen schönen Erfolg zu sehen.

7. Drei Tage vor der Abreise des Stellvertreters[46] sind wir eingezogen, und sind dicke Freunde geworden, auch mit seiner Frau.[47] Alle haben uns reichlich zu essen gegeben und uns viel Wohlwollen erwiesen. Der Stellvertreter sagt, dass es in Sevilla kein besseres Haus und keine bessere Lage gebe. Ich glaube, in ihm spürt man die Hitze nicht. Der Innenhof sieht wie Zu-

---

37 Hier wird etwas von den Spannungen zwischen den Reformbemühungen des spanischen Königs („*Reforma del Rey*“), dessen Vertreter der Assistent Zapata war, und den römischen greifbar. Philipp II. gingen die römischen Reformbemühungen nicht weit genug, und vor allem wollte er als absolutistischer Herrscher keine Einmischung von Rom in spanische Angelegenheiten.

38 Los Remedios („Zu den Nothelfern“) ist das Kloster der Unbeschuhten Karmeliten in Sevilla; Prior war dort zu diesem Zeitpunkt Antonio de Jesús (Heredia), Subprior Alonso de la Madre de Dios.

39 Eine Ortschaft in der Nähe von Sevilla, wo sich der Erzbischof gerade erholte.

40 Cristóbal de Rojas y Sandoval; siehe Ct 106,5.

41 Cota und Suárez.

42 Gracián.

43 Eine Anspielung auf die Intrigen und Schmeicheleien am Hof in Madrid, wo Mariano gerade weilt.

44 Siehe oben Ct 106,1.

45 Lorenzo de Cepeda.

46 Der Stellvertreter des Assistenten Zapata (siehe Ct 106,5), Reyes de León.

47 Doña Inés.

ckergebäck aus. Jetzt gehen noch alle hinein, da die Messe in einem Saal gelesen wird, bis die Kirche fertig ist, und sehen das ganze Haus; zum mehr im Hausinnern als die Abstellräume gelegenen Innenhof hin gibt es schöne Zimmer, wo wir besser wohnen als im anderen Haus. Der Garten ist sehr anmutig, die Aussicht herrlich. Es hat uns viel Mühe gekostet, aber ich halte alles für gut angewendet, denn ich hätte nie gedacht, dass es so gut wäre. Die Mutter Priorin[48] und alle Schwestern empfehlen sich sehr in die Gebete von Euer Ehrwürden und von meinem Padre Padilla, und ich in die des Pater Provinzial Ángel,[49] denn ich habe gestaunt, wie schnell er dort war. Gebe Gott, dass das Kapitel[50] zu seinem Dienst gereiche, was es sicher wird, wenn es so gemacht wird, wie Euer Ehrwürden sagen. Gott behüte Sie trotz all ihrer Fehler und mache Sie ganz heilig.

Heute ist der 9. Mai.

8. Lassen Eure Paternität mich doch über alles, was sich tut, benachrichtigen; Sie sehen ja, dass unser Pater[51] nicht hier ist, und ich keine Möglichkeit habe, etwas zu erfahren. Ich möchte nicht, dass Euer Ehrwürden von dort[52] abreisen, bis Sie sehen, wie die Dinge ausgehen. Ich sage Ihnen, ich vermisse Euer Ehrwürden, die sich damit auskennen, sehr; hier werden wir jetzt alle nur tastend und behutsam vorgehen. Grüße an Pater Fray Vicente[53] und meinen Glückwunsch zur Profess.

Euer Ehrwürden unwürdige Dienerin

Teresa von Jesus, Karmelitin[54]

---

[48] María de San José (Salazar).

[49] Ángel de Salazar.

[50] Das Provinzkapitel der Karmeliten Kastiliens, das am 12. Mai in San Pablo de la Moraleja (Valladolid) beginnen sollte.

[51] Gracián.

[52] Madrid.

[53] Der Unbeschuhte Karmelit Vicente de Cristo, der eben in Mancera de Abajo seine Profess abgelegt hatte.

[54] Am Rand vermerkte hier María de San José: *„Da unser Pater (Gracián) heimlich abgereist ist, nahmen sie das zum Anlass für die Behauptung, dass er in unserem Haus versteckt sei."*

9. Ach, die Lügen, die hier im Umlauf sind! Es ist zum Verzweifeln.[55] Gerade hat man mir gesagt, dass der Visitator von denen *vom Tuch*[56] – so nennen sie ihn nämlich – in Carmona[57] sei, und dass man ihm in vielen Klöstern Gehorsam erwiesen habe. Trotz allem fürchte ich wegen dieser Sachen aus Rom, denn ich erinnere mich an das, was war,[58] auch wenn ich nicht befürchte, dass es zu unserem Schaden ist, eher alles zum Besten. Etwas müssen sie[59] ja haben, denn sonst wären sie nicht so dumm, hierher zu kommen; sie wissen ja noch nicht, dass unser Pater weg ist, sie glauben, er sei hier.[60] Es kommen großartige Glückwünsche; das Viertel ist hocherfreut.[61] Ich möchte unser Geschäft als Unbeschuhte gern abgeschlossen sehen; schließlich wird der Herr sie nicht ewig ertragen, denn so viel Unheil muss auch einmal ein Ende haben.

107.

An Mutter Ana de Jesús[1] in Beas

Sevilla, Mitte Juni 1576[2]

Schauen Sie, wie mag es Ihnen zu Mute sein, wenn Sie sehen, dass sich ein so hoher Herr[3] vor diesem armen Weiblein nie-

---

55 Wörtlich: *„zum Vergehen"*.
56 Jerónimo Tostado (siehe oben Ct 106,4), Visitator der Beschuhten (nicht-reformierten) Karmeliten; siehe zu dieser Bezeichnung Ct 89,1.
57 Eine Kleinstadt in der Provinz Sevilla, in der es seit 1555 ein Karmelitenkloster (OCarm) gab.
58 Wohl eine Anspielung auf die Tatsache, dass Teresa, Gracián und Ambrosio Mariano selbst beim General verleumdet worden waren; siehe Ct 102.
59 Cota und Suárez.
60 Gracián war ein oder zwei Tage zuvor aus Sevilla abgereist.
61 Wegen des Einzugs der Schwestern.

---

1 Ana de Jesús (Lobera), eine der berühmtesten geistlichen Töchter Teresas, der Johannes vom Kreuz seinen *Geistlichen Gesang* widmete und Luis de León seinen *Kommentar zum Buch Ijob* und die *editio princeps* der Werke Teresas. Sie wurde 1545 in Medina del Campo geboren und starb 1621 in Brüssel. Sie trat 1569 in San José (Ávila) ein und legte 1570 in Salamanca ihre

derkniet und sich nicht wieder erheben möchte, bis sie ihn vor allen Ordensleuten und Bruderschaften Sevillas gesegnet hatte.[4]

108.

An Pater Jerónimo Gracián[1] in Sevilla

Malagón, 15. Juni 1576[2]

1. Die Gnade des Heiligen Geistes sei mit Eurer Paternität,[3] mein Pater. Ich habe mich sehr gefreut, dass mir dieser Fuhrknecht heute ein bisschen Beruhigung verschafft, da ich diesen Brief durch eine so zuverlässige Person schicken kann; denn ich sage Eurer Paternität, dass mich allein der Gedanke, dass Sie schon in Sevilla sind – bei der Eile, die man sich gegeben hat, Sie dorthin zurückkehren zu lassen – sehr niederdrückt, und ich sehe, dass das beste Mittel, um es nicht so sehr zu sein, wäre, dort zu sein; denn wenn ich bedenke, wie ich nur von Zeit zu Zeit etwas über Eure Paternität erfahre, weiß ich nicht, wie ich das aushalten soll. Gott helfe dem ab

---

Profess ab; 1575 begleitete sie Teresa und María de San José (Salazar) nach Beas de Segura, wo sie Priorin wurde. Im Todesjahr Teresas 1582 gründete sie in deren Auftrag in Granada, 1586 in Madrid, 1604 in Paris und 1607 in Brüssel. Nach dem Tod Teresas war sie zusammen mit María de José eine der Anführerinnen des Widerstands der Schwestern gegen den Rigorismus des ersten Generalvikars des Teresianischen Karmel, Nicolás Doria.

[2] Der Text dieses Briefes wird von der Adressatin im Rahmen ihrer Aussage für den Seligsprechungsprozess Teresas überliefert.

[3] Der Erzbischof von Sevilla, Cristóbal de Rojas y Sandoval.

[4] Teresa spielt hier auf eine Begebenheit an, die sich bei der feierlichen Übertragung des Allerheiligsten in das neue Kloster am 3. Juni 1576 zutrug: Nach Abschluss der Prozession kniete sie sich vor dem Erzbischof nieder, der ihr seinen Segen erteilte, um sich anschließend, zu ihrer Beschämung, vor ihr niederzuknien und sie vor der riesigen Volksmenge um ihren Segen zu bitten. Vgl. F 25,12f.

---

[1] Siehe Ct 89 tít.

[2] Autograph: Karmelitinnen von Las Maravillas, Madrid, und Unbeschuhte Karmelitinnen, Iriepal (Guadalajara).

[3] Siehe Anm. zu Ct 102,17.

und schenke mir die große Gnade, Sie von diesen Leuten[4] befreit zu sehen.

2. Ich weiß nicht, wozu sie Eure Paternität und alle dort mit Strafen belegen wollen, denn was Exkommunikationen anbelangt, reichten die von Mariano[5] und vom Pater Prior[6] schon. Ich habe keinen anderen Trost als zu sehen, dass Eure Paternität den Herrn Doktor Arganda[7] bei sich haben. Sagen Sie ihm viele Grüße; sehr gerne würde ich ihn wiedersehen; und vergessen Sie nicht, ihm zu sagen, dass ich ihn inständig bitte, nicht so sehr darauf zu vertrauen, dass diese Leute einmal aufhören, um ihre Freiheit zu kämpfen, und sei es auf Kosten von Menschenleben, wie sie ja sagen, dass sie es machen werden, wenn Eure Paternität zurückkehren; denn sollten sie es auch nicht tun, so ist es doch immer besser, dem, was sein könnte, zuvorzukommen, wenn man unter so hitzköpfigen Leuten weilt.[8]

3. Wissen Sie, Herr Pater, ich war ganz glücklich an dem Tag, an dem ich Sie sah, bedauere es aber niemals, dass Eure Paternität bei den Dummheiten, die dort[9] passiert sind, nicht zugegen waren; denn sie hätten nicht weniger angestellt, es hätte aber die Autorität Ihres Amtes und Ihrer Person geschmälert.

4. Ich wünsche mir sehr zu wissen, ob es Ihnen gut geht, wo Sie wieder eine so weite Reise zurücklegen; versuchen Eure Paternität aus Liebe zum Herrn, mir kurz zu schreiben und

---

[4] Die Beschuhten Karmeliten von Sevilla, die Gracián als Visitator nicht akzeptierten, und insbesondere der neu ernannte Visitator Tostado mit seinen Getreuen Cota und Suárez; siehe Ct 106,4ff.9.

[5] Ambrosio Mariano de San Benito (Azzaro), der in Madrid weilt.

[6] Der Prior des Konvents der Unbeschuhten in Sevilla, Los Remedios („Zu den Nothelfern"), Antonio de Jesús (Heredia).

[7] Der Inquisitionsanwalt von Sevilla, Francisco de Arganda; siehe auch Ct 106,5.

[8] Teresa fürchtete seit Dezember 1575 um das Leben Graciáns; vgl. Ct 98,12: *„Eine wichtige Person hat zum Erzbischof gesagt, dass sie ihn vielleicht umbringen werden."*

[9] In Sevilla; siehe Ct 106.

mir die Briefe auf verschiedenen Wegen zu schicken (das ist nämlich eine weitere Prüfung, wenn man erlebt, wie schlecht man in Ávila[10] dafür eingerichtet ist, um von Eurer Paternität zu erfahren, außer von Zeit zu Zeit), die über Madrid oder Segovia oder ab und zu auch über Toledo gehen sollen. Schauen Sie, was für einen Umweg bei den Nöten, in denen wir uns gegenwärtig befinden, denn auch nur stündlich von Eurer Paternität zu erfahren, käme einem schon lang vor! Da Eure Paternität das wissen, wäre es eine große Grausamkeit, es zu vernachlässigen; auch wenn Sie mir nicht ausführlich schreiben können, möchte ich doch wenigstens um Ihre Gesundheit wissen. Die möge unser Herr Ihnen so schenken, wie es der Orden braucht.

5. Lassen Sie mich wissen, wie es um die Geschäfte steht, und ob Eure Paternität sich gefreut haben, als Sie sahen, dass das Haus zum heiligen Josef[11] so gelungen ist, und auch wie gut es durch das Fest, das man veranstaltete, in die Öffentlichkeit trat.[12] Ich sah schon, dass Gott mich nicht länger dort lassen würde, nachdem alles so eingerichtet war, dass sie einigermaßen ihre Ruhe hätten. Er sei für immer gepriesen. Hier[13] sieht es da eher schlecht aus, und da ich von dem Haus dort kam, kam es mir noch schlechter vor.

6. Der Mutter Priorin[14] geht es besser, aber sie ist noch nicht ganz gesund; ihre Krankheit geht mir sehr nahe, und ginge mir noch näher, wenn nicht die Hoffnung bestünde, dass sie

---

[10] Teresa ist auf der Durchreise nach Ávila.

[11] Das Karmelitinnenkloster von Sevilla, das die Doppelwidmung „San José del Carmen" („Zum hl. Josef vom Karmel") trug. Teresa, die eine große Verehrung zum hl. Josef hatte (siehe V 6), weihte ihm, bis auf einige wenige Ausnahmen, all ihre Klostergründungen.

[12] Eine Anspielung auf die feierliche Übertragung des Allerheiligsten in die Klosterkirche am 3. Juni 1576; siehe F 25,13. Teresa war am darauffolgenden Tag aus Sevilla abgereist.

[13] In Malagón.

[14] Die Priorin von Malagón, Brianda de San José (Temiño y Mendoza).

wieder gesund wird, denn es ist eine gefährliche Krankheit; wir würden nämlich die beste Person verlieren, die es im Orden gibt, denn nach ihren eigenen Worten ist sie durch die Fehler, die sie hatte, so gewitzigt, dass sie nichts mehr tut, ohne daran zu denken.[15] Ich habe sie sehr gern, und fühle mich ihr noch mehr verpflichtet, wenn ich sehe, wie gern sie Eure Paternität hat und wie besorgt sie um Ihre Gesundheit ist. Vergessen Sie nicht, sie Gott sehr anzuempfehlen; ohne sie wäre dieses Haus sozusagen verloren.

7. Ich habe gleich einen Boten zu Doña Luisa[16] geschickt und warte jetzt auf seine Rückkehr, bin jedoch, falls sie es nicht gut herrichtet, entschlossen, dafür zu sorgen, dass sie die Schwestern in das Haus bringt, das sie in Paracuellos besitzt,[17] bis sie das hiesige herrichtet; das ist, glaube ich, drei Meilen von Madrid und zwei von Alcalá entfernt,[18] und ein sehr gesunder Ort; dort hätte ich nämlich sehr gern das Kloster gegründet, was sie aber nie wollte. Es wäre mir allerdings viel lieber, sie gingen hier nicht weg, wo sie nun schon hier sind, da der Ort auf der Durchreise[19] liegt, außer es geht nicht anders; möge es Gott gefallen, dass sie es so macht, und Eure Paternität es für gut halten, denn auf eine weitere Genehmigung warte ich nicht mehr,[20] da ich glaube, dass Sie einver-

---

[15] Hier wird deutlich, was Teresa bei ihren Schwestern wichtig ist: nicht, dass sie keine Fehler haben, sondern die realistische Selbsteinschätzung, die sie immer wieder unter den Stichworten „Demut" und „Selbsterkenntnis" anmahnt; siehe etwa CE 15; CE 19,5; 22,2f.; 46,3; 68,2; 1M 2,13; 4M 2,9; 5M 3,11; 6M 5,10; 7M 4,8; usw.

[16] Die Stifterin von Malagón, Doña Luisa de la Cerda, von der Teresa erwartet, dass sie die Mängel des von ihr gestifteten Hauses beseitigt.

[17] Der verstorbene Ehemann von Doña Luisa, Antonio Arias Pardo de Saavedra, war Marschall von Kastilien und Herr über mehrere Kleinstädte wie Malagón, Paracuellos usw. gewesen.

[18] Also ca. 17 bzw. 12 km.

[19] Damals an der obligatorischen Durchgangsstraße von Kastilien nach Andalusien.

[20] Gracián hatte Teresa in einem Schreiben vom 6. Mai 1576 die Erlaubnis gegeben, nach Malagón zu gehen und die Gründung und die Bauarbeiten dort abzuschließen. (MHCT 1,314f.).

standen sind, und es geht ja auch nicht anders. Das Kloster aufzulösen, wie das von Pastrana,[21] kommt jedenfalls nicht in Frage. Doch wenn sie jetzt nicht zustimmend antwortet, gehe ich nach Toledo, um einige Personen mit ihr ins Gespräch zu bringen, und werde von dort nicht weggehen, bis dem auf die eine oder andere Weise abgeholfen ist. Machen sich Eure Paternität nur keine Sorgen.

8. Ich bin gesund hier angekommen; es war besser so als mit Planwägen zu kommen, da ich weiterreisen konnte, wann ich wollte, und von meinem Bruder[22] recht verwöhnt wurde. Er küsst Eurer Paternität vielmals die Hand; auch er ist gesund angekommen und ist es noch; er ist ein herzensguter Mensch. Wenn er mich nur in Toledo[23] allein lassen und weggehen wollte, bis sich die Sache dort bereinigt hätte! Da bekäme ich dann nämlich öfter Nachricht von Eurer Paternität, aber da hilft alles nichts. Teresa[24] ist mitgekommen und hat uns unterwegs unterhalten hat und ist uns nicht zur Last gefallen.

---

[21] Die Schwestern des 1569 gegründeten Klosters von Pastrana wurden von der Prinzessin von Éboli, Ana de Mendoza, derart schikaniert, dass Teresa sie in der Nacht vom 6. auf den 7. April 1574 von dort wegholen und nach Segovia bringen ließ. Siehe dazu F 17,17; vgl. ferner Ct 58,4.6.

[22] Lorenzo de Cepeda, der darauf bestanden hatte, dass sie möglichst bequem, also wohl in einer Kutsche, reiste, damals das Reisegefährt der Adeligen! Manche ihrer Zeitgenossen haben sich darüber mokiert und sie als *„liederliches Weib“* verunglimpft, ganz untypisch für eine gestrenge Reformatorin, die zudem *„auf ihren Reisen noch Charmeure und Damen in ihrer Gesellschaft mitführte“* (Diego de Yepes, *Vida*, lib. III, cap. XIII, zitiert in BMC 7, 240, Anm. 2).

[23] Gracián hatte folgenden Plan gehabt: *„Nachdem sie die besagte Gründung (in Malagón) abgeschlossen hätte, sollte sie dorthin gehen, wo sie Priorin sei (nach Ávila), um ihr Triennium zu beenden; und wenn das zu Ende sei, sollte sie nach San José in Salamanca gehen, dessen Konventualin sie auf Weisung des Hochwürdigsten Herrn Pater Fray Pedro Fernández sei“* (MHCT 1, 315). Den Befehl des Kapitels von Piacenza, sie solle sich in ein Kloster ihrer Wahl begeben und dort mehr oder weniger unter Hausarrest stehen, erkannte er nicht an. Teresa blieb in der Tat ab 23. Juni 1576 in Toledo und reiste erst im Juli 1577 nach Ávila weiter.

[24] Teresas Nichte Teresita, die kleine Tochter Lorenzos.

9. Ach, Herr Pater, was für ein Unglück ist mir passiert! Da wir nämlich nicht in der Herberge bleiben konnten, übernachteten wir daneben in einem Heuschober (und meinten schon, kein geringes Glück zu haben); da kroch ein großer Salamander[25] oder eine Eidechse in meinen Ärmel, zwischen der Tunika und der nackten Haut;[26] [und es war noch ein Erbarmenserweis Gottes, dass sie nicht woandershin geriet, denn da wäre ich, glaube ich, bei dem, was ich empfand, gestorben.][27] Mein Bruder hat sie sich aber gleich geschnappt und weggeschleudert, traf damit aber auf den Mund von Antonio Ruiz[28], der uns unterwegs viel Gutes erwies, ebenso wie Diego;[29] geben Sie ihm deswegen nur den Habit, denn er ist ein kleiner Engel. Er hat, glaube ich, eine Schwester[30] zu uns gebracht, eine, die ich viel lieber hätte als Catalina,[31] die ich von hier fortnehmen muss. Es sieht aus, als ginge es ihr besser, doch mit dieser brennenden Sehnsucht, von hier wegzukommen, ist die Kranke hoffnungslos verloren. Eure Paternität dürfen ganz sicher sein, dass sie krank war, als sie uns diesen schönen Streich spielte. Sie sagte, sie hätte es zur größeren Ehre des Ordens getan.[32]

10. Die Mutter Priorin[33] schickt Eurer Paternität viele Grüße. Sie sagt, dass sie Ihnen nicht schreibt, um Ihnen nicht lästig zu sein. Sie ist wieder auf den Beinen, doch da sie eine so

---

[25] *Salamanquesa:* Eine Art Molch mit rauer Haut, wie ein kleines Krokodil, ein geschickter Kletterer, der in Mauerspalten lebt und sich von Insekten nährt, aber sehr abstoßend ist. (TyV 666, Anm. 173).

[26] Wörtlich: *„und dem Fleisch“.*

[27] Der in eckige Klammern gesetzte Satz fehlt in allen früheren Ausgaben.

[28] Ein Viehhändler aus Malagón.

[29] Ein unbekannter junger Mann, vielleicht identisch mit Diego de Jesús, der kurz danach in Los Remedios (Sevilla) eintrat. (Siehe zu ihm BMC 7, 241, Anm. 1).

[30] Ana de Jesús (Contreras), die erste, die in Malagón ihre Profess ablegte.

[31] Catalina de la Resurrección (Gutiérrez), die am 13. November 1575 in Malagón ihre Profess abgelegt hatte.

[32] Worum es sich genau handelt, ist nicht bekannt; jedenfalls deutet Teresa eine seelische Auffälligkeit an.

[33] Brianda de San José, die 1571 in Toledo Profess abgelegt hatte.

große Freundin davon ist, alles mitzumachen, und so auf Reinlichkeit bedacht, muss sich das wohl nachteilig auf eine rasche Gesundung auswirken. Wenn Eure Paternität in unser Haus[34] kommen sollten, seien Sie besonders lieb zur San Gabriel,[35] denn sie war am Boden zerstört, wo sie doch ein Engel an Schlichtheit ist und einen sehr guten Geist hat, und ich verdanke ihr viel.[36]

11. Ordnen Eure Paternität an, dass sie[37] auf keinen Fall jemandem im Sprechzimmer zu essen geben, da ihnen das viel Unruhe bringt; außerdem tun sie es sehr ungern, außer bei Eurer Paternität (denn da darf es keine Rolle spielen, sofern es nötig wäre), und mir ist es noch unangenehmer, dass sie es tun, und das habe ich ihnen auch gesagt, und es hat viele Nachteile. Es reicht schon, dass sie selbst nichts zu essen haben, wenn sie es tun, denn die Almosen fließen spärlich, sie aber sagen kein Wort, sondern bleiben ohne Essen, und das ist noch das Geringste. Als ich da war, sah ich zu, dass es ihnen an nichts fehlte und das Kloster keine Unkosten hatte. Es kommt bei allem darauf an, wie man beginnt, und das ist ein Anfang, der zu viel Unheil führen kann; daher mögen Eure Paternität verstehen, dass dies sehr wichtig ist; und dass sie froh sind, wenn sie erfahren, dass Eure Paternität möchten, dass die von Pater Fray Pedro Hernández[38] aufgestellten und unterschriebenen Vorschriften eingehalten werden. Sie sind alle noch jung, und glauben Sie mir, Herr Pater, es ist das Sicherste, wenn sie keinen Kontakt mit Brüdern haben.[39] Es

---

[34] In Sevilla.

[35] Leonor de San Gabriel (Mena Ruiz), die sehr unter dem Abschied von Teresa litt; vgl. auch Ct 109,2. Teresa nennt die Schwestern öfter nicht mit Vornamen, sondern mit dem Adelsprädikat (Namenszusatz).

[36] Sie war in Sevilla Teresas Krankenschwester gewesen.

[37] Die Schwestern in Sevilla.

[38] Der Apostolische Visitator der Karmeliten Kastiliens Pedro Hernández bzw. Fernández OP.

[39] Dazu bemerkt Silverio de Santa Teresa: *„Ein exzellenter Rat, der nie veraltet, noch seine Gültigkeit verliert, vor allem, wenn es wie hier um junge Schwestern geht, wie Teresa anmerkt. Um größeren Schaden für die Zukunft zu ver-*

gibt nichts, was ich für diese Klöster so sehr fürchte, wie das; denn auch wenn im Augenblick alles heiligmäßig zugeht, weiß ich doch, wohin das führt, wenn man dem nicht gleich vorbaut; das ist der Grund, weshalb ich so darauf dränge. Verzeihen Sie mir, Herr Pater, und Gott befohlen. Seine Majestät behüte Sie mir und mir gebe er Geduld, um es auszuhalten, da ich schon so lange keine Zeile von Ihnen zu Gesicht bekomme.

12. Ich bin am Pfingstmontag[40] hier angekommen; heute ist Freitag danach. Ich bin über Almodóvar gereist; Fray Ambrosio[41] hat mir ein großes Fest bereitet. Ich bin ganz aufgelöst wegen der Abreise von Pater Fray Baltasar[42] nach Toledo; ich weiß nicht, wie Pater Mariano[43] ihn erneut in die Nähe der Gefahr bringen kann, denn auch aus der Ferne fehlt es nicht…[44] Gebe Gott, dass dieses Haus … gut gelingen möge… ich glaube, sie wird sehr schön.

13. So weit war ich gekommen, als die Antwort von Doña Luisa eintraf.[45] Sie sagt, dass sie diese Woche einen guten Handwerker schicken wird. Ich bin sauer.[46] Ich habe noch vergessen, dass drüben der Subprior, Pater Fray Alonso,[47] mit

---

hüten, trifft sie beizeiten Vorkehrungen. Doch ersieht man daraus, dass sie den zum geistlichen Fortschritt der Unbeschuhten Schwestern notwendigen Umgang nicht einschränkt, doch auch hier soll immer die Tugend der Nüchternheit und der Mäßigung gelten.“ (BMC 7, 242, Anm. 2).

40 Am 11. Juni 1576; Teresa schreibt *„am zweiten Tag des (Pfingst)festes.“*

41 Der Vikar der Unbeschuhte Karmeliten von Almodóvar, Ambrosio de San Pedro (Buencuchillo), den Teresa im November 1575 zusammen mit Ana de San Alberto (Salcedo) mit der Gründung in Caravaca beauftragt hatte.

42 Baltasar de Jesús (Nieto), ein Intrigant und unruhiger Geist, der zuerst bei den Beschuhten Karmeliten war und bei der Visitation 1566 zusammen mit seinen beiden Brüdern Gaspar und Melchor gegen den Ordensgeneral Rossi rebelliert hatte; 1569 wich er zu den eben erst entstehenden Unbeschuhten aus und wurde dort gleich Oberer. Seine Abreise nach Toledo geschah vermutlich im Ungehorsam gegen Gracián.

43 Ambrosio Mariano de San Benito (Azzaro).

44 Hier wie im nächsten Satz fehlen im Autograph einige Worte.

45 Luisa de la Cerda; siehe oben Ct 108,7.

46 Das sollte noch länger dauern, als hier angegeben, was Teresa schon ahnte.

mir sprach, ganz erschöpft von der Krankheit, die ihm dieses Haus verursacht; er sollte Eure Paternität bitten, ihn zu versetzen. Es ist ein guter Mann; es wäre angebracht, ihm diesen Trost zu gewähren. In Almodóvar ginge es ihm, glaube ich, gut, denn dort haben sie gut zu essen; und da es dort keinen Prior gibt,[48] wäre ein Vikar gut. Fray Gregorio[49] könnte an seiner Stelle dort bleiben, und so, glaube ich, würde alles sehr gut gehen; denn je mehr ich mit diesem Pater spreche, desto besser gefällt er mir. Sie werden es dort schon sehen.[50]

14. Das, worum ich Eure Paternität inständig bitte, ist, dass Sie sich schonen; ich möchte nicht, dass Sie so sehr Raubbau mit sich treiben, dass wir alles verlieren. Ich weiß, dass die Mutter Priorin[51] alles dazu Notwendige tun wird; sie wird es von hier beschaffen; und auch mir wird es an nichts dafür fehlen. Ich sage das, damit Sie die Priorin darum bitten, wann immer Sie etwas brauchen, denn man schickt ihr jetzt Geld und alles, was sie nötig haben könnte[52] (der San Gabriel[53] habe ich sogar ich weiß nicht wie viele Realen dort gelassen, eben das, was übrig war, was allerdings ziemlich wenig war); und bedenken Sie, damit Eure Paternität sich darüber nicht wundern, dass ich das in Bezug auf diese anderen Brüder nicht sagen möchte, wo man doch klar sieht, dass Sie es brauchen, und dabei bin ich in großer Furcht, Sie diesen Sommer dort[54] zu sehen. Und diese Bemühungen, von hier aus Vorsorge zu treffen, sind nicht, weil die Priorin und die Subprio-

---

[47] Der Subprior von Los Remedios in Sevilla, Alonso de la Madre de Dios.

[48] Prior von Almodóvar war Antonio de Jesús (Heredia), den Gracián jedoch als Prior nach Sevilla geschickt hatte.

[49] Gregorio Nacianceno (Martínez López), der Teresa nach Sevilla (F 24,5) und von dort wieder nach Malagón begleitet hatte; vgl. auch Ct 109,1.

[50] Man beachte, wie Teresa dem zuständigen Oberen ganz ungeniert ihre Personalvorstellungen vorträgt; sie fühlt sich auch als Gründerin der Brüder. Siehe F 29,32.

[51] Die Priorin von Sevilla, María de San José (Salazar); vgl. Ct 109,2.

[52] Vgl. Ct 109,2.

[53] Leonor de San Gabriel (Mena Ruiz); siehe Ct 108,10.

[54] In Sevilla.

rin[55] und alle dort es nicht liebend gern täten, sondern weil sie vielleicht nur wenig Almosen bekommen, und Eure Paternität sehr zurückhaltend sein werden, wenn Sie es bemerken.

15. Gebe Gott, dass es Ihnen gut gehe, und er behüte Sie uns. Die ganze Abwesenheit geht schon vorbei, wenn auch nur schwerlich.

Euer Paternität unwürdige Dienerin und Untergebene

Teresa von Jesus

109.

An Mutter María de San José[1] in Sevilla

Malagón, 15. Juni 1576[2]

Für Mutter María de San José. Sevilla.

1. Jesus. – Die Gnade des Heiligen Geistes sei mit Euer Ehrwürden, meine Tochter. O, wie gern würde ich ganz ausführ-

[55] María del Espíritu Santo (de Pavia).

[1] Maria de San José Salazar (1548–1603), eine starke Persönlichkeit und eine begabte Schriftstellerin und Dichterin, war eine der Lieblingsschülerinnen Teresas, die ihren Mut und ihre Klugheit schätzte. Sie lernten sich 1562 im Palast der Doña Luisa de la Cerda in Toledo kennen und begegneten sich dort erneut, als Teresa 1568 in Malagón und 1569 in Toledo gründete. Im Jahr 1570 trat María in Malagón ein, wo sie 1571 ihre Profess ablegte. Sie begleitete Teresa 1575 nach Beas und von dort nach Sevilla, wo sie sich unter sehr schwierigen Umständen als Priorin bewährte. In den Auseinandersetzungen zwischen den Beschuhten und den Unbeschuhten wurde sie 1578 ihres Amtes enthoben und verbrachte ein Jahr im Klosterkerker, ein Schicksal, das sie 1591, auf dem Höhepunkt des Konflikts zwischen Gracián (auf dessen Seite sie stand) und Doria, ein zweites Mal ereilte. Im Jahr 1585 gründete sie in Lissabon den ersten Teresianischen Karmel außerhalb Spaniens. Auch nach dem Tod Dorias (1594) hatte die entschiedene Vorkämpferin gegen den Rigorismus und für die Bewahrung des authentisch teresianischen Charismas ihre Feinde; 1603 wurde sie nach Talavera de la Reina und kurz darauf ins abgelegene Cuerva (Toledo) strafversetzt, wo sie wenige Tage später starb.

[2] Autograph: Unbeschuhte Karmelitinnen, Valladolid.

lich schreiben; da ich aber gerade noch andere Briefe erledige, habe ich keine Zeit. Dem Pater Fray Gregorio[3] habe ich gesagt, er solle Ihnen ausführlich über die ganze Reise schreiben. Tatsächlich aber gibt es nur wenig zu erzählen, denn wir sind gut vorangekommen und ohne arge Hitze, und sind gottlob am Pfingstmontag wohlbehalten hier gelandet.[4] Ich habe die Mutter Priorin[5] in besserem Zustand angetroffen, doch ganz gesund ist sie noch nicht. Sorgen Sie doch sehr dafür, sie Gott anzuempfehlen. Bei der Unterhaltung mit ihr hatte ich große Freude. Oft habe ich an das Auf und Ab gedacht, in dem Sie dort alle verblieben. Gebe Gott, dass es an nichts fehle.

2. Um der Liebe willen bitte ich Sie, mir auf allen nur möglichen Wegen zu schreiben, damit ich immer weiß, wie es Ihnen allen geht. Verpassen Sie es nicht, über Toledo zu schreiben, denn ich werde die Priorin[6] benachrichtigen, sie mir rechtzeitig hierher zu schicken, ja, vielleicht werde ich mich dort sogar ein paar Tage aufhalten, denn ich befürchte, dass es mühsam wird, um dieses Geschäft mit Doña Luisa zum Abschluss zu bringen.[7] Empfehlen Sie es dort Gott, und grüßen Sie mir ganz herzlich die Mutter Subpriorin[8] und alle Schwestern. Schauen Sie, dass Sie mir zur San Gabriel[9] lieb

---

[3] Gregorio Nacianceno (Martínez López), der Teresa nach Sevilla und von dort wieder nach Malagón begleitet hatte; vgl. auch Ct 108,13.

[4] Sie waren am 4. Juni in Sevilla aufgebrochen. Die Reise ging über Almodóvar, wo sie nach ca. 111 km am 8., Freitag vor Pfingsten, nachmittags ankamen. Am folgenden Pfingstmontag brachen sie wieder auf und erreichten spät abends, 11. Juni, Malagón. (TyV 665-667); siehe zu dieser Reise auch Ct 108,8.

[5] Die Priorin von Malagón, Brianda de San José (Temiño y Mendoza); siehe Ct 108,6.

[6] Ana de los Ángeles (Ordóñez y Gómez).

[7] Luisa de la Cerda, die Stifterin von Malagón, die keine Eile hatte, die dringend notwendigen Reparaturen im Haus vornehmen zu lassen; sie ließ Teresa an demselben Tag mitteilen, dass sie einen guten Handwerker schicken würde (siehe Ct 108,13).

[8] Die Subpriorin von Sevilla, María del Espíritu Santo (de Pavia).

[9] Leonor de San Gabriel (Mena Ruiz), die Teresa in Sevilla als Krankenschwester betreut hatte; denselben Auftrag hatte sie auch Gracián gegeben; siehe Ct 108,10.

sind, denn sie war ganz aus dem Häuschen bei meiner Abreise. Sagen Sie viele Grüße von mir an Garciálvarez,[10] und erzählen Sie uns über den Prozess[11] und über alles; und noch mehr über unseren Pater,[12] wenn er schon angekommen ist. Ich lege ihm schriftlich sehr ans Herz, dass er es nicht zulässt, dass irgendwer dort isst – achten Sie darauf, ja nicht damit anzufangen –, abgesehen von ihm selbst, der es so nötig braucht; es könnte ja gemacht werden, ohne dass es jemand mitbekommt,[13] und wenn man es mitbekäme, gibt es doch noch einen Unterschied zwischen einem Oberen und einem Untergebenen; und an seiner Gesundheit liegt uns so viel, dass alles, was wir tun können, nur gering ist. Die Mutter Priorin[14] wird über Pater Gregorio für das und für so manches, was auf ihn zukommen sollte, ein bisschen Geld schicken, denn sie mag ihn sehr und tut es daher gern. Und es ist gut, dass er das erfährt, denn ich sage Ihnen, dass Sie nur wenig Amosen bekommen, und es von daher sein könnte, dass Sie nichts zu essen haben, wenn Sie es anderen geben. Ich wünschte mir sehr, dass Sie wegen nichts beunruhigt seien, sondern eifrig unserem Herrn dienten. Möge es Seiner Majestät gefallen, dass es so werde, wie ich es inständig von ihm erbitte.

3. (Sagen Sie) der Schwester San Francisco[15], dass sie sich über das, was bei den Brüdern vor sich geht, als gute Geschichtsschreiberin erweisen soll. Da ich von dem Haus dort in das

---

[10] Ein Priester aus Sevilla, der Teresa bei der dortigen Gründung unterstützte und Hausgeistlicher bei den Karmelitinnen wurde; siehe F 25,5. Später sollten sie und die Schwestern von Sevilla allerdings große Schwierigkeiten mit ihm bekommen.

[11] Wegen der Kaufsteuer für das Haus in Sevilla; siehe dazu Ct 105,3; 106,3.

[12] Gracián.

[13] Vgl. Ct 108,11.

[14] Die Priorin von Malagón, Brianda de San José; vgl. Ct 108,6; 109,1.

[15] Isabel de San Francisco (de Vega), die in Toledo ihre Profess abgelegt hatte und jetzt in Sevilla die Chronistin der Kommunität ist. Sie hatte literarische Fähigkeiten, und deshalb beauftragt Teresa sie, die Ereignisse um die Visitation bei den Beschuhten als Geschichtsschreiberin festzuhalten. (BMC 7, 245, Anm. 4).

hier kam, ist es mir noch schlechter vorgekommen;[16] sie haben es recht schwer, die Schwestern hier. Teresa[17] ist unterwegs, vor allem am ersten Tag, recht traurig gewesen; wie sie sagt, wegen der Trennung von den Schwestern. Doch einmal hier angekommen, war es, wie wenn sie schon ihr ganzes Leben mit ihnen verbracht hätte, so dass sie am Abend unserer Ankunft vor Freude kaum etwas aß. Ich habe mich gefreut, weil ich glaube, dass ihre Zuneigung zu ihnen tiefe Wurzeln hat. Über Pater Gregorio werde ich von neuem schreiben.[18] Für jetzt nicht mehr als dass der Herr Sie behüten und heilig machen möge, damit es alle werden. Amen.

Heute ist Freitag nach Pfingsten.

4. Den beiliegenden Brief leiten Sie doch sorgsam an unseren Pater weiter; und wenn er nicht da wäre, dann schicken Sie ihn ihm nur durch eine ganz zuverlässige Person, denn es ist wichtig.[19]

Eurer Ehrwürden

Teresa von Jesus

Teresa[20] schreibt Ihnen nicht, weil sie beschäftigt ist; sie sagt, dass sie Priorin sei, und schickt Ihnen viele Grüße.[21]

---

16 Vgl. ihr Lob über das Haus in Sevilla in Ct 106,3.7 und Ct 108,5.

17 Teresas zehnjährige Nichte Teresita, die Tochter ihres Bruders Lorenzo de Cepeda, die mehrere Monate bei den Karmelitinnen von Sevilla verbracht hatte.

18 Gregorio Nacianceno; siehe Ct 110,2.

19 Teresa hat die berechtigte Sorge, dass ihre Korrespondenz mit Gracián abgefangen werden könnte; wenig später wird sie sich angewöhnen, auf Decknamen zurückzugreifen.

20 Teresita.

21 Darunter befindet sich folgende Notiz der Adressatin María de San José: *„Ich muss der Mutter* [Teresa] *schreiben, dass die Mutter von Beatriz eintreten will: Sie soll uns eine Genehmigung von unserem Pater schicken. Und nach Malagón wegen dem Schmuck für Professfeiern."* Gemeint sind Beatriz de la Madre de Dios (Chavez), die in jenem Jahr 1576 in Sevilla ihre Profess ablegte, und deren leibliche Mutter Juana Gómez y Chaves, die kurze Zeit später mit dem Namen Juana de la Cruz dort eintrat.

110.

An Mutter María de San José[1] in Sevilla

Malagón, 18. Juni 1576

Für Mutter María de San José, Priorin von San José in Sevilla, Karmelitin.[2]

1. Jesus sei mit Euer Ehrwürden, meine Tochter. Ich sage Ihnen, dass Sie es mir sehr wohl schulden, wenn Sie über meine Abwesenheit alle ein wenig traurig sind! Der Herr gebe, dass ihm mit den vielen Mühen und Schmerzen wegen des Abschieds von so innig geliebten Töchtern gedient sei, und dass Sie beiden Ehrwürden[3] und alle Schwestern wohlauf sind; mir geht es gottlob gut.

2. Sie werden inzwischen die Briefe,[4] die der Fuhrknecht überbracht hat, wohl erhalten haben; dieser da wird recht kurz werden, denn ich habe nicht viel Zeit; ich hatte zwar vor, ein paar Tage länger hier zu bleiben, habe aber meine Abreise vorverlegt, weil am Sonntag Johanni ist.[5] Da Pater Gregorio[6] der Kurier ist, macht es mir nicht viel aus.

---

[1] Siehe Ct 109 tít.

[2] Diese Anschrift und das Postskriptum (Nr. 7) sind die einzigen noch erhaltenen Fragmente des Autographs, der ehedem im Besitz der Unbeschuhten Karmelitinnen von Vallodolid war, aber 1635 dem damaligen Ordensgeneral Esteban de San José übergeben wurde und seitdem als verschollen gilt. Auf der Rückseite des Folio mit der Anschrift befindet sich heute eine vollständige Abschrift des Briefes mit folgender abschließender Notiz: *„Dies ist eine Abschrift des in Malagón geschriebenen Originalbriefes unserer Mutter Teresa von Jesus, der auf der anderen Hälfte dieser Doppelseite stand und abgeschnitten wurde, um ihn unserem Pater General Esteban de San José auf Befehl Seiner Hochwürden zu geben. Die Anschrift auf der Vorderseite ist von der Hand unserer heiligen Mutter Teresa. Dieser Brief wurde heute, am Ostersonntag, 8. April des Jahres 1635, abgeschnitten und abgeschrieben.“* (BMC 7, 246, Anm. 3).

[3] Damit sind die Priorin und die Subpriorin gemeint, denn die anderen Schwestern wurden mit „Euer Lieb" angesprochen.

[4] Gemeint sind die Briefe 108 und 109.

[5] Das Fest Johannes des Täufers am 24. Juni.

[6] Gregorio Nacianceno; siehe Ct 109,1. Gemeint ist, dass dieser den Schwestern in Sevilla persönlich wird berichten können, wie es Teresa geht.

3. Ich habe Sorge, dass Euer Ehrwürden mit der diesjährigen Bezahlung der Zinsen doch nicht in Bedrängnis geraten, denn bis nächstes Jahr wird der Herr Ihnen schon jemandem zugeführt haben, der sie zahlt.[7] Eine Schwester von Santángel,[8] die hier ist, wird von der Mutter Priorin[9] ganz besonders gelobt, und sie hätte sie lieber als die, die hier eingetreten ist. Sie sagt, dass man für die, die hier ist (im August wird es ein Jahr),[10] eine Mitgift von dreihundert Dukaten geben wird; und so viel wird, sagt sie, auch die andere mitbringen, so dass Sie damit dieses Jahr zahlen könnten. Es ist wenig genug; wenn es aber wahr ist, was man von ihr sagt, so taugt sie, um sogar unentgeltlich aufgenommen zu werden, und außerdem stammt sie von hier;[11] sprechen Sie mit unserem Pater[12] darüber, und wenn Sie kein anderes Mittel sehen, dann greifen Sie zu diesem. Der Nachteil ist, dass sie erst vierzehn Jahre alt ist, und deshalb sage ich, dass sie man sie nur aufnehmen soll, wenn es nicht anders geht; Sie werden dort schon sehen.

4. Ich halte es für gut, wenn unser Pater[13] anordnet, dass Beatriz[14] bald Profess machen soll, aus vielen Gründen, der eine ist, um diese Versuchungen zu beenden. Sagen Sie ihr Grüße von mir, und auch an ihre Mutter,[15] und an jede und je-

---

[7] Es handelt sich um die Kaufzinsen, die beim Kauf des neuen Hauses in Sevilla anfielen; vgl. Ct 112,2; 114,3. Sie meint: Bis dahin wird schon eine Postulantin mit einer genügend großen Mitgift eingetreten sein, so dass man sie davon wird bestreiten können.

[8] Elvira de San Ángelo, die in Malagón Profess machte; über ihre leibliche Schwester sind keine weiteren Einzelheiten bekannt, vermutlich wurde aus dem geplanten Ordenseintritt nichts.

[9] Die Priorin von Malagón, Brianda de San José.

[10] Das heißt, im August geht das kanonische Noviziatsjahr zu Ende. Zum Wert eines Dukaten siehe Ct 2,3.

[11] Vgl. Ct 104,8, wo Teresa auch bereits geschrieben hatte, dass ihr Kandidatinnen aus Kastilien (Malagón liegt in Neukastilien) lieber wären.

[12] Jerónimo Gracián.

[13] Gracián.

[14] Beatriz de la Madre de Dios (Chavez), die an ihrer Ordensberufung zweifelte; sie sollte am 29. September jenes Jahres Profess machen.

[15] Die Mutter von Beatriz, Doña Juana Gómez y Chaves, die kurz danach mit dem Namen Juana de la Cruz in Sevilla eintrat und dort am 10. November 1577 ihre Profess ablegte; vgl. Anm. zu Ct 109,4.

den, den Sie sehen,[16] und an die Mutter Subpriorin[17] und alle Schwestern, ganz besonders an meine Krankenschwester.[18] Gott behüte Sie, meine Tochter, und mache Sie ganz heilig. Amen.

5. Mein Bruder[19] hat Ihnen allen neulich geschrieben und lässt Sie herzlich grüßen. Er ist treuer als Teresa,[20] denn er bringt es nicht fertig, jemand anders lieber zu haben als Sie alle. Da die Mutter Priorin[21] schreiben (mit der zusammen zu sein mir wirklich große Freude gemacht hat) und Fray Gregorio erzählen wird, was es zu erzählen gibt, schreibe ich nicht mehr. Ich glaube, dass ich ein paar Tage in Toledo bin;[22] schreiben Sie mir dorthin.

Gestern war der Tag der Allerheiligsten Dreifaltigkeit.[23]

6. Sorgen Sie dafür, mir einen Brief von unserem Pater[24] zu schicken, oder doch ausführliche Nachrichten, denn ich habe von ihm nichts mehr erfahren. Gott mache Sie alle heilig.

Euer Ehrwürden

Teresa von Jesus

7. Wegen dem mit der Schwester[25] habe ich mich genauer erkundigt, und es kann im Augenblick keine Rede davon sein.

---

[16] Teresa schreibt zuerst *„a todas“* (an alle weiblichen Personen) und fügt dann noch hinzu *„y a todos“* (und an alle männlichen Personen).

[17] María del Espíritu Santo (de Pavia).

[18] Leonor de San Gabriel (Mena Ruiz); vgl. Ct 108,10.14; 109,2.

[19] Lorenzo de Cepeda.

[20] Teresita, von der sie in Ct 109,3 geschrieben hatte, dass sie zwar unter dem Abschied von den Schwestern in Sevilla gelitten, sich aber gleich bei denen in Malagón wohl gefühlt habe; daher die humorvolle Bemerkung über Lorenzos größere Treue.

[21] Brianda de San José.

[22] Die Reisegenehmigung von Gracián schrieb ihr folgende Reiseroute vor: Malagón – Salamanca – Ávila; siehe Anm. zu Ct 108,8. In Wirklichkeit sollte Teresa aufgrund des ihr vom Generalkapitel von Piacenza auferlegten Hausarrestes über ein Jahr, vom 23. Juni 1576 bis in den Juli 1577 hinein, in Toledo sein.

[23] Der Sonntag nach Pfingsten, in jenem Jahr der 17. Juni.

[24] Gracián.

111.

An Pater Jerónimo Gracián[1] in Sevilla

Malagón, 18./22. Juni 1576[2]

1. ... [sicher?], dass Eure Paternität an diesem Ort sind.[3] Hier ist heute der Prior von Carmona[4] mit einem anderen Präsentatus[5] vorbei gekommen; Pater Fray Gregorio[6] wird Ihnen einiges von dem erzählen, was uns dabei widerfahren ist. Er[7] sagte mir, dass nur Cota[8] zurückgezogen im Karmelitenkloster lebte, und dass der Anwalt des Königlichen Rates seinen Prozess an sich gezogen habe, und dass dieser im Rat verhandelt werde. Das zeugt meines Erachtens von großer Nachsicht nach den Dummheiten, die sie gemacht haben, wiewohl dieser Pater[9] sehr wohl einsieht, dass sie den falschen Weg eingeschlagen haben; er sagt, er hätte das immer wieder gesagt, und werde zum Nuntius[10] gehen, um ihm zu sagen, er möge

---

25 Die in Ct 110,3 erwähnte 14-jährige Ordenskandidatin, die also nicht aufgenommen werden kann.

---

1 Siehe Ct 89 tít.

2 Stark beschädigtes autographisches Fragment: Karmelitinnenkloster Innsbruck. Der Brief entstand auf jeden Fall vor Teresas Ankunft in Toledo, die vermutlich auf den 27. Juni zu datieren ist, da sie am 28. dort Schriftstücke unterschrieb.

3 Der Anfang des Briefes fehlt.

4 Prior der Beschuhten Karmeliten von Carmona, einer Ortschaft in der Provinz Sevilla, war Francisco de Cárdenas.

5 Dieser akademische Titel entsprach bei den Dominikanern dem Lizentiat der Theologie; es ist nicht geklärt, wen sie meint.

6 Der Unbeschuhte Karmelit Gregorio Nacianceno, der Teresa auf der Reise von Sevilla nach Malagón begleitet hatte und im Begriff war, nach Sevilla zurückzukehren.

7 Nicht Fray Gregrorio, sondern der oben genannte Prior Francisco de Cárdenas.

8 Der zum Prior von Córdoba ernannte Beschuhte Karmelit Pedro de Cota, der in Madrid weilte, um Graciáns Abberufung als Visitator zu erwirken – ein weiterer Hinweis auf den Einfluss des Königs auch im kirchlichen Bereich und in den Orden; vgl. Ct 106,4.ff.9; 108,1.

9 Der Prior.

10 Ormaneto.

diejenigen, die das getan hätten, bestrafen, denn es sollen nicht alle dafür bezahlen; und er werde ihn bitten, dass Eure Paternität nicht mehr Visitator sei, weil Ihnen niemand gehorchen werde, sondern es sei es, wer wolle.

2. Ich habe mir überlegt, ob es gut wäre, dass Ihrerseits auch Eure Paternität den Nuntius und den König[11] darum bitten und vorbringen, wie sehr diese Brüder in diesem Punkt schon verbohrt sind und Ihnen eine solche Feindschaft entgegenbringen, dass es bei ihnen wenig fruchten wird; dabei werden sie den Eindruck haben, [es ginge gut] und wäre für alle Welt eine Genugtuung.[12] Und wenn sie das nicht wollten, wäre es jedenfalls für mich tröstlich, dass Eure Paternität das, was Sie vermochten, drangesetzt hätten, um sie loszuwerden. Der Gedanke, dass Sie Eurer Paternität erneut gehorchen sollen und alles von vorne anfängt, ist für mich schlimmer als der Tod. Überlegen Sie es sich gut, mein Pater; wenn Sie nicht mehr können sollten, wird es in der Kraft des Gehorsams schon gehen, und der Herr wird es in die Hand nehmen.[13]

3. Sie sagen: „Die sollen doch in ihrer Provinz bleiben, und Tostado[14] wird es schon richten." Der Herr möge es richten, denn es wäre schon gut, gegen so hoffnungslose Leute irgendeine Maßnahme zu ergreifen, da ja Eure Paternität es schon eingefädelt haben. Mein Jesus, wie schlimm ist es doch, bei diesen Dingen weit weg zu sein! Ich sage Ihnen, es ist ein arges Kreuz für mich.

---

[11] Philipp II. unterstützte die Reformbemühungen Ormanetos, insofern sie in seine eigenen unabhängig von Rom vorangetriebenen Reformpläne („*la reforma del Rey*") hineinpassten.

[12] Erneute Textlücke. Text in [ ] sinngemäß ergänzt.

[13] Sie meint: Wenn es keinen anderen Weg gibt, als dass Gracián Visitator bleibt, wird sein Gehorsam bei der Übernahme der Aufgabe ihm schon die nötige Kraft geben, und der Herr wird ihm helfen.

[14] Jerónimo Tostado, der vom Ordensgeneral mit der Visitation der spanischen Provinzen beauftragt und ein erklärter Gegner Teresas und Graciáns war; Teresa schreibt „*el Tostado*", vielleicht eine ironische Anspielung auf die wörtliche Bedeutung seines Namens: „der Geröstete".

4. Ich gehe nach Toledo und habe nicht vor, von dort wegzugehen, bis Doña Luisa diesem Haus hier irgendwelche Mittel gibt.[15] Jetzt sagt sie, allerdings sehr zögerlich, dass sie einen Handwerker hierher schicken wird.

Mir geht es gut ... Sobald ich sicher weiß ...[16]

112.

An Mutter María de San José[1] in Sevilla

Toledo, 2. Juli 1576[2]

Für die Mutter Priorin von Sevilla, María de San José.

1. Jesus sei mit Euer Ehrwürden. Ich sage Ihnen: Die Einsamkeit, die Sie, wie Sie sagen, meinetwegen verspüren, teile ich mit Ihnen.[3] Nachdem ich den Brief geschrieben hatte, der diesem beigelegt ist, erhielt ich die Ihren. Ich habe mich so gefreut, dass es mir ganz warm wurde, und habe über Ihre Entschuldigungen geschmunzelt. Unter der Bedingung, dass Sie mich so mögen, wie ich Sie, verzeihe ich Ihnen was geschehen ist und geschehen wird; doch das, worüber ich mich bei Ihnen gegenwärtig am meisten beklage, ist, dass es Ihnen so wenig zusagte, bei mir zu sein, ich sehe aber sehr wohl, dass Sie daran keine Schuld haben, und so sagte ich das auch

---

[15] Die Stifterin von Malagón, Doña Luisa de la Cerda, ließ sich Zeit, in dem von ihr gestifteten Kloster dringend notwendige Reparaturen vornehmen zu lassen; vgl. Ct 108,7.13; 109,2; 114,1. – Aufgrund des ihr auferlegten Hausarrestes blieb Teresa bis Juli 1577 in Toledo, dann reiste sie nach Ávila, um das Kloster San José, das bis dahin dem Ortsbischof unterstand, dem Orden zu unterstellen.

[16] Oder: *„Sobald Sie sicher wissen ...“* An dieser Stelle bricht das Fragment ab.

---

[1] Siehe Ct 109 tít.

[2] Autograph: Unbeschuhte Karmelitinnen, Valladolid.

[3] Wörtlich: *„Ich vergelte Ihnen sehr wohl die Einsamkeit“*, d.h. es geht ihr genauso. Die beiden Frauen verband nicht nur gegenseitige Wertschätzung, sondern eine innige Freundschaft.

der Mutter Priorin von Malagón;[4] aber da der Herr wollte, dass ich dort[5] so viele Prüfungen haben und mir das eine Verschnaufpause gewähren sollte, hat er es so gefügt, dass es nun wegfällt. Aber im Tausch für ein bisschen Ruhe, die Euer Ehrwürden und die Schwestern dort haben, halte ich alle Mühen wirklich für gut eingesetzt, auch wenn es noch viel mehr gewesen wären. Glauben Sie mir, dass ich Sie sehr gern habe, und sofern ich diese Zuneigung bemerke, sind alles weitere nur Bagatellen,[6] um deswegen ein Aufhebens zu machen; da es dort allerdings das eine wie das andere gab, ich Sie aber als meine ganz liebe Tochter behandelte, schmerzte es mich ganz schön, (bei Ihnen) nicht genauso viel Schlichtheit und Liebe zu bemerken. Aber mit diesem Brief von Ihnen ist das jetzt wirklich alles weg, und es bleibt nur Zuneigung, denn es ist sogar schlimmer, nicht mehr diese Abwehr zu haben, damit sie nicht zu stark wird.

2. Ich habe mich riesig gefreut, dass sich alles so gut hat machen lassen. Versäumen Sie nicht, den Vertrag weiter voranzutreiben, auch wenn es für die Zukunft keine große Sicherheit gibt; es ist nämlich schlimm, in einen Prozess verwickelt zu sein, besonders am Anfang.[7] Wir werden uns bemühen, das von meinem Bruder[8] Vorgestreckte, ich meine, den Betrag der Kaufsteuer, bald zurückzuzahlen; denn ich bin über dieses Haus sehr in Sorge, mehr noch, oder doch genauso sehr, wie ich es dort war. O, wie hat er sich über Ihre Briefe gefreut! Er hört nicht auf, von Ihrer Klugheit zu schwärmen. Sie sind gut angekommen, nur schreiben Euer Ehrwürden, sobald Sie leserlicher schreiben möchten, noch unleserlicher. Da er und

---

[4] Brianda de San José (Temiño y Mendoza).

[5] In Sevilla, wo sich Teresa der Gesellschaft von María de San José erfreute, was sie als Verschnaufpause bezeichnet, die nun wegfällt.

[6] Wörtlich *„Kindereien"*, hier nicht im Sinne von kindischem Verhalten, sondern: unwichtig, nicht der Rede wert.

[7] Anspielung auf den Prozess, der den Schwestern von Sevilla wegen der Kaufsteuer für das von ihnen erworbene Haus drohte; vgl. Ct 105,3; 106,3; 114,3; 120,6; und ferner F 25,9.

[8] Lorenzo de Cepeda.

Teresa[9] schreiben, sage ich von ihnen nichts. Ich habe gerade an meinen Pater Prior von Las Cuevas[10] geschrieben, und muss heute noch wegen Geschäfte nach Malagón schreiben, und an unseren Pater,[11] daher wird es schon viel sein, wenn ich es auch noch schaffe, den Schwestern[12] zu antworten, denn die Besuche für mich reißen nicht ab.[13]

3. Ich glaube gern, was der gute Garciálvarez[14] bei seiner Nächstenliebe[15] alles tut. Sagen Sie ihm viele Grüße. Über den Brief des Paters Prior[16] habe ich mich gefreut. Meine Freunde erweisen mir dadurch, dass sie mit Ihnen so umgehen, viel Wohlwollen. Achten Sie darauf, sie bei der Stange zu halten; und wenn es sich einmal anbieten sollte, für Mariano[17] und Fray Antonio[18] etwas zu tun, möchte ich doch nicht, dass Sie deren Wohlwollen verspielen, sofern es in Maßen geschieht. Gott verzeihe ihm;[19] denn ein solches Durcheinander, wie es bei diesen Brüdern[20] veranstaltet wurde, hätte vermieden und man hätte auf einem anderem Weg mit ihnen zu einem Ab-

---

[9] Lorenzo und seine kleine Tochter Teresita, die einige Monate als Zögling im Karmel von Sevilla gelebt hatte.

[10] Der Prior der Kartause Las Cuevas (Sevilla), Hernando de Pantoja, der ein großer Freund und Wohltäter Teresas war.

[11] Jerónimo Gracián.

[12] Den Karmelitinnen von Sevilla.

[13] Eine der vielen Stellen in den Briefen, die erahnen lassen, wie der Alltag der großen Mystikerin aussah.

[14] Siehe Ct 109,2.

[15] Der Autograph hat an dieser Stelle *„porque su caridad"* (*„denn seine Nächstenliebe"*), wohl ein Verschreibfehler für *„por su caridad"* (*„wegen/bei seiner Nächstenliebe"*); EDE glättet die Stelle durch Einfügung von *„sé"*: *„porque sé su caridad"* (*„denn ich weiß um seine Nächstenliebe"*). Silverio de Santa Teresa ergänzt *„porque su caridad es grande – denn seine Nächstenliebe ist groß"* (BMC 7, 251, Anm. 3).

[16] Der Prior der Unbeschuhten Karmeliten von Los Remedios (Sevilla), Antonio de Jesús (Heredia).

[17] Ambrosio Mariano de San Benito (Azzaro), der Konventuale in Los Remedios war; siehe zu ihm Ct 106 tít.

[18] Antonio de Jesús (Heredia).

[19] Ambrosio Mariano; eine Anspielung auf dessen unkluges Verhalten; vgl. Ct 102,7; 106,1f.

[20] Bei den Beschuhten Karmeliten in Sevilla.

schluss kommen können; es bedrückt unseren Pater[21] sehr. Es geht ihm gut, und der Nuntius[22] hielt es für gut, ihn nicht dorthin[23] zurückkehren zu lassen.

4. Sagen Sie nur ja nicht, dass ich Ihnen nicht oft schreibe! Tun Sie das auch, denn ich freue mich sehr über Ihre Briefe. Ich wusste gar nichts von dem, was dort[24] vor sich geht, denn unser Pater[25] schreibt nur sehr kurz; er muss wohl nicht anders können. Gott sei mit Ihnen und mache Sie ganz heilig. Gabriela[26] schreibt mir, dass es ihr nicht gut gehe – ich habe ihren Brief nämlich erst gelesen, nachdem ich diesen bereits weitgehend geschrieben hatte – und sie spricht von Schmerzen mit dem Magen. Gebe Gott, dass es nicht noch mehr ist. Ich weiß nicht mehr, wem ich aufgetragen hatte, auf sie Acht zu geben. Es mag die Subpriorin[27] sein; und schauen Sie, dass sie es nicht unterlässt, ihr zu gehorchen, und aus Liebe zu mir auf ihre Gesundheit achtet, denn es würde mir unendlich leid tun, wenn sie ihr abginge. Möge es dem Herrn gefallen, sie ihr zu schenken, wie ich es von ihm erbitte. Der Mutter von Beatriz[28] und der Delgado[29] empfehle ich mich sehr; die Priorin[30] empfiehlt sich Euer Ehrwürden. Es haben sich alle Schwestern gefreut, wie gut es Ihnen geht. Möge es immer so sein.

Ich habe, glaube ich, schon gesagt, dass heute Heimsuchung ist.[31]

---

21 Gracián.

22 Nicolás Ormaneto, der Gracián als Visitator nach Sevilla geschickt hatte.

23 Nach Andalusien, wo er mit so viel Widerstand zu kämpfen hatte, dass er als Visitator nichts ausrichten konnte.

24 In Sevilla.

25 Gracián.

26 Leonor de San Gabriel (Mena Ruiz), die Teresa in Sevilla als Krankenschwester betreut hatte und in nahezu jedem Brief an María de San José erwähnt wird; siehe auch Ct 108,10.14; 109,2; 110,4; 114,2; usw.

27 Die Subpriorin von Sevilla, María del Espíritu Santo (de Pavia).

28 Juana Gómez y Chaves, die Mutter von Beatriz de la Madre de Dios (Chaves), die selbst 1577 mit dem Namen Juana de la Cruz in Sevilla Profess machen sollte; siehe Ct 110,4.

29 Inés Delgado, eine Einwohnerin des Stadtteils von Sevilla Triana, die eine große Wohltäterin der dortigen Karmelitinnen war.

30 Die Priorin von Malagón, Brianda de San José.

5. Der Kleriker[32] kam, als wir gerade in der Messe waren, und gleich nachdem er Messe gelesen hatte, ging er wieder. Da hatte ich aber schon mit ihm gesprochen, und wenn er länger geblieben wäre, hätte ich ihm irgendeine Liebenswürdigkeit erwiesen, aber er sagte, er habe Begleiter dabei und ziehe deshalb weiter.

Euer Ehrwürden

Teresa von Jesus

6. Gabriela[33] schreibt mir auch, dass Euer Ehrwürden das Haus sehr schön eingerichtet haben. Wie gern würde ich es mir jetzt anschauen. Ich habe erst jetzt nachsehen können, von wem die Briefe waren. Ich habe mich über den von unserem guten Padre Garciálvarez gefreut.[34] Ich werde ihm gern zurückschreiben, und meine Töchter dort mögen es verzeihen, wenn ich gegenüber einem Menschen, der ihnen Gutes tut, die Anstandspflicht erfüllen muss.

113.

An Don Lorenzo de Cepeda[1] in Toledo

Toledo, um den 9. Juli 1576[2]

1. Ich möchte nicht, dass Euer Gnaden dies vergäßen, daher schreibe ich es Ihnen hier auf. Ich habe große Angst, dass sich

[31] Sie hat es noch nicht erwähnt; der am 2. Juli begangene Gedenktag erinnert an den Besuch Marias bei ihrer Kusine Elisabet (Lk 1,39-56).

[32] Vielleicht der Verwandte und Schüler von Juan de Ávila, Juan Díaz, von dessen Kommen Teresa in Ct 114,5 berichtet.

[33] Siehe oben Ct 112,4.

[34] Siehe oben Ct 112,3.

[1] Siehe Ct 2 tít.

[2] Autograph: Unbeschuhte Karmelitinnen, Santa Ana (Madrid). Es handelt sich nicht um einen Brief im eigentlichen Sinn, sondern um einen Zettel, den Teresa ihrem Bruder bei einem Besuch in Toledo zusteckte, wie dieser am Schluss des Autographs notiert: *„Der Zettel, den mir meine Schwester als Gedächtnisstütze mitgab, als ich aus Toledo kam."*

diese Buben[3] bald unter die übrigen Gecken Ávilas mischen könnten, wenn nicht ab jetzt gut auf sie aufgepasst wird; so ist es nötig, dass Euer Gnaden sie ab sofort zu den Jesuiten[4] gehen lassen (ich schreibe selbst dem Rektor,[5] wie Euer Gnaden dort sehen werden), und wenn der gute Francisco de Salcedo und der Magister Daza[6] es für gut befinden, sollen sie Studentenmützen tragen. Die Tochter Rodrigos[7] hatte unter sechs Kindern nur einen Sohn, den sie zu seinem Besten immer zum Studium angehalten haben, und jetzt ist er in Salamanca;[8] und ein anderer Sohn von Don Diego del Águila[9] ist denselben Weg gegangen. Nun gut, Sie werden dort schon sehen, was sich machen lässt. Gebe Gott, dass meine Geschwister aus ihnen keine eingebildeten Gecken machen.[10]

2. Euer Gnaden werden weder Francisco de Salcedo noch den Magister[11] häufig sehen können, wenn Euer Gnaden sie nicht in ihren Häusern aufsuchen, da sie weit weg von Perálvarez[12] leben, und es bei diesen Gesprächen gut ist, allein zu sein. Vergessen Euer Gnaden nicht, sich im Augenblick keinen re-

---

[3] Die beiden halbwüchsigen Söhne Lorenzos, Francisco (16) und Lorenzo jun. (14).

[4] Teresa schriebt *„zur Gesellschaft (Jesu)"*, d.h. in das von den Jesuiten geführte Studienkolleg San Gil.

[5] P. Gonzalo Dávila.

[6] Die beiden ältesten geistlichen Begleiter Teresas in Ávila; der Witwer Salcedo war seit 1570 Priester.

[7] Nicht identifiziert, vielleicht eine Enkelin ihres Onkels Ruy Sánchez de Cepeda; Rodrigo wäre dann ihr Cousin.

[8] An der berühmten Universität.

[9] Ein Adeliger aus Ávila und Freund der Jesuiten von San Gil, der vermutlich mit Teresa verwandt war, vielleicht ein Sohn ihres Onkels Pedro Sánchez de Cepeda.

[10] Unausgesprochen steht dahinter die Sorge, die Kinder ihrer Geschwister könnten unangenehm auffallen, wenn sie zu sehr auf ihren Adelstitel pochten, wo Teresa doch wusste, dass dieser nur gekauft und die Abstammung der Familie von Conversos in Ávila bei vielen bekannt war; vgl. Ct 105,8.

[11] Gaspar Daza; Lorenzo führte ein intensives geistliches Leben, so dass es für ihn nahe lag, geistliche Berater aufzusuchen.

[12] Teresas Cousin Pedro Álvarez Cimbrón, in dessen Haus Lorenzo mit seinen Söhnen leben wollte; siehe Ct 45,2. Er wurde auch Lorenzos Berater und der Erzieher seiner Söhne, was ihm die Eifersucht seines Schwagers Juan de Ovalle eintrug; siehe Ct 115,3.

nommierten Beichtvater zu nehmen und in ihrem Haushalt nur so wenig Leute anzustellen, wie es geht; besser ist es, nach und nach mehr anzustellen als wieder zu entlassen. Ich schreibe schon einmal nach Valladolid,[13] damit der Page kommt. Auch wenn sie für ein paar Tage ohne ihn unterwegs wären (da sie zu zweit sind, können sie ja gemeinsam gehen), macht das nicht viel aus; ich schreibe schon einmal, dass er kommen soll.

3. Euer Gnaden haben Neigung zu Prestigegehabe, ja sind sogar schon daran gewöhnt.[14] In diesem Punkt müssten Sie Ihr Ego noch zum Sterben bringen und sollten nicht jedem Ihr Ohr leihen, sondern in allem auf die Meinung dieser beiden[15] hören, oder auch auf Pater Múñoz[16] von der Gesellschaft (Jesu), falls Ihnen das gut scheint, auch wenn die beiden anderen sogar für schwerwiegendere Anliegen ausreichen, und halten Sie sich daran. Schauen Sie, dass man so manches anfängt und nicht sofort erkennt, was daran schädlich ist, und Sie bei Gott mehr gewinnen, wenn Sie Besitz haben, um davon Almosen zu geben, und sogar auch vor der Welt, da Ihre Söhne davon profitieren. Für den Augenblick hätte ich nicht gern, dass Sie sich ein Reittier kauften, sondern einen braven Gaul, der sowohl für Reisen wie für die Arbeit taugt. Es gibt im Augenblick keinen Grund, warum die Buben sich nicht zu Fuß fortbewegen sollten; lassen Sie sie studieren.

---

[13] An Domingo Báñez, von dem der Vorschlag mit dem Pagen für die Söhne Lorenzos stammte; siehe Ct 98,5ff.; 104,6.

[14] Die *honra*, ein heikles Thema, das in der spanischen Gesellschaft des 16. Jahrhunderts eine überaus wichtige Rolle spielte. Mit *honra* war das Angesehensein gemeint, und zwar vor allem im Zusammenhang mit der Reinheit des Blutes, das heißt, ob jemand Altchrist war oder von Juden bzw. Mauren abstammte, und ob er finanziell gut gestellt war. Für Teresa geht es hier um mehr als nur um einen moralischen Appell oder eine Aufforderung zur Demut. Da sie um ihre wahre Abstammung aus einer väterlicherseits jüdischen Familie Bescheid wusste, schwingt Kritik an diesem überzogenen Wert in der Gesellschaft, aber auch eine Warnung an Lorenzo mit, doch ja Vorsicht walten zu lassen, um keine schlafenden Hunde zu wecken.

[15] Salcedo und Daza.

[16] Der Jesuit Luis Múñoz, ein Mitglied der Kommunität von San Gil.

114.

An Mutter María de San José[1] in Sevilla

Toledo, 11. Juli 1576

1. Jesus sei mit Euer Ehrwürden. Sagen Sie nur ja nicht, dass ich Ihnen nicht oft schreibe! Vielleicht wird dieser Brief, wenn er jetzt abgeht, eher ankommen als der andere, den ich Ihnen, glaube ich, vor drei oder vier Tage geschrieben habe. Ich möchte Sie wissen lassen, dass ich für den Augenblick hier[2] bleibe, während mein Bruder[3] vorgestern abgereist ist, und ich ihm Teresa[4] mitgegeben habe, da ich nicht weiß, ob man mir aufträgt, einen Umweg zu machen, und ich unterwegs nicht mit einem Mädchen belastet sein möchte. Es geht mir gut, und ich habe mich erholt, nun ohne diese Aufregung, denn so gern ich meinen Bruder habe, machte ich mir doch Sorgen, weil er nicht zu Hause war. Ich weiß nicht, wie lange ich noch hier bleiben werde, denn ich suche immer noch nach einem Weg, wie es mit diesem Gebäude in Malagón besser wird.[5]

2. Ihr Unwohlsein hat mir Kummer gemacht, und das mit den Abführmitteln scheint mir für diese Zeit nicht gut. Halten Sie mich über Ihre Gesundheit auf dem Laufenden. Möge der Herr sie Ihnen schenken, wie ich es Ihnen und meinen Töchtern dort wünsche. Ich empfehle mich allen sehr. Über ihre Briefe habe ich mich gefreut. Einigen haben ich schon geantwortet, jetzt tue ich es für meine Gabriela und die San Francisco,[6] die sich gut aufs Übertreiben verstehen. Gebe Gott, dass sie nicht lügen, und das nächste Mal soll mir die eine

---

[1] Siehe Ct 109 tít.

[2] In Toledo.

[3] Lorenzo de Cepeda, der nach Ávila aufgebrochen war, wo er sich niederlassen wollte.

[4] Lorenzos Tochter, Teresita genannt.

[5] Siehe Ct 108,7; 109,2; 111,4.

[6] Leonor de San Gabriel (Mena Ruiz) und Isabel de San Francisco (de Vega); siehe Ct 109,2f.

nicht dasselbe erzählen wie die andere; von der Oktav von Fronleichnam,[7] ich meine vom Fest, haben mir nämlich alle drei erzählt, aber dennoch habe ich mich nicht darüber geärgert, sondern sehr gefreut, dass es so schön gestaltet wurde. Gott vergelte es unserem Padre Garciálvarez.[8] Geben Sie ihm Handküsse von mir. Ich habe ihm vor ein paar Tagen geschrieben.[9]

3. Dass man sich wegen der Kaufsteuer[10] einig geworden ist, hat meinen Bruder und mich sehr gefreut; es ist erstaunlich, wie gern er Sie alle hat, und das hat auch auf mich abgefärbt. Ich habe mich auch über die Bücher gefreut, die er Ihnen geschickt hat und darüber, dass mein heiligmäßiger Prior[11] Sie alle so verwöhnt. Gott vergelte es ihm.

4. Ich hätte gern, dass Sie mir sehr genau erzählten, was diese armen Brüder[12] machen – ich meine, ob es einen Weg gibt, sie zu befrieden –, und auch über die Franziskaner.[13] Empfehlen Sie unseren Pater[14] Gott, denn er macht schwere Prüfungen durch. Gebe er, dass es richtig war, diese Patres so zu

[7] Das Hochfest des Leibes und Blutes des Herrn (Fronleichnam), das damals eine Oktav hatte, also acht Tage lang gefeiert wurde.

[8] Der Hausgeistliche der Karmelitinnen von Sevilla; siehe Anm. zu Ct 105,5 und ferner Ct 109,2; 112,3.6; usw.

[9] Am 2. Juli; siehe Ct 112,6.

[10] Die Kaufsteuer für das von den Karmelitinnen erworbene Haus, siehe dazu Ct 105,3; 106,3; 109,2 und ferner F 25,6.9. In ihrem *Libro de Recreaciones* schreibt María de San José dazu: *„Gleich am anderen Tag kamen sie, um uns wegen der Kaufsteuer für das Haus zu pfänden, denn wir waren verurteilt worden und mussten 300 Dukaten bezahlen, was bei der Not, in der wir uns befanden, eine hohe Summe war (...); und es wurde erreicht, dass man einige Zeit damit warten würde, was schon viel war“* (9. Rekreation, 221f.).

[11] Der Prior der Kartause Las Cuevas (Sevilla), Hernando de Pantoja.

[12] Die Beschuhten Karmeliten, die wegen ihrer vom Apostolischen Nuntius Ormaneto angeordneten Visitation durch Gracián in heller Aufregung waren; siehe Ct 111,1-3 und ferner Ct 83,9; 89,1; 92,6; 96,1f; 98,2.

[13] Bei den Franziskanern in Sevilla lief ebenfalls eine Visitation. Außerdem gab es mit ihnen Probleme, da die Gründung Teresas nahe bei ihrem Kloster war. Siehe F 25,6.

[14] Jerónimo Gracián.

bedrängen![15] Richten Sie Pater Fray Antonio de Jesús[16] und Pater Mariano[17] Grüße von mir aus, und dass auch ich mich um die Vollkommenheit, die sie haben, indem sie mir nicht schreiben, bemühen will. Sagen Sie Pater Mariano, dass wir, Pater Fray Baltasar[18] und ich, jetzt gerade sehr dicke Freunde sind.

5. Gestern kam Juan Díaz[19] von Madrid hierher. An die Gründung des Klosters hier[20] ist nicht zu denken, da Juan Díaz nach Madrid zurückkehrt. Der König hat unserem Pater[21] befohlen, sich wegen dieser Ordensangelegenheiten an den Präsidenten des Königlichen Rates[22] und an Quiroga[23] zu wenden. Gebe Gott, dass es gut geht. Ich sage Ihnen, es braucht viel Gebet. Empfehlen Sie Gott auch unseren Pater General,[24]

---

[15] Eine Anspielung auf die Strenge, mit der Gracián gegen die Beschuhten Karmeliten vorgegangen war; vgl. Ct 89,1f. Francisco de Santa María (*Reforma de los Descalzos*, t. I, cap. XXV, 220) berichtet, dass Gracián sich vor Beginn der Visitation mit den Patres Antonio de Jesús, Ambrosio Mariano und Gregorio Nacianceno über die Vorgehensweise beraten habe. Sowohl der Visitator als auch Teresa und Antonio neigten zu Milde, doch setzte sich schließlich Mariano mit seiner Strenge durch; in der Praxis konnte Gracián aufgrund seiner friedfertigen Art manches abbiegen.

[16] Antonio de Jesús (Heredia), der Prior der Unbeschuhten Karmeliten von Los Remedios.

[17] Ambrosio Mariano de San Benito (Azzaro), der ebenfalls in Los Remedios stationiert war.

[18] Baltasar de Jesús (Nieto), dem Teresa zu Recht nicht traute; die Bemerkung über ihre Freundschaft ist ironisch gemeint; vgl. zu ihm Ct 108,12.

[19] Siehe Ct 112,5. Ein Kleriker aus dem Kreis um den hl. Juan de Ávila, ein großer Freund der reformierten Orden, der bei der Gründung des Männerklosters in Almodóvar del Campo geholfen hatte (7. März 1575) und vielleicht mit der Intention nach Toledo kam, auch da eines zu gründen, wie Teresa im Folgenden andeutet. (BMC 7,254, Anm. 6).

[20] Gemeint ist die Gründung eines Männerklosters in Toledo, das erst 1586 gegründet wurde.

[21] Gracián.

[22] Präsident des Königlichen Rates war seit 1574 der Bischof von Segovia, Diego de Covarrubias y Leyva (Leiva), mit dem Teresa bereits bei ihrer Gründung dort zu tun gehabt hatte; siehe F 21,2.8. Er war ein Onkel des berühmten Lexikographen Sebastián de Covarrubias y Leyva, des Kompilators des *Tesoro de la Lengua Castellana o Española*, der die Grundlage des modernen spanischen Wortschatzes bildet.

[23] Der Großinquisitor und künftige Erzbischof von Toledo, Gaspar de Quiroga.

der von einem Maultier gestürzt ist und sich ein Bein gebrochen hat, was mich sehr leid getan hat, da er schon alt ist.[25] Grüße an all meine Freunde und Freundinnen. Tun Sie das, was auf dem beiliegenden Zettel steht.

6. O, wie gut geht es mir mit den Tuniken,[26] die ich mir aus dem Betttuch gemacht habe. Hier sagt man, dass es so ist, als trüge man Leinen. Gott mache Sie mir alle heilig, und Euer Ehrwürden schenke er Gesundheit. Achten Sie gut auf sich, denn es ist besser, sich zu pflegen als krank zu sein.[27]

Heute ist der 11. Juli.

Euer Ehrwürden Dienerin

Teresa von Jesus

115.

An Don Lorenzo de Cepeda[1] in Ávila

Toledo, 24. Juli 1576[2]

1 Jesus. – Die Gnade des Heiligen Geistes sei immer mit Euer Gnaden. O, was sind das für lange vierzehn Tage gewesen![3] Gott sei gepriesen, dass es Euer Gnaden gut geht; das hat mich sehr getröstet. Und was Sie mir über Ihre Dienerschaft und das Haus sagen, kommt mir nicht übertrieben vor. Das mit dem Zeremonienmeister[4] hat mir ein herzliches

---

[24] Giovanni Battista Rossi (Juan Bautista Rubeo).

[25] Er war zu diesem Zeitpunkt 69, bei der damals weit niedrigeren Lebenserwartung wirklich ein alter Mann.

[26] Ein langes Hemd aus leichterem Wollstoff, das man unter dem Habit trug.

[27] Ein weiteres Beispiel für Teresas gesunden Realismus und ihre Zurückweisung von übertriebener Askese.

---

[1] Siehe Ct 2 tít.

[2] Autograph: Familie Azebedo Coutinho, Porto (Portugal).

[3] Es ist vierzehn Tage her, seit Lorenzo mit seiner Familie nach Ávila aufbrach.

[4] Eine humorvolle Bezeichnung für die Haushälterin des Francisco de Salcedo oder aber (was wahrscheinlicher ist) für die Hausangestellte Lorenzos, Jeróni-

Lachen entlockt; ich sage Ihnen, das hat mir richtig gefallen. Sie dürfen es ihr gern glauben, denn sie ist sehr gut und sehr vernünftig. Grüßen Euer Gnaden sie herzlich von mir, sobald Sie sie sehen, denn ich bin ihr sehr dankbar, und auch Francisco de Salcedo.[5]

2. Es tut mir sehr leid, dass Sie unwohl sind. Die Kälte beginnt Ihnen schon früh zuzusetzen.[6] Ich fühle mich besser als ich es meinem Empfinden nach seit Jahren gewesen bin, und habe eine sehr hübsche kleine Zelle, von der ein Fenster in den Garten geht, und ganz abgelegen. Mit Besuchen bin ich nur ganz selten beschäftigt. Wenn ich diese Briefe los wäre, dass es nicht gar so viele wären, ginge es mir so gut, dass es nicht von Dauer sein könnte; doch so geht es meistens, sobald es mir gut geht. Wenn ich Euer Gnaden hier hätte, dann fehlte mir gar nichts; doch wenn Gott mir die Gnade erweist, Ihnen Gesundheit zu schenken, komme ich gut darüber hinweg. Gott vergelte Ihnen die Sorge, die Sie sich um mein Wohlsein machen, denn sie hat den Schmerz, zu sehen, dass Euer Gnaden unter meinem Hiersein auch leiden, weitgehend weggenommen. Ich hoffe auf Gott, dass es nicht so lange sein wird, dass mir die Kälte Ávilas nichts anhaben kann.[7] Zumindest werde ich es deshalb, weil sie mir zusetzen würde, nicht unterlassen, noch würde ich mich deshalb auch nur einen Tag länger aufhalten; denn wenn Gott will, schenkt er einem überall Gesundheit. O, wie viel mehr wünsche ich mir zu meinem eigenen Glück die Ihre! Gott schenke sie Ihnen, wie er das vermag.

---

ma de Aranda, die in den Briefen an ihn immer wieder einmal erwähnt wird. Wahrscheinlich wurde sie deshalb so genannt, weil die Etikette in Spanien im Gegensatz zu Westindien sehr aufgebläht war.

5 Siehe zu ihm Ct 13 tít.

6 Das schreibt Teresa im Juli, doch wird Don Lorenzo, der das milde Klima Westindiens und dann Sevillas gewöhnt war, unter dem Klima seiner Heimatstadt gelitten haben, wo es besonders am Morgen immer frisch ist.

7 Teresa, die nach wie vor Priorin von San José in Ávila war, wollte möglichst bald, also noch vor Beginn der kalten Jahreszeit nach Ávila zurückkehren, um den Winter mit seiner Kälte nicht noch anderswo verbringen zu müssen, doch sollte sich ihre Reise noch bis Juli 1577 verzögern.

3. Juan de Ovalle[8] hat mir einen sehr langen Brief geschrieben, in dem er betont, wie gern er Euer Gnaden hat und was er alles in Ihrem Dienst tun würde, und seine ganz Versuchung bestand darin, dass er den Eindruck hatte, Cimbrón[9] wäre Ihr alles, und er würde in allen Belangen von Euer Gnaden über Ihr Tun und Lassen bestimmen, und das wäre auch der Grund, weshalb meine Schwester[10] nicht gekommen sei. Seine ganze Gefühlswelt besteht aus Eifersucht, und das glaube ich wirklich, da er diese Veranlagung hat, habe ich doch mit ihm einiges durchgemacht, weil Doña Guiomar[11] und ich Freundinnen waren. Er klagt nur über Cimbrón. Von seiner Veranlagung her ist er in manchen Dingen sehr kindisch, doch hat er sich in Sevilla gut verhalten und sehr liebevoll, daher mögen Euer Gnaden ihn aus Liebe zu Gott ertragen.[12]

4. Ich habe ihm geschrieben und meine Meinung dargelegt, und dass ich sähe, wie sehr ihn Euer Gnaden mag, und er sich doch eher freuen solle, dass Cimbrón sich um die Belange von Euer Gnaden kümmerte; ich drängte sehr darauf, dass er Euer Gnaden zufriedenstellen und Ihnen, falls Sie darum bäten, das Geld schicken solle, da wohl jeder besser im eigenen Haus wohne, denn vielleicht habe es Gott so gefügt, womit ich die Schuld auf ihn abwälzte und Perálvarez[13] entschuldigte. Das Schlimmste ist, dass er, glaube ich, hierher kommt, es

[8] Teresas Schwager, der Mann ihrer jüngsten Schwester Juana de Ahumada in Alba de Tormes, der auf Teresas Einladung nach Sevilla gereist war (Ct 93,1), um sich mit dem aus Westindien Heimgekehrten zu treffen. Nach der anfänglichen begeisterten Aufnahme Lorenzos, der ihn ja auch finanziell unterstützte (Ct 98,5), wird er nun von Eifersucht auf dessen guten Freund Perálvarez Cimbrón geplagt.

[9] Pedro Álvarez (Perálvarez) Cimbrón; siehe Ct 113,2.

[10] Juana de Ahumada, die von ihrem eifersüchtigen Mann in Alba zurückgehalten wurde, während Lorenzo wohl auf ihren Besuch in Ávila hoffte.

[11] Guiomar de Ulloa, die Teresa zusammen mit Juan de Ovalle bei der Gründung von San José unterstützt hatte.

[12] Teresa weiß um diese Veranlagung ihres Schwagers und nennt sie beim Namen, doch zugleich möchte sie ihren Bruder motivieren, ihm seine Hilfe nicht zu entziehen, da er auf sie angewiesen ist, damit er in Alba seinen Lebensstil als niedriger Adeliger führen kann.

[13] Der oben genannte Pedro Álvarez Cimbrón.

mir also nichts nützt, dass ich sehr darauf bestanden habe, nicht zu kommen. Meine Schwester tut mir wirklich leid, und so haben wir viel zu leiden, doch ist er, ich würde darauf schwören, von großer Bereitschaft, Euer Gnaden zufrieden zu stellen und Ihnen zu Diensten zu sein. Gott hat ihm eben nicht mehr gegeben. Daher stattet er andere mit den Voraussetzungen aus, um solche Leute zu ertragen, und so werden Euer Gnaden das auch tun müssen.

5. Das Agnusdei[14] ist, meine ich, in der kleinen Truhe, wenn es nicht im Reisekoffer ist, und die Ringe auch.[15] Ich sage der Subpriorin,[16] es Euer Gnaden zu schicken, damit Sie die Blätter mit den *Gründungen*[17] herausnehmen, in einen Papierumschlag stecken und versiegeln und der Subpriorin zurückschicken; denn sie müssen mir ich weiß nicht was von meiner Begleiterin[18] und einen Mantel von mir[19] schicken (die

[14] Unter „*Agnusdei*“ verstand man 1. eine vom Papst in einer besonderen, für gewöhnlich alle sieben Jahre stattfindenden Zeremonie gesegnete Wachsplakette mit dem Bildnis Christi, des Lammes Gottes, oder eines Heiligen; 2. ein Reliquiar, das besonders Frauen am Hals trugen.

[15] Es handelt sich um zwei mit Smaragden besetzte Ringe, die Lorenzos Tochter Teresita aus Westindien mitgebracht hatte. Das Agnusdei und die Ringe kamen zwischenzeitlich abhanden, tauchten später aber wieder auf; siehe Ct 129,4; 137,2; 139,2 an María de San José (Salazar).

[16] Subpriorin von San José (Ávila) und damit Teresas Stellvertreterin während deren langen Abwesenheiten war die Tochter ihres Cousins Alonso Álvarez Dávila, María de San Jerónimo (Dávila), eine der ersten Schwestern, die dort 1563 als Unbeschuhte Karmelitin Profess gemacht hatte. Nach dem Tod Teresas 1582 wurde sie ihre Nachfolgerin als Priorin von San José.

[17] Es handelt sich um den Autograph der ersten Kapitel des *Buches der Gründungen*, den Teresa, in der Meinung, sie werde bald selbst nach Ávila reisen, mit einem Mauleseltreiber dorthin vorausgeschickt hatte. Teresa hatte am 25. August 1573 in Salamanca im Auftrag des Jesuiten Jerónimo de Ripalda mit der Abfassung der ersten neun Kapitel dieses Werkes begonnen (F pról 7) und diese Ende 1574 in Valladolid bzw. Ávila um zehn weitere Kapitel ergänzt; nun braucht sie diese, um sie, wie sie im folgenden sagt, im Auftrag Graciáns um die noch ausstehenden Gründungsberichte zu ergänzen. Doch ließ sich Lorenzo mit der Rückgabe offenbar Zeit, denn ein halbes Jahr später bittet sie ihn erneut darum; vgl. Ct 172,5.

[18] Isabel de San Pablo (de la Peña); siehe TyV 442.

[19] Teresas weißen Mantel, der bei bestimmten Anlässen und beim Reisen über dem Habit getragen wurde.

wir ihnen in aller Eile geschickt hatten), und ich weiß nicht, was sonst noch für Papiere drinnen sind, denn ich möchte nicht, dass sie irgendwer zu Gesicht bekommt; daher möchte ich, dass Euer Gnaden sie herausnehmen (denn bei Ihnen macht mir das nichts aus), und ebenso mit den *Gründungen.*

6. Der Schlüssel zur kleinen Truhe ist abgebrochen; brechen Euer Gnaden sie auf und verwahren Sie es in einer Truhe, bis der Schlüssel gemacht ist. Es ist auch ein Schlüssel für eine Briefschatulle drinnen, die ich Euer Gnaden schicken lasse, in der ebenfalls ein paar Papiere sind, ich glaube, mit Notizen über das innere Beten.[20] Sie dürfen sie ruhig lesen und mögen ein Blatt herausnehmen, auf dem einiges über die Gründung in Alba[21] steht. Schicken Euer Gnaden es mir mit den anderen, denn der Pater Visitator[22] hat mir aufgetragen, die *Gründungen* abzuschließen,[23] und ich brauche diese Papiere, um zu sehen, was ich schon gesagt habe, und auch für die in Alba. Mir fällt das arg schwer, denn in der Zeit, die mir vor lauter Briefe übrig bleibt, wäre ich lieber allein und hätte meine Ruhe. Es sieht aber nicht so aus, als wolle Gott das. Möge es ihm gefallen, dass ihm damit gedient sei.

7. Wissen Sie, Euer Gnaden, die Priorin von Valladolid[24] hat mir geschrieben, dass Doña María de Mendoza[25] von dem

---

[20] Vielleicht meint sie einige *Geistliche Erfahrungsberichte.*

[21] In Alba de Tormes hatte Teresa 1571 gegründet; siehe F 20. Es handelt sich hier wohl um einen noch unfertigen Entwurf für das Kapitel 20, da Teresa die letzten Absätze des Berichts über die Gründung in Salamanca (F 19,11f) offensichtlich erst 1576 ergänzte.

[22] Gracián. Im *Buch der Gründungen* heißt es dazu: *„(Es) befahl mir der Apostolische Kommissar, was derzeit der Magister Fray Jerónimo Gracián de la Madre de Dios ist, sie abzuschließen. Auf meinen Einwand hin, dass ich dafür wenig Zeit hätte, und angesichts anderer Dinge, die sich für mich ergaben (...), trug er mir trotzdem auf, sie nach und nach, so wie ich es vermochte, fertig zu schreiben“* (F 27,22).

[23] Da ihr vom Kapitel von Piacenza jede weitere Gründungstätigkeit untersagt worden war, gingen Gracián und sie selbst zu diesem Zeitpunkt davon aus, dass Caravaca (1576) ihre letzte Klostergründung gewesen war.

[24] Ihre Kusine María Bautista (de Cepeda y Ocampo).

[25] Die Schwester des im folgenden genannten Bischofs von Ávila, Álvaro de Mendoza.

Buch, das sich der Bischof genommen hatte,[26] eine Abschrift anfertigen ließ, die der Bischof ihr aber jetzt weggenommen habe. Für Euer Gnaden habe ich mich gefreut; denn wenn ich komme, können wir sie uns beschaffen, damit Sie sie zu Gesicht bekommen. Sagen Sie es aber niemandem. Falls er zufällig zu Ihnen dort kommen sollte, dürfen Euer Gnaden ihn gern darum bitten.

8. Ich werde das, was Sie sagen, nach Sevilla[27] schreiben, da ich nicht weiß, ob man Ihnen den Brief überbracht hat. Was machen denn vier Reales schon aus?[28] Sie haben sie nicht übergeben, und wenn der Überbringer mitbekommen hat, dass etwas darin war, wird er sie nicht abgeliefert haben. Der Priorin von hier[29] geht es im Vergleich zu sonst sehr gut; sie selbst und alle küssen Euer Gnaden die Hand. Wir haben fest für Sie zu Gott gebetet, dass es Ihnen gut gehe. Ich schicke Ihnen einige Quitten, damit Ihre Haushälterin[30] sie einmacht und Sie nach dem Mittagessen davon essen, und auch eine Dose Marmelade, und eine weitere für die Subpriorin von San José,[31] die mir sagt, dass sie Schwächeanfälle hat. Sagen ihr Euer Gnaden, dass sie sie essen soll, und Euer Gnaden bitte ich inständig, niemandem etwas davon abzugeben, sondern sie aus Liebe zu mir selbst zu essen; und geben Sie mir Bescheid, wenn sie zu Ende geht, denn hier ist sie billig, und es wird nicht mit Geld vom Kloster bezahlt, da Pater Gracián mir im

---

[26] Álvaro de Mendoza hatte den Autograph der *Vida* (*Das Buch meines Lebens*) in seinem Besitz, der jedoch 1575 von der Inquisition beschlagnahmt wurde, ohne dass Teresa wusste, ob sie ihn je wiederbekäme. Daher freut sie sich über die heimlich angefertigte Kopie, muss wegen der Brisanz dieser verbotenen Aktion aber zugleich auf absoluter Verschwiegenheit bestehen.

[27] An die dortigen Karmelitinnen.

[28] Lorenzo hatte der Priorin von Sevilla, María de San José, vier Reales (eine kleinere Summe, etwa der Tageslohn eines Maurers; siehe Anm. zu Ct 2,3) geschickt, um eine Salbe zu bezahlen, die man während seines dortigen Aufenthalts bei einem Apotheker für ihn besorgt hatte; vgl. Ct 125,2.

[29] Die Priorin von Toledo, Ana de los Ángeles (Ordóñez y Gómez).

[30] Vermutlich Jerónima de Aranda, oben als „Zeremonienmeister" betitelt.

[31] María de San Jerónimo (Dávila); siehe oben Ct 115,5.

Gehorsam aufgetragen hat, es so zu halten, wie sonst;[32] denn was immer ich hatte, war nicht für mich sondern für den Orden gedacht. Einerseits ist mir das schwer gefallen, andererseits aber habe ich mich darüber gefreut, (da überall, wo ich mich aufhalte, so vieles anfällt, und sei es nur Briefporto), denn es tut mir leid, dass es so teuer ist, und es sind viele, die anfallen ...[33]

116.

An Pater Jerónimo Gracián[1] in Toledo (?)

Toledo, im August 1576[2]

1. [*Frage*: Ob man eine Bewerberin ohne Mitgift aufnehmen dürfe, der Laurencia[3] angeboten hatte, sie aus Gnade[4] aufzunehmen, wo sie	1. ... Weltleute achten selten auf die Vernunft, sobald ihr Interesse auf dem Spiel steht. Der dortigen Mutter Priorin[5] fehlt sie nicht; da sie aber an

[32] Anspielung auf ihr Verfügungsrecht über private Geldspenden; vgl. Ct 24,11. Da sie durch ein Armutsgelübde gebunden war, gehörte, wie sie im Folgenden klarstellt, nichts ihr persönlich, sondern alles dem Orden; daher konnte sie nur mit Erlaubnis ihres rechtmäßigen Oberen, in diesem Fall Graciáns, darüber verfügen.

[33] In der ältesten Abschrift, die es von diesem Brief gibt, heißt es hier am Rand: *„Der Rest des Briefes fehlt."* (BMC 7, 260, Anm. 2).

[1] Siehe Ct 89 tít.

[2] Autograph: ehedem im Besitz des Markgrafen von Villa-Alegre, Granada. Bei diesem Fragment handelt es sich nicht um einen Brief im eigentlichen Sinn, sondern um einen schriftlichen Gedankenaustausch zwischen Gracián als Visitator und Teresa als Gründerin; dabei formuliert Gracián jeweils in der ersten Spalte des Zettels seine Meinung und seine Fragen zu den strittigen Punkten und lässt die zweite Spalte frei, in die Teresa dann ihre Antworten einfügt.

[3] Deckname für Teresa; siehe Ct 89,5.

[4] Umsonst; zu Teresas Einstellung bezüglich Mitgiften vgl. Ct 8,12; 24,17 mit Anm.

[5] Isabel de Santo Domingo (Ortega), die sich schon in Pastrana in den Auseinandersetzungen mit der Prinzessin von Éboli bewährt hatte.

doch eine mitbringen kann. Eliseo[6] meint nicht, da die Oberen nicht die Besitzer,][7] sondern nur die Verwalter des Klostereigentums sind. Dies soll mit den Studierten erörtert werden, dann wird man sehen, dass es so ist.

O, was wird das für ein Geläster geben! –

Antwort: Unter der Voraussetzung, dass mit diesem anderen Weg Gott mehr gedient ist, sollen sie doch lästern; denn in Segovia ist schon bekannt, wie arm dieses Haus ist, und dass eine, die nichts hat, aufgenommen wird, wie es bei einer geschah, der man eben erst den Habit gegeben hat; demnach ist es bei einer, die es hat, nicht nötig, großzügig zu sein.

Und Laurencias Ehre, die ihr Wort darauf gegeben hat? – Laurencia soll antworten, dass sie einen Oberen habe, der das anordnen könne, und sie den Überfluss in Pastrana gewöhnt ist, ist ihr wenig Armut des Geistes verblieben, was mir leid tat und jedes Mal neu leid tut, so oft ich dies erkenne. Denn diese Häuser sind gottlob einzig im Vertrauen auf ihn gegründet worden, und so befürchte ich, dass uns die himmlischen Hilfsmittel ein wenig abhanden kommen, sobald wir unser Vertrauen auf menschliche zu setzen beginnen. Damit meine ich nicht diese Angelegenheit, doch weiß ich, dass er[8] seine Tochter hier nicht unterbringen würde, wenn es nicht auf diese Weise[9] geschähe. Ihm verdanken wir dabei aber so wenig, dass Gott offenbar will, dass man es so mache.

Die Art und Weise, die Unbeschuhten Schwestern zu visitieren, ist gleichsam von Gott eingegeben.[10] Er sei für alles gepriesen.

---

[6] Deckname für Gracián; siehe Ct 89,2.

[7] Der eingeklammerte Textteil stammt nicht von Gracián, sondern wurde von den ersten Herausgebern ergänzt, da das Original an dieser Stelle verstümmelt ist.

[8] Gemeint ist eine der Töchter dieser Weltleute, von denen sie sprach.

[9] Ohne Mitgift.

[10] Es ist ungewiss, ob dies eine Anspielung auf Teresas vermutlich 1576 in Toledo entstandene Kleinschrift *Visitation der Unbeschuhten Schwestern* ist; vielleicht meint sie auch nur ganz allgemein die von ihm angewandten Krite-

da nichts mehr zu sagen hätte. Und da, wo es um einen größeren Dienst für Gott geht, möge Laurencia begreifen, dass ich mir nichts daraus mache, auch wenn sie da mitten drin steht, denn lieber sind mir ein winziges Fäserchen von der Ehre meines Jesus und ein Pünktchen von der meiner Jungfrau Maria, meiner Herrin und der Mutter meiner Seele, als zehntausend Laurencias.

Nun also, wie muss man da vorgehen? Müssen wir Prozesse anstrengen? Das werden jene gebenedeiten Lizenziate Herrera[11] und weitere Freunde, die es dort gibt, zur rechten Zeit machen, wenn man ihnen eine Vollmacht gibt; und Gott, der weiß, dass es sich um armer Leute Eigentum handelt, wird es in Ordnung bringen.

2. *Allgemeine Anfrage:* Ob es angebracht sei, Laurencia zu befehlen, ab jetzt nie

2. Eure Paternität brauchen mir das nicht zu befehlen, denn ich betrachte es ohne-

rien bei der Visitation ihrer Schwestern. Gracián selbst hatte um diese Zeit bereits seine *„Forma y manera de proceder que se llevaba en la visita de los Calzados de Andalucía – Art und Weise des Vorgehens, die man bei der Visitation der Beschuhten in Andalusien anwendete“* verfasst, entstanden im April 1576, doch unterschied die sich stilistisch und inhaltlich total von Teresas Schrift.

[11] Der Lizenziat Cristóbal de Herrera hatte Teresa bei der Gründung in Segovia geholfen; siehe F 21,10; Ct 81,6.

mehr ihr Wort zu geben, eine Schwester aufzunehmen, ohne Eliseo davon in Kenntnis zu setzen. Ich spreche jetzt von allen Klöstern, damit wir nicht in der Notlage sind, uns an ihr gegebenes Wort halten zu müssen. Und Eliseo verspricht ihr vor seinem Herrn, nie für irgend etwas eine Genehmigung zu erteilen, ohne dass sie es will und verlangt.[12]

Ich sage das, weil wir in diesem Haus in Segovia jetzt einer den Habit gegeben haben, die zwar ganz lieb ist, aber zu mehr als dem wird es nicht reichen. Das Haus ist sehr arm, und es gibt viele Schwestern, aber nur wenige.[13] Und selbst in den anderen Klöstern mag es zwar viel Heiligkeit geben, aber nicht viel zum Anziehen. Und wenn Laurencia gleich jedem beliebigen Beichtvater glaubt und meint, wenn eine bloß zwei Tage bei einem von der Gesellschaft[14] gebeichtet hat, wäre hin als Befehl und werde es so machen.[15] Und es wird mir wirklich eine Freude sein, diese Strapaze loszuwerden; nur befürchte ich, dass es in manchen Häusern mehr Habgier gibt, als ich gern hätte, und gebe Gott, dass sie Eure Paternität nicht mehr hereinlegen als mich. Das hat mich meiner Meinung nach mehr gekränkt als alles andere. Aber auch wenn Eure Paternität kein Oberer wären, war ich, so weit ich es bei mir erkennen kann, fest entschlossen, niemanden aufzunehmen, ohne es Ihnen zu sagen, sofern Sie in der Nähe wären, ja ich glaube sogar auch, wenn Sie weit weg wären. Es ist unmöglich, es in allem richtig zu machen. Die Zeit wird es weisen, doch wenn wir auf Mitgiften aus sind, um so schlimmer.

---

[12] Zu den Meinungsverschiedenheiten zwischen Teresa und Gracián in diesem Punkt siehe auch Ct 99.

[13] Nur wenige begüterte? Nur wenige begabte?

[14] Bei einem Jesuiten.

[15] In Segovia gab es seitens der Isabel de Santo Domingo Widerstand gegen die Aufnahme einer jungen Schwester ohne Mitgift, der Teresa (die in ihre Konvente sehr gerne arme Schwestern aufnahm, sofern sie gut und geeignet waren) die unentgeltliche Aufnahme versprochen hatte. Von einer guten, aber

sie schon auf dem Weg der Heiligkeit, so könnten daraus künftig viele Nachteile erwachsen; denn gute Hoffnung ist mehr wert als armseliger Besitz.

3. Das Beiliegende ist eine Auskunft der Priorin.[16] Wenn ich mich für gut informiert halte, so ist dies zum Wohl der Häuser und ihrer geschäftlichen Belange. Ich weiß nicht, wie man so etwas behaupten kann. Gott möge es annehmen und Licht schenken, damit man ab jetzt besser ins Schwarze trifft. Aber was mache ich da für Entschuldigungen! Das Schlimmste ist, dass ich heftigste Versuchungen gegen die genannte Person[17] verspüre ...

117.

An Pater Jerónimo Gracián[1] in Almodóvar

Toledo, 5. September 1576[2]

1. ... Jetzt möchte ich Eurer Paternität etwas sagen, da der Kurier jemand ist, mit dem ich das machen kann. Sie wissen

mittellosen Schwester sagt Gracián, sie aufgenommen zu haben. Vielleicht war das Jerónima de la Madre de Dios, die am 18. Mai 1578 in Sevilla Profess abgelegt hat. (BMC 7, 264, Anm. 1).

16 Isabel de Santo Domingo.

17 Entweder die eben genannte Priorin von Segovia oder aber eine Person, die Gracián in dem verloren gegangenen Teil des Dokumentes erwähnt.

1 Siehe Ct 89 tít.

2 Datierung ungewiss. Der Text dieses Fragments wurde von Graciáns leiblicher Schwester María de San José (Dantisco), die als Unbeschuhte Karmelitin in Valladolid lebte, vom heute verschollenen Autograph abgeschrieben: *„Zu meinem Trost und aus Freude habe ich diese Kapitel aus einigen Briefen unserer Heiligen abgeschrieben ...“*

schon, wie Angela[3] sich den Prior von La Sisla[4] als Beichtvater wählte, denn glauben Sie mir, dass sie aus vielen Gründen nicht ohne jemanden leben kann, der sie berät, und in diesen Dingen sonst nicht das Rechte träfe, noch ihre Ruhe hätte. Der Besagte kam sie gewöhnlich öfter besuchen, doch nachdem dies angefangen hatte,[5] fast nie mehr. Wir, die Priorin[6] und ich, konnten den Grund nicht erkennen. Als die unselige[7] Angela einmal mit Josef[8] im Gespräch war, sagte er ihr, dass er es sei, der ihn zurückhalte, da der Bessere für sie Doktor Velázquez[9] wäre, der ein sehr studierter Domherr wäre, und ein großer Studierter von hier, denn bei ihm würde sie ein wenig Erleichterung finden; er würde schon auf ihn einwirken, dass er sie anhörte und verstünde (das war nämlich fraglich, da er sehr beschäftigt war);[10] und da Josef, wie Euer Ehrwürden wissen, eine sehr gewichtige Person ist, und [sie immer gehorchte][11], wenn er ihr Vergleichbares geraten hatte, wusste sie nicht, was nun tun, da jenes andere schon angefangen hatte und sie ihm so viel schuldete, sie andererseits aber fürchtete, Josef zu verärgern.

---

[3] Deckname für Teresa selbst.

[4] Der Hieronymit Fray Diego de Yepes (1529–1613), der damals Prior des Hieronymitenklosters La Sisla in der Nähe von Toledo war und später Bischof von Tarazona wurde, war ein großer Bewunderer und Förderer Teresas. Die unter seinem Namen 1606 in Zaragoza veröffentlichte Biographie Teresas stammt allerdings nicht von ihm, sondern von Tomás de Jesús (Díaz Sánchez de Ávila); siehe DST 1208–1210.

[5] Seitdem Yepes begonnen hatte, ihr Beichtvater zu sein.

[6] Die Priorin von Toledo, Ana de los Ángeles (Ordóñez y Gómez).

[7] *Negra*, wörtlich: „schwarze".

[8] Deckname für Jesus Christus.

[9] Der Domherr Alonso Velázquez (1533–1587) war nacheinander Professor in Alcalá de Henares, Rektor der Universität in Valladolid und ab 1578 Bischof von Osma, ab 1583 Erzbischof von Santiago de Compostela.

[10] Dasselbe erzählt sie auch in einem *Geistlichen Erfahrungsbericht* aus dem Jahr 1576: *„Da sagte mir der Herr: Ich bewirke, dass er dich anhört und versteht. Sprich dich bei ihm aus, denn in etwa wird es ein Heilmittel sein bei deinen Mühen. (...) So hat es sich ergeben, dass es ihm Freude macht, mich zu hören, und er sucht sich Zeit und hat mich verstanden und mir große Erleichterung verschafft. Er ist sehr studiert und heilig"* (CC 55,2f.).

[11] Anakuluth (Satzbruch), der vermutlich auf ein Versehen der Kopistin zurückgeht.

2. Damit verbrachte sie einige Tage, und es fiel ihr schwer, Eure Paternität nicht um Ihre Meinung bitten zu können, zudem fürchtete sie, es würde sie in Unruhe versetzen, sich mit so vielen zu besprechen. Da kam nun Pater Salazar[12] hierher, und sie entschloss sich zu tun, was dieser sagen würde, auch wenn ihr die Umstellung schwer fiele, und sie sich beinahe bei Josef beklagt hätte, weil er sie nicht eher darauf aufmerksam gemacht hatte. Sie erzählte Pater Salazar also alles, was geschehen war; er hatte ihr, als er vorher einmal hier gewesen war, das mit La Sisla geraten. Pater Salazar ist, wie Eure Paternität wissen, jemand, mit dem sie über alles sprechen kann, da er es schon weiß.[13] Er sagte ihr, sie solle tun, was Josef ihr gesagt habe. Und das hat sie gemacht, und es geht nach und nach in Erfüllung, was Josef gesagt hat: zum einen sagte der Prior[14] zur Mutter[15], als er hierher kam und sie ihn fragte, wieso er das so mache, er wüsste selbst nicht, was das sei; denn obwohl es nichts gäbe, was er sich lieber wünschte, und er sehr wohl einsähe, dass er es später bedauern würde, sei er in diesem Fall nicht Herr über sich, noch könne er anders, so dass er sehr erstaunt wäre, weil er mit sich nicht mehr zu Rande käme.

3. Bei jenem anderen aber[16] geschah weiter nichts, als dass es ihm eines Tages ausgerichtet wurde, worauf er sagte, dass er jede Woche mit einer Freude käme, wie wenn man ihm das Erzbistum Toledo angeboten hätte (ja, das hätte ihn, glaube ich, nicht einmal so sehr gefreut, so gut ist er), auch wenn er noch so viel zu tun hätte. Fray Hernando de Medina[17] wird

---

12 Der Jesuit Gaspar de Salazar; siehe Ct 48 tít.

13 Anspielung auf ihre mystischen Erfahrungen, über die sie nicht mit jedem sprechen kann.

14 Diego de Yepes.

15 Die Priorin von Toledo, Ana de los Ángeles.

16 Doktor Alonso Velázquez.

17 Hernando de Medina (1544–1600) war zunächst Beschuhter Karmelit der kastilischen Provinz, schloss sich dann in Sevilla den Unbeschuhten Karmeliten an und war während seines Noviziatsjahres Privatsekretär Graciáns. Anschließend kehrte er jedoch zu den Beschuhten Karmeliten zurück und

Eurer Paternität sagen, wie er ist; versäumen Sie nicht, ihn danach zu fragen. Damit Sie sehen, wie er es aufnimmt, schicke ich Ihnen das beiliegende Brieflein;[18] ich hatte ihn nämlich wegen einiger Fragen rufen lassen, über die ich nichts sagen möchte, da es zu lang wäre; es ging nicht um das Gebet.

4. So ist sie[19] also ganz glücklich, Herr Pater, dass sie bei ihm gebeichtet hat; und das größte Glück, das sie hat, ist, dass sie seit ihrer Begegnung mit Pablo[20] bei keinem Erleichterung oder Glück für ihre Seele fand. Jetzt hat sie Halt und innere Ruhe, wenn auch nicht ganz so wie bei ihm, und fühlt in ihrer Seele die Bereitschaft, ihm zu gehorchen, was ihr eine riesige Erleichterung ist; denn da sie ihr ganzes Leben lang daran gewöhnt ist, befriedigt sie in Pablos Abwesenheit nichts von dem, was sie tut, noch glaubte sie, es richtig zu machen, noch konnte sie sich einem anderen unterstellen, selbst wenn sie es wollte. Glauben Sie nur, dass er, der das eine bewirkte, auch das andere bewirkte; denn auch sie ist voll des Staunens über diese neue Entwicklung, genau wie der Prior[21] darüber, dass er gebunden war, so dass er nicht tat, was er wollte.

5. Ich sage Eurer Paternität, dass Sie sich sehr darüber freuen können, wenn Sie Angela ein bisschen Erleichterung verschaffen wollen, denn eigentlich reicht es doch schon, dass sie es nicht so empfindet wie bei Pablo – ich meine das Glück –, wo die Seele sonst ohne Erleichterung dahinlebt. Er[22] wusste um die Freundschaft, die sie mit Josef hatte, gut Bescheid;[23] denn

schloss sich 1577 der Verleumdungskampagne Baltasar Nietos und Miguels de la Columna gegen Gracián an.

18 Dieses Brieflein von Velázquez an Teresa ist nicht erhalten.

19 Angela, also Teresa selbst.

20 Deckname für Gracián nach dem Apostel Paulus.

21 Diego de Yepes.

22 Alonso Velázquez.

23 Freundschaft mit Christus ist das große Lebensthema Teresas; siehe etwa V 8,5; 22,6. An dieser Stelle liegt die Betonung auf Christi freundschaftlichem Umgang mit ihr, womit sie auf ihre tiefen Gebetserfahrungen anspielt, über die ihr neuer Beichtvater *„nicht erstaunt"* ist, da er das biblische Fundament erkennt.

er hatte viel davon gehört, und ist nicht erstaunt; da er ein großer Studierter ist, belegt er es mit der Heiligen Schrift. Das ist für die Arme eine riesige Erleichterung, da Gott sie in jeder Hinsicht von allem, was sie liebt, wie in einer Verbannung hält. Er sei für immer gepriesen.

6. Jetzt bleibt nur noch, uns mit dem anderen[24] nicht dermaßen zu überwerfen, dass er etwas merkt, sondern dass sie nur wegen seiner zögerlichen Haltung gelegentlich bei jenem anderen[25] beichtet; und dass Eure Paternität mir sagen, dass sie tun solle, was immer er[26] ihr sagt, wie wenn Eure Paternität es ihr sagten, damit ihre Seele einen Verdienst hat. Ich sage Ihnen, dass die Sehnsucht, die diese Frau hat, und ihre Antriebe, etwas für Gott zu tun, so groß sind, dass sie auf die Suche gehen muss, wie sie ihn in dem, was sie vermag, besser zufrieden stellt, wenn sie es schon nicht in großen Dingen kann.[27]

Eurer Paternität unwürdige Dienerin und Tochter

Teresa von Jesus

118.

An Pater Jerónimo Gracián[1] in Almodóvar

Toledo, 5. September 1576[2]

1. Jesus. – Die Gnade des Heiligen Geistes sei mit Eurer Paternität. Heute habe ich Eurer Paternität über den Postmeister[3] ein paar Briefe geschickt. Sie dürfen nicht vergessen, mir zu

---

[24] Diego de Yepes.
[25] Alonso Velázquez.
[26] Erneut Alonso Velázquez.
[27] Hier endet der abgeschriebene Teil des Briefes, der möglicherweise noch länger war, da die Kopistin nur die Gracián betreffenden Passagen abschrieb.

---

[1] Siehe Ct 89 tít.
[2] Autograph: Unbeschuhte Merzedarierinnen, Toro (Zamora).
[3] Der Postmeister der Königlichen Post von Toledo, Antonio de Figueredo, hatte ihr angeboten, sich besonders um die Beförderung ihrer Briefe zu kümmern, so dass sie nun eine verlässliche und außerdem preiswerte Postver-

sagen, ob Sie sie erhalten haben, denn ich glaube, dass sie sehr zuverlässig von hier nach Sevilla befördert werden, da er der Bruder einer unserer Schwestern ist.[4]

2. Darin sagte ich Eurer Paternität, wie Tostado[5] am Tag, an dem Eure Paternität hier ankamen, nach Portugal aufgebrochen ist; und dass Infante[6] und noch ein anderer Prediger aus Andalusien auf ihn warteten, und einen Boten nach Madrid schickten, der ihnen diese Neuigkeiten überbrachte. Der Herr sei gepriesen, der es so gefügt hat!

3. Wissen Sie, die Herren vom Rat[7] sagen, dass eine Genehmigung nicht erteilt würde, wenn sie gemäß der Geschäftsordnung gegeben werden muss, da es von unserer Seite noch mehr Beweismaterial braucht,[8] dass sie sie aber ohne weiteren Rechtsstreit erteilten, wenn sie einen Brief des Nuntius[9] zu Gesicht bekämen, in dem dieser zusagt, sie zu geben. Diesen freundschaftlichen Hinweis gab ein befreundeter Auditor Don Pedro González.[10] Schreiben mir Eure Paternität doch durch

---

bindung mit Gracián und María de San José in Sevilla hatte, da die Königliche Post wesentlich billiger war als Fuhrleute oder gar Privatkuriere; vgl. Ct 120,3.

4 Figueredo war nicht ein Bruder, wie Teresa hier versehentlich meint, sondern ein Cousin einer Unbeschuhten Karmelitin von Segovia.

5 Der portugiesische Beschuhte Karmelit Jerónimo Tostado, der 1576–79 im Auftrag des Ordensgenerals die Karmeliten Spaniens visitierte und ein erbitterter Gegner des Gründungswerks Teresas war, daher ihre Erleichterung über seine Abreise nach Portugal. Siehe zu ihm Ct 106,4.

6 Der andalusische Beschuhte Karmelit Juan de las Infantas, der von Gracián zum Prior des Karmelitenklosters in San Juan del Puerto (Huelva) ernannt worden war und später Provinzial von Andalusien wurde.

7 Gemeint ist der Königliche Rat in Madrid.

8 Wahrscheinlich ging es um die Genehmigung zur Gründung eines Klosters der Unbeschuhten Karmeliten in Valladolid (BMC 7, 269, Anm. 3), oder um das „Nihil Obstat" (Unbedenklichkeitserklärung) zur Durchführung einiger Beschlüsse des eben erst stattgefundenen Kapitels von Almodóvar.

9 Nicolás Ormaneto.

10 Der Domherr Pedro González de Mendoza, Aufseher der Schatzkammer der Kathedrale von Toledo und Verwalter des Hospital de Santa Cruz, in das er im August 1578 Johannes vom Kreuz nach dessen Flucht aus dem Kerker aufnehmen sollte; nicht zu verwechseln mit dem gleichnamigen Bischof von Salamanca, den Teresa in F 18,1 erwähnt.

die Heimkehrer vom Kapitel,[11] welches Mittel zu nehmen sei, und ob es gut wäre, einige Personen am Hof einzuschalten, etwa den Herzog[12] oder auch andere.

4. Mir ist der Verdacht gekommen, ob man ihm[13] wohl mit Briefen aus Rom die Hände binde, damit er diese Genehmigungen nicht erteile, wo er sie meinem Eindruck nach Pater Fray Antonio[14] ohne weiteres gegeben hat.[15] Auch habe ich mir gedacht, dass man ihnen so viele Breven gegen uns geben werde, wie sie nur wollen, wenn diese Leute[16] dem Papst[17] jene unwahren Informationen geben und es dort niemanden gebe, der sie widerlegt, und es deshalb äußerst wichtig sei, dass einige Leute dort seien.[18] Wenn sie nämlich sehen, wie diese leben, werden sie ihre Leidenschaftlichkeit durchschauen – und bis dahin sollten wir, glaube ich, nichts unternehmen –, und die Unseren werden die Genehmigung zur Gründung einiger Häuser mit heimbringen. Glauben Sie nur, dass es wichtig ist, auf das, was kommen könnte, eingestellt zu sein.

---

[11] Die Unbeschuhten Karmeliten, die vom Kapitel von Almodóvar nach Toledo zurückkehrten. Gracián hatte die Teilnehmer an diesem Kapitel für den 26. August nach Almodóvar bestellt, doch waren sie erst am 1. September zusammengekommen.

[12] Der Herzog von Alba, Fernando Álvarez de Toledo.

[13] Dem Nuntius.

[14] Antonio de Jesús (Heredia), der am 21. Juni 1574 vom Ordensgeneral Rossi die Genehmigung zur Gründung eines Konvents der Unbeschuhten Karmeliten in Almodóvar del Campo erhielt.

[15] So ganz daneben lag Teresa mit ihrem Verdacht nicht, denn der Nuntius sagte Gracián, dass man ihm von Rom wohl so geschrieben habe, doch *„Seine Heiligkeit* (Papst Gregor XIII.) *und der König* (Philipp II.) *wünschten, dass es weitergehe“* (BMC 7, 269, Anm. 7).

[16] Teresas Gegner unter den Beschuhten Karmeliten.

[17] Das war zu diesem Zeitpunkt Gregor XIII. (Buoncompagni), einer der großen nachtridentinischen Reformpäpste.

[18] Auf dem Kapitel von Almodóvar wurde in der Tat beschlossen, in diesem Anliegen zwei Brüder nach Rom zu schicken. Man entschied sich für Juan de Jesús (Roca), einen Studienfreund und Mitnovizen Graciáns und einen treuen Mitarbeiter Teresas, und Pedro de los Ángeles, einen Andalusier aus Jaén, der um 1569/70 von den Beschuhten zu den Unbeschuhten Karmeliten übergetreten war.

5. Ich schreibe dies in Eile, und so kann ich nicht mehr sagen, als dass sich alle Schwestern in die Gebete von Eurer Paternität empfehlen, und ich in die von allen meinen Patres dort, insbesondere des Paters Prior von Los Remedios,[19] auch wenn ich über ihn verärgert bin. Ich möchte gern wissen, ob Pater Mariano[20] gekommen ist. Gott behüte Eure Paternität und halte Sie an seiner Hand. Amen.

6. Ich freue mich sehr, wenn ich sehe, wie gut das Reisewetter zur Zeit ist. Ich erwarte Antonio.[21] Vergessen Eure Paternität nicht, mir zu schreiben, wie der Mann heißt, an den ich die Briefe nach Madrid richten soll, dieser Bedienstete Ihres Vaters.[22] Schauen Sie, dass Sie das nicht vergessen, und mir auch sagen, wie die Anschrift lautet, und ob er jemand ist, dem man das Porto geben kann.[23]

Heute ist der 5. Dezember.

7. Es geht uns gut, und mir ist, wie mir scheint, allmählich ein wenig leichter ums Herz, wenn ich sehe, dass hier gute Voraussetzungen bestehen, um an Eure Paternität zu schreiben.[24]

Eurer Paternität unwürdige Tochter und Untergebene

Teresa von Jesus

---

[19] Prior der Unbeschuhten Karmeliten von Los Remedios (Sevilla) war zu diesem Zeitpunkt Antonio de Jesús (Heredia).

[20] Ambrosio Mariano de San Benito (Azzaro); siehe zu ihm Ct 106 tít. Er war nicht zum Kapitel von Almodóvar gekommen.

[21] Der Viehhändler aus Malagón, Antonio Ruiz; vgl. Ct 108,9.

[22] Anspielung auf den Königlichen Forstaufseher Roque de Huerta, ein Freund der Familie Gracián, der ab 1577 ein treuer Freund und Mitarbeiter Teresas werden sollte.

[23] Das Porto bezahlte damals im Normalfall nicht der Absender, sondern der Adressat, weil das den Anreiz für den Überbringer erhöhte, den Brief auch wirklich zuzustellen.

[24] Eine Anspielung auf die eingangs erwähnte Vereinbarung mit dem Postmeister Figueredo.

8. Schauen Sie, bitte, mein Pater, dass Sie das Schriftstück, das ich Ihnen gab, nicht verlieren; Sie sagten nämlich, dass Sie es in eine Schutzhülle tun wollten, haben es aber nicht getan.[25] Ich wünschte mir, Sie hätten noch eine Abschrift in der Kassette, denn es wäre ein großes Verhängnis, wenn es verloren ginge.

119.

An Pater Jerónimo Gracián[1] in Almodóvar

Toledo, 6. September 1576[2]

1. Jesus sei mit Eurer Paternität. Gerade ist der gekommen, der dies mitnimmt; er lässt mir aber nur ganz wenig Zeit, und so werde ich mich kurz fassen. Ich preise den Herrn, dass Eure Paternität heil angekommen sind. Ich habe Ihnen schon auf zwei Wegen geschrieben, wie Peralta[3] an demselben Donnerstag, an dem Eure Paternität hierher kamen, nach Portugal aufgebrochen ist.[4] Santelmo[5] hat mir heute geschrieben (und er wird den Brief sogar mitnehmen), dass wir nichts zu befürchten haben, denn Methusalem[6] sei ganz fest entschlossen,

[25] Es ist nicht bekannt, worum es sich handelt.

[1] Siehe Ct 89 tít.

[2] Autograph: Königliches Schottenkolleg, Valladolid.

[3] Deckname für den Beschuhten Karmeliten Jerónimo Tostado, vielleicht in Anspielung auf die Bedeutung des Verbs *peraltar* „überhöhen", da Tostado eine höhere Autorität als Gracián für sich beanspruchte. Interessanterweise verwendet Teresa denselben Decknamen an anderer Stelle für Jesus Christus; siehe Ct 219,7.

[4] Siehe Ct 118,2. In Ct 117 erwähnt sie ihn nicht; vielleicht ist der zweite Brief, den sie meint, verloren gegangen.

[5] Deckname für den Jesuiten Francisco de Olea, nach der volkstümlichen spanischen Bezeichnung für den Dominikanerseligen Pedro González (13. Jh.) „San Telmo".

[6] Metusalén, Deckname für den Nuntius Nicolás de Ormaneto, nach der alttestamentlichen Gestalt Methusalem (Metuschelach), der älteste in der Bibel erwähnte Mensch (Gen 5,21-27) und von daher eine Symbolgestalt für ein hohes Lebensalter. Ormaneto war damals 70.

unseren Wunsch, die Adler[7] abzutrennen, zu erfüllen, da er sehr wohl sehe, dass das angebracht sei.

2. Aus Sevilla haben sie mir heute geschrieben, was es dort vor lauter Freude über Peralta[8] und die Bekanntmachung seiner Befugnisse für einen Wirbel gibt, und dass sie im ganzen Ort sagten, sie würden sich die Schmetterlinge[9] unterstellen.[10] Es war wirklich gut, was der Herr gemacht hat.[11] Er sei für immer gepriesen. Infante[12] war hier, um mit mir zu sprechen; er wollte einen Brief für Pablo.[13] Ich sagte ihm, dass ich von mir aus nichts tun würde, er solle selbst mit Pablo sprechen; er schreibt sich keinerlei Schuld zu. Ich glaube, wenn er die Hoffnung hätte, dass Peralta zurückkommt, würde er sich nicht so unterwürfig geben.[14]

3. Zu dem, was Eure Paternität über die Priorin von Malagón[15] sagen, habe ich Eurer Paternität schon geschrieben.[16] Doch

---

[7] Die Unbeschuhten Karmeliten. Der Wunsch nach einer unabhängigen Provinz für die Unbeschuhten bewegte Teresa spätestens seit Sommer 1575; siehe ihren Brief vom Juli 1575 an Philipp II. (Ct 86,2). Die Trennung kam aber erst 1581 zustande.

[8] Tostado; siehe Ct 120,2.

[9] Die Unbeschuhten Karmelitinnen.

[10] Es gab in Sevilla Gerüchte, dass Tostado Gracián als Visitator ersetzen und die Unbeschuhten Karmelitinnen seiner eigenen Autorität unterstellen wollte.

[11] Eine Anspielung auf die Verfügung des Königlichen Rates, die Tostado die Ausübung seiner Vollmachten in Spanien verbot, weshalb er nach Portugal abgereist war; ein weiterer Hinweis für die weitreichende Macht des Königs, auch in Ordensangelegenheiten, denn Tostado war immerhin der Bevollmächtigte des Ordensgenerals Rossi.

[12] Der Beschuhte Karmelit Juan de las Infantas; siehe Ct 118,2.

[13] Deckname für Gracián; vgl. Ct 117,4. Juan de las Infantas wollte demnach eine Empfehlung von Teresa, die diese ihm verweigerte, da sie sein doppeltes Spiel durchschaute.

[14] Wie Teresa im vorigen Brief (Ct 118,2) sagte, haben die beiden Beschuhten Karmeliten aus Madrid die Nachricht mitgebracht, dass Tostado nach Portugal gereist sei, weil er am Hof nichts ausrichten konnte. Von daher Infantas' Haltung.

[15] Brianda de San José (Temiño y Mendoza), deren ernsthafte Erkrankung Anlass zu Sorge gab; sie wurde schließlich 1576 oder 1577 nach Toledo gebracht, wo sie zweimal Priorin war; vgl. Ct 139,4; 153,1.

[16] Siehe Ct 108,6.

dürfen Sie eine so schwerwiegende Angelegenheit[17] nicht mir überlassen, denn es geht nicht an, noch steht mein Gewissen danach, es zu verhindern, da ich sehe, dass Eure Paternität es wünschen; und so bitte ich Sie inständig, es so zu machen, wie es Ihnen besser erscheint, und zu sehen, wer für dort[18] geeignet ist, denn es gehört mehr dazu, als nur Subpriorin zu sein. Ich finde keine andere als die Priorin von Salamanca,[19] denn die von Eurer Paternität genannte kenne ich nicht, und sie ist noch sehr neu; dabei wird sogar die andere die Stelle der Priorin nur recht und schlecht ausfüllen. Es bereitet mir großen Kummer. Empfehlen es Eure Paternität Gott und dann lassen Sie es mit dem, was immer Sie anordnen, bewendet sein. Es ist dies ein sehr schlechter Augenblick, um Schwestern hin- und herzuversetzen. Der Herr bringe es auf den Weg, denn Not kennt kein Gebot.

Heute ist Donnerstag, der 6. September.

Um meinen Pater Fray Antonio zu schreiben, fehlt mir die Zeit, noch habe ich ihm mehr zu sagen.[20]

Eurer Paternität unwürdige Dienerin und Tochter

Teresa von Jesus

---

[17] Die Frage, was angesichts der Krankheit der Priorin von Malagón zu tun sei.

[18] Wer in Malagón Priorin werden könnte.

[19] Teresas Kusine Ana de la Encarnación (Tapia), die aus dem Menschwerdungskloster in Ávila kam.

[20] Antonio de Jesús (Heredia); auch in Ct 118,5 hatte sie bereits ein Zerwürfnis mit ihm angedeutet.

120.

An Mutter María de San José[1] in Sevilla

Toledo, 7. September 1576[2]

1. Jesus sei mit Euer Ehrwürden. Ich sage Ihnen, dass ich mich so über Ihre Briefe freue, dass ich geradezu auf sie warte. Ich weiß nicht, was wohl ausmacht, dass ich eine so besondere Liebe zu dem Haus dort und denen, die darin wohnen, hege, es sei denn, weil ich dort so viel Schweres durchgemacht habe. Es geht mir, gottlob, schon wieder gut; die Fieberanfälle haben mit einer starken Erkältung aufgehört.

2. Ich sah sehr wohl das Kreuz, das Sie wegen des Redens und Tuns der Patres[3] haben würden; hier hat es daran auch nicht gefehlt, aber da Gott uns von Tostado[4] befreit hat, hoffe ich auf Seine Majestät, dass er uns in allem gnädig ist. Man braucht ihm von dem, wie er gegen die Unbeschuhten und mich vorgegangen ist, gar nichts anzuhängen, denn dafür hat er klare Beweise geliefert. Immer bedarf es inständigen Gebets, damit uns Gott unseren Pater[5] von diesen Männern befreie und ihnen Licht schenke, und damit er in diesen Dingen für Ordnung sorge; denn ich sage Ihnen, dass wir reichlich Gelegenheit haben, Verdienste zu sammeln, so lange der Hochwürdigste General[6] so verstimmt ist.

3. Da sie von unserem Pater[7] wohl schon alles erfahren haben, sage ich dazu heute nur, dass ich Sie um der Liebe willen

---

[1] Siehe Ct 109 tít.

[2] Autograph: Unbeschuhte Karmelitinnen, Valladolid.

[3] Eine Anspielung auf das Verhalten der Beschuhten Karmeliten von Sevilla; siehe Ct 112,3; 114,4.

[4] Der Visitator Jerónimo Tostado, der nach Portugal abgereist war; siehe Ct 106,4 und ferner Ct 118,2.

[5] Jerónimo Gracián, der in jenen Tagen in Almodóvar, in der Nähe von Toledo weilte; vgl. Ct 117-119.

[6] Der Ordensgeneral Giovanni Battista Rossi (Juan Bautista Rubeo), der Teresa anfänglich unterstützt hatte, aber nun aufgrund einseitiger Informationen und Verleumdungen gegen sie und ihr Gründungswerk eingenommen war.

bitte, große Sorgfalt darauf zu verwenden, um mir zu schreiben, was vorgeht, wann immer unser Pater nicht kann, und ihm meine Briefe auszuhändigen und die seinen weiterzuleiten. Sie sehen ja, was dort an Übergriffen passiert, sogar wenn er da ist: Was wird erst sein, wenn er weg ist? Der Postmeister von hier ist ein Cousin einer unserer Schwestern in Segovia; er hat mich aufgesucht und sagt, dass er ihr zuliebe Wunder tut; er heißt Figueredo.[8] Er ist, wie ich eben sage, der Postmeister von hier. Wir haben uns geeinigt, und er sagt, dass ich in etwa acht Tagen von dort Nachricht haben könnte, wenn man dort dafür sorgt, die Briefe dem Postmeister zu übergeben. Schauen Sie, das wäre doch großartig! Er sagt, dass kein Brief verloren gehen kann, auch wenn es viele wären, sofern Sie mein Briefbündel in ein Kuvert mit der Aufschrift „an Figueredo, den Postmeister von Toledo" stecken. Das alles ist für Euer Ehrwürden zwar mit Mühen verbunden, aber ich weiß, dass Sie für mich noch andere, größere auf sich nähmen, so wie ich sie für Sie alle dort auf mich nähme.

4. Wissen Sie, manchmal überkommt mich eine solche Sehnsucht, Sie zu sehen, dass man meinen möchte, ich hätte sonst nichts zu tun; das ist wirklich wahr. Erkundigen Sie sich dort, ob man ihn[9] als „Magnifizenz" oder sonstwie titulieren muss. Er hat eine ziemlich hohe Stellung. Deshalb habe ich mich gefreut, jetzt hier zu bleiben, denn in Ávila ist die Voraussetzung dafür schlecht, und auch noch für so manches andere. Nur für meinen Bruder[10] tut es mir leid, der darunter sehr leidet. Sie machen einen Fehler, ihm nicht ab und zu einmal zu schreiben. Aus beiliegendem Brief von ihm werden Sie er-

[7] Erneut Gracián.
[8] Antonio de Figueredo; siehe Ct 118,1.7.
[9] Der Postmeister Figueredo. An dieser Stelle zeigt sich Teresas Bemühen, die Vorschriften für die höfliche Titulierung genau einzuhalten, um sich das Wohlwollen des Postmeisters zu erhalten, obwohl sie gleichzeitig die Titelsucht der damaligen Gesellschaft kritisiert und für sich selbst jede derartige Anrede ablehnt; vgl. die diesbezügliche Anm. zu Ct 69,1 und V 37,10f.
[10] Lorenzo de Cepeda.

sehen, wie schlecht es ihm gesundheitlich geht, auch wenn ich Gott lobe, dass er kein Fieber hat.

5. Ich denke nie daran, die Briefe aufzuheben, die sie mir über Teresa[11] schreiben. Alle sagen, es beschäme sie, ihre Vollkommenheit und ihre Vorliebe für geringe Arbeiten zu erleben. Sie sagt, sie bilde sich nicht ein, nur weil sie die Nichte der Gründerin sei, habe man sie für etwas Besseres zu halten, doch eher für etwas Geringeres. Sie haben sie sehr gern und erzählen viel von ihr. Nur damit Sie Gott loben, sage ich Ihnen das (da Sie alle dazu beigetragen haben, sie dies gewinnen zu lassen). Ich freue mich sehr, wenn Sie sie Seiner Majestät anempfehlen. Ich habe sie sehr gern, und ihren Vater auch, doch sage ich Ihnen ehrlich, dass es mich entlastet, weit weg zu sein. Ich begreife nicht ganz den Grund dafür, es sei denn, weil die Freuden dieses Lebens mir eine Last sind. Das muss wohl an meiner Befürchtung liegen, mich nur ja nicht an etwas davon zu hängen, und so ist es wohl besser, die Gelegenheit fortzuschaffen; allerdings wäre ich jetzt gerne dort, um zu meinem Bruder für das, was er getan hat,[12] nicht undankbar zu sein, bis er einige Dinge geregelt hätte, denn er wartet darauf.[13]

6. Versäumen Sie nicht, ihn und auch mich wegen der Kaufsteuer[14] nach Maßgabe des beiliegenden Papiers, in das Sie Einsicht nehmen sollen, zu informieren. Ich sehe wohl, dass es Ihnen an Geld fehlen wird, und deshalb bin ich schon dabei, darüber mit Nicolao[15] zu verhandeln, damit Ihnen sofort

---

[11] Ihre inzwischen zehnjährige Nichte Teresita, die Tochter Lorenzos, die zur Erziehung in San José in Ávila lebt.

[12] Lorenzo hatte sie großzügig finanziell unterstützt.

[13] Siehe Ct 115. Don Lorenzo ist vor allem wegen seines Hauses in Ávila, seines Vermögens und der Erziehung seiner Söhne in Sorge und würde sich deshalb gern mit seiner erfahrenen Schwester beraten.

[14] Siehe Ct 105,3; 106,3; 112,2; 114,3; und ferner F 25,9.

[15] Der Italiener Nicolao Doria, der damals als Priester in Sevilla lebte und im März 1577 als Nicolás de Jesús María in den Teresianischen Karmel eintreten sollte. Sein Anliegen war eine Ordenskandidatin, deren Eintritt in den Karmel

die vierhundert Dukaten gegeben würden. Ich hatte sie schon abgewiesen, weil man mir sagte, sie hätte ich weiß nicht was für einen Makel,[16] als mir Nicolao erneut beiliegenden Brief schrieb. Unser Pater[17] sagt, sie sei nicht dafür geeignet. Dennoch habe ich sie nicht erneut abgewiesen, da Sie in einer solchen Notlage ja sehen können, dass es gut wäre, es mit ihr zu probieren. Vielleicht macht sie sich ja gut. Besprechen Sie es dort mit unserem Pater, wenn Sie in Not sein sollten, und erkundigen Sie sich nach den Mängeln, die sie an sich hat, denn ich habe mit ihm nur kurz darüber gesprochen, und ich sehe ja, dass sie dort schlecht abgesichert sind. Ich habe mich nämlich gewundert, dass es bei der Mutter von Beatriz[18] nicht mehr als 1500 Dukaten sind,[19] auch wenn sie so ist, dass man auch ohne all das viel gewinnt. Über die Leinenstrümpfe und die Einnahmen dadurch habe ich mich gefreut;[20] helfen Sie sich selbst, so hilft Ihnen Gott.

7. Um auf das zu antworten, was Sie von der Bezahlung der Zinsen und von deren Verkauf sagen,[21] ist doch klar, dass es

---

von Sevilla er gern gesehen hätte; die vierhundert Dukaten waren ihre Mitgift. (BMC 7, 275, Anm. 4). Zum Wert eines Dukaten siehe Ct 2,3.

[16] In Ct 122,6 wird Teresa deutlicher: Die besagte Kandidatin hätte ein Mal im Gesicht, und wenn es sie verunstalte, möge man sie nicht aufnehmen. War dahinter die Sorge, nicht zur Versorgungsstätte für ledig gebliebene Frauen zu werden?

[17] Jerónimo Gracián.

[18] Beatriz de la Madre de Dios (Chaves) lebte als Novizin im Karmel von Sevilla, wo sie am 29. September jenes Jahres ihre Profess ablegte; an demselben Tag trat auch ihre Mutter, Juana Gómez y Chaves, als Laienschwester dort ein und nahm den Namen Juana de la Cruz an; siehe auch unten Ct 120,10.13 und ferner F 26,15.

[19] Teresa meinte, dass Beatriz de la Madre de Dios, ihre Mutter und ihre Schwester mehr Vermögen hätten. (BMC 7, 275, Anm. 5).

[20] Anspielung auf die Tatsache, dass die Schwestern von Sevilla zur Bestreitung ihres Lebensunterhalts Leinenstrümpfe anfertigten.

[21] Unter Zinsen verstand man Abgaben, Steuern und Umlagen, die der Eigentümer eines städtischen Grundstücks, eines Landgutes oder sonstiger Besitztümer an die Gemeinde, die Krone oder Privatpersonen zu entrichten hatte. Wer diese Besitztümer erwarb, verpflichtete sich, dem Verkäufer oder Bürgen einen gewissen Prozentsatz (etwa 7%) der Steuern in Geld oder Naturalien auszuzahlen; vgl. T. Egido, *Ambiente histórico*, 152f. Hier geht es um die

eine große Wohltat wäre, sich nach und nach die Last vom Hals zu schaffen. Wenn die Mitgift von Bernalda,[22] von Pablos[23] meine ich, hinzugenommen würde und man dreitausend Dukaten zusammenbekäme, dann würde ich nicht zögern, es anzunehmen. Sprechen Sie zuerst mit Autoritätspersonen. Als man diese Bedingung stellte, sagte mir Pater Mariano,[24] dass das nichts ausmachen würde, und dass man es trotz dieser Bedingung annehmen sollte, weil etwas anderes nicht rechtens sei. Erkundigen Sie sich über alles, damit Sie das Geld im Haus haben, bevor der Zins getilgt wird. Padre Garciálvarez[25] soll mit den einen und den anderen sprechen, und besprechen Sie es mit unserem Pater; denn wenn er dort ist, brauchen Sie sich wegen nichts an mich zu wenden, sondern nur an ihn. Gebe Gott, dass die Summe der Leonor[26] nicht geringer wird; sagen Sie mir, wie es ihr geht, denn ich bin mit ihrer Urteilskraft keineswegs zufrieden, und was sie von sich aus tut.

8. Was Fanegas[27] anbelangt, ist es gerade ziemlich schlimm, eine ohne etwas aufzunehmen; es kann nur angehen, sie einzig Gott zuliebe aufzunehmen, denn es ist dort noch keine als Almosen aufgenommen worden, doch Gott wird uns schon helfen, und vielleicht wird er andere herholen, weil dies für

---

Frage, ob es sinnvoll sei, die Zinsen, mit denen sich die Schwestern in Sevilla belastet hatten, durch den Verkauf ihnen zustehender Rechte zu tilgen. In Ct 122,8 spricht Teresa sich dagegen aus.

22 Bernalda (Bernarda) de San José aus Triana (Sevilla) war am 19. März 1576 ohne die Zustimmung ihres Vaters in den Karmel von Sevilla eingetreten; sie wurde gegen Ende ihres Noviziatsjahres schwer krank, legte am 21. März 1577 „in articulo mortis" ihre Profess ab und starb kurz darauf; vgl. Ct 122,6; 190,2; 193,2. María de San José beschreibt in ihrem *Libro de Recreaciones* ihr Leben und Sterben (9. Rekreation, 224-227).

23 Der Korse Pablo(s) Matías, Vater der eben genannten Bernalda de San José.

24 Ambrosio Mariano de San Benito (Azzaro).

25 Der Hausgeistliche und Beichtvater der Karmelitinnen von Sevilla.

26 Die Novizin Leonor de San Ángelo (Chaves), die am 18. Juli 1577 in Sevilla ihre Profess ablegen sollte; sie war eine Kusine der im vorigen Absatz erwähnten Beatriz de la Madre de Dios.

27 Die aus Sevilla gebürtige Mariana de los Santos Vanegas, eine Tochter von Diego Vázquez und Ana Vanegas, die 1577 in Sevilla ihre Profess ablegte.

ihn getan wird. Das gilt für den Fall, dass sie unseren Pater sehr belästigen sollten und er es Euer Ehrwürden sagen würde. Von sich aus sollen Sie kein Wort sagen; und achten Sie sehr genau darauf, Freundin, sich bei der Aufnahme von Schwestern nicht zu übereilen, denn es ist lebenswichtig für Sie zu erkennen, ob sie zu uns passen. Die von Nicolao[28] muss wohl nur hübsch sein.

9. Die Nichte oder Kusine von Garciálvarez[29] ist doch bestimmt die, über die ich mit Ihnen redete; das hat mir, meine ich, Caballar[30] gesagt. Ich glaube nicht, dass es Doña Clemencia[31] ist, sondern die andere. Sie dürfen Garciálvarez in aller Offenheit sagen, dass man Ihnen gesagt habe, sie hätte unter starker Melancholie[32] gelitten; zu mir hat er[33] sogar unumwunden gesagt, sie sei verrückt, und deshalb habe ich nichts mehr gesagt, und nach meinem ganzen Dafürhalten glaube ich nicht, mich zu täuschen. Diese Mädchen haben doch einen Vater,[34] und bevor Sie bei ihnen etwas herausholen, stecken Sie in Schwierigkeiten. Selbst wenn es nicht so wäre, ist es jetzt nicht nötig, das Haus zu belasten, es sei denn, um es bald von der Schuld zu entlasten. Warten wir noch ein bisschen zu, denn bei dem Wirbel, den diese Patres veranstalten,[35] wundert es mich nicht, wenn keine eintritt.

---

[28] Nicolás Doria (siehe oben Ct 120,6).

[29] Garciálvarez war der Hausgeistliche und Beichtvater der Karmelitinnen von Sevilla; Teresa meint seine Kusine Jerónima de la Madre de Dios (de Sotomayor), die am 3. Februar 1578 dort Profess machen sollte.

[30] Unbekannte Person aus Sevilla.

[31] Teresas Namensgedächtnis lässt sie hier im Stich; sie meint Constancia (Constanza) del Río, eine weitere Verwandte von Garciálvarez, die sie in Ct 122,3 erneut erwähnt.

[32] Damals ein Sammelbegriff für psychische Auffälligkeiten jeder Art; siehe Anm. zu Ct 8,2.

[33] Caballar.

[34] Das heißt, dass sie nicht auf der Straße stehen; sie warnt davor, sie aus Versorgungsgründen aufzunehmen.

[35] Eine erneute Anspielung auf das Verhalten der Beschuhten Karmeliten von Sevilla; siehe oben Ct 120,2.

10. Merken Sie sich alles, was Sie an Porto ausgeben, damit es von den vierzig Dukaten abgezogen wird, die man aus San José in Ávila geschickt hat; und schauen Sie, dass Sie es ja nicht anders machen, denn das wäre keine Höflichkeit, sondern Dummheit, denn es hat seinen Grund, warum ich es Ihnen sage. Wie unterstehen Sie sich schon, mir Geld zu schicken! Das hat mich amüsiert, wo ich hier ganz besorgt bin, wie Sie nur zurechtkommen! Dennoch kam es gerade rechtzeitig, auch um das Porto zu zahlen. Das und auch das Orangenblütenwasser, das gerade recht kam, vergelte Gott, und der Juana de la Cruz[36] den Schleier. Dennoch sollen Sie sich nicht unterstehen, solche Dinge noch einmal zu tun, denn wenn ich gerne etwas hätte, werde ich Ihnen schon Bescheid sagen, ganz sicher, und, wie ich meine, mit mehr Offenheit und Lust, da die Schwestern dort von denen sind, auf die ich mich verlasse, denn ich glaube, dass Euer Ehrwürden und alle das gern tun würden. Die mit der schönen Stimme[37] ist nie wiedergekommen. Ich passe gut auf, ob ich eine sehe, die gut zu Ihnen passt.

11. O, wie sehr wünsche ich mir, dass man Ihnen Wasser gibt.[38] So gern hätte ich es, dass ich es gar nicht glaube. Ein bisschen Zuversicht gibt mir, dass Pater Mariano[39] oder unser Pater[40] bei Fray Buenaventura[41] vielleicht etwas fertig bringen, da dieser der Obere der Franziskaner ist. Der Herr möge

---

[36] Juana de la Cruz (Gómez y Chaves); siehe oben Ct 120,6.

[37] Vermutlich die Ordenskandidatin, von der in Ct 110,3 die Rede war.

[38] Anspielung auf María de San Josés vergeblichen Versuch, die Brüder des benachbarten Franziskanerklosters zu bewegen, den Karmelitinnen einen Wasseranschluss zu gewähren.

[39] Ambrosio Mariano de San Benito (Azzaro), der vor seinem Karmeleintritt Ingenieur gewesen war und sich mit Wasserleitungen auskannte; siehe Ct 106 tít.

[40] Gracián.

[41] Der Franziskaner Diego de Buenaventura, Visitator der andalusischen Franziskaner, der Teresa wohlgesonnen war, jedoch nicht erreichte, dass die Schwestern den ersehnten Wasseranschluss bekamen; vgl. Ct 129,7. Später verfolgte Teresa mit großem Interesse, wie die Visitation bei den Franziskanern verlief; vgl. Ct 129,8; 133,2; 147,1; 181,2; usw.

es tun, denn es wäre eine große Erleichterung. Sie dürfen wirklich glauben, dass ich jetzt, wo unser Pater fortgeht, lieber dort wäre als hier, auch wenn ich dann manch schlimmen Moment mit dem Bischof[42] durchstehen müsste. Ich wundere mich, dass ich mit solcher Freude zu Ihnen käme; Gott hat es besser gefügt. Er sei für alles gepriesen, und er erhalte mir Euer Ehrwürden noch viele Jahre.

12. Um Ihnen keinen Kummer zu machen, wollte ich Ihnen von dem, den ich wegen unserer Priorin von Malagón[43] habe, nichts sagen, auch wenn Gott ihr aus noch Weniger herausgeholfen hat. Abgesehen davon, dass ich sie gern habe, ist ihr Verlust gerade jetzt ganz schrecklich. Ich hätte sie hierher gebracht, doch sagt mir der Doktor, der uns hier betreut, dass sie dann keinen Monat mehr am Leben bliebe, falls sie sonst noch ein Jahr zu leben hätte ... Der Herr schaffe Abhilfe. Beten Sie viel für sie. Es steht wohl hoffnungslos um sie, denn man sagt, es sei Schwindsucht. Hüten Sie sich davor, Sassaparillenwasser[44] zu trinken, auch wenn es Frauenleiden noch so gut kuriert. Die Priorin[45] und die Schwestern lassen Sie grüßen.

13. Die Krankheit meines heiligmäßigen Priors[46] hat mir sehr leid getan, wir haben ihn Gott schon anempfohlen. Geben Sie mir Nachricht von ihm, und auch von Delgado,[47] was aus ihr geworden ist, und ob die Mutter von Beatriz[48] ihr und ihrer

---

[42] Vermutlich ist der Beschuhte Karmelit Diego de León gemeint; siehe Ct 96,1f.; 102,5.

[43] Brianda de San José (Temiño y Mendoza).

[44] Aus den Wurzeln der Sassaparille oder Sarsaparille, auch Stechwinde genannt, ein rebenartiger, immergrüner Halbstrauch aus der Familie der Stechwindengewächse (Smilacaceae), wurde ein Absud bereitet, der als Abführmittel Verwendung fand.

[45] Die Priorin von Toledo, Ana de los Ángeles (Ordóñez y Gómez).

[46] Der Prior der Kartause von Las Cuevas (Sevilla), Hernando de Pantoja, der Teresa bei der dortigen Gründung sehr unterstützt hatte.

[47] Inés Delgado aus dem Viertel Triana, eine Wohltäterin der Karmelitinnen von Sevilla.

[48] Juana de la Cruz (Gómez y Chaves), die Mutter von Beatriz de la Madre de Dios (Chaves); siehe oben Ct 120,6.

Schwester[49] etwas hinterlassen hat, das dem Kloster zufallen soll, und grüßen Sie mir alle Damen, bei denen Sie das für richtig halten, und auch alle Herren; und Gott befohlen, denn ich bin schon sehr ausführlich gewesen und habe mich gefreut zu erfahren, dass es Ihnen allen gut geht, vor allem Euer Ehrwürden; ich habe nämlich meine Befürchtungen wegen dieser Priorinnen, nach allem, wo die uns noch hinkommen.[50] Gott behüte Sie mir, meine Tochter.

14. Aus Caravaca und Beas erhalte ich hier gelegentlich Briefe. In Caravaca fehlt es nicht an Schwierigkeiten, aber ich hoffe auf Gott, dass er Abhilfe schaffen wird.

Heute ist der 7. September.

Euer Ehrwürden

Teresa von Jesus

15. Jetzt werden wir uns öfter schreiben. Schauen Sie, dass Sie das nicht vernachlässigen, und auch nicht, unseren Pater ab und zu verwöhnen; er geht mit uns darin eins, dass es nicht angeht, dass es dort für Brüder etwas gibt.[51] Wir haben deswegen schon so viel ausgestanden, dass ich nicht möchte, dass er[52] es damit übertriebe; denn Sie sehen, wie nötig er es hat und wie viel uns an seiner Gesundheit liegt.

---

[49] Eine Schwester von Juana de la Cruz besorgte für die Karmelitinnen von Sevilla den Außendienst, starb jedoch bald bereits vor Jahresende 1576 an einem Schlaganfall; in Ct 129,9 und Ct 163,2 nennt Teresa sie *„die Alte“* bzw. *„die gute Alte“*. Siehe auch DST 982.

[50] Bei der raschen Ausbreitung des Teresianischen Karmel war es ein großes Problem, geeignete Schwestern für die Leitung zu finden, so dass Teresa mit zu unerfahrenen Priorinnen mitunter ihre liebe Not hatte.

[51] Vermutlich eine Anspielung auf Teresas ablehnende Haltung in der Frage, ob es klug sei, Unbeschuhte Brüder bei den Karmelitinnen zu verköstigen; vgl. Ct 108,11 und Ct 109,2. Nur im Falle Graciáns glaubte sie gute Gründe zu haben, um eine Ausnahme zu machen.

[52] Gemeint ist P. Gracián, von dem sie nicht möchte, dass er bei dem, was für die anderen Brüder gilt, übertreibt, indem er sich von der Bewirtung durch die Karmelitinnen zurückhält.

16. Wieso sagen Sie mir nichts über Fray Gregorio?[53] Grüßen Sie ihn herzlich von mir, und sagen Sie mir, wie es ihnen[54] dort geht (wenn Sie mir nicht über alles berichten, tut es niemand), und wie er mit Pater Fray Antonio de Jesús[55] zurechtkommt.

17. Ich werde Nicolao[56] nicht antworten, bis Sie mir Bescheid geben. Falls es nicht mehr als drei oder vier Briefe sind, sollten Sie einen halben Real Porto beilegen, und mehr, falls es mehr sind.

18. Da ich weiß, was los ist, wenn man in Not ist, und wie schwer dort Geld aufzutreiben ist, habe ich mich nicht getraut, den Nicolao für den Augenblick ganz abzuweisen.[57] Es ist nötig, dass sich unser Pater das eine wie das andere in Ruhe durch den Kopf gehen lässt, falls Sie ihn in irgend etwas um seine Meinung bitten; denn da er so beschäftigt ist, wird er es sonst nicht mitbekommen.

121.

An Pater Jerónimo Gracián[1] in Almodóvar (?)

Toledo, 9. September 1576

Für unseren Pater Fray Jerónimo Gracián, Apostolischer Kommissar des Karmelordens.

---

[53] Gregorio Nacianceno (Martínez López), der Konventuale von Los Remedios (Sevilla) war; siehe auch Ct 109,1.

[54] Den Unbeschuhten Karmeliten.

[55] Der Prior von Los Remedios (Sevilla), Antonio de Jesús (Heredia).

[56] Nicolás Doria (siehe oben Ct 120,6).

[57] Eine erneute Anspielung auf die von Doria empfohlene Kandidatin, auf deren Mitgift man vielleicht angewiesen ist. Doria war damals ein reicher Geschäftsmann, und da die Karmelitinnen keinen Überfluss an zeitlichen Gütern hatten, verhält sich Teresa eher zurückhaltend und weist ihn nicht gänzlich ab. (BMC 7, 279, Anm. 3). In Ct 122,6 an die Priorin von Sevilla, María de San José, sagt Teresa noch deutlicher, dass das flüssige Geld *„sofort verlockend"* für sie war.

---

[1] Siehe Ct 89 tít.

1. Jesus. – Der Heilige Geist möge Euer Gnaden führen und Ihnen Licht schenken, und Ihre Jungfrau möge Sie begleiten.

Ich sage Ihnen, dass es, glaube ich, nötig ist, sich der am wenigsten Schuldigen unter ihnen[2] zu bedienen, damit sie dann durchführen, was immer Eure Paternität anordnen sollten. Dieser Provinzial[3] wäre, wenn er sich nicht so kopflos verhalten hätte, kein schlechter Henker.[4] Ich habe jetzt viel mehr Mut als beim letzten Mal.

2. Sie müssen wissen, dass mein guter Freund Salazar[5] gerade hier ist, der, kaum dass ich ihm geschrieben hatte, dass ich dringend einmal mit ihm sprechen müsste, auch schon einen Umweg von mehreren Meilen machte; er ist ein echter Freund. Ich hatte große Freude mit ihm; dabei sagte er mir, dass der Oberengel[6] ganz glücklich sei, bei den Schmetterlingen[7] eine Nichte[8] zu haben, und dass er viel von ihnen hält und mit ihm auch schon über die Adler[9] gesprochen hätte und sie nicht genug loben könne.

3. Die Priorin[10] und die Schwestern hier lassen herzlich grüßen. Sie empfehlen Eure Paternität Gott ganz innig. Meine

---

[2] Die Beschuhten Karmeliten Andalusiens.

[3] Der Provinzial der Karmeliten Andalusiens, Agustín Suárez.

[4] Angesichts der Tatsache, dass Gracián beim Großteil der Beschuhten Karmeliten Andalusiens als Visitator nicht akzeptiert war, rät Teresa ihm, aus ihren eigenen Reihen einige geeignete Personen auszuwählen, auf die er einen Teil seiner Kompetenzen übertragen könnte.

[5] Der Jesuit Gaspar de Salazar, den sie aus Ávila kannte.

[6] Deckname für der Kardinal-Erzbischof von Toledo und Großinquisitor Gaspar de Quiroga. In ihren Briefen an Gracián nennt Teresa die Inquisitoren „Engel" und die Großinquisitoren „Oberengel"; vgl. Ct 154,3; 159,2; 231,7; 324,9.

[7] Die Unbeschuhten Karmelitinnen; vgl. Ct 119,2.

[8] Eigentlich eine Großnichte, nämlich Jerónima de la Encarnación (Villaroel y Quiroga), die in Medina del Campo eingetreten war. Sie war die Tochter seiner Nichte Elena de Quiroga, die 1581 ebenfalls Karmelitin wurde.

[9] Die Unbeschuhten Karmeliten; vgl. Ct 119,1.

[10] Die Priorin von Toledo, Ana de los Ángeles (Ordóñez y Gómez).

Isabel[11] ist ganz süß. Lesen Sie beiliegenden Brief meiner Gnädigen Frau Doña Juana.[12] Bei ihrer Gnaden wird mir Trost zuteil, wobei es allerdings ein schreckliches Opfer für mich ist, in diesem Haus nicht für das eingerichtet zu sein, was Sie verlangen.[13] Aber wieso haben Sie denn diesen Roque[14] nicht von meinen Briefen in Kenntnis gesetzt? Ich sehe, dass das der Name ist, den ich wissen wollte. Verzeihen Sie, dass dieser Brief so lang geworden ist; ich habe mich dabei erholt. Gott sei mit Eurer Paternität!

Gestern war der Tag Unserer Lieben Frau.[15] Heute ist Antonio[16] hier angekommen.

Ihre unwürdige Tochter

Teresa von Jesus

4. Rodrigo Álvarez[17] hat mir geschrieben, auch viel über Eure Paternität. Hören Sie um Gottes willen nicht auf, wie gewohnt, den Kontakt mit ihnen[18] zu pflegen.

---

[11] Die kleine Schwester Graciáns, Isabel Dantisco (1568–1639), die 1576 achtjährig in den Karmel von Toledo aufgenommen worden war, wo sie 1584 mit dem Namen Isabel de Jesús ihre Profess ablegte.

[12] Graciáns Mutter, Juana Dantisco (1527–1601), eine uneheliche Tochter des Botschafters des polnischen Königs und späteren Bischofs von Kulm (Chelmno) und Ermland Juan Dantisco – Joannes Dantiscus bzw. auf polnisch Jan Dantyszek („von Danzig"), eigentlich Johannes von Höfen (auch Johann Flachsbinder). Diese hatte Teresa ihren Besuch angekündigt; vgl. Ct 124,4-7, in dem sie begeistert über den mehrtägigen Besuch berichtet.

[13] Es handelt sich wohl um Wünsche bezüglich ihrer Unterbringung; in Ct 124,3 berichtet Teresa über die Lösung, die gefunden wurde: Doña Juana wurde mit ihrem Gefolge bei einer adeligen Witwe in der Nähe des Klosters untergebracht, wurde aber vom Kloster aus verköstigt.

[14] Der Notar und Königliche Forstaufseher Roque de Huerta, um dessen Adresse sie in Ct 118,6 gebeten hatte.

[15] Mariä Geburt, am 8. September begangen.

[16] Der Viehhändler aus Malagón, Antonio Ruiz; siehe auch Ct 108,9; 118,6.

[17] Ein Jesuit aus Sevilla, Beichtvater Teresas und der Adressat der *Geistlichen Erfahrungsberichte* CC 53-54.

[18] Mit den Jesuiten in Sevilla.

122.

An Mutter María de San José[1] in Sevilla

Toledo, 9. September 1576[2]

1. Jesus. – Die Gnade des Heiligen Geistes sei mit Euer Ehrwürden, meine Tochter. Ich sage Ihnen ehrlich, dass mir Ihre Briefe so viel Trost spenden. Als ich einen las und nicht dachte, dass es noch mehr gäbe, war ich über mich ganz verwundert wegen der Freude, die mich überkam, als ich dann den anderen fand, wie wenn ich noch keinen zu Gesicht bekommen hätte. Daran mögen Sie erkennen, dass mir Ihre Briefe immer eine Erholung sind. Legen Sie mir immer einen Zettel bei mit dem, worauf ich Ihnen antworten soll, damit ich nichts vergesse.[3]

2. Bezüglich der Schwestern hat unser Pater[4] meines Erachtens schon bestimmt, dass die Mutter von Beatriz[5] eintreten darf; und ich habe mich sehr gefreut, und so tun Sie gut daran, sie aufzunehmen, und Sie dürfen ihr mit meinen Glückwünschen den Habit geben, denn es ist mir eine besondere Freude; und sagen Sie ihr, dass es mir eine Freude wäre, dort zu sein, wo sie ist. Wegen der Profess von Beatriz[6] habe ich Ihnen schon geschrieben, dass man sie zulassen soll; ich werde es unserem Pater sagen; und grüßen Sie sie schön von mir, und dass sie mich an jenem Tag nicht vergessen soll.

---

[1] Siehe Ct 109 tít.

[2] Autograph: Unbeschuhte Karmelitinnen, Valladolid.

[3] Vgl. Ct 148,1, wo diese Bitte wiederholt wird.

[4] Jerónimo Gracián.

[5] Die Witwe Juana Gómez y Chaves, Mutter von Beatriz de la Madre de Dios (Chaves), die am 29. September 1576 mit dem Namen Juana de la Cruz in Sevilla eintrat.

[6] Beatriz de la Madre de Dios (Chaves), die am Eintrittstag ihrer Mutter, 29. September 1576, ihre Profess ablegte. Auf eine baldige Profess *„aus vielen Gründen, zum einen, um diese Versuchungen zu beenden“* (Ct 110,7) hatte Teresa bereits am 18. Juni gedrängt.

3. Hinsichtlich der Kusinen von Garciálvarez[7] weiß ich nicht, ob Sie sich noch erinnern, dass, wie mir gesagt wurde, die eine an einer so starken Melancholie[8] gelitten hätte, dass sie wohl den Verstand verloren hat; ich glaube nicht, dass es Doña Constanza[9] ist. Sprechen Sie es in aller Offenheit an. Von der Nichte[10] weiß ich nichts; jede Verwandte von ihm kommt uns besser zustatten, sofern sie sich für uns eignet. Erkundigen Sie sich gut und schicken Sie unserem Pater[11] eine Bitte um die Genehmigung, sobald Sie über alles informiert sind; er ist jetzt wohl in Almodóvar, wie Sie wohl wissen, da dort ein Kapitel der Unbeschuhten gehalten wird, was sehr gut ist.[12] Wieso sagen Sie mir nichts über die Krankheit von Pater Fray Gregorio?[13] Das hat mir wirklich leid getan.

4. Um auf die Schwestern zurückzukommen, so ist eine, die mit der schönen Stimme, von der ich Ihnen schrieb, nie wiedergekommen;[14] über eine weitere wird noch verhandelt, da Nicolao[15] nachdrücklich für sie anfragt, und Pater Mariano[16] sagt, dass Nicolao viel für Ihr Haus tun wird. Diese bringt ein bisschen mehr als vierhundert Dukaten und dazu Hausrat mit; sie werden aber sofort abgegeben, denn das ist es, worum ich mich bemühe, damit man Ihnen die Zinsen zurückerstattet

---

[7] Jerónima de la Madre de Dios (de Sotomayor) und Constancia (Constanza) del Río; siehe Ct 120,9.

[8] *Melancholie* siehe Anm. zu Ct 8,2; Teresas diesbezügliche Bedenken in diesem Fall siehe Ct 120,9 .

[9] Constancia (Constanza) del Río.

[10] Vgl. Ct 120,9, wo Teresa ebenfalls Schwierigkeiten hat, die Personen und deren Verwandtschaftsverhältnis zu Garciálvarez auseinander zu halten.

[11] Jerónimo Gracián.

[12] Dies war das erste Kapitel der Unbeschuhten, das Anfang September 1576 in deren Kloster in Almodóvar del Campo abgehalten wurde; Gracián hatte es in seiner Eigenschaft als Apostolischer Visitator zusammengerufen.

[13] Der Unbeschuhte Karmelit Gregorio Nacianceno (Martínez López) aus dem Kloster Los Remedios (Sevilla); vgl. Ct 126,3.

[14] Siehe Ct 120,10.

[15] Nicolás Doria; siehe Ct 120,6.

[16] Ambrosio Mariano de San Benito (Azzaro); siehe Ct 106 tít.

und Sie nicht in Verlegenheit kommen, und sogar noch die Kaufsteuer, wie sie vereinbart war. Es tut mir sehr leid, dass es nicht abgeschlossen war, als jener[17] starb; vielleicht ist es aber besser so.

5. Bleiben Sie sich immer dessen bewusst, dass eine Vereinbarung das Beste ist,[18] und vergessen Sie das ja nicht. Unser Pater[19] hat mir nämlich geschrieben, dass ein sehr studierter Jurist am Hof ihm gesagt hätte, dass wir nicht im Recht wären, und sogar wenn wir es wären, sind Prozesse etwas Schlimmes; vergessen Sie das nicht!

6. Von dieser Schwester[20] hat man mir gesagt, dass sie sehr gut sei; ich habe Juan Díaz[21] sehr ans Herz gelegt, sie sich anzusehen, doch falls dieses, was weiß ich für ein Mal, das sie im Gesicht haben soll, sie verunstaltet, darf sie nicht aufgenommen werden.[22] Dieses Geld war sofort verlockend für mich, da sie es hergeben werden, wann immer Sie es wollen, denn an das von der Mutter von Beatriz[23] und an das von Pablo[24], von dem möchte ich nicht, dass Sie an das herangehen, da es für die Abzahlung der Hauptschuld gedacht ist; wenn es aber nach und nach für andere Dinge aufgebraucht

---

[17] Nicht identifiziert, wohl einer der Unterhändler. Zu den Auseinandersetzungen wegen der Kaufsteuer für das in Sevilla erworbene Haus siehe Ct 105,3; 106,3; 112,2; 114,3; 120,6; und ferner F 25,9.

[18] Um weiteren Streitigkeiten wegen der Kaufsteuer vorzubeugen.

[19] Jerónimo Gracián.

[20] Es handelt sich um die von Nicolás Doria empfohlene Kandidatin; siehe Ct 120,6.

[21] Ein mit Teresa befreundeter Weltpriester; siehe Ct 112,5; 114,5.

[22] Dahinter kann die Sorge stehen, dass das Kloster nicht zur Versorgungsstätte für Frauen würde, die keinen Mann gefunden haben, aber auch die Vorschrift, dass damals körperliche Unversehrtheit eine Voraussetzung für die Aufnahme in den Orden war.

[23] Juana de la Cruz, die Mutter von Beatriz de la Madre de Dios; siehe oben Ct 122,2.

[24] Pablo(s) Matías aus Triana (Stadteil von Sevilla), der Vater der Novizin Bernarda (Bernalda) de San José; siehe Ct 120,7.

wird, bleiben Sie auf einer großen Schuldenlast sitzen, was wirklich schrecklich ist; daher möchte ich, dass dem von hier aus abgeholfen wird. Ich werde mich eingehend über diese junge Frau erkundigen; sie wird sehr gelobt, und ist schließlich von hier.[25] Ich sorge dafür, sie zu Gesicht zu bekommen.

7. Hinsichtlich dessen, was Sie über die Predigten sagen, ist es für jetzt in Ordnung; da nun einmal diese Anlässe bestehen, tun Sie, was man Ihnen sagt. Später darf es aber nicht mehr geduldet werden, sondern man muss sich an unsere Bestimmungen[26] halten, auch wenn sich die Leute noch so sehr aufregen.

8. Ich sage Ihnen noch einmal, dass ich nicht möchte, dass die Zinsen dieser Schwester nach und nach verkauft werden, sondern wir anderweitig Abhilfe suchen, da wir sonst auf der Schuldenlast sitzen blieben; es wäre ein gewaltiger Streich, es alles zusammen mit dem Geld von Pablo[27] abzuzahlen, und Sie wären sehr erleichtert.

9. Oh, wie reizend hat man bei uns den Brief meiner Töchter[28] empfunden! Ich sage Ihnen, er kam ausgezeichnet an. Grüßen Sie sie herzlich von mir; und wo ich unserem guten Garciálvarez so eifrig geschrieben habe, freue ich mich, dass er diesen Humor hat. Seien Sie trotzdem vorsichtig; denn er ist so auf Vollkommenheit aus,[29] dass möglicherweise etwas,

---

[25] D.h. eine Kastilierin; ein erneuter Hinweis auf Teresas Vorurteile gegen die Andalusier; vgl.Ct 102,14; 105,12; und weiter unten in diesem Brief (Ct 122,9).

[26] Die Anordnungen der Apostolischen Visitatoren oder die Bestimmungen der Konstitutionen.

[27] Pablo Matías; siehe oben Ct 122,6.

[28] Die Karmelitinnen von Sevilla.

[29] Wörtlich *„vollkommen"*. Teresa hält nicht viel von einem Streben nach vermeintlicher Vollkommenheit, hinter dem sich in Wirklichkeit Ängstlichkeit und geistige Enge verbergen; vgl. CE 71,4ff.

mit dem wir ihn zu erbauen meinen, bei ihm Anstoß erregt.[30] Es ist dies nicht die Gegend,[31] in der große Offenheit herrscht.

10. Ich habe mich außerordentlich gefreut, dass es dem Bischof gut geht,[32] und habe dem Herrn dafür gedankt. Sagen Sie es ihm, sobald Sie ihn sehen; und machen Sie sich nichts daraus, wenn das nicht oft vorkommt. Jetzt waren die Briefe sehr gut gelungen, denn jede einzelne erzählte mir über etwas anderes.[33] Ich habe viel Freude daran gehabt.

11. Teresa[34] geht es sehr gut. Die Vollkommenheit, die sie unterwegs gezeigt hat, ist Anlass, um Gott zu loben, denn es war erstaunlich. Sie wollte keine Nacht außerhalb des Klosters schlafen. Ich sage Ihnen, wenn man sich so mit ihr abgemüht hat, dann ist das nun eine Ehre für Sie. Ich kann den Schwestern nicht genug für die gute Erziehung danken, die sie ihr angedeihen ließen, ebenso wenig ihr Vater.[35] Ihm geht es gut. Einen Brief, den sie mir schrieb, und über den wir haben lachen müssen, habe ich zerrissen. Empfehlen Sie sie doch bitte immer Gott; vor allem ihre Meisterin bitte ich darum.[36] Man schreibt mir, dass Sie immer noch Heimweh nach Sevilla hat und voll des Lobes über die Schwestern ist. Ich glaube, ich werde diesen Briefen einige für den Assistenten[37] beilegen.

---

[30] Wenig später sollte Garciálvarez, der zwar gutmütig, aber unklug und einfältig war, Teresa und ihren Schwestern in der Tat größte Probleme machen; vgl. Ct 173,7; 284,8. María de San José Salazar charakterisiert ihn als *„Wirrkopf, ungebildet und ohne Erfahrung“* (DST 919).

[31] Andalusien; ein erneuter Hinweis auf Teresas Schwierigkeiten mit der andalusischen Mentalität; vgl. Ct 102,14; 105,12 und ferner F 25,1.

[32] Der Beschuhte Karmelit Diego de León; siehe auch Ct 96,1f.; 102,5; 120,11.

[33] Eine humorvolle Anspielung auf ihren Wink in Ct 114,2, die Briefschreiberinnen aus Sevilla sollen ihr nicht alle dasselbe erzählen.

[34] Ihre Nichte Teresita, die Tochter ihres Bruders Lorenzo de Cepeda, die im Sommer 1576 von Toledo nach Ávila gegangen war.

[35] Lorenzo de Cepeda.

[36] Die Schwester von Sevilla, die Teresitas Lehrerin gewesen war, vermutlich María de San José selbst.

[37] Der Graf von Barajas, Francisco de Zapata, der „Assistent“ (Stadtrichter) von Sevilla war; siehe Ct 106,5.

Wenn sie jetzt aber nicht weggehen sollten, werde ich sie später schicken.

12. Heute habe ich nach Madrid geschrieben, damit der Graf von Olivares[38] dorthin[39] schreibt. Das wäre ein großes Glück. Möge Gott es geschehen lassen. In werde in dieser Sache tun, was ich kann; gebe Gott, dass ich etwas erreiche. Es tröstet mich sehr, dass das Haus kühl ist; im Gegenzug nehme ich gern die Hitze auf mich. Schicken Sie mir doch bitte nichts, denn das ist teurer, als die Sache wert ist. Einige Quitten, nur ein paar, sind gut angekommen, gut auch die kleinen Fische. Der Thunfisch ist in Malagón geblieben und dort kann er ruhig bleiben! Da sie von dort aus wohl schreiben werden, sage ich nichts über ihre Prüfungen und ihre schlechte Gesundheit, auch wenn die Blutung gottlob aufgehört hat.[40] Er behüte Sie mir, meine Töchter, und mache Sie heilig. Amen.

13. Man hat, glaube ich, nicht den Mut, Ihren Brief zu beantworten. Dennoch sage ich, wenn sie ohnehin Tuniken aus leichtem Wollstoff[41] tragen, dass sie dann auch ohne jede Unvollkommenheit wollene Unterröcke tragen dürfen. Das wäre mir viel lieber als solche aus Tuch.

Heute ist der 9. September.

Ich bin Euer Ehrwürden

Teresa von Jesus

---

[38] Enrique de Guzmán, der spätere Vizekönig von Neapel und Sizilien und Vater des berühmten Herzogs-Grafen von Olivares, Gaspar de Guzmán y Pimentel, der unter Philipp III. und Philipp IV. die Außenpolitik Spaniens bestimmen sollte. Ein Beispiel, wie Teresa zugunsten ihrer „Unbeschuhten" um die Unterstützung von einflussreichen Leuten aus dem Umfeld des Königs warb.

[39] Nach Sevilla; mit anderen Worten: Er soll sein Gewicht in die Waagschale werfen, um den Problemen in Sevilla ein Ende zu bereiten.

[40] Anspielung auf die schwerkranke Priorin von Malagón, Brianda de San José (Temiño y Mendoza).

[41] Teresa schreibt *estameña*, ein einfacher Wollstoff.

123.

An Don Francisco de Salcedo[1] in Ávila

Toledo, 13. September 1576[2]

1. Jesus. – Die Gnade des Heiligen Geistes sei immer mit Euer Gnaden. Mir scheint, der Herr behandle Euer Gnaden wie einen Starken, da er Ihnen, ohne dass Sie arm sein wollen,[3] nach und nach Ihre Rücklagen entzieht.[4] Er sei für alles gepriesen, denn so macht er die reich, die er liebt, indem er sie im Leiden übt.

2. Sobald ich davon erfuhr, tat es mir leid; denn es hatte mir unser Pater Visitator[5] erzählt, dem es Seine Durchlaucht, der Präsident des Königlichen Rates,[6] gesagt hatte. Danach aber schien mir, dass es so besser ist, da unser Herr Euer Gnaden jetzt unmöglich vernachlässigen kann, wo er doch sieht, dass Sie nichts haben, wovon Sie leben können. Unser Herr möge in die Wege leiten, was sein muss, damit Euer Gnaden ihm besser dienen, denn das müssen wir alle wollen, die wir Sie im Herrn lieben, denn das ist es doch, was Ihnen am meisten gut tut. Ich bitte ihn inständig darum, und die Schwestern hier genauso; nun, die dortigen werden das auch nicht vernachlässigen, und es ist unmöglich, dass Gott unterließe, das zu tun, was für Euer Gnaden am besten ist. Seien Sie deshalb ganz zuversichtlich und froh.

3. Ich bin es, seit mir dieser Diener von Euer Gnaden gesagt hat, dass es Ihnen nach einem Jahr dort gesundheitlich sehr

---

[1] Siehe Ct 13 tít.
[2] Autograph: Unbeschuhte Karmelitinnen, Logroño.
[3] So nach der Ausgabe von T. Álvarez (Burgos [10]1998); EDE (Madrid [5]2000) hat: *„da Sie arm sein wollen“.*
[4] Salcedo war um diese Zeit in einen Prozess verwickelt, der ihn finanziell an den Rand des Ruins führte (DST 1141).
[5] Jerónimo Gracián.
[6] Diego de Covarrubias.

gut geht, ohne die Attacken, unter denen Sie früher litten. Es war nicht die Mutter Priorin,[7] die es mir sagte. Gott sei gepriesen, und er vergelte Euer Gnaden das Wohlwollen, das Sie den Schwestern immer wieder erweisen, das so aussieht, als käme es von Gott, da Euer Gnaden darin nie müde werden. Seine Majestät wird diese Schuld für uns tilgen, denn er ist ein sehr guter Vergelter.[8]

4. Ich tue das nicht öfter,[9] da ich auf anderem Weg von Euer Gnaden erfahre, und Euer Gnaden von mir, doch seien Sie versichert, dass es keine mangelnde Dankbarkeit ist; sondern dass ich, glaube ich, Euer Gnaden auf Kosten meines Lebens und meiner Ruhe einen Dienst erweisen würde, wenn ich es könnte ... Gott schenke sie Ihnen hienieden, wie er es vermag, damit Sie einst die ewige genießen.

5. Der Bischof von Troja[10] ist nicht hier, daher wird der Kelch nicht konsekriert. Man sagt aber, dass er bald kommen wird. Ich werde dafür sorgen, ihn ihm gleich nach seiner Ankunft zu schicken. Behelfen Sie sich dort einstweilen. Euer Gnaden bitte ich inständig, nicht zu vergessen, mich beim heiligen Opfer[11] Gott anzuempfehlen. Seine Majestät erhalte Sie noch viele Jahre in der Heiligkeit, die ich Ihnen erbitte. Amen.

Heute ist der 13. September. Euer Gnaden unwürdige Dienerin

Teresa von Jesus, Karmelitin

[7] Die Priorin von San José in Ávila, María de San Jerónimo (Dávila).

[8] Man beachte die Handelsterminologie. Gott als „guter Vergelter" ist ein Gedanke, der bei Teresa immer wieder auftaucht; siehe auch Ct 6,1 und ferner MC 1,6; 4,8; CE 39,3; 65,5 bzw. CV 37,3; 3M 2,9.

[9] Gemeint ist, Dank abzustatten.

[10] Rodrigo Vázquez Dávila aus Ávila, der Titularbischof von Troja war.

[11] Bei der Eucharistiefeier; Salcedo war seit dem Tod seiner Frau 1570 Priester.

124.

An Pater Jerónimo Gracián[1] in Sevilla

Toledo, 20. September 1576[2]

1. Jesus. – Die Gnade des Heiligen Geistes sei mit Eurer Paternität. Glauben Sie doch nicht, mein Pater, die Dinge mit einem Schlag vollkommen zu machen. Welche Frucht erzielen Sie denn in den zwei, drei Tagen, die Sie in diesen kleinen Häusern verbringen, die Pater Fray Antonio[3] nicht genauso erzielen könnte? Sie sind nämlich noch nicht draußen, da kehren sie schon zu dem zurück, wie sie vorher lebten, und es bedeutet, sich tausend Gefahren auszusetzen.

2. Die Gnädige Frau Doña Juana[4] vertraut fest darauf, dass Eure Paternität tun, worum ich Sie inständig bitte. Gebe Gott, dass es hier so ist. Ihre Gnaden war drei Tage hier, auch wenn ich mich nicht ganz so viel an ihr erfreute, wie ich es mir wünschte, da sie viele Besuche erhielt, insbesondere vom Domherrn;[5] sie wurden dicke Freunde. Ich sage Eurer Paternität, dass es die allerbesten Eigenschaften sind, die Gott ihr geschenkt hat, dazu Begabung und einen Charakter, wie ich in meinem Leben nur wenige – ich glaube sogar, keinen einzigen – vergleichbaren erlebt habe; eine Offenheit und Transparenz,

---

[1] Siehe Ct 89 tít.

[2] Autograph: Unbeschuhte Karmeliten, Santa Teresa a Chiaia, Neapel.

[3] Antonio de Jesús (Heredia); dieser war auch bereits vom Vorgänger Graciáns als Visitator, dem Dominikaner Pedro Fernández, zur Visitation der kleinen Niederlassungen delegiert worden. Angesichts der Mammutaufgabe und der geringen Akzeptanz Graciáns bei den Beschuhten rät Teresa ihm also, sich auf die Visitation der großen Konvente zu konzentrieren und für die kleineren einen Delegaten einzusetzen. Ein schönes Beispiel für ihren Realismus und ihre Klugheit.

[4] Die Mutter Graciáns, Doña Juana Dantisco; siehe zu ihr Ct 121,3. Ein taktisch kluger Schachzug: zur Bekräftigung ihres Wunsches appelliert Teresa an Graciáns Sohnesliebe.

[5] Alonso Velázquez (siehe Ct 117,1), eventuell aber auch Pedro González de Mendoza (siehe Ct 118,3).

von der ich ganz hingerissen bin. Darin hat sie ihrem Sohn[6] viel voraus.[7] Ich wäre überglücklich, an einem Ort zu sein, wo ich öfter mit ihr zusammen sein könnte. Wir waren so vertraut miteinander, wie wenn wir schon das ganze Leben lang zusammen gewesen wären.

3. Sie sagt, dass sie es sehr genossen hat. Es wollte Gott, dass sich in der Nähe bei einer verwitweten Dame, die mit ihren Frauen allein war, eine Wohnung fand.[8] Sie fühlte sich dort sehr wohl, und hier ganz in der Nähe, was ich als ein großes Glück betrachtete. Von hier wurden ihr die Mahlzeiten fertig zubereitet herübergebracht; ich war für mein Leben froh, dass Eure Paternität mir aufgetragen hatten, etwas Geld zu haben, um nicht an Klostereigentum gebunden zu sein, was mir eine große Prüfung gewesen wäre. Obwohl es insgesamt nur gering war, geschah es doch mehr nach meinem Geschmack.

4. Es amüsiert mich, dass mir Eure Paternität sagen, ich solle für sie den Schleier zurückschlagen.[9] Sie kennen mich anscheinend schlecht: Ich würde ihr am liebsten mein Inneres öffnen. Bis zum letzten Tag war ihre Tochter, die Gnädige Frau Doña Juana[10] mit dabei, die mir sehr nett vorkam, doch tut es mir sehr leid, sie unter diesen jungen Damen zu sehen, da sie dort, wie sie mir sagte, tatsächlich mehr zu leiden haben als hier. Liebend gern gäbe ich ihr zusammen mit meinem Engelchen, ihrer Schwester,[11] den Habit, die so süß und

---

[6] Jerónimo Gracián.

[7] Man beachte den leisen Vorwurf: Gracián war Teresa gegenüber nicht so offen, wie diese sich das wünschte.

[8] Vgl. Ct 121,3.

[9] Die Konstitutionen Teresas sahen vor, dass die Karmelitinnen nur von den engsten Verwandten unverschleiert gesehen werden durften, bei sonstigen Besuchern hatten sie das Gesicht mit einem großen Schleier zu verhüllen, wobei das gesellschaftliche Umfeld mit zu bedenken ist; siehe Cs 15.

[10] Juana Gracián, die seit 1567 zur Erziehung in dem von Kardinal Silíceo gegründeten Colegio de Doncellas Nobles (Pensionat für Adelige Töchter) in Toledo weilte.

[11] Die achtjährige Isabel Dantisco, die 1584 mit dem Namen Isabel de Jesús ihre Profess ablegen sollte; siehe Ct 121,3.

pummelig geworden ist, wie man es sonst nicht erlebt. Die Gnädige Frau Doña Juana[12] kann über ihren Anblick nicht genug staunen. Perequito,[13] ihr Bruder, der hierher kam, vermochte mit all seinem Verstand sie nicht wiederzuerkennen. Sie ist hier meine ganze Erholung. Mit der Gnädigen Frau Doña Juana[14] habe ich viel gesprochen. Am letzten Tag war sie davon anscheinend auch schon etwas ergriffen, wie mir Ana de Zurita[15] sagte; der hatte sie nämlich gesagt, dass sie das schon in jener Nacht gewesen sei und nicht mehr weit davon entfernt war, doch es sich weiter überlegen wolle.[16] Gott möge es fügen. Eure Paternität möge es ihm empfehlen, denn da sie Ihnen sehr ähnlich ist, hätte ich sie gern bei mir.

5. Da Doña Juana erlebt hat, wie alle zufrieden sind und miteinander umgehen, ist sie fest entschlossen, dafür zu sorgen, die Gnädige Frau Doña María[17] bald nach Valladolid zu schicken; und sie bereut es, glaube ich, sogar, es der Gnädigen Frau Doña Adriana[18] ausgeredet zu haben. Sie war, wie mir scheint, sehr zufrieden, und täuscht, glaube ich, nichts vor.

---

12 Die Mutter.

13 Verkleinerungsform von Pedro; sie meint den damals elfjährigen Pedro Gracián de Torres Alderete, der 1588 Karmelnovize in Pastrana wurde, aus gesundheitlichen Gründen jedoch das Noviziat wieder verlassen musste. Er wurde daraufhin Weltpriester und starb 1599 34-jährig, als er sich bei der Pflege von Pestkranken ansteckte.

14 In diesem Fall die Tochter, wie aus dem Folgenden ersichtlich wird.

15 Die Ehefrau des berühmten Grammatikers der Universität Toledo Blas de la Serna; das Ehepaar nahm die Graciáns gelegentlich in ihr Haus auf, wenn der König in Toledo Hof hielt (DST 1212).

16 Erneut geht es um ihren eventuellen Klostereintritt, zu dem Teresa sie offenbar zu überreden versuchte. Am Ende sollte Doña Juana jedoch den Ratsherrn Olías von Segovia heiraten und noch im ersten Ehejahr sterben.

17 Eine weitere Tochter, María Dantisco, die in der Tat am 5. Mai 1578 15-jährig in Valladolid eintrat und im darauffolgenden Jahr mit dem Namen María de San José ihre Profess als Unbeschuhte Karmelitin ablegte. Zwischen den Zeilen bemerkt man die Sorge der Mutter, ihre vielen Töchter gut unterzubringen, in einer Zeit, in der auch die Ehen durch die Bank von den Eltern arrangiert wurden, nichts Ungewöhnliches.

18 Eine weitere Schwester Graciáns, Adriana Gracián, die 1574 bei den Hieronymitinnen des Klosters La Concepción in Madrid mit dem Namen Adriana del Espíritu Santo Profess gemacht hatte (DST 933).

6. Gestern schrieb mir Ihre Gnaden einen Brief mit tausend Komplimenten und sagt mir, dass sie hier von ihrem Schmerz und ihrer Traurigkeit nichts gespürt habe. Er ist mir mit anderen zerrissen worden (denn in den letzten zwei Tagen ist eine solche Unzahl gekommen, dass sie mich dusselig machen), was mir sehr leid tat, da ich ihn gern an Eure Paternität geschickt hätte. Sie sagt, dass an dem Tag, an dem sie von hier abgereist ist, das Dreitagefieber vom Gnädigen Herrn Lucas Gracián[19] gewichen sei und es ihm wieder gut gehe. O, was für ein netter Mensch ist Tomás de Gracián[20]! Ich bin sehr zufrieden über ihn; er kam auch hierher. Heute habe ich Seiner Gnaden geschrieben, wie gut es Eurer Paternität gehe.

7. Ich war gerade am Überlegen, wer von uns beiden Eure Paternität wohl am meisten gern hat, und ich finde, dass die Gnädige Frau Doña Juana einen Mann und dazu Kinder zum Gernhaben, die arme Laurencia[21] aber auf der Erde nichts hat außer diesem Pater.[22] Möge es Gott gefallen, ihn ihr zu erhalten. Amen. Damit tröste ich sie nämlich sehr.[23] Sie sagt mir,

---

[19] Der zweitälteste Bruder Graciáns, verheiratet mit Doña Juana Carrillo, der mehrere Ämter am Hof bekleidete, u.a. das eines Sekretärs Philipps II., und zusammen mit seinem 1576 verstorbenen älteren Bruder Antonio Gracián die Bibliothek des Escorial aufbaute. Mit seinem Roman *Galateo español* erlangte er außerdem Ruhm als Schriftsteller.

[20] Ein weiterer Bruder Graciáns, ebenfalls Sekretär Philipps II. und zu diesem Zeitpunkt verheiratet mit der Tochter der oben (Ct 124,4) genannten Ana de Zurita, Lorenza de Zurita, die jung starb.

[21] Sie selbst.

[22] Jerónimo Gracián; ein erstaunlich offenherziges Liebesgeständnis für eine Ordensfrau, was Teresa selbst wohl bewusst war; deshalb wohl auch der Deckname und die nachfolgende, Christus selbst in den Mund gelegte Versicherung, die nicht zuletzt beruhigen soll, dass diese Freundschaft ihrer Christusbeziehung nicht im Weg steht. Von ihrem inneren Ringen mit ihrer tiefen Zuneigung zu dem viel jüngeren Mitbruder und der Deutung dieser Beziehung als gottgewollte Verbindung zeugen ferner einige *Geistliche Erfahrungsberichte* aus dem Jahr 1575; siehe CC 29-31.

[23] Die Aufspaltung in zwei literarische Personen – Ich-Erzählerin und eine (an dieser Stelle mit einem Decknamen belegte) fiktive dritte Person, die in Wirklichkeit mit der Ich-Erzählerin identisch ist – ist ein Stilmittel, auf das Teresa nicht nur in ihren Briefen aus dieser Zeit, sondern gelegentlich auch

Josef[24] hätte sie dessen erneut versichert, und damit bringt sie ihr Leben zu, wenn auch unter Mühsalen und in ihnen ohne jede Erleichterung.

8. Kommen wir auf das Kapitel[25] zurück. Sie[26] sind nämlich hochzufrieden zurückgekommen, und ich bin sehr, sehr zufrieden, wie gut es, Gott sei es gelobt, verlaufen ist. Wahrhaftig, diesmal kommen Eure Paternität nicht ohne ein dickes Lob davon! Es kommt alles aus seiner[27] Hand; und vielleicht bewirken auch die Gebete viel, wie Eure Paternität sagen. Ich bin besonders glücklich darüber, dass die Häuser unter die Aufsicht eines Zelators[28] gestellt werden, was ein sehr gutes und nutzbringendes Vorhaben ist. Ich habe sehr bei ihm[29] darauf gedrängt, dass er viel Gewicht auf Handarbeit legen soll, was unendlich wichtig ist. Ich sagte ihm, dass ich es Eurer Paternität schreiben würde, da er sagt, das wäre auf dem Kapitel nicht besprochen worden. Ich sagte ihm aber, es stünde in den Konstitutionen und in der Regel,[30] und um was es ihm denn sonst gehe, außer um für die Einhaltung zu sorgen. Befriedigt hat mich ferner – sogar so sehr, dass ich es nicht glau-

in den Prosawerken zurückgreift. An dieser Stelle treibt sie die Fiktion soweit, ein fiktives Gespräch mit der betreffenden Person vorzuschützen, wie sie das auch in CE 61,3 tut.

24 Deckname für Christus.

25 Das erste Kapitel der Unbeschuhten, das Anfang September 1576 in Almodóvar del Campo stattgefunden hatte; vgl. Ct 118,3; 122,3.

26 Die Teilnehmer am Kapitel von Almodóvar, die auf der Heimreise in Toledo Station machten, um Teresa davon zu berichten. Obwohl sie die Gründerin war, kam für sie als Frau eine Teilnahme am Kapitel nicht in Frage, so dass sie immer nur indirekt Einfluss ausüben konnte, wie sie es unter anderem mit diesem Brief versucht.

27 Des Herrn.

28 Ein Förderer der klösterlichen Observanz.

29 Juan de Jesús (Roca), der vom Kapitel zum Zelator ernannt, d.h. mit der Überwachung der Einhaltung der Ordenszucht in den Konventen der Unbeschuhten Brüder betraut worden war, eine Aufgabe, mit der Teresa auch in ihren Frauenklöstern eine Schwester betraute; siehe Cs 29-30; 39. Doch ist diese Einrichtung nicht typisch für Teresas Werk, es gab sie damals in nahezu allen Klöstern.

30 Siehe Karmelregel Kap. 15; Cs 8; 9; 24.

ben konnte –, dass man diejenigen, die fortgeschickt wurden, aus dem Orden ausgeschlossen hat;[31] dass man das machen konnte, ist gewaltig!

9. Auch bin ich sehr froh über den Plan, der gefasst wurde, um uns mit allen Mitteln, mit denen wir es vermöchten, über unseren Pater General[32] um eine eigene Provinz zu bemühen, da es ein unerträglicher Kampf ist, beim Oberen in Misskredit zu stehen. Wenn es Geld kosten sollte, wird Gott es schon schenken, und dann soll man es den Weggefährten[33] mitgeben, und Eure Paternität verwenden um Gottes willen alle Mühe darauf, dass sie die Abreise nicht hinauszögern. Halten Sie das nicht für eine Nebensache, wo es die Hauptsache ist, und wenn dieser Prior von La Peñuela[34] mit ihm[35] so gut bekannt ist, dann ginge er am besten mit Mariano, und sollte man nichts erreichen können, dann möge man es beim Papst[36] versuchen; doch wäre ersteres viel besser, und dazu ist jetzt eine besonders günstige Gelegenheit. Und angesichts dessen, was man bei Methusalem[37] wahrnimmt, weiß ich nicht, worauf wir noch warten, denn das hieße, hier nichts zu haben und dann eines schönen Tages als Verlierer dazustehen.

---

[31] Wohl eine Anspielung auf einige sehr problematische Gestalten unter den Beschuhten Karmeliten, die von Rossi fortgeschickt worden waren, sich nun aber um Aufnahme bei den Unbeschuhten bemühten.

[32] Giovanni Battista Rossi (Juan Bautista Rubeo). Es bleibt Teresa ein großes Anliegen, das gute Verhältnis zu ihm wiederherzustellen und bei der Errichtung einer unabhängigen Provinz für die Unbeschuhten (was sie für unumgänglich hält) den offiziellen Weg über ihn zu gehen; vgl. auch Ct 130,3.

[33] Den beiden Brüdern, die man in diesem Anliegen nach Rom schicken wollte, Juan de Jesús (Roca) und Pedro de los Ángeles; siehe Ct 118,4.

[34] Pedro de los Ángeles; siehe Ct 118,4.

[35] Mit dem Ordensgeneral.

[36] Gregor XIII. (Buoncompagni).

[37] Deckname für den Päpstlichen Nuntius Nicolás Ormaneto, der Teresa sehr gewogen war; wohl eine Anspielung auf sein vorgerücktes Alter und seine labile Gesundheit, so dass es nur eine Frage der Zeit war, wie lange er noch im Amt bleiben würde, wie sie im nächsten Abschnitt noch klarer andeutet.

10. Wissen Sie, ein befreundeter Kleriker sagte mir dieser Tage – er bespricht mit mir nämlich seine seelischen Angelegenheiten –,[38] er sei sich ganz sicher, dass Gilberto[39] wohl sehr bald stirbt, und sagte sogar, noch in diesem Jahr, und dass er sich bei anderen Personen, bei denen ihm das andere Male klar geworden wäre, nie getäuscht hätte. Das ist durchaus möglich, auch wenn man nichts darauf geben sollte, doch da es nicht unmöglich ist, wäre es gut, wenn Eure Paternität sich vor Augen hielten, dass es für die Geschäfte, die für uns anstehen, so kommen kann. Behandeln Sie daher die Angelegenheiten der Visitation wie Angelegenheiten, die nicht von langer Dauer sind. Fray Pedro Hernández[40] ließ alles, was er im Menschwerdungskloster durchführen wollte, durch die Hand von Fray Ángel[41] machen, und verfolgte es aus der Ferne, und versäumte es trotzdem nicht, Visitator zu sein, noch seine Aufgabe zu erfüllen. Ich denke immer wieder daran, was der Provinzial dort[42] für Euer Ehrwürden getan hat, als Sie in seinem Haus waren, und ich möchte nicht, dass Sie dafür undankbar seien. Man beklagt sich, dass Eure Paternität sich nach Pater Evangelista[43] richten; auch da ist es gut, behutsam vorzugehen, denn wir sind nicht so vollkommen, dass es nicht sein könnte, dass wir auf manche mit Leidenschaft, auf andere aber mit Zuneigung reagieren; auf all das muss man achten.

---

[38] Einer der vielen Hinweise auf Teresas Rolle als geistlicher Begleiterin von Priestern.

[39] Deckname, vermutlich ebenfalls für Nicolás Ormaneto, nach dem Gründer des mittelalterlichen Gilbertinerordens Gilbert von Sempringham (geboren zwischen 1083 und 1089, gestorben 1189), der ein „biblisches" Alter erreichte und auch erst in hohem Alter, mit über 90 Jahren, seine Ordensprofess ablegte. Wie schon bei Methusalem war auch hier wohl der verhüllte Hinweis auf das hohe Alter ausschlaggebend für die Wahl des Decknamens.

[40] Der Dominikaner Pedro Hernández bzw. Fernández Orellana, Visitator der kastilischen Provinz der Karmeliten im Auftrag Ormanetos.

[41] Der Provinzial von Kastilien, Ángel de Salazar.

[42] Der Provinzial von Andalusien, Agustín Suárez.

[43] Der frühere Prior der Beschuhten Karmeliten von Sevilla, Juan Evangelista.

11. Der Priorin von Malagón[44] geht es gottlob ein bisschen besser, auch wenn man nach Aussage der Ärzte nicht viel darauf geben soll. Ich war aus vielen Gründen sehr verwundert, dass Eure Paternität meine Reise nach Malagón mir überlassen und noch nicht einmal darüber sprechen wollen[45]: Einmal, weil es dazu keinen Grund gibt; denn ich habe weder die Gesundheit, um Kranke zu pflegen, noch genug Nächstenliebe. Für das Haus, ich meine für die Bauarbeiten, tue ich hier viel mehr, denn die Schwestern brauchen selbst nichts zu tun, da Antonio Ruiz[46] dort ist, und sogar wenn ein wichtiger Anlass dazu bestünde, wäre doch, wie Eure Paternität sehen, der Zeitpunkt ungünstig.

12. Noch etwas Nettes. Sie sagen, dass Sie mir nicht befehlen und es auch nicht für gut halten, dass ich hingehe, sondern dass ich tun soll, was ich für das Beste halte. Eine schöne Vollkommenheit wäre das, wenn ich dächte, dass meine Meinung besser sein könnte als die Eurer Paternität! Da man mir gesagt hat, sie[47] sei weder bei sich noch fähig zu sprechen – was sie sehr betonten –, habe ich ausrichten lassen, dass Juana Bautista[48] die Verantwortung für das Haus übernehmen solle, da sie meiner Meinung nach die Geeignetste ist. Es widerstrebt mir nämlich sehr, die Schwestern von so weit her kommen zu lassen, es sei denn es geht nicht mehr anders, so dass ich noch zögerlich bin; ich schrieb der Priorin aber, falls sie überhaupt imstande wäre, den Brief zu lesen, dass es das wäre, was ich dazu meinte; wenn sie aber anderer Meinung sei, könne sie einsetzen, wen sie wolle, denn das ist im Orden so.

---

[44] Brianda de San José (Temiño y Mendoza).

[45] Vgl. Ct 119,3.

[46] Ein mit Teresa befreundeter Kaufmann aus Malagón, der viel für die Schwestern tat.

[47] Die Priorin von Malagón, Brianda de San José (Temiño y Mendoza).

[48] Juana Bautista (Baena) hatte 1569 in Malagón Profess gemacht; siehe auch Ct 8,12; 81,8.

13. Sie wollte aber Juana Bautista[49] nicht und setzte Beatriz de Jesús[50] ein, und sagte, sie sei viel besser. Vielleicht ist sie es wirklich, doch glaube ich das nicht.[51] Genauso wenig wollte sie, dass Isabel de Jesús[52] Novizenmeisterin würde, dabei sind es so viele, dass sie mir sehr leid tun; und diese Schwester hatte, als sie es schon einmal war, keine schlechten Novizinnen herangezogen; denn sie mag zwar nicht intelligent sein, ist aber eine gute Ordensschwester. Weder ihr noch dem Lizenziaten[53] schien das[54] gut, dafür ist nun Beatriz für alles zuständig, dabei aber so am Ende. Wenn sie es nicht gut machen sollte, könnte man es anderen übertragen, doch für das Haus ist meiner Meinung nach jede Beliebige besser als eine, die man von außerhalb holt, so lange Gott nur die Priorin am Leben lässt. Ich habe schon gemerkt, dass Eure Paternität es getan hätten, um ihr eine Freude zu machen. Doch sogar wenn ich versucht sein sollte hinzugehen, so würde das ziemlich schwierig, denn ich glaube, noch ehe mir der Gedanke gekommen wäre, irgendwo hinzugehen, wüsste es schon alle Welt; wenn es aber nur nach meinem Willen ginge, das sage ich Eurer Paternität, dann wäre ich eigentlich schon gern ein paar Tage dort.

---

49 Siehe vorigen Absatz.

50 Beatriz de Jesús (de Cepeda y Ocampo), eine Tochter des Cousins von Teresa, Francisco Álvarez de Cepeda, war zuerst Karmelitin im Menschwerdungskloster, dann Unbeschuhte Karmelitin in San José (Ávila) und Malagón; siehe auch Ct 93 tít.2.

51 Zwei Monate später wird Teresa ihre diesbezügliche Meinung ändern, da Beatriz de Jesús sich inzwischen bewährt hatte: *„Sie macht sich, gottlob, außerordentlich gut; ich hätte nämlich nie geglaubt, dass sie so fähig wäre“* (Ct 153,1).

52 Isabel de Jesús (Gutiérrez) stammte ebenfalls aus dem Menschwerdungskloster in Ávila.

53 Der Weltpriester Gaspar de Villanueva, Hausgeistlicher und Beichtvater der Karmelitinnen von Malagón, wo auch seine beiden Schwestern Ana de los Ángeles (Villanueva) und Isabel de la Ascensión (Villanueva) eintraten.

54 Dass Isabel de Jesús Novizenmeisterin würde.

14. Gestern war Doña Luisa[55] hier, und ich denke, mit ihr dahin zu kommen, dass sie dieses Jahr viertausend Dukaten gibt, wo sie doch nur zweitausend geben müsste. Und der Baumeister sagt, dass er bis Weihnachten übers Jahr einen Bau hinstellen wird, in dem die Schwestern wohnen können, wenn sie diese Summe spendet; ich meine, dass sie um diese Zeit schon darin wohnen könnten. Es sieht also so aus, dass Gott Eure Paternität führt, da es großen Nutzen bringt, wenn ich hier bleibe, und das sogar noch zu meiner Zufriedenheit; denn die verspüre ich sehr, wenn ich um mich herum keine Verwandten[56] noch mich selbst als Priorin von Ávila sehe.

15. Ich bin in einer merkwürdigen Verfassung, denn als ich sah, dass es Eurer Paternität nichts ausmachte, mich hier zu lassen, wo Sie doch sahen, dass ich keine Lust hatte, hier zu sein, überkam mich das größte Glücksgefühl, und es gibt mir die Freiheit, nun meine Wünsche zu äußern und zu sagen, was ich meine, da ich sehe, dass Sie auf meine Meinung sowieso nichts geben.[57]

16. Isabels[58] Meisterin habe ich aufgetragen, Eurer Paternität zu schreiben; beiliegender Brief ist von nämlich von ihr,[59] falls Sie sich nicht an ihren Namen erinnern sollten. O, sie wird allmählich zu einer kleinen Schönheit![60] Wie rundlich sie wird und wie süß sie ist! Gott mache sie heilig, und Eure Paternität behüte er mir noch mehr als mich. Verzeihen Sie mir, dass ich

[55] Luisa de la Cerda, die Stifterin von Malagón. Zum Wert dieser Summe siehe Ct 2,3.

[56] Damit spricht sie nicht einer Verachtung ihrer Verwandten das Wort, sondern freut sich darüber, dass sie in Toledo nicht ständig in die Streitereien und Prozesse ihrer Verwandten einbezogen ist.

[57] Teresa wollte nach Ávila aufbrechen und hatte sogar schon ihren Reisekoffer dorthin geschickt; siehe Ct 129,4. Dieser ist heute noch in Ávila zu sehen.

[58] Isabel Dantisco siehe oben Ct 124,4.

[59] Gemeint ist die Meisterin Isabels.

[60] Isabel.

so ausführlich war, und haben Sie Geduld mit mir, denn Sie sind dort und ich bin hier. Es geht mir gut, und heute ist Vigil von Matthäi.[61] Mit dem für Rom[62] bitte ich Eure Paternität inständig, sich zu beeilen; warten Sie nicht bis zum Sommer, denn es ist jetzt ein günstiger Zeitpunkt, und glauben Sie nur, dass es passt.

Eurer Paternität unwürdige Dienerin und Untergebene

Teresa von Jesus

17. Wegen der Schwestern dort[63] sollten sich Eure Paternität nicht umbringen, da es nach Methusalems[64] Worten nur kurze Zeit dauern wird, und das meinen sogar die Nachtvögel;[65] die sagen nämlich, er hätte zu Peralta[66] gesagt, dass er sich beeilen würde, weil er in zwei Monaten wiederkäme; ja, sie sagen sogar, er sei sich sicher, dass er dann alle Macht habe.[67] O, wenn ich unser Geschäft[68] nur schon abgeschlossen sähe! Wie schön wäre das, und möge Seine Majestät uns alle aus diesem Sturm herausholen.

---

[61] Das Fest des Apostels und Evangelisten Matthäus wird am 21. September begangen; der Vigiltag war also der 20. September.

[62] Anspielung auf den Plan, mit dem Ordensgeneral über die Errichtung einer eigenen Provinz für die Unbeschuhten zu verhandeln; siehe oben Ct 124,9.

[63] Vermutlich eine Anspielung auf die Beschuhten Karmelitinnen in Sevilla und Paterna (Huelva). Zu letzteren schickte Teresa auf Drängen Graciáns im Oktober 1576 drei Unbeschuhte Karmelitinnen aus Sevilla, um sie zu reformieren, ein aussichtsloses Unterfangen, das bereits im Sommer 1577 abgebrochen wurde; siehe Ct 198,6.

[64] Deckname für den Päpstlichen Nuntius Nicolás Ormaneto; siehe oben Ct 124,9.

[65] Deckname, vermutlich für die Beschuhten Karmelitinnen von Paterna.

[66] Deckname für den auf dem Generalkapitel von Piacenza zum Visitator ernannten Beschuhten Karmeliten Jerónimo Tostado, der sich zu diesem Zeitpunkt in Portugal befand (Ct 118,2).

[67] Teresa hatte vom Nuntius diese guten Nachrichten erhalten, sodass sie P. Gracian beruhigen konnte. Es sollte aber alles ganz anders kommen, da der Nuntius im folgenden Jahr starb.

[68] Die Errichtung einer unabhängigen Provinz für die Unbeschuhten.

125.

An Mutter María de San José[1] in Sevilla

Toledo, 20. September 1576

Für die Mutter Priorin von San José in Sevilla.

1. Jesus. – Die Gnade des Heiligen Geistes sei mit Euer Ehrwürden, meine Tochter. Über unseren Pater[2] habe ich sehr ausführlich geschrieben, und so habe ich jetzt nur zu sagen, dass ich etwas von Euer Ehrwürden zu erfahren wünsche, und dass es der Mutter Priorin von Malagón[3] ein bisschen besser geht.

2. Mein Bruder[4] fragt, ob Euer Ehrwürden einige Briefe von ihm bekommen haben, mit denen vier Realen für einen Bader mitgingen, der im Nachbarhaus dort wohnt, für ein bisschen Salbe, die er ihm gab; ich glaube, es war damals, als er ein schlimmes Bein hatte. Wenn sie nicht angekommen sein sollten, so bezahlen es Euer Ehrwürden und unterlassen Sie es nicht, ihm zu schreiben, denn ich glaube, er schaut darauf, auch wenn ich ihm ihre Grüße schicke. Ich lasse alle Schwestern herzlich grüßen, die Priorin[5] grüßt Euer Ehrwürden; sie wird über den Mauleseltreiber schreiben, denn ich ließ sie das heute nicht tun, da ich dachte, weniger Porto auszugeben; es sind aber mehr Briefe angekommen, als ich dachte, und so wird es doch hoch sein.

3. Von meinem Pater Prior von Las Cuevas[6] wüsste ich gerne etwas, und auch darüber, was sich mit dem Wasser getan

---

[1] Siehe Ct 109 tít.

[2] Jerónimo Gracián, von dem sie annimmt, dass er bereits nach Sevilla zurückgekehrt sei.

[3] Brianda de San José (Temiño y Mendoza), auf deren Krankheit Teresa um diese Zeit immer zu sprechen kommt; siehe Ct 108,6; 109,1; 122,12; 124,11.12.

[4] Lorenzo de Cepeda, der ein großer Wohltäter der Karmelitinnen von Sevilla war.

[5] Die Priorin von Toledo, Ana de los Ángeles (Ordóñez y Gómez).

[6] Der Prior der Kartause Las Cuevas (Sevilla), Hernando de Pantoja, ein Freund und Unterstützer Teresas.

hat.[7] Gott möge es fügen, wie er das kann, und er behüte Sie mir alle, und sagen Sie Grüße an alle. Und denken Sie um Gottes willen daran, unseren Pater[8] darauf hinzuweisen, dass er auf sich aufpasse, und ihn zu verwöhnen, und begleichen Sie es nach und nach mit den vierzig Dukaten,[9] und seien Sie nicht dumm; tun Sie das, was ich Ihnen sage, und zahlen Sie nacheinander auch das Porto davon, was ich von hier aus dann überprüfen werde. Ich lege allen ans Herz, Sie Gott sehr anzuempfehlen, auch wenn ich sehe, dass das gar nicht nötig ist.

Heute ist Vigil von Matthäi,[10] und ich bin Euer Ehrwürden

Teresa von Jesus

126.

An Mutter María de San José[1] in Sevilla

Toledo, 22. September 1576

Für die Mutter Priorin der Unbeschuhten Karmelitinnen von San José del Carmen in Sevilla,[2] in der Calle de San José,[3] hinter San Francisco.[4]

---

[7] Anspielung auf die Bemühungen der Karmelitinnen von Sevilla, die Brüder des benachbarten Franziskanerklosters zu bewegen, ihnen einen Wasseranschluss zu gewähren; siehe Ct 120,11.

[8] Jerónimo Gracián.

[9] Die 40 Dukaten, die den Karmelitinnen von Sevilla von denen aus San José (Ávila) für solche Auslagen vorgestreckt worden waren; siehe Ct 120,10.

[10] Das Fest des Apostels und Evangelisten Matthäus wird am 21. September begangen; der Vigiltag war also der 20. September.

---

[1] Siehe Ct 109 tít.

[2] Wie einige weitere Klostergründungen Teresas hatte das in Sevilla ein doppeltes Patronat: „zum hl. Josef vom Karmel". Sie scheint „hl. Josef" als Eigennamen der meisten ihrer Klostergründungen zu betrachten, dem sie dann häufig noch ein Prädikat hinzufügt, wie sie selbst (Teresa „von Jesus") und ihre Unbeschuhten Brüder und Schwestern es sich zulegten, wohl um deutlich zu machen, dass jedes Kloster ein „Ableger" von San José in Ávila ist. (Vgl. F 1 tít; 21 tít; 22 tít; 23 tít; 24 tít; 31 tít).

1. Jesus sei mit Euer Ehrwürden. Vor zwei Tagen schrieb ich Euer Ehrwürden über den Postmeister,[5] und so habe ich heute nur zu sagen, dass es meinem Bruder[6] schon wieder gut geht (das hatte ich nämlich vergessen), und dass sie den leichten Wollstoff[7] nicht wollen, wenn er so teuer ist. Der, aus dem hier die Unterröcke gemacht werden, ist wie der, den man für Teresa[8] verwendete, und sogar gröber, und je gröber Sie ihn bekämen, umso besser ist es. Geben Sie um der Liebe willen darauf acht, mir Nachricht von unserem Pater[9] zukommen zu lassen, und zwar auf dem Weg, wie ich es Ihnen in dem Brief beschrieb, den Seine Paternität mitnahm. Ich habe den großen Wunsch zu wissen, ob er gut angekommen ist und wie es ihm ergangen ist. Wenn ich in seiner Nähe schon in solcher Sorge war, verstehen Sie, wie es jetzt ist!

2. Es wäre mir sehr recht, dass Sie sorgfältig darauf achteten, das Haus nicht mit Schwestern zu füllen, außer es passt eine dazu und hilft bei der Abbezahlung. Es wäre mir auch sehr recht, dass Sie wegen der Kaufsteuer zu einem Vergleich gekommen wären.[10] Ich sage Ihnen, dass es mir große Sorgen macht, wenn ich sehe, welche Euer Ehrwürden dort haben. Gebe Gott, dass ich Sie bald ohne sie und dabei so gesund erleben darf, wie ich es mir wünsche. Sagen Sie allen Schwestern herzliche Grüße, und meiner Krankenschwester,[11] dass ich sie zumindest nachts nicht vergesse.

---

[3] „Sankt-Josefsstraße", heute in der Calle de Santa Teresa.
[4] Das Franziskanerkloster von Sevilla.
[5] Der Postmeister der Königlichen Post von Toledo, Antonio de Figueredo; siehe zu ihm Ct 118,1; 120,3.
[6] Lorenzo de Cepeda.
[7] *Estameña*; vgl. Ct 122,13. *„Sie"*: die Schwestern von Toledo.
[8] Ihre Nichte Teresita; sie meint das klosterähnliche Kleid, das diese während ihres Aufenthalts im Karmel in Sevilla trug.
[9] Jerónimo Gracián.
[10] Siehe Ct 105,3; 106,3; 112,2; 114,3; 120,6; 122,4; und ferner F 25,9.
[11] Leonor de San Gabriel (Mena Ruiz), die Teresa während ihres Aufenthalts in Sevilla betreut hatte.

3. Unserem Pater[12] schreibe ich jetzt nicht noch einmal, da ich, wie erwähnt, Seiner Paternität vorgestern ausführlich geschrieben habe;[13] und ich glaube, er ist so beschäftigt, dass es wohl besser ist, ihn nicht mit unnötigen Dingen zu beschäftigen; wir beten viel für ihn zu Gott. Vergessen Sie das dort auch nicht. Sagen Sie Pater Fray Gregorio[14] ganz herzliche Grüße von mir. Warum sagen Sie mir denn nicht, ob es ihm wieder gut geht?

Gestern war Matthäi.[15]

Ich bin Euer Ehrwürden

Teresa von Jesus

Es geht uns gut.

127.

An Mutter María de San José[1] in Sevilla

Toledo, 26. September 1576

1. Jesus sei mit Euer Ehrwürden. Der Überbringer dieses Briefes hat eine solche Eile, dass ich nicht mehr sagen kann, als dass es mir gut geht, und dass gestern spät Abends Pater Mariano[2] hier ankam. Ich habe mich über den Brief von Euer Ehrwürden gefreut. Gott sei gepriesen, dass es Ihnen allen gut geht.

---

[12] Jerónimo Gracián.
[13] Ct 124 vom 20. September 1576.
[14] Der Unbeschuhte Karmelit Gregorio Nacianceno (Martínez López) aus dem Kloster Los Remedios (Sevilla), der krank war; vgl. Ct 122,3.
[15] 21. September; siehe Ct 125,3.

---

[1] Siehe Ct 109 tít.
[2] Ambrosio Mariano de San Benito (Azzaro) siehe Ct 106 tít. Als dieser ankam, hatte Teresa gerade Post für Gracián fertig gemacht; da Mariano jedoch einen Brief von María de José überbrachte, nutzt sie jetzt die Gelegenheit, um in aller Eile, während der Kurier nach Sevilla bereits wartet, auch darauf noch zu antworten.

2. Die Tochter des Portugiesen[3] – oder was ist er? – sollen Sie nicht aufnehmen, wenn er nicht zuerst bei jemandem hinterlegt, was er ihr geben will; ich habe nämlich erfahren, dass Sie ihm sonst keine Blanca[4] entlocken werden, und wir sind jetzt nicht in einem Moment, um jemanden unentgeltlich aufzunehmen, und achten Sie darauf, dass Sie es nicht anders machen![5]

3. Geben Sie beiliegende Briefe unserem Pater Provinzial[6] persönlich, und sagen Sie ihm, dass er sich keinen Kummer machen soll, da hier Pater Mariano und ich gerade Anstalten treffen für das, was dort[7] vor sich geht, um irgendwie Abhilfe zu schaffen, und man alles tut, was nur möglich ist. Denn als sich nach dem Schreiben dieser Briefe der gute Antonio Ruiz[8] gerade nach Madrid aufmachte, kam Pater Mariano herein, über den ich mich sehr gefreut habe, auch weil ich erfahren habe, dass der Herr die Angelegenheiten schon so zu regeln

---

[3] Blanca de Jesús María (Freire), die 1578 in Sevilla Profess machte. Sie war eine Tochter von Enrique Freire und Leonor de Valera, die aus Lagos (Portugal) stammten, aber in Sevilla wohnhaft waren. Die Mutter wird von María de San José in deren *Libro de Recreaciones* sehr gelobt (9. Rekreation, 202f.). Blanca hatte als Karmelitin ein bewegtes Leben: 1584 begleitete sie María de San José zur Gründung nach Lissabon und 1603 nach Talavera, wohin diese strafversetzt worden war, ging aber nach Sevilla weiter und wurde schließlich als Priorin nach Lissabon zurückgeholt, wo sie 1628 starb.

[4] Die kleinste Münze, die damals im Umlauf war, im Wert eines halben Maravedí; angesichts des Namens der Ordenskandidatin zugleich ein Wortspiel.

[5] Teresas Sorge ist vor dem Hintergrund des Zusammenbruchs der Banken Sevillas in jenem Jahr und der prekären wirtschaftlichen Lage des dortigen Karmelitinnenklosters verständlich; sie dokumentiert aber auch, wie sie in dieser Frage unter zunehmendem wirtschaftlichem Druck ihre Meinung änderte; vgl. Ct 61,3 und ferner F 27,13; Cs 21. Die Sorge war in diesem Fall unbegründet: Blancas Eltern gaben ihr eine Mitgift von 600 Dukaten. Siehe Ct 2,3.

[6] Jerónimo Gracián, der um diese Zeit noch nicht eigentlich Provinzial war, was er erst 1581 wurde.

[7] Verhüllte Anspielung auf die schwierige Situation in Sevilla, wo sich die Spannungen zwischen Gracián als Visitator und den Beschuhten Karmeliten zuspitzten; sie versuchte damals, alle Hebel in Bewegung zu setzen, um eine unabhängige Provinz für die Unbeschuhten zu errichten.

[8] Der mit Teresa befreundete Viehhändler aus Malagón; siehe auch Ct 108,9; 118,6; 121,3; 124,11.

beginnt, dass diese Patres von sich aus gehen, bevor man sie fortschickt.[9]

4. Schreiben mir Euer Ehrwürden doch bitte sofort und in allen Einzelheiten, was vor sich geht; verlassen Sie sich nicht auf unseren Pater,[10] denn der hat kein Zeit. Ganz herzliche Grüße an Herrn Garciálvarez,[11] den ich gerne treffen möchte; schauen Sie, was für eine scheinbar unerfüllbare Sehnsucht! Gott vergelte ihm alle Güte, die er uns erweist und behüte ihn; und auch unseren guten Prior.[12] Wir haben ihn Gott sehr empfohlen; ich freue mich, dass es ihm ein bisschen besser geht. Sagen Sie mir auch, wie es um seine Gesundheit steht, und unserem Pater, dass ich mir sehr gewünscht hätte, Pater Mariano hätte auf ihn gewartet.[13]

5. Empfehlen Sie mich meinen Töchtern[14] und Gott sei mit Ihnen, meine Freundin! Denen von Caravaca ist es schlecht gegangen; sie[15] sagt, sie hätten Euer Ehrwürden geschrieben. Jetzt geht es ihnen wieder gut, und sie sind dabei, ein Haus zu kaufen. Da ich den Brief noch nicht beantwortet habe, schicke ich ihn Ihnen nicht mit. Über den aus Beas[16] habe ich mich

---

[9] Es handelt sich um einige sehr problematische, teilweise bereits aus anderen Orden geflohene Beschuhte Karmeliten aus Sevilla, die lieber freiwillig austraten als die Schmach auf sich zu nehmen, als letzte Disziplinarmaßnahme im Zuge der Visitation von Gracián aus dem Orden ausgeschlossen zu werden.

[10] Jerónimo Gracián.

[11] Der Hausgeistliche und Beichtvater der Karmelitinnen von Sevilla.

[12] Der Prior der Kartause Las Cuevas (Sevilla), Hernando de Pantoja.

[13] Vermutlich hatte Ambrosio Mariano in Los Remedios (Sevilla) Nachricht über den Beschluss des Kapitels von Almodóvar erhalten, ihn an den Hof nach Madrid zu schicken, um den König für die Errichtung einer unabhängigen Provinz der Unbeschuhten zu gewinnen, und war in seiner impulsiven Art sofort dorthin aufgebrochen, ohne die Rückkehr Graciáns abzuwarten.

[14] Die Karmelitinnen von Sevilla.

[15] Die Priorin von Caravaca; da die Schwestern sich zum Großteil gegenseitig kennen und Teresa sie wie eine große Familie betrachtet, schickt sie die Nachrichten, die sie brieflich erfährt, und oft auch die Briefe selbst an die anderen Klöster weiter.

[16] Von den Karmelitinnen aus Beas de Segura, einer weiteren Gründung Teresas aus dem Jahr 1575; der besagte Brief war über María de San José an sie weitergeleitet worden.

gefreut, auch über die Berichte von Pater Fray Gregorio;[17] ich werde ihm noch schreiben.

Der Mutter Priorin von Malagon[18] geht es sehr schlecht.

Heute ist, glaube ich, der 26. September.

Ich bin Euer Ehrwürden

Teresa von Jesus

128.

An Pater Jerónimo Gracián[1] in Sevilla

Toledo, 5. Oktober 1576[2]

1. Die Gnade des Heiligen Geistes sei mit Eurer Paternität, mein Pater. Wenn der Brief, den Eure Paternität über den königlichen Hof[3] geschickt haben, nicht angekommen wäre, wäre ich jetzt nett beisammen, denn es ist heute schon ein Tag nach Franziskus,[4] und Pater Antonio[5] ist noch nicht gekommen, und so lange ich Ihren Brief nicht zu Gesicht bekam, wusste ich nicht, ob Eure Paternität gut angekommen waren.

2. Gott sei gepriesen, dass Sie es sind, und Pablo[6] auch, und das in innerem Frieden. Das sieht wirklich nach etwas Über-

---

[17] Gregorio Nacianceno (Martínez López) aus dem Kloster Los Remedios (Sevilla), nach dessen Gesundheitszustand sie sich erkundigt hatte; vgl. Ct 122,3; 126,3.

[18] Brianda de San José (Temiño y Mendoza); siehe Ct 108,6.

---

[1] Siehe Ct 89 tít.

[2] Autograph: Unbeschuhte Karmeliten, Treviso (Italien).

[3] In Madrid.

[4] Der Gedenktag des hl. Franziskus von Assisi wurde damals wie heute am 4. Oktober begangen.

[5] Der Prior von Los Remedios (Sevilla), Antonio de Jesús (Heredia), von dem Teresa erwartet hatte, dass er auf dem Heimweg vom Kapitel von Almodóvar bei ihr in Toledo vorbeikommen würde.

[6] Deckname für Gracián; die Aufspaltung in zwei literarische Personen – der Adressat selbst und eine „Pablo" genannte fiktive dritte Person, die in Wirk-

natürlichem aus, da die Besserung so vollständig ist. Angesichts unserer Natur muss das alles wohl so sein, da dergleichen Dinge bewirken, dass wir demütig werden und uns selbst erkennen.[7] Ich habe den Herrn hier sehr um dieses Wohlergehen gebeten, weil ich glaubte, dass die anderen Prüfungen, die er hat, schon ausreichten; richten Eure Paternität es ihm von mir aus.[8]

3. Ich bin im Augenblick ohne dergleichen; ich weiß nicht, wo das noch enden wird, denn man hat mir eine abgelegene Zelle gegeben, wie eine Einsiedelei, und sehr freundlich, dazu bin ich gesund, und weit weg von meinen Verwandten, auch wenn sie mich mit ihren Briefen dennoch finden; nur die Sorge wegen dort[9] habe ich noch, die mir Kummer macht. Ich sage Eurer Paternität, dass Sie es gut getroffen haben, mich hier zu lassen, um es gut zu haben, und selbst angesichts des Kummers, den ich erwähnte, bin ich hier besser dran als sonst wo.

4. Gestern Abend saß ich über der Geschichte des Moses[10] und den Prüfungen, die er dem König und dem ganzen Kö-

---

lichkeit auch für den Adressaten steht – ist an dieser Stelle eine bewusste Verschleierungstaktik für den Fall, das der Brief von den Gegnern Graciáns abgefangen wird.

[7] Demut und Selbsterkenntnis sind Grundpfeiler ihrer Spiritualität und zuinnerst verknüpft mit dem Wachstum in der Gotteserkenntnis; bei beiden geht es um die existentielle Verwurzelung in der Wahrheit unseres Lebens, *„weil Gott die höchste Wahrheit und Demut in der Wahrheit leben ist“* (6M 10,7).

[8] Erneut dieselbe taktische Aufspaltung in zwei literarische Personen, die in Wirklichkeit beide Gracián meinen.

[9] Wegen der Verhältnisse in Sevilla.

[10] Gesetzgeber und Begründer Israels; siehe vor allem Ex und Dtn. Teresa meint eine volkstümliche Nacherzählung der biblischen Geschichte; denn obwohl es in der ersten Hälfte des 16. Jahrhunderts in Kastilien spanische Bibelübersetzungen gegeben hatte, war die Bibel um diese Zeit nicht mehr frei zugänglich und durfte, wenn überhaupt, dann nur auf Latein gelesen werden, dessen sie nicht kundig war. Im folgenden finden wir ein wunderbares Beispiel, wie sie die biblische Geschichte meditierte und auf ihre gegenwärtige Situation bezog.

nigreich mit diesen Plagen schickte, und wie sie ihn nie berührten, derart, dass es mich erstaunt und erfreut, wenn ich sehe, wenn der Herr es will, dass niemand die Macht hat, uns zu schaden. Ich freute mich, das mit dem Roten Meer[11] zu betrachten, und dachte daran, wie viel geringer das ist, was wir erbitten. Es war mir eine Freude, diesen Heiligen im Auftrag Gottes in solchen Auseinandersetzungen zu erleben. Ich war froh, meinen Eliseo[12] genauso zu erleben, und habe ihn Gott noch einmal anempfohlen. Ich erinnerte mich an die Gnaden, die er mir erwiesen hat, und an das, was Josef[13] mir von ihm gesagt hat: „Du wirst zur Ehre und Verherrlichung Gottes noch viel mehr erleben."[14] Ich war ganz aufgelöst vor Sehnsucht, mich in seinem Dienst in tausend Gefahren zu stürzen. Damit und mit anderen vergleichbaren Dingen geht das Leben dahin; so habe ich auch die Dummheiten geschrieben, die Sie beigelegt finden.[15]

5. Jetzt werde ich mit dem über die *Gründungen* beginnen,[16] denn Josef[17] hat mir gesagt, dass es zum Nutzen vieler Seelen sei. Wenn Gott dabei hilft, glaube ich das schon; freilich war ich auch ohne diese Ansprache schon so weit, da Eure Paternität es mir aufgetragen hatten. Ich habe mich sehr gefreut,

---

[11] Eine Anspielung auf das Schilfmeerwunder (Ex 14).

[12] Deckname für Gracián.

[13] Deckname für Jesus Christus.

[14] So in der Ausgabe von EDE.

[15] Vielleicht eine Anspielung auf die Kleinschift *Visitation der Unbeschuhten Schwestern*, die sie um diese Zeit als Leitfaden für Gracián schrieb; siehe *Gedanken zum Hohenlied*, 441-481.

[16] Mit dem vorläufigen Abschluss des *Buchs der Gründungen*, wie Gracián es ihr im Juli jenes Jahres aufgetragen hatte; vgl. Ct 115,6 und F 27,22. Bislang gab es nur die Kapitel 1-20 (bis einschließlich der Gründung in Alba de Tormes 1571); nun ergänzte sie die Kapitel 21-27, die sie am 14. November 1576 mit dem Bericht über die Gründung in Caravaca (1576) abschloss, im Glauben, dass ihrer Gründungstätigkeit durch das Kapitel von Piacenza für immer ein Ende gesetzt war. Die restlichen Kapitel über die Gründungen in Villanueva, Palencia, Soria und Burgos und den Jurisdiktionswechsel von San José (Ávila) sollten erst kurz vor ihrem Tod in Burgos entstehen.

[17] Christus.

dass Sie auf dem Kapitel[18] so ausführlich Bericht erstattet haben. Ich weiß nicht, wieso die sich nicht schämen, die das Gegenteil darüber geschrieben haben.[19] Es ist sehr gut, dass einige jetzt freiwillig weggehen, die sonst vielleicht unfreiwillig hätten gehen müssen.[20] Unser Herr scheint mir nach und nach die Geschäfte zu regeln. Möge es Seiner Majestät gefallen, dass sie zu seiner Ehre und zum Nutzen dieser Menschen zum Abschluss kommen. Eure Paternität tun gut daran, von Ihrem Kloster[21] aus anzuordnen, was zu tun sei, und so können sie nicht darüber befinden, ob Sie zum Chorgebet gehen oder nicht; ich sage Ihnen, es wird alles besser. Hier fehlt es nicht an Gebeten, was bessere Waffen sind als die, die von den dortigen Patres benutzt werden.

6. Über den Postmeister[22] habe ich Eurer Paternität einen ausführlichen Brief geschrieben, schreibe aber, ehe ich nicht erfahre, ob Sie die Briefe bekommen haben, auf diesem Weg keinen mehr, wohl über Madrid. Was Davids[23] Geschäft anbelangt, glaube ich, dass er Pater Esperanza[24] beschwindeln

---

[18] Auf dem Kapitel von Almodóvar Anfang September 1576.

[19] Anspielung auf die verleumderischen Berichte, die an den Ordensgeneral gegangen waren.

[20] Anspielung auf die Beschuhten Karmeliten, die im Zuge der Visitation lieber freiwillig austraten als einen Ausschluss aus dem Orden zu riskieren; siehe Ct 127,3.

[21] Los Remedios, der Konvent der Unbeschuhten Brüder in Sevilla.

[22] Der Postmeister der Königlichen Post von Toledo, Antonio de Figueredo; siehe Ct 118,1; 120,3.

[23] Es ist nicht geklärt, wer sich hinter diesem, im Autograph mit drei geheimnisvollen Strichen eingeleiteten Decknamen verbirgt, für den der alttestamentliche König David (10. Jh. v. Chr.) Pate stand. T. Álvarez geht davon aus, dass entweder Baltasar de Jesús Nieto (siehe Ct 83,2) oder Antonio de la Madre de Dios (siehe Ct 130,2) gemeint ist; L. Rodríquez-Martínez / T. Egido (EDE) zufolge könnte es sich auch auf Ambrosio Mariano de San Benito Azzaro beziehen (siehe zu ihm Ct 106 tít.). Entsprechend unklar ist, was mit Davids „Geschäft" gemeint ist; aus dem Folgenden geht jedenfalls hervor, dass die betreffende Person Schwierigkeiten macht und Teresa sie am liebsten verschwinden sähe.

[24] Deckname, der wörtlich „Hoffung(sträger)" bedeutet; vermutlich ist der mit Teresa befreundete Jesuit Gaspar de Salazar gemeint, für den sie auch sonst diesen Geheimnamen verwendet.

wird, wie üblich, sie stecken nämlich schon zusammen, und sein Bruder ist fort; allerdings wird es viel ausmachen, wenn Fray Buenaventura[25] dazwischen tritt, denn da beide um das Geschäft wissen (Gott verzeih' mir, aber es wäre wirklich ein Glück, wenn er zu seiner ersten Berufung zurückkehren wollte), befürchte ich, dass er nur zu einer Belastung würde. Ich habe seitdem nichts Neues erfahren.

Eurer Paternität Tochter und Dienerin

Teresa von Jesus

129.

An Mutter María de San José[1] in Sevilla

Toledo, 5. Oktober 1576[2]

Für die Mutter Priorin von San José in Sevilla.

1. Jesus sei mit Euer Ehrwürden. Ich weiß nicht, wie Sie den Fuhrknecht ohne einen Brief von Ihnen kommen lassen, vor allem, wo doch unser Pater[3] dort ist, denn wir hätten gern jeden Tag Nachricht über ihn. Ich beneide Sie alle sehr, dass Sie ihn dort haben. Machen Sie das um Gottes Willen nicht mehr so, und unterlassen Sie nicht, alles zu schreiben, was sich tut, denn unser Pater schreibt nur kurz, und wenn er keine Zeit zum Schreiben hat, unterlassen es doch Euer Gnaden nicht; ich habe Ihnen ja schon geschrieben, auf welchem Weg Sie mir oft schreiben können.[4]

2. Ich habe mich gefreut, aus dem Brief von Pater Mariano[5] zu erfahren, dass es Euer Ehrwürden und Ihnen allen gut geht

---

[25] Der Visitator der Franziskaner Diego de Buenaventura; siehe Ct 120,11.

---

[1] Siehe Ct 109 tít.
[2] Autograph: Unbeschuhte Karmelitinnen, Valladolid.
[3] Jerónimo Gracián.
[4] Über den Postmeister der Königlichen Post von Toledo, Antonio de Figueredo; siehe Ct 120,3.
[5] Ambrosio Mariano de San Benito (Azzaro); siehe zu ihm Ct 106 tít.

– Fray Antonio[6] ist nicht gekommen – und dass man sich wegen der Kaufsteuer geeinigt hat.[7]

3. Meinem Bruder[8] geht es wieder gut. Er freut sich immer, von Euer Ehrwürden zu hören. Ich habe Ihnen schon gesagt, es nicht zu unterlassen, ihm gelegentlich zu schreiben. Er hat in der Nähe von Ávila, ich glaube, anderthalb Meilen oder noch nicht einmal so weit weg, ein Landgut gekauft (über das schon verhandelt wurde, als er noch bei Ihnen dort war). Es hat Weidegrund, Getreidefelder und Wald[9] und hat ihm 14.000 Dukaten gekostet, die Papiere sind aber noch nicht unterschrieben; er sagt, die Sache dort[10] hätte ihn gewitzt, es nicht in Besitz zu nehmen, solange nicht alles ganz sicher und in aller Klarheit vereinbart ist, da er keine Prozesse am Hals haben will. Beten Sie für ihn und auch für seine Söhne,[11] (denen schon Heiratsanträge gemacht werden), immer zu Gott, damit sie ihm dienen.

4. Wissen Sie, da ich gleich nach meiner Ankunft hier annahm, wir würden bald weiterreisen, habe ich bei meiner Ankunft den Reisekoffer und alles Gepäck, das mitkam, mit

---

[6] Der Prior von Los Remedios (Sevilla), Antonio de Jesús (Heredia) hatte sich auf den Heimweg von Almodóvar nach Sevilla gemacht, ohne, wie Teresa gehofft hatte, in Toledo Station zu machen, um ihr vom Kapitel zu berichten; vgl. Ct 128,1.

[7] Endlich ist der Zwist bezüglich der Kaufsteuer für das Haus der Karmelitinnen von Sevilla beigelegt; siehe Ct 105,3; 106,3; 112,2; 114,3; 120,6; 122,4; und ferner F 25,9.

[8] Lorenzo de Cepeda in Ávila.

[9] Er hatte das Landgut La Serna gekauft, das ungefähr 6 km von Ávila entfernt ist, so dass er von der Pacht leben konnte. Damit war er auch nach außen hin sichtbar kein *Judeoconverso* mehr, da die Juden traditionell weder Landwirtschaft noch Viehzucht betreiben durften. So hatte auch Teresas Großvater bei seiner Übersiedlung von Toledo nach Ávila den gesellschaftlichen Stand gewechselt. Zum Wert eines Dukaten siehe Ct 2,3.

[10] Aus den Nöten, die er in Sevilla ausgestanden hatte, als Uneinigkeit wegen der Kaufsteuer aufkam und er sich in Kirchenasyl begeben musste, um der Verhaftung zu entgehen, weil er sich für die Schwestern verbürgt hatte; siehe Ct 105,3; 106,6 und ferner F 25,9.

[11] Francisco und Lorenzo jun., damals 16 bzw. 14 Jahre alt.

einem Mauleseltreiber weitergeschickt;[12] und ich weiß nicht, ob beim Auspacken oder wie es geschah, jedenfalls tauchen weder das große Agnusdei[13] von Teresa[14] noch die beiden mit Smaragden besetzten Ringe auf; und ich erinnere mich auch nicht, wo ich sie hintat oder ob man sie mir gab. Es hat mir derart leid getan, als ich sah, wie sich ihre Freude beim Gedanken, mich dort bei sich zu haben, ins Gegenteil verkehrt hat, und ich fehle ihr aus vielen Gründen. Denken Sie doch nach, ob diese Stücke noch im Haus waren, als wir hierher kamen, und fragen Sie Gabriela,[15] ob sie sich erinnert, wo ich sie hinsteckte; und beten Sie alle zu Gott, dass sie wieder auftauchen mögen.

5. Sehr hat mich erstaunt, was Sie mir über das Vorgehen der Gesellschaft sagen.[16] Sie haben, wie Ihnen die andere erzählte, die Vorstellung von einer rigoristischen Lebensweise.[17] Es wäre gut, wenn unser Padre Garciálvarez[18] mit ihnen redete. Sagen Sie ihm herzliche Grüße, auch allen meinen Töchtern und dem Pater Prior von Las Cuevas.[19] Wir beten für seine Gesundheit inständig zu Gott. Möge es ihm gefallen, sie ihm wiederzuschenken, denn seine Krankheit tut mir leid, und ich schreibe ihm nicht, bis ich weiß, ob es ihm wieder besser geht. Geben Sie mir darüber Nachricht, sobald Sie einen Überbringer haben.

---

12 Nach Ávila.

13 Siehe Ct 115,5, wo bereits einmal die Rede von diesen Gegenständen war. Das abhanden gekommene Agnusdei und die beiden aus Westindien mitgebrachten Ringe tauchten später wieder auf (Ct 137,2; 139,2).

14 Teresas Nichte Teresita, die Tochter Lorenzos, die in Ávila weilt.

15 Leonor de San Gabriel (Mena Ruiz), die in Sevilla Teresas Krankenschwester gewesen war.

16 Gemeint ist die Gesellschaft Jesu, also die Jesuiten von Sevilla, die einer begüterten Ordenskandidatin vom Eintritt in den Karmel abgeraten und sie statt dessen auf ein anderes Kloster aufmerksam gemacht hatten, da sie für den Karmel angeblich eine zu schwächliche Konstitution hätte.

17 Hier klingt an, wie Teresa den Rigorismus ablehnt, der damals in den Ordensreformen üblich war, und den die Jesuiten offensichtlich bei ihr voraussetzten.

18 Der Hausgeistliche der Karmelitinnen von Sevilla.

19 Der Prior der Kartause Las Cuevas (Sevilla), Hernando de Pantoja.

6. Es wäre trotz allem, was abläuft, gut, wenn Sie dafür sorgten, dass ab und zu jemand von der Gesellschaft[20] bei Ihnen Beichte hörte, denn das trägt sehr dazu bei, Ängste zu verlieren; und bei Pater Acosta[21] wäre das besonders gut, wenn sie könnten. Gott verzeihe ihnen, denn mit dieser wäre alles erledigt gewesen, wenn sie so reich war;[22] allerdings trägt Seine Majestät schon Sorge, wenn er sie nicht zu Ihnen geführt hat. Vielleicht war sie dort, wo sie hingegangen ist, nötiger.

7. Ich habe mir gedacht, dass sich über das Wasser verhandeln ließe, solange Fray Buenaventura[23] dort ist, habe aber nicht den Eindruck, dass man ihnen so viel freie Hand lasse. Möge uns Gott das Haus abzahlen lassen, denn wenn Geld da ist, kann man alles haben.[24] Behelfen Sie sich einstweilen, Sie haben ja gute Brunnen; wir gäben hier[25] viel für einen davon, denn mit dem Wasser haben wir unsere liebe Not.

8. Sagen Sie mir, wie es Fray Buenaventura mit der Visitation ergeht und was mit dem Kloster geschieht, das in der Nähe von Córdoba abgerissen wurde; ich weiß nämlich von nichts. Es geht mir gut und ich stehe Ihnen, wie man so sagt, ganz zur Verfügung. Sagen Sie mir auch, ob unser Pater[26] ab und zu zum Essen kommt, oder wie Sie ihn ein bisschen verwöhnen können, was in seinem eigenen Haus[27] nicht gut ginge, und es schickte sich, glaube ich, auch nicht. Berichten Sie mir

---

[20] Ein Jesuit.

[21] Ein Jesuit aus Sevilla; siehe Ct 69,3.

[22] Anspielung auf die finanziellen Probleme des Klosters in Sevilla, weshalb Teresa eine Kandidatin mit einer großen Mitgift sehr willkommen gewesen wäre.

[23] Der Visitator der Franziskaner Diego de Buenaventura OFM, der Teresa wohlgesonnen war, aber nicht erreichte, dass den Schwestern von Sevilla der ersehnte Wasseranschluss gewährt wurde; vgl. Ct 120,11.

[24] Ein schönes Beispiel für Teresas Nüchternheit und Lebenserfahrung.

[25] In Toledo.

[26] Jerónimo Gracián. Die Mahnung, ihn ja zu verwöhnen, kehrt in den Briefen an María de San José immer wieder; siehe etwa Ct 120,15; 125,3; 137,5; usw.

[27] Los Remedios.

über alles, und leben Sie mit Gott, denn jetzt schreiben wir uns oft, wie es recht ist.

9. Über die Alte,[28] die Sie dort haben, und wie sie die Treppe benutzt, habe ich sehr schmunzeln müssen. Sagen Sie mir, ob der Junge noch dort ist, oder wer Ihnen sonst Dienste leistet. Die Mutter Priorin von Malagón[29] hat mir geschrieben, dass es ihr besser geht; aber diese Krankheit ist von einer solchen Art, dass ich mich über eine kleine Besserung nicht freue. Beten Sie immer für sie zu Gott. Seine Majestät behüte Sie mir, meine Tochter, und mache Sie mir heilig, und alle, alle anderen auch. Amen.

10. Aus beiliegendem Brief von Schwester Alberta[30] ersehen Sie, wie es ihnen in Caravaca geht. Ich habe mich sehr über den aus Beas gefreut (denn ich hatte seit längerem nichts von dort erfahren), auch darüber, dass diese Schwester, die sehr reich ist,[31] nun eingetreten sei. Es lässt sich, gottlob, nach und nach alles gut machen. Beten Sie immer viel für unseren Pater,[32] und auch für mich, denn ich brauche es.

Gestern war Sankt Franziskus.[33]

11. Das Porto ist beigelegt, es ist nämlich hoch; und achten Sie darauf, mir Bescheid zu geben, wenn Sie nichts haben, um unseren Pater, wenn sich die Gelegenheit bietet, zu verwöhnen,

---

[28] Eine leibliche Schwester von Juana de la Cruz (Gómez y Chaves), die in Sevilla den Pfortendienst für die Schwestern übernommen hatte; vgl. Ct 120,13; 163,2.

[29] Brianda de San José (Temiño y Mendoza); siehe zu ihr Ct 108,6.

[30] Kurzbezeichnung für die Priorin von Caravaca, Ana de San Alberto (Salcedo); siehe zu ihr Ct 95 tít.

[31] Vermutlich eine Anspielung auf Luisa del Salvador (Godínez y Sandoval), eine Nichte der Stifterinnen von Beas, Catalina de Jesús (Godínez) und María de Jesús (Sandoval y Godínez). Sie legte am 18. November 1577 in Beas ihre Profess als Unbeschuhte Karmelitin ab.

[32] Gracián.

[33] Der Gedenktag des hl. Franziskus von Assisi am 4. Oktober.

und seien Sie nicht zu stolz dazu,[34] was eine Dummheit wäre, da ich es Ihnen ja schicken kann. Und achten Euer Ehrwürden auf Ihre Gesundheit, und sei es nur, um mich nicht umzubringen; denn ich sage Ihnen, dass mir diese meine Priorin von Malagón[35] teuer genug zu stehen kommt. Möge Gott dem abhelfen, indem er ihr die Gesundheit zurückschenkt. Amen.

Euer Ehrwürden

Teresa von Jesus, Karmelitin

12. Wenn es ein Maultiertreiber ist, dürfen Sie das Porto hierher schicken; wenn nicht, dann wissen Sie schon, was sie zu machen pflegen; es bedeutet, die Briefe der Gefahr auszusetzen.[36] Ich sage Ihnen das nur, damit Sie das nie machen.

130.

An Pater Juan de Jesús Roca[1] in La Roda[2]

Toledo, Anfang Oktober 1576[3]

1. Jesus. – Die Gnade des Heiligen Geistes sei mit Euer Ehrwürden, mein Pater. Ihr Haus dort ist so abgelegen, dass ich zwar antworten möchte, aber keinen Überbringer habe, daher habe ich bis zur Abreise dieser Patres gewartet.

---

[34] Wörtlich: *„zu sehr auf Ihre Ehre bedacht“.*

[35] Brianda de San José (Temiño y Mendoza); vgl. oben Ct 129,9.

[36] Im Normalfall war es sicherer, das Porto erst nach Erhalt des Briefes vom Adressaten bezahlen zu lassen, da man sonst riskierte, dass der Überbringer das Geld einsteckte und den Brief nie ablieferte.

---

[1] Juan de Jesús (Roca), 1544–1614, gebürtig aus Sanahuja (Lérida), war ein Studienfreund von Jerónimo Gracián in Alcalá und sein Mitnovize in Pastrana, wo er 1573 seine Profess ablegte. Er war ein treuer Mitarbeiter Teresas und wurde nach ihrem Tod der erste Provinzial von Aragonien-Katalonien. Er war einer der beiden Unbeschuhten Brüder, die nach dem Kapitel in Almodóvar nach Rom geschickt wurden (Ct 130,3).

[2] La Roda in der Provinz Albacete (Neukastilien) war der Wohnort der fanatischen Eremitin Catalina de Cardona (siehe F 28,20-36); das dortige Kloster der Unbeschuhten Karmeliten war von ihr gegründet worden.

[3] Die EDE-Ausgabe datiert diesen Brief auf Ende September 1576. Autograph: Unbeschuhte Karmelitinnen, Consuegra (Toledo).

2. In der Sache mit Pater Fray Antonio[4] ist uns Gott womöglich gnädig gewesen, denn ich höre, dass er sehr melancholisch war, was bei unseren Essgewohnheiten noch viel schlimmer geworden wäre. Gott sei mit ihm, doch habe ich wirklich eher den Eindruck, dass es Mangel an Gesundheit als an seelischer Eignung ist, was ihm fehlt. Es wird nicht zu vermeiden sein, dass man es erfährt; denn man muss für Almodóvar einen Prediger besorgen.[5] Gebe Gott, dass er in seinen Orden zurückkehrt; denn weder sein Gehen noch sein Kommen bedeutet für den unseren einen Verlust.[6]

3. Ich dachte, dass Euer Ehrwürden auf der Rückreise hier vorbeikämen, ein nur kleiner Umweg hat Sie davon abgebracht.[7] Ihr Wunsch, mir einen Gefallen zu tun, ist offensichtlich nicht groß, denn als Euer Ehrwürden hier waren, konnte ich nur ganz kurz mit Ihnen sprechen. Wissen Sie, dass ich nur wenig fertig bringe und erst recht ganz, ganz wenig für das, was mir Euer Ehrwürden über die Romreise schreiben;[8] ich bitte nämlich schon seit langem darum, bin aber nicht einmal so einflussreich gewesen, dass man einem, der so sehr ein Recht darauf hätte,[9] auch nur einen Brief schreibt, denn wenn wir tun, wozu wir verpflichtet sind, dann komme, was mag! Es liegt nicht

---

[4] Antonio de la Madre de Dios, der Hieronymit gewesen war, bevor er zu den Unbeschuhten Karmeliten übertrat. Er war ein guter Prediger, litt aber an „Melancholie", damals ein Sammelbegriff für seelische Störungen, in diesem Fall wohl Depressionen (siehe dazu Ct 8,2). Zu diesem Zeitpunkt befand er sich in einer seelischen Krise, bei der Teresa offenbar eher an gesundheitliche Probleme als an eine Berufungskrise denkt. Er kehrte vorübergehend zu den Hieronymiten zurück, kam aber wieder und wurde 1582 als Missionar in den Kongo ausgesandt, doch erlitt er auf der Überfahrt Schiffbruch und kam zusammen mit seinen Gefährten um.

[5] Antonios Aufgabe in Almodóvar.

[6] Später sollte Teresa eine bessere Meinung von ihm bekommen; vgl. Ct 328,2.

[7] Toledo lag auf dem Weg von Almodóvar nach La Roda; Juan de Jesús hatte Teresa auf dem Hinweg besucht.

[8] Anspielung auf ihr wiederholtes Drängen, über den Wunsch nach einer eigenen Provinz für die Unbeschuhten, entweder direkt in Rom oder doch brieflich, mit dem Ordensgeneral zu verhandeln; vgl. Ct 124,9.

[9] Sie meint den Ordensgeneral Giovanni Battista Rossi, der als höchste Autorität im Orden diese Rücksicht auf seine Person und sein Amt verdient.

an unserem Pater Visitator,[10] der das bereits getan hat; es gibt aber so viele, die ihm anders raten, dass ich nicht viel gelte. Es bedrückt mich sehr, nicht mehr zu vermögen. Ich glaubte, es wäre diese Reise eine beschlossene Sache, da man es mir so gesagt hatte. Möge Gott es fügen, und versäumen Euer Ehrwürden um Gottes willen nicht, sich zu beeilen; denn Sie vermögen mehr als ich.[11]

4. Die Briefe habe ich schon nach Sevilla und Almodóvar geschickt; allerdings war (obwohl sie sofort weggingen), der Pater Prior,[12] glaube ich, schon nach Madrid abgereist, wo er noch ist; den nach Caravaca habe ich auch weitergeschickt, was ein Glück war, da sich gerade ein Kurier dorthin aufmachte, da es für diese Gegend nämlich nicht viele gibt. Die Krankheit von Pater Fray Gabriel[13] tut mir sehr leid; sagen Euer Ehrwürden es ihm und grüßen Sie ihn von mir; wir beten hier für ihn zu Gott. Es ist ein Pater, dem ich sehr gewogen bin, er mir aber nur wenig.

5. Unser Pater[14] hat mir geschrieben, dass er gut angekommen sei, und dass sich einige Patres *vom Tuch*[15] zu ihm begeben hätten und er das Kapitel[16] zufriedengestellt hätte.[17] Es sei zu diesem Zeitpunkt weiter nichts erreicht worden, als dass jene

---

[10] Jerónimo Gracián.

[11] Dieser vielsagende Passus lässt gut die Frustration Teresas über die Tatsache erkennen, dass sie als Frau, obwohl sie die Gründerin ist, in wichtigen, für den Fortbestand ihres Gründungswerkes entscheidenden Fragen nicht nur keine Entscheidungskompetenz, sondern nicht einmal wirkliches Mitspracherecht hat und ihre Ratschläge nicht ernst genommen werden.

[12] Der Prior von Almodóvar, Ambrosio de San Pedro (Buencuchillo).

[13] Der Prior von La Roda, Gabriel de la Asunción.

[14] Gracián.

[15] So nennt Teresa die Beschuhten Karmeliten; siehe Ct 89,1.

[16] Das Konventkapitel.

[17] Gracián selbst erklärt diesen Passus wie folgt: *„Zwei unserer Patres aus dem Großen Konvent [der Beschuhten von Sevilla] gingen zu ihm [Gracián], um bei ihm zu bleiben. Er nahm sie gastfreundlich auf... und diese beiden drängten ihn, mit ihnen zum Karmelkloster zu gehen und es zu visitieren, wann immer er wollte, und es nahmen ihn alle sehr zuvorkommend und liebevoll auf“* (Antonio de San José [hg.], *Cartas de santa Teresa de Jesús*, IV, 177). Vgl. aber Ct 128,4f.

Patres sich nachgiebig geben und ihm Bittsteller schicken. Wenn Gott ihn uns behütet, dann glaube ich, wird er uns viel Gutes erweisen. Euer Ehrwürden unterlasse es nicht, ihn mit aller Sorgfalt Gott zu empfehlen, und mich ebenso wenig. Ich empfehle mich allen Patres dort, die Priorin[18] Euer Ehrwürden, den unser Herr so heilig machen möge, wie ich es inständig von ihm erbitte. Amen.

Euer Ehrwürden unwürdige Dienerin

Teresa von Jesus

131.

An Pater Ambrosio Mariano[1] in Madrid

Toledo, Anfang Oktober 1576[2]

Für meinen Herrn Pater Fray Mariano de San Benito, Karmelit, Madrid.

1. Jesus. – Die Gnade des Heiligen Geistes sei mit Euer Gnaden. Ich sage Ihnen, dass ich nicht weiß, wie wir beide in Frieden leben können, wenn Sie mir so viel Anlass zum Streit geben,[3] wo Sie doch wissen, wie sehr mir die Krankheit des Herrn Lizentiaten Padilla[4] leid tat, und welche Sorgen ich mir über manch andere Geschäfte mache. Da wäre es meiner Meinung nach nur recht und billig gewesen, mich alles wissen zu lassen. Seien Sie doch um der Liebe des Herrn willen nicht so unbarmherzig! Und sagen Sie mir auch, wie es um die Ge-

---

[18] Die Priorin von Toledo, Ana de los Ángeles (Ordóñez y Gómez).

---

[1] Siehe Ct 106 tít.

[2] EDE datiert diesen Brief auf Mitte Oktober. Verstümmelter Autograph: Unbeschuhte Karmelitinnen, Via Arco Mirelli, Chiaia, Neapel (Italien).

[3] Wörtlich: *„zum Krieg"*; vgl. Ct 106,1, wo Teresa ebenfalls ihrem Ärger über Marianos Verhalten freien Lauf lässt. Marianos Sorglosigkeit und Impulsivität, aber vor allem die Tatsache, dass er sie nur sehr ungenügend oder gar nicht informierte, führten im Verhältnis der beiden immer wieder zu Spannungen.

[4] Der Weltpriester Juan Calvo de Padilla; siehe zu ihm Ct 105,9f.; 106,1.

schäfte in Andalusien[5] steht und um Pater Fray Buenaventura,[6] denn er macht mir Sorgen.

2. Euer Ehrwürden sollen wissen, dass unser Pater Fray Antonio de Sahagún, der Hieronymit,[7] ... Prior nach Pastrana ... denn man hat ihn nach ... fortgehen lassen ... was zu machen ist, um [die Stelle des?] Predigers auszufüllen;[8] denn wenn Pater Prior Baltasar[9] nicht dort bleiben soll, muss man unbedingt einen anderen schicken, wie alle sagen. Viele Grüße an meinen Padre, den Herrn Lizentiaten Padilla.[10] Möge es Gott gefallen, dass es mit seiner Besserung vorangegangen ist; geben Euer Ehrwürden mir auf jeden Fall Bescheid darüber, und auch über alles andere, und geben Sie acht, sich aus dem mit Malagón[11] herauszuhalten, denn Doña Luisa ist hochzufrieden und gibt uns jede Erlaubnis, die wir uns nur wünschen könnten ... Und (sagen Sie) dem Antonio Ruiz[12] mit seinen Fröschen, dass er mich zum Lachen gebracht hat.

Den ... Oktober, und ich bin Euer Ehrwürden Dienerin

Teresa von Jesus

---

[5] Anspielung auf die Spannungen zwischen den Beschuhten und den Unbeschuhten Karmeliten Andalusiens.

[6] Der Franziskaner Diego de Buenaventura, Visitator der Franziskaner Andalusiens; siehe auch Ct 120,11; 128,6; 129,f.

[7] Antonio de la Madre de Dios (de Sahagún), der von den Hieronymiten zu den Unbeschuhten Karmeliten übergetreten, nun aber depressiv und in einer Berufungskrise war, so dass er vorübergehend zu den Hieronymiten zurückkehrte; siehe zu ihm Ct 128,6; 130,2. Dieser Absatz ist verstümmelt, so dass sich nur erahnen lässt, was Teresa sagen will.

[8] Antonio de la Madre de Dios hatte in Almodóvar als Prediger gewirkt; durch seinen Weggang (Ct 130,2) war seine Stelle dort neu zu besetzen.

[9] Baltasar de Jesús (Nieto), Prior von Pastrana.

[10] Siehe oben Ct 131,1.

[11] Vielleicht eine Anspielung auf Pläne, das Haus in Malagón an einen gesünderen Standort zu verlegen (vgl. Ct 14,5; 124,14), oder aber auf die gesundheitlichen Probleme der dortigen Priorin, Brianda de San José (vgl. Ct 129,11). Die Mahnung an Mariano, sich da herauszuhalten, weist erneut daraufhin, dass Teresa ihm gegenüber gewisse Vorbehalte hat.

[12] Ein mit Teresa befreundeter Viehhändler aus Malagón; über die Anekdote mit den Fröschen, auf die Teresa hier anspielt, sind keine Einzelheiten bekannt.

132.

An Mutter María de San José[1] in Sevilla

Toledo, 13. Oktober 1576[2]

Für die Mutter Priorin von San José in Sevilla, meine Tochter.

1. Jesus. – Die Gnade des Heiligen Geistes sei mit Euer Ehrwürden, meine Tochter. Ihre Krankheit hat mir sehr leid getan; ich weiß nicht, was ich mir antun soll, um die Krankheiten, die diese Priorinnen haben, nicht so zu spüren. Der von Malagón[3] geht es, gottlob, besser. Schauen Euer Ehrwürden auf sich, und seien Sie für jeden vor dem Sassaparillenwasser auf der Hut;[4] und, um Gottes Willen, seien Sie nicht sorglos, dieses Fieber ohne jede Behandlung zu lassen, wobei es ja nicht gerade Abführmittel zu sein brauchen. Ein wenig hat es mich getröstet, als mir einfiel, dass Ihr einige Male glaubtet, Sie hätten welches, ich aber sah, dass dem nicht so ist.[5] Gott erhalte Sie mir gesund, worum ich ihn bitte. Amen.

2. Die Briefsendungen sind sehr gut angekommen; über Figueredo[6] kommen sie immer an; auch das Porto kommt so gut an, und das, was Sie an Porto beigelegt haben, können Sie außen drauf schreiben, doch versäumen Sie es nie, das Porto hineinzutun. Sie müssen mir sagen, auf welchem Weg Sie meine Briefe erhalten, denn ich bin jetzt in Zweifel, ob die angekommen sind, die ich über diesen Figueredo dorthin geschickt habe. Da droht ihnen keinerlei Gefahr, denn er ist

---

[1] Siehe Ct 109 tít.
[2] Autograph: Unbeschuhte Karmelitinnen, Valladolid.
[3] Die schwerkranke Brianda de San José (Temiño y Mendoza); siehe Ct 108,6.
[4] Vgl. Ct 120,12, wo Teresa ebenfalls vor dem als Abführmittel verwendeten Absud aus den Wurzeln dieser Pflanze warnt.
[5] Fiebermessung war damals unbekannt; worauf Teresa ihre Beobachtung stützt, muss offen bleiben.
[6] Der Postmeister der Königlichen Post von Toledo, Antonio de Figueredo; siehe zu ihm Ct 118,1; 120,3.

klug und ein sehr guter Mann; Euer Ehrwürden antworten mir zwar auf einige meiner Briefe, aber mein Gedächtnis reicht nicht aus, in welchen ich das schrieb. Gott behüte Sie, denn Sie machen es sehr gut, doch ist es meines Erachtens nicht nötig, meine Briefe den Ihren beizulegen,[7] das wäre zu viel Mühe.

3. O, wie neidisch bin auf Euch wegen dieser Predigten,[8] und wie wünschte ich mir, jetzt bei Euch zu sein! Hier sagt man, dass ich die Schwestern Ihres Hauses lieber mag als die anderen, ich weiß aber wirklich nicht, woran es liegt, dass ich zu Euch so viel Liebe gefasst habe, und so wundere ich mich auch nicht, dass Euer Ehrwürden sie für mich empfinden, habe doch auch ich sie immer zu Ihnen gehabt; doch tut es gut, es zu hören.[9] Es besteht kein Grund mehr, über das Vergangene zu sprechen,[10] wo ich doch ganz sicher glaube, dass Sie es nicht in der Hand hatten. Ich muss schmunzeln über den Mut, den Sie haben, und so glaube ich, dass Gott Ihnen hilft. Möge es ihm gefallen, Ihnen Gesundheit zu geben, wie ich es von ihm erflehe.

4. Über die Einkleidung und Profess[11] habe ich mich sehr gefreut; sagen Sie ihnen einen Glückwunsch von mir, und der San Francisco,[12] dass ich an ihren Briefen große Freude habe, und auch an denen der anderen, sofern sie mir das Antworten

---

[7] Mit anderen Worten, es ist nicht nötig, die Briefe Teresas, auf die María de San José antwortet, ihrem Antwortschreiben beizulegen, damit Teresa den Überblick behält.

[8] Anspielung auf Graciáns Predigten bei den Karmelitinnen von Sevilla, die sie nur zu gern gehört hätte.

[9] Vgl. Ct 112,1.

[10] Anspielung auf die Entschuldigungen, von denen bereits in Ct 112,1 die Rede war.

[11] Anspielung auf die Einkleidung von Juana de la Cruz (Gómez y Chaves) und Profess ihrer Tochter Beatriz de la Madre de Dios (Chaves) in Sevilla am 29. September 1576; vgl. Ct 109,4; 110,4; 112,4; 120,6.10.13; 122,2.6; 129,9.

[12] Isabel de San Francisco (de Vega), die den Auftrag hat, Teresa über alles, was in Sevilla vor sich ging, sorgfältig Bericht zu erstatten; siehe Ct 109,3.

erlassen. Die ich dort hatte, war ja noch gar nichts, doch seit ich hier bin, ist es ganz schrecklich.[13]

5. Wegen der Verwandten von Garciálvarez[14] machen Sie es doch so, wie Sie meinen, denn die Wahrheit wird er schon sagen, und eine von ihm kann nicht übel sein. Wenn ich Zeit habe, werde ich ihm schreiben und ihn bitten, das Beichthören bei Euch ja nicht aufzugeben, denn das täte mir leid; andernfalls sagen es ihm Euer Ehrwürden doch von mir. Die Krankheit unseres guten Paters Prior[15] geht mir sehr nahe, wir empfehlen ihn Gott. Ich fürchte, dass sich der Kurier auf den Weg macht, darum schreibe ich ihm nicht. Sie würden viel verlieren,[16] aber Gott, der ohne Ende ist, bleibt Ihnen erhalten.

6. Wegen der Gebetsweise dieser Schwestern[17] schreibe ich unserem Pater[18] noch; er wird es Ihnen sagen. Falls San Jerónimo etwas hätte, soll sie es mir schreiben. Mit Rodrigo[19] darf keinesfalls darüber gesprochen werden; mit Acosta[20] schon. Sagen Sei ihm ganz herzliche Grüße von mir, denn ich ver-

---

[13] Eine der vielen Bemerkungen über Teresas ausgedehnte Korrespondenz.

[14] Der Hausgeistliche der Karmelitinnen von Sevilla; es geht um den eventuellen Klostereintritt in Sevilla von dessen Kusinen Jerónima de la Madre de Dios (de Sotomayor) und Constanza del Río; siehe Ct 122,3.

[15] Der Prior der Kartause Las Cuevas (Sevilla), Hernando de Pantoja.

[16] Falls Pantoja stürbe.

[17] Isabel de San Jerónimo (Ureña) und Beatriz de la Madre de Dios (Chaves), von denen erstere von schwacher Konstitution und letztere seelisch labil war; der Hinweis auf „ihre Gebetsweise" legt nahe, dass es Probleme mit eingebildeten pseudomystischen Erfahrungen gab, weswegen María de San José Teresa wohl um Rat gefragt hatte.

[18] Jerónimo Gracián.

[19] Der Jesuit Rodrigo de Álvarez, der Konsultor beim Inquisitionsgericht von Sevilla war, weshalb Teresa ihn in dieser heiklen Angelegenheit am liebsten ganz aus dem Spiel lässt, einerseits um die ohnehin labilen Schwestern nicht noch mehr zu beunruhigen, andererseits aber sicher auch, um keine schlafenden Hunde zu wecken. Álvarez musste sich kurz darauf im Auftrag der Inquisition mit Teresas eigenen Gebetserfahrungen befassen; die beiden Stellungnahmen, die Teresa für das Inquisitionsgericht von Sevilla schrieb, gingen an ihn; siehe CC 53 und CC 54.

[20] Der Jesuit Diego de Acosta; siehe auch Ct 69,3; 129,6.

stehe mich wirklich sehr gut mit ihm, und wir verdanken ihm viel.

7. Über das mit der Kaufsteuer habe ich mich sehr gefreut,[21] weil mein Bruder La Serna[22] gekauft hat, ein abgegrenztes Gebiet[23] in der Nähe von Ávila, ein sehr guter Grund mit Weideland und Kornfelder und Wald, wofür er 14.000 Dukaten[24] zahlt; da er aber im Augenblick nicht so viel Geld zur Verfügung hatte, es ihm vielmehr fehlte, war es nicht der Augenblick, um ihm sein Drittel für den Lebensunterhalt vorzuenthalten, doch hoffe ich auf Gott, dass er es nicht nötig hat.[25] Wenn die Hausverkäufer nach und nach nehmen würden, was Ihr ihnen gebt, wäre das großartig.

8. Sie sagen mir nichts über die (Tochter) des Anwalts;[26] richten Sie ihnen Grüße von mir aus, und auch allen Schwestern, und wen Sie sonst noch sehen, und auch Delgado[27] und Blas,[28] und behüt' Sie Gott. Schicken Sie Fray Gregorio[29] auch einen Gruß, und er möge mir immer Bescheid geben, wie es

---

21 Vgl. Ct 129,2, wo Teresa auch bereits ihre Freude darüber zum Ausdruck brachte, dass der seit langem schwelende Streit um die Kaufsteuer für das Haus der Karmelitinnen endlich beigelegt war; siehe dazu Ct 105,3; 106,3; 112,2; 114,3; 120,6; 122,4; 126,2; F 25,9. Dadurch ist ihr Bruder Lorenzo de Cepeda dort entlastet.

22 Ein Gut in ungefähr 6 km Entfernung von Ávila; siehe auch Ct 129,3. Damit hatte Lorenzo endlich die Voraussetzungen geschaffen, um von der Rente aus Landwirtschaft und Viehzucht leben zu können, die Vorbedingung, um nicht als Converso zu gelten.

23 Teresa schreibt *„un término redondo"*, ein aus mehreren zusammengehörigen Grundstücken bestehendes Gut, von denen keines zu einem fremden Erbbesitz gehört.

24 Zum Wert eines Dukaten siehe Ct 2,3.

25 Lorenzo hatte den Karmelitinnen von Sevilla das Geld für den Kauf des Hauses vorgestreckt; mit dem „Drittel" ist die alle vier Monate fällige Rückzahlungsrate gemeint; vgl. Ct 137,2; F 25,3.6.9.

26 Eine Tochter des Anwalts der Inquisition von Sevilla Francisco de Arganda.

27 Inés Delgado, eine Wohltäterin der Karmelitinnen von Sevilla.

28 Auch Blasico genannt, ein Jugendlicher, der im Karmelitinnenkloster von Sevilla den Ministrantendienst und sonstige Dienste, wie den Einkauf, übernahm; Mariá de San José erwähnt ihn auch in ihrem *Libro de Recreaciones* (9. Rekreation, 224).

um seine Gesundheit steht. Gott schenke sie Euer Ehrwürden, denn über Ihre Handarbeiten habe ich geschmunzelt. Trotz allem sollen Euer Ehrwürden mit diesem Fieber aber nicht am Spinnrocken sitzen, denn so wie Sie beim Spinnen um sich schlagen, und bei dem Vielen, das Sie spinnen, würden Sie es nie wieder los. Grüße an Margarita.[30]

9. Falls Sie eine Laienschwester aufnehmen können, bedenken Sie, dass uns eine Verwandte von unserem Pater[31] sehr in den Ohren liegt;[32] lassen Sie mich wissen, ob Sie sie aufnehmen können. Die Priorin von Valladolid[33] hat sie sich angeschaut und sagt, dass sie als Laienschwester taugt; sie kann vermutlich nicht lesen. Unser Pater will sich nicht über sie äußern. Seine kleine Schwester[34] ist etwas Besonderes, mit einem sanfteren Charakter als Teresa,[35] und erstaunlich geschickt. Ich habe große Freude an ihr.

Heute ist der 13. Oktober.

Euer Ehrwürden Dienerin

Teresa von Jesus

---

[29] Gregorio Nacianceno (Martínez López): 1548–1599, 1573 Priesterweihe, 1576 Profess als Unbeschuhter Karmelit, mehrere Leitungsämter im jungen Teresianischen Karmel.

[30] Die Laienschwester Margarita de la Concepción (Ramírez), die zu diesem Zeitpunkt noch Novizin war; sie machte am 1. Januar 1577 Profess, gestorben 1647 in Lissabon. Sie war naiv und leicht beeinflussbar, so dass sie unter den Einfluss von María del Corro geriet, der entlassenen Novizin, die Teresa und die Karmelitinnen bei der Inquisition anzeigte (Ct 105,5f.), und 1579 auch für Beatriz de la Madre de Dios Partei ergriff, als diese zusammen mit Garciálvarez die Absetzung von María de San José als Priorin und ihre eigene Ernennung als Vikarin erzwang; vgl. Ct 284; 289.

[31] Jerónimo Gracián; es kam jedoch nicht zum Ordenseintritt dieser Verwandten von ihm.

[32] Wörtlich: *„uns schwer bekriegt"*.

[33] María Bautista (de Ocampo).

[34] Isabel Dantisco (Gracián), die im Karmel von Toledo erzogen wurde und später als Isabel de Jesús dort Profess machte.

[35] Teresas Nichte Teresita.

133.

An Pater Ambrosio Mariano[1] in Madrid

Toledo, Mitte Oktober 1576[2]

Für meinen Pater Doktor Fray Mariano de San Benito, Karmelit.[3]

1. Jesus. – Der Heilige Geist sei mit Euer Ehrwürden und vergelte Ihnen die guten Nachrichten, die Sie mir über die Gesundheit unseres guten Padre, des Herrn Lizenziaten Padilla[4] übermittelt haben. Möge es Gott noch viele Jahre gefallen. Betiteln Sie mich jetzt mit „Ehrwürdige" und „Gnädige Frau"? Gott verzeih' Ihnen, das hört sich ja so an, wie wenn Euer Ehrwürden[5] oder ich Beschuht geworden wären.[6] Die Freundschaft des Ehrwürdigen[7] mit seiner Bitte an Euer Ehrwürden

---

[1] Siehe Ct 106 tít.

[2] EDE datiert diesen Brief auf den 13. Oktober 1576. Autograph: ehedem Unbeschuhte Karmelitinnen Zumaya (Guipúzcoa), gegenwärtig Unbeschuhte Karmelitinnen Fuenterrabia (Hondarribia, Guipúzcoa).

[3] Diese Titulierung, die Teresa für Mariano sonst nicht verwendet, ist wohl ironisch gemeint; vgl. ihren diesbezüglichen Vorwurf im ersten Absatz dieses Briefes.

[4] Der Weltpriester Juan Calvo de Padilla; vgl. Ct 131,1.

[5] Das Wort *merced* („Gnaden") ist durchgestrichen; die Stelle ist unklar, vielleicht hieß es ursprünglich ironisierend: *„Euer ehrwürdigen Gnaden"*.

[6] Vgl. V 37,10; CE/CV 2,5; CE 45,1 bzw. CV 27,5. Im Zuge des einfachen Lebensstils aber auch aus Protest gegen das übertriebene Standesdenken in der damaligen Kirche und Gesellschaft wollte Teresa, dass in ihren Klöstern auf alle Titel verzichtet würde, mit Ausnahme von „Euer Ehrwürden" für die Oberen und „Euer Lieb" für die einfachen Schwestern und Brüder, was zwar heute antiquiert klingt, doch für damalige Verhältnisse eine klare Absage an jegliches Standesdenken war. Das Pochen auf immer bombastischere Titel war im damaligen Spanien tatsächlich so ausgeufert, dass Philipp II. sich am 8. Oktober 1586 genötigt sah, eine Verordnung zu erlassen, in der die Titulierung offiziell geregelt wurde. Trotz ihrer ironischen Bemerkungen zeigen Teresas Briefe, dass sie sich in der Titulatur genauestens auskannte und ihre Adressaten sehr wohl standesgemäß titulierte; nur stand sie innerlich darüber.

[7] Mit „Reverendus" (Pater) wurden die Oberen angesprochen; hier ist vermutlich der frühere Prior der Beschuhten Karmeliten von Ávila, Alonso de Valdemoro (eigentlich Alonso Hernández bzw. Fernández) gemeint, der wenige Monate zuvor *„zum großen Ärgernis der Leute"* (Ct 102,16) einen ersten Versuch

um einen Gefallen ließ mich schmunzeln. Mir hat er in Ávila Freundschaft vorgeheuchelt; Gott lasse es ihm besser gehen!, doch man soll den Tag nicht vor dem Abend loben,[8] denn vielleicht hat er sich geändert.

2. Wissen Sie, man hat mir gesagt – und es ist so –, dass Tostado[9] einen Kurier mit Briefen für den Provinzial[10] hierher geschickt hat, und dieser wolle einen Bruder zu ihm schicken. Viel Hin und Her, finde ich. Es tut mir leid, dass Pater Fray Buenaventura[11] hierher kommt, doch im Hinblick auf den Nutzen ist es entschuldbar. Wenn die Dummheiten, die sie anstellen, für sie genauso gut ausgehen, werden alle daraus lernen, dass Gott ihm eine Gnade erweist. Und Sie sagen mir nichts, was aus dem abgerissenen Kloster wird.[12] Oh mein Jesus, und was lässt du alles zu!

3. Ich wünsche sehr, dass das Häuschen schon in Besitz genommen wäre,[13] da das andere dann später geschieht, so Gott will, denn ich möchte noch nicht einmal die Mauern von Leuten zu Gesicht bekommen, die uns so wenig mögen.[14] Ich

---

unternommen hatte, Johannes vom Kreuz, zu diesem Zeitpunkt Beichtvater im Menschwerdungskloster in Ávila, zu inhaftieren, ihn aber durch Intervention des Päpstlichen Nuntius Ormaneto wieder freilassen musste.

[8] Wörtlich: obwohl der Tag ja zwölf Stunden hat. Vgl. Joh 11,9.

[9] Der Beschuhte Karmelit und Visitator Jerónimo Tostado; siehe zu ihm Ct 106,4.

[10] Der Beschuhte Karmelit Juan Gutiérrez de la Magdalena, der 1576–1579 Provinzial der Karmeliten Kastiliens war.

[11] Der Visitator der Franziskaner Andalusiens, Diego Buenaventura, der nach Madrid kommt.

[12] Vielleicht eine Anspielung auf *„das Kloster, das in der Nähe von Córdoba abgerissen wurde“* (Ct 129,8).

[13] Anspielung auf den Plan, in Madrid ein kleines Haus für eine Niederlassung der Unbeschuhten Karmeliten zu erwerben; vgl. Ct 135,8, wo deutlich wird, dass sie vorerst nicht an ein richtiges Kloster denkt, sondern an eine Absteigemöglichkeit für die Brüder, die geschäftlich in der Hauptstadt zu tun hatten, wo sie namentlich um königliche Unterstützung für die Errichtung einer unabhängigen Provinz warben. Teresas Wunsch sollte erst 1586 in Erfüllung gehen.

[14] Mariano übernachtete, so lange er in Madrid war, im Kloster der dortigen Beschuhten Karmeliten, wo er ständig in Indiskretionen verfiel.

habe schon gesagt, dass es mit einem Schreiben des Herrn Nuntius erledigt ist.[15] Herr Pater, beeilen wir uns, wie wir nur können, und verhandeln Euer Ehrwürden, wenn Sie können, über das mit der Provinz, da wir nicht wissen, was die Zukunft bringt, denn man verliert damit nichts, sondern gewinnt im Gegenteil viel.[16] Um der Liebe Gottes willen, schreiben mir Euer Ehrwürden, sobald Sie Nachrichten von unserem Pater haben,[17] denn ich mache mir Sorgen. Grüße an den Herrn Lizenziaten Padilla,[18] und auch an Pater Fray Baltasar.[19] Von der Priorin[20] ebenso, auch an Euer Ehrwürden. Ich habe mich gefreut, diesen gebenedeiten Pater zu sehen.[21] Gott sei immer mit Euer Ehrwürden.

Euer Ehrwürden unwürdige Dienerin

Teresa von Jesus

134.

An Pater Jerónimo Gracián[1] in Sevilla

Toledo, 21. Oktober 1576

1. Jesus. – Die Gnade des Heiligen Geistes sei mit Eurer Paternität. Gestern schrieb ich Ihnen, wie beruhigt und zufrieden diese Patres[2] waren, so dass ich Gott dafür lobte. Wissen

---

[15] Teresa hoffte auf eine schriftliche Gründungserlaubnis des Nuntius Ormaneto für die besagte Niederlassung in Madrid, die ihr jedoch nicht gewährt wurde.

[16] Vgl. Ct 124,9; 127,3f.

[17] Jerónimo Gracián, der in diesen Tagen nach Andalusien zurückgekehrt war, um die Visitation bei den Beschuhten Karmeliten fortzusetzen.

[18] Juan Calvo de Padilla; siehe oben Ct 133,1.

[19] Baltasar de Jesús Nieto; siehe Ct 83,2.

[20] Die Priorin von Toledo, Ana de los Ángeles (Ordóñez y Gómez).

[21] Der Franziskaner Diego Buenaventura, der auf dem Weg nach Madrid bei ihr vorbeigekommen war (Ct 133,2).

---

[1] Siehe Ct 89 tít.

[2] Einige Beschuhte Karmeliten aus Sevilla, die auf dem Rückweg von Madrid in Toledo bei Teresa vorgesprochen hatten.

Sie, da hatte man ihnen den Befehl und das *Motu*[3] noch nicht vorgelesen. Ich befürchtete sehr, was dann ja auch eingetreten ist, und heute war einer bei mir und sagt mir, dass sie sich heftig aufgeregt haben. Solange sie einen Grund zu haben glauben, ist klar, dass sie aufbrausen werden. Sie sagen genau das, was ich Pater Mariano[4] oft genug gesagt und, ich weiß nicht, Eurer Paternität vielleicht auch geschrieben habe, dass man es als Oberer eigentlich nicht tut, Befehle zu erteilen, ohne zu zeigen, kraft welcher Autorität man sie erteilt.

2. Zu dem, was Eure Paternität in dem Brief von Pater Mariano über die Gründe sagen, weshalb Sie das *Breve*[5] nicht schickten, wäre es sicher besser, vorher die Unklarheiten anzugehen, falls es welche gibt. Ach, wenn es doch nur so wäre, dass man Eure Paternität von dieser Prüfung befreite und Sie uns Unbeschuhten Brüdern und Schwestern ließe![6]

3. Padre Padilla[7] wird Eurer Paternität sagen, wie Melchisedek[8] behauptet, dass ich aufgrund des Konzils[9] nicht gründen

---

[3] Für *Motupropio*; eine sachlich ungenaue Bezeichnung für das Ernennungsbreve vom 3. August 1575, mit dem der Apostolische Nuntius Ormaneto Gracián zum Apostolischen Kommissar der Karmeliten Andalusiens und der Unbeschuhten Karmeliten und Karmelitinnen Kastiliens ernannt hatte. Vgl. Ct 89,2, wo Teresa derselbe terminologische Fehler unterläuft; als *Motupropio* bezeichnet man eigentlich nur einen päpstlichen Erlass.

[4] Ambrosio Mariano de San Benito (Azzaro); siehe zu ihm Ct 106 tít.

[5] Entweder eine Anspielung auf dasselbe Breve vom 3. August 1575, das sie oben (Ct 134,1) versehentlich als *Motu* bezeichnet, oder aber auf das Breve Gregors XIII. vom 15. Februar 1576, mit dem die Befugnisse Ormanetos bestätigt werden.

[6] Mit anderen Worten, dass Gracián von seiner äußerst undankbaren Aufgabe als Visitator der Beschuhten Karmeliten Andalusiens befreit würde, den Unbeschuhten Karmeliten und Karmelitinnen aber als Apostolischer Kommissar erhalten bliebe.

[7] Der Weltpriester Juan Calvo de Padilla; siehe zu ihm Ct 105,9f.; 106,1.

[8] Deckname für Ángel de Salazar, der von 1571–1576, und dann wieder ab 1579 Provinzial der Karmeliten war, nach dem alttestamentlichen König von Salem und Priester des höchsten Gottes (Gen 14,18-20). 1576 war ihm der in Ct 133,2 genannte Juan Gutiérrez de la Magdalena als Provinzial gefolgt.

[9] Eine Anspielung auf die Verschärfung der Klausurgesetze für Frauenklöster durch das Konzil von Trient, die Teresas Gegnern eine willkommene Begründung lieferte, um ihr das Gründen weiterer Klöster zu untersagen.

darf, und dass unser Hochwürdigster[10] das erklärt. Ich hätte sehr gern, dass Eure Paternität sich, wenn möglich, diese Erklärung ansehen. Zu dem, was er da sagt, dass ich Schwestern mitgenommen hätte, so ist das immer mit Erlaubnis der Oberen geschehen. Hier habe ich die, die mir Melchisedek selbst für Beas und Caravaca gegeben hat, um Schwestern mitzunehmen. Warum hat er das denn damals nicht beachtet, wo doch diese Erklärung schon vorlag? Ach, wenn sie mich nur in Ruhe ließen!

4. Gebe Gott Eurer Paternität die Ruhe, Herr Pater, die ich Ihnen wünsche. Vielleicht versprühen diese Leute jetzt ihr Gift, so dass es ihnen danach besser geht, obwohl sie meinem Eindruck nach sehr bereit waren zu gehorchen. Mir kam dieser Streit nicht schlimm vor, vielmehr gefällt mir dieser Widerspruch, der ein Zeichen ist, dass Gott sehr gedient wird.

5. Der Grund, warum ich Eurer Paternität beiliegenden Brief schicke, ist wegen der Sache in Salamanca,[11] über die man Eurer Paternität, glaube ich, schon geschrieben hat. Ich habe ihm geschrieben,[12] dass das kein Geschäft für Unbeschuhte Ordensbrüder sei, wohl aber, um Frauen dort unterzubringen, doch nicht, um deren Vikare zu sein (denn ich glaube, dass sie dort nichts anderes wollen); dazu sind zwei Monate auch zu wenig, außerdem verlangt das der Bischof[13] nicht von ihnen, noch will man sie dorthin schicken, und sie sind für solche

---

[10] Der Generalobere der Karmeliten, Giovanni Battista Rossi.

[11] Es handelt sich um Pläne für die Gründung eines Studienkollegs der Unbeschuhten Karmeliten in Salamanca, die an die Bedingung geknüpft war, dass die Brüder die geistliche Leitung einer *„Casa de Recogidas"* übernähmen; dies waren Häuser für ehemalige Prostituierte (dem *Diccionario de Autoridades* zufolge *„Büßerinnen, die … Gott durch Sittendelikte und Unkeuschheit beleidigt hatten"*), die ein frommes Leben in Gemeinschaft führten, ohne Ordensfrauen im eigentlichen Sinn zu sein. Auch dieses Detail wirft Licht auf die Situation und Einschätzung der Frau damals. Der beigelegte Brief stammte von Ambrosio Mariano de San Benito (Azzaro).

[12] Im folgenden fasst sie ihre Antwort an Ambrosio Mariano zusammen, die sie an demselben Tag schrieb; siehe Ct 135.

[13] Francisco de Soto y Salazar.

Geschäfte auch nicht gedacht. Ich möchte, dass die Unbeschuhten Brüder dort wie Leute aus einer anderen Welt erscheinen, und nicht im Hin und Her mit Frauen beschäftigt. Den Bischof haben wir auch ohne das für uns gewonnen, man würde ihn dadurch vielleicht eher verlieren. Ob der gute Don Teutonio[14] etwas ausrichten wird, weiß ich nicht, da er keine großen Möglichkeiten hat und kein sehr guter Unterhändler ist.[15] Wenn ich dort wäre, um es voranzutreiben, glaube ich schon, dass es gut ginge;[16] doch vielleicht kommt es auch so zustande, wenn es Eurer Paternität gut scheint. All das habe ich ihnen geschrieben.

6. Die Priorin[17] und die übrigen Schwestern empfehlen sich in die Gebete von Eurer Paternität und der Patres dort; ich in die von Fray Gregorio.[18] Meine Isabel[19] ist wohlauf und sehr angenehm, ebenso die Gnädige Frau Doña Juana[20] und ihre Hausgenossen. Richten Sie dem Herrn Anwalt und dem Erzbischof[21] liebenswürdigerweise ab und zu Grüße von mir aus, auch der Gnädigen Frau Delgada[22] und den Freundinnen Eurer Paternität, vor allem Bernarda;[23] ich sage Ihnen das jetzt ein für allemal.

---

[14] Teresas Freund Teutonio de Braganza.

[15] Im Brief an Ambrosio Mariano sagt sie, sie sei *„nicht gerade sehr zuversichtlich, dass der Gnädige Herr Don Teutonio ein großer Unterhändler ist“* (Ct 135,14). Demgegenüber war sie selbst eine sehr geschickte Unterhändlerin, wie sie im folgenden selbstbewusst sagt.

[16] Sie meint die Gründung des Studienkollegs, ohne die von ihr abgelehnte Bedingung.

[17] Die Priorin von Toledo, Ana de los Ángeles (Ordóñez y Gómez).

[18] Gregorio Nacianceno (Martínez López) aus dem Kloster Los Remedios (Sevilla).

[19] Die kleine Schwester Graciáns, Isabel Dantisco (Gracián), die im Karmel Toledo erzogen wird.

[20] Die Mutter Graciáns, Juana Dantisco.

[21] Der Anwalt der Inquisition von Sevilla, Francisco de Arganda, und der Erzbischof von Sevilla, Cristóbal de Rojas y Sandoval.

[22] Inés Delgado aus dem Stadtviertel Triana, eine Wohltäterin der Karmelitinnen von Sevilla.

[23] Die Unbeschuhte Karmelitin von Sevilla Bernarda de San José (Matías y Ramírez).

Gott befohlen, Eure Paternität; denn es ist schon sehr spät.

Heute ist der Gedenktag meines hl. Vaters Hilarion.[24]

Eurer Paternität Dienerin und Untergebene

Teresa von Jesus

135.

An Pater Ambrosio Mariano[1] in Madrid

Toledo, 21. Oktober 1576[2]

1. Jesus. – Die Gnade des Heiligen Geistes sei mit Euer Ehrwürden. Es sieht ganz danach aus, als hätten Euer Ehrwürden nicht verstanden, was ich Pater Olea[3] schulde[4] und wie gern ich ihn habe, da Euer Ehrwürden mir über ein Geschäft schreiben, über das er mit mir verhandelt hätte oder noch verhandle. Euer Gnaden wissen, glaube ich, schon, dass ich nicht undankbar bin; und deshalb sage ich Ihnen, dass dieses Geschäft schon abgeschlossen wäre, wenn es mir dabei darum gegangen wäre, meine Ruhe oder Gesundheit nicht zu verlieren, doch wenn es um eine Gewissensfrage geht, reicht Freundschaft nicht aus, da ich Gott mehr schulde als irgend jemandem sonst. Hätte es Gott doch gefallen, dass es nur an der

---

[24] Hilarion von Gaza, geboren um 290, gestorben um 370, lebte als Einsiedler in der Wüste südwestlich von Majoma (Gaza), der karmelitanischen Legende zufolge aber auf dem Berg Karmel, weshalb Teresa ihn zu ihren geistlichen Vorfahren zählt. Sie erwähnt ihn auch in der Liste ihrer Lieblingsheiligen (Es 8) und widmet ihm ein Gedicht (P 19). Sein Gedächtnis wird am 21. Oktober begangen.

---

[1] Siehe Ct 106 tít.

[2] Autograph: Unbeschuhte Karmelitinnen, Sevilla.

[3] Der Jesuit Francisco de Olea („Santelmo" bzw. „San Telmo" in Teresas Geheimsprache); dieser hatte eine ungeeignete Ordenskandidatin empfohlen, die in Valladolid nicht zur Profess zugelassen wurde, was zu Spannungen zwischen ihm und Teresa führte; vgl. Ct 88,7f. an María Bautista und ferner Ct 138,3 und Ct 150,4 an Jerónimo Gracián.

[4] Über P. Olea hatte sie bereits gut eineinhalb Jahre zuvor geschrieben: *„Man ist ihm zu viel Dank verpflichtet"* (Ct 79,7 vom 2. Januar 1575).

Mitgift gefehlt hätte, denn Euer Ehrwürden wissen doch von den vielen, die es in diesen Klöstern gibt – und falls nicht, erkundigen Sie sich doch! –, die ohne alles aufgenommen wurden, um wie viel mehr dann eine, die eine gute hat, denn man gibt ihr 500 Dukaten,[5] mit denen sie in jedem Kloster Schwester werden könnte.[6]

2. Da mein Pater Olea die Schwestern dieser Häuser nicht kennt, wundere ich mich nicht, dass er darüber den Kopf schüttelt; ich aber, die ich weiß, dass sie Dienerinnen Gottes sind, und auch ihre Herzensreinheit kenne, werde niemals glauben, dass sie jemandem nicht den Habit gäben, wenn es nicht viele Gründe dagegen gäbe, weiß ich doch, wie skrupulös sie in diesem Punkt immer sind; doch wenn sie so fest entschlossen sind, muss es einen handfesten Grund geben.[7] Und da wir nur wenige sind, entsteht für das Ordensleben so viel Unruhe, falls sie ungeeignet dafür sind, dass sogar ein erbärmliches Gewissen Skrupel bekäme, so etwas anzustreben, erst recht jemand, der den Wunsch hat, unserem Herrn in keiner Weise zu missfallen.[8]

3. Euer Ehrwürden mögen mir sagen: Wenn sie ihr die Stimmen nicht geben, wie kann ich oder irgendein Oberer sie denn gewaltsam zur Aufnahme einer Schwester verpflichten, wo sie ihr doch die Stimme nicht geben?[9] Euer Ehrwürden sollen

---

[5] Zum Wert eines Dukaten siehe Ct 2,3.

[6] Nahezu alle Klöster verlangten damals von Kandidatinnen eine Mitgift, da dies oftmals ihre Haupteinnahmequelle war. Zu Teresas Einstellung bezüglich Mitgiften vgl. Ct 8,12; 24,17; 79,4 mit Anm.

[7] Olea hatte die Priorin von Valladolid, María Bautista (de Ocampo), heftig angegriffen, da er es ihr anlastete, dass die von ihm empfohlene Kandidatin bei der Konventabstimmung durchgefallen war; vgl. Ct 138,3.

[8] In einer Zeit, in der Klöster, die bereit waren, Kandidatinnen ohne Mitgift aufzunehmen, leicht in die Gefahr geraten konnten, Zufluchtstätten für nachgeborene Töchter zu werden, war es Teresa ein großes Anliegen sicherzustellen, dass nur geeignete Frauen aufgenommen wurden; vgl. CE 20 (CV 13,6-7); Cs 21.

[9] Taktisch klug beruft sich Teresa auf das in den *Konstitutionen* verbürgte demokratische Recht ihrer Schwestern, durch Mehrheitsbeschluss über die Aufnahme von Kandidatinnen in ihrer jeweiligen Lebensgemeinschaft und

nicht meinen, dass das dem Pater Olea gegen den Strich geht – hat er mir doch geschrieben, dass ihn mit ihr nicht mehr verbinde als mit einer, die auf der Straße an ihm vorübergeht –,[10] nur meine Sünden haben ihm eine solche Liebe zu etwas eingeflößt, das nun einmal nicht machbar ist und bei dem ich ihm nicht dienen kann, was mir sehr leid getan hat. Und ganz sicher würde man ihr keinen Dienst erweisen, selbst wenn es sein könnte, wenn man sie bei Leuten ließe, die sie nicht wollen.

4. Ich habe in dieser Sache schon mehr getan, als was recht und billig war, da ich sie sehr gegen ihren Willen dazu veranlasse, sie ein weiteres Jahr zu behalten, um sie noch weiter zu prüfen,[11] und auch um mich besser über das Ganze zu informieren, falls ich irgendwann auf dem Weg nach Salamanca dort vorbeikomme. Das geschieht nur, um Pater Olea zu Diensten zu sein und noch mehr auf ihn einzugehen, denn ich sehe sehr wohl, dass die Schwestern nicht lügen (und Euer Gnaden wissen, wie fern ihnen das sogar in ganz unbedeutenden Dingen liegt); außerdem ist es nichts Neues, dass Schwestern aus diesen Klöstern wieder austreten, ja es ist ganz normal; sie verlieren ja nichts dabei, wenn es heißt, dass ihre Gesundheit für diese Strenge nicht taugt, und ich habe auch nicht erlebt, dass eine deswegen weniger gälte.[12]

5. Dadurch gewitzigt, werde ich wohl gut darauf zu achten haben, was ich von jetzt an mache, und so wird die von Herrn

---

deren Zulassung zur Profess zu entscheiden: *„Wenn eine aufgenommen wird, so geschehe das stets mit Zustimmung des größeren Teils des Konventes, und wenn sie Profess machen, genauso“* (Cs 21).

[10] Diesen Ausspruch wiederholt Teresa mit ironischem Unterton in ihrem Brief an Gracián vom 31. Oktober 1576 (Ct 138,3).

[11] Hier wird deutlich, dass die besagte Kandidatin bereits das vorgeschriebene Noviziatsjahr absolviert, aber nach Meinung der Schwestern den Anforderungen nicht genügt hatte; es handelt sich also nicht um die Verweigerung der Aufnahme ins Noviziat, sondern der Zulassung zur Profess, die auf Lebenszeit an die Gemeinschaft gebunden hätte.

[12] Man beachte die sehr nüchterne Sicht, die Teresa hier beim Austritt einer Schwester während der Probezeit an den Tag legt.

Nicolao[13] nicht aufgenommen, auch wenn sie Euer Ehrwürden noch so zusagt, denn ich bin von anderer Seite her informiert worden und nicht bereit, mir Feindschaft einzuhandeln, nur um meinen Herren und Freunden zu Diensten zu sein. Es ist schon merkwürdig, dass sich Euer Ehrwürden dazu äußern, warum man darüber spricht (wenn dem nicht so wäre, würde nie eine Schwester aufgenommen), wo ich doch nur auf ihn eingehen wollte; doch damals gab man mir eine andere Auskunft als das, was ich später erfuhr, ich weiß aber auch, dass Herrn Nicolao das Wohl dieser Häuser mehr am Herzen liegt als das einer Einzelperson, und so hat er sich damit abgefunden.

6. Euer Ehrwürden sprechen um der Liebe Gottes willen besser nicht mehr davon, denn man gibt ihr eine gute Mitgift, so dass sie woanders eintreten kann, doch soll sie nicht da eintreten, wo sie bei den wenigen, die sie sind, sehr, sehr genau ausgesucht werden müssen. Und wenn man das bis jetzt bei mancher nicht ganz so genau genommen hat, – wobei man die an einer Hand zählen kann –, sind wir damit doch so schlecht gefahren, dass es ab jetzt so gehandhabt werden soll. Bringen Sie uns mit Herrn Nicolao doch nicht in die Verlegenheit, sie noch einmal wegschicken zu müssen.

7. Ich habe schmunzeln müssen, als Euer Ehrwürden sagten, Sie würden sie auf den ersten Blick durchschauen. So leicht sind wir Frauen nicht zu durchschauen! Jahrelang hören sie ihre Beichte und sind dann selbst entsetzt, wie wenig sie verstanden hatten. Und das ist so, weil nicht einmal sie selbst sich so verstehen, dass sie ihre Fehler benennen könnten, jene aber nach dem urteilen, was diese ihnen beichten. Herr Pater, wenn Sie möchten, dass wir Ihnen in diesen Häusern zu Diensten seien, dann schicken Sie uns gute Talente, und dann werden Sie schon sehen, dass wir wegen der Mitgift nicht aus-

[13] Nicolas Doria, der zu diesem Zeitpunkt noch als Weltpriester in Sevilla lebte; auch dieser hatte eine Kandidatin empfohlen. Siehe Ct 120,6, ferner Ct 146,3 und Ct 152,5.

einander kommen. Wenn es aber daran fehlt, kann ich nicht zu Diensten sein.

8. Wissen Sie, Euer Ehrwürden, mir kam es leicht vor, auf diese Weise ein Haus zu bekommen,[14] wo die Brüder absteigen könnten, und es schien mir keine große Sache, die Erlaubnis zum Zelebrieren der Messe zu erhalten, auch wenn es kein Kloster wäre, da man sie sogar für das Haus eines adeligen Laien gibt, und so habe ich das unserem Pater[15] ausrichten lassen. Er sagte mir aber, dass das nicht anginge, da es dem Geschäft schaden würde;[16] und ich glaube, dass er da richtig liegt. Und da Euer Ehrwürden wussten, was er in dieser Hinsicht wollte, hätten Sie nicht den Entschluss fassen sollen, dort so zahlreich aufzutreten und die Kirche herzurichten, wie wenn Sie die Genehmigung schon hätten; das hat mich zum Lachen gebracht. Ich habe noch nicht einmal ein Haus gekauft, solange ich die Genehmigung des Ordinarius[17] nicht hatte. In Sevilla, wo ich anders handelte, sehen Sie ja, was es uns gekostet hat.[18]

9. Ich habe Euer Ehrwürden oft genug gesagt, dass Sie nichts unternehmen sollten, bis Sie vom Herrn Nuntius[19] ein Schreiben hätten, mit dem er die Genehmigung erteilte. Als Don Jerónimo[20] mir sagte, dass Sie sie von den Brüdern[21] erbitten

[14] In Madrid; vgl. Ct 133,3.

[15] Jerónimo Gracián.

[16] Das „Geschäft" bezieht sich auf Verhandlungen über die Errichtung einer unabhängigen Provinz für die Unbeschuhten; vgl. Ct 133,3.

[17] Ortsbischof.

[18] Bei der Gründung in Sevilla war Teresa irrtümlich davon ausgegangen, dass die Genehmigung des Erzbischofs Cristóbal de Rojas y Sandoval bereits vorlag, was aber nicht der Fall war; der das Haus ohne Gründungsgenehmigung des Ordinarius angemietet hatte, war Ambrosio Mariano selbst; siehe F 24,15f. In Sevilla war Teresa aus mehreren Gründen mit großen Schwierigkeiten konfrontiert; siehe den ganzen Gründungsbericht in F 23-26.

[19] Nicolás Ormaneto; siehe Ct 133,3.

[20] Der Domherr von Toledo Jerónimo Manrique de Lara, der das Wohlwollen Philipps II. genoss und folglich einflussreich war.

[21] Von den Beschuhten Karmeliten.

wollten, stand ich fassungslos da vor Verblüffung.[22] Und da ich nicht der Meinung bin, dass Euer Ehrwürden ihnen so viel Vertrauen entgegenbringen sollten, bin ich zumindest jetzt nicht dafür, mit Valdemoro[23] zu sprechen, da ich den Verdacht hege, dass er keine Freundschaft schließen wird, um uns Gutes zu tun, sondern nur um zu sehen, was er herausbekommt, um es seinen Freunden zuzustecken. Ich hätte gern, dass Euer Ehrwürden denselben Verdacht hegten und ihm nicht über den Weg trauten und auch nicht versuchten, das Geschäft über solche Freunde abzuwickeln. Überlassen sie es dem, dessen Geschäft es ist, nämlich Gott; denn Seine Majestät wird es schon richten, wenn es an der Zeit ist, und haben Sie es nicht so eilig, denn das genügt schon, um es zu verderben.

10. Wissen Sie, Euer Ehrwürden, dass Don Diego Mejía[24] ein vollendeter Edelmann ist, und Wort halten wird; wenn er sich schon entschließt, das zu sagen, dann muss er wohl von seinem Cousin erfahren haben, dass dieser es tun wird; und Sie dürfen glauben, was er für ihn nicht tun sollte, wird er auch für seine Tante[25] nicht tun, so dass kein Grund besteht, ihr oder sonst wem zu schreiben, da sie Cousins ersten Grades sind, und die Verwandtschaft oder Freundschaft mit Don Diego Mejía ist sehr viel wert. Außerdem ist es ein gutes Zeichen, dass der Erzdiakon[26] sagt, er werde die Verbindung für uns herstellen, denn wenn er nicht glaubte, dass es gut aus-

---

[22] *Adarvada*, was Covarrubias zufolge von jemandem gesagt wurde, der *„vor Erstaunen oder Verwunderung von Sinnen ist."* Ein weiteres Indiz, dass Teresa von Marianos Urteilskraft nicht besonders viel hielt.

[23] Der Prior der Beschuhten Karmeliten von Ávila, Alonso de Valdemoro; siehe zu ihm Ct 133,1.

[24] Der Graf von Uceda, Diego Mejía de Ovando Dávila, ein Verwandter des Bischofs von Ávila, Álvaro de Mendoza, mit dessen Nichte María Sarmiento de Mendoza (jun.) er verheiratet war.

[25] María Sarmiento de Mendoza (sen.).

[26] Der Erzdiakon von Toledo, Francisco de Ávila, ein Freund von Ambrosio Mariano, der sich 1576/77 zusammen mit diesem vergeblich darum bemühte, in Madrid ein Kloster der Unbeschuhten Karmeliten und eines der Unbeschuhten Karmelitinnen zu gründen.

ginge, würde er das nicht übernehmen. Das Geschäft läuft in guten Bahnen; Euer Ehrwürden sollen jetzt nicht noch mehr drängen, da es eher schlechter würde. Schauen wir, was Don Diego und der Erzdiakon erreichen. Ich werde von hier aus in Erfahrung zu bringen versuchen, ob es jemanden gibt, der es von ihnen[27] erbittet; und falls der Dekan[28] etwas vermag, wird Doña Luisa[29] ihn schon dazu bringen.

11. Das war alles ganz nach meinem Geschmack und hat mich im Glauben bestärkt, dass Gott mit dieser Gründung sehr gedient sei,[30] und von daher hat weder das eine noch das andere in unseren Händen gelegen. Es passt ganz gut, dass Ihr ein Haus habt, denn früher oder später werden wir auch die Genehmigung erhalten; wenn der Herr Nuntius[31] sie gegeben hätte, wäre die Sache schon erledigt. Möge es unserem Herrn gefallen, ihm die Gesundheit zu verleihen, wo er doch sieht, dass wir ihn brauchen.[32] Ich sage Ihnen, Tostado[33] hat nichts von seinem Selbstvertrauen eingebüßt, und ich bin mir nicht sicher, dass er, der damit angefangen hat, durch ihn nicht auch erfolgreich sein wird.[34]

12. In der Sache mit Salamanca ist es so, dass Pater Fray Juan de Jesús[35] mit seinem Viertagefieber[36] derart beisammen ist,

---

[27] Von den Beschuhten Karmeliten.

[28] Domdekan von Toledo war Diego de Castilla, der zu den Freunden Teresas in Toledo gehörte; vgl. Ct 161,9.

[29] Teresas Freundin Luisa de la Cerda. Man beachte, wie sehr Teresa ihre Beziehungen spielen lässt und auf die Protektion von einflussreichen Mitgliedern des Hochadels vertraut.

[30] Mit der Gründung in Madrid. Zu Teresas Überzeugung, Schwierigkeiten beim Zustandekommen einer Klostergründung seien ein Zeichen, dass der Segen Gottes auf ihr ruht, siehe Anm. zu Ct 103,4.

[31] Nicolás Ormaneto.

[32] Vgl. Ct 124,10f. Teresa hatte Sorge, dass Ormaneto nicht mehr lange leben und sein Nachfolger ihr womöglich nicht so wohlgesonnen sein würde, wie es dann ein Dreivierteljahr später wirklich kam; Ormaneto starb am 18. Juni 1577 und wurde durch Felipe Sega ersetzt, einen erbitterten Gegner Teresas.

[33] Der Visitator Jerónimo Tostado; siehe zu ihm Ct 106,4.

[34] Tostado war vom Ordensgeneral Rossi bzw. vom Generalkapitel von Piacenza beauftragt.

dass ich nicht weiß, was er machen kann, und auch Euer Ehrwürden erklären nicht, welchen Nutzen sie dort erbringen sollen.[37] Was das Studienkolleg dort anbelangt, fangen wir einmal mit dem an, was Sache ist, nämlich dass der Herr Nuntius die Genehmigung erteilt, und wenn er die erteilt hätte, wäre die Sache schon erledigt; wenn aber schon die Anfänge verfehlt sind, geht das Ganze daneben. Was der Bischof meines Erachtens verlangt, (da er erfahren hat, dass Herr Juan Díaz[38] dort in der Lage ist, in der er nun einmal ist), ist, dass jemand vor Ort seine Aufgabe übernimmt; ich weiß aber nicht, ob es sich mit unserem Gelübde verträgt, als Vikare zu wirken.[39] Ich meine, dass das nicht angeht und, falls es doch geschähe, dass zwei Monate zu nichts gut sein werden, es sei denn um den Bischof zu verärgern. Auch weiß ich nicht, wie die Patres mit der Leitung dort zurecht kommen sollen (denn vielleicht wollen sie, dass sie zu großer Vollkommenheit gelangen, was zu solchen Leuten[40] nicht passt), noch weiß ich, ob dem Bischof Ordensbrüder gefallen werden.

13. Ich sage Euer Ehrwürden, dass mehr geschehen muss, als Sie meinen, und dass wir vielleicht durch das, was wir zu gewinnen glaubten, verlieren würden; auch scheint es mir für das Ansehen unseres Ordens nicht gut, dass Leute mit dieser Funktion als Vikare einsteigen (für nichts anderes will man sie

[35] Der Prior von Mancera, Juan de Jesús Roca.
[36] Siehe Ct 24,4.
[37] Es handelt sich um Pläne für die Gründung eines Klosters der Unbeschuhten Karmeliten in der alten Universitätsstadt. Teresa war zwar für die Errichtung eines Studienkonvents dort, aber strikt gegen die ausgesuchte Lage gegenüber einer *Casa de Recogidas* (Zufluchtsstätte für ehemalige Prostituierte) und der damit verbundenen Aufgabe, diese Frauen seelsorglich zu betreuen; siehe Ct 134,5.
[38] Ein mit Teresa befreundeter Weltpriester, der ein Schüler des Juan de Ávila war und sich später eine zeitlang mit dem Gedanken trug, Unbeschuhter Karmelit zu werden; vgl. Ct 112,5; 114,5; 122,6. Dieser war für die Seelsorge an den besagten Frauen zuständig gewesen; da er aber in Madrid weilte, ging es darum, ihn zwei Monate lang in Salamanca zu ersetzen.
[39] Siehe Ct 134,5.
[40] Die besagten Frauen.

ja), die man eigentlich, wenn man sie zu Gesicht bekommt, als kontemplative Einsiedler erleben sollte, und nicht mit Frauen von diesem Schlag hierher und dorthin unterwegs; denn abgesehen davon, dass sie sie aus ihrem schlechten Lebenswandel herausholen würden, weiß ich nämlich nicht, ob das einen guten Eindruck macht.

14. Ich führe die Nachteile an, damit Ihr sie Euch anschaut und Eure Ehrwürden dann tun, wie Ihr meint; dem beuge ich mich, Ihr werdet es schon besser wissen.[41] Lesen Sie dies dem Herrn Lizenziaten Padilla[42] und Herrn Juan Díaz vor, denn mehr als das habe ich nicht zu sagen. Die Genehmigung des Bischofs dürfte wohl als gesichert gelten. Abgesehen davon, bin ich nicht gerade sehr zuversichtlich, dass der Gnädige Herr Don Teutonio[43] ein großer Unterhändler ist; dass er viel guten Willen hat, das schon, aber kaum Möglichkeiten.

15. Ich wartete, bis ich selbst dort[44] wäre, um dieses Geschäft voranzutreiben, denn ich bin eine gute Feilscherin (falls Sie es nicht glauben, soll mein Freund Valdemoro es Ihnen sagen);[45] ich möchte nämlich nicht, dass es nur deswegen unterbleibt, weil man nicht die richtigen Bedingungen schafft, denn das Haus dort und das andere[46] sind die, die ich mir am meisten erwünsche. Dass man das in Ciudad Real[47] aufgegeben hat, bis es günstiger ist, hat mich gefreut, denn ich kann überhaupt nicht sehen, wie es gelingen könnte. In Malagón ist es, alles in

---

41 Teresa fühlt sich hier einerseits verantwortlich für die Brüder, handelt also als deren Gründerin, doch überlässt sie ihnen die letzte Entscheidung.

42 Der Weltpriester Juan Calvo de Padilla; siehe zu ihm Ct 105,9.10; 106,1.

43 Teutonio de Braganza, der sich ebenfalls für die Gründung der Brüder in Salamanca einsetzte; vgl. Ct 134,5.

44 Salamanca.

45 Ironisch gemeint: Valdemoro war ein Gegner Teresas, der ihre Zähigkeit als Unterhändlerin kennengelernt hatte; vgl. auch Ct 24,5 an ihren Bruder Lorenzo de Cepeda, wo sie sich *„eine gute Geldwechslerin und Unterhändlerin“* nennt.

46 Salamanca und Madrid.

47 Ein weiteres Gründungsprojekt der Unbeschuhten Karmeliten in Neukastilien, das genausowenig abgeschlossen war.

allem, viel besser, denn Doña Luisa ist daran sehr interessiert und wird mit der Zeit für günstige Bedingungen sorgen, und in der Umgebung gibt es große Ortschaften; ich gehe davon aus, dass es ihnen am Lebensunterhalt nicht fehlen wird.

16. Um einen Vorwand zu haben, um das andere Haus aufzugeben, kann man es dorthin verlegen,[48] doch soll im Augenblick nicht die Meinung entstehen, als würde es ganz aufgegeben, sondern nur, bis man ein Haus fertig gestellt hätte; denn es wirkt wenig glaubwürdig, heute eines zu errichten und es morgen zu verlassen.

17. Den Brief für Don Diego Mejía habe ich Don Jerónimo[49] gegeben, der ihn wohl mit einem anderen, den ich an den Graf von Olivares[50] geschickt habe, verschicken wird. Ich werde ihm noch einmal schreiben, falls ich sehe, dass es nötig ist. Lassen Euer Ehrwürden nicht zu, dass er es vergisst; ich sage aber nochmals, dass er mit dem Erzdiakon gesprochen hat und die Sache für erledigt hält, wenn er gesagt hat, dass er die Bittschrift einfach überreichen wird, denn er ist ein Mann, der zu seinem Wort steht.[51]

18. Jetzt hat er mir wegen einer Schwester geschrieben; hätte es Gott gefallen, dass die beiden, die wir abgewiesen haben,[52] ihre Eigenschaften hätten, dann hätte ich es nicht versäumt, sie aufzunehmen. Die Mutter des Paters Visitator[53] hat sich über sie erkundigt. Jetzt, wo ich dies erwähne, fällt mir ein, dass es gut wäre, unter dem Vorwand, etwas zu dieser Schwester zu sagen, bei Don Diego[54] auch das andere Geschäft zur

---

48 Von Ciudad Real nach Malagón.

49 Diego Mejía de Ovando Dávila und Jerónimo Manrique de Lara; siehe oben Ct 135,10 bzw. Ct 135,9.

50 Enrique de Guzmán.

51 *Un hombre de verdad*, wörtlich: „Ein Mann der Wahrheit".

52 Die beiden Kandidatinnen, von denen am Anfang dieses Briefes (Ct 135,1-6) die Rede war.

53 Die Mutter von Jerónimo Gracián, Doña Juana Dantisco.

54 Diego Mejía de Ovando Dávila; siehe oben Ct 135,10.

Sprache zu bringen und es ihm noch einmal ans Herz zu legen; so werde ich es auch machen. Lassen Euer Ehrwürden ihm diesen Brief übergeben, und Gott befohlen; denn ich bin sehr ausführlich gewesen, wie wenn ich mich um sonst nichts zu kümmern hätte!

19. Dem Pater Prior[55] schreibe ich jetzt nicht, weil ich im Augenblick viele weitere Briefe habe und auch, weil Seine Paternität diesen auch als an ihn gerichtet betrachten darf. Viele Grüße an meinen Pater Padilla.[56] Ich lobe den Herrn sehr, dass er gesund ist. Seine Majestät möge immer mit Euer Ehrwürden sein. Ich werde die Verordnung besorgen, auch wenn ich weiß, wie ich mit Valdemoro[57] zu sprechen habe –, was ich nicht genug hervorheben kann – denn ich glaube nicht, dass er auch nur irgend etwas für uns tun wird.

Heute ist der Tag der Jungfrauen.[58]

20. Man hat mir heute, noch bevor Diego[59] dann kam, einige weitere Briefe von Euer Ehrwürden ausgehändigt. Schicken Euer Ehrwürden beiliegenden Brief mit dem ersten Kurier an unseren Pater,[60] denn es handelt sich um einige Genehmigungen. Über diese Geschäfte habe ich ihm kein Wort geschrieben; versäumen Euer Ehrwürden es deshalb nicht, es ihm zu schreiben.

---

[55] Entweder der Prior der Beschuhten Karmeliten von Madrid, Francisco Ximénez, oder aber der Prior der Unbeschuhten Karmeliten von Pastrana, Baltasar de Jesús (Nieto).

[56] Juan Calvo de Padilla; siehe oben Ct 135,14.

[57] Siehe oben Ct 135,9.

[58] D.h. der hl. Ursula, der Legende nach Anführerin einer Schar von „elftausend Jungfrauen", die in Köln das Martyrium erlitten haben sollen. Ihr Gedenktag wurde am 21. Oktober begangen; 1969 wurde sie aus dem römischen Kalendarium gestrichen. Die Zahl „elftausend" kam durch einen Lesefehler zustande: Aus „XI M", wobei „M" für *martyres – Märtyrinnen*" steht, wurde elftausend, denn bei den römischen Ziffern bedeutet „M" tausend.

[59] Ein vermutlich aus Sevilla stammender Kurier Teresas.

[60] Jerónimo Gracián.

21. Damit Sie sehen, dass meine Schwestern zu mehr taugen als Euer Ehrwürden, schicke ich Ihnen diesen Ausschnitt aus einem Brief der Priorin von Beas:[61] Schauen Sie nur, wie sie für die von La Peñuela[62] ein gutes Haus ausfindig gemacht hat! Das hat mir wirklich große Freude gemacht! Ich wage zu behaupten, dass Euer Ehrwürden es nicht so schnell fertig gebracht hätten. Sie[63] haben eine Schwester aufgenommen, deren Mitgift 7000 Dukaten[64] wert ist. Zwei weitere mit genauso viel stehen vor dem Eintritt, und eine sehr vornehme Dame haben sie schon aufgenommen, eine Nichte des Grafen von Tendilla;[65] die Silbergeräte, die sie schon geschickt hat, wie Kerzenleuchter, Messkännchen, viele weitere Gegenstände, ein Reliquiar, ein Kreuz aus Kristall, sind noch mehr wert; es würde zu weit führen, alles aufzuzählen, was sie geschickt hat.

22. Und jetzt hängt man ihnen einen Prozess an,[66] wie Sie aus beiliegenden Briefen ersehen werden. Schauen Euer Ehrwür-

---

[61] Ana de Jesús (Lobera); siehe zu ihr Ct 107 tít.

[62] Die Unbeschuhten Karmeliten hatten im Juni 1573 in La Peñuela (Jaén), heute La Carolina, in einer sehr armseligen Unterkunft angefangen, so dass sie im November 1576 nach El Calvario in der Nähe von Beas de Segura umzogen; 1576/77 wurde dann an einem besseren Standort in La Peñuela noch einmal neu angefangen. In diesem neuen Haus, das Ana de Jesús den Brüdern gefunden hatte, sollte Johannes vom Kreuz 1591, bereits von seiner Todeskrankheit gezeichnet, einige Monate verbringen; er fühlte sich hier sehr wohl, *„denn die Weite der Einsamkeit hilft der Seele und dem Leib sehr“* (Ep 28,2).

[63] Die Karmelitinnen von Beas.

[64] Zum Wert eines Dukaten siehe Ct 2,3.

[65] Den Titel Graf von Tendilla führte damals eigentlich Iñigo López de Mendoza; doch ist hier sein Sohn, der Markgraf von Mondéjar Luis Hurtado de Mendoza gemeint, der das größere Prestige genoss und von daher gemeinhin als „Graf von Tendilla“ bezeichnet wurde. Dieser war ein großer Freund Teresas und Beschützer der Unbeschuhten Karmeliten und Karmelitinnen am Königshof. Er hatte bereits 1573 die Gründungserlaubnis des Ordensgenerals Rossi für ein Kloster der Unbeschuhten Karmeliten in Mondéjar (Guadalajara) erwirkt, doch kam diese Gründung nicht zustande.

[66] Wegen eines vergitterten Fensterdurchbruchs vom Gebetsraum der Schwestern zur Pfarrkirche, um ihnen zu ermöglichen, die Predigten mitzuhören; das Gitter, auf das im folgenden angespielt wird, entsprach den Klausurvorschriften des Konzils von Trient.

den, was sich machen lässt, denn mit diesem Don Antonio[67] zu sprechen und ihm zu sagen, wie hoch das Gitter sei, und dass uns noch viel mehr als ihnen daran läge, ihnen keinen Kummer zu machen, das wäre das, was hier zu tun ist. Kurz, schauen Sie, was Sie machen können.

136.

An Pater Jerónimo Gracián[1] in Sevilla

Toledo, 23. Oktober 1576[2]

An meinen Herrn Pater, Magister Fray Jerónimo de la Madre de Dios, Prior von Los Remedios.

1. Jesus. – Die Gnade des Heiligen Geistes sei mit Eurer Paternität, Herr Pater. Heute habe ich über den Postmeister[3] drei Briefe von Eurer Paternität erhalten und gestern schon die, die Fray Alonso[4] mitbrachte. Der Herr hat mir die Wartezeit reich vergolten. Er sei für immer dafür gepriesen, dass Eure Paternität wohlauf sind. Zunächst hatte ich einen ziemlichen Schrecken bekommen, da ich weder im einen noch im anderen Kuvert die Handschrift von Eurer Paternität entdeckte, als man mir die Briefsendungen der Priorin[5] überreichte; daran sehen Sie schon, wie es mir dabei erging. Doch das wurde schnell besser. Sagen mir Eure Paternität doch immer, welche Sie von mir bekommen haben, denn oftmals antworten Sie auf be-

[67] Nicht identifizierte Person aus Madrid, möglicherweise jemand, der in dem Brieffragment von Ana de Jesús (Lobera) erwähnt wird, das Teresa Ambrosio Mariano beilegt (Ct 135,21).

[1] Siehe Ct 89 tít.

[2] Autographisches Fragment: Unbeschuhte Karmelitinnen, Livorno-Antignano.

[3] Der Postmeister der Königlichen Post von Toledo, Antonio de Figueredo; siehe zu ihm Ct 118,1; 120,3.

[4] Alonso de la Madre de Dios, ein Unbeschuhter Karmelit aus dem Konvent Los Remedios (Sevilla).

[5] Die Priorin von Sevilla, María de San José (Salazar).

stimmte Dinge nicht, und dann vergessen Sie bei dem einen gleich auch noch, das Datum anzugeben.[6]

2. In einem anderen fragen Sie mich, wie es mir mit Doña Juana[7] ergangen sei; das habe ich aber über die hiesige Post schon geschrieben. Ich nehme an, die Antwort kommt in dem Brief, den Sie mir Ihrem Sagen nach über Madrid schicken, und so hat mir das keinen großen Kummer gemacht. Ich bin wohlauf, und meine Isabel[8] ist unsere ganze Erholung. Es ist schon ungewöhnlich, diese Gutmütigkeit und Fröhlichkeit von ihr. Gestern schrieb mir die Gnädige Frau Doña Juana. Es geht ihnen allen gut.

3. Sehr habe ich den Herrn dafür gepriesen, wie es mit den Geschäften steht; und über die Dinge gestaunt, die nach dem Erzählen von Fray Alonso[9] über Eure Paternität geredet werden. Mein Gott, wie notwendig war es da, dass Eure Paternität dorthin gingen! Und wenn damit nichts weiter bezweckt worden wäre, so waren Sie meines Erachtens allein schon um das Ansehens des Ordens willen im Gewissen dazu verpflichtet. Ich weiß nicht, wie man solch schlimme Verleumdungen in die Öffentlichkeit bringen konnte. Möge Gott ihnen Licht geben. Wenn Eure Paternität jemanden hätten, auf den Sie sich verlassen könnten, wäre es sehr gut, ihnen den Gefallen zu tun, einen anderen Prior[10] einzusetzen; da Sie aber keinen haben, habe ich mich gewundert, wer diesen Rat gegeben hat, denn das bedeutete doch, gar nichts tun. Es ist viel daran gelegen, dass dort jemand ist, der nicht in allem dagegen arbei-

---

[6] Man beachte den Freimut, mit dem Teresa Gracián, der ihr Oberer war, kritisiert.

[7] Graciáns Mutter Doña Juana Dantisco, die Teresa in Toledo besucht hatte; siehe Ct 124.

[8] Die jüngste Schwester Graciáns, Isabel Dantisco, die bei den Unbeschuhten Karmelitinnen in Toledo erzogen wird.

[9] Alonso de la Madre de Dios; siehe oben Ct 136,1.

[10] Als Prior der Beschuhten Karmeliten von Sevilla hatte Gracián Juan Evangelista eingesetzt, der wegen seiner wohlwollenden Einstellung zu Gracián von den Mitbrüdern jedoch abgelehnt wurde.

tet, und im Fall, dass alles gut ginge, wäre es äußerst unangenehm, wenn dieser sich dann selbst weigern würde.[11] Schließlich sind sie nicht gerade bekannt für das Verlangen, nicht besonders geachtet zu sein.[12]

4. Das ist kein Wunder. Ein größeres ist es für mich, dass sich Pablo[13] bei den vielen Beschäftigungen, die er hat, so seelenruhig mit Josef[14] beschäftigen kann. Dafür preise ich den Herrn sehr! Sagen ihm Eure Paternität,[15] dass er endlich mit seiner Gebetsweise zufrieden sein und auf die Verstandestätigkeit nichts geben soll, sobald Gott ihm auf andere Weise seine Gnade erweist,[16] denn das, was er mir schreibt, stellt mich sehr zufrieden. Tatsache ist, dass bei diesen inneren geistlichen Abläufen der wünschenswerteste und sicherste der ist, der die besten Nachwirkungen hinterlässt;[17] ich meine jetzt nicht gleich viele Wünsche (denn obwohl das an sich gut ist, sind wir hierin manchmal nicht so, wie sie uns unsere Eigenliebe vorgaukelt); Nachwirkungen nenne ich, was durch Werke bestätigt wird, und dass die Wünsche, die er zu Gottes Verherrlichung hegt, sich darin zeigen, diese wirklich im Auge zu behalten und sein Erinnerungs- und Erkennungsvermögen damit zu beschäftigen, wie man ihm zu gefallen und seine Liebe besser zu zeigen vermag.

---

[11] Gemeint ist, sein Amt als Prior aufzugeben, wenn Gracián einen geeigneten Kandidaten für das Priorenamt fände.

[12] Man beachte die verhaltene Kritik am Prestigedenken, auch unter Ordensleuten; vgl. CE 64,1.

[13] Gracián.

[14] Jesus Christus.

[15] Als Verschleierungtechnik greift Teresa erneut zum Stilmittel der Aufspaltung in zwei literarische Personen: einerseits Gracián als Adressat dieses Briefes, andererseits eine mit einem Decknamen belegte fiktive dritte Person, die in Wirklichkeit mit dem Adressaten identisch ist.

[16] Eine verhüllte Anspielung auf das kontemplative, mehr vom schweigenden Dasein in der Gegenwart Gottes als von verstandesmäßiger Betrachtung getragene Gebet. Im übrigen erweist sich Teresa an dieser Stelle als geistliche Führerin Graciáns.

[17] Auf diese Regel der geistlichen Unterscheidung weist Teresa immer wieder hin; vgl. V 14,8; 15,9f; 17,2; usw.; ferner 4M 2,8; 5M 2,7; 6M 3,10ff; 7M 2,6; und viele weitere Stellen.

5. O, das ist echtes inneres Beten, und nicht irgendwelche Wohlgefühle, die zu nichts weiter führen als zu unserem Wohlbefinden, und sobald sich dann einstellt, was ich gerade sagte,[18] zu vielen Feigheiten und Angstgefühlen, ob es eine Einbuße an Ansehen gibt. Ich wünschte mir kein anderes Gebet als eines, das mich in den Tugenden wachsen ließe. Falls es mit großen Versuchungen und Trockenheiten und Widerwärtigkeiten einhergeht, und mich das demütiger machte, würde ich das für ein gutes Gebet halten; also, was Gott wohlgefälliger wäre, das würde ich für tieferes Gebet halten; doch soll man nicht meinen, dass nicht betet, wer leidet, wo er es doch Gott immer wieder hinhält, ja oft betet der viel mehr als einer, der sich allein den Kopf zerbricht und dann meint, inneres Beten sei, wenn er sich ein paar Tränen herausgepresst hat.[19]

6. Verzeihen mir Eure Paternität diese lange Ausführung, doch Ihre Liebe, die Sie zu Pablo[20] haben, möge es erträglich machen; und wenn Sie das, was ich da sage, für richtig halten, dann sagen Sie es ihm, wenn nicht, dann nicht; ich sage aber, was ich mir für mich wünsche. Ich sage Ihnen, Werke und ein gutes Gewissen sind etwas Großes.

7. Über das von Pater Johannes habe ich geschmunzelt;[21] es könnte ja sein, dass der Böse Unheil stiften will und Gott Gutes daraus erwachsen lässt. Doch bedarf es größter Vorsicht, denn ich bin mir sicher, dass der Böse nicht aufhören wird,

---

[18] Anspielung auf das, was sie am Schluss von Ct 136,3 über die Beschuhten Karmeliten gesagt hatte, die es nicht gewohnt seien, sich darum zu bemühen, von Prestigedenken frei zu werden.

[19] Vgl. 2M 1,7; 4M 2,9 (wo Teresa ebenfalls vom „Herauspressen von Tränen" spricht); 5M 3,11; und viele weitere Stellen.

[20] Erneut dieselbe Aufspaltung in zwei literarische Personen wie im vorigen Absatz.

[21] Vermutlich ein weiterer Deckname für Gracián; vgl. Ct 230,10. Aus dem folgenden geht hervor, dass es sich wohl um Bußübungen handelte, zu denen Gracián sich angeregt fühlte, wobei Teresa der Meinung war, das Leben selbst gebe ihm genug zu tragen, und alles weitere sei vom Bösen.

sich alles Mögliche einfallen zu lassen, um Eliseo[22] zu schaden, und so tun Sie gut daran, dahinter den Leibhaftigen[23] zu sehen. Ich glaube sogar, dass es nicht schlecht wäre, solchen Dingen wenig Gehör zu schenken, denn sollte es darum gehen, dass Johannes Buße tun soll, so hat Gott ihm doch schon genug davon gegeben und gibt sie ihm weiterhin. Das, was gewesen ist, hat er ja nicht für sich allein durchgestanden; denn die drei, die ihm wohl dazu rieten, haben es bald gebüßt.

8. Was Josef[24] damals klar sagte, war, dass Clemente[25] keine Schuld traf, und es aus Krankheitsgründen geschah, so er in etwas versagte, und er in der Gegend, wo man ihn hinschickte, Erholung finden sollte, und Josef es ihm gesagt hätte, noch bevor man sich anschickte, ihn einer Prüfung zu unterziehen. Laurencia[26] erfuhr von Josef nichts von dem, was die Leute sagten, sondern von anderer Seite her. Ich glaube nicht, dass Josef seine Geheimnisse auf diese Weise kundtut, da er sehr vorsichtig ist.[27] Ich bin überzeugt, dass es ihm nur angehängt wird, und je klarer ich erkenne, dass er von anderer Seite her spricht – was sie ja gar nicht wissen konnte –, umso mehr habe ich den Eindruck, dass es eine Erfindung des Leibhafti-

---

[22] Gracián.

[23] Teresa schreibt *„patillas"*, ein umgangssprachlicher Ausdruck für „Teufel".

[24] Christus.

[25] Vermutlich ein Deckname für Elías de San Martín (Hériz), ein Kommilitone Graciáns in Alcalá, der 1573 zusammen mit diesem in Pastrana seine Ordensprofess als Unbeschuhter Karmelit ablegte. Nach dem Tod Dorias wurde er 1594 der erste Generalobere des Teresianischen Karmel. Für diesen Decknamen stand der hl. Klemens, einer der Apostolischen Väter aus dem 1. Jh. Pate, der als Bischof von Rom der zweite (oder dritte) Nachfolger des Apostels Petrus war; möglicherweise ist es aber auch eine humorvolle Anspielung auf Elías' sprichwörtliche Milde (*„clemens"* bedeutet „mild"). (DST 889).

[26] Teresa selbst.

[27] Teresa glaubt also nicht an sogenannte Offenbarungen, bei denen ein Mensch auf übersinnliche Weise über irgendwelche Ereignisse unterrichtet würde; wenn sie im *Buch meines Lebens* oder in dem der *Gründungen* von „Offenbarung" spricht, meint sie, dass ihr eine Wahrheit über Gott aufgegangen ist, deren wichtigstes Echtheitskriterium ihre völlige Übereinstimmung mit der Hl. Schrift und der Lehre der Kirche ist.

gen[28] ist. Da habe ich ja lachen müssen, von welcher Seite her er jetzt seine Netze auswirft. Wozu musste man ihn denn zum Nutzen dieser Seele auf die Beatinnen[29] loslassen? Es ist schon gut, den Engel[30] um diese Befreiung zu bitten, wiewohl ich mich freuen würde, wenn man dafür sorgte, den Leibhaftigen mit den Mitteln, die man dazu anzuwenden pflegt,[31] aus diesem Haus hinauszuwerfen. Gehen Sie behutsam vor, dann wird er schon zeigen, wer er ist. Ich werde es Gott anempfehlen, und Angela[32] wird in einem anderen Brief sagen, was sie sich über diese Angelegenheit gedacht hat. Es war ein sehr guter Rat, dieses Geschäft in der Beichte zu besprechen.[33]

9. Bei San Jerónimo[34] wird es nötig sein, sie ein paar Tage Fleisch essen zu lassen und ihr das innere Beten zu entziehen, und durch Eure Paternität aufzutragen, nur mit Ihnen zu sprechen oder aber mir zu schreiben.[35] Sie hat nämlich eine blühende Phantasie[36] und glaubt zu sehen und zu hören, was

---

[28] Erneut *„patillas"*.

[29] Fromme Frauen, die in Gemeinschaft lebten, ohne Ordensfrauen im eigentlichen Sinn zu sein; um welche Beatinnen es sich hier handelt, ist nicht klar. Der ganze Passus ist schwer zu deuten.

[30] Der Inquisitor von Sevilla.

[31] Exorzismus.

[32] Teresa selbst.

[33] Wo man durch das Beichtgeheimnis geschützt war.

[34] Isabel de San Jerónimo (Ureña), die 1571 in Medina del Campo Profess gemacht hatte und jetzt als Mitglied der Kommunität von Sevilla mit angeblich mystischen Erlebnissen aufwartet, die Teresa jedoch lieber einer blühenden Phantasie zuschreiben würde.

[35] Man beachte die Bodenständigkeit dieser Maßnahmen: stärkende Nahrung, da Teresa von der Annahme ausgeht, dass Körperschwäche mitspielt; vorerst kein inneres Beten, damit nicht so viel Gelegenheit zur Autosuggestion entsteht; nur mit Gracián oder ihr selbst über ihre Erfahrungen sprechen, damit die betreffende Schwester in ihrem problematischen Verhalten nicht noch bestärkt wird, aber wohl auch, um nicht unnötig die Aufmerksamkeit der Inquisition zu erregen.

[36] Wörtlich: *„eine schwache Einbildungskraft"*, womit eine hohe Suggestibilität gemeint ist, so dass die betreffende Schwester Schwierigkeiten hat, Wirklichkeit und Fiktion auseinander zu halten. Teresa sieht die Wurzel dieser Schwäche in einer schwachen Körperkonstitution, von daher auch der Rat, sie Fleisch essen zu lassen; vgl. B. Souvignier, *Die Würde des Leibes*, 155 ff.

sie meditiert; allerdings mag es mitunter schon mal wahr sein, wie es schon vorkam, denn sie ist eine sehr gute Seele.

10. Bei Beatriz[37] ist es, glaube ich, dasselbe, auch wenn mir das, was man mir über den Zeitpunkt der Profess schreibt, nicht wie ein Hirngespinst, sondern ganz in Ordnung vorkommt; auch sie sollte nur selten fasten. Tragen Eure Paternität es der Priorin[38] auf, und dass sie sie zeitweilig kein inneres Beten halten lasse, sondern mit anderen Aufgaben beschäftige, damit es uns nicht noch schlimmer geht, und glauben Sie mir, dass es das braucht.

11. Das mit den verloren gegangenen Briefen hat mir leid getan, und dabei sagen Sie mir nicht, ob in denen, die in Peraltas[39] Hände gefallen sind, etwas Wichtiges stand. Wissen Sie, ich schicke jetzt einen Kurier.[40] Ich war neidisch auf die Schwestern wegen der Predigten von Eurer Paternität, an denen sie sich erfreut haben.[41] Es sieht ganz danach aus, dass sie das verdienen, ich aber die Prüfungen, doch trotz allem möge mir Gott aus Liebe zu ihm noch viel mehr davon geben. Es tat mir leid, dass Eure Paternität nach Granada gehen müssen; ich möchte gern wissen, wie lange Sie dort bleiben, und sehen, wie oder wohin ich Ihnen dann schreiben soll. Um der Liebe Gottes willen, geben Sie mir Bescheid.

12. Papierbogen mit Unterschrift ist kein einziger angekommen; schicken mir Eure Paternität ein paar davon;[42] ich glaube zwar nicht, dass sie nötig sind, doch ich sehe, wie viel

---

[37] Beatriz de la Madre de Dios (Chaves), ebenfalls aus dem Karmel Sevilla.

[38] Die Priorin von Sevilla, María de San José (Salazar).

[39] Der Visitator und Gegner des Werkes Teresas Jerónimo Tostado, dem es offenbar gelungen war, Briefe abzufangen.

[40] Die teuerste, aber sicherste Postverbindung.

[41] Vgl. Ct 132,3 an María de San José.

[42] Leere Bögen mit Blanko-Unterschrift, so dass Teresa ihn nicht wegen jeder Genehmigung eigens bitten musste, was bei den langen Postwegen umständlich und zeitraubend war – ein schönes Zeichen für ihr gegenseitiges Vertrauen.

Arbeit Sie haben, und möchte Ihnen ein wenig davon abnehmen, bis Sie etwas mehr Ruhe haben. Gott schenke Ihnen die Ruhe, die ich Ihnen wünsche, zusammen mit der Heiligkeit, die er Ihnen zu schenken vermag. Amen.

Heute ist der 23. Oktober.

Eurer Paternität unwürdige Dienerin

Teresa von Jesus

137.

An Mutter María de San José[1] in Sevilla

Toledo, im Oktober 1576[2]

1. Jesus. – Es sei mit Euer Ehrwürden, meine Tochter, der Heilige Geist. Ich habe Ihre Briefe schon beantwortet, die mit dem Kurier sehr gut angekommen sind; ich habe mich sehr über sie gefreut, doch erfüllt mich Ihre Krankheit mit Schmerz. Schreiben Sie mir wegen Ihrer Gesundheit doch, bitte, bald, und auch, was Sie über unseren Pater[3] wissen. Ich war wegen der Lebensbeichte neidisch auf Sie, ich meine, als ich sah, dass Sie nicht so viel zu beichten hatten wie ich, denn ich hätte sie nicht so leicht abgelegt.[4] Gepriesen sei Gott, der alle gern hat.

2. Mein Bruder[5] hat mir heute brieflich mitgeteilt, er hätte Ihnen geschrieben und Ihnen wegen des Drittels eine Vollmacht dorthin geschickt.[6] Es geht ihm gut, und der Kauf ist bereits

---

[1] Siehe Ct 109 tít.

[2] EDE datiert diesen Brief auf den 23. Oktober 1576. Autographisches Fragment: Unbeschuhte Karmelitinnen, Valladolid.

[3] Jerónimo Gracián.

[4] Vgl. Ct 151,2.

[5] Lorenzo de Cepeda aus Ávila.

[6] Lorenzo hatte den Karmelitinnen die Kaufsumme für ihr Haus vorgestreckt; hier geht es um die alle vier Monate fällige Rückzahlungsrate, die ein Drittel des Kaufpreises betrug; vgl. Ct 132,7; F 25,3.6.9.

abgeschlossen;[7] die Schwestern von San José kommen nicht schlecht weg.[8] Teresa[9] schreibt Ihnen noch. Das Agnusdei und die Ringe sind, gottlob, wieder aufgetaucht; ich hatte mir anfangs nämlich Sorgen gemacht.[10] Mir geht es gut; es wird gleich ein Uhr schlagen,[11] daher mache ich es nicht zu lang. Ich hätte gern Nachricht über meinen guten Prior von Las Cuevas.[12]

3. Den Thunfisch haben sie letzte Woche aus Malagón geschickt, roh; er war sehr gut und hat uns gut geschmeckt. Ich habe seit dem Kreuzfest[13] noch an keinem Tag das Fasten gebrochen; daran sehen Sie, ob es mir gut geht! Unsere gute Priorin aus Malagón,[14] die mir geschrieben hatte, dass es ihr besser ginge, macht das nur, um mir nicht weh zu tun, so heilig ist sie, denn die Besserung bestand in nichts. Heute habe ich einen Brief von ihr bekommen, und es geht ihr ganz schlecht, mit starkem Ekelgefühl, was bei einer so großen Schwäche das Schlimmste ist. Wir empfehlen sie Gott sehr, sind doch meine Sünden groß! Ich weiß schon, dass ich das Ihnen dort nicht empfehlen muss, doch trage ich es ihnen überall auf.

4. Doña Guiomar hat heute den Brautschleier genommen.[15] Sie freut sich sehr über die Nachricht, dass es Euer Ehrwür-

[7] Der Kauf des Landgutes La Serna in der Nähe von Ávila; vgl. Ct 129,3; 132,7.

[8] Die Karmelitinnen von San José in Ávila wurden von Lorenzo finanziell unterstützt.

[9] Teresas Nichte Teresita.

[10] Diese aus Westindien mitgebrachten Gegenstände waren der kleinen Teresa beim Umzug von Sevilla nach Ávila abhanden gekommen; vgl. Ct 115,5; 129,4. Vgl. auch Ct 139,2.

[11] In der Nacht.

[12] Der Prior der Kartause Las Cuevas (Sevilla), Hernando de Pantoja.

[13] Das Fest Kreuzerhöhung am 14. September markierte den Beginn der in der Karmelregel (Kap. 12) vorgeschriebenen, das ganze Winterhalbjahr umfassenden, aber weniger strengen Ordensfastenzeit, die mit der strengeren allgemein-kirchlichen vierzigtägigen Fastenzeit vor Ostern abschloss; vgl. auch Cs 11. Diese Fastenvorschrift war für die Orden ziemlich allgemein.

[14] Brianda de San José (Temiño y Mendoza); siehe zu ihr Ct 108,6.

den gut geht, und Doña Luisa auch; sie hat mich noch nie so gern gehabt und ist nur darauf aus, mich zu verwöhnen, was nicht wenig ist. Empfehlen Sie die beiden Gott, denn das sind Sie ihr schuldig, und sagen Sie den Schwestern ganz viele Grüße von mir.

5. Ich mache mir große Sorgen über die Klöster dort, für die unser Pater[16] zuständig ist.[17] Ich biete ihm schon Unbeschuhte Schwestern an, und liebend gern hätte ich mich selbst angeboten.[18] Ich sage Ihnen, es ist großer Jammer; er hat mir schon gesagt, wie sehr Sie ihn verwöhnen. Gott behüte Sie mir! Warnen Sie ihn, bitte, ja nicht bei diesen Brüdern dort zu essen.[19] Ich weiß nicht, wozu er nur dorthin geht, es sei denn, um uns alle in Nöte zu stürzen. Ich habe Euer Ehrwürden schon gesagt, das, was Sie dafür ausgeben, mit dem zu verrechnen, was sie uns aus San José schickten.[20] Schauen Sie, es wäre eine Dummheit, es anders zu machen, denn ich komme ohnehin dahinter, und es würde zurückbezahlt, ohne dass Sie es merkten. Machen Sie es ja nicht anders! Die gute Subpriorin[21] soll Buch darüber führen, denn es fehlt nicht viel, dass sie auch noch das Wasser abzählt. Sagen Sie ihr das so, und dicke Grüße an meine Gabriela.[22] Gott sei mit Euch.

---

[15] Guiomar Pardo de Tavera, eine Tochter der Luisa de la Cerda, hatte den Großkomtur von Kastilien, Juan de Zúñiga geheiratet; die Schleiernahme war Teil des Hochzeitsrituals.

[16] Jerónimo Gracián.

[17] Die andalusischen Klöster der Beschuhten Karmelitinnen, insbesondere Sevilla und Paterna.

[18] Sie bietet ihre Hilfe bei der Reform dieser Klöster an, wozu sie einige Jahre zuvor im Menschwerdungskloster in Ávila verpflichtet worden war. Hier macht sie es, um P. Gracián zu helfen.

[19] Bei den Beschuhten Karmeliten, wo er viele Feinde hatte.

[20] Die Schwestern von San José (Ávila) hatten ihren Mitschwestern in Sevilla Geld geschickt; siehe Ct 125,3.

[21] María del Espíritu Santo (de Pavia), die es mit solchen Dingen übergenau nahm; daher Teresas ironische Anspielung auf die Eigenart Marías, die man *„wegen ihrer Treuherzigkeit und Wahrheitsliebe in jener Gemeinschaft Clarencia (Klärchen) nannte“* (Antonio de San José, *Cartas* III, 70, Anm. 14).

[22] Teresas Krankenwärterin in Sevilla, Leonor de San Gabriel (Mena Ruiz).

6. Beeilen Sie sich sehr, mit dem, was die Schwester mitbringt, und allem, was Sie sonst noch dazulegen können, den Hausverkäufern zu zahlen, damit Sie nicht so viel Zinsen zahlen müssen; denn das ist etwas Schlimmes, sogar wenn Sie nicht wollen ...[23]

138.

An Pater Jerónimo Gracián[1] in Sevilla

Toledo, 31. Oktober 1576

An meinen Pater Magister Fray Jerónimo Gracián, Apostolischer Kommissar des Karmel.

1. Jesus. – Die Gnade des Heiligen Geistes sei mit Eurer Paternität. Die *Gründungen* neigen sich schon dem Ende zu;[2] Sie werden sich, glaube ich, freuen, wenn Sie sie zu Gesicht bekommen, denn es ist etwas Köstliches. Schauen Sie, ob ich gehorsam bin! Jedes Mal denke ich, dass ich diese Tugend wohl habe,[3] weil ich selbst das, was mir im Scherz aufgetragen würde, wirklich gern tun würde, und lieber erledige als diesen Briefwechsel, denn dieser ganze Wirrwarr bringt mich noch um. Ich weiß gar nicht, wie mir für das, was ich geschrieben habe, Zeit geblieben ist, und auch noch für Josef[4] etwas da ist; denn er ist es, der Kraft zu allem gibt.

---

[23] An dieser Stelle bricht der beschädigte Autograph ab.

---

[1] Siehe Ct 89 tít.

[2] Sie meint ihr *Buch der Gründungen*, das zu vervollständigen Gracián ihr aufgetragen hatte; siehe Ct 115,6; 128,5 und ferner F 27,22. Sie hatte Anfang Oktober 1576 mit der Ergänzung angefangen und schloss sie am 14. November 1576 mit dem Bericht über die 1576 erfolgte Gründung in Caravaca (F 27) ab, in der Überzeugung, dass keine weiteren Klostergründungen mehr folgen würden, da ihr vom Generalkapitel von Piacenza jede weitere Gründungstätigkeit untersagt worden war. Die Kapitel 28-32 sollten erst kurz vor ihrem Tod entstehen; siehe auch Anm. zu Ct 128,5.

[3] Das könnte als Hochmut erscheinen, doch entspricht es Teresas Vorstellung von Demut als „Leben in Wahrheit", auch das Positive wahrzunehmen.

[4] Christus.

2. Auch ich faste; in dieser Gegend ist die Kälte eher gering, und daher setzt sie mir nicht so arg zu wie andernorts. Sagen Sie meinem Pater Fray Antonio,[5] bitte, herzliche Grüße von mir, wobei es allerdings besser wäre, falls es sich vermeiden lässt, dass er nicht mitbekommt, dass ich Eurer Paternität so oft schreibe und ihm so selten. Vielleicht werde ich ihm jetzt ein paar Zeilen schreiben.

3. Wäre San Telmo[6] das Geschäft mit seiner Ordensschwester so angegangen wie Nicolao,[7] wäre es mir nicht so teuer zu stehen gekommen. Ich sage Ihnen, dass ich nicht weiß, was ich mir denken soll, da wir es einfach nicht fertig bringen, in diesem Leben schon heilig zu sein. Wenn Sie sähen, was die andere alles für Eigenschaften hat, um aufgenommen zu werden, und wie dieser Mann die Priorin bedrängt![8] Möge es Gott gefallen, Herr Pater, dass wir nur noch ihn brauchen. Zumindest würde er[9] bei mir wenig erreichen, sofern ich klar sehe, und das tue ich, dass es gegen das Gewissen ist, auch wenn deshalb die Welt unterginge. Und bei allem sagt er noch, dass ihm an ihr nicht mehr läge als an einer, die auf der Straße an ihm vorübergeht.[10] Schauen Sie, was für ein Leben! Und was täte er erst, wenn ihm an ihr läge! Ich muss wohl noch Angst haben, eine, die zu ihm gehört, aufzunehmen.

4. Mariano[11] ist entsetzt darüber, und da ich glaube, dass er es Eurer Paternität schreibt, habe ich es erwähnt, damit Sie sich nichts daraus machen, denn wir haben schon mehr ge-

---

5 Antonio de Jesús (Heredia), der Prior von Los Remedios (Sevilla), wo Gracián sich aufhielt.

6 Der Jesuit Francisco de Olea, der Druck ausübte, damit eine von ihm empfohlene Ordenskandidatin in den Karmel von Valladolid aufgenommen würde, obwohl Teresa und die Schwestern sie für ungeeignet hielten; siehe Ct 135,2.

7 Nicolás Doria hatte eine Kandidatin für den Karmel von Sevilla empfohlen, die jedoch nicht aufgenommen wurde; vgl. Ct 135,5.

8 Olea die Priorin von Valladolid, María Bautista (de Ocampo).

9 Olea.

10 Vgl. Ct 135,3.

11 Ambrosio Mariano de San Benito (Azzaro), der in Madrid weilte; vgl. Ct 135,3f.

tan, als wir gebraucht hätten. Am Ende wird er[12] schon so weit kommen, die Wahrheit einzusehen, und wenn nicht, liegt wenig daran. Worauf meine ganze innere Ruhe abzielt, ist, dass mir Gott Eure Paternität in großer Heiligkeit erhalten möge.

5. Es ist heute Vigil von Allerheiligen. Am Allerseelentag habe ich den Habit genommen;[13] bitten Eure Paternität Gott, dass er eine echte Karmelitin aus mir mache, lieber spät als nie.

Richten Sie dem Anwalt[14] und Acosta[15] und dem Rektor[16] Grüße von mir aus.

6. Beiliegendes Kuvert schicken die Schwestern mit diesem Allerheiligenlied;[17] sie schicken es Eurer Paternität, und sie hätten Sie gern hier. Sie sagen, dass Gott innerhalb von ein paar Tagen tut, was sie sich von ihm erbitten, und zwar alles! Ich habe schon manches erlebt, und sie haben recht.

---

[12] Olea.

[13] Am 2. November 1536 erhielt Teresa im Menschwerdungskloster in Ávila, in das sie genau ein Jahr zuvor eingetreten war, das Ordensgewand und begann ihr einjähriges Noviziat (Ordensausbildung), das sie am 3. November 1537 mit der Profess auf Lebenszeit abschloss.

[14] Der Anwalt der Inquisition von Sevilla, Francisco de Arganda.

[15] Der mit Teresa befreundete Jesuit Diego de Acosta, der damals ebenfalls in Sevilla stationiert war.

[16] Der Rektor und Novizenmeister der Jesuiten von Sevilla, Francisco Arias de Párraga, ein Freund und Unterstützer Teresas.

[17] Ein *villancico*, heute die gebräuchliche Bezeichnung für ein Weihnachtslied, ursprünglich jedoch allgemeiner für volkstümliche Lieder zu bestimmten Festen. Teresa meint selbstverfasste Verse, die auf eine bekannte Volksweise gesungen wurden. In den Klöstern Teresas war und ist es zum Teil bis heute Brauch, zu den Hochfesten und Gemeinschaftsfeiern Gedichte oder einfache Lieder zu verfassen; vgl. etwa Edith Steins Gelegenheitsgedichte (ESGA 19 und 20). In den Briefen Teresas gibt es mehrfach Anspielungen darauf; siehe etwa auch Ct 154,2; 172,14.22ff.; 175,5f.8; 177,5; 297,8; 330,12. Diese Liedkultur war typisch für die damaligen Reformbewegungen, etwa auch bei den Unbeschuhten Franziskanern; sie diente nicht nur der eigenen Erbauung, sondern wurde auch gezielt als katechetische Hilfe eingesetzt.

139.

An Mutter María de San José[1] in Sevilla

Toledo, 31. Oktober 1576

1. Jesus sei mit Euer Ehrwürden, meine Tochter. Geben Sie mir um der Liebe Gottes willen Bescheid, sobald unser Pater[2] einen Brief von mir erhält, auch wenn ich es so gut wie nie versäume, mit den Briefen an ihn auch Euer Ehrwürden zu schreiben, während einer von Seiner Paternität vom 22. Oktober, der mir heute überbracht wurde, besagt, dass er seit langem keinen Brief von mir bekommen hätte, und dabei tue ich nichts anderes als schreiben. Vor allem mit dem Mauleseltreiber schreibe ich ausführlich. Ich möchte nicht, dass sie abgefangen werden; sollten sie aber verloren gehen, läge nicht so viel daran.[3] Sofern sie nicht im Haus des Postmeisters[4] von hier zurückbehalten werden, gehen sie von hier aus ganz sicher. Euer Ehrwürden sollten dort ab und zu nachfragen lassen, ob Briefe da sind.

2. Bevor ich es vergesse: das große Agnusdei und die Ringe sind wieder aufgetaucht,[5] und wie Sie aus den Briefen hier ersehen, geht es denen in Ávila gut. Mein Bruder[6] sagt mir, dass er sich über Eure Briefe sehr gefreut und herzlich darüber gelacht hat, und sie in San José zu lesen gegeben hat, und dass er Ihnen dieser Tage schreibt, denn er hat große Zuneigung zu Euch. Nun, ich sage Ihnen, dass es mir daran auch nicht fehlt.

---

1 Siehe Ct 109 tít.

2 Jerónimo Gracián.

3 Ein erneuter Hinweis auf das Problem, dass Teresas Korrespondenz gelegentlich von ihren Gegnern abgefangen wurde; vgl. Ct 79,7; 109,4.

4 Der Postmeister der Königlichen Post von Toledo, Antonio de Figueredo; siehe zu ihm Ct 118,1; 120,3.

5 Siehe Ct 137,2; übrigens ein Beleg dafür, wie Teresa einem Adressaten dieselbe Nachricht mehrfach schrieb, weil sie nie sicher sein konnte, ob ihre Briefe ankamen.

6 Lorenzo de Cepeda.

3. Sie erzählen mir eindringlich, was Nicolao[7] alles für Euch tun wird und dass er auch Eure Beichte hören wird. Er ist ein sehr guter Mann. Seien Sie zu ihm entgegenkommend, und schreiben Sie mir, ob es Ihnen wieder gut geht, und nicht drum herum, sondern die Wahrheit.

4. Was die Gesundheit der Priorin von Malagón[8] anbelangt, weiß ich nicht, was ich Ihnen sagen soll, außer dass es ihr ziemlich schlecht geht; jetzt war die Rede davon, sie hierher[9] zu bringen. Der Arzt hier sagt aber, dass das nur hieße, ihr Ende zu beschleunigen. Die Krankheit ist derart, dass nur Gott der wirkliche Arzt ist, denn die Gegend[10] ist für diese Krankheit weder zu- noch abträglich. Ich warne Sie noch einmal, ja kein Sassaparillenwasser zu trinken.[11]

5. Garciálvarez[12] habe ich schon geschrieben, und unserem Pater[13] über ihn klaren Wein eingeschenkt. Sagen Sie mir sehr genau, wie es um alles steht, und warum Sie unserem Pater nicht wenigstens an manchen Tagen Fleisch zu essen geben. Und behüte Sie Gott, denn ich habe Ihnen erst vor kurzem geschrieben, so dass ich weiter nichts zu sagen habe, außer dass Sie alle Schwestern herzlich von mir grüßen sollen.

Heute ist der Vorabend von Allerheiligen.

Euer Ehrwürden Dienerin

Teresa von Jesus

---

[7] Nicolás Doria; siehe Ct 120,6.

[8] Brianda de San José (Temiño y Mendoza).

[9] Nach Toledo.

[10] Sie meint das Klima Toledos.

[11] Als Abführmittel; siehe Ct 120,12 und Ct 132,1.

[12] Der Hausgeistliche und Beichtvater der Karmelitinnen von Sevilla, der um diese Zeit anfängt, sich auf naive und unkluge Weise in das Gemeinschaftsleben der Schwestern einzumischen; vgl. Ct 173,7; 284,8.

[13] Jerónimo Gracián.

140.

An Mutter María Bautista[1] in Valladolid

Toledo, Ende Oktober(?) 1576[2]

Ich sage Ihnen, meine Tochter, dass seine Seele, glaube ich, schon aus dem Fegefeuer herausgekommen war, noch bevor ich es erfuhr;[3] denn nach der Kommunion war sie mir jeden Tag in den Sinn gekommen; als dann die Nachricht kam – ich war ja sehr weit weg –, ging mir auf, wer gemeint war.[4]

141.

An Pater Jerónimo Gracián[1] in Sevilla

Toledo, im November 1576(?)[2]

1. Die Zeit wird Eurer Paternität schon etwas von Ihrer Arglosigkeit nehmen, die, so wie ich es verstehe, sicherlich die eines Heiligen ist; da der Böse aber nicht will, dass alle hei-

---

[1] Siehe Ct 63 tít.

[2] Der Autograph dieses Briefes ist verloren gegangen; das erhaltene Fragment geht auf eine Zeugenaussage von María Bautista im Rahmen des Informativprozesses in Valladolid für die Seligsprechung Teresas zurück; es wurde mit folgenden Worten eingeleitet: *„Ferner schrieb die besagte Mutter dieser Zeugin* [María Bautista], *um sie mit folgenden Worten vom Tod des Vaters dieser Ordensfrau, Diego de Cepeda, in Kenntnis zu setzen."* (So nach EDE, 1444, Anm. 1). Der verstorbene Vater von María Bautista, Diego de Cepeda, war ein Cousin Teresas.

[3] Als Kind ihrer Zeit stellt sich Teresa die letzte Läuterung des Menschen, die ihn für die endgültige Begegnung mit Gott im Jenseits bereiten soll, als ein raum-zeitliches Geschehen vor: die Seele des Verstorbenen weilt je nachdem, wie viel bei ihr noch geläutert werden muss, eine kürzere oder längere Zeit am Läuterungsort, dem Fegfeuer (*purgatorium*).

[4] Vorauswissen über den Tod eines Menschen bzw. über dessen Schicksal im Jenseits gehört zu den typischen Merkmalen des barocken Heiligkeitsideals.

---

[1] Siehe Ct 89 tít.

[2] Datierung unsicher, evtl. auch Januar 1577. Nur als Fragment erhalten.

lig sind, möchten so erbärmliche und boshafte Frauen wie ich die Gelegenheiten aus der Welt schaffen. Ich darf aus vielen Gründen Ihnen viel Liebe zeigen und erweisen, was aber nicht alle[3] dürfen; auch sind nicht alle Oberen so wie mein Pater, dass ihnen gegenüber eine solche Arglosigkeit zulässig sei.[4] Und nur weil Gott Ihnen diesen Schatz[5] anvertraut hat, dürfen Sie nicht meinen, dass alle ihn so gut hüten wie Eure Paternität; ich sage Ihnen, ich habe wirklich viel mehr Angst, dass Ihnen böse Menschen ihn rauben als böse Geister.[6] Sie könnten meinen, dass sie das, was sie mich sagen und tun sähen (da ich nämlich weiß, mit wem ich es zu tun habe, und ich es inzwischen aufgrund meines Alters darf), auch dürften, und hätten sogar recht damit. Das bedeutet nicht, dass Sie davon ablassen sollen, sie sehr zu lieben, Sie sollten sie im Gegenteil sehr gern haben.

2. Es ist wahr, dass ich trotz meiner Erbärmlichkeit mich sehr zurückhaltend und achtsam verhalten habe, seit ich nach und nach solche Töchter bekam, und auf das achtete, womit der Böse sie durch mich versuchen könnte, so dass es, glaube ich, gottlob nur wenige Dinge gibt, von denen sie feststellen mussten, dass sie sehr schwerwiegend seien (da mir Seine Majestät darin seine Gunst erwiesen hat); denn ich gebe zu, dass

---

[3] Die Unbeschuhten Karmelitinnen, die bis auf wenige Ausnahmen alle weit jünger und unerfahrener als Teresa waren.

[4] Teresa ist sich dessen bewusst, dass ihre freundschaftliche Beziehung zu Gracián missverstanden werden kann, darum macht sie sich Sorgen über die Arglosigkeit, mit der er den Schwestern manche persönlichen Briefe von ihr vorgelesen hat (siehe unten Ct 141,3). Im folgenden versucht sie zu begründen, weshalb sie sich da von ihm mehr Zurückhaltung wünscht.

[5] Der eben erst entstehende Teresianische Karmel.

[6] Erneut zeigt sich hier Teresas Nüchternheit und Menschenkenntnis, und nebenbei auch, zu welcher inneren Freiheit gegenüber der damals verbreiteten Angstmacherei vor satanischen Einflüssen sie inzwischen gelangt ist; bereits ein Jahrzehnt zuvor hatte sie im *Buch meines Lebens* geschrieben: *„Kein Zweifel, dass ich inzwischen mehr Angst vor denen habe, die soviel Angst vor dem Bösen haben, als vor ihm selbst, denn der kann mir nichts anhaben, während diese viel Unruhe stiften, erst recht, wenn es Beichtväter sind“* (V 25,22).

ich mich bemüht habe, meine Unvollkommenheiten und meine Liebe zu Pablo[7] und meine Sorge um ihn vor ihnen zu verbergen (auch wenn sie bestimmt noch genügend bemerkt haben, da sie so zahlreich sind). Oftmals stelle ich ihnen vor Augen, wie wichtig er für den Orden war, und dass es notwendig war, es so zu machen, ich es allerdings nicht tun würde, wenn es nicht darum ginge.

3. Doch wie lästig werde ich da! Meinem Pater soll es nicht lästig sein, solche Dinge zu hören, sind doch wir beiden, Eure Paternität und ich, mit einer sehr schweren Bürde beladen und müssen vor Gott und der Welt Rechenschaft ablegen; und da Sie wissen, mit wie viel Liebe ich es sage, dürfen Sie mir vergeben und den Gefallen tun, um den ich Sie inständig gebeten habe, nämlich die Briefe, die ich Ihnen schreibe, nicht öffentlich vorzulesen. Schauen Sie, nicht alle haben in gleicher Weise Verständnis dafür, und Vorgesetzte sollten über manche Dinge nicht zu deutlich werden; es könnte ja sein, dass ich über eine dritte Person oder auch über mich manches schreibe, es aber besser ist, dass niemand davon erfährt, da es ein großer Unterschied ist, mit meinem anderen Selbst zu sprechen (was Eure Paternität sind)[8] oder aber mit anderen Personen, und sei es meine eigene Schwester. So wie ich nämlich nicht möchte, dass irgend jemand mithört, was ich mit Gott bespreche, oder mich daran hindert, mit ihm allein zu sein, genauso geht es mir auch mit Pablo ...[9]

---

[7] Gracián.

[8] Mit Gracián verbindet sie eine solche Seelenverwandtschaft, dass er wie ein *alter ego* ist.

[9] Hier bricht das erhaltene Fragment ab.

142.

An Don Lorenzo de Cepeda[1] in Ávila

Toledo, Anfang November 1576[2]

1. ... für Euer Gnaden sage ich, dass es wohl zerbrochen wurde ... Irrtum, da es ein solches Durcheinander bei ihnen gibt, als es ... zu verbergen.[3] Eben sagt sie[4] mir, dass sie das Geld für Euer Gnaden [von den Leuten vom?] Haus schon eingenommen hat, es aber nicht zu schicken wagt, bis Euer Gnaden sehen, wem sie es geben soll, und diese dann einen Brief von Ihnen mitbringen sollen; passen Sie daher auf, wann der Mauleseltreiber von dort aufbricht; denn wenn er geeignet ist, um es mitzunehmen – oder besser gesagt, mitzubringen –, wäre das wohl das Beste. Antonio Ruiz[5] muss wegen sein ... gehen; ... er nicht könnte, würden sie von Malagón aus gehen. Er würde sich freuen, denn da jetzt nicht die Zeit ist, um Bauarbeiten am Haus vorzunehmen, hat er dort[6] nichts zu tun, und es wäre besser, drüben[7] alles zu regeln; es wäre eine große Wohltat, die Sie ihm erweisen würden, denn er hätte damit einen Grundstock, um sich helfen zu können, und Euer Gnaden würden dabei nichts verlieren. Als mir einfiel, dies Euer Gnaden zu schreiben, dachte ich, glaube ich, eher daran, diesen armen Leuten zu helfen, die ja gut sind, als an den

---

[1] Siehe Ct 2 tít.

[2] Der Autograph dieses Briefes war beschädigt und ist nur fragmentarisch überliefert.

[3] Stark beschädigte Stelle, so dass unklar ist, was gemeint ist.

[4] María de San José hat Teresa aus Sevilla mitgeteilt, dass sie bereits Geld eingenommen hat, mit dem sie Lorenzo nach und nach die große Summe zurückzahlen möchte, die er den Karmelitinnen von Sevilla vorgestreckt hatte; vgl. Ct 132,7 und ferner Ct 137,2; 151,5.

[5] Ein mit Teresa befreundeter Viehhändler aus Malagón, der Teresa von Sevilla nach Malagón begleitet hatte und nun in finanziellen Nöten ist, weil er den Schwestern Geld vorgestreckt hat. Teresa möchte dem abhelfen, indem sie ihm Lorenzos Unterstützung zusichert; vgl. Ct 146,2 und Ct 148,8 an María de San José.

[6] In Malagón.

[7] In Sevilla.

Gewinn für Euer Gnaden; allerdings möchte ich den genauso und wünsche mir, dass Sie sehr reich wären, da Sie es so gut verwenden. Erst heute morgen ist mir der Gedanke gekommen, dass Sie die Jungen[8] nicht so bald verheiraten sollten, um mehr für Ihre Seele tun zu können; denn wenn Sie einmal mit anderen Ausgaben angefangen haben,[9] werden Sie nicht mehr viel übrig haben; und das ist schließlich der Gewinn, den Sie von der Mühe, die Sie hatten, um es zu erlangen, mitnehmen werden: es so viel wie nur möglich im Dienst dessen zu verwenden, der Ihnen dafür ... sein Reich geben [wird], wo es keinen Tod gibt, der es Ihnen entreißen kann. Seine Majestät [möge es schenken?]

2. ... [für?] innere Prüfungen in geistlichen Dingen [sind] Euer Gnaden aufgrund Ihrer natürlichen Veranlagung und Ihres Mutes viel besser ausgestattet.[10] Sie müssen ihm[11] immer große Liebenswürdigkeit erweisen, sonst meint er gleich, er falle lästig. Ich weiß nicht, ob ich behaupten darf, dass er die Person ist, der ich in meinem Leben in jeder Beziehung am meisten verdanke, da er damit begann, mir ein helles Licht aufzustecken,[12] und so habe ich ihn sehr lieb. Es tut mir sehr leid, ihn in dieser Prüfung, die ihn Gott mit dem Prozess auferlegt, nicht mutiger zu erleben, da ich nicht glauben kann, dass das von anderer Seite her kommt.

3. Bitten Euer Gnaden Gott, er möge es ihm zu verstehen geben, damit es ihn nicht mehr beunruhigt. So ergeht es dem,

---

[8] Die beiden Söhne Lorenzos, Francisco und Lorenzo jun.

[9] Gemeint ist für die Verheiratung und Versorgung der beiden Söhne.

[10] In diesem zweiten Brieffragment geht es um den Weltpriester aus Ávila Francisco de Salcedo, der schwer an seinem finanziellen Ruin aufgrund einer verlorenen Gerichtsverhandlung trägt; vgl. Ct 123 an Francisco de Salcedo und Ct 143,9 an María Bautista.

[11] Salcedo.

[12] Salcedo hatte Teresa zu Beginn ihres mystischen Gebetslebens zusammen mit dem Priester Gaspar Daza geistlich beraten; siehe V 23,6-11. Allerdings hatte er ihr mit seiner Ängstlichkeit auch viel Not bereitet; vgl. auch Anm. zu Ct 13 tít.

der nicht von allem losgelöst ist, denn genau das, wodurch wir mehr gewinnen könnten (nämlich der Verlust des Besitzes, der im Vergleich mit dem ewigen von so kurzer Dauer ist und so wenig Wertschätzung verdient), genau das beunruhigt uns und nimmt uns den Gewinn weg. Wir müssen aber beachten, dass es einen Menschen, dem Gott diese Gnade nicht verliehen hat, nicht tröstet, davon zu sprechen, wohl aber, wenn er sieht, dass uns sein Leid schmerzlich berührt.[13]

4. Als ich heute darüber nachdachte, wie Gott die Güter schenkt, wie er will,[14] und dass es einen Mann wie er,[15] der ihm schon so viele Jahre aufrichtig dient und dessen Besitz immer mehr den Armen gehört hat als ihm – dass es ausgerechnet ihn derart betrübt, ihn zu verlieren, und als ich meinte, dass mir so etwas nicht viel ausmachen würde, da fiel mir ein, wie sehr es mir weh tat, als wir in Sevilla das, was Euer Gnaden mitbrachten, in Gefahr sahen.[16] Es ist wohl so, dass wir uns selbst nie kennen.[17] So wird es wohl das Beste sein, für den, der Alles ist, allem zu entfliehen; die das aber nicht können, sollen oft darüber nachdenken, damit unsere Natur uns nicht zu Sklaven von solch niedrigen Dingen macht; Euer Gnaden mögen es so halten, und sich daran erinnern, wann immer Ihre Natur Sie fortreißen will ...

---

[13] Hier zeigt sich einmal Teresas Einfühlungsvermögen, aber auch ihre Überzeugung, dass das Loslassen-Können Gottes Gnade ist.

[14] Ein Gedanke, der bei Teresa in Variationen immer wiederkehrt und den sie vor allem auch auf geistliche Güter und Gebetserfahrungen anwendet; vgl. V 21,9; 22,16; 34,11; 39,9f.; 4M 1,2; 5M 1,12; 6M 4,12; 8,5; CE 27,2; 31,4; Vej 5; F 8,9.

[15] Salcedo.

[16] Eine Anspielung auf den Rechtsstreit um die Kaufsteuer für das von den Schwestern erworbene Haus in Sevilla, als Lorenzo sich für sie verbürgt hatte; siehe Ct 105,3; 106,3; 114,3; 120,6; und ferner F 25,9.

[17] Hier zeigt sich ein wichtiger Zug Teresas: Die Erinnerung an ihre negativen Erfahrungen mit sich selbst bewahren sie vor Hochmut. In V 7,1 sagt sie dies ausdrücklich.

143.

An Mutter María Bautista[1] in Valladolid

Toledo, 2. November 1576

1. Jesus. – Die Gnade des Heiligen Geistes sei mit Ihnen. Wenn Sie doch ab und zu glauben wollten, was ich Ihnen sage, dann gerieten wir nicht so an einander. Es ist natürlich wahr, dass ich Sie in dem Brief[2] neulich nur so nebenbei gebeten habe, keine Aderlässe mehr vornehmen zu lassen! Ich weiß nicht, was das für ein Unsinn mit Ihnen ist, auch wenn es der Arzt sagt. Ihre Krankheit tut mir sehr leid, weil sie im Kopf sitzt. Bei Catalina[3], also, da müssen Sie fest daran denken, sie Gott anzuempfehlen, und nicht, weil sie dorthin gehen will, wo ich weiß, wie gern Ihr sie dort habt. Ich sage Ihnen, diese Frau ist großartig, und gebe Gott, dass sie jetzt nicht für die Verbundenheit mit Ihnen zahlt, denn dieser Gedanke ist mir gekommen; und damit Sie es bereuen, darum sage ich es Ihnen.

2. Ihre Briefe habe ich alle erhalten; auf diesem Weg kommen sie gut an, und es besteht kein Grund, etwas fürs Porto mitzuschicken, denn das habe ich; mein Bruder[4] gibt es mir, dem ich in jeder Beziehung viel verdanke. Dem Pater Visitator[5] geht es gut; erst vor zwei Tagen hat man mir nämlich einen Brief von ihm überbracht. Er gibt sich viel Mühe, mir zu schreiben, und bislang geht es ihm bei diesen Leuten[6] sehr gut; er geht es aber auch mit großer Klugheit und Milde an.

---

[1] Siehe Ct 63 tít.

[2] Einer der vielen Briefe Teresas, die verloren gingen.

[3] Vielleicht eine der beiden Laienschwestern aus dem Karmel Toledo mit diesem Namen, Catalina de los Ángeles oder Catalina de San Miguel; auf jeden Fall handelt es sich um eine Freundin und Bewunderin der María Bautista.

[4] Lorenzo de Cepeda.

[5] Jerónimo Gracián, der Visitator der Karmeliten von Andalusien.

[6] Den Andalusiern, von denen Teresa nicht viel hält; vgl. Ct 102,14; 105,12; 122,6.9.

Es ist schon ein paar Tage her, dass das bei den Franziskanern passiert ist; immerhin haben sie den Visitator nicht umgebracht.[7]

3. Das mit Bischof Quiroga ist wahr,[8] und wir haben uns sehr darüber gefreut, da er sich mit unserem Pater[9] außerordentlich gut versteht. Dem Bischof[10] und dem Nuntius[11] geht es im Augenblick sehr schlecht. Empfehlen Sie Gott auch Don Juan de Austria,[12] der als Knecht eines Flamen verkleidet nach Flandern aufgebrochen ist.

4. O, was für eine Freude haben Sie mir mit der Nachricht gemacht, dass Fray Pedro Fernández[13] wieder gesund ist; ich war nämlich in Sorge, da ich wohl um seine Erkrankung wusste, nicht aber, dass er wieder gesund ist. Ich sage Ihnen, er scheint nicht so undankbar zu sein wie sein Freund,[14] denn obwohl er so viel zu tun hat, fehlt es ihm nie an der Sorge, mir zu schreiben; und das ist er mir auch alles schuldig, wo-

---

[7] Vermutlich ist der Visitator der andalusischen Franziskaner, Diego de Buenaventura, gemeint; das Ganze ist vermutlich eine Anspielung auf die Zerstörung des Franziskanerklosters in Córdoba; siehe Ct 129,8. Diese und ähnliche Bemerkungen Teresas sind im Kontext einer Visitation zu verstehen, wo sich die Gemüter oft erhitzen, und es manchmal auch zu solchen Exzessen kommen konnte.

[8] Anspielung auf die Ernennung des Bischofs von Cuenca, Gaspar de Quiroga, zum Erzbischof von Toledo, als Nachfolger des am 2. Mai 1576 in Rom verstorbenen Opfers der Inquisition Bartolomé de Carranza.

[9] Jerónimo Gracián.

[10] Der Bischof von Segovia und Präsident des Königlichen Rates von Kastilien, Diego de Covarrubias y Leyva (Leiva); er sollte am 17. September 1577 sterben.

[11] Nicolás de Ormaneto, der ein halbes Jahr später, am 18. Juni 1577, sterben sollte.

[12] Der 1576 zum Statthalter der Niederlande ernannte Halbbruder Philipps II., glänzender Sieger von Lepanto (7. Oktober 1572), hatte sich Bart und Haare gefärbt und sich als maurischen Diener, nicht eines Flamen, sondern des italienisches Adligen Ottavio (di) Gonzaga ausgegeben, um unerkannt von Valladolid durch das feindliche Frankreich nach Flandern (in die „Spanischen Niederlande") zu reisen.

[13] Pedro Fernández Orellana OP, der 1569–1574 Apostolischer Kommissar und Visitator der Karmeliten Kastiliens gewesen war.

[14] Der Dominikaner Domingo Báñez; siehe Ct 58 tít.

bei mir der andere, wenn es um Schuld geht, weit mehr schuldet. Wissen Sie, seine Sorge für Sie wird nur so lange dauern, bis er auf eine andere stößt, die ihm zusagt, und dann brauchen Sie schon bald nichts mehr zu befürchten, auch wenn Sie sich noch so viel darauf einbilden.

5. Wenn ich mich nicht an meinem Gott festgehalten hätte, dann hätte ich längst gemacht, was Sie machen wollten, doch er lässt mich nicht, und ich sehe ja, dass er[15] sein Diener ist; schon deshalb ist es gut, ihn zu lieben, da er es verdient, ihn und alle Leute auf der Erde. Wenn wir aber glauben, mehr zu sein als sie, sind wir schön dumm; doch wäre es nicht richtig, es ihm gleichzutun, vielmehr sollte man immer dankbar sein für das Gute, das er uns erwiesen hat. Und so hören Euer Ehrwürden doch mit diesen Empfindlichkeiten auf und unterlassen Sie es nicht, ihm zu schreiben, sondern bemühen Sie sich, allmählich zu der Freiheit zu gelangen, die ich, gottlob, schon weitgehend habe, denn Sie sind nicht so frei, wie Sie sagen. Gepriesen sei er, der immer ein echter Freund ist, sofern wir nur seine Freundschaft wollen.

6. Der Brief wird Luis de Cepeda[16] überbracht. Ich habe Euer Ehrwürden ja schon geschrieben, dass auch sein Vater[17] gestorben ist, und wie sehr wir ihn hier[18] Gott anempfahlen, solange er krank war. Die Rechnung, die Sie, wie Sie sagen, für meinen Bruder[19] haben, dürfen Sie mir schicken (ich habe ihm nämlich die gegeben, die mir die Gnädige Frau Doña María de Mendoza[20] übergeben hat), und schicken Sie mir auch die übrigen zusammen mit all Ihren Denkschriften; und auch

---

15 Báñez.

16 Ein Sohn von Teresas Cousin Francisco Álvarez de Cepeda und seiner Frau María de Ocampo; vgl. Ct 9,2; 93,2.

17 Francisco Álvarez de Cepeda war in Torrijos gestorben.

18 In Toledo.

19 Lorenzo de Cepeda.

20 María Sarmiento de Mendoza (sen.), die Schwester des Bischofs von Ávila, Álvaro de Mendoza.

einen Bericht über Estefanía,[21] wenn Sie sich dazu imstande fühlen, wie der, den sie mir nach Ávila schickten, der nämlich sehr gut war; dass er aber gut leserlich sei, damit ich ihn hier nicht abschreiben muss. Vertrauen Sie es aber nicht Juliana[22] an, denn die Dummheiten und Unstimmigkeiten, die sie in ihrem Bericht über Beatriz de la Encarnación[23] behauptete, waren, weil sie übertrieb, unerträglich; sobald aber Euer Ehrwürden wieder ganz gesund sind, schreiben Sie, was Sie wissen; der Provinzial[24] hat es mir nämlich aufgetragen.

7. Mir geht es, gottlob, gut. Ist es denn unmöglich, dahin zu kommen, dass Sie den „Mederkönig"-Sirup[25] nehmen, wenn Sie ein Abführmittel brauchen? Denn mir hat er das Leben gerettet, und Ihnen kann er in keiner Weise schaden. Schicken Sie mit der normalen Post keine Rechnungen, an so etwas sollten Sie nicht einmal denken, sondern nur mit dem Mauleseltreiber, auch wenn es sich dann verspätet; denn sonst wird hier nichts ankommen.[26]

8. Von dem, was Sie von Ihrem Innenleben sagen, sollten Sie um so weniger Aufhebens machen, je mehr Sie darunter leiden, sieht man doch klar, dass es nur von einer Schwäche der

---

[21] Die einfache Laienschwester aus dem Karmel Valladolid Estefanía de los Apóstolos, die zu ausgefallenen Bußübungen neigte; siehe F 11,1 und ferner Ct 63,7; 77,2f.; 79,8; 104,7.

[22] Juliana de la Magdalena (Gutiérrez), eine von sechs Töchtern des großen Wohltäters der Karmelitinnen von Salamanca Nicolás Gutiérrez, die alle in das Menschwerdungskloster zu Ávila eintraten und von Teresa zu verschiedenen Klostergründungen mitgenommen wurden, teilweise aber in das Menschwerdungskloster zurückkehrten. Juliana lebte seit 1568 als Unbeschuhte Karmelitin in Valladolid. Wie viele der damaligen Schriftsteller und Schriftstellerinnen, übertrieb sie bei den Tugenden und Gnaden. Teresa spricht von ihr nochmals in Ct 380,1. Siehe BMC 7,340, Anm. 1.

[23] Beatriz de la Encarnación (Óñez), die am 5. Mai 1574 in Valladolid verstorben war. Siehe zu ihr F 12,1-9 und ferner Ct 63,2.

[24] Jerónimo Gracián.

[25] Weiter nicht bekanntes Medikament.

[26] Ein weiterer Hinweis auf die Unzuverlässigkeit der Postverbindungen; Mauleseltreiber brauchten länger, waren aber zuverlässiger als die Königliche Post.

Einbildungskraft und schlechten Gemütsverfassung kommt; da aber der Böse das sieht, muss er wohl auch seinen Teil dazutun. Doch haben Sie keine Angst, denn der heilige Paulus sagt, dass Gott nicht zulässt, dass wir mehr geprüft werden, als wir zu ertragen vermögen;[27] und mag es Ihnen auch vorkommen, dass Sie zustimmen, so ist es doch nicht so, sondern aus all dem ziehen Sie Ihren Verdienst. Werden Sie aus Liebe zu Gott erst einmal ganz gesund, und bemühen Sie sich, gut zu essen und nicht allein zu sein und an nichts zu denken. Lenken Sie sich so viel und so gut wie möglich ab. Ich wäre gern dort, denn es gäbe viel zu erzählen, um Sie abzulenken.[28]

9. Wieso haben Sie mir denn nichts über Don Franciscos[29] Prüfungen geschrieben? Dann hätte ich ihm nämlich geschrieben, da ich ihm viel verdanke. Falls Sie die Gräfin von Osorno[30] sehen, sagen Sie ihr Grüße von mir, und auch meiner María de la Cruz[31] und Casilda[32] und Dorotea,[33] und an die Subpriorin und ihre Schwester.[34] Ich weiß nicht, was man mit

[27] Eine Anspielung auf 1 Kor 10,13. Teresa zitiert diese Stelle immer wieder, ein Zeichen, wie sehr sie sie selbst in ihren innern Nöten getröstet haben muss; vgl. V 23,15; CV 19,13; 38,4; CE 69,4; 6M 1,6; 3,17; 8,7; CC 44,2; Ct 284,2; 337,3.

[28] Ein wunderbares Beispiel für Teresas Bodenständigkeit und tiefe Menschlichkeit im Umgang mit den inneren Nöten ihrer Mitschwestern: Sie geht davon aus, dass die depressive Verstimmung natürliche Ursachen hat, hier etwa auch María Bautistas schlechte Körperverfassung, spendet geistlichen Trost, rät zugleich aber, vernünftig zu essen und möglichst alles zu tun, um wieder ganz gesund zu werden, und sich im übrigen von den trüben Gedanken abzulenken.

[29] Francisco de Salcedo, der in eine schwierige Gerichtsverhandlung an der Königlichen Kanzlei in Valladolid verwickelt war, die ihn an den Rand des finanziellen Ruins brachte; vgl. Ct 123,1; 142,2.

[30] Doña María de Velasco y Aragón; vgl. Ct 70,3.

[31] María de la Cruz (de la Paz), eine der vier Pionierinnen von San José (Ávila), 1568 Mitglied der Gründungsgruppe von Valladolid, wo sie 1588 starb.

[32] Casilda Juliana de la Concepción (de Padilla); siehe Ct 58,4.

[33] Dorotea de la Cruz (Ponce de León); siehe Ct 88,16.

[34] Subpriorin in Valladolid war Antonia del Espíritu Santo (Henao), ebenfalls eine der vier Pionierinnen von San José (Ávila); ihre leibliche Schwester war Ana de San José (Henao).

dieser blinden Novizin tun soll; ich sage Ihnen, das ist eine ziemliche Prüfung.

10. Prádanos[35] ist wirklich ein ganz treuer Freund; Sie tun gut daran, sich mit ihm zu besprechen, auch wenn sie[36] dort jetzt den Obern wechseln. Wenn sie doch Pater Domeneque[37] dorthin zurückschickten! Das hätte ich gern für Sie dort. Schreiben Sie mir bald, wie es Ihnen geht, und verbleiben Sie mit Gott! Der Priorin[38] hat Ihre Krankheit leid getan. Wir empfehlen Sie alle Seiner Majestät. Schreiben Sie Fray Domingo[39] immer Grüße von mir, und sagen Sie mir, wie es ihm geht.

11. Heute ist Allerseelen, und ich bin Euer Ehrwürden

Teresa von Jesus

144.

An Pater Ambrosio Mariano[1] in Madrid

Toledo, 3. November 1576[2]

Für meinen Herrn Pater Doktor Fray Mariano de San Benito.

1. Jesus sei mit Euer Ehrwürden. Heute war der gute Valdemoro[3] hier, und ich glaube, dass er das mit der Freundschaft ehrlich meint, weil es ihm jetzt gut auskommt. Er erzählt mir viel davon, wie sehr der heilige Paulus die Christen verfolgte,

---

[35] Der Jesuit und einstige Beichtvater Teresas Juan de Prádanos; siehe V 24,3f.

[36] Die Jesuiten in Valladolid.

[37] Teresa hatte den Jesuiten Pedro Doménech als Beichtvater schätzen gelernt, als sie 1562 im Palast der Doña Luisa de la Cerda in Toledo weilte; Doménech war damals Rektor des dortigen Jesuitenkollegs. Als sie diesen Brief schrieb, leitete er das Jesuitenkolleg in Murcia; ihr Wunsch, dass er nach Valladolid versetzt würde, blieb unerfüllt.

[38] Die Priorin von Toledo, Ana de los Ángeles (Ordóñez y Gómez).

[39] Der Dominikaner Domingo Báñez.

---

[1] Siehe Ct 106 tít.

[2] Autograph: Unbeschuhte Karmelitinnen, Medina de Rioseco (Valladolid).

und was er nachher tat.[4] Sofern er für Gott auch nur den zehnten Teil von dem tut, was der heilige Paulus tat, verzeihen wir ihm, was er getan hat und noch tun wird. Er sagt mir, ich möchte Euer Ehrwürden bitten, seinen Bruder[5] aufzunehmen.

2. Gewiss, wenn es stimmt, dass er so ist, wie der andere sagt, wäre er bei dem Bedarf an Predigern, den Ihr habt, schon nützlich; nur fürchte ich, dass unser Pater[6] ihn wohl kaum in seinen Orden wird aufnehmen wollen, da er bei der Visitation ja alle fortschickt, die aus anderen Orden stammen. Womit ich denke, ihm einen Freundschaftsdienst zu erweisen, ist, ihn Gott anzuempfehlen. Ihr werdet dort schon sehen, was das Beste ist.

3. Wir beten inständig zu ihm um Gesundheit für diese Herren dort. Möge Gott sie ihnen schenken, so wie er es für notwendig erachtet. Ich mache mir große Sorgen über die Prüfungen unseres guten Padre Padilla.[7] Bei so großartigen Werken kann es nicht ausbleiben, dass der Böse einen Krieg anzettelt. Gott gebe ihm Kraft und Gesundheit, und Euer Ehrwürden und den Pater Magister[8] mache er ganz heilig.

4. Über die Geschäfte habe ich weiter nichts erfahren; ich nehme an, dass Ihr es dort vorher erfahrt.[9] Morgen werde ich

---

[3] Der Beschuhte Karmelit Alonso de Valdemoro, der kurz zuvor zum Prior der Beschuhten Karmeliten in Ávila ernannt worden war; siehe zu ihm und seinen Anbiederungsversuchen Ct 135,9.

[4] Vgl. Apg 9,1-22; 22,4-21; 26,9-18.

[5] Dieser war, wie Teresa am folgenden Tag an Jerónimo Gracián schreibt (Ct 145,3), zuerst bei den Dominikanern und dann bei den Beschuhten Karmeliten gewesen, die ihn aus dem Orden ausschlossen, weshalb sein Bruder jetzt versucht, ihn bei den Unbeschuhten Karmeliten unterzubringen. Er lobt ihn als *„großen Heiligen und großartigen Prediger"*, doch hält Teresa das Ganze für *„ein Ammenmärchen"* (aaO.).

[6] Jerónimo Gracián.

[7] Juan Calvo de Padilla, der kurz darauf wegen seines unerleuchteten Reformeifers von der Inquisition belangt wurde.

[8] Vermutlich Juan de Jesús Roca.

[9] In Madrid; mit den Geschäften sind wohl die Bemühungen um die Errichtung einer unabhängigen Provinz für die Unbeschuhten gemeint; vgl. Ct 133,3.

Valdemoro einen Brief für Euer Ehrwürden mitgeben, da er dorthin geht; wenn ich Sie darin wegen Seines Bruder ersuchen sollte, so ist es doch letztlich mein Wunsch, dass Ihr tut, was ein größerer Dienst Gottes ist.[10]

Diese lieben Brüder sind mir wie Heilige vorgekommen.[11] Es ist sehr tröstlich, solche Seelen zu erleben, um all die Prüfungen durchzustehen, die noch auf uns zukommen könnten.

Es ist der 3. November.

Euer Ehrwürden

Teresa von Jesus

145.

An Pater Jerónimo Gracián[1] in Sevilla

Toledo, 4. November 1576

1. Jesus. – Die Gnade des Heiligen Geistes sei immer mit Eurer Paternität. Ich habe dieser Tage ein paarmal geschrieben; gebe Gott, dass die Briefe dort ankommen, denn es macht mich ganz untröstlich zu sehen, wie viele Briefe ich schreibe und wie wenige Eure Paternität erhalten, wie Sie mir sagen.

2. Heute hat man mir die beiliegenden aus Valladolid überbracht; es heißt, aus Rom sei die Erlaubnis eingetroffen, dass Casilda[2] Profess machen darf, und sie sei überglücklich. Ich meine nicht, dass Eure Paternität mit der Erteilung der Ge-

---

[10] Teresa will Valdemoro zwar ein konventionelles Empfehlungsschreiben mitgeben, gibt Mariano aber zugleich zu verstehen, wie sie dies verstanden haben will.

[11] Der Autograph hat an dieser Stelle eine Randnotiz von fremder Hand, möglicherweise von Ambrosio Mariano selbst: *„Damit sind die gemeint, die jetzt von La Peñuela kommen“*. Vgl. Ct 135,21.

---

[1] Siehe Ct 89 tít.

[2] Casilda de Padilla, mit Ordensnamen Casilda de la Concepción, die wegen ihres jugendliches Alters eine kanonische Dispens brauchte, um die Gelübde ablegen zu dürfen; sie machte am 13. Januar 1577 16-jährig Profess; siehe zu ihr Ct 58,4.

nehmigung warten sollten, um ihr den Schleier selbst geben zu können, denn wir wissen nicht, was in diesem Leben noch passieren kann, und sicher ist sicher;[3] schicken sie mir Eure Paternität gleich auf mehreren Wegen,[4] damit dieser kleine Engel sich nicht zerreißt, denn es kostet sie viel.[5] Man wird es Eurer Paternität schon gesagt haben, oder man wird es denen gesagt haben, denen sie darüber berichtet hat; einer von ihnen war Fray Domingo;[6] allerdings werde ich, falls ich Zeit habe, die Briefe lesen, denn wenn es nicht so drin steht wie in meinem, werde ich ihn Eurer Paternität schicken.

3. Sie sollen wissen, dass vor zwei Tagen Perucho[7] hier war; er sagt, so wie Paulus die Christen verfolgte, Gott ihn dann aber berührt habe, so könne er das auch mit ihm tun, um das Blatt zu wenden. Ich glaube, er tut nur so, so lange es ihm gut auskommt. Er hält es für ganz sicher, dass Pablo[8] gegen sie vorgehen wird.[9] Er sagt, er werde der erste sein, der Ihnen einen herzlichen Empfang bereitet, denn er hat einen Bruder, den die Nachtvögel[10] hinausgeworfen haben, einen großen Heiligen und großartigen Prediger, kurz, ohne Makel, einen, der vorher Dominikaner war, und von dem er möchte, dass er bei den Adlern[11] unterkommt.[12] Wäre er wirklich so, würde

[3] Casilda sollte 1581, also noch zu Lebzeiten Teresas, auf Druck ihrer Verwandten den Karmel verlassen, um Franziskanerin-Conceptionistin und Äbtissin auf Lebenszeit von Santa Gadea del Cid in der Nähe von Burgos zu werden; siehe Ct 408,7.

[4] Wegen der Unzuverlässigkeit der Postverbindungen.

[5] Casildas Verwandte waren von Anfang an gegen ihren Ordenseintritt gewesen und hatten versucht, sie aus dem Kloster herauszuholen.

[6] Der Dominikaner Domingo Báñez, der sich bemüht hatte, zwischen Casilda und ihren Verwandten zu vermitteln; siehe Ct 58,4.

[7] Eine familiäre Verkleinerungsform von Pedro, Deckname für den Beschuhten Karmeliten Alonso de Valdemoro, den Prior der Beschuhten Karmeliten von Ávila, der im Jahr darauf Johannes vom Kreuz verhaften sollte; vgl. Ct 135,9 und Ct 144,1.

[8] Jerónimo Gracián.

[9] Mit anderen Worten: er befürchtet, dass Gracián auch bei den Beschuhten Karmeliten Kastiliens eine Visitation abhalten wird.

[10] Die Beschuhten Karmeliten.

[11] Die Unbeschuhten Karmeliten.

[12] Siehe zu diesem Bruder auch Ct 144,1.

es nicht schaden, da sein Dienst vonnöten ist. Das Schlimme ist, dass mir das Ganze wie ein Ammenmärchen vorkommt. Ach, was ist mir das doch ein sauberer Freund! Gott verschone uns.

4. Der Schenker des Bauplatzes für das Kloster[13] möchte, dass man jede Woche eine Messe für ihn lese, und dann würde er sechs gute Zellen einrichten lassen. Ich habe ihm gesagt, dass Eure Paternität das nicht machen. Ich glaube, er wird sich auch mit weniger zufrieden geben oder sogar mit nichts.

5. Ich habe Angst, dass uns Methusalem[14] bald fehlen wird. Sagen Sie mir mit Ja oder Nein, was Angela[15] machen soll, wenn das eintrifft, denn dann werden ihr wegen der Gehorsamspflicht, wohin sie denn gehen und wo sie leben soll, bald Gewissensnöte kommen.[16] Ich sehe genau, dass es[17] abgelegen ist, wo es ihr dann viel schlechter gehen wird als da, wo Laurencia[18] jetzt ist, zumindest gesundheitlich; doch ist dort die Not am größten, und so braucht auf ihr Glück keine Rücksicht genommen zu werden, denn hier auf Erden wäre es verfehlt, etwas darauf zu geben. Schließlich ist es ihr größtes Glück, bei ihrem Beichtvater Pablo[19] zu sein, und dort[20] sind dafür die besseren Voraussetzungen, abgesehen vom Klosterbau; denn wo sie jetzt ist,[21] da sieht sie schon, dass sie für

---

[13] Eine Gründung, die nicht verwirklicht wurde. (BMC 7,344, Anm. 4).

[14] Deckname für den Päpstlichen Nuntius Nicolás Ormaneto.

[15] Teresa selbst.

[16] Falls Ormaneto stirbt und damit auch die Gracián übertragene Vollmacht erlischt, ist unklar, wohin Teresa gehen soll, da sie drei einander teilweise widersprechende Weisungen erhalten hat: die des Ordensgenerals bzw. des Generalkapitels von Piacenza 1576, kraft derer sie sich in einem Kloster ihrer Wahl zurückziehen soll; die des vorigen Visitators Pedro Fernández, der sie zur Konventualin von Salamanca bestimmt hat; und schließlich die Graciáns vom 6. Mai 1576, kraft dessen sie nach Malagón und Ávila gehen soll.

[17] Malagón, im Vergleich zu Toledo. Auch ein Hinweis, dass Teresa die abgelegenen Klöster nicht lagen.

[18] Ebenfalls Teresa selbst.

[19] Gracián.

[20] Vermutlich Malagón.

[21] In Toledo.

Geschäfte noch schlechter dran ist als in Ávila. Geben Eure Paternität auf die eine oder andere Weise Bescheid über Ihre Entscheidung, denn Sie kennen sie doch schon; wenn es so käme,[22] und man ihr hier etwas anderes sagte, könnte es sein, dass sie nicht mehr auf Ihre Antwort warten kann, was sie sehr bedauern würde.

6. Achten Eure Paternität auch darauf, ob es für die Festlegung oder ihre Wahl des Ortes eine Rolle spielt, dass er vom vorigen Visitator festgelegt wurde,[23] denn abgesehen von der Not dort, ist das vielleicht doch vollkommener, als wenn sie es festlegte; und schauen Sie genau, Herr Pater, was in diesem Fall angebracht ist, denn ob falsch oder richtig, die Sache wird bekannt; doch glaube ich nicht, dass es lang gehen wird, da es einen anderen Methusalem[24] geben wird, doch es könnte immerhin sein.

7. Ach, du lieber Gott, und was für eine große innere Freiheit erlebt diese Frau in allem, was passiert! Sie meint, es könne gar nichts auf sie zukommen, was ihr schaden könnte, und genauso wenig ihrem Pablo.[25] Es ist schon großartig, was Josefs[26] Worte bewirken, dass sie dafür ausreichen; und dann so gelehrt und wortgewandt, wie er ist! Gepriesen sei Gott! Empfehlen Eure Paternität ihm dies, und antworten Sie mir um der Liebe willen, denn dann verliert man nichts, doch könnte man viel verlieren, wenn man den Meinungen anderer folgte. Empfehlen wir Methusalem Gott sehr, und auch den Oberengel,[27] um den ich mir noch mehr Sorgen mache, ohne zu wissen, warum. Seine Majestät schenke ihm Gesundheit,

---

22 Wenn der Nuntius stirbt.

23 Pedro Fernández hatte sie am 6. Oktober 1571 zur Konventualin von Salamanca bestimmt, obwohl sie Priorin in der Menschwerdung zu Ávila war.

24 Ein neuer Nuntius.

25 Gracián.

26 Jesus Christus.

27 Der Großinquisitor Gaspar de Quiroga, der ein Freund und Beschützer Teresas war.

und Eure Paternität erhalte er mir noch viele Jahre in großer Heiligkeit. Amen, amen!

Heute ist der 4. November.

Eurer Paternität unwürdige Dienerin und wahre Tochter

Teresa von Jesus

146.

An Mutter María de San José[1] in Sevilla

Toledo, 8. November 1576[2]

Für die Mutter Priorin María de San José.

1. Jesus sei mit Euer Ehrwürden. Ich habe keine Zeit, um Ihnen zu sagen, was ich möchte. Heute hat mir der Mauleseltreiber Ihren Brief überbracht. Je länger er ist, desto mehr freue ich mich darüber. Heute habe ich aber so viele bekommen, dass nicht einmal zu diesem die Zeit reicht, ja, nicht einmal um die Briefe der Schwestern zu lesen. Grüßen Sie sie mir herzlich.

2. Ich habe Ihnen schon geschrieben, dass Sie die Schwestern von Garciálvarez[3] aufnehmen sollen. Mir scheint, dass der Brief schon angekommen sein müsste. Wenn sie wirklich so gut sind, sollte man nicht länger warten. Es tut mir aber leid, dass Sie sich Schwestern aufladen und keinen Ausweg finden.[4] Sorgen Sie dafür, dass man Ihnen wenigstens die drei-

[1] Siehe Ct 109 tít.

[2] Autograph: Unbeschuhte Karmelitinnen, Moncalieri (Turin).

[3] Der Hausgeistliche der Karmelitinnen von Sevilla; seine Kusine Jerónima de la Madre de Dios (de Sotomayor) und seine beiden Nichten Inés de San Eliseo (de Morales) und María de San Pablo (de Morales) traten bald danach in den Karmel Sevilla ein; vgl. Ct 148,7. Um erstere ging es auch bereits in Ct 120,9; 122,3; 132,5; eine weitere Kusine, Constancia del Río, wurde nicht aufgenommen. Über den genauen Verwantschaftsgrad dieser Frauen zu Garciálvarez scheint Teresa sich nicht immer im Klaren gewesen zu sein.

hundert Dukaten gibt, die in diesem Jahr zu zahlen sind; aber dem armen Antonio Ruiz[5] das Geld nicht zurückgeben, da sage ich Ihnen, dass ich mir, glaube ich, ein Gewissen daraus mache, wenn ich sehe, wie wenig Hilfe er von Ihnen dort hat. (Er muss sich damit in Malagón mit Viehhandel den Lebensunterhalt verdienen, auch wenn ich mich noch so sehr um einen, nämlich meinen Bruder[6], bemühe, der ihm mehr gibt, wiewohl der auch daran verdient, damit ihm ein wenig geholfen ist).

3. Auch wenn die von Nicolao[7] nicht so besonders fähig wäre, würde ich sie doch nicht fortschicken. Grüßen Sie ihn von mir und sagen Sie ihm, sein Cousin[8] hätte mich besucht und eine Spende geschickt.

4. Zu dem mit Pablo[9] weiß ich nicht, was ich Ihnen sagen soll, denn ich habe noch nicht richtig verstanden, solange ich den Brief nicht noch einmal gelesen habe, warum er es jetzt vor Ablauf des Jahres[10] so eilig hat. Wenn sie Ihnen 1500 Dukaten gäben und dazu noch das, was sie für dieses Jahr zu geben haben, sei's drum, dann verzichten Sie eben, denn solche Erbschaften sind für uns nie günstig, da sie mit nichts enden. Nehmen Sie keine Erbschaft an, sondern er soll den entsprechenden Teil von dem übernehmen, was Sie fürs Haus zahlen.

---

[4] Anspielung auf die angespannte wirtschaftliche Lage der Kommunität von Sevilla, die durch die Aufnahme von mehreren Frauen ohne Mitgift unverändert schwierig blieb.

[5] Der Viehhändler aus Malagón, der den Schwestern von Sevilla Geld vorgestreckt hatte und nun in finanziellen Nöten war; siehe Ct 142,1.

[6] Lorenzo de Cepeda.

[7] Die von Nicolás Doria empfohlene Ordensinteressentin; vgl. Ct 120,6.

[8] Nicolás Dorias Cousin Francisco (Francesco) Doria, der sich in Toledo niedergelassen hatte.

[9] Pablo Matías, dessen Tochter Bernarda de San José zu diesem Zeitpunkt in Sevilla Novizin war; er schien ihr nahegelegt zu haben, bereits vor der Profess auf all ihre Güter zu verzichten, war aber, trotz aller vagen Versprechen für die Zukunft, nicht bereit, ihr eine Mitgift zu geben. Bernarda machte am 21. März 1577 ohne Mitgift aber auch ohne Güterverzicht Profess.

[10] Das Noviziatsjahr. Zum Wert eines Dukaten siehe Ct 2,3.

Verschwendet keinen Gedanken daran, eine Erbschaft anzunehmen; sagt einfach, dass Ihr das nicht dürft, da Ihr keine festen Einkünfte haben dürft.[11] Kurz, wegen solcher Dinge brauchen Sie mir nicht zu schreiben; schaut dort, was besser ist. Ich möchte aber nicht, dass man davon und von dem von Beatriz[12] etwas wegnimmt, sondern dass man sie zusammenwirft, denn sonst kommt Ihr nicht zurecht, da Ihr alljährlich so viel abbezahlen müsst; und anstatt diese Last ein wenig zu erleichtern, wird man zweifellos viel dabei verlieren. Wegen der Laienschwester[13] werde ich nach Valladolid schreiben und Antwort geben, und dann schreibe ich Ihnen bald wieder.

Mir geht es gut.

Es ist der 8. November.

5. Die Briefe an unseren Pater[14] lege ich ohne Anschrift bei, doch adressiert an Euer Ehrwürden, mit zwei oder drei Kreuzchen darauf; oder besser nur zwei, oder nur eines, denn es sind viele, die nach dort abgehen. Und Euer Ehrwürden sollen ihm Bescheid sagen, dass er die an mich nicht selbst adressiert, sondern Euer Ehrwürden, und stecken Sie sie in Ihre, mit demselben Zeichen darauf; das ist besser für die Geheimhaltung und eine bessere Methode als die, die ich angab.[15] Gebe Gott, dass Sie die Wahrheit sprechen, wenn Sie sagen, dass es Ihnen gut geht,[16] und seien Sie Gott befohlen.

Ihre

Teresa von Jesus

---

[11] *„Man soll immer von Almosen, ohne irgendwelche festen Einkünfte leben“* (Cs 9). Allerdings gründete Teresa in kleineren Ortschaften, wo nicht mit einem genügend großen Spendenaufkommen zu rechnen war, sehr wohl Klöster mit festen Einkünften; siehe Anm. zu Ct 102,1.

[12] Beatriz de la Madre de Dios (Chaves), die am 29. September 1576 in Sevilla Profess gemacht hatte.

[13] Vielleicht die in Ct 132,9 erwähnte Verwandte Graciáns oder aber die in Ct 143,1 erwähnte Laienschwester.

[14] Gracián.

[15] Siehe Ct 148,2 und ferner Ct 120,3; 139,1. Dahinter steht die Angst, dass ihre Korrespondenz mit Gracián von der gegnerischen Seite abgefangen wird.

[16] Vgl. Ct 139,3.

6. Ich habe Ihnen schon geschrieben, dass man meinem Bruder[17] die Briefe überbracht hat und er sich ganz arg gefreut hat. Es geht ihm gut, und der Mutter Priorin José[18] wie üblich.

147.

An Pater Jerónimo Gracián[1] in Sevilla

Toledo, 11. November 1576

1. Jesus. – Die Gnade des Heiligen Geistes sei mit Eurer Paternität, mein Pater. Vorige Woche, das war in der Allerheiligenoktav,[2] habe ich Eurer Paternität geschrieben,[3] wie sehr ich mich über Ihren Brief gefreut habe, auch wenn er nur kurz war; es ist dies der letzte, den ich erhalten habe. Zu dem, was Sie mir sagen, dass Sie nach Rom schreiben, gibt es hoffentlich keine Gegenmeinungen;[4] möge es Gott gefallen, dass es gut ausgehe.

2. Ferner sagte ich Eurer Paternität, wie sehr ich mich über die Briefe gefreut habe, die Eure Paternität an Pater Mariano[5] geschrieben haben und die er an mich weitergeschickt hat (darum hatte ich ihn nämlich bitten lassen). Das ist eine Geschichte, die mich Gott von ganzem Herzen hat loben lassen. Ich weiß nicht, woher Sie den klugen Kopf nehmen für so viel Geschick und Einfallsreichtum. Gepriesen sei er, der es

---

17 Lorenzo de Cepeda. Siehe Ct 139,2.

18 Die Priorin von Malagón, Brianda de San José (Temiño y Mendoza); siehe zu ihr Ct 108,6.

---

1 Siehe Ct 89 tít.

2 Wie viele Hochfeste damals hatte das Allerheiligenfest (1. November) eine Oktav, d.h. eine achttägige Nachfeier; diese wurde durch die Liturgiereform des Zweiten Vatikanums gestrichen.

3 Dieser Brief ist nicht erhalten.

4 Beim Kapitel in Almodovar del Campo, das auf Einladung von Gracián am 26. August 1576 stattgefunden hat, strebte man bereits die Errichtung einer eigenen Provinz an, was sich verzögerte, weil einige nicht so dachten. Darauf spielt Teresa hier an. Siehe Ct 124,8; 130,3; BMC 7,355, Anm. 2.

5 Ambrosio Mariano de San Benito (Azzaro), der sich in Madrid befindet.

Ihnen gibt; denn es sieht ganz danach aus, dass es sein Werk ist. Seien Eure Paternität deshalb immer sorgfältig darauf bedacht, an die Gnade zu denken, die Ihnen Gott erweist, und verlassen Sie sich nicht zu sehr auf sich; ich sage Ihnen, dass es Buenaventura,[6] der das so sehr tat, keineswegs genutzt hat, wo er doch meinte, dass alles kinderleicht wäre. (Es hat mich entsetzt, als ich es hörte.)

3. Dieser große Gott Israels will nämlich in seinen Geschöpfen gepriesen werden; daher brauchen wir das, was Eure Paternität vor Augen haben, und das ist seine Ehre und sein Ruhm, und müssen uns die größtmögliche Mühe geben, um keinesfalls unsere eigene zu suchen, denn dafür wird Seine Majestät, sofern es ihm recht ist, schon Sorge tragen; denn das, was uns gut tut, ist, unsere Unzulänglichkeit zu erkennen, und dass in ihr seine Größe um so größer herauskommt.[7] Aber wie dumm bin ich doch und wie werden Eure Paternität lachen, wenn Sie das lesen! Gott verzeihe diesen Schmetterlingen,[8] die sehr zu ihrem Trost genießen, was ich dort nur mit so viel Not genossen habe. Da lässt sich Eifersucht nicht vermeiden,[9] doch ist es mir eine große Freude, wie viel Mühe man sich macht, um Pablo ein wenig Erleichterung zu verschaffen, und das so unauffällig.[10]

4. Ich habe Ihnen schon genug dumme Ratschläge erteilt. Um sich an mir zu rächen, sollten Sie mir die Erleichterung versagen, die es mir bedeutet, dass Sie ein wenig Erleichterung haben können, wo Sie die so sehr brauchen und in einer so großen Not sind. Doch hat mein Pablo mehr Tugend als das und versteht mich jetzt auch besser als vorher. Damit es nicht

---

6 Der Visitator der Franziskaner Andalusiens, Diego de Buenaventura.

7 Ähnliche Gedanken finden sich im Magnifikat, etwa: *„Denn auf die Niedrigkeit seiner Magd hat er geschaut. (...) Der Mächtige hat Großes an mir getan“* (Lk 1,48a.49a).

8 Die Unbeschuhten Karmelitinnen von Sevilla, die in den Genuss der Predigten Graciáns kommen.

9 Vgl. Ct 132,3; 148,5.

10 Gemeint sind die Karmelitinnen von Sevilla, die ihn umsorgen.

zu Gelegenheiten kommt, um dem nicht nachzukommen, bitte ich, dass Eure Paternität nicht ihren Hausgeistlichen machen, es sei denn, zu diesem Zweck. So ist es nun einmal, denn ich sage Ihnen, dass ich die ganze Not, die ich bei dieser Gründung ausgestanden habe, für ganz richtig hielte, wenn es nur für das gewesen wäre; und das lässt mich Gott von neuem loben, da er mir die Gnade erwiesen hat, dass es dort einen Ort zum Auftanken gibt, ohne dass es bei Weltleuten ist. Sie machen mir viel Freude, diese Schwestern,[11] und Eure Paternität tun mir einen Gefallen, wenn sie es immer wieder schreiben – sie sagen nämlich, dass Eure Paternität es ihnen auftragen –; denn es ist mir ein großes Geschenk zu sehen, dass Sie mich nicht vergessen.

5. Doña Elena[12] hat zum Pflichtteil ihrer Tochter noch das hinzugefügt, was sie selbst mitbringen will, falls sie eintritt; sie sagt, dass man dafür sie selbst und noch zwei weitere Chorschwestern und zwei Laienschwestern aufnehmen soll,[13] und wenn das Haus fertiggestellt ist, soll eine fromme Stiftung entstehen wie in Alba. Es ist wahr, dass sie alles dem Ermessen von Eurer Paternität und Pater Baltasar Álvarez[14] und mir überlässt. Er war es, der mir beiliegendes Schriftstück schickte, da er ihr nicht antworten wollte, bis er wusste, was ich dazu sagte.[15] Ich habe sehr auf das geachtet, was ich als den Willen von Eurer Paternität erkannt habe und ihr Beiliegendes geantwortet, nachdem ich es sorgfältig überdacht und durchgesprochen hatte.[16] Falls Eure Paternität damit nicht einverstanden

---

[11] Die Karmelitinnen von Sevilla.

[12] Elena de Quiroga, eine Nichte des Kardinal-Erzbischofs von Toledo und Großinquisitors Gaspar de Quiroga, die 1581 mit dem Namen Elena de Jesús in Medina del Campo eintrat. Ihre Tochter Jerónima de la Encarnación (Villarroel y Quiroga) hatte dort bereits Profess gemacht.

[13] Siehe Anm. zu Ct 61,2.

[14] Ein Jesuit, der 1560 in Ávila Teresas Beichtvater war.

[15] Das zeigt sehr schön Teresas Ansehen, aber auch die Achtung vor ihrer Meinung.

[16] Sie legt eine Abschrift ihres Antwortschreibens an Doña Elena bei, das wir nicht mehr besitzen.

sind, lassen Sie es mich wissen; beachten Sie aber, dass ich, sofern es nach meinem Willen geht, nicht möchte, dass die bereits in Armut gegründeten Klöstern feste Einkünfte hätten.

Gott erhalte mir Eure Paternität.

Eurer Paternität unwürdige Tochter und Dienerin

Teresa von Jesus

148.

An Mutter María de San José[1] in Sevilla

Toledo, 11. November 1576[2]

Für die Mutter Priorin María de San José.

1. Jesus sei mit Euer Ehrwürden. Schreiben Sie mir doch immer auf einem eigenen Zettelchen, auf was ich antworten soll,[3] da Ihre Briefe lang sind[4] (auch wenn sie mir nicht so vorkommen, da sie mir Freude machen); um sie aber alle noch einmal zu lesen, wenn ich mich in aller Eile ans Schreiben mache, sind sie es doch.

2. Mit dem Kurier schrieb ich Ihnen vor drei oder vier Tagen, dass ich auf die Briefe für unseren Pater[5] zwei Kreuzchen machen und sie an Euer Ehrwürden adressieren würde.[6] Geben Sie mir Bescheid, sobald Sie diesen Hinweis gesehen haben; denn bis dahin werde ich es nicht machen.

---

[1] Siehe Ct 109 tít.

[2] Autograph: Unbeschuhte Karmelitinnen Valladolid.

[3] Wiederholung der bereits in Ct 122,1 geäußerten Bitte.

[4] Wörtlich schreibt Teresa *„denn da Ihre Briefe lang sind“*, macht dann aber einen Gedankensprung, so dass der Hauptsatz fehlt, einer der Satzbrüche (Anakoluth), die ihr beim schnellen Schreiben immer wieder einmal unterlaufen.

[5] Jerónimo Gracián.

[6] Siehe Ct 146,5.

3. Ich sage Ihnen, dass mir Ihr Fieber sehr leid tut. Warum sagen Sie mir dann, dass es Ihnen gut geht? Darüber ärgere ich mich.[7] Schauen Sie, ob es vielleicht von Verstopfungen[8] herrührt, und unternehmen Sie etwas, lassen Sie es nicht chronisch werden. Ich habe den starken Verdacht, dass es eines Tages wieder vergeht, und das tröstet mich. Ich empfehle Einreibungen oder dergleichen, um die Fieberhitze zu lindern, und sagen Sie es auf jeden Fall dem Arzt. Sie lassen doch, glaube ich, einmal im Jahr einen Aderlass machen; vielleicht täte Ihnen das gut, wie die Subpriorin sagt.[9] Ich meine nur, dass es nicht so bleiben darf, damit es, wenn es uns darauf ankommt, dann kein Heilmittel mehr gibt. Gott möge es bessern!

4. Von Malagón habe ich seit längerem nichts erfahren. Ich mache mir Sorgen, und die Ärzte machen mir wegen der Gesundheit der Priorin[10] schon gar keine Hoffnung mehr, denn alle Symptome und Anzeichen, die sie hat, weisen auf Schwindsucht hin. Gott ist Leben und er kann es ihr schenken. Erbitten Sie es ihr immer wieder – und auch einem Menschen, dem ich viel verdanke – und sagen Sie das allen, und richten Sie ihnen Grüße von mir aus, denn über ihre Briefe freue ich mich sehr. Ich weiß nicht, ob ich Zeit habe, ihnen zu schreiben.

5. Ich sage Euch, dass ich ganz neidisch auf Euch bin, weil Ihr Euch so gut und zwanglos an unserem Pater erfreuen könnt;[11] so viel Erholung verdiene ich nicht, und so habe ich keinen

---

[7] Teresa macht sich immer wieder Sorgen über María de San Josés Gesundheit, vgl. etwa Ct 139,3; 146,5.

[8] *Opilaciones*, womit Covarrubias zufolge damals nicht Stuhlverstopfung (Obstipation) sondern Amenorrhöe (Ausbleiben der Menstruation) gemeint war.

[9] María del Espíritu Santo (de Pavia).

[10] Die Priorin von Malagón, Brianda de San José (Temiño y Mendoza); siehe zu ihr Ct 108,6.

[11] Gracián hatte bei den Schwestern von Sevilla eine Rückzugsmöglichkeit, worauf Teresa selbst immer wieder gedrängt hatte. Auf ihren „Neid" spielt sie um diese Zeit in Briefen an María de San José und Gracián selbst mehrfach an; vgl. Ct 132,3; 147,3.

Grund zur Klage. Ich freue mich sehr, dass er diese Erleichterung hat, denn sonst wüsste ich nicht, wie er es aushalten könnte. Trotzdem aber sage ich Ihnen, dass Sie der Subpriorin[12] von mir auftragen sollen, alle Ausgaben stets mit den vierzig Dukaten von San José zu verrechnen,[13] und machen Sie es ja nicht anders, da es für Euch ein großer Verlust wäre, während Sie die Sache mit hier als erledigt betrachten sollen, und ziehen Sie von dieser Schuld ruhig alles ab, was Ihr für ihn ausgebt. Ich muss in mich hinein lachen, wie die gute Subpriorin sogar noch das Wasser berechnen wird;[14] und sie tut gut daran, denn genauso will ich es, abgesehen von dem, was man Euch als kleine Spenden schenken sollte. Ich muss mich ärgern, wenn Ihr es anders macht!

6. Ihr sagt mir nie, wer sein Begleiter[15] ist, denn das ist zur Zeit mein einziges Leid, während ich sonst ganz glücklich bin, dass ihm, ohne dass es jemand merkt, so viel Gutes getan wird. Ich möchte nicht, dass in Los Remedios[16] bekannt wird, wo er isst, denn es ginge nicht an, diese Tür für einen anderen Oberen offen zu halten.[17] Glaubt mir, man muss die Zukunft im Blick haben, damit wir nicht noch vor Gott zu verantworten haben, was wir alles angefangen haben.

7. Ich mache mir Sorgen darüber, dass Euch mit diesen Schwestern, die Ihr aufnehmt, in keiner Weise geholfen ist.[18]

---

[12] María del Espíritu Santo (de Pavia).

[13] Das hatte sie auch bereits zwei Monate zuvor angemahnt; siehe Ct 120,10.

[14] Über María del Espíritu Santos („Clarencias") sprichwörtliche Treuherzigkeit und Genauigkeit hatte sie sich auch schon in Ct 137,5 lustig gemacht.

[15] Ordensleuten war es nicht gestattet, allein zu reisen. Graciáns Reisebegleiter in den Jahren 1576–77 war der Andalusier Andrés de los Santos, der von den Beschuhten zu den Unbeschuhten Karmeliten übergetreten war; Teresa war mit dieser Wahl nicht glücklich, da sie ihm nicht zutraute, schweigen zu können; vgl. den Brief an María de San José (Salazar) vom 19. November 1576 (Ct 151,7).

[16] Der Konvent der Unbeschuhten Karmeliten in Sevilla.

[17] Bereits am 15. Juni 1576 hatte Teresa Gracián geschrieben, die Schwestern von Sevilla sollten *„auf keinen Fall jemandem im Sprechzimmer zu essen geben, da ihnen das viel Unruhe bringt; ... außer bei Eurer Paternität"* (Ct 108,11).

Padre Garciálvarez[19] wird den Brief schon bekommen haben, in dem ich sage, dass seine Verwandten[20] aufgenommen werden; Euer Ehrwürden habe ich geschrieben, Sie möchten dafür sorgen, dass sie etwas Geld mitbringen, um Ihnen bei der Abzahlung der Zinsen zu helfen – diese Erbschaft[21] dürfte nämlich wertlos sein –, denn ich möchte nicht, dass Sie zuwarten, bis Sie sich nicht mehr zu helfen wissen, sondern dass Sie es immer wieder in den Blick nehmen, bevor Sie ertrinken. Ich habe in Salamanca einer Schwester, von der man mir sagte, dass sie eine Mitgift mitbringen würde, die Aufnahme gewährt, um Euch dann dreihundert Dukaten von dem zu schicken, was Ihr Malagón schuldig seid, und die einhundert von Asensio Galiano[22] zurückzuzahlen; sie ist aber nicht gekommen. Bitten Sie Gott, dass er sie schickt. Ich sage Ihnen, Sie haben mir einiges zu verdanken, weil ich mich so danach sehne, Sie sorgenfrei zu sehen.

8. Warum versuchen Sie nicht, sich das Geld von Juana de la Cruz[23] sofort geben zu lassen, um nicht solche Belastungen zu haben? Schauen Sie, das ist etwas, was man nicht vernachlässigen darf; und auch zu versuchen, dass diese Anegas[24] wenigstens so viel mitbringt, um Antonio Ruiz[25] zurückzuzah-

---

[18] In wirtschaftlicher Hinsicht, da sie ohne Mitgift aufgenommen wurden; vgl. Ct 146,2.

[19] Der Hausgeistliche der Karmelitinnen von Sevilla.

[20] Vermutlich seine Kusine Jerónima de la Madre de Dios (de Sotomayor) und seine beiden Nichten Inés de San Eliseo (de Morales) und María de San Pablo (de Morales); siehe Ct 146,2.

[21] Eine Erbschaft, die Pablo Matías für seine Tochter Bernarda de San José in Aussicht gestellt hatte und vor der Teresa bereits in einem Brief an María de San José vom 8. November warnte; siehe Ct 146,4. Weiter unten (Ct 148,9) kommt sie noch einmal darauf zurück.

[22] Ein mit Teresa befreundeter Großhändler aus Medina del Campo; vgl. Ct 88,4.

[23] Juana de la Cruz (Gómez y Chaves), die erst Novizin war; siehe zu ihr Ct 109,4; 110,4; 112,4; usw.

[24] Mariana de los Santos (Vanegas); siehe Ct 120,8.

[25] Der mit Teresa befreundete Viehhändler aus Malagón, der den Schwestern Geld vorgestreckt hatte und nun selbst in Not war; siehe Ct 146,2 und ferner Ct 142,1.

len, denn wie ich Ihnen schon sagte, ist es eine Gewissensfrage, es ihm nicht gleich zu geben; Sie sehen ja, wie nötig er es hat.

9. Das von Pablo habe ich noch einmal durchgelesen; Sie dürfen glauben, dass sie von ihrer Tochter nichts anderes wollen, als dass sie verzichtet.[26] Und wissen Sie, das ist aus vielen Gründen auch besser; denn solche Handelsleute haben heute viel und am anderen Tag verlieren sie alles, um so mehr als Eltern, wenn sie etwas haben, die ihnen Nahestehenden besser stellen, und wenig übrig bleibt. Am besten wäre, wenn er das bezahlte, was Sie für das Haus aufgenommen haben, wenn das 1500 Dukaten beträgt, doch dürft Ihr weder eine Erbschaft annehmen, noch dulden, weniger zu vereinbaren; und wenn Ihr mehr herausschlagen könnt, dann macht das. Sorgen Sie dafür, dass ihm jemand sagt, warum er denn seine Kinder in Aufregung versetzen möchte, weil er ihr Erbe dem Kloster vermacht. Auch wenn er zweitausend Dukaten geben würde, wäre das nicht zu viel.

10. Von dieser Portugiesin[27] sagt man, dass ihre Mutter die Mitgift geben könnte; die wäre, glaube ich, besser als die anderen. Kurz, es wird an nichts fehlen, denn gerade dann, wenn Ihr nicht daran denkt, wird Gott Euch eine geben, die mehr mitbringt, als Ihr wollt. Falls dieser Hauptmann[28] die Hauptkapelle nähme, wäre das nicht schlecht. Unterlassen Sie nicht, ihm ein paar Geschenke zu schicken, um dankbar zu erscheinen, auch wenn kein Grund dazu besteht.

---

[26] Pablo(s) Matías und seine Tochter Bernarda de San José; zu den Streitigkeiten über ihre Mitgift bzw. den vom Vater gewünschten Güterverzicht siehe Ct 146,4 und ferner Ct 120,7. Zum Wert eines Dukaten siehe Ct 2,3.

[27] Blanca de Jesús María (Freire), eine Tochter von Enrique Freire und Leonor de Valera, die beide aus Portugal stammten; vgl. Ct 127,2. Später traten auch ihre beiden leiblichen Schwester in den Teresianischen Karmel ein; siehe Ct 304,5.

[28] Nicht geklärt. Offensichtlich hat er sie nicht genommen, da es keinerlei Hinweise darauf gibt.

11. Bevor ich es vergesse: Wissen Sie, dass ich hier von einigen Mortifikationen[29] erfahren habe, die sie in Malagón machen, indem die Priorin befiehlt, einer Schwester unversehens eine Ohrfeige zu geben, und die soll dann eine zurückgeben, und diese Erfindung wäre von Euch dort übernommen worden. Es sieht so aus, als bringe ihnen der Böse bei, die Seelen unter dem Vorwand der Vollkommenheit in Gefahr zu bringen, Gott zu beleidigen. Sie dürfen auf gar keinen Fall anordnen oder zulassen, dass eine die andere ohrfeigt (und das gilt genauso für Zwicken), noch sollen Sie die Schwestern mit der Strenge führen, die Sie in Malagón gesehen haben, denn die sind keine Sklaven, und die Einübung ins Ich-Sterben soll keinem anderen Zweck dienen, als voranzubringen. Ich sage Ihnen, meine Tochter, man muss schon genau hinschauen, was sich diese kleinlichen Priorinnen in den Kopf setzen (was mir da zur Zeit für Sachen enthüllt werden!); es bedrückt mich sehr. Gott mache Sie mir heilig. Amen.

12. Meinem Bruder geht es gut, und Teresa auch.[30] Der Brief, den Sie schrieben, in dem Sie das mit den vier Realen ansprechen,[31] ist nicht in seine Hände gelangt; alle anderen schon. Er freut sich sehr darüber, und Ihr seid ihm lieber als die Schwestern von hier.

Heute ist der 11. November.

Ich bin Euer Ehrwürden

Teresa von Jesus

---

[29] Bewusste asketische Übungen, die mithelfen sollten, sich ins Ich-Sterben einzuüben. In den Klöstern waren bis zum Zweiten Vatikanum viele derartige Übungen üblich, die sich allerdings manchmal verselbständigten und somit nicht immer wirklich dem Zweck der größeren inneren Freiheit dienten. Teresa wird zu dieser Art Übungen immer ein gespaltenes Verhältnis haben; viel wichtiger schien es ihr, sich in der inneren Freiheit zu üben, indem man z.B. darauf verzichtet, den eigenen Willen durchzusetzen; vgl. die Kapitel über das Loslassen und die Selbstzurücknahme im *Weg der Vollkommenheit* (CV 8-15 bzw. CE 12-23). Vgl. ferner den Brief an Lorenzo de Cepeda vom 10. Februar 1577 (Ct 182,4).

[30] Lorenzo de Cepeda und seine Tochter Teresita

[31] María de San Josés Antwort auf Lorenzos Anfrage, ob die vier Realen, die er nach Sevilla geschickt hätte, angekommen seien; siehe Ct 125,2.

13. Sorgen Euer Ehrwürden dafür, dass mir unser Pater[32] wegen der Geschäfte, von denen ich ihm in beiliegendem Brief schreibe, antwortet. Ich meine, dass Sie ihn fest daran erinnern sollen, damit er es nicht vergisst.

149.

An Pater Jerónimo Gracián[1] in Sevilla

Toledo, im November 1576[2]

1. In gewisser Weise bin ich ganz gerührt zu erfahren, wie behutsam Eure Paternität bei all diesen Verleumdungen vorgegangen sind, auch wenn es mich andererseits sehr betrübt hat. Ich sage Ihnen, dass Gott Sie sehr gern hat, Herr Pater, und Sie gehen ganz in seiner Nachfolge. Sie dürfen sehr froh sein, denn er gibt Ihnen, worum Sie ihn bitten, und das sind Prüfungen; Gott wird nämlich für Eure Paternität eintreten, denn er ist gerecht. Er sei für immer gepriesen.

2. Was diese junge Frau oder Dame[3] anbelangt, so bin ich fest überzeugt, dass es nicht so sehr Melancholie[4] als vielmehr der Böse ist, der sich dieser Frau bedient, um diesen Schwindel einzufädeln, so dass es nichts anderes ist als der Versuch, Eure Paternität irgendwie zu täuschen, da er bereits sie getäuscht hat. Daher muss man in dieser Angelegenheit große Vorsicht walten lassen, und Eure Paternität dürfen unter keinen Umständen ihr Haus betreten, damit es Ihnen nicht so geht wie der heiligen Marina[5] (ich glaube, die war es), von der

---

[32] Gracián.

---

[1] Siehe Ct 89 tít.

[2] Datierung ungewiss; der Brief ist nur fragmentarisch erhalten.

[3] Möglicherweise eine Anspielung auf die Angelegenheit, auf die bereits in Ct 136,8 angespielt wird: *„Angela (= sie selbst) wird in einem anderen Brief sagen, was sie sich über diese Angelegenheit gedacht hat.“*

[4] Siehe Anm. zu Ct 8,2.

man sagte, ein bestimmtes Kind wäre ihres und die deshalb viel durchmachte. Jetzt ist nicht die Zeit für Eure Paternität, um in dieser Hinsicht zu leiden. Meiner bescheidenen Meinung nach sollten Eure Paternität von dieser Angelegenheit Abstand nehmen, denn es gibt ja andere Leute, die diese Seele gewinnen mögen, und Eure Paternität hat viele andere, denen Sie nützlich sein können.

3. Beachten Sie, Pater, dass es ein Fall für die Inquisition ist und der Böse sich tausenderlei Listen bedient,[6] falls sie Ihnen diesen Brief nicht unter dem Siegel der Beichte oder in der Beichte übergeben hat. Es ist schon einmal eine andere aus diesem Grund durch die Inquisition zu Tode gekommen, wie mir zur Kenntnis gelangt ist. In Wirklichkeit glaube ich zwar nicht, dass sie ihn dem Bösen ausgehändigt hat – der würde ihn ihr nämlich nicht so bald zurückgeben – und auch nicht alles, was sie so sagt, sondern sie ist wohl irgendwie eine Betrügerin (Gott verzeihe mir), der es gefällt, mit Eurer Paternität zu sprechen. Vielleicht unterstelle ich ihr das nur, aber mir wäre lieber, ich sähe Eure Paternität weit weg von dem Ort, wo sie weilt, damit es besser unterbunden wäre.

4. Aber wie boshaft bin ich doch! Das muss in diesem Leben alles mal sein. Versuchen Eure Paternität keinesfalls, das in den nächsten vier Monaten zu regeln.[7] Schauen Sie, es ist eine ganz heikle Sache. Das soll man dort machen. Wenn es etwas gäbe, das man von ihr anzeigen müsste (ich meine, was nicht unter die Beichte fällt), dann seien Sie auf der Hut! Ich befürchte nämlich, dass es an die größere Öffentlichkeit gelangt,

---

[5] Anspielung auf die hl. Marina von Bithynien, die der Legende nach im 5. Jh. in Syrien, anderen Quellen zufolge im 6. bzw. 8. Jh. in Ägypten, als Mann verkleidet in einem Mönchskloster gelebt haben soll, wo sie fälschlich beschuldigt wurde, eine junge Frau geschwängert zu haben. Ihr Gedenktag ist der 18. Juni.

[6] Teresa ist sich immer der Gefahr bewusst, in das Visier der allgegenwärtigen Inquisition zu geraten.

[7] Gemeint ist, nicht in Eile.

und man Eurer Paternität nachher große Schuld zuschieben würde, und sagte, dass Sie es gewusst, aber dazu geschwiegen hätten. Ich sehe aber, dass das nur Dummheit (von mir) ist, denn Eure Paternität wissen es ja ...

150.

An Pater Jerónimo Gracián[1] in Sevilla

Toledo, 19. November 1576

1. Jesus sei mit Eure Paternität. Jetzt sehen Eure Paternität, zu welchem Verdruss die Bestimmungen führen, die Pater Fray Juan de Jesús[2] erlassen hat; so wie ich es verstehe, wiederholt er einfach die Satzungen[3] von Eurer Paternität, ich verstehe nicht, wozu. Das ist es, was ich für meine Schwestern befürchte: Dass da so manche bedrückende Oberen daherkommen, die sie bedrängen, und viel aufzuladen bedeutet, nichts zu machen. Seltsam, dass sie glauben, keine Visitation zu halten, wenn sie keine Bestimmungen erlassen. Wenn sie keine Rekreation haben dürfen an den Tagen, an denen sie die Kommunion empfangen, aber jeden Tag Messe lesen, dann werden sie bald nie mehr Rekreation haben. Und wenn die Priester das nicht einhalten, wozu sollen es dann die armen anderen halten?[4]

---

1 Siehe Ct 89 tít.

2 Juan de Jesús Roca, der auf dem Kapitel von Almodóvar zum Zelator ernannt worden und somit mit der Überwachung der Einhaltung der Ordenszucht in den Konventen der Unbeschuhten Brüder betraut worden war; siehe Ct 124,8. Nun hat er Teresa über die Art und Weise informiert, wie er die Häuser visitiert hat, und sie ist entsetzt, dass er seine Aufgabe vor allem darin sieht, alles und jedes zu reglementieren, was ihrer Vorstellung vom Ordensleben völlig widerspricht.

3 Siehe diese Satzungen von 1576 in BMC 6,524f.

4 Teresa mit ihrer Bodenständigkeit und ihrem Sinn für die Gleichheit aller in ihren Gemeinschaften protestiert aus zwei Gründen: Die Rekreation (gemeinsame Erholungsstunde), die sie bewusst eingeführt hatte (Cs 26-28), darf nicht aus scheinbar frommen Gründen gestrichen werden; und es darf in diesem Punkt nicht mit zweierlei Maß gemessen werden.

2. Er schreibt mir, da jenes Haus[5] noch nie visitiert worden sei, wäre all dies nötig gewesen, und das wird wohl so sein. In einigen Punkten muss er wohl richtig liegen. Aber das alles nur zu lesen, ermüdet mich schon; was wäre erst, wenn ich es einhalten müsste? Glauben Sie nur, dass unsere Regel keine bedrückenden Leute verträgt, sie ist es schon genug.[6]

3. Salazar[7] geht nach Granada, wofür der Erzbischof gesorgt hat, der ein enger Freund von ihm ist.[8] Er hat große Lust, dort ein Haus von diesen Schwestern[9] entstehen zu lassen, und es widerstrebte mir nicht, da es auch gemacht werden könnte, ohne dass ich hinginge.[10] Nur möchte ich, dass zuerst Cirilo[11] sein Einverständnis gibt, doch weiß ich nicht, ob die Visitatoren genauso wie für Brüderkonvente auch für Schwestern

---

[5] Vermutlich entweder das 1572 von der fanatischen Eremitin Catalina de Cardona an ihrem Wohnort in der neukastilischen Provinz Albacete gegründete La Roda oder aber Altomira, das 1571 an der Wallfahrtskapelle Nuestra Señora del Socorro (Unsere Liebe Frau von der immerwährenden Hilfe) in der Nähe des Dorfes Mazarulleque in der neukastilischen Provinz Cuenca gegründet wurde und ebenfalls streng eremitisch lebte, jedoch immer mit dem Überleben kämpfte und schließlich 1586 aufgelöst wurde. In beiden Konventen hatte Gracián nach dem Kapitel von Almodóvar keine Visitation abgehalten.

[6] Ähnliches sagt Teresa von der Regel in F 13,5, wo sie erzählt, worauf es ihr bei der Unterweisung des Johannes vom Kreuz im August 1568 in Valladolid ankam.

[7] Der Jesuit Gaspar de Salazar, ein Freund Teresas.

[8] Juan Méndez de Salvatierra; dieser war zu diesem Zeitpunkt zwar von Philipp II. als Nachfolger des im April 1576 verstorbenen Erzbischofs von Granada, Pedro Guerrero, vorgeschlagen, doch sollte seine offizielle Ernennung erst im September 1577 erfolgen. Dass Teresa ihn hier bereits ohne weiteres „Erzbischof" nennt, ist bezeichnend für den Einfluss des Königs auch in innerkirchlichen Angelegenheiten.

[9] Ein teresianisches Karmelitinnenkloster; es wurde 1581 von Ana de Jesús Lobera und Johannes vom Kreuz gegründet.

[10] Sie lebt ja im Hausarrest und darf außerdem nicht gründen.

[11] Neben Pablo (Paulus), Eliseo (Elischa) und Joanes (Johannes) ein weiterer Deckname für Jerónimo Gracián, nach dem Kirchenvater aus dem 4./5. Jh. Cyrill (Kyrill) von Alexandrien, der auf dem Konzil von Ephesus 431 die Lehre von der Gottesmutterschaft Marias durchsetzte; dieser Deckname ist also wohl eine Anspielung auf Graciáns Marienliebe.

Genehmigung erteilen können; es sei denn, die Franziskaner kommen uns zuvor, wie sie es in Burgos getan haben.[12]

4. Wissen Sie, Santelmo[13] hat wegen der Schwester, die schon wieder weg ist, einen Riesenzorn auf mich, doch konnte ich aus Gewissensgründen nicht anders handeln, und Eure Paternität hätten das genauso wenig gekonnt. Es wurde alles getan, was in diesem Fall getan werden konnte; doch weil es dabei darum ging, Gott einen Gefallen zu erweisen, mag darüber die Welt untergehen. Es hat mir überhaupt nicht leid getan, und es sollte auch Eurer Paternität nicht leid tun. Niemals werde uns etwas Gutes zuteil, das gegen den Willen unseres höchsten Gutes verstößt. Ich sage Eurer Paternität, dass ich mich nicht anders verhalten hätte, selbst wenn es sich um eine Schwester von meinem Pablo[14] gehandelt hätte; noch klarer kann ich mich wohl kaum ausdrücken. Er war überhaupt nicht bereit, Vernunft anzunehmen. Sein Zorn auf mich rührt daher, weil ich glaube, dass meine Schwestern die Wahrheit sagen, während er davon ausgeht, dass die Priorin[15] sich von einer Leidenschaft fortreißen lässt, und meint, es wären alles nur Verleumdungen. Er hat jetzt mit ihr vereinbart, dass sie zusammen mit anderen, die vom Königshof kommen, in ein Kloster in Talavera[16] eintritt, und ließ sie deshalb abholen.

5. Gott verschone uns davor, Geschöpfe zu benötigen! Möge es ihm gefallen, uns klar sehen zu lassen, ohne dass wir dazu anderes als ihn benötigen. Er[17] sagt, ich hätte so gehandelt, nur weil ich ihn jetzt nicht mehr benötige, und dann hat man

---

[12] Für diese Zeit ist kein Gründungsversuch der Franziskaner in Burgos bekannt, wohl der Paulaner, einer Gründung des hl. Franz von Paula, die allerdings erst 1582 verwirklicht werden konnte. Siehe F 31,13.

[13] Deckname für den Jesuit Francisco Olea, der verärgert war, weil die Karmelitinnen von Valladolid eine von ihm vorgeschlagene Kandidatin wegen mangelnder Eignung weggeschickt hatten; siehe Ct 135,2 und Ct 138,3.

[14] Jerónimo Gracián.

[15] Die Priorin von Valladolid, María Bautista (de Ocampo).

[16] Die Kleinstadt Talavera de la Reina in der neukastilischen Provinz Toledo.

[17] Francisco Olea.

ihm wohl auch gesagt, dass ich zu solchen Intrigen neige. Schauen Sie, ob ich ihn je mehr gebraucht hätte als in dem Moment, wo wir verhandelt haben, sie zu entlassen, und wie sehr man mich falsch versteht. Möge es dem Herrn gefallen, dass ich es verstehe, immer seinen Willen zu tun. Amen.

Es ist heute der 19. November.

Eurer Paternität unwürdige Dienerin und Untergebene

Teresa von Jesus

Anhang I

Adressaten und Adressatinnen der Briefe Teresas

Anhang II

Deck-, Spitz- und Kurznamen

1. Deck- und Spitznamen

Adler	die Unbeschuhten Karmeliten
Angela	Teresa selbst
Braune (Parda)	María de Jesús (Pardo y Cifuentes)
Cirilo	Jerónimo de la Madre de Dios (Gracián)
[Clarencia	María del Espíritu Santo]
Clemente	Elías de San Martín
David	Baltasar de Jesús Nieto (?) / Antonio de la Madre de Dios (?) / Ambrosio Mariano de San Benito Azzaro (?)
Die vom Tuch	die Beschuhten Karmeliten
Elias	Juan Evangelista OCarm
Eliseo	Jerónimo de la Madre de Dios (Gracián)
Engel	die Inquisitoren
Esperanza („Hoffnungs[träger]")	Gaspar de Salazar SJ
Flämin	Ana de San Pedro (Wasteels)
Gilberto	Nicolás Ormaneto (?)
Heulsuse	María de los Santos
Johannes	Jerónimo de la Madre de Dios (Gracián) (?)
Josef	Jesus Christus
Katzen	die Beschuhten Karmeliten
Laurencia	Teresa selbst
Macario	Baltasar de Jesús (Nieto)
Mein Schutzpatron	Martín (Martinico) Ramírez Jr.
Melchisedek (Melquisedec)	Ángel de Salazar OCarm
Methusalem (Matusalén)	Nicolás Ormaneto
[Montoya	Juana de Austria]

Nachtvögel	die Beschuhten Karmeliten und Karmelitinnen
Oberengel	der Großinquisitor
Pablo	Jerónimo de la Madre de Dios (Gracián)
Padre Eterno	Pablo Hernández SJ
Peralta	Jerónimo Tostado OCarm
Perucho	Alonso de Valdemoro OCarm
[Sánchez, Mateo	Juana de Austria]
Santelmo (San Telmo)	Francisco de Olea SJ
Schmetterlinge	die Unbeschuhten Karmelitinnen
Schutzpatron	Martín Ramírez jun.
Seneca	Johannes vom Kreuz
Würmchen	Mariana de Jesús (Gaytán)

2. Kurznamen

Alberta	Ana de San Alberto (Salcedo)
Anegas	Mariana de los Santos (Vanegas)
Delgada	Inés Delgado
Fanegas	Mariana de los Santos (Vanegas)
Gabriela	Leonor de San Gabriel (Mena Ruiz)
Infante	Juan de las Infantas OCarm
San Francisco	Isabel de San Francisco (de Vega) María de San Franciso (Ramírez)
San Gabriel	Leonor de San Gabriel (Mena Ruiz)
San Jerónimo	Isabel de San Jerónimo (Ureña)
Santángel	Elvira de San Ángelo

Anhang III

Personen- und Ortsverzeichnis

Die Stellenangaben beziehen sich teils auf den Text der Briefe und deren Adressaten bzw. Entstehungsort, teils auf Anmerkungen zum entsprechenden Absatz. Gottesnamen und Namen Christi sind in dieser Liste nicht enthalten. Ordensnamen werden nach dem Vornamen eingeordnet; in Klammern folgt der bürgerliche Name, soweit bekannt.

Iriepal: Kleinstadt in der neukastilischen Provinz Guadalajara, Ort eines Klosters der Unbeschuhten Karmelitinnen 108 tít

Isabel Bautista (Ortigosa García de Medrano): geboren in Logroño, Unbeschuhte Karmelitin, 1571 Profess als Laienschwester in Valladolid 68,3

Isabel de Jesús (Dantisco): 1568–1639, Schwester des Jerónimo Gracián, Unbeschuhte Karmelitin in Toledo 104,8; 121,3; 124,4.16; 132,9; 134,6; 136,2

Isabel de Jesús (de Ximena bzw. Jimena, „die mit der schönen Stimme"): † 1614, Unbeschuhte Karmelitin, gebürtig aus Segovia, 1573 Profess in Salamanca, 1574 Subpriorin in Segovia, später Priorin in Palencia und Salamanca, Kopistin der ältesten Kopie des *Weges der Vollkommenheit* 30 tít; 66; 73,6

Isabel de Jesús (Gutiérrez): 1544–1597, Karmelitin im Menschwerdungskloster, Profess 1563, 1568 Gründungsschwester und zeitweise Novizenmeisterin in Malagón 7,2; 124,13

Isabel de la Ascensión (Villanueva): 1560–1628, Schwester von Gaspar de Villanueva und Ana de los Ángeles (Villanueva), Unbeschuhte Karmelitin, 1578 Profess in Malagón 124,13

Isabel de la Cruz (Arias): Karmelitin, Subpriorin im Menschwerdungskloster zu Ávila, anschließend Subpriorin in Medina del Campo und 1568–1571 Priorin in Valladolid 41,7; 43,2; 98,11

Isabel de los Ángeles (Ruiz y Portillo): † 1574, Unbeschuhte Karmelitin, Nichte und Adoptivtochter des Händlers Simón Ruiz, 1569 Eintritt in den Karmel Medina del Campo, 1571 Profess in Salamanca 21 tít.1.3; 24,18; 68,2

Isabel de San Francisco (de Vega): ca. 1547–1622, Unbeschuhte Karmelitin, Profess in Toledo, Mitglied der Gründergruppe von Beas und Sevilla, Priorin in Paterna, Gründerin von Sanlúcar la Mayor (1590), Priorin in Cascais und Lissabon 81,7; 109,3; 114,2; 132,4

Isabel de San Jerónimo (Ureña): Unbeschuhte Karmelitin, 1569 Profess in Medina del Campo, später nacheinander in Pastrana, Segovia, Beas und Sevilla 51; 81,7; 132,6; 136,9

Isabel de San José: Karmelitin im Menschwerdungskloster (Ávila), Gründungsschwester von Malagón 7,2

Isabel de San Pablo (de la Peña): 1547–1582, Verwandte Teresas, Tochter ihres Cousins Francisco de Cepeda; Schwester der María de Cepeda und Beatriz de Jesús (de Cepeda y Ocampo), des Diego de Cepeda und des Luis de Cepeda; Karmelitin im Menschwer-

Danksagung

Der erste Band der Briefe Teresas von Ávila – ungefähr ein Drittel ihrer erhaltenen Korrespondenz – eröffnet den zweiten Teil ihres Gesamtwerkes. Auch dieser neue, inzwischen sechste Band der Schriften Teresas ist dank der finanziellen Unterstützung der Interkarmelitanischen Arbeitsgemeinschaft – INTERKARM – zustande gekommen. Zu ihr gehören die Provinzialate der niederdeutschen und der oberdeutschen Provinz der Karmeliten (O.Carm.), die Provinzialate des Teresianischen Karmel (OCD) in Deutschland und Österreich, verschiedene Klöster der Karmelitinnen in Deutschland und Österreich, die Kongregation der Marienschwestern vom Karmel mit ihren Provinzen im deutschen Sprachraum, die Tertiarkarmelitinnen Unserer Lieben Frau vom Berge Karmel in Luxemburg, die Karmelitinnen vom Göttlichen Herzen (Carmel DCJ) mit ihren Provinzen im deutschen Sprachraum, das karmelitanische Säkularinstitut „Notre Dame de Vie" in Weisendorf und die Teresianische Karmel-Gemeinschaft (Säkularorden des Teresianischen Karmel). Ihnen allen sagen wir herzlichen Dank dafür.

Danken möchten wir auch P. Tomás Álvarez, Burgos, P. Teófanes Egido, Valladolid, und P. Salvador Ros, Segovia, die uns bei einigen speziellen Fragen zum Verständnis des Textes weitergeholfen haben.

München/Kirchzarten,
28. März 2010

Ulrich Dobhan OCD
Elisabeth Peeters OCD